政协河北省委员会

年鉴

2020

政协河北省委员会研究室　编

中国文史出版社

图书在版编目（CIP）数据

政协河北省委员会年鉴. 2020 / 政协河北省委员会研究室编. --北京：中国文史出版社，2023. 11

ISBN 978-7-5205-4342-2

Ⅰ. ①政… Ⅱ. ①政… Ⅲ. ①中国人民政治协商会议-地方委员会-河北-2020-年鉴 Ⅳ. ①D628. 22-54

中国国家版本馆 CIP 数据核字（2023）第 186631 号

政协河北省委员会年鉴. 2020

责任编辑：王文运

出版发行：中国文史出版社

社　　址：北京市海淀区西八里庄路 69 号　邮编：100142

电　　话：010-81136606　81136602　81136603（发行部）

传　　真：010-81136655

印　　装：石家庄市乡依印刷有限公司

经　　销：全国新华书店

开　　本：787mm×1092mm　1/16

字　　数：651 千字

印　　张：37. 25

版　　次：2024 年 12 月北京第 1 版

印　　次：2024 年 12 月第 1 次印刷

定　　价：200. 00 元

中国人民政治协商会议会徽

EMBLEM OF THE CHINESE PEOPLE'S POLITICAL CONSULTATIVE CONFERENCE

中国人民政治协商会议河北
王东峰书记讲话

2020 年 1 月 3 日，中国人民政治协商会议河北省第十二届委员会第三次会议在石家庄召开

政协河北省第十二届委员

2020 年 11 月 20 日，省政协常委暨全省政协学习贯彻党的十九届五中全会精神辅导报告会在石家庄举行。

2020 年 9 月 14 日，省政协主席叶冬松，省政协副主席沈小平、孙瑞彬、葛会波、边发吉、王宝山，省政协秘书长陈书增出席河北省政协工作经验交流会。

2020 年 7 月 29 日，省政协秘书长陈书增主持召开全省政协秘书长工作交流座谈会。

2020年4月28日，河北省政协以视频形式召开省、市、县三级政协会议，动员部署"聚力量、防疫情、促发展"活动。

2020年11月28日，召开全省政协"聚力量、防疫情、促发展"活动总结会。

同心答

“聚力量、

关考卷”
青、促发展”

2020年9月14日，省政协召开十二届十六次常委会会议，传达学习全国政协十三届十三次常委会会议精神，围绕编制我省“十四五”规划纲要协商议政。

2020年11月19日，省政协召开十二届十七次常委会会议，传达学习中共十九届五中全会、全国政协十三届十四次常委会会议和省委九届十一次全会精神，进一步统一思想、凝聚共识、形成合力。

2020年11月8日，庆祝河北省政协成立70周年座谈会在石家庄召开，省委书记王东峰(左五)出席并讲话，省长许勤(左六)出席，省政协主席叶冬松(左四)主持。

2020年9月25日，省政协主席叶冬松，省政协副主席沈小平、孙瑞彬、曹素华、卢晓光、边发吉、苏银增，省政协秘书长陈书增出席庆祝河北省政协成立70周年理论研讨会。

2020 年 4 月 15 日，省政协副主席苏银增主持召开“省政协应对新冠肺炎疫情冲击和影响，支持中小企业发展”提案办理远程协商座谈会。

2020 年 5 月 20 日，省政协副主席苏银增就协商议题“加快数字经济发展”在保定市调研。

2020 年 5 月 27 日，省政协副主席孙瑞彬主持召开省政协“推进物业管理与社区治理融合发展，夯实社区常态化疫情防控基础”专题协商座谈会。

2020 年 7 月 15 日，省政协副主席苏银增、王宝山主持召开“发展互联网+医疗，助推我省卫生健康事业快速发展”重点提案督办界别协商座谈会。

2020 年 5 月 9 日，省政协副主席王宝山率队就“促进县域科技创新跃升”开展专项民主监督。

2020 年 7 月 29 日，省政协副主席曹素华率队就“易地扶贫搬迁后续工作落实”开展专项民主监督。

2020 年 9 月 25 日，省政协副主席边发吉率队就“加强我省文物保护工作”开展专项民主监督。

2020 年 10 月 13 日，省政协副主席苏银增率队就“加强散煤治理”开展专项民主监督。

2020 年 1 月 11 日，省政协港澳委员和海外侨胞代表赴雄安新区专题视察。

2020 年 8 月 28 日，省政协副主席卢晓光带领部分党外委员就“少数民族特色村镇建设”在保定易县专题视察。

2020 年 9 月 24 日，省政协副主席葛会波带领党外委员就“清洁能源基础设施建设”在唐山市专题视察。

2020 年 10 月 29 日，省政协副主席曹素华带领部分党外委员围绕“林下经济发展情况”在邯郸市丛台区专题视察。

2020 年 4 月 16 日，省政协副主席孙瑞彬率队就“推进物业管理与社区治理融合发展”在石家庄市开展调研。

2020 年 6 月 9 日，省政协副主席卢晓光率队就“学习贯彻习近平总书记重要讲话和全国‘两会’精神”在邢台市临城县开展调研。

2020 年 6 月 10 日，省政协主席叶冬松率队就“包联贫困县、投资项目建设和重点企业”在张家口市开展调研。

2020 年 8 月 13 日，省政协副主席边发吉率队就“做好脱贫攻坚包联工作”在保定市曲阳县开展调研。

2020 年 11 月 8 日，河北省政协成立 70 周年发展历程展在省政协机关展出。

2020 年 8 月 14 日，省政协秘书长陈书增主持召开机关党组会议。

2020年4月30日，省政协秘书长陈书增主持召开第四次机关党组理论学习中心组(扩大)学习会。

2020年6月24日，省政协秘书长陈书增主持召开2020年省政协机关党建工作暨党风廉政建设工作会。

《政协河北省委员会年鉴（2020）》

目　　录

领导讲话、报告

决议、决定、工作要点、工作计划

制度建设

重要会议、活动

专门委员会工作

经常性工作

机关建设

组织情况

专题协商报告

专项监督报告

调研、视察报告

报刊社论、重要报道

2020 年大事记

设区市、直管市政协工作

领导讲话、报告

紧密团结在以习近平同志为核心的中共中央周围 凝心聚力为实现第一个百年奋斗目标作出新贡献

——在政协河北省第十二届委员会第三次会议开幕会上的讲话

（2020年1月6日）

王 东 峰

各位委员、同志们：

今天，政协河北省第十二届委员会第三次会议隆重开幕了，这是全省人民政治生活中的一件大事，也是凝心聚力共商河北发展大计的一次盛会。在此，我代表中共河北省委，向大会的召开表示热烈的祝贺！向全省各级政协组织和广大政协委员，向各民主党派、工商联、无党派人士、各人民团体和各族各界人士，表示衷心的感谢，致以崇高的敬意！

回首难忘的2019年，我们更加深刻地感受到，习近平总书记对河北知之深、爱之切，党的十八大以来7次视察河北，亲自谋划推进京津冀协同发展、雄安新区规划建设、筹办北京冬奥会，倾注了大量心血，寄予了殷切期望。2019年1月16日，习近平总书记亲临雄安新区视察指导，为努力创造新时代高质量发展的标杆指明了前进方向；9月25日，总书记出席北京大兴国际机场投运仪式，为深入推进京津冀协同发展提供了新的契机；10月11日，总书记给2019中国国际数字经济博览会发来贺信，为发展数字经济提供了强有力的战略指导；12月30日，总书记对京张高铁开通运营作出重要指示，要求确保冬奥会如期顺利举办。全省上下发自内心地感恩总书记、感谢党中央，自觉践行“四个意识”、坚定“四个自信”、做到“两个维护”，把总书记的关心关爱和深情厚望转化为强大动力，扎实推动习近平总书记重要指示批示和党中央决策部署落地见效，以河北之稳拱卫首都安全，以河北之进服务全国改革发展大局，以实际行动坚决当好首都政治“护城河”。

刚刚过去的2019年，是中华人民共和国成立70周年，也是河北发展历程中很不平凡的一年，全省各项事业呈现历史性新变化。我们坚定不移强化创新理论武装，全省上下团结奋斗的思想基础更加牢固。深入开展“不忘初心、牢记使命”主题教育，认真贯彻党的十九届四中全会精神，习近平新时代中国特色社会主义思想在燕赵大地深入人心，精心组织开展庆祝新中国成立 70 周年系列活动，极大激发了广大干部群众的爱国热情和奋斗精神。我们坚定不移办好“三件大事”，重大国家战略和国家大事落地实施。京津冀协同发展不断向广度深度拓展，雄安新区画卷徐徐铺展，67 个重点项目开工建设，承接北京非首都功能取得新进展，白洋淀生态环境明显改善，千年秀林生机盎然，北京冬奥会筹办顺利推进，“两翼”发展新格局加快形成。我们坚定不移打好三大攻坚战，全面建成小康社会迈出决定性步伐。防范化解重大风险成效明显，13 个贫困县将全部摘帽、减贫 36.6 万人，PM2.5 平均浓度下降 5%以上，大气质量为 6 年来最好水平，营造林 1026 万亩，燕赵大地蓝天白云天数明显增加。我们坚定不移贯彻新发展理念，改革开放和转型升级取得扎实成效。超额完成化解过剩产能年度任务，战略性新兴产业、现代服务业、现代都市型农业加快成长，重点领域改革实现新突破，中国河北自由贸易试验区获批挂牌，成功举办中国国际数字经济博览会等一系列重大活动，经济发展的动力和活力显著增强。我们坚定不移保障改善民生，人民群众的获得感幸福感安全感持续提升。认真践行以人民为中心的发展思想，用心用情用力实施 20 项民心工程和 10 件民生实事，棚户区改造、老旧小区改造、老旧管网改造、城中村改造、农村危房改造等均超额完成任务，医联体建设、普惠幼儿园建设让群众看病就医、孩子入园越来越方便。我们坚定不移推进全面从严治党，政治生态不断净化优化。深入落实管党治党政治责任，深化纠正“四风”和作风纪律专项整治，扎实开展“基层减负年”和“狠抓落实年”活动，一体推进不敢腐、不能腐、不想腐，风清气正、干事创业的氛围更加浓厚。这些成绩的取得，彰显了中国共产党领导和中国特色社会主义制度无比优越性，展现了习近平新时代中国特色社会主义思想真理力量和实践成果，也是包括各级人民政协组织和广大政协委员在内的全省广大党员干部群众及各方面共同努力的结果。

2019 年是人民政协成立 70 周年，也是我省人民政协事业实现新发展、开创新局面的一年。省委召开政协工作会议，深入贯彻习近平总书记在中央政协工作会议暨庆祝中国人民政治协商会议成立 70 周年大会上的重要讲话精神，对新时代加强和改进人民政协工作作出部署。召开省委九届九次全会，深入贯彻党的十九届四中全会精神，就发挥人民政协作为政治组织和民主形式的效能，提高政治协商、民主监督、参政议政水平，更好凝聚共识提出要求。全省各级政协组织和广大政协委员围绕中心、服务大局，认真履职、开拓进取，各项工作卓有成效。着力强化思想政治引领，深入学习贯彻习近平新时代中国特色社会主义思想和习近平总书记关于加强和改进人民政协工作的重要思想，扎实开展主题教育，党对人民政协工作的领导得到全面加强；着力强化服务保障大局，聚焦主题主线凝聚共识，聚焦中心工作参政议政，聚焦社会治理建言献策，聚焦群众关切履职尽责，助力解决群众关注的重点难点问题，为推动全省改革发展稳定作出了新贡献；着力强化民主协商效能，不断丰富协商内容，创新协商形式，拓宽协商渠道，加强协商式监督，发挥委员主体作用，彰显了社会主义协商民主的生机与活力；着力强化政协自身建设，加强政协党的组织建设，深化委员教育服务管理，发挥专委会基础作用，提升省、市、县政协整体效能，创新工作理念和机制，展示了新时代人民政协的良好形象。实践证明，人民政协制度具有多方面的独特优势，必须把人民政协制度坚持好、把人民政协事业发展好。

各位委员，同志们，2020年是具有里程碑意义的一年，也是全面建成小康社会、打赢脱贫攻坚战及“十三五”规划收官之年，我们将实现第一个百年奋斗目标。全省各级政协组织、广大政协委员要深入学习贯彻习近平总书记关于加强和改进人民政协工作的重要思想，认真贯彻党的十九大和十九届二中、三中、四中全会精神，全面落实省委九届九次、十次全会和省委政协工作会议部署要求，自觉站位中华民族伟大复兴战略全局和世界百年未有之大变局“两个大局”，坚持团结和民主两大主题，把坚持和发展中国特色社会主义作为巩固共同思想政治基础的主轴，把服务实现“两个一百年”奋斗目标作为工作主线，把加强思想政治引领、广泛凝聚共识作为履职中心环节，把人民政协制度优势转化为治理效能，围绕“三六八九”工作思路，聚焦办好“三件大事”、打好三大攻坚战、开展“三创四建”活动履职尽责，为全面建成小康社会、打赢脱贫攻坚战和“十三五”规划圆满收官团结奋斗，努力在新时代展现新担当新作为。

1. 坚持党对人民政协工作的领导，始终保持正确政治方向。要坚决维护以习近平同志为核心的党中央权威和集中统一领导，增强“四个意识”，坚定“四个自信”，做到“两个维护”，坚定不移听党话、跟党走，坚定不移拥护核心、跟随核心、捍卫核心。要坚决贯彻党的基本理论、基本路线、基本方略，坚持用习近平新时代中国特色社会主义思想武装头脑、指导实践、推动工作，增进对中国特色社会主义的政治认同、思想认同、理论认同、情感认同。要坚决落实党对政协组织实施领导的制度规定，以政治建设为统领推进政协党的建设，严格执行重大问题请示报告制度，确保政协始终在党的领导下主动负责、协调一致地开展工作。

2. 坚持围绕全省中心工作，在推动河北高质量发展上建功立业。要发挥政协联系广泛优势，对上加强沟通汇报，积极反映河北新发展新变化和社情民意，对外宣传推介河北，传播河北好声音，对内团结联系界别群众，为全省改革发展凝聚正能量。要发挥智力密集优势，围绕全面建成小康社会，解决深层次矛盾和问题，加强调查研究，积极资政建言，为创新发展绿色发展高质量发展献计出力。要发挥创新创造优势，引导民营企业深化供给侧结构性改革，坚持“八字方针”，做好“六稳”工作，抓重点、补短板、强弱项，大力培育新的经济增长点，为构建现代化经济体系提供有力支撑。

3. 坚持人民政协为人民，积极协助党和政府增进人民群众福祉。要自觉践行以人民为中心的发展思想，实施好20项民心工程，深度参与脱贫攻坚“千企帮千村”行动，推动解决群众特别是困难群众的操心事、烦心事、揪心事。要自觉践行绿水青山就是金山银山的理念，大力弘扬塞罕坝精神，积极投身生态建设和污染防治，坚决打好蓝天、碧水、净土保卫战，努力让燕赵大地的天更蓝、地更绿、水更清。要自觉践行总体国家安全观，深入联系界别和群众，广泛了解和反映群众利益诉求，多做理顺情绪、解疑释惑的工作，积极化解风险隐患和矛盾纠纷，共同维护社会大局和谐稳定。

4. 坚持发挥专门协商机构作用，推进治理体系和治理能力现代化。要着力完善协商制度机制，健全发扬民主和增进团结相互贯通、建言资政和凝聚共识双向发力的程序机制，做到协商于决策之前和决策实施之中，推动协商科学化、规范化、制度化。要着力改进协商方式方法，积极开展专题协商、协商座谈、界别协商、提案办理协商，探索网络议政、远程协商等新形式，切实提高协商水平。要着力营造良好协商氛围，发扬“团结—批评—团结”的优良传统，促进不同思想观点充分表达和深入交流，形成既畅所欲言、各抒己见，又理性有度、合法依章的生动局面。

5. 坚持加强履职能力建设，打造让党放心、人民满意的政协机关。要大力加强组织建设，推动实现党的组织对党员委员的全覆盖、党的工作对政协委员的全覆盖，确保党中央决策部署在人民政协得到贯彻落实。要大力加强队伍建设，抓好委员培训和服务管理，有效解决市县政协基础和人员力量薄弱问题，切实提升政协委员政治把握能力、调查研究能力、服务群众能力、联系群众能力、合作共事能力。要大力加强作风建设，抓好政治性警示教育，发扬斗争精神，增强斗争本领，坚决反对形式主义、官僚主义，说实话，办实事，求实效，努力创造经得起人民和历史检验的业绩。

各级党委要始终坚持中国共产党领导的多党合作和政治协商制度，把政协工作纳入重要议事日程，定期听取工作汇报，及时研究解决重大问题。各级各部门要主动配合政协开展工作，积极参与民主协商活动，加大对政协委员提案、政协建议案办理力度，及时转化建言成果，自觉接受监督。各级宣传部门要加大宣传力度，努力在全社会营造有利于政协事业发展的良好氛围。

各位委员，同志们，不忘初心方能行稳致远，牢记使命才能开辟未来。让我们更加紧密地团结在以习近平同志为核心的中共中央周围，高举中国特色社会主义伟大旗帜，凝心聚力，砥砺前行，奋力开启建设经济强省、美丽河北新征程，为实现“两个一百年”奋斗目标、实现中华民族伟大复兴的中国梦作出新的更大贡献！

（《河北日报》2020 年 1 月 7 日）

中国人民政治协商会议河北省第十二届委员会常务委员会工作报告

——在政协河北省第十二届委员会第三次会议上

（2020年1月6日）

叶 冬 松

各位委员、各位同志：

我受政协河北省第十二届委员会常务委员会委托，向大会报告工作，请各位委员审议，并请各位同志提出意见。

一、2019年工作回顾

2019年，是新中国成立70周年和人民政协成立70周年，是政协事业发展进程中极不平凡的一年。中共中央在党的历史上首次召开政协工作会议，习近平总书记发表重要讲话，科学回答了人民政协事业的一系列重大理论和实践问题，为新时代人民政协定性赋能、指引方向，开辟了人民政协事业发展的新天地。中央印发《关于新时代加强和改进人民政协工作的意见》，为做好新时代政协工作提供了行动纲领。中共河北省委坚持以习近平新时代中国特色社会主义思想为指导，三件国家大事实施迈出新步伐，三大攻坚战取得新成果，去产能调结构实现新突破，改革开放创新激发新活力，人民生活水平有了新提高，党风政风发生新变化，取得来之不易的成绩。省委认真贯彻落实习近平总书记重要讲话和中央政协工作会议精神，召开省委政协工作会议，出台实施意见，对全省政协工作作出新部署。在省委领导下，省政协常委会坚持以习近平新时代中国特色社会主义思想为指引，认真学习贯彻党的十九大和十九届二中、三中、四中全会及中央经济工作会议、中央政协工作会议精神，深入学习贯彻习近平总书记重要讲话精神，全面落实全国政协新部署和省委新要求，深化理论武装，推进协商民主，加强思想引领，主动服务大局，发挥委员作用，全面履行政治协商、民主监督、参政议政职能，更好凝聚共识，为加快新时代全面建设经济强省、美丽河北作出新的贡献。

一年来，省政协常委会立足时代要求，强化政治自觉，突出做好三项重要工作。

（一）把握政治方向，认真学习贯彻中共十九届四中全会和中央政协工作会议精神。

把学习贯彻党的十九届四中全会和中央政协工作会议精神作为重大政治任务，贯彻落实省委九届九次、十次全会和省委政协工作会议要求，扎实开展理论大学习、思想大武装、任务大落实。一是抓学习，着力深化思想认识。省政协党组带头学、示范学，机关党组、专委会分党组专题学、研讨学，机关干部全员学、交流学。增开常委会会议暨全省政协视频会议，专门传达学习中央四中全会和中央政协工作会议及省委九次全会精神，邀请中央党校专家作专题辅导报告；围绕“发挥人民政协专门协商机构作用”“加强思想政治引领、广泛凝聚共识”“强化委员责任担当”三个专题，举行全省政协系统专题报告视频会；召开市政协学习贯彻交流会，组织省政协机关处以上干部、各市政协主席列席全国地方政协秘书长、研究室主任专题研讨班，实现学习全覆盖。二是抓贯彻，着力落实省委要求。省委认真贯彻落实中央政协工作会议精神，以视频会议形式，及时召开政协工作会议，覆盖省、市、县党委、人大、政府、政协班子成员，有关部门负责人，政协机关全体干部职工和省、市、县政协委员。省委书记王东峰对做好新时代我省政协工作作出全面部署，提出明确要求。各级政协迅速掀起贯彻落实热潮，有力推动了全省政协工作。三是抓推进，着力加强改进工作。深入开展加强和改进政协工作大调研，协助省委制定《实施意见》。围绕学习贯彻中央、省委全会和政协工作会议精神进行调研，向全省政协组织和省政协委员印发关于学习贯彻省委九届九次全会和省委政协工作会议精神的决议。制定落实方案，明确 42 项工作任务。通过学习贯彻，全省政协系统对我国国家制度和治理体系的显著优势认识更深刻，对新时代政协是什么、干什么、怎么干把握更准确，为推动政协事业新发展奠定了坚实基础。

（二）把握目标任务，认真开展“不忘初心、牢记使命”主题教育。

聚焦主题教育根本任务和总要求，高站位谋划、高标准推进、高质量落实，取得明显成效。一是在学习教育中提升效果。坚持原原本本学、联系实际学、深入思考学，省政协党组、机关党组和专委会分党组书记在省委党校进行为期 7 天的集中学习研讨。坚持政协领导班子、机关干部学习教育和委员学习教育统筹推进，组织委员开展“三个一”学习活动、专题视察等。二是在深入调研中推动工作。围绕全省工作大局、群众关心关注和加强改进政协工作等 27 个课题，省政协领导带头开展调查研究，深入市县 197 个基层单位，查找不足，研究对策，推动工作。三是在深刻检视中发现问题。召开各类别、各层级座谈会 31 次，征求意见建议 145 条。严格落实“四个对照”“四个找一找”要求，高质量召开专题民主生活会、组织生活会，全面查找分析存在的差距和问题。四是在切实整改中解决问题。制定问题清单、整改方案，抓好整改落实和 9 个专项整治，开展整改落实情况“回头看”。目前，整改方案 25 项整改措施中 15 项已完成，10 项已完成阶段性任务并长期坚持。通过主题教育，夯实了坚守初心使命的思想根基，激发了践行初心使命的高度自觉，为加强改进政协工作提供了强大动力。

（三）把握政协特色，认真举办庆祝新中国成立 70 周年和人民政协成立 70 周年系列活动。

按照全国政协和省委部署，开展具有政协特点、形式多样的庆祝活动。一是以学习研讨增进高度认同。组织收看新中国成立 70 周年庆祝大会直播，学习研讨习近平总书记重要讲话，召开全省政协庆祝人民政协成立 70 周年理论研讨会，在学习中感悟伟大成就，在研讨中锚定使命任务。二是以特色活动讲好政协故事。举办省政协发展历程资料陈列，会同有关单位举办书画摄影展，开设专题、专栏，编辑出版专刊，编撰《河北政协七十年记述》，开展"人民政协与西柏坡"研究，评选省政协成立以来有影响力重要提案35件，回顾光辉历程，宣传履职实践。三是以委员活动强化使命担当。组织委员开展主题视察活动，录播省政协常委短视频，举行征文活动，征集稿件416篇，激发委员热爱祖国、热爱事业的情怀。通过系列活动，引导委员和机关干部坚定不移跟党走，同心共筑中国梦，汇聚广泛正能量。

在抓好三项重要工作的同时，常委会以扎实举措全面推进各项工作。

（一）强化政治站位，把党对政协的全面领导落实到工作各方面、全过程。

常委会坚持把党的领导作为政协工作的"生命线"，增强"四个意识"，坚定"四个自信"，做到"两个维护"。一是以学为基，打牢思想基础。坚持以习近平新时代中国特色社会主义思想为引领，召开党组理论学习中心组学习会17次，省政协常委集体学习5次。落实习近平新时代中国特色社会主义思想学习座谈会制度，组织学习座谈15次，努力把党的创新理论学懂弄通、悟透做实。二是以政为本，把牢正确方向。认真贯彻落实省委关于加强政协党建工作实施意见，充分发挥政协党组把方向、管大局、保落实的重要作用，自觉接受省委领导，严格落实请示报告制度，向省委、省政府报送专题报告54个。政协党组定期研究党建工作，专题听取机关党组、专委会分党组工作汇报，把党对政协工作的领导落到实处。三是以建为要，筑牢组织基石。成立9个专门委员会分党组，健全完善专委会分党组工作机制，制定《贯彻落实党的建设工作八项制度实施方案》，组织召开全省政协系统党建工作专题推进会，总结推广曲周县政协党建工作经验，推动党的组织和党的工作全覆盖。以专委会分党组为依托，在界别委员中建立党组织，开展特色党建活动，吸引和凝聚更多的人与党同心同向同行。

（二）强化服务大局，为建设经济强省美丽河北出实招、建真言。

常委会紧扣省委、省政府中心工作，聚焦"三六八九"工作思路，切实在融入大局、服务大局中贡献智慧和力量。一是聚焦三件国家大事献计。围绕京津冀生态环境支撑区建设、京津冀全产业链布局、雄安新区建设进展情况、发展我省冰雪产业等，深入协商研讨，建可行可用之言，谋助推助力之策。二是聚焦三大攻坚战建言。围绕白色污染治理、深度贫困地区脱贫、推进民族地区脱贫攻坚与乡村振兴有效衔接等开展专题协商、专项监督，形成高质量报告。省委书记王东峰、省长许勤等省领导作出批示，一些建议转化为决策参考和工作措施。组织委员就《河北省河湖保护和治理条例》等12部法规草案开展协商，参与科学立法、民主立法。三是聚焦经济社会发展谋策。围绕推动民营经济发展、打造诚信社会召开专题议政性常委会会议，省委、省政府对协商成果高度重视，有关部门认真研究吸纳。围绕融入"一带一路"、推动港产城转型升级、促进中药材产业发展、促进民族交往交流交融、加强基层社会治理等协商座谈、开展监督，提出务实管用的意见建议。

（三）强化履职为民，着力为人民群众解难题、办实事。

常委会紧扣人民群众对美好生活的向往履职尽责，努力做到人民政协为人民。一是坚持言为民所建。就促进农村学前教育普惠健康发展、农村人居环境整治、加强基层医疗卫生建设、农村生活垃圾治理、实施乡村"厕所革命"、解决群众看病难看病贵等开展协商议政、民主监督、提案督办，助推政策落地落实。二是坚持策为民所谋。抓好社情民意信息工作，全年共向全国政协和省委、省政府报送社情民意信息185件，其中健全医药卫生服务体系等信息得到有关部门重视，促进问题解决。三是坚持力为民所出。持续助力脱贫攻坚，全省政协组织和政协委员共引进产业项目988个，开展教育科技文化卫生下乡村活动2606场次，募集各类资金1.5亿元。认真做好省政协领导包联帮扶、机关驻村帮扶、结对帮扶等工作，帮助贫困地区做好事、解难事。

（四）强化主责主业，推动专门协商机构作用更有为、更有效。

常委会立足新方位，把握新使命，推动政协协商“专”出水平、“专”出优势、“专”出成效。一是协商程序更规范。认真贯彻省委关于加强政协协商民主建设和民主监督工作实施意见，落实省政协协商工作办法，制订年度协商计划、大会发言工作规则等文件，确保协商工作有序开展。二是协商形式更丰富。完善以全体会议为龙头、以专题议政性常委会会议和专题协商会、协商座谈会等为重点的协商议政格局，深化提案办理协商。积极探索网络议政、远程协商，建设网络视频会议平台，两次以分会场形式参加全国政协网络议政远程协商会议，推动政协协商广泛多层制度化。制订民主监督计划，深入开展专项监督，更好发挥协商式监督的优势和作用。三是协商效果更明显。制定加强和改进调研工作实施办法、提高协商议政质量的意见、提高提案质量的意见等文件，把提质增效贯穿协商全过程。全年组织协商议政39次，得到省委、省政府领导肯定性批示89人次。全年审查立案711件提案全部办复，35件重点提案全部办结，其中省政协领导牵头办理10件，重点提案提出的建议被相关部门出台的27个文件采纳吸收。

（五）强化思想引领，为推动经济社会发展聚合力、增共识。

常委会把加强思想政治引领、广泛凝聚共识作为履职中心环节，凝聚起促发展的强大合力。一是通过教育引领增信心。举办委员讲堂、委员学习座谈会，省政协领导班子成员走访看望委员500人次，党组成员与党外委员谈心谈话285人次，引导委员坚定理想信念。通过中央媒体和省主要媒体，省政协网站、微信公众号和乡音杂志，多角度、深层次宣传政协工作，宣传委员履职，宣传市县政协，传播正能量，提振精气神。二是通过履职实践筑同心。在协商议政中既注重增进委员、专家的理解认同，又注重推动意见建议采纳落实，真正聚同化异、双向发力。在视察考察、调查研究等履职中看成就、看变化，加强正面引导、政策宣传，全年共开展党外委员专题视察考察和主题参观24次，汇聚起贯彻落实省委、省政府决策部署的广泛共识。三是通过团结合作聚人心。加强与各民主党派和无党派人士的合作共事，落实党内外副主席共同分管专委会制度，重要协商会议安排党派发言，重要履职活动邀请党派参加，督办党派提案139件，充分发挥新型政党制度优势。加强民族团结进步教育，宣传《宗教事务条例》，考察寺观教堂管理，促进民族团结、宗教和睦。组织港澳委员学习培训、考察调研、协商座谈，邀请港澳青年来冀参观考察，接待港澳台、海外社团来访12批次100余人，扩大联谊，促进交流。

（六）强化自身建设，锤炼履职尽责真本领、好作风。

常委会着眼新时代新要求，抓学习、抓提升，不断加强自身建设。一是委员服务管理进一步加强。举办第二期委员和市政协主席副主席培训班，实现培训全覆盖。落实委员履职规则，建立健全委员履职档案、常委提交履职报告等制度，拓宽委员履职平台，评选年度优秀调研成果、好提案，激发委员履职动力。二是专委会作用进一步发挥。建立委员活动室、委员之家等，为充分发挥委员作用搭建平台。建立专委会联系界别和委员制度，更好发挥专委会基础作用。结合专委会自身特点和专业优势，开展具有界别特色的履职活动，丰富工作内容，增强工作活力。三是机关工作作风进一步转变。强化机关干部学习培训，树立正确用人导向，完善考核机制，激励干部新担当新作为。认真开展政治性警示教育，支持省纪委监委驻机关纪检监察组工作，加强作风纪律专项整治、"庸懒散松"专项整治，机关呈现奋发有为、干事创业新面貌。四是政协整体效能进一步提升。建立主席会议向常委会议报告工作制度、省政协领导成员联系指导市县政协工作制度，与市县政协开展联合调研，召开全省政协系统工作经验交流会、全省政协秘书长工作会议、专委会工作会议，交流经验，推动工作。

这些成绩的取得，是以习近平新时代中国特色社会主义思想为指导，在省委坚强领导下，省人大、省政府和社会各界大力支持，政协各参加单位和广大政协委员共同努力的结果。我代表省政协常委会，向大家表示衷心的感谢！

同时，我们也清醒地看到，工作中还存在一些薄弱环节和不足之处。主要是：对政协新方位新使命的认识还需进一步深化，专门协商机构作用还需进一步发挥，凝聚共识工作还需进一步探索，委员服务管理水平还需进一步增强，建言质量还需进一步提升，制度机制还需进一步健全，市县政协联系指导还需进一步加强，基层政协基础工作薄弱、人员力量薄弱问题还需进一步推动解决等。对这些问题，我们将认真研究，切实改进。

二、2020 年工作安排

2020 年，是全面建成小康社会和"十三五"规划收官之年。省政协及其常委会工作总体要求是：以习近平新时代中国特色社会主义思想为指导，认真贯彻落实党的十九大和十九届二中、三中、四中全会及中央政协工作会议精神，全面贯彻落实省委九届九次、十次全会和省委政协工作会议部署要求，把坚持和发展中国特色社会主义作为巩固共同思想政治基础的主轴，把服务实现"两个一百年"奋斗目标作为工作主线，着力加强理论学习，着力强化党的建设，着力服务全省大局，着力推进协商民主，着力广泛凝聚共识，着力完善制度机制，切实担负起把党中央决策部署和省委要求落实下去，把各方面智慧和力量凝聚起来的政治责任，为全面建成小康社会，加快新时代全面建设经济强省、美丽河北作出新贡献。

（一）把学习党的创新理论作为重大政治任务，推动思想认识实现新提升。

坚持以习近平新时代中国特色社会主义思想为指导，持续深入学习，不断走心走实。一是在融会贯通上下功夫。及时跟进学习习近平总书记最新重要讲话精神，把学习领会中央四中全会精神同学习贯彻中央经济工作会议、中央政协工作会议精神，同贯彻落实省委九次、十次全会和省委政协工作会议精神结合起来，巩固深化"不忘初心、牢记使命"主题教育学习成果，推动委员和机关干部思想认识再深化，政治站位再提升。二是在学思践悟上下功夫。完善落实习近平新时代中国特色社会主义思想学习座谈会制度,制订年度学习培训计划,引导委员和机关干部深入思考在推进治理体系和治理能力现代化中发挥好政协优势,发挥好专门协商机构作用,担起新使命,展现新作为。三是在贯彻落实上下功夫。召开全省政协学习贯彻中央和省委政协工作会议精神经验交流会,举办“发挥人民政协专门协商机构作用”理论研讨会,开展庆祝河北省政协成立 70 周年活动,把中央和全国政协新部署贯彻好,把省委对政协工作新要求落实好。

(二)把坚持党的全面领导作为根本政治原则,推动政协党建得到新加强。

自觉坚持党的领导,增强“四个意识”,坚定“四个自信”,做到“两个维护”,把党对政协工作的要求落实到位。一是进一步强化政治担当。政协党组要充分发挥把方向、管大局、保落实的重要作用,严格落实请示报告制度,紧紧围绕中央精神和省委部署谋划工作,确保方向不偏、重点不移。二是进一步强化政协党建。以专委会分党组为依托,推动党建工作向界别延伸,在界别委员中建立党组织,开展适合界别特点的党建活动。落实党员委员双重组织生活制度、党员常委履职建言点评制度,发挥好党员委员作用。三是进一步强化党风廉政。严肃纪律要求,加强作风建设,支持派驻政协机关纪检监察组工作,教育机关干部知敬畏、存戒惧、守底线,引导委员守纪律、讲规矩、重品行,创造风清气正、务实重干的良好环境。

(三)把服务大局服务人民作为工作出发点和落脚点,推动履职工作取得新成效。

紧扣“三六八九”工作思路,围绕群众关心关切,以扎实履职为全面建成小康社会贡献力量。一是议政向大事要事发力。聚焦办好三件国家大事、打好三大攻坚战、推动高质量发展、做好“六稳”“三创四建”工作、制定我省“十四五”规划纲要等全局性工作,组织多种形式的协商议政活动,为省委、省政府决策提供有价值的意见建议。二是建言向重点难点着力。聚焦推动转型升级、加快创新驱动、发展民营经济、农业供给侧结构性改革、深化改革开放、优化区域发展格局等,开展视察调研、协商座谈、民主监督,提出高质量的意见建议。三是履职向惠民利民聚力。聚焦完善贫困地区乡村产业体系、农村基层治理、健全社会保障体系等履行职能,积极反映社情民意,推动改革开放成果惠及更多群众。引导委员发挥自身优势,开展下基层活动,为群众办实事、做好事。

(四)把开展协商作为主责主业,推动政协协商提升新水平。

认真落实中央《意见》和省委《实施意见》,凸显政协独特优势,打造“专门协商机构”鲜明形象。一是推进协商工作制度化。科学制订年度协商计划,严格执行协商民主工作办法,健全完善协商内容、参加范围、讨论原则、基本程序、交流方式等制度机制。二是推进协商格局多层化。完善现有协商议政格局,开展网络议政、远程协商,以专委会为基础搭建界别协商平台,深化民主监督,探索更加灵活、更加多样的协商形式。三是推进协商成果实效化。认真落实关于提高协商议政质量的意见,探索建立有关部门重大情况通报和重要信息发布、协商成果领导批示和部门采纳落实情况反馈制度等。着力营造畅所欲言、各抒己见,理性有度、合法依章的协商氛围,提升“商”的水平,提高“言”的质量。

(五)把加强思想政治引领、广泛凝聚共识作为履职中心环节,推动"三个重要"展现新作为。

立足新时代新要求,着力打造"重要阵地、重要平台、重要渠道",画出最大同心圆,凝聚广泛正能量。一是加强政治引领。牢牢守住政治底线这个圆心,开展谈心谈话、走访看望,做好经常性思想政治工作,把党的主张转化为社会各界的共识,引导委员和各党派团体听党话、跟党走。二是加强思想引领。强化委员学习培训,完善委员讲堂、重大专项工作委员宣讲团工作,协商议政注重形成共识成果,把更多的人凝聚在习近平新时代中国特色社会主义思想的伟大旗帜下。三是加强实践引领。开展党外委员专题视察,带领委员看新成就、新变化,增进对省委、省政府决策部署的高度认同。引导委员加强与界别群众的联系,宣传政策、解疑释惑,最大限度凝聚人心、汇聚力量。四是加强合作引领。对各民主党派在政协发表意见、提出建议作出机制性安排,通过联合调研、共同举办协商活动等方式,为他们更好发挥作用创造条件。密切与民族宗教和港澳台侨界委员、海外侨胞的联系,密切与非公有制经济人士及新社会阶层人士的联系,汇聚更加广泛的合力。

(六)把强化委员责任担当作为开展工作的动力源,推动广大委员树立新形象。

充分发挥委员主体作用,努力建设承得了重、跟得上趟、有所作为的政协委员队伍。一是强化委员责任意识。引导委员旗帜鲜明讲政治,关键时刻靠得住、站得出、跟得上。推动委员自觉遵守宪法法律和政协章程,积极有效参与政协各项活动,当好政协制度参与者、实践者、推动者。二是强化委员履职能力。按照"懂政协、会协商、善议政"的要求,加强学习培训,准确把握履职方式方法。推动委员提高群众工作能力,当好界别群众的贴心人,以模范行动树立新时代委员新形象。三是强化委员服务管理。落实好委员履职工作规则,健全委员履职情况统计等制度,完善履职评价及激励机制,研究制定对不履行职责的委员进行提醒或相应处理的办法。建立健全委员联络机构,探索在乡镇、街道设立委员活动召集人,探索运用网络联络服务委员制度,为委员履职尽责创造良好环境。

(七)把完善制度作为加强改进政协工作的重要保障,推动制度建设迈上新台阶。

推进政协工作制度在坚持中发展,在巩固中完善,不断提高政协工作制度化规范化水平。一是完善政协党建制度。严格执行党对政协组织实施领导的制度规定,完善党组成员联系专委会分党组、专委会分党组联系党员委员、党员委员联系党外委员的党建工作机制,健全政协党组、机关党组、专委会分党组、基层党组织工作制度。二是完善履职工作制度。完善专门协商机构制度,建立协商议政质量评价、加强和改进凝聚共识工作、强化委员责任担当等制度。健全会议组织、履职活动规则,加强专委会工作制度建设,健全经常性工作、理论研究等制度。三是完善政协系统联系指导工作制度。坚持省政协领导成员联系指导市县政协工作制度,召开市政协主席座谈会、政协秘书长工作会议,举办省、市、县政协联动学习研讨,探索建立协同调研、联动协商、民主监督机制。从工作需要出发,重点解决市县政协基础工作薄弱、人员力量薄弱的问题，明确协商主业，更好发挥市县政协作用。

各位委员，新时代人民政协事业使命光荣重大，奋进正当其时。让我们更加紧密地团结在以习近平同志为核心的中共中央周围，坚持以习近平新时代中国特色社会主义思想为指导，在中共河北省委坚强领导下，不忘初心、牢记使命，砥砺前行、开拓奋进，为全面建成小康社会，加快新时代全面建设经济强省、美丽河北作出积极贡献！

中国人民政治协商会议
河北省第十二届委员会常务委员会
关于十二届二次会议以来提案工作情况的报告

——在政协河北省第十二届委员会第三次会议上

（2020年1月6日）

苏 银 增

各位委员、各位同志：

我受政协河北省第十二届委员会常务委员会委托，向大会报告十二届二次会议以来提案工作情况，请各位委员审议，并请各位同志提出意见。

一、提案工作总体情况

省政协十二届二次会议以来，广大政协委员、政协各参加单位和各专门委员会坚持以习近平新时代中国特色社会主义思想为指导，认真贯彻落实中共中央和中共河北省委对新时代人民政协事业发展作出的新部署新要求，积极通过提案履行职能，聚焦全省经济社会发展重点问题和人民群众普遍关心的民生问题，共提出提案730件，经审查立案711件，占提案总数的97.4％；未予立案的作为意见建议转有关部门参考或以其他方式处理。在省委的坚强领导和省政府的有力推动下，经过各方面共同努力，截止到2019年底，审查立案的已全部办复。其中，承办单位采纳、落实或列入计划逐步落实的671件，占办复总数的94.4％；因政策或体制和条件所限暂时难以落实，已作解释说明的40件，占办复总数的5.6％。提案中的意见建议有的为制定相关政策法规提供了重要参考，有的在制定相关发展改革规划时被吸收采纳，有的体现在相关部门具体工作中，为服务决策、推动工作发挥了积极作用。

委员们围绕深入实施国家重大战略、深化改革扩大开放、优化营商环境、加快经济转型升级、大力发展文化旅游服务业等方面提出提案220件。关于《京津冀协同发展下河北产业对接》的提案，省发展改革委、省工业和信息化厅等承办单位在推动京津冀产业有效融合，强化有序承接，提升产业链水平，争创国家级创新平台等方面吸纳提案建议，为制定《关于进一步做好京津产业转移承接平台建设工作的指导意见》提供了参考。关于《构建我省“一路一河”全域旅游新格局》的提案，省文化和旅游厅、省交通运输厅等承办单位在着力打造太行山区旅游业龙头产品、发展太行山区乡村旅游、挖掘运河历史文化等方面吸纳提案建议，为沿线贫困地区脱贫攻坚、调整产业结构发挥了积极作用。

委员们围绕加快法治河北建设、创新社会治理、加强党与人民群众血肉联系、巩固和发展最广泛的爱国统一战线等方面提出提案56件。关于《推进普法进程，加快法治河北建设步伐》的提案，省司法厅、省法院、省检察院等承办单位在强化组织保障、突出重点对象、实施“法律九进”“法治九建”等方面吸纳提案建议，为推动人民依法通过各种途径和形式管理社会事务、健全社会公平正义法治保障制度发挥了积极作用。关于《加强和创新社会治理，切实维护社会和谐稳定》的提案，省委政法委、省公安厅、省应急管理厅等承办单位在强化党的领导，进一步完善政治引领、思想引领、组织引领、能力引领、机制引领等方面吸纳提案建议，为推动党组织服务管理延伸到社会治理末梢，构建基层社会治理新格局发挥了积极作用。

委员们围绕培育和践行社会主义核心价值观、完善城乡公共文化服务体系、深化文化体制改革、弘扬中华传统优秀文化等方面提出提案62件。关于《充分利用建党100周年重大有利时机，弘扬红色文化服务新时代》的提案，省委宣传部等承办单位在拓宽红色文化传播渠道、深入挖掘宣传李保国精神和塞罕坝精神方面吸纳提案建议，也为编制《河北省革命文物总体保护利用规划》提供了参考。关于《重视我省振兴乡村文化建设》的提案，省文化和旅游厅等承办单位从加强农村思想道德和文化阵地建设、弘扬农村优秀传统文化等方面吸纳提案建议，为推动培育文明乡风、良好家风、淳朴民风发挥了积极作用。

委员们围绕打好脱贫攻坚战、完善覆盖全民社会保障体系、服务和改善民生及民宗事务管理等方面提出提案308件。关于《做好精准扶贫精准脱贫工作》的提案，省扶贫办、省发展改革委、省科技厅等承办单位在加快推进易地扶贫搬迁、产业扶贫、科技扶贫、就业扶贫，以及强化对摘帽县和脱贫户后续扶持等方面吸纳提案建议，为提升脱贫成效、高质量打赢脱贫攻坚战发挥了积极作用。关于《老旧小区改善提升》的提案，省住房和城乡建设厅等承办单位在老旧小区道路提升、安装电梯以及供热、燃气、自来水和污水管网改造等方面吸纳提案建议，为制定《关于理顺物业管理体制机制，加强新时代城市社区治理的指导意见》提供了参考。

委员们围绕实行最严格生态保护制度、自然资源高效利用、生态环境保护和修复、推进人居环境整治等方面提出提案65件。关于《深入做好农村垃圾治理工作，助力建设美丽乡村》的提案，省农村人居环境整治领导小组办公室在建立农村生活垃圾治理长效机制、拓宽资金筹措渠道、健全监管体系等方面吸纳提案建议，为制定《河北省2019年农村生活垃圾治理行动实施方案》提供了参考。关于《进一步做好我省内陆湖泊湿地环境污染防治工作的建议》的提案，省自然资源厅、省水利厅等承办单位在强化污染管控、改善河湖湿地生态环境、提升城镇污水处理能力、农药化肥减量增效等方面吸纳提案建议，为推动打赢污染防治攻坚战、推进美丽河北建设发挥了积极作用。

二、推动提案工作高质量发展

一年来，常委会深入学习贯彻习近平总书记关于提高提案质量和提案办理质量的重要指示精神，以提高提案质量为主攻方向，以增强办理实效为努力目标，以加强制度建设为有力保障，不断开创提案工作高质量发展新局面。

（一）强化质量导向，注重在提高提案质量上下功夫。为从源头上确保提案质量，一是加强学习培训。以《提高提案质量，更好履职尽责》为题，举办了全体十二届省政协委员参加的专题讲座，同时，有重点地对青联界、党派团体等界别委员和部分市、县(市、区)基层政协分期分批开展辅导培训，培训人员达2000余人次。围绕全省中心工作编发提案参考题目和《撰写提案注意事项》《河北提案工作》《提案及复文选》等，帮助和引导政协委员、政协各参加单位更好知情明政，掌握提案撰写要领，不断提高提案撰写质量。二是完善相关制度。坚持以制度促提升，在总结以往提案工作好经验好做法的基础上，紧密结合提案工作面临的新形势新要求，修订《政协河北省委员会提案工作条例》，出台《政协河北省委员会提案委员会关于提高提案质量的意见》，聚焦提案工作质量，对提案工作指导思想、正确处理提案数量与质量的关系、改进提案评选表彰等提出了规范性明确要求，为推动提案工作高质量发展提供了制度保障。三是严格立案审查。按照提案审查程序和标准严格把关，对反映同一问题、建议相似的144件提案予以并案；对不符合标准的坚决不予立案，从源头上确保了提案质量。四是强化示范引领。首次组织开展年度好提案评选工作，评选出35件省政协2018年度好提案；在庆祝人民政协成立70周年活动中，评选出35件省政协成立以来有影响力的重要提案，分别进行了通报表扬并为提案者颁发荣誉证书，激励政协委员运用高质量提案履职尽责。

（二）强化重点督办，带动提案办理质量整体提升。充分发挥重点提案的示范作用，着力在办理实效上下功夫。按照《重点提案遴选与督办办法》遴选出35件重点提案，选取10件由省政协领导牵头督办，并召开主席会议，对督办目标、督办方式、督办组织等进行专题研究，提出明确要求；省政协牵头领导组织相关专委会和承办单位一起研究制定督办方案，明确责任分工和办理时间节点等，并带头深入科研院所、工厂车间、居民社区、田间地头进行现场调研和督办，倾听群众意见，了解实际情况，有力地推动了提案的办理落实。省政协重点督办的35件重点提案已全部办结，省委、省政府相关部门在出台的27个文件中吸纳了相关提案建议，取得了“办好一件、团结一片”“办成一件、受益一片”的良好效果，有力地带动了提案办理质量整体提升。

（三）强化办理协商，在深化协商中实现双向发力。有关专委会会同省委督查室、省政府督查室先后三次组织召开重点提案督办落实会议，围绕委员不满意以及难解决、有争议的问题，加强沟通协商，让提办双方直接对话、当面交流、化解分歧、达成共识。人民政协报以《“这个问题很具体，马上办”——河北省政协首次问答式提案督办座谈会现场小记》为题进行了专题报道。与此同时，针对人民群众普遍关注的热点难点问题，与省发展改革委，就北戴河生命健康产业创新示范区建设；与省农业农村厅，就实施乡村“厕所革命”、加强智慧农业建设；与省地方金融管理局，就金融支持实体经济发展问题；与省卫生健康委，就深入推进居民健康卡民生工程、解决群众看病难问题；与省生态环境厅，就加强农村生活污水治理问题；与省教育厅，就高度重视职业教育、大力培养实用型人才问题；与省体育局，就推动冰雪产业发展问题；与省科技厅，就加大材料科学领域科研和扶持力度以及大众创业、万众创新问题等，组织开展提案办理协商活动20余次，邀请提案者及有关专家学者、部分群众代表全程参与，通过更大范围坦诚交流互动，提出的63条意见建议被相关部门采纳，未被采纳的意见建议也得到了提案者的充分理解，在广泛协商中增进了各方共识，使双向发力落到了实处。

一年来，政协提案工作不断改革创新，取得了良好成效。同时要看到，提案工作仍存在重数量轻质量、提案办理重答复轻落实、提案办理协商体制机制有待进一步健全、知情明政服务渠道需进一步拓宽、运用信息化手段还不充分等问题，需要认真研究解决。

三、2020 年提案工作重点

2020 年是全面建成小康社会和“十三五”规划收官之年，我们要实现第一个百年奋斗目标，并为“十四五”发展和实现第二个百年奋斗目标打好基础，做好提案工作意义重大。我们要深入学习贯彻习近平总书记关于加强和改进人民政协工作的重要思想，全面贯彻落实中共十九届四中全会、中央政协工作会议和中共河北省委九届九次、十次全会及省委政协工作会议精神，坚持“围绕中心、服务大局、提高质量、讲求实效”的提案工作方针，积极发挥提案在推动国家治理体系和治理能力现代化中的作用。

（一）强化党对提案工作的领导，牢牢把握提案工作正确政治方向。积极探索新时代加强党对提案工作领导的规律和特点，健全和完善党对提案工作领导的制度与具体措施，切实把党的领导贯穿提案提出、立案、交办、督办、办理等各环节、全过程，确保提案工作的正确方向。

（二）立足人民政协的性质定位，充分发挥提案办理协商职能作用。把提案办理协商作为扩大社会各界有序政治参与、实现人民当家作主的具体生动实践，贯穿办前、办中、办后全过程；继续做好省政协领导牵头督办重点提案，邀请提案者、群众代表参加开门办案，积极探索开展提案办理远程协商，不断丰富和拓展提案办理协商的方式和途径，搭建更为有效的提案办理协商平台。

（三）把双向发力作为重要任务，做到建言资政和凝聚共识有机统一。坚持建言资政和凝聚共识双向发力，不仅要聚焦全省经济社会发展中的重点问题和人民群众普遍关心的热点难点问题，深入基层、深入群众，深入进行调查研究，提出切实可行的意见建议，更要围绕党和国家重大方针政策和省委、省政府决策部署的贯彻落实厚植民意基础，深入做好宣传政策、解疑释惑、理顺情绪、化解矛盾、凝聚共识工作，更好发挥提案工作在协调关系、汇聚力量、建言献策、服务大局中的作用。

（四）加强履职能力和制度建设，为提案高质量发展提供支撑和保障。进一步加强提案工作干部队伍和委员队伍建设，强化党的创新理论武装，广泛学习各方面知识，不断提高思想水平和认识能力，准确把握政协履职方式方法，全面增强履职本领。完善提案信息管理系统，促进信息技术与提案工作相融合。全面回顾总结省政协提案工作 70 年的发展历程，将成熟有效的经验做法上升为制度规范，研究制定《提案质量评价工作办法》《提案办理协商办法》，进一步修改完善《年度好提案评选办法》《重点提案遴选与督办办法》等制度，不断提高提案工作的制度化、规范化、程序化水平。

各位委员、同志们，新时代赋予人民政协提案工作新使命，履行新使命就要有新担当新作为，让我们更加紧密地团结在以习近平同志为核心的中共中央周围，在中共河北省委的坚强领导下，不忘初心、牢记使命，努力推动提案工作创新发展、高质量发展，为全面建成小康社会，加快新时代全面建设经济强省、美丽河北作出积极贡献！

在省政协十二届委员会三次会议闭幕会上的讲话

（2020 年 1 月 10 日）

叶 冬 松

各位委员，同志们：

省政协十二届三次会议，在省委的正确领导下，经过全体委员和与会同志的共同努力，圆满完成各项议程，马上就要闭幕了。

这次大会以习近平新时代中国特色社会主义思想为指导，深入学习贯彻党的十九届四中全会和中央经济工作会议、中央政协工作会议精神，全面贯彻落实省委九届九次、十次全会和省委政协工作会议部署，深入协商，认真履职，是一次团结民主、凝心聚力的大会，是一次开拓奋进、风清气正的大会。

省委书记王东峰同志在开幕会上的讲话，立足大局、着眼长远，聚焦全面建成小康社会、坚决打赢脱贫攻坚战、确保“十三五”规划圆满收官，对政协事业发展提出明确要求。大家认真学习讨论，倍感振奋，深受鼓舞。会议期间，委员们听取并讨论了政府工作报告及其他报告，听取和审议通过了省政协常委会工作报告和提案工作报告，增进了高度认同，凝聚了广泛共识。各位委员以饱满的政治热情、强烈的责任意识，积极献可行之策、出可用之计，展现了服务大局的使命担当、服务群众的为民情怀，彰显了社会主义协商民主的活力与优势。

省委对这次会议高度重视，王东峰同志、许勤同志等省委、省人大、省政府领导出席会议，听取发言、参加讨论，与委员共商大计、共谋发展，真诚互动、汇聚共识。社会各界对会议给予高度关注和大力支持。在此，我代表省政协向省委、省人大、省政府，向各位领导和各位同志，向社会各界表示衷心的感谢！本次会议补选梁田庚同志为省政协副主席，补选 3 位同志为省政协常委，让我们向他们表示祝贺和欢迎！

各位委员、同志们，今年是全面建成小康社会、打赢脱贫攻坚战和“十三五”规划收官之年，是实现第一个百年奋斗目标的决胜期和攻坚期。省委九届九次、十次全会描绘了加快新时代全面建设经济强省、美丽河北广阔前景，省政府工作报告明确了全年经济社会发展目标任务和重点工作。新目标催人奋进，新使命光荣艰巨。全省各级政协组织和广大政协委员要启航新征程，扬帆再出发，共同开创新时代政协事业新局面。

——高举旗帜，坚定信念，矢志不渝跟党走。要坚定不移以习近平新时代中国特色社会主义思想为引领，持续深入学习党的十九届四中全会、中央政协工作会议精神，及时跟进学习习近平总书记最新重要讲话，以伟大思想举旗定向，以先进理论凝心铸魂。要坚定不移坚持党的领导，“四个意识”更强化，“四个自信”更坚定，“两个维护”更坚决，始终与党同心同向同行。要坚定不移把牢正确政治方向，保持定力，树牢信心，切实担负起把中央决策和省委部署落实下去，把各方面智慧力量凝聚起来的政治责任。

——发挥优势，聚焦主业，协商民主再提升。要锚定方位使命，把协商作为主责主业，搭好平台、畅通渠道，擦亮专门协商机构牌子，充分展现政协在治理体系中的独特作用。要突出提质增效，协商选题力求精准，协商程序力求规范，协商成果力求实效，发挥专的优势，体现专的水平，彰显专的作为。要营造民主氛围，做到相互尊重、平等协商，理性有度、有序协商，体谅包容、真诚协商，形成更加生动的协商局面。

——围绕中心，服务大局，助推发展勇担当。要把力量集中到抓好大事要事上，全面落实习近平总书记对河北工作重要指示批示精神，紧扣全面建成小康社会，聚焦“三六八九”工作思路，高起点谋划，高质量调研，高水平建言。要把智慧集中到高质量发展上，深入贯彻新发展理念，扎实履职尽责，为助推发展谋策，为破解难题献计。要把精力集中到勇于担当尽责上，直面挑战不畏难，开拓创新不守旧，务实重干不懈怠，以自我革命的勇气、勇立潮头的激情，干出新时代政协新样子。

——牢记宗旨，心系群众，坚守初心为人民。要心中始终装着群众，时刻牢记政协植根人民、委员来自人民，坚定人民立场，厚植为民底色，把人民利益摆在政协工作至高无上的地位。要履职始终为了群众，履职内容惠民利民，履职方法亲民近民，协商为民分忧、议政为民解困、监督为民谋利，切实做到人民政协为人民。要工作始终依靠群众，主动倾听群众心声，深入了解群众期盼，当好联系群众的“贴心人”，当好服务群众的“连心桥”。

——凝聚人心，广聚共识，画出最大同心圆。要坚持发扬民主和增进团结相互贯通，充分发挥民主党派作用，密切联系各界人士，找到最大公约数，扩大政协“朋友圈”。要坚持建言资政和凝聚共识双向发力，在协商议政中建真言、增共识，在履职实践中看成绩、增认同，汇聚更加广泛的合力。要坚持面向社会扩大共识，引领委员深入界别群众，更好地协调关系、化解矛盾，减少阻力、增添动力，提振精气神，激发正能量。

——只争朝夕，不负韶华，展现政协新形象。要倍加珍惜委员荣誉，把事业放在心上，把责任扛在肩上，当好政协制度的实践者、推动者、参与者。要倍加珍惜委员形象，勤于学习思考，善于正面引导，敢于发声亮剑，当好政协形象的塑造者、传播者、维护者。要倍加珍惜时代机遇，不负时代、砥砺奋进，用汗水浇灌收获，用实干诠释担当，以一流标准、一流水平、一流作风，谱写新时代政协事业更加绚丽的新篇章。

各位委员、同志们，时代洪流奔涌向前，奋斗征程永不停歇。让我们紧密团结在以习近平同志为核心的中共中央周围，以习近平新时代中国特色社会主义思想为指导，在中共河北省委坚强领导下，勠力同心、勇毅笃行，努力创造无愧于新时代的新业绩，为全面建成小康社会，加快建设经济强省、美丽河北作出新的更大的贡献！

在全省政协系统开展“聚力量、防疫情、促发展”活动动员会上的讲话

（2020 年 4 月 28 日）

叶　冬　松

同志们：

经省委批准，今天召开全省政协系统开展“聚力量、防疫情、促发展”活动动员会，主要任务是深入学习贯彻习近平总书记重要讲话精神，贯彻落实全国政协汪洋主席讲话和王东峰书记批示、省委部署要求，为统筹推进常态化疫情防控和经济社会发展贡献全省政协系统智慧和力量。可以说，这次会议既是对中央精神和省委要求的再贯彻、再落实，也是对全省政协系统围绕中心服务大局的再部署、再推进。

今年一季度极不寻常，突如其来的疫情给我国经济社会发展带来前所未有的冲击。习近平总书记亲自指挥、亲自部署，主持召开会议，深入一线调研，对疫情防控和经济形势的阶段性变化作出精准研判，对抓紧抓实抓细常态化疫情防控和经济社会发展工作作出有力部署。在党中央坚强领导下，疫情防控持续向好态势进一步巩固，经济社会运行逐步趋于正常，生产生活秩序加快恢复。省委、省政府认真贯彻落实习近平总书记重要讲话精神和党中央决策部署，坚持一手抓常态化疫情防控，一手抓经济社会发展，统筹疫情防控和经济社会发展取得阶段性重大成效。

疫情发生以来，全省政协系统坚决贯彻落实中央精神、全国政协部署和省委要求，为统筹推进疫情防控和经济社会发展认真履职尽责。广大政协委员立足本职岗位，积极发挥作用，为夺取“双胜利”贡献智慧力量。一是深化理论学习，组织委员和机关干部深入学习习近平总书记重要讲话精神，贯彻落实中央四中全会和中央、省委政协工作会议精神，始终保持正确政治方向。二是抓好疫情防控，全省政协组织印发倡议书，引导委员和机关干部积极履职、献计出力、驰援一线。各级政协领导加强包联指导，抽调党员干部下沉社区，机关严格管控、严格值守，筑牢疫情防控严密防线。三是紧扣中心履职，围绕党委政府中心工作，聚焦疫情防控、复工复产、脱贫攻坚、民生关注等深入调研，开展“一线协商”“面对面”协商会等，形成丰富的建言成果和共识成果。四是加强探索创新，主动适应新任务新要求，采用网络、微信、视频会议等履职方式，开设“委员讲堂”“企业微课”等线上指导，增强了履职实效。五是强化自身建设，不断加强委员学习培训，激励机关干部担当尽责，展现委员新风采，树立政协新形象。

同时也要清醒看到，我省疫情防控外防输入、内防反弹的任务仍然十分艰巨，经济社会发展面临的挑战仍然严峻复杂。王东峰书记高度重视发挥政协优势和作用，

在省委常委会会议上提出省、市、县政协要围绕疫情防控、经济社会发展联动履职，并作出“在全省政协系统开展‘聚力量、防疫情、促发展’活动”的批示要求。这是省委交给全省政协系统的重要任务，为我们在夺取“双胜利”中担当作为、履职尽责提供了舞台。

下面，我就学习贯彻习近平总书记重要讲话精神，贯彻落实全国政协部署和省委、省政府要求，深入开展全省政协系统“聚力量、防疫情、促发展”活动讲几点意见。

一、深化思想认识，切实增强开展“聚力量、防疫情、促发展”活动的责任感和使命感

全省政协系统要站在政治和全局的高度，强化责任担当，切实增强开展活动的政治自觉、思想自觉、行动自觉。

——开展“聚力量、防疫情、促发展”活动是深入学习贯彻习近平总书记重要讲话精神的现实检验。疫情发生以来，习近平总书记审时度势、谋深思远，多次在关键阶段、关键节点发表重要讲话，作出重要部署，为统筹推进常态化疫情防控和经济社会发展指明前进方向，提供根本遵循。要把开展“聚力量、防疫情、促发展”活动作为增强“四个意识”、坚定“四个自信”、做到“两个维护”的具体行动和现实检验，切实把思想和行动统一到习近平总书记重要讲话精神上来。

——开展“聚力量、防疫情、促发展”活动是全面贯彻落实全国政协新部署和省委工作新要求的重要体现。汪洋主席强调，当前疫情防控和经济社会发展面临着新的重大挑战，各级政协组织和政协委员要为统筹做好疫情防控和经济社会发展工作贡献智慧和力量。省委多次召开会议，对全省上下抓紧抓实抓细常态化疫情防控工作，坚定不移实现全年经济社会发展目标任务作出工作部署。可以说，统筹推进疫情防控和经济社会发展各项工作，事关全面建成小康社会，事关决战决胜脱贫攻坚，事关“十三五”规划圆满完成，是大局中的大局、重点中的重点。要把开展“聚力量、防疫情、促发展”活动作为全省政协系统今年履职工作的重中之重，作为政协服务大局的重要抓手，坚决把全国政协部署和省委要求落实到位。

——开展“聚力量、防疫情、促发展”活动是彰显政协优势、发挥政协作用的重要举措。政协是政治组织，为统筹推进常态化疫情防控和经济社会发展履职尽责，是政协义不容辞的政治责任。王东峰书记作出批示、提出要求，充分体现了省委对全省政协的高度重视，体现了对政协组织的信任，体现了对广大委员的希望。全省政协系统要以更大的工作力度、更实的工作举措，发挥独特优势和作用，为全省经济发展和社会稳定大局添彩，交出一份不负省委重托、不负人民期望的政协“答卷”。

二、聚焦目标任务，确保“聚力量、防疫情、促发展”活动方向明确、重点突出

要按照《关于在全省政协系统开展“聚力量、防疫情、促发展”活动》通知要求，组织好本地活动，着力抓好以下三个方面。

一是突出活动主题主线。要坚持以习近平新时代中国特色社会主义思想为指导，把学习贯彻习近平总书记重要讲话精神作为这次活动的主题；把贯彻落实全国政协部署和省委、省政府要求，为统筹推进常态化疫情防控和经济社会发展建言资政、凝聚共识，推动全省实现“双过半”，确保“三个圆满收官”作为这次活动的主线，紧紧围绕主题主线谋划工作、开展履职，做到中心不移、方向不偏。

二是突出履职工作重点。经主席会议研究，省政协确定了加强常态化疫情防控、促进企业复工复产、强化投资拉动、助力脱贫攻坚、强化民生保障、培育消费增长点、抓好农业生产、发展卫生健康事业 8 项重点履职工作，这些都是王东峰书记在全省推进会上部署的重要任务，是我省统筹推进常态化疫情防控和经济社会发展的重点难点。各市县政协要立足活动主题主线，从本地党委政府中心工作出发，把本地统筹推进常态化疫情防控和经济社会发展工作部署、目标任务作为开展活动的重点内容，列出具体题目，明确履职方式，抓好履职工作。

三是突出政协工作特色。要充分发挥专门协商机构的优势和作用。省政协 8 项重点工作分别以专题协商、调研协商、民主监督等形式开展，市县政协可以从自身实际出发，通过专题议政性常委会议、专题协商会、调研协商、民主监督等，开展多层次、多形式的协商活动。要把开展活动同年度工作有机结合起来，一体设计、一体推进，把活动推向深入，把履职做到实处。要坚持以委员为主体，组织委员积极参与履职活动，认真协商议政，提出务实管用的意见建议。引导委员深入界别群众，深入一线调研，倾听民声民愿，反映社情民意。

三、坚持精准发力，确保“聚力量、防疫情、促发展”活动成果丰富、实效明显

“聚力量、防疫情、促发展”既对活动提出了实践要求，又提出了效果要求。要把活动真正开展成一次凝心聚力、扩大共识的活动，一次聚智献策、贡献力量的活动。

一是把“聚力量”落在“聚”上，汇聚更加广泛的合力。要聚思想认同，把加强思想政治引领、广泛凝聚共识贯穿履职活动始终，引导委员和机关干部充分认识我们有党中央的坚强领导，有中国特色社会主义的制度优势，一定能取得疫情防控和经济社会发展全面胜利，保持定力，坚定决心。要聚政协合力，全省政协系统紧紧围绕夺取“双胜利”，共下一盘棋、拧成一股绳，更全面地反映情况，更有效地汇聚建议，形成上下联动履职、共同推动发展的整体合力。要聚委员力量，带领委员看发展、看成就，进一步把握当前经济社会发展形势，加深对党委政府决策部署的理解认同；引导委员建真言、献良策，把自身优势和智慧力量充分发挥出来。要聚社会共识，组织动员委员到界别群众中正面引导、正面宣传，多做化解矛盾、增进共识的工作，多办雪中送炭、扶危济困的实事，汇聚全社会团结一心、共克时艰的广泛正能量。

二是把“防疫情”落在“防”上，构建更加坚实的防线。要在思想上高度重视，清醒认识当前国内外疫情防控形势的严峻性和紧迫性，坚决杜绝麻痹大意、松劲懈怠思想，始终保持高度警惕、严密防范。要在履职上更加有力，聚焦省委、省政府深化外防输入、内防反弹，强化基层基础工作等常态化疫情防控工作部署要求，组织引导委员积极建言献策，为党委政府提高防疫工作针对性、有效性提出意见参考。要引导委员发挥优势作用，教育引领广大政协委员立足工作岗位，发挥自身优势，在疫情防控工作中强化担当。要持续深化政协机关防控，全省各级政协组织要抓紧抓实抓细机关常态化疫情防控工作，严格落实防控措施，创新工作方式，统筹做好疫情防控和履职工作。

三是把“促发展”落在“促”上，形成更加有效的成果。要坚持目标导向选好题，紧密结合本地实际，聚焦党委政府推进经济社会发展工作部署、重点要点，广泛征求意见，选出党政所需、人民所盼、政协所能的题目，既要格局大、又要切口小，既有针对性、又有操作性。要坚持问题导向深调研，调研要到基层一线去，到困难问题多的地方去，掌握真实可靠的一手资料。要从助推问题解决出发，加强研究思考，使调研成为发现问题、推动问题解决的过程。要坚持结果导向建真言，组织委员、党政有关部门、专家学者深入协商讨论，认真归纳整理协商成果，不说空话、套话，努力提出党政部门没想到、没想深、没想透的意见建议，形成可供党委政府决策参考的建言成果。

四、强化工作落实，确保“聚力量、防疫情、促发展”活动组织有力、推进有序

这次会议后，“聚力量、防疫情、促发展”活动就要在全省政协系统全面展开了。要强化各环节、各方面工作措施，在抓好落实上见行动、求实效。

一是加强组织领导。省、市、县政协都要成立活动领导小组，主要负责同志为组长，有关副主席任副组长。省政协 8 项重点履职工作，由各副主席分别牵头负责。市县政协也要由副主席牵头领题，带头谋划工作，带头推动落实，带头督导检查。

二是细化工作方案。省政协各责任部门根据责任分工和任务要求，正在分别研究制定各项具体实施方案。市县政协要结合自身实际和工作内容，分别制定本级活动总体方案和具体实施方案，明确工作内容、工作步骤、时间安排、工作要求。

三是把握工作节点。全省政协系统拟于 10 月底前完成活动，市级政协要在 9 月中旬前完成，县级政协在 7 月底前完成。市县政协要把握好工作的进度和时间要求，活动中形成的建言成果要及时报送同级党委、政府，活动开展情况要形成综合报告，分别报送上一级政协组织和同级党委。

四是加强协调联动。全省政协组织要加强联系指导，统筹推进、联动履职。专委会要密切沟通协调，加强工作谋划、组织实施。活动要注意邀请住冀全国政协委员、住当地省市政协委员参加。民主党派、工商联要积极参与、发挥作用。通过上下联动，确保整个活动有声势、有影响、有成效。

五是强化工作作风。要认真落实中央《关于持续解决困扰基层的形式主义问题为决胜全面建成小康社会提供坚强作风保证的通知》要求，严格遵守中央八项规定及其实施细则精神和省委要求，坚决防止调研视察做样子、走过场，加强统筹协调，避免扎堆调研，不给基层增加负担。

六是营造浓厚氛围。要加强舆论宣传，深入报道全省各级政协系统活动开展情况，生动宣传各地的好做法好经验和涌现出的委员典型、工作成效，在全社会营造了解活动、支持活动、参与活动的良好氛围。

疫情发生以来，全省政协系统努力克服影响，积极创造条件，稳步推进各项工作。但仍有一些工作受到不同程度影响。要全面推进政协各项工作，着力学习贯彻习近平总书记关于加强和改进人民政协工作的重要思想，着力贯彻落实中央四中全会和中央、省委政协工作会议精神，把聚焦协商主责主业、加强思想政治引领、强化委员责任担当，深化政协党建工作，建立健全制度机制等重要工作推进好、落实好。市县政协还要把解决“两个薄弱”作为工作重点，加强实践探索，推动问题解决，干出新时代政协新样子。

同志们，开展好“聚力量、防疫情、促发展”活动是对全省政协系统讲政治、讲大局的一次考验，也是对我们履职能力、履职水平的一次检验。我们要以习近平新时代中国特色社会主义思想为指导，全面贯彻落实全国政协部署和省委要求，凝心聚力、实干担当，推动活动取得扎实成效，为全面建成小康社会、打赢脱贫攻坚战和“十三五”规划圆满收官作出新的更大贡献！

在全省政协系统“聚力量、防疫情、促发展”活动座谈会上的讲话

（2020 年 7 月 29 日）

叶　冬　松

同志们：

今天，我们召开全省政协系统“聚力量、防疫情、促发展”活动座谈会，听一听活动进展情况，既是一次经验交流会，也是一次工作推进会，共同推动“聚、防、促”活动走深走实。

刚才，书增同志通报了全省政协系统“聚、防、促”活动进展情况，唐山、廊坊市政协，藁城区、满城区、肃宁县政协的同志，结合工作实际，作了交流发言，讲得都很好。这次活动和以往开展的活动有很大不同，是一次创新性履职活动，新就新在三个“首次”：首次统一活动主题、统一动员部署、统一目标任务；首次明确以协商为主要方式；首次由全省政协上下联动、三级政协组织和四级政协委员共同参与，为全省大局献计出力的重大主题活动。4 月 28 日动员会后，全省政协系统把“聚、防、促”活动作为履职重中之重，做了大量工作，市县政协组织有力，第一时间成立领导小组，研究制定方案，班子成员带头领题，并动员部署，推动活动深入开展。活动有序，紧紧围绕省委、省政府和市县党政中心工作，按照时间节点开展重点履职。工作有效，通过各类协商活动，已经形成一批建言成果和共识成果，展现了专门协商机构优势和作用。

“聚力量、防疫情、促发展”活动是省委交给全省政协系统的重要任务，为政协在统筹推进疫情防控和经济社会发展大局中担当作为、履职尽责提供了重要平台。王东峰书记亲自点题，审定总体部署和活动方案，近期又对活动作出批示，充分体现了对政协组织的高度信任和政协委员的殷切希望。目前，县级政协已经基本完成重点履职，省、市两级正在稳步推进。要在总结好县级政协活动经验、活动成果的基础上，继续把活动推进好、开展好，向省委、向人民交上一份政协的合格“答卷”。

一、进一步强化责任担当，以“聚、防、促”活动深入开展更好地服务全省工作大局

这次活动以“聚力量”为总要求，以“防疫情、促发展”为目标，引领带动全省政协系统为统筹推进常态化疫情防控和经济社会发展建言资政、凝聚共识。活动中，市县政协主动争取党委领导，紧扣党政中心、群众关心开展履职，加强协调联动，取得很好效果。但在活动中也存在认识还不够到位、成果还不够明显、联动还不够畅通等问题。要在接下来的工作中着力加强改进，以更实的效果、更强的举措，推动活动深入开展。一是强化开展活动的政治自觉。坚决贯彻落实中央精神和省委部署，围绕中心工作抓大事、议大事，是政协组织义不容辞的政治责任。要把这次活动作为讲政

治、讲担当的现实检验，从履职内容到工作推进，从组织活动到形成成果，都要牢牢把握主题主线和主责主业，聚焦本地统筹推进疫情防控和经济社会发展工作部署、目标任务，助推党委政府工作部署落地见效，以实际行动落实党对政协工作的各项要求。二是强化做好活动的思想自觉。“聚、防、促”活动不能搞成轰轰烈烈的形式主义，必须取得实实在在的活动成果。建言成果上，坚持目标导向、问题导向、结果导向，调查研究要深入一线掌握真实情况，意见建议要为党委政府提供决策参考，民主监督要助推党委政府决策部署落地落实。思想共识上，引导委员、党派团体和机关干部坚定决心信心，加深理解认同，汇聚全社会团结一心贯彻落实党委政府决策部署的合力。疫情防控上，既要为常态化疫情防控工作部署献计出力，又要统筹推进机关防控和各项工作，真正把“聚”“防”“促”的要求落到实处。三是强化推进活动的行动自觉。这次活动最大的特点就是聚全省政协之力，上下联动、共同开展。省政协要继续深入推进重点履职工作，领导班子成员要加强对市县政协联系指导，探索联合履职、联动协商等。市政协要抓好自身活动开展，强化协调配合。要为住冀全国政协委员、省、市、县政协委员参加本地活动搭好平台，通过联合调研、共同举办协商活动发挥各党派团体作用，构建从上到下、从内到外、从点到面的整体工作格局，更有效地汇聚智慧，更有力地凝聚人心。

二、进一步聚焦主责主业，把“聚、防、促”活动打造成为推动政协协商民主的特色品牌

这次活动，我们特别强调要充分发挥专门协商机构的优势和作用，把协商作为开展活动的主要抓手，促进了县级政协协商工作不断深化、不断提升。活动中，大家把协商作为主要工作方式，开展调研协商、民主监督、远程协商等，省、市、县三级政协共组织开展了600多项协商活动。有的市县还积极创新协商方式，着力激发委员力量，形成的成果得到党政部门采纳。但活动中还存在有的协商开展不够、有的协商工作不规范、有的委员作用发挥不充分等问题。要巩固运用经验做法，解决薄弱环节和不足，使活动开展的过程成为抓好主责主业、加强改进工作的过程，发挥出专门协商机构的优势作用。一是着力做好协商主业。专门协商机构是政协的性质定位、工作定位、角色定位。这次活动充分证明，只有把协商主责主业做好了，才能充分体现专门协商机构的制度效能，才能赢得党委政府的重视和支持。要继续把协商作为开展活动的抓手，通过“聚、防、促”活动，进一步解决定位模糊、职责模糊的问题，推动县级政协把协商作为主要工作，保证协商活动次数。要继续创新适合基层特点、本地实际的协商方法，采取会场＋现场、线上＋线下、集中＋分散、固定＋移动等，增强协商的开放度和时代性。二是着力规范协商活动。要在活动过程中，对照中央40号意见和省委41号实施意见，对照省委2018年出台的政协协商民主、民主监督工作实施意见，推动议题选择、方案制定、活动组织、形成成果等各环节工作的制度化规范化程序化。三是着力发挥委员作用。委员是这次活动的主要力量，也是协商工作的主体。活动开展得好不好，协商成果丰富不丰富，主要取决于委员作用发挥得充分不充分。一方面，要把这次活动作为履职的重要平台，组织委员积极参与，扎实调研、认真协商，发挥作用。另一方面，要把这次活动作为提高委员能力的重要载体，引导委员在实践中增强责任意识、把握履职方式、提升履职水平。同时，要把这次活动作为履职为民的重要途径，引领委员深入群众，当好桥梁纽带，为群众办实事、做好事、解难事。

三、进一步抓好工作落实，切实完成“聚、防、促”活动各项目标任务

目前，“聚、防、促”活动已经过半。省、市、县三级政协组织认真落实工作方案要求，按照时间节点开展重点履职，取得阶段性成效。但还存在活动进度不平衡、成果质量不够高、活动开展不深入、活动影响不够广泛等问题。要紧盯目标任务，高质量完成活动。一是注重把握工作进度。按照目标任务、履职方案要求，推进各项重点履职活动。县级政协要在7月底前完成，8月10日前，各市政协要汇总报送县级活动总体情况，材料要有事例、有数据、有成效、有问题、有建议。市级活动要在9月中旬前完成，全省政协系统“聚、防、促”活动要在10月底前完成。二是注重形成活动成果。按照工作要求，县级政协要报送建言成果，同时要把共识成果作为重要内容，形成活动开展情况综合报告，分别报送市级政协组织和县委。要加强对建言成果的跟踪反馈，加大成果转化力度。三是注重提炼经验做法。县级政协没有完成的要继续推动，已经完成的要总结好活动经验。市级政协要在县级活动经验基础上，把工作开展得更好、更深入。要及时发现活动中协商工作、思想引领、委员担当、自身建设等方面的好做法，总结推广，推动政协组织之间相互学习，提升履职水平。四是营造好舆论氛围。加强宣传报道，通过中央、省市级新闻媒体和政协网站、刊物、微信公众号等，深入报道“聚、防、促”活动的成果成效、履职做法，深入挖掘活动中涌现的委员典型、展现的联动效能等，为活动开展营造良好的舆论氛围。

贯彻落实中央和省委政协工作会议精神是今年工作的重点，市县政协要高度重视，认真落实。没有召开政协工作会议的县、区、市要抓紧召开，中央40号意见和省委41号实施意见中明确规定的要落实到位，对制度机制等有明确要求的要建立健全，进一步抓好协商主责主业，着力推动解决“两个薄弱”。通过全省政协共同努力，把中央精神和省委要求贯彻好落实好，推动政协工作取得新进步。

同志们，开展“聚力量、防疫情、促发展”活动既为我们服务全省大局提供了舞台，也为我们推进协商民主注入了动力。我们要以习近平新时代中国特色社会主义思想为指导，认真贯彻习近平总书记关于加强和改进人民政协工作的重要思想，深入落实省委要求，充分发挥政协优势，切实把活动推进好、开展好，以扎实成效为统筹推进常态化疫情防控和经济社会发展贡献政协智慧和力量！

在河北省政协工作经验交流会上的讲话

（2020 年 9 月 14 日）

叶　冬　松

同志们：

经省委批准，召开这次省政协工作经验交流会，主要任务是深入学习贯彻习近平总书记关于加强和改进人民政协工作的重要思想，全面落实中央和省委政协工作会议精神，交流探讨工作举措、实践成果和经验体会，共同推动政协事业发展、工作进步。可以说，这次会议既是一次贯彻中央和省委政协工作会议精神成果的经验交流会，也是一次工作推进会。

在中央政协工作会议召开一周年之际，全国政协举行全国地方政协工作经验交流会，总结贯彻情况，部署今后工作。汪洋主席在会上，紧紧围绕学习贯彻习近平总书记重要讲话和中央政协工作会议精神这个主题，就持续抓好党的十九届四中全会和中央政协工作会议学习贯彻，明确部署五项重要工作，具有很强的指导性、针对性和实践性。刚才，沈小平同志介绍了一年来省政协贯彻落实中央和省委政协工作会议精神的主要情况，7 个市县政协负责同志做了很好的发言，会议还印发了 28 篇书面发言。可以看出，一年来，各市县深入学习贯彻中央和省委政协工作会议精神，有特点、有亮点。大家把经验带到会上，相互学习、相互借鉴，共同把工作做得更好、更到位。

一年来，全省政协坚持以习近平新时代中国特色社会主义思想为指导，认真学习贯彻习近平总书记关于加强和改进人民政协工作的重要思想，聚焦中央和省委政协工作会议精神这个重点，理论学习更加深入；自觉接受党委领导，切实增强“四个意识”、做到“两个维护”，全面加强政协党建，政治站位更加提升；引导委员积极参与抗击疫情斗争，紧扣统筹推进疫情防控和经济社会发展开展履职，为夺取“双胜利”凝心聚智，服务大局更加有力；牢牢把握政协性质定位，进一步完善协商内容，丰富协商形式，协商工作更加规范；不断强化委员主体意识，激发委员责任担当，委员作用更加凸显；着力推动解决“两个薄弱”问题，配强工作力量，自身建设不断加强。

学习贯彻习近平总书记关于加强和改进人民政协工作的重要思想，贯彻落实中央和省委政协工作会议精神，是一项长期任务，必须在实践中深化，在深化中推进。下面，我就进一步推进贯彻落实，推动工作发展，讲几点意见。

一、强化理论武装，进一步理解把握党中央对政协工作的新部署、新要求

去年 9 月，党中央召开政协工作会议，是具有里程碑意义的重要会议。习近平总书记发表重要讲话，为政协事业定性赋能、指引方向，是政协工作的根本遵循、行动指南。中央和省委政协工作会议以来，全省政协把党的创新理论武装作为首要政治任务，完善学习机制，创新学习方式，集中开展了一系列学习活动，通过全覆盖的理论大学习，进一步深化了对习近平总书记重要讲话精神的理解把握，增强了发挥好专门协商机构作用的使命担当。但仍然存在有的委员和政协干部对中央精神理解还不够深入；有的身体进入新时代，思想还停留在过去时；有的学习工作两张皮，没有真正把党中央要求和省委部署落到实处。贯彻落实好中央和省委对政协工作的新部署、新要求，首要任务是要加强理论武装，解决思想根子问题。一是在学习领会习近平总书记重要讲话精神上下功夫。要健全完善以党组理论学习中心组学习为引领，党组会、主席会集体学习，常委会专题学习，机关全体学习和委员培训学习等相配套的学习格局，举办好习近平新时代中国特色社会主义思想学习座谈会，开展好委员读书活动，结合学习领会《习近平谈治国理政》第三卷和习近平总书记在全国抗击新冠肺炎疫情表彰大会上的重要讲话精神，结合巩固深化习近平总书记关于加强和改进人民政协工作的重要思想学习成果，结合学习中共十九届四中全会精神、中央政协工作会议精神和中央《意见》要求，切实把思想和行动统一到习近平总书记重要讲话精神上来。二是在理解把握全国政协部署要求上下功夫。汪洋主席在经验交流会上，总结前一阶段贯彻落实工作，部署今后五项重点任务，对我们开展工作具有很强的指导性、实践性。要准确理解把握，把坚持党的领导、建设专门协商机构、广泛凝聚共识、健全工作制度、加强联系指导作为下一步工作重点，市县政协尤其要做好协商工作、解决“两个薄弱”，确保工作紧跟时代需要，紧跟全国政协部署要求。三是在贯彻落实中央和省委政协工作会议精神上下功夫。贯彻落实中央和省委政协工作会议精神，必须抓住中心的任务，必须落实基本的要求。但有些工作也要结合本地实际，如协商次数、机构编制等，不搞上下一般粗，不搞“一刀切”。要认真对照省委 41 号实施意见，切实改进不到位、不协调的地方，把学习成效、贯彻落实体现在扎扎实实的工作中。

二、增强政治自觉，坚定不移坚持党对政协工作的全面领导

党的领导是政协事业发展进步的根本保证，必须落实到政协工作的各方面和全过程。中央和省委政协工作会议后，各级党委重视支持、及时贯彻，召开政协工作会议，全面加强对政协工作的领导。全省政协坚持党的领导，严格执行请示报告，落实党委部署，加强党的建设，成立机关党组，建立界别党组织、临时党组织等，并结合工作实际加强实践探索，党建取得新进展。但还有 7 个县区没有召开政协工作会议；有的政协党组织设置还不健全，党的工作覆盖不全面；有的党建政协特色不够突出、党建成效不够明显等。要把坚持党的领导作为政协开展一切工作的“生命线”，不折不扣落实到位。一是强化政治站位，把党的领导落实到重要工作中。召开党委政协工作会议是加强党对政协工作领导的重要体现，是推动党委各部门关心支持政协工作的重要契机。少数县还没有开政协工作会议，这说明政协自身政治意识不强，工作不重视，没有主动向县委汇报、争取支持，使得坚持党的领导在具体工作中不落实。政协党组要充分发挥把方向、管大局、保落实的领导作用，坚决避免口头表态、文件落实，甚至一拖到底、不了了之，以实际行动坚持好落实好党对政协的全面领导。二是强化两个“全覆盖”，把党的领导筑牢在组织建设中。要按照我省加强政协党建实施意见要求，建立健全各级党组织。设立了机关党组的，要不断完善机关党组工作规则和各项制度。要依托专委会探索建立界别党组织，在重要会议、重要活动中要设立临时党组织，努力做到党的组织、党的工作全覆盖。三是强化政协特色，把党的领导体现在发挥党员委员作用中。加强政协党建工作、突出政协党建特点，就要充分发挥党员委员作用。今年，省政协首次开展党员常委履职建言情况点评工作并进行通报，取得很好效果。要继续建立健全党员常委履职建言点评通报、党员委员联系党外委员等制度，探索党员委员参加双重组织生活的办法，让党员委员更积极地参加政协党组织活动，更主动地发挥先锋模范作用。

三、聚焦主责主业，充分发挥专门协商机构优势作用

专门协商机构是习近平总书记对政协性质定位作出的新概括，综合承载了政协的性质定位、工作定位和角色定位。全省政协着力强化协商民主，拓宽平台，创新方法，开展灵活多样的协商活动，发挥出专门协商机构作用。全省政协还把“聚力量、防疫情、促发展”活动作为推进协商工作重要抓手，组织委员深入调研，建言献策，凝心聚力，在全省大局中体现政协担当作为。但仍存在有的职能定位不清晰、协商主责主业不明确；有的不清楚协商怎么干，不会组织协商；有的不清楚协商要干出什么效果等。市县政协要准确把握政协职能定位、功能要求，切实加强专门协商机构建设，发挥政协独特的优势作用。一是明确政协主要的工作是协商。要突出专门协商机构职能定位，保证基本的履职活动和协商频次，不能用一般性的视察和党委政府交办的工作代替协商，切实解决职责模糊、定位模糊的问题。在“聚力量、防疫情、促发展”活动中，县级政协组织了很多协商活动，形成了不少建言成果和共识成果，得到了党委政府的充分肯定。这说明，县级政协完全有能力做好协商工作，也说明，只要我们把自己的事干好了，就能发挥出专门协商机构的优势作用，就能赢得党委政府的重视和支持。二是明确协商主要的工作方式是搭台。政协不是协商主体，而是协商机构，我们的工作就是为委员、党派团体、党政部门、社会各界协商搭好平台。目前，大多县级政协协商方式以专题议政性常委会议为主，有的组织了专题协商会、协商座谈会，有的开展了民主监督，有的探索出适合基层开展、适合群众参与的协商平台。县级政协要积极探索创新，形成会场＋现场、集中＋分散的协商新格局。要按照中央和省委关于协商民主、民主监督意见要求，精选议题、规范程序、丰富形式，每年至少开展3—4次协商工作，继续深化协商式监督，推动协商广泛多层制度化发展。三是明确协商的工作主旨是双向发力。在协商活动中，提出意见建议是成果，形成思想共识也是成果；推动政策落地是成果，加深理解认同也是成果。市县政协要准确把握双向发力这个主旨，积极推进政协协商与基层协商有效衔接，畅通群众有序参与基层治理的渠道，既形成推动经济发展、民生改善的好建议，也形成共同贯彻落实党委政府决策部署的思想认同。

四、突出中心环节，推动凝聚共识工作走深走实

凝聚共识是在三大职能基础上增加的一项重要职能。一年来，全省政协着力建设“重要阵地、重要平台、重要渠道”，加强与委员和社会各界的联系，广泛凝聚人心、凝聚力量。但与其他工作相比，凝聚共识还是比较薄弱的环节。比如，对加强思想政治引领的思路还不够宽，凝聚共识的办法和手段还不够多，工作制度机制还不够健全等。要把加强思想政治引领、广泛凝聚共识作为履职的中心环节，以更实举措推动工作。一是通过加强学习教育，进一步强化思想引领。举办委员学习座谈，开展重大专项工作委员宣讲、委员讲堂等，组织委员学习党的创新理论，讲好政协故事，让委员增强政治意识，打牢共同思想政治基础。做好谈心谈话、看望委员，及时掌握委员思想动态，强化思想引领。二是通过开展履职活动，进一步增进理解认同。开展党外委员专题视察，视察调研中让委员看变化、看成就，视察调研后不拘体裁、不拘字数谈认识、写体会。对质量较高的认识体会，可在省级媒体宣传报道，在政协刊物、简报摘登，进一步增进认同。做好少数民族界和宗教界委员专题学习考察、界别协商，拓展同港澳台同胞、海外侨胞的交流交往。加强与党派团体联合调研、联合监督、联办协商活动等，汇聚推动经济社会发展的广泛合力。三是通过发挥委员作用，进一步扩大社会共识。目前，各市县以不同形式建立了委员活动室、委员之家等800多个，这些是发挥委员作用的重要阵地。要利用好委员活动阵地，探索委员联系群众的工作方法、制度机制，特别是县级政协要发挥贴近群众和服务基层的优势，鼓励支持委员深入界别群众中正面引领、宣传政策，解疑释惑、化解矛盾，不断巩固党执政的政治基础和群众基础。

五、加强自身建设，促进政协工作取得新发展

中央意见和省委实施意见都对加强政协自身建设提出明确要求。全省政协把加强自身建设作为提高履职能力和水平的基础性工作，加强机关干部学习培训，完善委员服务管理，健全机构设置，增加人员编制。但还存在工作制度化规范化程序化还不够，服务管理委员还需进一步加强，有的机关干部"庸懒散松"问题还没有解决，有的县级政协机构名称不规范、设置不到位、人员编制不足。要着力增强履职能力，提高工作水平，把政协自身建设得更加过硬。一是健全工作制度机制。要把工作制度作为加强和改进政协工作的"牛鼻子"，认真贯彻落实省委实施意见中的制度任务，建立健全会议组织、履职活动等规则，研究制定凝聚共识、委员责任担当等制度。要在工作中注重总结经验，不断完善提升，形成符合本地实际的制度规定。要把制度规定落实好，教育机关干部和委员严格执行制度，形成按照制度规定履职尽责、开展工作的良好氛围。二是强化委员服务管理。教育委员增强政治把握、调查研究、联系群众、合作共事能力，全面提高履职水平。目前，已有117个县级政协在1601个乡镇街道设立了召集人或联络员，要继续探索"不建机构建机制"的措施办法，完善运用网络联络服务委员的制度。要建立健全委员履职档案、履职情况统计、常委提交履职报告等制度，完善履职评价及激励机制，研究对不履行职责的委员进行提醒或相应处理的办法，激发委员履职主动性。三是提高机关工作水平。这次会议上，不少市县政协都针对解决"两个薄弱"问题谈了很好的工作思路。要借鉴这次会议上的好经验，积极向党委汇报，从实际出发强化基础工作和人员力量。要加强机关学习培训，提高组织协商、办文办会、服务保障水平，坚决防止和克服形式主义，以一流标准、一流水平、一流作风，干出政协工作新样子。

同志们，新时代政协工作责任重大，使命光荣。让我们更加紧密地团结在以习近平同志为核心的党中央周围，坚持以习近平新时代中国特色社会主义思想为指导，深入贯彻落实中央和省委政协工作会议精神，奋发有为，锐意进取，努力开创新时代人民政协事业新局面，为建设经济强省、美丽河北作出新的更大贡献！

在庆祝河北省政协成立70周年理论研讨会上的讲话

（2020年9月25日）

叶 冬 松

同志们：

今年是河北省政协成立70周年，这次理论研讨会是省政协庆祝活动的一项重要内容。会议主要任务是，坚持以习近平新时代中国特色社会主义思想为指导，深入学习贯彻习近平总书记关于加强和改进人民政协工作的重要思想，进一步落实中央和省委政协工作会议精神，围绕发挥政协专门协商机构作用深入研讨，以理论研究新成果推动政协事业新发展。

刚才，8位同志聚焦会议主题，作了很好的发言，会议还印发了63篇书面发言和研究论文。这些发言和论文既有对政协新方位新使命的研究思考，也有对工作经验的总结提炼，既有对理论问题的深入分析，也有对实践问题的积极探讨，对发挥好政协专门协商机构作用，推进政协工作具有启发意义。

70年来，在中共河北省委领导下，省政协认真贯彻党的理论和路线方针政策，坚持团结和民主两大主题，坚持围绕中心、服务大局，倾听群众呼声、反映群众愿望，认真履行政治协商、民主监督、参政议政职能，团结一切可以团结的力量，为河北经济社会发展作出积极贡献。

党的十八大以来，省政协坚持以习近平新时代中国特色社会主义思想为指导，深入学习贯彻习近平总书记关于加强和改进人民政协工作的重要思想，不断巩固共同团结奋斗的思想政治基础。坚持党对政协工作的领导，严格执行请示报告制度，认真落实政协党建责任，始终与党同心同向、同心同行。主动服务全省工作大局，围绕办好“三件大事”、打赢“三大攻坚战”等中心工作，开展调查研究，积极建言献策，为党政决策提供了有益参考。聚焦协商主责主业，不断丰富协商内容、创新协商形式、拓宽协商渠道，政协协商更有活力、更有成效。坚持履职为民，围绕脱贫攻坚、污染防治等民生关切履职尽责，努力促进民生改善、增进民生福祉。大力加强自身建设，委员政治意识、履职能力有效提升，机关干部工作作风进一步转变，各项工作迈上新台阶。高度注重理论研究工作，组织召开习近平总书记关于加强和改进人民政协工作的重要思想理论研讨会、庆祝人民政协成立70周年理论研讨会。完成省人民政协理论研究会换届工作，积极发挥参政议政人才库作用，建立人民政协理论研究基地，制定研究会工作规则，建立重点课题招标制度，政协理论研究进一步常态化、制度化、规范化。

特别是中央和省委政协工作会议召开一年来，全省政协把学习贯彻习近平总书记重要讲话和中央、省委政协工作会议精神作为重大政治任务，推动政协事业取得新发展。着力强化理论武装，组织常委、委员、机关干部、市县政协，集中开展了一系列学习活动，进一步深化理解习近平总书记重要讲话和党的十九届四中全会、中央政协工作会议精神。着力加强政协党建，坚持党的领导，建立健全政协党组织，完善党建制度规则，努力做到党的组织、党的工作全覆盖。着力推进协商民主，拓宽平台，创新方法，把"聚力量、防疫情、促发展"活动作为推进市县政协协商的重要抓手，推动专门协商机构专出特色、专出质量、专出水平。着力深化凝聚共识，把加强思想政治引领、广泛凝聚共识作为履职工作的中心环节，推进"重要阵地、重要平台、重要渠道"建设，广泛汇聚正能量。着力完善制度机制，制定《省政协重要工作制度建设任务落实方案》，出台加强和改进专门委员会工作和制度建设的意见、协商议政质量评价工作办法等，政协制度建设进一步加强。着力加强委员责任担当，引导委员旗帜鲜明讲政治，加强学习培训，强化服务管理，充分发挥委员主体作用。着力加强联系指导，通过深入调研、召开会议、联动履职等，推进市县政协加强和改进政协工作。

这些成绩的取得，是在习近平新时代中国特色社会主义思想指导下，在省委正确领导下，是全省各级政协组织、政协各参加单位、广大政协委员和政协机关干部共同努力的结果，是社会各界、政协理论工作者和有关方面大力支持的结果。借此机会，我代表省政协，向大家表示衷心的感谢！

回顾省政协70年历史，我们深切感到，做好政协工作，必须坚持党的领导，增强"四个意识"、坚定"四个自信"、做到"两个维护"，把党对政协工作的要求落实到位；必须坚持政协性质定位，始终做到不动摇、不偏离，坚定不移走中国特色社会主义发展道路；必须坚持发扬民主，聚焦主责主业，充分发挥专门协商机构作用；必须坚持围绕全省大局履职尽责，紧扣中心工作资政建言、献计出力；必须坚持人民立场，反映民意、凝聚民心，做到人民政协为人民；必须坚持突出特色，把加强思想政治引领、广泛凝聚共识作为中心环节，实现资政建言和凝聚共识双向发力；必须坚持改革创新，充分发挥委员主体作用，大力加强自身建设，推动政协工作常做常新。这些启示，既是对过去政协工作的经验总结，也是对今后政协工作的基本要求，我们要始终坚持，不断发展。

下面，我就做好新时代政协工作，讲三点意见：

一、强化理论武装，锚定使命任务，提升思想新境界

理论武装是开展理论研究、推进政协事业的重要基础和前提。近年来，全省各级政协和政协理论工作者把党的创新理论武装作为首要政治任务，完善学习机制，创新学习方式，取得明显成效。但仍然存在学习理解不深入，对政协新方位新使命把握不到位，学习与理论研究、推动工作结合不紧密等问题。要自觉加强学习，推进党的创新理论武装走深走实。一是深入学习习近平总书记关于加强和改进人民政协的重要思想。党的十八大以来，习近平总书记从党和国家事业发展全局出发，首次阐明新时代人民政协的新方位新使命，首次阐明人民政协是社会主义协商民主的重要渠道和专门协商机构，首次阐明人民政协是国家治理体系的重要组成部分，首次阐明人民政协是具有中国特色的制度安排，等等，形成习近平总书记关于加强和改进人民政协工作的重要思想，对党的人民政协理论作出了原创性贡献。要巩固拓展习近平总书记关于加强和改进人民政协工作的重要思想学习研讨活动成果，从思想上真正把新时代人民政协"是什么、干什么、怎么干"等重大理论和实践问题搞清楚弄明白，锚定新方位，肩负新使命，奋力谱写政协事业新篇章。二是深刻理解中央政协工作会议新精神。习近平总书记在中央政协工作会议上的重要讲话，科学回答了新时代人民政协事业一系列重大理论和实践问题，标志着我们党对人民政协工作的规律性认识达到新的高度，为新时代加强和改进人民政协工作指明了前进方向。要深刻理解习近平总书记对人民政协重要贡献高度评价中蕴含的政治考量和时代价值，坚持好人民政协制度，发展好人民政协事业。要深刻理解习近平总书记阐明的党对政协工作的八项要求，切实把党中央决策部署和对政协工作的要求贯彻到底、落实到位。要深刻理解习近平总书记对着力发挥政协专门协商机构作用，着力加强思想政治引领、广泛凝聚共识，着力强化委员责任担当的工作要求，把政协的特点和优势发挥好、运用好。要学习贯彻习近平总书记重要讲话精神，贯彻落实省委政协工作会议精神和省委《实施意见》，聚焦主责主业，把握工作重点，推进政协工作。三是准确把握全国政协的新要求。十三届全国政协对坚持党的领导、建设专门协商机构、广泛凝聚共识、健全工作制度、加强联系指导等重要工作作出部署，提出明确要求，对做好地方政协工作具有重要的指导意义。要学习思考研究，主动对标对表，找准我们工作中存在的短板和弱项，采取有效措施，不断加强改进，确保工作紧跟时代需要，紧跟全国政协部署，紧跟省委要求。

二、强化导向引领，聚焦重点难点，推动事业新局面

面对新形势新任务，政协工作要展现新作为。但与新时代新要求相比，我们的工作还存在一些差距和不足，有的协商主责主业不明确，有的建设"三个重要"思路还不够宽，有的政协特点优势体现不明显，有的履职工作成效不显著等。要聚焦重点难点，切实加以改进。一是坚持目标导向。要把坚持和发展中国特色社会主义作为巩固共同思想政治基础的主轴，把加强思想政治引领、广泛凝聚共识作为中心环节，把协商工作作为主责主业，推进政协工作不断取得新进步。要教育引导政协委员和参加政协的各党派团体，深刻认识中国共产党领导是中国特色社会主义的最本质特征，是人民政协事业发展的根本保证，增强"四个意识"、坚定"四个自信"、做到"两个维护"，坚定不移走中国特色社会主义民主发展道路。要加强专门协商机构建设，坚持和完善已有协商形式，探索创新协商平台，培育富有政协特色的协商文化，提高建言质量，提升专的水平，突出商的特色。要把凝聚共识作为重要职能，把政协建成党对各项工作领导的重要阵地、用党的创新理论团结教育引导各界代表人士的重要平台、化解矛盾和凝聚共识的重要渠道，为政协事业发展提供动力。二是坚持问题导向。要针对当前政协工作中存在的问题，有针对性地加强实践探索，开展理论研究。比如，围绕政协党建特色不够突出、党建成效不够明显，加强思想政治引领的思路不够宽、凝聚共识的办法手段不够多、工作制度机制不够健全、服务管理要求不够到位等问题，认真思考、寻找对策、提出建议。三是坚持结果导向。要发挥政协的制度优势，在协商中促进广泛团结，在合作共事中促进多党合作，在实践中发扬人民民主，切实把政协制度优势转化为治理效能。要充分发挥政协人才荟萃、智力密集优势，围绕全省工作大局协商议政、建言献策，提出高质量的意见建议，推动我省经济社会发展。要体现政协特色，始终把委员作为政协工作的主体，加强服务管理，教育引导委员珍惜委员荣誉和政治身份，增强政治意识，做到强化责任勇担当、提高能力善担当、模范带头真担当，树立新时代政协委员良好形象。

三、强化实践探索，不断开拓创新，注入发展新动力

政协事业是一项开创性事业，需要与时俱进、开拓创新。要针对目前政协工作中存在的制度不够完善、理论研究不够深入、人才骨干作用发挥不够明显、工作方法不够灵活等问题，积极探索、勇于实践。一是推进制度机制创新。要按照省委政协工作会议要求，统筹推进政协制度建设，重点做好十项工作制度机制的制定和修订，不断完善政协党建制度、履职制度、委员管理制度和联系指导工作制度，推进政协制度在坚持中发展，在巩固中完善。要结合实际尽快制定《河北省政协党员委员组织关系一方隶属参加双重组织生活实施方案》《加强凝聚共识的意见》和《协商工作规程》，修订《专门委员会通则》和《中共政协河北省委员会专门委员会分党组工作规则》，推进政协制度化、规范化、程序化建设。二是推进政协理论创新。要坚持面向实践开展政协理论研究，增强理论研究的针对性、实效性。要以课题为纽带，发挥好省人民政协理论研究会、政协理论研究基地和全省政协系统、高校科研机构等作用，形成高质量研究成果。要发挥参政议政人才库专家学者的作用，组织开展协商、调研、座谈等各类活动，充分发挥智力资源和人才优势。各位研究会的理事、会员和专家学者，要充分发挥自身优势和特长，围绕政协理论中的重点难点热点问题开展研究，多出成果、出好成果。三是推进工作创新。要围绕全省工作大局，围绕人民群众所思所盼，创新履职形式，丰富履职内容。要充分利用新媒体、大数据、云平台，运用网络平台、视频会议、网络调研等，推动工作手段创新。要认真总结开展谈心谈话、委员宣讲、乡镇委员联络，建设委员之家和委员活动室等创新性工作的经验做法，因地制宜推进工作载体创新、工作平台创新、工作方法创新，增强政协工作的生机与活力。

同志们，新时代为人民政协提供了大有可为的广阔舞台。让我们紧密团结在以习近平同志为核心的党中央周围，坚持以习近平新时代中国特色社会主义思想为指导，在省委领导下，更加奋发有为，更加锐意进取，不断开创全省政协工作的新局面，为加快建设经济强省、美丽河北作出新贡献！

在全省政协“聚力量、防疫情、促发展”活动总结会上的讲话

（2020年10月28日）

叶 冬 松

同志们：

今天，我们召开全省政协“聚力量、防疫情、促发展”活动总结会，主要任务是深入学习贯彻习近平总书记重要讲话精神和党中央决策部署，落实全国政协汪洋主席讲话和省委书记王东峰批示、省委要求，对“聚、防、促”活动情况进行全面总结，对巩固深化活动成果、推动全省政协工作创新发展作出部署。

新冠肺炎疫情发生以来，以习近平同志为核心的党中央坚持把人民生命安全和身体健康放在第一位，习近平总书记亲自指挥、亲自部署，多次主持召开会议，深入一线调研，发表重要讲话，作出统筹推进疫情防控和经济社会发展的战略部署，夺取了全国抗疫斗争的重大战略成果，经济社会运行和生产生活秩序恢复取得显著成效。全国政协汪洋主席要求，政协各级组织、各参加单位和广大委员，要紧扣统筹推进疫情防控和经济社会发展履职尽责、凝心聚力。省委、省政府坚决贯彻习近平总书记重要讲话精神和党中央决策部署，及时采取有力有效措施，坚持一手抓疫情防控，一手抓经济社会发展，“双胜利”取得重要阶段性成效。省、市、县政协坚决贯彻落实中央精神、全国政协部署和省委要求，发出倡议动员，参与防控一线，助力复工复产。同时，按照王东峰书记批示，在全省政协开展了“聚力量、防疫情、促发展”活动。全省政协组织在同级党委领导下，紧扣学习贯彻习近平总书记重要讲话精神这一主题，聚焦助推“双胜利”、确保“三个圆满收官”这一主线，协调联动、突出特色，履职尽责、担当作为，形成了一批建言成果，凝聚起广泛共识。王东峰书记指出，省政协开展的此项活动抓得紧、力度大、效果好，要持续强化，努力取得新成效。市县党委对活动予以充分肯定，党政领导作出肯定性批示。经过协调联动、共同努力，“聚、防、促”活动取得重要阶段性成果。

一是强化组织领导，着力形成统筹推进、协调联动的履职工作格局。全省政协组织把“聚、防、促”活动作为服务大局的重要抓手，思想上高度重视，行动上迅速有力。一是迅速启动。王东峰书记作出批示后，省政协立即行动，成立领导小组，制定活动方案，召开视频会议，印发活动通知，作出动员部署。市县政协及时向市县委汇报，紧密结合本地实际，研究贯彻落实意见，明确履职工作重点，推动活动深入开展。二是合力推进。省、市、县政协聚焦活动主题，把“聚力量”作为总要求，把“防疫情、促发展”作为总目标，坚持上下联动、左右协同、内外互动，形成三级政协组织、四级政协委

员广泛参与和党政部门积极配合的整体合力。三是彰显特色。把开展协商作为“聚、防、促”活动的有力抓手，搭建协商平台，创新协商形式，发挥协商作用。省政协 8 项重点工作分别以专题协商、调研协商、民主监督等形式开展，市县政协积极探索“一线协商”“微协商”“网络协商会”等具有基层特色的协商活动，组织开展协商活动 600 多项，彰显了政协协商的生机与活力。

二是全面凝聚力量，汇集贯彻落实省委、省政府决策部署的广泛合力。全省政协把加强思想政治引领、广泛凝聚共识贯穿活动全过程，2 万多名政协委员积极参与，努力以共识引领人心，以团结汇聚力量。一是政治上增认同。坚持用党的创新理论武装头脑，通过党组会、主席会、理论学习中心组学习会、习近平新时代中国特色社会主义思想学习座谈会、委员读书活动等，深入学习习近平总书记重要讲话精神，深刻领会党中央统筹推进疫情防控和经济社会发展的决策部署，进一步增强“四个意识”、坚定“四个自信”、做到“两个维护”。二是思想上聚共识。通过党外委员专题视察、谈心谈话等，引领委员看成就、看变化，从战疫成效中充分认识中国共产党的坚强领导力和中国特色社会主义制度的显著优势，切实增进对省委决策部署的理解认同，增强决心信心，汇聚起团结一心、共克时艰的广泛正能量。三是行动上讲大局。省、市、县政协紧扣党政中心、社会关注、群众关切开展履职活动，围绕企业复工复产、重点项目建设、巩固脱贫成果等开展协商，助推党委政府工作部署和经济社会发展目标任务落地见效。

三是严密防控疫情，助推构建常态化疫情防控的坚实屏障。全省政协把疫情防控作为重大政治责任，严格落实各项措施，围绕防控重点难点，开展调查研究，积极献计出力，提交提案 5188 件，反映社情民意信息 2517 条，捐款捐物 4.5 亿多元。一是政协组织主动履职。疫情发生后，省、市、县政协坚决贯彻落实省委、省政府部署，第一时间印发倡议书，通过协商议政、调研视察、提交提案、反映社情民意等履职活动，为疫情防控献良策、出实招。二是政协委员主动担当。广大政协委员和海外侨胞代表积极响应，立足岗位特点、行业优势和自身专长，通过捐款捐物、驰援一线、助力复工复产等实际行动，为疫情防控、经济社会发展尽其所能。三是机关干部主动作为。省、市、县政协机关严格落实各项防控措施，统筹做好疫情防控和履职工作，确保机关不发生疫情。同时，市县政协领导抓好包联指导、督导检查，政协机关干部下沉社区一线开展卡点值守、排查巡查等工作，积极助力疫情防控。

四是聚焦重点难点，着力推动经济社会发展。全省政协把“促发展”作为履职活动的重要任务，紧扣群众所盼和企业所需履职尽责，开展重点履职活动 1475 项，呈报党委政府报告 805 篇，意见建议 5668 条，其中 3370 条被吸收采纳。一是助推企业复工复产。省政协围绕促进企业复工复产开展民主监督，助推出台的支持企业复工复产、达产达效政策措施落地落实。市县政协围绕企业复工复产、达产达效深入一线摸实情，协商建言出实招，收到良好成效。二是帮扶企业纾困解难。省政协领导班子成员认真开展重点项目、重点企业包联工作，进行实地调研，帮助解决突出问题。举办应对疫情冲击影响、支持中小企业发展专题协商座谈会，帮助企业解决实际困难。市县政协围绕帮扶企业纾困深入一线调研协商，积极反映社情民意，推进政企、银企、税企对接，帮助企业解决资金、用工、要素保障、市场销售等难题。三是助力经济社会发展。省、市、县政协围绕夺取“双胜利”，做好“六稳”“六保”工作，实现“三个圆满收官”等，开展协商议政、民主监督、视察调研，为推进经济社会发展、决战脱贫攻坚、决胜全面建成小康社会作出积极贡献。

“聚、防、促”活动中，省、市、县政协坚决落实中央决策部署和省委、省政府要求，努力把握新形势下政协工作的特点和规律，组织广大政协委员、海外侨胞代表立足岗位、发挥作用，整个活动推进有力、开展有序，凝聚了共识，汇聚了力量，促进了发展，积累了宝贵经验。即：必须旗帜鲜明讲政治和用创新理论武装，把习近平新时代中国特色社会主义思想作为统揽政协工作的总纲，增强“四个意识”、坚定“四个自信”、做到“两个维护”；必须坚持党对政协工作的全面领导，切实把党对政协工作的要求落实到政协工作各方面和全过程，确保政协始终在党的领导下开展工作；必须准确把握政协性质定位，聚焦协商主责主业，把协商民主贯穿履行职能全过程，充分发挥政协专门协商机构作用；必须围绕中心大局履职，找准政协工作与党政工作的结合点、着力点，在建言资政和凝聚共识上双向发力，凝聚万众一心团结奋斗的广泛合力；必须坚持人民政协为人民，把以人民为中心作为履职出发点和落脚点，做到协商于民、协商为民；必须强化委员责任担当，坚持为国履职、为民尽责的情怀，认真履行委员职责，充分发挥委员主体作用；必须永葆改革创新精神，不断提升履职能力，增强工作活力，推动提升全省政协履职创新的整体效能。

同志们，按照方案安排，全省政协“聚、防、促”活动基本结束，但不是履职活动的收场。当前，疫情仍在全球蔓延，国内零星散发病例和局部疫情仍然存在，秋冬季疫情防控面临的风险丝毫不能忽视。我省经济运行持续向好，主要指标高于全国平均水平，但外部经济环境依然严峻复杂，经济运行、企业发展仍面临不少困难和挑战。全省政协要以这次会议为新的起点，不断巩固和深化活动成果，在统筹推进常态化疫情防控和经济社会发展上作出政协贡献、展现政协作为。

一、坚持政治站位，确保履职方向不偏重点不移。这次“聚、防、促”活动最重要的特点，就是政协作为政治组织，必须旗帜鲜明讲政治，只有这样，政协工作才能沿着正确的政治方向前进。一是强化理论武装。把学习党的创新理论作为重大政治任务，坚持以习近平新时代中国特色社会主义思想为统领，深入学习贯彻习近平总书记关于加强和改进人民政协工作的重要思想，及时跟进学习习近平总书记最新重要讲话精神，切实增强“四个意识”、坚定“四个自信”、做到“两个维护”。二是坚持党的领导。要坚决服从、自觉接受党的领导，认真落实请示报告制度。政协党组要肩负起政治责任，发挥好把方向、管大局、保落实重要作用，确保党的决策部署在政协贯彻落实。三是把牢履职方向。认真贯彻党中央决策部署，落实省委要求，履职重点要聚焦本地统筹推进常态化疫情防控和经济社会发展目标任务，履职工作定位要突出协商主责主业，履职成果要体现建言资政和凝聚共识双向发力。

二、服务中心大局，展现政协新担当新作为。这次“聚、防、促”活动使我们认识到，只有把政协工作放到大局中去思考、大局中去谋划、大局中去推动，才能把握工作重点、体现政协价值。一是围绕中心大局履职。要围绕办好“三件大事”、打好三大攻坚战、做好“六稳”“六保”工作、谋划和实施“十四五”规划，围绕秋冬季和常态化疫情防控、企业生产经营的难点堵点、助力“双循环”等，开展协商议政，提出对策建议。二是围绕民生关切履职。坚持把以人民为中心的发展思想贯彻落实到政协履职的全过程，围绕就业、医疗、教育、社保等群众关心关注的问题，组织协商座谈，进行民主监督，多办惠民利民的实事好事，协助党委政府破解民生难题、增进民生福祉。三是协调联动履职。省政协领导班子成员要加强对市县政协联系指导，推动市县政协聚焦中心大局履职尽责。要选择统筹推进常态化疫情防控和经济社会发展中的重要问题，探索联动协商、联合调研等，形成工作合力。要为住冀全国政协委员、省、市、县政协委员参加活动搭好平台，为各党派团体发挥作用创造条件，构建从上到下、从内到外、从点到面的整体工作格局，更有效地服务疫情防控和经济社会发展。

三、彰显特色优势，推动政协事业创新发展。这次“聚、防、促”活动使我们感到，只有彰显政协特色，才能更好发挥政协优势和作用。一是在发挥政协专门协商机构作用上更进一步。在“聚、防、促”活动中，市县政协把协商作为主要抓手，围绕疫情防控、复工复产、消费升级、项目建设、就业医疗等开展协商，促进了协商工作不断深化、不断提升。要坚持把开展协商作为主要工作，把夺取“双胜利”作为主要内容，保证协商的频次。要规范协商活动，落实协商民主工作办法，健全完善协商制度。要拓宽协商平台，在现有协商格局基础上，探索开展网络议政、远程协商、一线协商、微协商等，推动协商深入基层、贴近群众。要提升协商质量，既要让委员通过协商活动了解情况、提出建议，又使协商的过程成为深化认识、增进认同的过程。二是在加强思想政治引领、广泛凝聚共识上更进一步。要深化学习教育，落实学习座谈会制度，开展委员读书活动，举办委员学习座谈等，推动思想政治引领和学习常态化。要强化履职实践，组织党外委员专题视察，完善谈心谈话等制度，从国内外疫情形势、经济运行对照中看变化、看成就、看发展，增强于危机中育新机、于变局中开新局的意识。要鼓励委员深入界别群众，宣传党中央决策部署，解读省委、省政府政策措施，弘扬伟大抗疫精神，做好凝聚人心、凝聚共识工作。要完善党组成员联系专委会分党组、专委会分党组联系党员委员、党员委员联系党外委员的工作机制，推动形成从党内到党外、从常委到委员、从委员到界别群众的凝聚共识工作格局，增进对党委政府决策部署的认同。三是在充分发挥委员主体作用上更进一步。要引导委员在统筹推进常态化疫情防控和经济社会发展中写好委员作业，当好责任委员。要提升履职能力，把握好秋冬季和常态化疫情防控形势下履职方式方法。要优化服务管理，创新服务手段，让委员在政协协商有舞台、建言有渠道、履职有作为。要广泛宣传“聚、防、促”活动中涌现的委员典型，认真总结活动中发挥委员作用的好经验、好做法，进一步激发委员履职活力。

同志们，现在距离年底只有 2 个多月的时间，政协工作的任务很重。要拿出“创”的劲头、“干”的作风，突出重点抓好落实。要深入学习贯彻习近平总书记重要讲话精神，持续深入贯彻落实中央和省委政协工作会议精神，把中央和省委对政协工作的各项要求落到实处。要认真抓好党的十九届五中全会和全国政协十四次常委会议、省委十一次全会的学习贯彻。要筹备好省委庆祝省政协成立 70 周年座谈会、政协全会等重要会议。要认真做好今年的履职工作，谋划好明年工作，制订好履职计划，统筹好各项工作，以一流标准、一流水平、一流作风，共创一流业绩。

同志们，新时代新使命为政协事业发展提供了更加宽广的舞台。我们要以习近平新时代中国特色社会主义思想为指导，紧密地团结在以习近平同志为核心的中共中央周围，在省委坚强领导下，弘扬伟大抗疫精神，开拓创新、砥砺奋进，不断巩固和深化“聚、防、促”活动成果，为新时代全面建设经济强省、美丽河北作出政协贡献！

在重点提案督办座谈会上的讲话

（2020 年 9 月 24 日）

沈 小 平

民盟河北省委在今年省政协全体会议上提交的 0117 号（“建立遏制返贫长效机制，巩固脱贫攻坚成果”）提案，从建立更具弹性的脱贫政策协同体系、完善稳定选派干部基层任职制度、打造扎实持续长效的致富产业基础和构建有效的返贫风险防护体系等 4 个方面提出了意见建议，针对性、可操作性都比较强，应该说下了不少功夫。省扶贫办作为提案的主办单位，对提案办理高度重视、认真负责，与省农业农村厅等会办部门主动沟通、协调联动，坚持把办理提案与推动工作紧密结合，在政策设计时吸纳建议、在措施落实上体现建议、在督导检查中运用建议，这种高效意识、务实作风应予充分肯定。

8 月底，省政协财经委、民盟河北省委和省扶贫办有关同志到灵寿、平山等地进行督办调研，通过问卷调查、入户走访、座谈交流等形式，摸了不少真实情况，也提出了一些对策建议。刚才，甄鸣涛教授和民盟河北省委、省政府督查室、省政协提案委的同志分别从不同角度谈了体会和意见，讲得都很到位。下一步，提案办理单位要把这些意见建议吸纳好。

党的十八大以来，习近平总书记对脱贫攻坚工作提出了一系列重要要求，明确提出“精准扶贫精准脱贫”的基本方略，强调“扶贫开发贵在精准，重在精准，成败之举在于精准”。近年来，我省按照“六个精准”（扶持对象精准、项目安排精准、资金使用精准、措施到户精准、因村派人精准、脱贫成效精准）、“五个一批”（发展生产脱贫一批、易地搬迁脱贫一批、生态补偿脱贫一批、发展教育脱贫一批、社会保障兜底一批）的总体要求，对扶贫对象实行精准化管理，对扶贫资源实行精准化配置，对扶贫举措实行精准化定制，全省扶贫脱贫取得明显成效。到去年底，228.9 万建档立卡贫困人口已脱贫，贫困发生率降至 0.07%，7746 个贫困村、62 个贫困县（45 个国定、17 个省定）全部出列，首次消除了区域性整体贫困。通过省级检查验收，截至 6 月底，剩余的 1.6 万户、3.4 万贫困人口也已经全部达到退出条件。

但在肯定已取得成效的同时，我们也要清醒地看到，部分地区脱贫成果还不稳固，“两不愁三保障”基础依然薄弱，一些脱贫人口仍存在返贫风险，一些非建档立卡边缘人口仍存在致贫风险，防返贫、防致贫任务艰巨、责任重大。“扶贫开发贵在精准，重在精准”，防返贫防致贫同样要立足精准、确保精准。借此机会，我围绕精准监测、精准施策、精准保障和精准发力谈几点认识和思考。

一、精准实施监测预警

提前发现并精准识别存在返贫致贫风险人口是防贫的重要前提和基础。为了加强对返贫致贫人口的监测，预防和化解返贫致贫风险，国家和我省都出台了政策措施，明确将人均可支配收入低于国家扶贫标准1.5倍左右的家庭，以及因病、因残、因灾、因新冠肺炎疫情等，刚性支出明显超过上年度收入和收入大幅缩减的家庭作为监测对象识别标准。省级层面还特别强调要重点关注大病重病患者、重度残疾人、留守儿童和困难老人等特殊群体。通过农户申报、乡村干部走访排查和部门筛查预警等途径，确定监测对象。当前，全省共纳入防贫监测4.1万户9.6万人，其中包括边缘户2.4万户5.5万人、脱贫监测户1.7万户4.1万人。标准已经明确，范围已经划定，实际操作过程中，切不可笼而统之、粗而描之，必须精准鉴定、动态跟踪，不但要清楚实施监测的户数人数，还要清楚返贫致贫的具体原因；不但要掌握某个时点的静态状况，还要掌握某一阶段的痛点堵点，通过“线上＋线下”同步排查，实现精准到户、精准到人、精准到根。实施中要特别关注四类人群，一是因病因残因灾因疫存在返贫风险户。这些刚刚走出贫困的家庭，发展元气仍然不足，发展能力依然脆弱，特别是今年新冠肺炎疫情发生以来，外出务工需求和农产品销售市场都发生变化，对农村居民增收带来较大冲击。因此，要精准掌握脱贫人口身体状况、看病支出、受灾损失和疫情影响等情况（灵寿县对受到疫情影响未复工、未就业的建档立卡贫困户建立台账，及时了解有关信息，全力做好送岗送工、就业帮扶等服务工作；同时，利用电商扶贫网络，及时发布农产品供求信息，抓好“点对点”产销对接。平山县通过“因病预警”信息系统，每季度将看病自费超过一万元的信息反馈到乡镇，符合防贫对象条件的，及时纳入监测对象）。二是未纳入建档立卡范围的易致贫边缘户。这些家庭产业基础薄弱、收入水平不高，稍有“风吹草动”就有可能滑入贫困行列。要真正弄清这类家庭主要劳力技能、健康状况、产业就业和收入支出变动情况。三是易地扶贫搬迁户。按规划和实施要求，易地扶贫搬迁生活小区与产业园区应“两区同建”，但在实际工作中，有的“两区”建设还存在不同步问题，产业园区建设滞后，入区企业数量少、质量低、效益差，就业岗位不稳定，群众收入没保障；同时，搬进新区，水电气等生活成本增加。因此，要及时了解掌握异地搬迁后续政策落实、稳岗就业和收支变化等情况。四是兜底保障政策不稳定户。这类家庭人口多是老弱病残或鳏寡孤独，抵御风险能力差，返贫致贫“燃点”低，要重点关注其生活、医疗、教育等刚性支出情况，并掌握是否做到应保尽保，低保标准是否达到扶贫标准等情况。总之，对各类存在返贫致贫风险人群，都要动态排查到位、科学评估到位，切实做到精准识别、精准鉴定。

二、精准落实防贫措施

在摸清“家底”、把握实情的基础上，要有针对性地制定可行管用、操作性强的帮扶措施。要坚持对症下药，靶向治疗，紧紧围绕“两不愁、三保障”，按照“缺什么补什么”的原则，继续落实好产业、就业、科技、教育和社保等帮扶措施，同时，要坚持问题导向，抓住四个方面重点精准施策。

一要严格落实“四不摘”要求，解决“换频道”、撤摊子问题。对退出的贫困县、贫困村、贫困人口，要保持现有帮扶政策总体稳定，切实做到摘帽不摘责任、摘帽不摘政策、摘帽不摘帮扶、摘帽不摘监管。要克服骄傲自满情绪，力戒“松口气”“歇歇脚”思想，组织开展对摘帽县和脱贫人口“回头看”，继续把“四不摘”作为全省重点工作大督查的重要内容，开展明查暗访，加强常态督导，发现问题及时整改。

二要强化易地扶贫搬迁后续扶持，解决就业难、稳不住问题。今年上半年，省政协围绕推动易地扶贫搬迁后续工作落实开展了专项民主监督，对安置区建设、管理、服务和群众权益保障等工作给予了充分肯定，也指出了搬迁群众就业质量和稳定性还需提升、安置区社会治理能力有待增强等问题，同时还提出了四个方面对策建议。易地扶贫搬迁，搬迁是手段，脱贫才是目的。在“搬得出”问题基本解决后，“稳得住”最关键的是就业。乐业才能安居，解决就业问题，要在两端精准发力，一端要对搬迁户劳动力进行摸底调查，准确掌握供给情况，有针对性地开展技能培训，与园区产业发展人力需求精准对接；另一端要结合当地资源禀赋，吸引发展前景好的企业特别是劳动密集型产业到园区落户，通过建就业扶贫基地、扶贫车间等吸纳就业。

三要在就近就地灵活就业上下功夫，解决渠道窄、供给差问题。新冠肺炎疫情冲击，对农村劳动力外出务工造成一定影响，导致工资性收入减少，返贫致贫风险增加。随着疫情防控转入常态化，在继续加大劳务输出工作力度的同时，更要在就近就地灵活就业上多想办法。要大力实施三次产业融合，努力形成一产往后延、二产两头连、三产走高端的格局，让农民群众在融合发展中拓宽增收渠道。要通过工程项目建设挖掘用工潜力，结合农村人居环境整治、植树造林、小型公益事业等项目，以以工代赈方式从中增加收入。要结合新冠肺炎疫情防控需要，开发保洁环卫、防疫消杀等临时性公益岗位，缓解阶段性就业压力。

四要盘活农村集体资产，解决家底乱、收益低问题。要全面提升农村集体资产管理规范化、信息化水平，建立集体资产股权登记制度，记载成员持有的股份信息，出具股权证书；健全集体收益分配制度，明确公积金、公益金提取比例，把农民股份收益分配权落到实处。要大力推进集体资源开发，宜农则农、宜林则林、宜牧则牧，引导农民以土地、林地、草原、农宅等资源资产入股实施股份合作，按股分红，确保获得长期稳定收益。要深入开展农村集体经济合同清理规范，对强占机动地、承包价过低、承包期过长、欠缴承包费、程序不规范、履行合同不到位 6 类问题进行重点整治。

三、精准筑牢防贫保障

要坚持保障性措施与开发式帮扶相结合，在支持有劳动能力监测对象通过发展产业、转移就业增收的基础上，进一步精准强化对无劳动能力监测对象的综合性社会保障政策措施，构建防贫长效机制。

一要落实好兜底保障制度。将没纳入低保及特困供养救助范围的非稳定脱贫户、非建档立卡低收入户以及老弱病残等特殊困难群体列为重点，加强日常监测，遇有家庭变故，对符合条件的及时纳入。全面排查丧失劳动能力和无劳动能力人口，开展生活自理能力评估，逐户逐人掌握其家庭结构、健康状况和照护现状等信息，分类建立详细数据台账，做到服务对象不落一人、基本信息掌握精准，符合政策应保尽保。要综合考虑居民人均消费支出或人均可支配收入等因素，建立部门会商、统一发布、动态调整机制，结合财力状况和物价上涨因素，适时调整低保和特困供养救助指导标准。

二要实施好临时救助制度。对返贫致贫风险较大的家庭，要一对一联系服务，遇有突发情况及时实施临时救助。鼓励有条件的农村特困供养服务机构(农村敬老院),在满足原供养需求的前提下,逐步为救助对象提供低偿或无偿的集中供养服务。要简化优化临时救助审核审批程序,健全乡镇临时救助备用金制度,适当提高救助标准,强化救助时效。

三要执行好"三重保障"制度。在潜在的返贫致贫风险中,"病"是第一因素,约占60%左右。目前,全省已经将232.3万建档立卡贫困人口全部纳入基本医疗保险、大病保险和城乡医疗救助"三重保障"范围,并实现"一站式"直接结算。下一步,应逐步将非建档立卡困难户纳入保障范围,摸清患病病种、救治医疗机构、治疗过程和效果、诊疗费用和报销等详细情况,降低起付线,提高报销比例。同时,要在治早治小上下功夫,组织家庭医生和签约服务团队,提供基本公共卫生、基本医疗和健康管理服务,力求做到防病于未然(邢台柏乡为全县的贫困户、低保户、五保户、边缘户等做免费体检筛查,为存在未知病患的群众提前预警、提前治疗,防止小病拖成大病,防止群众因病致贫,筑起了源头防贫的第一道防线);要在后期救助上下功夫,对因病导致家庭支出明显超过上年度家庭收入的,县级发布预警信息确定救助对象后,要及时落实重大病生活保障,遏制因病返贫致贫。

四要推行好防贫保险制度。保险在兜底民生保障、发展产业和防止因病、因灾返贫致贫中发挥的作用越来越大。要大力推广"政银企户保"产业扶贫模式,强化担保增信服务,降低贷款门槛,逐步将保障范围扩大到非建档立卡防贫对象,对符合申请扶贫小额信贷条件的,安排财政专项扶贫资金予以贴息。要扩大农业保险覆盖面,鼓励保险公司因地制宜开发特色产品险、价格指数险和自然灾害险,最大限度减轻群众生产经营风险。要用好用实"防贫保",通过政府采购、市场化运作,选择符合相关监管规定、实力雄厚、信誉优良的保险公司承办,由地方政府出资为参保对象投保,保险公司根据政府需求制定保险方案,提供理赔服务(平山县与太平洋保险公司签署了精准防贫保险协议,由县财政出资建立精准防贫保险机制。灵寿县由县财政出资设立防贫保险金,为非贫低收入户和非稳定脱贫户购买保险,有效实施返贫救助)。

四、精准激发内生动力

现在,已经脱贫的群众,仍继续享受着国家和地方各级政府的帮扶政策。但着眼长远,享受帮扶政策也不可能"终身制",一旦外力发生变化,而内生动力不足,就很容易陷入"脱贫—返贫—再扶贫"的恶性循环。因此,要坚持防贫与扶智(志)相结合,输血与造血齐发力,精准掌握困难群众动态状况和实际需求,精准解决"等靠要"思想重和自身发展能力低等问题,切实增强他们的内生动力。一要加强宣传引导。充分利用多种方式和渠道,宣传依靠辛勤劳动自力更生脱贫致富的先进典型,倡导勤富光荣、赖贫可耻的价值导向和崇尚劳动、鄙视懒惰的社会风尚,早打"预防针",少吃"后悔药",根治"政策依赖症",激发困难群众"宁愿苦干、不愿苦熬",靠双手改变命运的主动性、积极性。二要改进帮扶方式。多采取以工代赈、弹性奖补等方式,组织动员群众参与帮扶项目实施,实现多劳多得、多劳多奖,减少简单发钱发物式帮扶。鼓励支持各类市场主体和农民群众以股份合作、订单帮扶、产业捆绑等形式,建立、完善利益联结机制,有效激发防贫户潜能,提升其参与度和获得感。三要强化教育培训。树立"短期靠打工、中期靠产业、长期靠教育”意识，通过“点对点”“一对一”精准培训，提升自我发展能力，拓宽技能防贫新路，使贫困地区劳务输出、转岗就业更多由体力型向技能型、由普工向技工转变。四要凝聚帮扶合力。统筹整合驻村工作队、村“两委”班子、第一书记、乡镇包村干部、帮扶责任人等五支力量，通过与困难户结对子领一批、合作社发展产业带一批、公益岗位就业促一批、提升技能强一批，合力构建防返贫、防致贫长效机制。

在贯彻落实中央和省委政协工作会议精神专项督查工作培训动员会上的讲话

（2020年12月8日）

梁　田　庚

同志们：

今天召开这次专项督查工作培训动员会，主要任务是深入学习贯彻习近平总书记重要讲话精神，认真贯彻落实中央和省委政协工作会议精神，以及王东峰书记关于开展专项督查工作的批示要求，深入贯彻落实《中共中央关于新时代加强和改进人民政协工作的意见》及我省《实施意见》，推动我省政协事业创新发展。

刚才，为民同志对省委专项督查工作方案、省委办公厅通知和实地抽查核查工作方案作了说明。这次专项督查是以省委名义开展的，按照王东峰书记批示和省委工作安排，具体由省委办公厅和省政协办公厅共同组织实施。各督查组是代表省委开展督查工作的，务必强化责任担当，准确把握专项督查的工作要求和关键环节，高标准、高质量完成好专项督查任务。下面，我就学习领会好习近平总书记重要讲话精神，贯彻落实好中央和省委政协工作会议精神，以及王东峰书记批示、省委要求，扎实做好实地抽查核查工作讲几点意见。

一、提高政治站位，充分认识开展专项督查工作的重要意义

贯彻落实好中央和省委政协工作会议精神，是各级党委和政协党组的政治责任。去年9月，首次以党中央名义召开政协工作会议，习近平总书记发表重要讲话，为新时代人民政协事业发展指明了前进方向，注入了强大动力。省委及时召开政协工作会议，深入学习贯彻习近平总书记重要讲话和中央政协工作会议精神，出台《实施意见》，对做好全省政协工作作出安排部署。省政协党组及时传达学习，研究贯彻落实意见，制定工作方案，开展专题辅导、系列宣讲、调研指导，推动会议精神在全省政协系统贯彻落实。开展这次专项督查，是对贯彻落实情况的了解和推动，充分体现了省委对贯彻落实习近平总书记重要讲话精神、中央政协工作会议精神的政治自觉和对全省政协事业发展的高度重视。

——此次专项督查，是对贯彻落实习近平总书记重要讲话和中央政协工作会议精神情况的一次检查。在去年召开的中央政协工作会议上，习近平总书记站在党和国家事业发展全局的高度，科学总结了做好政协工作的宝贵经验，精辟分析了当前的形势和任务，明确提出了新时代加强和改进政协工作的总体要求，是新时代加强和改进人民政协工作的总纲，必须牢牢把握、坚决贯彻。习近平总书记强调："各级党委要把人民政协工作纳入重要议事日程，坚持党委常委会会议定期听取政协党组工作、政

协常委会工作情况汇报制度，对政协党组织执行党的路线方针政策等情况进行督促检查。”汪洋主席要求：“要将本次会议精神的贯彻情况纳入各级党委专项督查之中，对有明确进度要求的，要及时跟进督促；对属于长期性任务的，要根据工作需要，及时听取进展情况汇报。”在今年8月全国地方政协工作经验交流会上，汪洋主席再次强调，“希望各地党委深入学习贯彻习近平总书记重要讲话精神和中央政协工作会议部署要求，切实把人民政协工作纳入重要议事日程，坚持党委常委会会议定期听取政协党组工作、政协常委会工作情况汇报制度，对政协党组织执行党的路线方针政策等情况进行督促检查。”要把督促检查市县贯彻落实习近平总书记重要讲话和中央政协工作会议精神，作为增强“四个意识”、坚定“四个自信”、做到“两个维护”的政治检验，扎实推动习近平总书记重要讲话精神和中央政协工作会议决策部署落地落实。

——此次专项督查，是对省委决策部署再贯彻再落实的一次具体行动。在省委政协工作会议上，王东峰书记站在新时代全面建设经济强省、美丽河北全局的高度，对贯彻落实习近平总书记重要讲话和中央政协工作会议精神，开创新时代全省政协工作新局面提出了新要求。省委《实施意见》从四个方面作出具体部署，对市县党委、政协党组提出明确要求。省委办公厅《关于落实中央和省委政协工作会议主要任务的分工方案》明确，“各级党委要把政协工作纳入党委工作全局，作为重大工作任务进行研究部署，加强对政协党组贯彻落实党的路线方针政策和省委决策部署情况的督促检查”。要以专项督查为契机，落实好省委要求，推动省委政协工作会议精神往深里走、往实里走，推动省委决策部署落地见效，把人民政协制度坚持好，把人民政协事业发展好。

——此次专项督查，是加强和改进新时代人民政协工作的重要举措。省委开展专项督查，是加强党对政协工作全面领导的实际行动，是贯彻落实中央和省委政协工作会议精神的具体举措，是推进新时代全省政协事业创新发展的生动实践。要把此次专项督查作为加强和改进政协工作的一次重要契机，准确领会中央和省委精神，聚焦督查重点，把握关键环节，着力推动习近平总书记重要讲话和中央政协工作会议精神在我省落地生根，着力推动省委政协工作会议精神和对政协工作的部署要求落地见效，着力破解工作中的短板难题，推动我省政协事业开创新局面。

二、强化政治担当，把抽查核查工作组织好落实好

要学习好省委专项督查工作方案和实地抽查核查工作方案，切实把握督查内容、督查方式、环节步骤和工作要求，确保督查工作取得扎实成效。

一要突出主题主线。坚持以习近平新时代中国特色社会主义思想为指导，把深入贯彻落实习近平总书记关于加强和改进人民政协工作的重要思想，贯彻落实习近平总书记重要讲话和中央政协工作会议精神，贯彻落实中央《意见》作为这次专项督查的主题，把贯彻落实省委政协工作会议精神和省委《实施意见》作为主线，紧紧围绕主题主线开展实地抽查核查工作，做到方向不偏、重心不移。

二要突出督查重点。这次督查，要重点围绕市县党委和政协党组学习贯彻习近平总书记重要讲话和中央、省委政协工作会议精神情况，发挥政协专门协商机构作用情况，加强思想政治引领情况，加强和改进政协工作情况，推动解决“两个薄弱”

情况5个方面，开展实地抽查核查。这些内容是学习贯彻习近平总书记重要讲话精神，贯彻落实中央和省委政协工作会议精神的核心要求，也是调研过程中发现的、需要着重改进和加强的重要方面。各组要把督查重点研究透，做到心中有数、心里有底，确保督查工作做扎实。

三要突出问题导向。要带着问题下去，盯住重点环节，切实把问题、短板督出来、带回来，并结合调研和督查提出切实可行的工作思路、措施办法。在找准问题和症结的同时，要注意发现典型、总结经验，把好的做法好经验总结好，并积极探索转化为机制、固化为制度的途径，做到发现问题、解决问题，总结经验、推动工作。

三、落实政治责任，确保抽查核查工作取得实效

按照专项督查工作安排，12月14日前要完成实地抽查核查任务，时间紧、任务重。各督查组要高度重视，精心谋划，抓紧安排。

一要压实责任。各组对所督查市的督查工作负总责。要结合被督查市县实际，制定具体方案，明确时间节点、任务分工和工作流程，加强工作对接，及时协调督查中遇到的问题，做到全面负责、全程把关，确保省委要求不折不扣落实到位，使督查过程成为发现问题、解决问题的过程，成为转变作风、推动工作的过程。

二要把握关键。工作中各组要把握"四个一"的要求：听取一次汇报，深入了解市县党委和政协党组贯彻落实中央和省委政协工作会议精神的部署情况、推进情况、落实情况；组织一次座谈，围绕需要重点了解的情况，座谈交流，核实情况；注意查阅第一手资料，实地查阅有关会议记录、政策文件等档案资料，掌握实际情况；起草一个汇报，各组要分别形成实地抽查核查情况汇报和发现问题清单，全面客观反映市县做法和成效、实事求是指出问题和不足，有针对性地提出意见和建议。

三要严肃纪律。严格遵守中央八项规定精神及省委实施细则有关要求，坚持轻车简从、谨言慎行，不增加基层负担，不搞层层陪同，坚决杜绝形式主义、官僚主义，严格遵守工作纪律和保密纪律，确保专项督查风清气正。要严格落实疫情防控各项要求，做好督查期间的安全保障工作，确保督查工作顺利圆满完成。

在推进物业管理和社区治理融合发展夯实社区常态化疫情防控基础专题协商会上的讲话

（2020年5月27日）

孙　瑞　彬

同志们：

“推进物业管理和社区治理融合发展”“加强常态化疫情防控”是省政协今年的重要协商议题，也是今年的重点工作，是社法委和省民盟共同实施的。

今天的专题协商会议，是在前期调研的基础上召开的。刚才，大家做了很好的发言，各位委员和专家提出了许多真知灼见，可以说，会议开得富有成效、达到了预期目的。

下面，围绕会议主题，我讲四点意见，供大家参考。

一、要进一步坚定信心决心

新冠肺炎疫情发生以来，习近平总书记亲自指挥，对疫情防控和经济形势的阶段性变化作出精准研判和有力部署，疫情防控取得重要阶段性成效，经济社会秩序加快恢复。

防疫斗争充分展现了中国力量、中国精神、中国效率，取得这样的成绩关键在于坚持中国共产党的集中统一领导，坚持以人民为中心，紧紧依靠人民群众，发挥集中力量办大事的制度优势，体现了党的理想信念、性质宗旨、初心使命，再次说明中国共产党没有自己特殊的利益，在任何时候都把群众利益放在第一位，这是马克思主义政党区别于其他政党的显著标志。

省委、省政府以当好首都政治“护城河”的责任担当，举全省之力坚决打赢疫情防控阻击战，各级各部门做了大量的工作，坚决遏制了疫情扩散蔓延，筑起了拱卫首都安全、保护人民健康的坚实防线。

今后的工作中，我们要进一步坚定信心决心，坚定不移听党话、跟党走，以更加饱满的精神状态和昂扬的斗志投入下一阶段的工作。

二、要进一步提高思想认识

虽然我们的抗疫斗争取得了阶段性成效，但是还要清醒地看到，国际疫情仍在持续蔓延，国内防范疫情反弹任务仍然艰巨繁重，疫情防控越到后期，各种难以预见的风险因素和矛盾纠纷就会集中浮出水面，我们必须尽快补齐治理体系和治理能力方面的一些短板和弱项。

习近平总书记高度重视社区治理工作，突出强调社区在疫情防控中的重要作用，他多次指出："社区是社会治理的基本单元，是疫情联防联控、群防群控的第一线和重要阵地，坚持不懈做好疫情防控关键靠社区；要优化社区管控措施，筑牢社区防控安全屏障。"

落实好总书记的要求，发挥好社区主战场作用，就要更加重视基层，把提高社区治理能力作为打基础的长远之计和固本之策，特别针对我省存在的社区发展不平衡、机制不健全、责权不清晰、法治保障不充分、科技应用场景少等问题，要进一步总结经验、梳理情况、改进不足，着力在固根基、补短板、强弱项上下功夫，为坚决打赢疫情防控的人民战争、总体战、阻击战打下坚实的基础。

三、要进一步抓实关键环节

推进物业管理与社区治理融合发展，构建基层社会治理共同体，既要照顾好多元主体的利益诉求，调动各方面的积极性，更要在党的领导下，把法治理念和法治思维贯穿各方面、全过程，做到点面结合、重点突出、系统推进、长效管用，使物业管理与社区治理更好地发挥出整体效能。要坚持党建引领，进一步健全"六位一体"协调联动的社区治理架构，强化街道、社区党组织对居委会、物委会和物业服务企业的政治引领，积极打造"红色物业"，不断提升社区依法治理能力、组织动员能力、专业服务能力。要抓好老旧小区改造，结合正在实施的20项民心工程，积极扩大有效投资，不断完善社区公共设施和服务功能，为群众提供更加安全便利舒适的居住环境。要提升基层工作水平，充分发挥政府部门、企事业单位和党员干部的模范带头作用，吸收离退休干部进居委会进社区，推进在职党员干部在社区"双报到"，组织带领群众更多地参与到社区治理中来。要抓实社区联防联控，继续推行"网格化"管理，强化包联责任，落实门禁、登记、测温、消毒、车辆管理等制度，健全整体防控体系，管好常住人口、租住人口和流动人口；支持鼓励物业服务企业更好地发挥作用，对防疫增加的必要支出予以充分考虑。要推进依法依规防控，严格执行疫情防控和应急处置、传染病防治法等法律法规，研究衔接好新的《民法典》中关于物业服务和社区治理等方面的新规定新要求，支持基层组织将突发事件应对要求纳入村规民约、居民公约；进一步健全沟通联络和矛盾化解机制，畅通权益保障和利益诉求渠道，避免过度管控、粗暴排斥等极端做法，既严格执法"有力度"，也要宽严相济"有温度"。要加大科技信息手段应用，深化大数据、物联网及"雪亮工程"等系统应用，构建一体化、标准化、智能化的疫情防控信息共享平台，推进信息系统完善功能、互联互通，减少信息重复采集录入，更好提升疫情防控效能。

四、要进一步发挥政协作用

现在全国"两会"正在召开，汪洋主席在会议上指出，政协是具有中国特色的、体现"我有你没有、我能你不能"政治优势的政治组织和民主形式，是加强党对各项工作领导的重要阵地，是发扬民主、参与国是、团结合作的重要平台，协商不是"和"政协协商，而是"在"政协协商。当前，我省的各项工作都在最为吃劲的时候，越是困难，越要发挥政协作用。要在服务中心大局上下功夫，各民主党派、政协各参加单位和各位委员要把"聚力量、防疫情、促发展"活动作为当前履行职能、发挥作用的重中之重，深入调查研究，把问题找准、把措施找实。刚才，大家提出的意见建议对于推动工作有很好的借鉴作用，我们将在给省委的报告中充分吸收进来。同时，也希望有关部门也重视这次协商成果，认真研究、积极采纳。要在凝聚思想共识上下功夫，要不断增进对中央和省委决策部署的高度认同，做好理顺情绪、宣传政策、增进团结的工作，进一步求同存异、聚同化异，强信心、筑同心。要在团结合作上下功夫，我们的政协委员、民盟盟员来自界别、扎根群众、联系面广、代表性强，要注意影响带动所联系的界别群众，充分调动社会各界参与疫情防控和社会治理的积极性，不断凝聚起工作的强大合力。

今天的协商座谈会取得了丰硕的成果，大家都很辛苦，我代表省政协对省民政厅、司法厅、住建厅、卫健委，省民盟和物业行业协会、物业公司、社区的负责同志以及各位委员、专家学者的积极参与和大力支持表示衷心的感谢。

会后，一是社法委要抓紧起草，尽快形成《专题协商报告》，及时报省委、省政府；要及时掌握省领导对报告的批示、指示和相关部门的采纳落实情况。二是要将委员意见建议的提交和采纳情况记入委员年度履职档案。三是希望大家对社区治理和常态化疫情防控工作持续关注，可以通过委员提案、社情民意等多种方式提交好的意见建议，积极建言献策。

同志们，推进物业管理和社区治理融合发展，需要常抓不懈、久久为功，做好疫情常态化防控更要汇聚方方面面的力量，让我们在习近平新时代中国特色社会主义思想的指引下，认真贯彻落实省委、省政府决策部署，开拓创新，奋发进取，共同为夺取疫情防控和经济社会发展“双胜利”贡献更多的智慧和力量。

在推动近视大防控、合力减少小眼镜远程协商会上的讲话

（2020年9月28日）

曹　素　华

各位委员、同志们：

举办网络议政和远程协商，是省政协贯彻落实中央和省委政协工作会议精神，拓展协商形式、提高协商实效的一个具体举措，也是顺应新时代互联网发展大势和疫情防控常态化、创新履职方式的内在要求。今天的远程协商会，加上前一阶段的网络议政，是省政协组织的第一次一体设计、一体落实、完整的网络议政和远程协商活动，是省政协委员履职平台建设的有益探索和实践。

本次协商活动以“推动近视大防控、合力减少小眼镜”为议题，是因为这个议题是全社会普遍关心的问题，涉及群众的切身利益，大家都有话说。围绕这一议题，省政协教科卫体委员会与省农工党联合，与唐山、张家口市政协、张北县政协协同，共同组织了调研和网络议政。今天的协商会，是前期调研和网络议政成果的集中展示。回顾整个协商活动，有以下几个特点。一是网络议政参与广泛。本次网络议政面向省、市、县全体政协委员，搭建了一个跨界别、跨地域、跨层级、可持续的协商平台，激发了委员的议政热情，拉长了凝聚共识的半径。共有160位委员参与，提出建议600多条，为开好远程协商会奠定了基础。二是协商方式灵活。适应常态化疫情防控形势需要，减少大规模实地调研，召开小规模、分层次的调研座谈，与近200名专家学者、基层教师、学生、家长、医生等进行了讨论。本次协商会又采取远程形式和手机连线，形成了线上与线下、场内与场外、委员与群众、委员与部门之间充分协商、深入互动的立体协商网络。三是协调联动深入。张家口、唐山市政协和张北县政协积极参与，省政协教科卫体委员会具体指导，省农工党主动配合，省、市、县政协和党派，统一部署、统一行动、统一要求，形成了工作合力。四是协商成果丰硕。委员们在网络议政上积极建言，本次会上大家充分协商，委员发言有理有据，部门回应针对性强，提出了许多有价值的对策建议，同时部门还介绍了相关情况，委员们在调研中向群众宣传了政策，凝聚了共识，取得了丰富的建言成果、共识成果和履职成果。

下面，综合大家发言，我就推动中小学生近视防控问题谈几点认识。

一、思想上再重视，把中小学生近视防控工作摆到更加突出位置

中小学生近视问题是一个长期以来困扰百姓的热点问题，也是一个难点问题。总书记对此高度重视，作出重要指示，在国内几次视察中都提到这个问题。国家有关部门出台文件，我省制定了实施方案，教育、卫健等部门采取一系列措施、开展了一系

列活动，近视防控工作取得积极进展。但是我们也要看到，当前防控工作还只是开了头、起了步，离实现目标任务还有很大距离。2018 年，我省学生近视状况是小学生为 36.48%，初中生为 72.46%，高中生为 87.77%。今年以来，受疫情影响，近视状况更严峻了。据参考消息报道，近半年来，全国小学生近视率增加 15.2%，初中生增加 8.2%，高中升增加 3.8%，我省的状况也应大抵如此。为什么会这样呢，我想不仅与疫情有关，更重要的还是我们的思想认识问题。家长、学校、部门、社会以及学生本人等，都对近视防控认识不到位，对近视的危害性、重要性、严峻性还认识不足，没有看到这不仅是简单的戴眼镜问题，它还可能致盲、影响学习，影响个人发展，甚至影响国家发展以及民族未来。正因为认识不到位，所以许多举措落实不到位，近视防控工作在许多地方还是可有可无，说起来重要、做起来次要的问题，很难取得实质性成效。最近，教育部印发了《关于开展近视防控宣传教育月活动的通知》，对克服疫情不利影响，持续推进近视防控作出部署。我们一定要不断提高思想认识，充分认识近视问题的重要性、危害性、严峻性，强化责任，抓好落实，切实把各项近视防控措施落实到位，切实把孩子们的视力保护好，让每个孩子都有一个光明的未来。

二、行动上再发力，把推动近视防控的合力凝聚起来

刚才，大家对推动近视防控工作提出许多建设性意见建议，内容丰富，各有侧重，统一了思想，深化了认识。归纳起来，主要有以下四个方面：

一是首要在“管”，在组织上提高领导力。抓好近视防控是保障儿童青少年健康成长的必然要求，各级政府承担着首要责任。国家和我省都出台了相关措施，但是落实还不够到位。应首先从政府角度更加重视起来，更加严起来、管起来，管到位，管出成效。要健全机制“管”，提高领导小组规格，完善联席会议机制，加强年度评议考核等。要部门合力“管”，压实各部门的责任，密切联系配合，形成各负其责、齐抓共管的合力。要盯紧“质量”管，围绕近视矫正、眼视光产品、医疗器械、网络环境等加强监管，整顿乱象，切实维护好孩子们的健康权益。

二是立足于“早”，在时间上打好主动战。低龄化、重度化是当前近视问题的主要特征。0—6 岁是孩子视觉发育的关键期，6—12 岁是近视的高发期。要抓住这两个阶段，坚持关口前移，早筛查、早发现、早干预。0—3 岁是起点，要发挥好妇幼保健院的作用，孩子一出生就要建立电子健康档案，做好视力筛查和评估。3—6 岁是关键，要发挥好幼儿园的作用，从学习教育、室外活动、营养配餐等方面科学安排，引导孩子树牢爱眼护眼意识。6—12 岁是重点，要强化小学学校的责任，落实好在教学、体育、宣传、设施配备等方面各项要求，夯实视力保护基础。通过各阶段的有序衔接，打好近视防控的主动战、保卫战。

三是关键在“防”，在空间上筑牢防火墙。近视是可预防、不可治的，一旦成为真性近视，就无法逆转。因此必须在“防”上下功夫。当前导致近视的原因主要是课业负担过重、体育锻炼减少、电子产品过多，要针对这些问题，建立严密的近视防线。要建好学校主阵地，切实把学生课业负担减下来，让孩子们跑起来，把应有的设施配起来。要建好家庭责任田，通过加大宣传，不断提高家长重视程度，培养孩子良好用眼习惯，让家长当好孩子光明未来的守护人。要唱响社会大合唱，体育、广电、社区等都要担起责任，免费开放体育场馆、加强广告宣传、丰富活动设施，完善社区功能等，营造保护眼睛的良好氛围。

四是重点是“控”，在手段上做到科学化。近视发生后，不能治疗，但可以控制。如何控制好近视的发生发展，需要科学的手段、精准的措施。当前，在近视排查、监测、干预等方面还存在技术水平参差不齐、质量高低不一、真假鱼目混杂的情况。要加强科学指导，建立各级专家指导委员会或指导组，对防控工作作出顶层设计，制定好路线图、参照系。要实施科学防控，建立防控基地或干预中心等，全方位做好检查、监测、宣传、培训等工作，打造近视防控的总中枢。要进行科学诊治，发挥好公立医院作用，加强对基层的技术指导，加强中医理疗、眼镜制配等技术研究，建设一支高质量的近视防控队伍，为提高科学防控水平提供有力保障。

三、履职上再提升，把专门协商机构的作用发挥好

开展协商工作是政协的主责主业，群众的关心关切是政协履职的出发点和落脚点。这次网络议政和远程协商已告一段落，下一步，要认真总结经验，抓好工作落实，推动近视防控和履职工作不断取得新进展。一要撰写好报告。教科卫体委员会要认真汇总梳理委员们提出的意见建议，充分吸收各部门的意见，及时报送省委、省政府。有些意见建议还可以转化为社情民意或提案，报送省领导和有关部门。二要总结好经验。本次网络议政和远程协商是一次成功的履职实践，有不少好的经验可以总结。比如在网络议政的组织动员上、在三级政协的联动上、在远程协商会的组织上等等，都有不少好的做法，要总结好、提炼好，为今后协商工作提供借鉴。同时，要继续加大探索创新，完善方式，让网络议政、远程协商成为一个制度化、规范化、经常化的协商平台。三要转化好成果。总书记说，能听意见、敢听意见是有信心、有力量的表现。这次协商会省直有关部门给予了积极配合，认真回应委员意见，表现了虚心纳谏的作风。特别是省教育厅、卫健委全面介绍了情况，在整个调研协商过程中都给予了大力支持。希望大家对委员的意见认真研究，如有采纳及时向我们反馈。

在推动社区街道居家养老、积极应对人口老龄化专题协商座谈会上的讲话

（2020年9月22日）

葛 会 波

各位委员、同志们：

为深入贯彻习近平总书记关于加强老龄工作的重要指示精神，提升我省居家和社区养老综合服务能力，省政协党组将“推动居家街道和社区养老、积极应对人口老龄化”列为年度重点工作，由我和苏银增副主席牵头，抽调省直部门有关负责同志、相关专家学者和民主党派人士组成专题调研组，深入石家庄、秦皇岛、廊坊、邢台、邯郸等多个市、县（区）开展实地调研，并专赴上海、江西等先进地区进行考察学习。在此基础上，今天我们大家坐在一起，面对面地交流，实打实地协商，进一步统一思想、谋划良策，共同为推进我省社区街道居家养老、应对人口老龄化工作贡献智慧和力量。

刚才，晓明主任介绍了调研情况，省民政厅、省人社厅、省卫健委、省医保局、省住建厅、省九三学社及部分政协委员、康养企业代表等作了很好的发言，大家还进行了互动座谈、交换意见，整个协商交流坦诚、气氛热烈、效果很好，凝聚了各方共识、贡献了政协力量，达到了预期目的。

下面，结合大家刚才的发言，我就推动社区街道居家养老、积极应对人口老龄化工作讲几点意见：

一、深化认识、强化责任，进一步增强决心和信心

进入21世纪以来，我国人口老龄化呈逐年加快趋势。从2000年到2019年，我国60周岁及以上人口从1.26亿人增加到2.54亿人，老年人口占总人口的比重从10.2%上升至18.1%，老龄化问题日益严峻。特别是我省人口老龄化问题尤为突出，截至2019年底，全省60岁以上老年人达1518万人，占总人口比例的20%，高于国家1.9个百分点。因此，推动社区街道居家养老、积极应对人口老龄化，意义重大、影响深远。一是贯彻落实中共中央、国务院决策部署的重要举措。面对日益严峻的老龄化问题，中共中央、国务院正确把握人口发展大趋势和老龄化规律，立足当下、着眼长远，作出积极应对人口老龄化的重大战略部署，提出要构建居家为基础、社区为依托、机构为补充、医养相结合的养老服务体系。推动社区街道居家养老，满足数量庞大的老年群众多方面需求，妥善解决人口老龄化带来的社会问题，事关发展全局，事关百姓福祉。二是贯彻以人民为中心的发展思想的内在要求。伴随着人口年龄结构老化，社会与家庭负担加重，社会保障支出压力加大，养老和健康服务供需矛盾更加突出。推动社区街道居家养老，完善养老服务体系和健康服务体系，有利于满足人民日

益增长的美好生活需要。三是维护社会和谐稳定的必要保障。推动社区街道居家养老，不仅是弘扬中华民族尊老敬老的优良传统、尊重老年人情感和心理需求的人性化选择，也是促进家庭和谐、社区和谐和代际和谐，推动社会主义和谐社会建设的重要途径。四是扩大消费和促进就业的有效途径。新冠肺炎疫情带来的巨大冲击，社会经济受到严重影响，各行各业特别是服务业严重萎缩。目前，养老产业开始进入高速发展态势，老年人护理服务和生活照料的潜在市场规模已接近5万亿。推动社区街道居家养老，是加快发展服务业，扩大就业渠道和促进经济增长的重要途径。对此，我们一定要深入学习贯彻习近平总书记关于老龄工作的重要指示精神，进一步提高政治站位，坚定信心决心，增强紧迫感和责任感，全力推动社区街道居家养老，积极应对人口老龄化问题。

二、扭住关键、突出重点，进一步破除瓶颈和短板

在调研过程中，我们发现，虽然近年来各级政府和职能部门围绕推动社区街道居家养老做了大量的工作，取得了很好的成效，但是与国家要求和先进地区相比，还存在许多困难和问题，还需要补齐方方面面的短板和不足。一是突出政府主导作用，激发社区街道居家养老的市场活力。社区街道居家养老，是社会养老服务事业的重要组成部分，需要发挥政府不可替代的作用和无法比拟的优势。所以，应强化政府在社区街道居家养老服务中的责任，发挥政府在规划指导、政策扶持、设施建设、资金投入、标准制定、监督管理等方面的引导作用，切实改善社区街道居家养老工作发展环境，支持和鼓励社会力量积极参与社区街道居家养老服务，进一步激发市场活力。二是突出问题导向，提高社区街道居家养老的服务能力。坚持以老年人实际需求为导向，引入专业机构充实社区养老力量，拓展服务项目满足老人多元需求，强化规范管理提升养老服务水平，努力为老人提供优质高效、形式多样的社区和居家养老服务。三是突出改革创新，增强社区街道居家养老的内生动力。运用互联网、物联网、大数据、云计算等现代信息技术，探索"互联网＋"在居家和社区养老服务中的多种应用模式；探索建立特殊困难老年人基本服务制度，满足失能、失独、空巢、留守、高龄等各类特殊困难老年人养老服务需求；引导社区居家养老服务项目研发，推动居家和社区养老服务模式创新。四是突出统筹推进，凝聚社区街道居家养老的发展合力。加强社区居委会、社会组织、专业社工三社联动，推动居家、社区和机构养老服务融合协同发展；探索社区居家医养结合的新模式，整合社会各类养老服务资源；加快城乡、区域之间的联动发展，点、线、面全面推进，补全社区街道居家养老短板。

三、立足职能、双向发力，进一步凝聚智慧和力量

推动社区街道居家养老、积极应对人口老龄化工作，是一项庞大复杂的系统工程，需要克服许多困难、解决许多难题，更需要社会方方面面的共同努力。越是到了这个关键时刻，越是面对这些困难问题，越需要发挥政协的优势和作用。一要继续在搭建平台上下功夫。我们政协组织要充分了解社会各界各方面的心声和诉求，积极为社区街道居家养老工作各方搭建直接反映问题、表达诉求的平台，认真收集和梳理各方提出的真知灼见、意见建议，通过专题报告、政协提案、社情民意等多种形式持续替他们发声。同时，加强与党委政府有关部门的联系，了解意见建议转化落实情况。

二要继续在建言资政上下功夫。组织引导政协委员和党派团体，围绕我省社区街道居家养老工作中的困难和问题，深入基层、深入群众，大力开展调查研究、专题协商、民主监督，积极为我省社区街道居家养老工作建言献策、贡献力量。三要继续在凝聚共识上下功夫。充分发挥政协委员和党派团体代表性强、联系面广的优势，带头宣传政策、不断加强沟通，持续深化共识，充分调动社会各界参与社区街道居家养老工作的积极性，不断凝聚起工作的强大合力。

以今天这次协商会议为标志，这个议题的专题协商将告一段落。这段时间，大家都付出了很多时间、精力和辛劳、智慧。在这里，我和苏银增副主席代表省政协向所有热心参与、积极配合这次调研协商的各部门各单位、各位委员和各界人士表示衷心的感谢。希望大家继续关注和支持社区街道居家养老工作，继续通过委员提案、社情民意等多种方式提出高水平、高质量、真管用的意见建议，共同为新时代经济强省、美丽河北建设作出更大贡献。

在省政协习近平新时代中国特色社会主义思想学习座谈小组第一组学习座谈会上的讲话

（2020 年 3 月 31 日）

卢　晓　光

各位委员、同志们：

刚才，传达学习了习近平总书记在 3 月 18 日中共中央政治局常务委员会会议上的重要讲话精神，晓明、红录、立敏、明海几位委员结合思想和工作实际，谈了学习贯彻认识体会，讲得都很好。

这次新冠肺炎疫情，是新中国成立以来在我国发生的传播速度最快、感染范围最广、防控难度最大的一次重大突发公共卫生事件。对我们来说，这是一次危机，也是一次大考。开展疫情防控工作以来，省政协党组高度重视，第一时间传达学习习近平总书记重要讲话精神，学习党中央、国务院决策部署和省委、省政府各项要求，研究贯彻落实意见。1 月 30 日，省政协向市县政协组织、参加单位、政协委员和机关干部印发倡议书，号召全省政协系统以高度的政治自觉和强烈的使命担当，汇聚众志成城、共克时艰的强大合力。省政协各专委会，省各民主党派、省工商联、无党派人士，市县政协和广大政协委员积极响应，坚持两手抓两手硬，确保疫情防控不出问题，确保政协工作不断线，以实际行动彰显人民政协初心使命。

在强化做好疫情防控工作上：一是精准建言献策，全省各级政协共收到有关提案 65 件、社情民意信息 301 篇、意见建议 150 篇，省政协报送全国政协社情民意信息 52 篇，报送省委、省政府 24 篇，其中 9 篇得到全国政协和省委、省政府领导批示肯定。二是踊跃捐款捐物，截至 3 月 20 日，全省政协系统累计捐款捐物 18.09 亿元，用真情义举驰援抗疫一线。这里面就包含着在座各界别委员和所联系界别群众所做的贡献。三是发挥界别优势，用实际行动诠释初心使命。例如，民革党员中就有 200 余名的医务工作者奋战在抗疫第一线。少数民族界的李德委员（沧州市运河区环境卫生管理站站长，河北省第七届敬业奉献道德模范），率“清毒小分队”冲锋在抗疫一线，收集隔离人员的生活垃圾，进行消毒、焚烧处理，避免二次污染现象发生，为抗击疫情作出积极贡献。四是助力复工复产，协调解决委员企业遇到的困难和问题。企业家委员积极响应号召，如吕洪涛委员的跃迪集团，在抓紧复工复产的同时，还不间断向抗疫一线发送移动防疫工作站和医务用车。五是广泛凝聚正能量，积极正面发声，通过政协网站、微信公众号、界别委员之家等多种途径，切实做好宣传政策、解惑释疑、团结鼓劲的工作。

在稳步推进履职工作开展上：一是认真研究谋划全局工作。研究制订省政协党组2020年“一个要点、四个计划”、中央和省委政协工作会议主要任务、省委重点工作任务、重要制度建设任务分工方案，分解立项248项重点任务。二是扎实推进助力脱贫攻坚行动。深入包联贫困县，调研指导脱贫攻坚和疫情防控工作。印发进一步扎实开展助力脱贫攻坚行动的通知，向省政协委员寄发一封信，推动助力脱贫攻坚取得更大成效。民宗委协调支援隆化县高效暖棚项目已投产，广宗县静脉产业园项目3月上旬开工。三是有序有力推进履职工作。综合运用学习强国、办公自动化系统、委员履职系统等信息化手段开展工作，积极探索视频会议、网络议政、远程协商等模式推动落实。人资环委向全国政协报送专题报告，为全国政协“革除滥食野生动物的陋习”双周协商座谈会提供有关情况和意见建议。四是统筹推进其他重点工作。及时与全国政协沟通，制订参加全国政协十三届三次会议工作方案。起草印发关于加强改进专门委员会工作和制度建设的意见、机关党组工作规则等工作制度。五是积极推进政协党建工作。开展线上“三会一课”，做到理论学习不停步、党员教育管理不松劲。深化机关党组织和在职党员“双报到”活动。探索建立界别履职党组织，研究起草《委员履职党支部工作办法》，并启动试点工作，为加强政协党建探索路径。

以上疫情防控和履职工作的扎实有序开展，为我们做好下一步工作奠定了坚实的基础。近日，省委、省政府已经下发通知，对全面恢复正常生产生活秩序作出明确部署，对统筹推进疫情防控和经济社会发展工作作出具体安排。政协组织和政协委员要认真贯彻省委部署要求，深入建言献策，强化思想引领，在夺取“双胜利”中展现新时代人民政协的新担当新作为。

下面，我谈几点体会和认识，与大家交流。

一、深入学习领会，坚定不移地贯彻落实好习近平总书记重要讲话精神

面对这场突如其来的新冠肺炎疫情，习近平总书记高度重视，多次召开中央政治局常委会会议和一系列相关重要会议研究部署疫情防控和经济社会发展工作，发表重要讲话，作出重要指示批示。总书记的重要讲话，为我们准确把握国内外疫情防控和经济形势阶段性变化，进一步做好疫情防控和全年工作指明了前进方向、提供了根本遵循。我们要深刻理解“把人民群众生命安全和身体健康放在第一位”的要求，深刻理解“因时因势调整工作着力点和应对举措”的要求，深刻理解“毫不放松抓紧抓实抓细各项防控工作”的要求，深刻理解“积极有序推进企事业单位复工复产”的要求，切实把思想和行动统一到习近平总书记重要讲话精神上来，统筹推进疫情防控和经济社会发展。一是要提高政治站位，切实增强“四个意识”、坚定“四个自信”、做到“两个维护”，进一步提高在思想上政治上行动上同以习近平同志为核心的党中央保持高度一致的思想自觉、政治自觉和行动自觉。二是要坚定必胜信心，立足当前，放眼长远，高度警惕麻痹思想、厌战情绪，继续毫不放松做好各项防控工作，不获全胜绝不轻言成功。要深刻认识我国经济长期向好的基本面没有改变，疫情的冲击是短期的、总体上是可控的，确保实现疫情防控和经济社会发展双胜利。三是要抓好贯彻落实，坚持一切从实际出发，力戒形式主义、官僚主义，深入贯彻落实中央精神和省委要求，科学谋划，加强统筹，从每个地方做起，从每个岗位做起，服务好全省经济社会发展大局。

二、坚持党的领导，彰显中国特色社会主义制度优势

党政军民学，东西南北中，党是领导一切的。党的十八大以来，习近平总书记多次强调，中国共产党的领导，是中国特色社会主义最本质的特征，是中国特色社会主义制度的最大优势。这一次的疫情防控，对于中国共产党的领导这一最大的制度优势可以说是一次检验，也是一次重大的考验。“生命重于泰山。疫情就是命令，防控就是责任。”在以习近平同志为核心的党中央坚强领导下，举国上下同时间赛跑、与病魔较量，从七八十岁的院士到“90后”“00后”，医无私，兵无畏，民齐心，党员干部冲锋在前，社区工作者奋战一线，湖北人民识大体顾大局，亿万人民手相牵心相连，一场力度空前的疫情防控阻击战全面打响，14亿中国人民在共克时艰中勇毅前行。世界卫生组织这样评价：“中国采取了历史上最勇敢、最灵活、最积极的防控措施。”中国以最全面、最严格、最彻底的防控举措，改变了疫情快速扩散流行的危险进程，也构建起了阻止疫情传播的第一道防线，“为全世界抗疫争取了宝贵时间”。

然而，在我国新型冠状病毒疫情迎来好转的时候，境外疫情呈加速扩散蔓延态势。以美国为例，美国作为超级大国在防疫过程之中的拙劣表现，导致这场“天灾”还被加上了“人祸”。美国拥有世界上第二大规模的工业体系，但其在基本的防疫物资生产、社会防疫力量的调动上均出现了统筹失效的情况。首先，在基本的防疫物资的生产方面，与中方国家企业和部分民营企业在疫情暴发初期就改造生产线生产口罩、防护服等不同的是，目前美国内的主要实业资本方面还在就“改造后的生产线生产的防疫物资是否符合美国医疗物资标准”而喋喋不休的争吵——其背后的真实用意是资本大亨们根本不愿意在这种时刻承受转产医疗物资而带来的额外成本。其次，在社会防疫力量的统筹调动方面，美国各个州政府要求联邦政府提供医疗防疫物资支援，然而在这个紧要时刻，特朗普及其执政团队表示表态“希望各个州自己想办法完成医疗防疫物资的筹集”，甚至在部分的关键医疗物资的采购上，联邦政府不但没有向州政府提供支援，反而成为物资抢购的竞争方。

实践充分证明，以习近平同志为核心的党中央对疫情形势的判断是正确的，各项工作部署是及时的，采取的举措是有力有效的。防控工作取得的成效，再次彰显了中国共产党领导和中国特色社会主义制度的显著优势。

三、强化责任担当，为夺取疫情防控和经济社会发展双胜利贡献智慧和力量

2020年是“十三五”规划的收官之年，也是全面建成小康社会、脱贫攻坚决战决胜之年，改革发展稳定各项任务艰巨繁重。我们要继续认真学习、深刻领会，切实把思想统一到习近平总书记重要讲话精神上来，把行动落实到省委部署要求上来，为奋力夺取疫情防控和经济社会发展双胜利，坚决打赢脱贫攻坚战贡献政协智慧和力量。一要积极建言献策。紧扣全省发展大局，围绕疫情防控的难点、经济社会发展的重点、民生保障的热点、全面复工复产的堵点等献计出力，围绕办好“三件大事”、打好“三大攻坚战”、开展“三创四建”、做好“六稳”等建言献策，通过提交提案、反映社情民意等渠道和方式，为党委政府决策提供有价值的意见建议。二要广泛凝心聚力。加强思想政治引领，通过习近平新时代中国特色社会主义思想学习座谈会、委员学习座谈会等，做好疫情防控要求和全面复工复产的政策宣传，广泛汇聚团结奋斗、共克时

艰的正能量。特别是针对当前境内境外、网上网下纷繁复杂的舆论环境，政协委员要发挥联系各界的桥梁纽带作用，强化团结引导责任，围绕疫情给民众生活带来的影响，积极做好增进团结、凝聚共识的工作；聚焦群众的焦虑和恐慌，针对造谣滋事等负面信息，积极回应群众关切；自觉抵制西方敌对势力借机抹黑中国的各种错误思潮和言论，向党外人士和社会各界传递正能量，讲好中国"战疫"故事，进一步坚定人民群众对疫情防控和推动经济社会发展的决心信心。三要发挥委员优势作用。政协委员中的领导同志，要主动担责，深入一线帮扶企业抗疫情、保运行，帮助解决用工、资金、原材料供应等需求。企业家委员要克服疫情影响，增强内生动力，全面推进复工复产。鼓励支持委员做好扶贫脱贫、民生保障、维护稳定等工作，以实际行动展现政协委员责任担当。

在加强我省文物保护工作专项民主监督协商座谈会上的讲话

（2020年9月25日）

边 发 吉

同志们：

刚才，6位省政协委员作了发言，就加强我省文物保护工作提出意见，观点鲜明、建议具体、措施可行，很有参考价值。4个省直部门负责同志作了口头发言，其他与会部门提交了书面材料，总结加强文物保护工作的经验做法，回应了社会各界对文物工作的关切。大家在交流中深化了认识、凝聚了共识，充分体现了社会主义协商民主"有事好商量，众人的事情由众人商量"的真谛，达到了广泛凝聚共识、凝聚智慧、凝聚力量的预期目的。

党的十八大以来，习近平总书记就文物保护利用和文化遗产保护传承在多个场合发表重要论述、对多个方面作出重要指示批示，系统回答了关于做好文物工作的一系列方向性、根本性、全局性问题，为文物工作提供了根本遵循、指明了前进方向。河北是文物资源大省，数以亿万计的燕赵文物是坚定文化自信的重要力量源泉和物质载体。省委、省政府和全省各级文保部门深入贯彻落实习近平总书记重要讲话精神，增强"四个意识"，坚定"四个自信"，做到"两个维护"，紧紧围绕推进京津冀协同发展、雄安新区规划建设、筹办北京冬奥会举办等重大中心任务，在宣传贯彻文物保护法、稳步推动文物保护利用改革、服务经济社会发展大局、促进文物安全形势稳中向好、提高全民文化遗产保护意识等方面做了大量卓有成效的工作，河北悠久灿烂的历史文化不断得到创造性转化、创新性发展，文物保护成果更多惠及人民群众，全省文物事业发展上了一个新台阶。

下面，我就加强文物保护工作，谈几点看法，与大家作个交流。

一、坚持政治站位，充分认识加强文物保护工作的重大意义

（一）加强文物保护是传承中华文明的重要举措。文物是历史的见证者，承载灿烂文明，传承历史文化，维系民族精神，是培育社会主义核心价值观、凝聚共筑中国梦磅礴力量的深厚滋养。做好文物保护工作，对于揭示蕴含其中的中华民族文化精神、文化胸怀和文化自信，为新时代坚持和发展中国特色社会主义提供精神支撑有着重大现实意义和深远历史意义。

（二）加强文物保护是助力经济社会发展的有力抓手。文物作为历史文化的载体，是研究史实的第一手资料。很多专业学科的发展，正是有了文物资料这一重要研究对象，才得出了演变、发展的历程。做好文物保护工作，能够为现代科技、文化的发展提供有效帮助。同时,文物也是重要的旅游资源,合理利用文物是实现全面小康与乡村振兴的重要途径。

(三)加强文物保护是提升国民素质的重要渠道。许多文物都蕴含着丰富的民族精神,展示了中华民族伟大的创造力。做好文物保护工作,一方面,可以让人们了解中华优秀文化,增强文化素养,坚定文化自信;另一方面,很多文物保护单位也是进行爱国主义教育的重要场所,做好文物保护工作不仅可以培养国民爱国意识,还能为社会主义精神文明建设提供有力支持。

(四)加强文物保护是增进与世界各国交流合作的桥梁纽带。文物资源是讲好中国故事、展示中华文化魅力的重要载体,在加强国际交流合作方面有着润物无声传播文明底蕴、春风化雨传递和平期盼的独特优势和作用。着力实施文物外展精品工程,有利于加强中国与世界各国的文明交流互鉴,为构建人类命运共同体提供新的合作平台。

二、聚焦关键环节,不断提高文物保护利用水平

(一)切实加强对文物工作的领导。积极推动各级党委和政府贯彻落实习近平总书记关于"树立保护文物也是政绩"重要指示精神,增强对历史文物的敬畏之心,主动承担文物保护主体责任,统筹好文物保护和经济社会发展,将文物保护工作列入重要议事日程。始终把保护放在第一位,把文物安全放在极其重要的位置,守牢安全底线,正确处理文物保护与城乡建设、旅游开发、经济发展的关系,坚持守正创新,切实做到在保护中发展、在发展中保护。

(二)深度挖掘阐释文物价值内涵。强化基础研究和科技支撑,有效挖掘文物蕴含的历史、文化和科学理念,更好提炼、展示、传播文物所承载的精神标识、文化精髓和当代价值,讲好文物故事,发挥阵地作用,展示中华民族文化自信,铸牢中华民族共同体意识,强化以爱国主义为核心的民族精神,充分发挥文物的公共文化服务和社会教育功能。

(三)高度重视革命文物保护工作。把革命文物保护工作摆到更加突出位置,摸清我省革命文物资源家底,建设革命文物数据库,进一步夯实革命文物工作基础。强化革命文物保护利用政策支持,推进革命文物集中成片保护利用工程,编制好《河北省革命文物总体保护利用规划》,启动编制晋冀鲁豫、晋察冀、西柏坡及华北人民政府旧址保护利用总体方案。

(四)大力实施"文物+旅游"行动工程。以文化创意为核心,推动建设一批深度体验式文化名城、名镇、名村,培育一批文化旅游产业园区,全面提升文物资源的吸引力和影响力。发挥文保单位和各类博物馆的独特作用,培育推介以文物保护单位、博物馆为支撑的研学旅行、体验旅游、休闲旅游项目和精品旅游线路,促进文物旅游深度融合发展。

三、发挥政协优势,助推我省文物保护工作再上新台阶

围绕加强文物保护工作履行职能是人民政协义不容辞的责任和义务。政协组织位置超脱,人才荟萃,在推动文物事业发展中具有独特作用。政协委员是政协工作的主体、界别群众的代表,理应成为加强文物保护的示范者、宣传者、推动者。近年来,省政协先后围绕历史文化遗产保护与传承、传统村落保护、非物质文化遗产保护与利用、长城和大运河国家文化公园河北段建设等问题，开展专题议政、提案督办、调研视察、座谈研讨等，取得了较好效果。实践证明，我们完全有条件、有能力为繁荣发展社会主义先进文化作出积极贡献。大家要自觉站在贯彻落实党的十九大精神的高度，把助力我省文物保护工作作为一项重要政治责任，按照省委、省政府部署和要求，发挥政协职能作用，充分运用调查研究这个人民政协的看家本领，发挥人民政协协商民主主渠道作用，继续围绕文物保护工作中的热点、难点问题，深入一线开展调研，组织开展多种层次、多种形式的民主协商，纳各方之见，聚众人之智，提出具体实在、精准管用的良方妙策，为党委政府科学民主决策提供参考，为我省文物保护工作贡献出更多政协智慧和力量。

在“应对新冠肺炎疫情冲击和影响支持中小企业发展”提案办理远程协商座谈会上的讲话

（2020 年 4 月 15 日）

苏　银　增

今天的会议开得很好，首先对各位委员、企业家朋友和同志们表示感谢！这次会议是经省政协党组同意召开的，是在统筹推进新冠肺炎疫情防控和复工复产特殊时期以特殊方式召开的一次专题协商座谈会议，目的是充分发挥人民政协协商民主重要渠道和专门协商机构作用，通过提案办理协商，推动解决中小企业在复工复产中遇到的困难和问题，助力全省经济社会高质量发展。概括这次协商座谈会，有四个特点。一是党组高度重视。叶冬松主席十分关心中小企业发展情况，最近先后到石家庄、保定、张家口等地调研企业复工复产情况，并且多次过问这次协商座谈会的组织情况，明确要求开出高水平的远程提案办理协商会议，取得实实在在的效果，体现了省政协党组心系发展、服务大局的责任担当。二是委员积极参与。疫情以来，广大政协委员牢记为国履职、为民尽责嘱托，坚持“大问题、小切口”，积极汇集民智、建言献策，省政协陆续收到相关提案 92 件，经严格审核，同时考虑到疫情防控和提案建议的时效性，大部分第一时间转为参阅件送有关部门参阅，对其中内容涉及支持中小企业发展、符合立案条件的 19 件提案，进行打包集中督办，已作为会议材料辑印成册。从今天大家的发言看，也都进行了认真准备。三是会议形式新颖。第一次利用远程议政视频会议室，第一次邀请企业家代表出席提案办理协商会议，当场讲问题、提建议。利用远程视频会议这一“无接触”的形式进行提案办理协商，是省政协参政议政的一次创新尝试。为开好这次会议，办公厅信息处和提案委办公室的同志做了大量前期准备工作，借此机会，也对大家的辛勤付出表示感谢。四是会议富有成效。各位委员、企业家代表发言实事求是、开门见山、言之有物，相关部门、有关市政协提案委负责同志很好的回应了委员及企业家的关切和意见建议，庆平同志、文涛同志也讲了很好的意见，体现了商以求同、协以成事的民主精神。

下面，综合大家的意见，围绕统筹做好疫情防控和推动中小企业发展，我做个发言，与大家一起交流。

一、提高政治站位，深刻认识疫情防控新形势下支持中小企业发展的重要意义

中小企业是我国经济发展的重要力量，相比于大型企业，中小企业由于自身规模小、实力弱、抗风险能力低，受疫情的影响更大，面临的形势和挑战更加严峻。根据省统计局提供的数据显示，今年 1—2 月，中小型企业增加值同比下降 16.5%，高于全省平均降幅 7.1 个百分点，下拉全省增速 8.3 个百分点。2 月没有产值的中小型企业 4650 家，占全部没有产值企业总数的 99.6%。这种情况，随着国内疫情形势趋缓和省内复工复产政策措施的落实到位，已经在很大程度上得到逐步缓解，但受国际疫情持续蔓延，国内防疫尚未全面解除的因素影响，外贸需求萎缩、国内有效需求不足，供应链断供风险加大等一系列困境还将在一定时期内存在，新订单不足、库存较高、原材料采购受阻、用工难，尤其是融资难等仍然是制约中小企业发展的突出问题，刚才几位企业家都谈到了雷声大、雨点小，有些政策还需要进一步完善配套，再考虑境外疫情的严峻形势影响，看来企业恢复正常的生产秩序还需要一个过程。

疫情发生以来，习近平总书记始终牵挂着中小企业，并在多个场合、多次会议中研究解决中小企业发展难题。今年 3 月 29 日，习近平总书记到宁波北仑大碶高端汽配模具园区管理服务中心调研，同园区管理人员、中小企业代表、返浙员工代表等交流时指出："抗击新冠肺炎疫情中，不同类型的群体、企业，不同行业都会受到影响。党中央在研究的时候，特别想到了中小企业，已经出台了一些政策的组合拳，会随着形势的发展变化，及时予以一些调整，避免中小企业受到根本性的影响，能够尽快地恢复到好的状态，而且还可以有新的发展。"在 4 月 8 日召开的中央政治局常委会会议上再次强调，要加大复工复产政策落实力度，加强对困难行业和中小微企业扶持。省委、省政府坚决贯彻习近平总书记重要指示和党中央决策部署，坚持疫情防控和复工复产两手抓、两不误，先后印发《关于应对新冠肺炎疫情支持中小企业共渡难关的若干措施》《应对疫情支持企业健康发展若干措施》等政策文件，帮助企业有针对性地解决用工、资金、原材料等"堵点"、"断点"，加快恢复生产。4 月 7 日，王东峰书记还专门主持召开民营企业座谈会，就帮助企业解决困难提出明确要求。我们要深入学习领会习近平总书记重要讲话和中央、省委有关会议文件精神，切实把思想和行动高度统一到党中央对当前形势的科学分析判断上来，统一到党中央决策部署和省委要求上来，进一步提高政治站位，深刻认识支持中小企业全面复苏对于加快恢复正常生产生活秩序、维护社会和谐稳定的重要意义，对于保障经济平稳运行、高质量完成全年经济社会发展目标任务的重要意义，对于全面建成小康社会、打赢脱贫攻坚战和实现"十三五"规划顺利收官的重要意义，自觉增强"四个意识"，坚定"四个自信"，做到"两个维护"，以强烈的责任感、使命感和紧迫感，积极应对疫情防控新形势新要求，全力支持中小企业发展，为夺取疫情防控和经济社会发展双胜利作出应有贡献。

二、强化责任担当，多措并举为中小企业发展保驾护航

中小企业是经济的毛细血管，在经济发展中发挥着至关重要的作用，挽救中小企业，就是最大限度守护中国经济的韧性。从大家的发言和之前了解的情况看，省工信厅、省商务厅、省文旅厅和省市场监管局等部门立足自身职能，主动担当作为，为支持中小企业渡过难关做了大量工作，取得了积极成效。下一步，要按照省委要求，因时因势调整工作着力点和应对措施，持续加大对中小企业的帮扶和支持力度，创造更加有利于中小企业发展的环境，帮助企业解决困难，化压力为动力，化危为机。一要当好政策"宣传员"。省统计局在对全省 12453 家企业开展的调查中显示，仅有 1.4%的企业预计收入增长，8.8%的企业预计持平，89.8%的企业预计不同程度下降，企业信心还有待进一步提升。要做好稳预期、稳思想、稳人心工作，鼓励和引导企业坚持用全面、辩证、长远的眼光看待发展，深刻认识我国经济长期向好的基本面没有改变，深刻认识疫情的冲击是短期的、总体上是可控的，深刻认识河北面临的一系列重大战略机遇正在加速转化为发展优势，进一步增强发展信心。要大力宣传针对中小企业困难实施的一系列降低小规模纳税人增值税征收率、减免企业社保费和实施企业缓缴住房公积金等财税、金融、社保等政策，引导企业用好政策红利，增强发展动力。二要当好发展“服务员”。要结合省委、省政府包联重点企业有关安排，深入企业一线，指导企业有序复工达产，坚持问题导向，走进生产车间察看企业生产情况，了解企业的年度计划，掌握企业复工复产存在的实际困难和问题，努力帮助企业协调解决。要充分利用网络平台，实施“线上＋线下”精准服务，帮扶受疫情影响较大的交通运输、住宿餐饮、文化体育和娱乐、旅游等行业企业，分析市场发展新需求，找准发展路径，壮大消费新业态，抢抓订单，加快恢复生产，尽快达产增效。要督促企业严格落实疫情防控和安全生产责任制，抓实抓细复工复产安全防范工作，坚决防止聚集性疫情和安全生产事故的发生。三要当好行业“领航员”。目前，产业链上下游企业复工复产不同步的问题比较突出，要借鉴省外先进经验，搞好行业扶持政策创新，最大限度发挥我省行业龙头企业的引领作用，坚持在产业链上以“大带小”、以“强带弱”，实行“一对一”精准对接，促进产业链各环节协同复工复产，探索构建完善的行业内产业链，帮助中小企业走出困境。

三、发挥政协优势，努力为支持中小企业发展贡献智慧和力量

为统筹推进疫情防控和经济社会发展，广大政协委员积极响应省政协党组号召，截止到目前，广大省政协委员捐款捐物 8510 万元，其中港澳委员和海外侨胞代表捐款捐物 3129.6 万元，协助境外采购物资 600 余万元，省政协机关 235 名党员捐款 4.31 万元。市县政协的同志和基层政协委员坚持奋战在抗疫一线，主动参与疫情防控相关工作，积极捐款捐物，带头组织复工复产，为夺取疫情防控和经济社会发展双胜利贡献了政协力量。希望广大省政协委员、各级政协组织再接再厉，继续做好各项工作。一要研究新情况。要密切关注形势发展，充分发挥政协组织人才荟萃、智力密集、联系广泛、上通下达的优势，以问题为导向，选准切入点和突破口，深入调查研究，为中小企业发展建言献策，帮助他们在疫情之下站稳脚跟、取得新发展。二要展现新作为。疫情防控是一场特殊的战斗，要积极响应号召，遵守疫情防控各项规定，企业家委员要发挥带头表率作用，迎难而上，加快恢复生产经营，力争把疫情耽误的时间追回来、造成的损失抢回来，以实际行动彰显政协委员的责任与担当。三要建立新机制。现在委员关注的重点就是疫情防控和经济发展，随时可能会提出提案，提案委员会要特事特办，收到提案后尽快审查立案交办，各承办单位要加强协作、密切沟通协商，尽快办理答复，切实形成联合办理、协调高效的提案办理协商工作格局。

在督办省政协第 0586 号重点提案座谈会上的讲话

（2020 年 7 月 30 日）

王　宝　山

同志们：

今天，我们利用半天时间，集中对省政协十二届三次会议第 586 号提案（《关于推动全省家政服务业健康发展的建议》）进行了督办。提案工作是政协的基础性和全局性工作，是政协协商的重要形式、民主监督的重要手段、参政议政的重要渠道。省政协历来重视提案工作，先后出台了重点提案遴选与督办办法、重点提案督办任务分解等规范性文件。今年，围绕省委、省政府中心工作和重点工作、人民群众普遍关心的热点难点问题，遴选出了 8 件重点提案，由省政协领导牵头督办，目的就是进一步促进提案工作提质增效。

中共十八大以来，以习近平同志为核心的中共中央坚持以人民为中心，高度重视家庭服务业健康发展工作。2013 年，总书记在济南视察时指出，家政服务是社会需要，许多家庭上有老、下有小，需要服务和照顾，与人方便，与己方便。家政服务大有可为，要坚持诚信为本，提高职业化水平。2018 年全国两会中，总书记再次强调，在我国目前发展阶段，家政业是朝阳产业，既满足农村进城务工人员的就业需求，也满足了城市家庭育儿养老的现实需求，要把这个互利共赢的工作做实做好，办成爱心工程。省政协把省妇联王冬梅常委提交的《关于推动全省家政服务业健康发展的建议》提案作为 2020 年重点提案，既是贯彻落实习近平总书记重要讲话精神，又契合河北省委、省政府在当前疫情防控常态化条件下保民生、保就业的工作重点。通过汇集各方力量来推动这项工作，也是人民政协围绕中心、服务大局的具体体现。这个重点提案由我负责督办，省政协提案委和农业委具体承担督办任务。

为做好这次重点提案的督办工作，上午，我们一行考察调研了石家庄沐瑾家庭服务有限公司和华珂家政服务职业培训学校。刚才，主办单位省商务厅马中宇同志代表各会办单位介绍了提案办理情况，可以看出这次提案的主办和会办单位对于提案办理工作抓得紧、办得实，做了大量富有成效的工作，体现了高度负责的态度和精益求精的精神。家政行业协会和家政企业代表做了发言，王冬梅同志对提案办理给予了充分肯定，省委督查室王金桥同志、省政协提案委陈虎主任也作了发言，大家讲得都很好，都有很强的针对性。下面，就 586 号提案的办理及进一步推动全省家政服务业健康发展，我讲三点意见，与大家交流。

一、充分认识新形势下发展家政服务业的重大意义

当前和今后一个时期，我国发展面临的风险挑战前所未有，新冠肺炎疫情暴发及

防控常态化趋势又给我们增加了许多困难和不确定性。政府工作报告中指出,今年要先稳就业保民生,坚决打赢脱贫攻坚战,努力实现全面建成小康社会目标任务。家政服务业直接面向家庭,与人民群众生活息息相关,与社会和谐稳定密切相连,本身就是一项功在当代、利在千秋的朝阳行业,在当前疫情防控常态形势下,更是促进经济发展、保民生、聚民心、保就业、聚力量,助力脱贫攻坚的重要举措。我们要充分认识当前形势下发展好家政服务业的重要意义,把有关工作做实做好,为新时代建设经济强省、美丽河北提供有效支撑。

(一)发展家政服务业是“保民生”的必然要求。保民生是我们当前工作的责任和使命,是做好各项工作的出发点和落脚点。越是面对困难,越要关注民生、凝聚民心,切实解决好人民群众最关心最直接最现实的利益问题。家政服务多以人与人之间的“近距离、长相处”为主要特征,直接关乎民生。近年来,我国家政服务业持续健康发展,较好地满足了人民群众的生活服务需求,通过日益规范的服务拉进了人与人之间的情感距离,为服务民生、促进社会和谐、促进经济发展作出了积极贡献,被普遍认为是一个“便民、利民、惠民”的“民心行业”。

(二)发展家政服务业是“保稳定”的客观需要。保稳定,是实现国家经济发展和确保人民安居乐业的根本前提和保障。尤其在当前全球疫情和经贸形势的影响下,以及我国发展面临的难以预料的影响因素条件下,维护稳定的任务更加艰巨。几个月以来,受疫情影响,就业形势比较严峻,能否解决好就业问题,成为保稳定的一个关键因素。家政服务业作为劳动密集型行业,对从业人员的文化水平等要求相对较低,是吸纳就业尤其是城镇失业人员、农村富余劳动力等群体就业的重要领域,要利用好这一特点广泛吸纳贫困劳动力,拓宽他们的就业渠道,增加贫困劳动力收入。要发展新模式、新业态,拓展家政新业务,要支持家政企业借助互联网、移动终端等信息技术,打造“互联网+家政”新模式,实现线上线下并行发展。

(三)发展家政服务业是“保增长”的重要举措。当前,随着人民生活水平不断提高,人们消费结构发生了很大变化,劳务消费在全部消费中所占的比重不断增加。随着人们消费观念改变,家庭对社会家政服务的需求进一步扩大,服务层次进一步提升,家政服务业的社会化、产业化程度不断提高,家政服务劳动正逐渐转化为现实的GDP,促进家政服务业发展,是有效释放居民消费潜力、扩大居民服务消费的一个重要途径,做好家政服务业提质扩容工作,有利于促进经济社会发展,拉动经济增长。

二、通过协商督办广泛凝聚共识

提案督办的过程,也是一个进行广泛协商、充分发扬民主的过程。今天,通过省政协这个平台,我们把提案者、政协委员、主办单位、会办单位、行业协会和企业家代表聚在一起,了解提案办理情况,充分交流、深入研讨,这是政协协商民主的充分体现。总的来看,大家围绕我省家政服务业健康发展提出的意见建议很务实,很有针对性,相关职能部门办理提案态度积极、措施有力、效果凸显。大家广泛凝聚了共识,为进一步推动我省家政服务业健康发展打下了基础。

(一)推动我省家政服务业健康发展非常必要。这是事关民生的大事,需要政府相关部门高度重视、强力推动。我们也希望通过重点提案督办,引起大家的共鸣、社会的关切，共同为家政服务业发展贡献智慧和力量。

（二）推动家政服务业健康发展必须完善服务标准体系。家政服务业事关千家万户福祉，制定服务标准体系能够有效规范家政服务行为，提升家政服务水平，促进消费互信，扩大服务消费，对于提高从业者就业能力、促进和谐劳动关系、改善和保障民生、推动家政服务业规范化和产业化发展具有重要作用。省商务厅已经制定了一些家政服务业标准，要在现有服务标准上，逐步完善家政服务业地方标准体系，大力推动标准实施，促进我省家政服务业整体素质水平提高。

（三）着力培育河北省家政服务业品牌，领跑我省家政服务业高质量发展。目前，多数家政服务企业缺少专业的教育培训体系，对于高端化、专业化的服务工作不能胜任，创建品牌家政企业必须要在提高服务质量上下功夫，我省在打造家政服务业品牌上做了很多工作，取得了一定成绩，如“燕赵金管家”等品牌培训，再如衡水“帮大姐”品牌建设，对打造我省家政服务企业品牌有很好的借鉴作用。品牌企业在建设过程中应找准定位，积极创新，探索新型经营制度，树立企业文化等，有关部门应给予相应的支持，合力打造我省家政服务企业品牌，推动我省家政服务业高质量发展。

三、发挥政协优势为推动家政服务业健康发展献计出力

人民政协是具有中国特色的制度安排，是社会主义协商民主的重要渠道和专门协商机构，是我国社会主义民主政治的特有形式和独特优势。这次提案重点督办座谈会就充分体现了政协协商民主的重要平台作用，大家围绕进一步推进家政服务业健康发展充分交流意见，既是思想碰撞的过程，也是凝智聚力的过程，对我省家政服务业进一步健康发展有很大的帮助。下一步，要进一步发挥政协优势，强化使命与担当，履职尽责，彰显作为，为进一步推进家政服务业健康发展作出新的贡献。

一要积极建言献策。发挥人民政协人才荟萃、智力密集优势，围绕进一步推进家政服务业健康发展工作中的热点、难点问题，深入开展调查研究，利用提案、调研报告、反映社情民意等形式，多角度地出谋划策，提出针对性、可行性强的意见建议。

二要打造工作合力。重点提案办理涉及单位部门较多，需要相互配合，加强协作，切实形成联合办理、整体推进、协调高效的提案办理工作格局。虽然本件提案已形成了答复意见，但省妇联还要持续给予关心、关注；有关提案主办、会办单位还要进一步细化优化工作措施，确保落地见效；省委督查室还要继续发挥作用；省政协提案委和农委要做好沟通联系和服务工作，进一步形成齐抓共管的良好局面。

三要营造浓厚氛围。充分利用报刊、广播、电视、网络等进行舆论宣传，组织开展形式多样、内容丰富、公众参与的公益活动，广泛宣传优秀典型，按有关规定表彰表扬贡献突出的家政从业者，让家政从业者在社会上有地位、有荣誉、受尊重。

同志们，推进家政服务业健康发展的工作关系民生，责任重大。希望各主办和会办单位以这次重点提案督办座谈会为契机，进一步完善办理机制，提高办理质量，力求解决问题，推动提案办理成果尽快转化为工作成效，以更加有力的举措、更加扎实的作风，加快推动家政服务业的健康发展，为我省“保民生”“保就业”“保增长”作出应有贡献。

在全国地方政协秘书长工作交流座谈会上的发言

（2020年7月15日）

陈书增

适应新时代人民政协工作新要求新部署，政协机关要立足服务政协工作的基本定位，主动创新思路举措，通过抓学习、抓重点、抓提升、抓队伍，切实做到提质增效，以一流标准、一流水平、一流作风，建设让党放心，让组织满意、委员满意、群众满意的模范机关。

在政治建设上达到新高度。保持政协机关工作的正确方向来自学习，保持政协机关工作的不竭动力来自学习。必须崇尚学习、加强学习，更加深入思考，更加学以致用，在思想上、政治上、行动上紧跟党中央要求、紧跟时代前进步伐、紧跟事业发展需要。

在学而思上持续深化。继续坚持和深化以党组中心组为引领的学习制度体系，落实好习近平新时代中国特色社会主义思想学习座谈会制度，制定实施好年度学习培训计划，及时跟进学习贯彻习近平总书记最新重要讲话精神。巩固深化学习研讨活动成果，准确把握新时代政协工作“新在哪里、干在哪里”，深入思考政协机关工作加强和改进的方向和重点，不断弥补在思想认识、工作方法、制度供给、自身建设上的不足之处和薄弱环节，切实做好新时代政协机关服务保障工作这篇大文章。

在学而信上坚定不移。政协机关是政治机关，理论武装的成效首先要体现在坚持党的领导、坚定政治信仰、提高政治能力、把准政治方向上。严守政治纪律和政治规矩，把政协机关打造成“坚强前哨”和“巩固后院”。扎实推进学习型机关建设，结合“不忘初心、牢记使命”主题教育，推动机关学习教育往深里走、往心里走、往实里走，在深入学习党的创新理论中，深刻领会人民政协制度好在哪里、特在哪里、优势在哪里，学出自信、学出担当、学出新时代政协人的精气神。

在学而行上保证实效。把学习同中心工作结合起来，做到学思用贯通，知信行统一。把学习同履职实践结合起来，深化对人民政协处于凝心聚力、决策咨询、协商民主、国家治理第一线的认识，提质增效完成好各项任务。把学习同自身实际结合起来，缺什么补什么，不断提高政治把握能力、统筹协调能力、推动落实能力、服务保障能力和工作创新能力。

在服务履职上展现新作为。政协机关工作纷繁复杂，要忙而不乱，忙出成效，就必须善于弹钢琴，抓重点，提高工作效能，按照中央要求、全国政协部署和省委安排，做好统筹，确保政协高质量履职。

在组织好重要活动上下功夫。要继续助力脱贫攻坚行动，在履行职能、委员参与、精准发力、服务包联、驻村帮扶上抓深化，依托界别和党派优势开展好文化科技卫生下基层活动，推动助力脱贫攻坚行动取得更大实效。

在服务好重要履职上下功夫。把思想政治引领工作做实。采取委员讲堂、委员宣讲团、委员学习座谈会、党外委员专题视察、谈心谈话等多种方式，引导委员主动作为、积极发声，弘扬主旋律、传播正能量。把双向发力工作做实。在专题协商、视察考察、专题调研、民主监督等活动中，从双向发力角度谋划、组织和推进。把协商议政活动做实。要按照政协党组重点工作安排，及早谋划推进，加强统筹协调，全面服务保障，跟进督办落实，注重加强各级政协联动，形成合力，增强实效。

在筹备好重要会议上下功夫。高质量会议是促进工作开展的有效途径。高质量会议需要高质量保障为前提。按照既定责任分工和时间节点，注重加强与各方面的联系对接，把新方位新使命和新部署新要求落实到会议各项筹备工作中。

在提质增效上干出新成绩。提质增效不仅要贯穿于政协工作各方面全过程，还要努力探索新办法，在标准更高、节奏更快、要求更严的情况下，做好政协机关工作需要做好"加减乘除"。

做好加法。思考哪些工作需要加强，哪些短板需要加长。习近平总书记提出的加强和改进人民政协工作，"加强"针对的是薄弱环节，"改进"针对的是不足之处。要对标对表全国政协要求部署，梳理加强和改进政协工作重点任务并逐项落实，在"加强和改进"上下真功、见实效。

做好减法。减少不该犯的错误，减少不必要的环节。力戒掉以轻心，力戒粗枝大叶，力戒忙中出错，做到工作精准、管理精细、衔接精密，树立精益求精的工匠精神。对工作制度进行再梳理，对工作程序进行再设计，清理废止不科学的制度规定，修改完善不合理的工作流程，全面提升机关运行效率和工作效能。

做好乘法。形成工作力量的"乘数效应"，形成经验成绩的"倍增效应"。各级政协组织要增强工作的协同性，联合调研、联合攻关，形成解决问题的合力。同时，发挥党派团体的优势作用，密切与党政部门的沟通联系，建立富有政协特色的应用型智库和参政议政人才库，集合众智、提质增效。

做好除法。破除思维定式，破除因循守旧。崇尚创新、勇于创新，防止身体进入新时代，思想还停留在过去时，在工作方法上加强探索，在工作渠道上积极拓展，推进"互联网＋政协"工作，推进制度机制创新，充分调动委员和机关干部的创造性，打造充满生机和活力的政协"创客空间"。

在模范机关上树立新形象。政协机关是政协办事机构，在整个政协工作中起着承上启下、协调左右的中枢作用，必须自身强、自身硬，建设让党放心，让组织满意、人民满意、委员满意的模范机关。

勤学勤练强本领。适应新时代政协工作新要求，要尽快解决本领恐慌、能力不足问题。立足本职岗位和工作需要，学专业知识，学各领域知识，不但专一行、精一行，还要一专多能、全面发展。强化实践锻炼，在学中干、干中学，练就服务大局、服务群众、服务委员、服务基层的过硬本领。

尽心尽责讲担当。现在许多新任务都没有惯例可循，没有经验可搬，需要摸索着来干。不能因为没干过就推诿扯皮、躲避责任，要拿出勇于负责、勇于担当的精神，恪尽职守，既担得起权利，又扛得起责任，既经得起表扬，又受得起批评，形成一级带一级、层层压责任的工作格局。

苦干实干抓落实。查摆工作中有没有打折变通的不落实、半落实，有没有弄虚作假的虚落实、假落实，严格执行重点工作督办落实制度，实行台账式、项目化管理，定期督办通报，确保各项工作高质量、高效率、高水平完成。引领机关干部，以一流标准、一流水平、一流作风，创造一流业绩。

关心关爱促进步。加大对干部职工的关心关爱，在思想上多引导，在工作上多支持，在生活上多关怀，把机关建设成为一个温暖的大家庭，为政协履职提供有力保障。

决议、决定、工作要点、工作计划

中国人民政治协商会议 河北省第十二届委员会第三次会议 政治决议

（2020年1月10日政协河北省第十二届委员会第三次会议通过）

中国人民政治协商会议河北省第十二届委员会第三次会议，于2020年1月6日至10日在石家庄举行。

这次会议是在全省上下坚持以习近平新时代中国特色社会主义思想为指导，深入学习贯彻中共十九大和十九届二中、三中、四中全会及中央政协工作会议精神，学习贯彻省委九届九次、十次全会和省委政协工作会议精神的新形势下召开的。

会议听取并讨论了省委书记王东峰代表省委在大会开幕时所作的重要讲话，一致认为王东峰同志的讲话，充分体现了习近平总书记关于加强和改进人民政协工作的重要思想，体现了新时代对政协工作的新要求，对推进全省政协事业发展具有重要指导意义。会议听取并讨论了许勤省长所作的政府工作报告及其他报告，听取并审议通过了叶冬松主席所作的常务委员会工作报告和苏银增副主席所作的提案工作情况报告，对以上报告表示赞同并给予高度评价。

会议认为，过去的一年，省委、省政府团结带领全省人民，深入学习贯彻习近平新时代中国特色社会主义思想，全面落实习近平总书记对河北工作重要指示批示和党中央决策部署，坚持稳中求进工作总基调，深入贯彻“三六八九”工作思路，三件国家大事实施迈出新步伐，三大攻坚战取得新成果，去产能调结构实现新突破，改革开放创新激发新活力，人民生活水平有了新提高，党风政风发生新变化。省政协在省委坚强领导下，以习近平新时代中国特色社会主义思想为指导，深入贯彻习近平总书记关于加强和改进人民政协工作的重要思想，牢牢把握新时代人民政协新方位新使命，坚持围绕中心、服务大局，坚持以人民为中心，充分发挥专门协商机构作用，努力提高政治协商、民主监督、参政议政水平，更好凝聚共识，为决胜全面建成小康社会，加快新时代全面建设经济强省、美丽河北作出了积极贡献。

会议期间，委员们以高度的政治责任感和历史使命感，紧紧围绕我省经济社会发展中的重大问题积极协商议政、建言献策，就推进重大国家战略实施，打好三大攻坚战，全面做好“六稳”工作，深化供给侧结构性改革，推进创新驱动，扩大改革开放，促进城乡区域协调发展，加强和创新社会治理，保障和改善民生，开展“三创四建”活动等，提出了许多建设性的意见和建议。通过广泛协商，深入讨论，委员们一致认为，我省经济社会发展取得的好成绩来之不易，形成的好局面鼓舞人心，一致表示要把握时代机遇，全面履职尽责，为推动河北高质量发展再立新功。

会议强调，人民政协事业站在了新的历史起点上，习近平总书记在中央政协工作会议上的重要讲话，为人民政协事业发展注入强大动力，开启了人民政协参与国家治理的新征程，开辟了新时代人民政协事业的新天地。要锚定新时代人民政协新方位新使命，担负起把中央决策和省委部署落实下去、把各方面智慧和力量凝聚起来的政治责任，以有效履职推动人民政协成为坚持和加强党对各项工作领导的重要阵地、用党的创新理论团结教育引导各族各界代表人士的重要平台、在共同思想政治基础上化解矛盾和凝聚共识的重要渠道，努力把人民政协制度优势转化为治理效能，奋力开创新时代全省政协工作新局面。

会议指出，2020 年是全面建成小康社会、打赢脱贫攻坚战及“十三五”规划收官之年。全省各级政协组织、政协各参加单位和全体政协委员，要以习近平新时代中国特色社会主义思想为指导，认真贯彻落实中共十九大和十九届二中、三中、四中全会及中央政协工作会议精神，全面贯彻落实省委九届九次、十次全会和省委政协工作会议部署，切实把思想和行动统一到中央精神和省委要求上来，不断加强和改进政协工作。要强化理论武装，增强“四个意识”、坚定“四个自信”、做到“两个维护”，始终坚持正确政治方向。要巩固拓展主题教育成果，把不忘初心、牢记使命作为加强党的建设的永恒课题，常抓不懈、持续推进，提升政协党建工作质量和水平。要推进协商民主，聚焦协商主责主业，完善协商议政格局，打造专门协商机构的鲜明形象。要服务全省大局，围绕大事要事协商议政，紧扣重点难点建言献策，推动经济社会持续健康发展。要切实履职为民，深入一线、深入基层，回应群众关切，反映民情民意，增进民生福祉。要汇聚广泛共识，坚持发扬民主和增进团结相互贯通、建言资政和凝聚共识双向发力，形成推动改革发展的强大合力。要强化委员责任，完善服务管理，提升能力素质，激发委员使命担当，发挥委员主体作用。要健全制度机制，努力构建系统完备、科学规范、运行有效的制度体系，推动政协工作提质增效，展现新时代人民政协的新作为。

会议号召，全省各级政协组织、政协各参加单位和全体政协委员，更加紧密地团结在以习近平同志为核心的中共中央周围，坚持以习近平新时代中国特色社会主义思想为指导，在中共河北省委坚强领导下，不忘初心、牢记使命，凝心聚力、团结奋进，为全面建成小康社会，加快新时代建设经济强省、美丽河北作出新的更大贡献！

中国人民政治协商会议
河北省第十二届委员会第三次会议
关于常务委员会工作报告的决议

（2020年1月10日政协河北省第十二届委员会第三次会议通过）

中国人民政治协商会议河北省第十二届委员会第三次会议，批准叶冬松主席代表政协河北省第十二届委员会常务委员会所作的工作报告。

中国人民政治协商会议
河北省第十二届委员会提案委员会
关于十二届三次会议提案审查情况的报告

（2020年1月10日政协河北省第十二届委员会第三次会议通过）

政协河北省第十二届委员会第三次会议期间，政协委员、政协各参加单位以习近平新时代中国特色社会主义思想为指导，全面贯彻落实中共十九大和十九届二中、三中、四中全会及中央政协工作会议精神，认真落实中共河北省委九届九次、十次全会和省委政协工作会议部署要求，围绕贯彻新发展理念和推动高质量发展，紧扣"三六八九"工作思路及统筹做好稳增长、促改革、调结构、惠民生、防风险、保稳定各项工作，确保全面建成小康社会和"十三五"规划圆满收官，通过提案积极建言献策。

截至2020年1月9日18时，共收到提案721件。依据《提案工作条例》和《提案审查工作细则(草案)》，经审查，立案681件，并案30件，不予立案10件。在立案提案中，委员提案531件，占77.97%；集体提案150件，占22.03%。总体来看，委员质量意识普遍增强，提案提出更加郑重，选题更加聚焦，调研更加扎实，建议更加具体，质量明显提高，彰显了履职尽责的责任感和使命感。但也有些提案过于宏观、内容空泛、建议缺乏针对性和可操作性。

在立案提案中，经济建设方面的提案249件，占立案总数的36.56%；政治建设方面的提案29件，占4.26%；文化建设方面的提案116件，占17.03%；社会建设方面的提案244件，占35.83%；生态文明建设方面的提案43件，占6.32%。反映比较集中的建议：

一是在着力办好三件大事方面，主要有优化承接环境和承接条件，打造重点承接平台，扎实推进京津冀协同发展向广度深度拓展；以创造"雄安质量"为目标，加快雄安新区建设发展步伐；扎实做好冬奥会筹办工作，大力发展冰雪运动和冰雪产业等。

二是在继续打好三大攻坚战方面，主要有稳妥做好金融、政府债务等重点领域风险防控，确保不发生区域性系统性风险；健全完善脱贫防贫长效机制，全面提升脱贫质量；大力推进污染防治，坚决打好蓝天、碧水、净土保卫战等。

三是在推动经济高质量发展和扩大开放方面，主要有加快传统产业提档升级，推动战略性新兴产业集聚发展；加快发展数字经济，推动数字河北建设；完善创新体系，着力加快创新驱动；加快自由贸易试验区建设，打造对外开放新高地；完善基础设施和公共服务体系，积极参与“一带一路”建设；推动沿海地区以港口转型大力发展沿海经济；促进农村三产融合发展和乡村振兴等。

四是在推进政府治理体系和治理能力现代化及发展社会主义民主政治方面，主要有加快政府职能转变，最大限度减少政府对市场活动的直接干预；加快数字政府建设，增强政府管理服务的智慧性、全民性、亲民性；畅通行业协会与政府沟通渠道，提升行政决策科学化水平；全面深化“放管服”改革，大力改善营商环境；加大精准服务力度，大力支持民营经济发展；加强商会、企业、民办学校等领域党建工作；推动社会治理和服务重心向基层下移，构建基层社会治理新格局；加强政协委员培训，切实提高履职能力等。

五是在繁荣社会主义文化方面，主要有大力弘扬社会主义核心价值观；挖掘保护开发优秀传统文化、红色文化，加快文化旅游事业发展；完善文化产品创作生产传播的引导激励机制，推出更多群众喜爱的文化精品；优化城乡文化资源配置，完善城乡公共文化体系等。

六是在更好保障和改善民生方面，主要有实施就业优先政策，健全有利于更充分、更高质量就业的促进机制；进一步完善社会保障体系，确保民生特别是困难群众基本生活得到有效保障和改善；积极应对人口老龄化，加快养老服务体系建设；完善立德树人体制机制，深化教育领域综合改革；深化医药卫生体制改革，让优质医疗资源普惠人民群众；促进中医药传承创新发展，加快中医药强省建设；抓紧抓实抓好老旧小区改造，为群众营造良好人居环境等。

七是在加强生态建设和推动绿色发展方面，主要有进一步完善白洋淀流域生态治理体系；加强水资源保护和利用；加强林业生态建设，推进首都水源涵养功能区和生态环境支撑区建设；加强农村散煤燃烧治理；深入开展露天矿山综合治理等。

大会闭幕后，本次会议提案将由省政协办公厅会同省委办公厅、省政府办公厅，按照分级负责、归口办理的原则，向各有关单位和部门交办。对未予立案的，将积极同提案者协商，作为意见和建议转有关部门参阅，或做进一步修改后重新提出。对会后收到的提案，省政协提案委员会将及时审查，按规定程序做好办理工作。

中共政协河北省委员会党组 2020 年工作要点

2020 年是全面建成小康社会、打赢脱贫攻坚战和“十三五”规划收官之年。省政协党组工作总体要求是:以习近平新时代中国特色社会主义思想为指导,全面贯彻落实党的十九大和十九届二中、三中、四中全会及中央经济工作会议、中央政协工作会议精神,贯彻落实省委九届九次、十次全会和省委政协工作会议部署要求,把坚持和发展中国特色社会主义作为巩固共同思想政治基础的主轴,把服务实现“两个一百年”奋斗目标作为工作主线,着力加强理论学习,着力强化党的建设,着力服务全省大局,着力推进协商民主,着力凝聚广泛共识,着力完善制度机制,切实担负起把党中央决策部署和省委要求落实下去,把各方面智慧和力量凝聚起来的政治责任,发挥人民政协作为坚持和加强党对各项工作领导的重要阵地、用党的创新理论团结教育引导各族各界代表人士的重要平台、在共同思想政治基础上化解矛盾和凝聚共识的重要渠道作用,把人民政协制度优势转化为治理效能,为加快新时代全面建设经济强省、美丽河北作出新贡献。

一、把牢正确政治方向,夯实团结奋斗的共同思想政治基础

1. 持续推动党的创新理论武装走深走实。以学习习近平新时代中国特色社会主义思想为主线,抓好党组理论学习中心组学习,制订年度学习计划,全年举行 10 次集体学习,进一步强化政治责任,提高理论水平。组织好省政协常委 4 次集体学习,努力把党的创新理论学懂弄通、悟深悟透。坚持习近平新时代中国特色社会主义思想学习座谈会制度,每个学习座谈小组每季度至少开展一次活动,举办全省政协系统辅导报告会,深入学习习近平总书记关于加强和改进人民政协工作的重要思想,及时跟进学习习近平总书记最新重要讲话精神和习近平总书记对河北工作重要指示批示精神,推动委员和机关干部深化思想认识,提升政治站位,增强履职本领。

2. 坚决维护党中央权威和集中统一领导。把坚持党的全面领导作为根本政治原则,增强“四个意识”、坚定“四个自信”、做到“两个维护”,始终做到政治上高度认同、思想上紧紧跟随、组织上自觉服从、行动上坚决落实,坚定不移贯彻落实党中央决策部署,坚定不移走中国特色社会主义政治发展道路。

3. 深入贯彻落实中央方针政策和省委部署。深刻领会党的十九届四中全会精神和中央政协工作会议精神,认真学习省委九届九次、十次全会和省委政协工作会议精神,增强贯彻落实的政治自觉、思想自觉和行动自觉。召开全省政协学习贯彻中央和省委政协工作会议精神经验交流会,总结典型、推广经验,切实把中央对政协工作新部署贯彻好,把省委对政协工作新要求落实好。

二、围绕中心工作履行职能,着力服务大局服务人民

4. 围绕“三件大事”谋策。组织港澳委员和海外侨胞代表赴雄安新区和大兴机场，就京津冀协同发展开展视察，建睿智之言，献务实之策。会同北京、天津市政协就京津冀协同发展中面临的重大问题，共同进行研讨。围绕冬奥会筹备情况，进行调研视察，提出针对性意见建议。

5. 聚焦“三大攻坚战”献计。就加强散煤治理开展民主监督，注重发现问题，推动相关问题解决。继续开展全省政协系统“同心携手助力脱贫攻坚行动”，围绕“推动易地扶贫搬迁后续工作落实”开展民主监督，为脱贫攻坚建真言、谋良策。动员委员发挥自身优势，助力脱贫攻坚，开展科技文化卫生下基层活动，继续实施“烛光计划”公益活动，积极为贫困群众办实事、做好事、解难事。做好省政协领导扶贫联系点和省政协机关驻村扶贫工作，为坚决打赢脱贫攻坚战作出贡献。就物业管理与社区治理融合发展开展专题协商，促进风险防范化解工作。

6. 围绕全面建成小康社会建言。各专门委员会要结合自身优势和特点，紧扣省委、省政府重点工作和“三创四建”活动，紧贴群众关切，通过调研、考察、研讨等多种形式，积极谋发展良策，解民生之忧，为全面建成小康社会圆满收官贡献力量。

三、聚焦主责主业，充分发挥专门协商机构作用

7. 规范协商程序。认真贯彻省委关于加强政协协商民主建设工作实施意见，科学制订年度协商计划，严格执行协商工作办法，健全完善协商内容、参加范围、讨论原则、基本程序、交流方式等制度机制，确保协商工作有序开展。

8. 丰富协商内容。紧扣全省“三六八九”工作思路，精选议题开展协商议政。围绕编制我省“十四五”规划纲要、深化农业供给侧结构性改革，分别召开专题议政性常委会议。就推动社区街道居家养老、积极应对人口老龄化，推动河北自由贸易试验区建设，加快我省数字经济发展，加强农业基础设施维护管护机制建设，推动中小学生近视大防控、合力减少小眼镜，加快少数民族地区教育发展等开展专题协商。完善以全体会议为龙头、以专题议政性常委会会议和专题协商会、协商座谈会等为重点的协商议政格局，积极推进对口协商、远程协商、提案办理协商，以专委会为基础搭建界别协商平台，推动政协协商向基层延伸，拓展政协协商参与面。

9. 开展专项监督。围绕省委、省政府决策部署的贯彻落实情况，认真履行民主监督职能。重点就加强我省文物保护、促进县域科技创新跃升等开展专项民主监督。坚持协商式监督特色优势，把协商民主贯穿监督全过程和各方面，实事求是反映情况，认真负责提出建议，协助党委政府真正解决问题、积极推进工作。

10. 提升协商实效。完善党委、政府领导同志出席政协全体会议、常务委员会会议、听取大会发言、参加会议分组讨论协商等工作制度。认真落实关于提高协商议政质量的意见，探索建立有关部门重大情况通报和重要信息发布、协商成果领导批示和部门采纳落实情况反馈制度等。坚持平等议事、民主协商，着力营造畅所欲言、各抒己见，理性有度、合法依章的协商氛围，提升“商”的水平，提高“言”的质量。

四、突出政协特点优势，广泛凝聚各界共识

11. 开展庆祝河北省政协成立 70 周年活动。结合省政协 70 周年的光辉历程，开展具有政协特点、形式多样的庆祝活动。召开庆祝河北省政协成立 70 周年座谈会，征集省政协成立 70 周年重要陈列史料，编辑出版《河北省政协 70 周年记述》图书等，引导各党派团体、政协委员和机关干部牢牢把握新时代人民政协新方位新使命，不忘初心跟党走，牢记使命勇担当。

12. 广泛汇聚正能量。组织开展以自我教育、自我提高为主旨的学习座谈会，落实开展谈心谈话制度，省政协党组成员和机关党组成员、各专委会分党组成员、党员常委分别与 3 名党外委员至少开展 1 次谈心谈话，引导委员和各界人士与党同心同向同行。分别制定委员讲堂、重大专项工作委员宣讲团办法，全年各组织 3 次左右，面向社会传播共识。各专委会至少开展 1 次党外委员专题视察，带领委员看新成就、新变化，增进对省委、省政府决策部署的高度认同。加强同党外知识分子、非公有制经济人士、新的社会阶层人士的沟通联络，研究建立邀请其参加政协重要协商活动机制。完善委员依托专门委员会联系界别群众机制，引导委员加强与界别群众的联系，宣传政策，解疑释惑，汇聚力量。

13. 加强与党派团结合作。加强各党派参加政协工作共同性事务情况交流，密切与民主党派的联系。通过走访座谈、联合调研、共同举办协商活动、督促办理党派提案等方式，为他们在政协更好履职创造条件。坚持党内外副主席共同分管专委会制度，加强分工合作。

14. 促进民族团结、宗教和睦。围绕我省民族地区实施乡村振兴战略有关情况和散杂居少数民族发展情况开展调研，提出意见建议。加强与京津政协民族宗教委员会的联系，共同组织开展相关活动。组织少数民族界、宗教界委员开展以自我教育为主的学习考察活动，增进了解，扩大共识。

15. 加强与港澳台侨同胞团结联谊。建立定期走访港澳委员制度，组织开展学习培训，引导港澳委员和海外侨胞代表厚植家国情怀。完善与台联、侨联等界别、团体的沟通联系机制，加强与住港住澳住外社团组织的联系与合作，在界别委员和海外侨胞代表中探索开展“八个一”活动，邀请港澳青年来冀参观考察，进一步密切冀港冀澳冀台联系。

五、加强制度建设，为政协履职提供保障

16. 统筹推进制度建设。按照省委办公厅《关于落实中央和省委政协工作会议主要任务分工方案》《省委九届九次全会决策部署有关重点工作任务落实方案》《省委重要改革任务责任分工方案》和《省政协重要工作制度建设任务落实方案》要求，推进政协各项制度建设。

17. 完善党建制度。完善党组成员联系专委会分党组、专委会分党组联系党员委员、党员委员联系党外委员的党建工作机制，修订机关党组工作规则和专门委员会分党组工作规则等制度。

18. 完善履职制度。研究制定省政协协商工作规则，完善协商成果采纳和反馈机制，建立协商议政质量评价体系和工作办法。制定加强和改进凝聚共识工作的实施意见、强化政协委员责任担当的意见、加强改进专门委员会工作和制度建设的意见等。修订提案工作条例、大会发言工作规则、专门委员会通则，完善各专门委员会工作细则。

19. 坚持和完善政协系统联系指导工作制度。坚持省政协领导成员联系指导市县政协工作制度，落实市政协主席座谈会、政协秘书长工作会议、对口工作会制度，完善省、市、县政协联动学习研讨机制。启动研究制定加强市县政协工作的指导意见、加强政协系统联系指导工作的意见。

六、做好经常性工作，促进工作提质增效

20. 加强委员服务管理。引导委员旗帜鲜明讲政治，关键时刻靠得住、站得出、跟得上。推动委员自觉遵守宪法法律和政协章程，积极有效参与政协各项活动，当好政协制度参与者、实践者、推动者。加强学习培训，准确把握履职方式方法，切实做到“懂政协、会协商、善议政”。落实好委员履职工作规则，健全委员履职情况统计等制度，完善履职评价及激励机制，制定对不履行职责的委员进行提醒或相应处理的办法。探索运用网络联络服务委员制度，为委员履职尽责创造良好环境。

21. 提升提案工作水平。通过开展专题讲座、编发提案参考题目等，引导委员聚焦中央省委重大决策部署及人民群众普遍关心的热点难点问题提出提案，提升提案质量。遴选重点提案，由省政协领导牵头督办，邀请提案者、人民群众参加开门办案，探索开展提案办理远程协商、网络议政等，提升提案办理质量。评选 2019 年度好提案，激励广大政协委员和政协各参加单位运用提案履行职能。

22. 加强改进专门委员会工作。认真落实全国政协加强改进专门委员会工作和制度建设的意见，各专委会制定年度工作安排。重点抓好思想理论武装工作、调查研究质量提升工作、服务专门协商机构的搭台工作、“三个重要”任务的落实工作、新时代的团结联谊工作、专委会自身建设工作、对市县政协专委会的联系指导工作，推动专委会工作上水平、提效能。

23. 加强政协理论研究。落实党的十九届四中全会、中央政协工作会议和省委政协工作会议关于加强政协理论创新的要求，聚焦人民政协新方位新使命，发挥好省人民政协理论研究会和政协理论研究基地作用，以课题为纽带，整合研究力量，形成高质量研究成果。召开“发挥人民政协专门协商机构作用”理论研讨会。启动研究制定关于加强改进人民政协理论研究工作的意见。

24. 加强调查研究等工作。改进调查研究工作。认真落实《省政协力戒形式主义提高调研工作质量的办法》，坚持调研于协商之前，灵活运用分组调研、跟踪调研、联合调研、委托调研等方式开展调研，有的放矢提出意见建议。评选 2019 年度优秀调研报告。加强社情民意信息工作。突出党派特色和界别特色，拓宽信息收集、报送和反馈渠道。分别召开省各民主党派、工商联和市政协反映社情民意信息座谈会。落实意识形态工作责任制，加强政协宣传工作，加强政协系统舆论阵地建设。重点宣传贯彻中央、省委政协工作会议精神的新举措、新成效，宣传加强和改进人民政协工作的新进展、新经验，宣传委员履职。召开全省政协系统宣传思想工作会议，研究制度实施意见。办好《乡音》杂志、政协门户网站、微信公众号。

25. 发挥政协整体功能。密切与全国政协的联系，积极争取指导与支持。探索建立省政协和市政协协同调研、民主监督机制，围绕深化农业供给侧结构性改革开展联动协商。开展市县政协作为专门协商机构的职能、责任、履职方式等调研，着力推动解决市县政协基础工作薄弱、人员力量薄弱的问题，明确协商主业，更好发挥市县政协作用。

26. 加强机关建设。落实《关于激励干部新时代新担当新作为的实施意见》和《关于进一步关心关爱干部职工的若干措施》，加强机关干部队伍建设。推进模范机关创建常态化、长效化，加强会议服务、委员联络、后勤保障等各项工作，提高机关服务保障水平。坚决防止机关“庸懒散松”，弘扬务实重干、担当尽责精神，以一流标准、一流水平、一流作风，推进机关工作提质增效，展现新时代政协干部新作为。

七、加强政协党的建设，充分发挥党组领导作用

27. 强化使命担当。充分发挥政协党组把方向、管大局、保落实的重要作用，坚决执行中央方针政策，严格执行请示汇报制度，紧紧围绕中央精神和省委部署谋划工作，确保中央和省委政令畅通、令行禁止，确保政协工作方向不偏、重点不移。把不忘初心、牢记使命作为加强党的建设的永恒课题，党组成员要在不忘初心、牢记使命上当表率、作示范，带头把不忘初心、牢记使命作为终身课题，始终保持共产党人的政治本色和前进动力。

28. 全面落实从严治党主体责任。强化主体责任和“一岗双责”，推动全面从严治党不断向纵深发展。坚持民主集中制，坚持重大问题由党组会议集体讨论决定。严肃党内组织生活，开好年度民主生活会和组织生活会。定期研究政协党建工作，专题听取机关党组、专委会分党组党建工作情况汇报，把党对政协工作的领导落到实处。在政协重要会议、重要履职活动中建立临时党组织，依托专委会分党组在界别委员中建立党组织，实现党的组织对党员委员的全覆盖、党的工作对政协委员的全覆盖。落实党员委员双重组织生活制度、党员常委履职建言点评制度，发挥好党员委员作用。推动落实“做好专门委员会分党组成员不在原单位任职后组织关系转入政协专门委员会党组织相关工作”等要求。推动落实党支部工作条例，加强机关基层党组织规范化建设，强化党支部政治功能。继续抓好主题教育整改落实，巩固拓展主题教育成果。

29. 加强党风廉政建设。认真学习贯彻习近平总书记在十九届中央纪委四次全会上的重要讲话精神，发扬斗争精神，增强斗争本领，坚决反对形式主义、官僚主义，持之以恒加强作风建设。严守中央八项规定和实施细则，注重解决“四风”问题的新苗头、新倾向，遵守《准则》《条例》，严格遵守请示报告和个人重大事项报告制度，支持派驻政协机关纪检监察组履行纪检监察职责，深入推进党风廉政建设和反腐败斗争。

省政协 2020 年协商工作计划

为充分发挥政协专门协商机构作用，切实提升协商实效，根据省政协党组 2020 年工作要点，制订省政协 2020 年协商工作计划。

一、指导思想

以习近平新时代中国特色社会主义思想为指导，认真贯彻落实党的十九大和十九届二中、三中、四中全会及中央政协工作会议精神，全面贯彻落实省委九届九次、十次全会和省委政协工作会议精神，聚焦全省中心工作，积极建言资政，广泛凝聚共识，为全面建成小康社会，加快新时代全面建设经济强省、美丽河北作出新贡献。

二、协商内容和形式

(一)专题议政性常委会议协商

1. 围绕编制我省“十四五”规划纲要建言献策。

由卢晓光副主席和苏银增副主席负责，财政经济委员会牵头。

2. 深化农业供给侧结构性改革。

由曹素华副主席和王宝山副主席负责，农业和农村委员会牵头。

(二)专题协商

1. 推动社区街道居家养老、积极应对人口老龄化。

由葛会波副主席和苏银增副主席负责，人口资源环境委员会牵头。

2. 推动河北自由贸易试验区建设。

由曹素华副主席和王宝山副主席负责，港澳台侨和外事委员会牵头，与石家庄市、唐山市、廊坊市政协联合实施。

3. 加快我省数字经济发展。

由卢晓光副主席和苏银增副主席负责，财政经济委员会牵头，与石家庄市、张家口市、廊坊市政协联合实施。

4. 加强农业基础设施维护管护机制建设(远程协商)。

由曹素华副主席和王宝山副主席负责，农业和农村委员会牵头，与省民盟，石家庄市、邢台市、元氏县、宁晋县、清河县政协联合实施。

5. 推动中小学生近视大防控、合力减少小眼镜(远程协商)。

由曹素华副主席和王宝山副主席负责，教科卫体委员会牵头，与省农工党，张家口市、唐山市、衡水市、张北县、滦南县、武邑县政协联合实施。

6. 推进物业管理与社区治理融合发展。

由孙瑞彬副主席和边发吉副主席负责，社会和法制委员会牵头，与省民盟联合实施。

7. 加快我省少数民族教育发展。

由沈小平副主席和卢晓光副主席负责，民族和宗教委员会牵头。

（三）提案办理协商

聚集全省经济社会发展中的重点问题和人民群众普遍关心关注的热点难点问题，确定8件重点提案，由省政协领导带队，通过对口协商、界别协商等形式进行协商办理。提案委员会负责遴选出重点提案并进行任务分解，相关专委会参与督办。

三、工作要求

（一）精心组织。相关专委会要按照协商议题，制定具体工作方案，明确开展协商活动的时间、地点、参与单位、出席人员、成果运用及报送方式等，责任落实到人、任务落实到位。要注重通过对口协商、界别协商等形式开展协商，提升协商活动的质量和水平。

（二）深入调研。围绕协商议题，坚持问题导向，既摸清综合情况又了解典型案例，既听干部意见又听群众意见，既了解成绩经验又发现问题不足，特别要在研究问题上下功夫，切实提高调查研究的质量。

（三）发扬民主。把加强思想政治引领、广泛凝聚共识作为中心环节，坚持平等议事，鼓励畅所欲言，使政协协商民主过程成为发扬民主、集思广益的过程，成为统一思想、凝聚共识的过程。

（四）增强协作。争取党委、政府及相关部门的支持与合作，与民主党派共同举办协商活动，与市县政协开展联动协商，形成工作合力。

（五）注重落实。及时跟踪省委、省政府领导同志对协商成果的批示情况，收集省直有关部门对委员所提意见建议的吸收采纳情况，并将有关情况及时反馈。强化重大协商成果的跟踪、反馈和评估，促进成果转化运用。

（六）改进作风。严格执行中央八项规定和实施细则及省委有关规定，贯彻党的群众路线，坚决克服形式主义、官僚主义，展示政协良好形象。

省政协 2020 年民主监督工作计划

为切实加强和改进政协民主监督工作，强化民主监督职能，提升民主监督的实效，根据省政协党组 2020 年工作要点，制订省政协 2020 年民主监督工作计划。

一、指导思想

以习近平新时代中国特色社会主义思想为指导，认真贯彻落实党的十九大和十九届二中、三中、四中全会及中央政协工作会议精神，全面贯彻落实省委九届九次、十次全会和省委政协工作会议精神，围绕贯彻落实省委、省政府重要决策部署情况开展民主监督，更好地解决问题、推进工作。

二、民主监督议题

1. 加强散煤治理。

由葛会波副主席和苏银增副主席负责，人口资源环境委员会牵头，与保定市、邢台市政协联合实施。

2. 加强我省文物保护工作。

由孙瑞彬副主席和边发吉副主席负责，文化文史和学习委员会牵头。

3. 推动易地扶贫搬迁后续工作落实。

由曹素华副主席和王宝山副主席负责，农业和农村委员会牵头，与省九三学社，张家口市、保定市政协联合实施。

4. 促进县域科技创新跃升。

由曹素华副主席和王宝山副主席负责，教科卫体委员会牵头，与省民进，承德市、廊坊市政协联合实施。

三、主要措施

（一）周密安排。相关专委会要尽快研究制定工作方案，明确分工、时间安排、参加人员和方法步骤。

（二）认真实施。坚持问题导向，深入开展调研，进行充分协商，建真言、谋良策，提出富有见地、高质量的意见建议。办公厅要做好各项服务保障工作。

（三）加强沟通。增强与省委、省政府有关部门工作衔接，密切与各民主党派、工商联联系，强化委员责任担当，形成工作合力。

（四）务求实效。综合运用视察调研、委员提案、反映社情民意信息等形式，及时报送成果。根据领导批示精神，适时将有关情况向专项民主监督参与单位和人员进行反馈。采取适当方式，适时跟踪监督，持续推进相关问题解决。

（五）遵守规定。严格遵守中央八项规定和实施细则精神，认真落实省委、省政府有关规定要求，坚持深入基层、转变工作作风，坚决克服形式主义、官僚主义，提升监督质量和效能。

省政协2020年视察考察工作计划

为做好省政协2020年的视察考察工作，根据《政协河北省委员会委员视察考察工作条例》有关规定和省政协党组2020年工作要点，制订2020年省政协视察考察工作计划。

一、住冀全国政协委员考察

围绕"冬奥会筹备情况"组织住冀全国政协委员进行考察，由办公厅组织实施。

二、省政协委员专题视察

1.围绕"加快北京大兴国际机场临空经济区规划建设和自贸试验区建设"组织党外委员专题视察，由提案委员会和财政经济委员会共同组织实施。

2.围绕"河北清洁能源基础设施建设"组织党外委员专题视察，由人口资源环境委员会组织实施。

3.围绕"加强文物保护工作"组织党外委员专题视察，由文化文史和学习委员会组织实施。

4.围绕"林下经济"组织党外委员专题视察，由农业和农村委员会组织实施。

5.围绕"社区和居家养老工程"组织党外委员专题视察，由社会和法制委员会组织实施。

6.围绕"冰雪产业发展情况"组织党外委员专题视察，由教科卫体委员会组织实施。

7.围绕"少数民族特色村寨建设情况"组织党外委员专题视察，由民族和宗教委员会组织实施。

8.围绕"雄安新区建设有关进展情况"组织党外委员专题视察，由港澳台侨和外事委员会组织实施。

三、住有关市省政协委员考察

1.组织住张家口市省政协委员围绕"文化旅游产业发展"赴承德市进行考察。由省政协办公厅统筹协调，委托张家口市政协组织实施。

2.组织住秦皇岛市省政协委员围绕"县域经济发展"赴衡水市进行考察。由省政协办公厅统筹协调，委托秦皇岛市政协组织实施。

没有安排跨市考察任务的设区市政协，根据情况安排好住本市省政协委员的考察活动。

四、工作要求

（一）强化组织领导。发挥党组织领导作用，按照有关规定在视察、考察团设立临时党支部。严格贯彻中央八项规定和实施细则及我省实施办法，坚持"务实、高效、规范、协作"原则，深入实际、深入基层、深入群众，严格纪律、厉行节约，科学安排、精心组织。视察考察前，应围绕视察考察内容，组织委员学习有关文件，做好准备工作；视察考察中，应坚持问题导向，深入了解实际情况，深化认识、凝聚共识，提出意见和建议。

（二）充分发挥专门委员会基础作用、界别特色和委员主体作用。认真落实专委会联系界别委员制度，进一步加强专委会与委员的联系，搭建履职平台，为委员履职创造条件；注重发挥政协的界别优势，根据视察考察内容，邀请有关民主党派、人民团体、无党派人士和专家学者参加；坚持发挥委员主体作用，瞄准热点难点问题，积极反映社情民意，协助党委政府听取民声、汇聚民智，助推重大决策部署落实落地。

（三）主动加强联系沟通。跨市考察结对的两市政协根据工作实际，在时间、考察点选择、日程安排等方面认真筹划，确保考察工作按计划顺利完成。考察结束后，及时将考察报告以市政协文件形式报送省政协办公厅。

（四）推动成果转化。坚持质量优先，综合运用视察考察报告、重点提案、社情民意信息等形式，及时向省委办公厅、省政府办公厅报送重要意见和建议。及时宣传报道视察考察情况，宣传视察考察工作的实际成效，把委员视察考察工作体现的民主监督与舆论监督结合起来，进一步扩大社会影响力。

省政协2020年调研工作计划

为提升政协履职的质量和水平，根据《省政协加强和改进调研工作实施办法》和省政协党组2020年工作要点，制订2020年省政协调研工作计划。

一、指导思想

以习近平新时代中国特色社会主义思想为指导，认真贯彻落实党的十九大和十九届二中、三中、四中全会及中央政协工作会议精神，全面贯彻落实省委九届九次、十次全会和省委政协工作会议精神，围绕全省大局和政协工作，深入调研，资政建言，凝聚共识。

二、调研课题

（一）围绕年度协商议题开展专题调研

按照省政协2020年协商计划确定的协商议题，就编制我省"十四五"规划纲要，深化农业供给侧结构性改革，推动社区街道居家养老、积极应对人口老龄化，推动河北自由贸易试验区建设，加快我省数字经济发展，加强农业基础设施维护管护机制建设，推动中小学生近视大防控、合力减少小眼镜，推进物业管理与社区治理融合发展，加快我省少数民族教育发展等课题开展调研。由牵头组织协商活动的有关专门委员会实施。

（二）围绕年度民主监督议题开展调研

围绕省委、省政府决策部署的贯彻落实情况，就加强散煤治理、加强我省文物保护工作、推动易地扶贫搬迁后续工作落实、促进县域科技创新跃升等课题开展调研，由相关专门委员会组织实施。

（三）围绕国家大事开展专题调研

围绕京津冀有关问题开展调研，由相关专门委员会组织实施。

（四）围绕政协工作开展调研

围绕中央和省委政协工作会议贯彻落实情况，市县政协作为专门协商机构的职能、责任、履职方式等开展调研，由办公厅、研究室、各专门委员会组织实施。

三、主要措施

（一）认真筹备。按照省政协关于力戒形式主义提高调查研究质量意见的要求，根据调研内容组建调研组，重要调研活动要成立临时党组织。要加强与相关部门对接，了解情况，听取建议。要组织调研组成员认真学习党的创新理论，深入学习中央大政方针和省委决策部署，查找收集与调研课题相关的资料，制定工作方案，做好前期各项准备工作。

（二）扎实调研。真正深入基层、突出政协调研的特色，灵活运用分组调研、自主调研、蹲点调研、跟踪调研、联合调研、委托调研等方式，广泛听取各方面意见，重点了解相关工作开展情况、未来发展方向、问题和困难、诉求和建议等，努力掌握大量第一手资料。

（三）深入论证。在掌握第一手资料的基础上，认真梳理、深入分析调研情况和意见建议，进行去粗取精、去伪存真、由此及彼、由表及里的思考、分析、综合，透过现象看本质，找准症结，在充分借鉴省内外先进经验的基础上，结合我省实际，提出高质量，富有科学性、建设性、可行性的对策建议。

（四）充分协商。把调查研究同加强思想政治引领、广泛凝聚共识有机结合起来，贯穿于调研全过程，与社会各界多沟通、多交流、多商量，与专家学者多研究、多探讨、多切磋，在协商过程中不断深化认识、凝心聚力。

（五）加强配合。机关各部门要树立“一盘棋”思想，既要各司其职、各负其责，又要通力合作、协同配合。办公厅在经费、车辆、后勤等方面，提供优质高效服务，为顺利开展调研活动创造有利条件。

（六）严守纪律。严格遵守中央八项规定和实施细则精神，认真贯彻执行省委有关规定，强化纪律意识和规矩意识，坚决克服形式主义和官僚主义，把求真务实、清正廉洁的作风贯穿调研工作全过程。

政协河北省委员会办公厅
关于省政协 2020 年度优秀调研报告
评选情况的通报

各专门委员会：

2020 年，省政协各专门委员会组织推动委员深入学习贯彻习近平新时代中国特色社会主义思想和中共十九大、十九届二中三中四中五中全会精神，贯彻落实习近平总书记关于加强和改进人民政协工作的重要思想，贯彻落实中央、省委政协工作会议精神，聚焦全省大局，聚力中心工作，广泛深入开展调查研究，形成一批有价值有分量的调研成果，为省委、省政府科学决策提供了有益参考。

为进一步提升调查研究水平，提高建言资政质量，更好凝聚共识，根据《省政协年度优秀调研报告评选工作办法(试行)》《政协河北省委员会协商议政质量评价工作办法(试行)》，省政协办公厅组织开展了 2020 年度优秀调研报告评选工作。评委会按照质量第一、突出决策参考、重视社会反响的原则，评选出 2020 年度优秀调研报告 7 篇。

希望省政协各专门委员会发扬成绩，再接再厉，再创佳绩，进一步强化质量意识、精品意识，紧紧围绕中心工作，深入开展调查研究，创新调研方式，弘扬务实作风，不断加强和改进调研工作，努力提升调研水平和实效，为奋力开创新时代全面建设经济强省、美丽河北新局面作出贡献。

附件：省政协 2020 年度优秀调研报告名单

政协河北省委员会办公厅
2021 年 2 月 17 日

附件：

省政协2020年度优秀调研报告名单
（共7篇）

1.《关于“推动社区街道居家养老、积极应对人口老龄化”专题协商情况的报告》
省政协人口资源环境委员会
2.《关于编制我省“十四五”规划纲要的建议》
省政协财政经济委员会
3.《推动易地扶贫搬迁后续工作落实专项民主监督报告》
省政协农业和农村委员会
4.《促进县域科技创新跃升专项民主监督情况报告》
省政协教科卫体委员会
5.《关于开展“促进消费潜力释放”调研协商工作的情况报告》
省政协社会和法制委员会
6.《关于“促进企业复工复产政策落实情况”专项民主监督报告》
省政协民族和宗教委员会
7.《关于创新推动河北自贸试验区建设专题调研报告》
省政协港澳台侨和外事委员会

政协河北省委员会办公厅
关于省政协2020年度好提案
评选情况的通报

省各民主党派、工商联、有关人民团体，省政协各专门委员会：

2020年是新中国历史上极不平凡的一年，是实现“两个一百年”奋斗目标的交汇之年，也是河北省政协成立70周年。面对全球疫情和严峻复杂的国内外发展形势，广大政协委员、政协各参加单位和各专门委员会坚持以习近平新时代中国特色社会主义思想为指导，深入贯彻落实中央和省委关于新时代加强和改进人民政协工作的部署要求，围绕贯彻新发展理念、聚焦疫情防控、打赢脱贫攻坚战、紧扣“三件大事”和人民群众普遍关心的热点难点问题，积极运用提案履职尽责、建言献策，提出许多有价值的意见和建议，为加快建设经济强省、美丽河北作出了积极贡献。

为总结经验，鼓励先进，树立榜样，进一步激发全体政协委员干事创业、履职尽责的热情，在总结以往好提案评选工作经验基础上，省政协坚持质量精品导向、公开公平公正、广泛民主协商、严格掌握标准的原则，组织开展了2020年度好提案评选工作。经多轮民主推荐，评选出35件2020年度好提案。希望好提案提案者珍惜荣誉，再接再厉，更好地发挥示范引领作用。

2021年是我国现代化建设进程中具有特殊重要性的一年，也是中国共产党成立100周年。面对新形势新任务，广大政协委员、政协各参加单位和各专门委员会要以这次好提案评选活动为契机，以先进为榜样，振奋精神、锐意进取、扎实工作，紧紧围绕省委重大决策部署和全省中心工作，积极通过高质量提案广集良策、广聚共识，为“十四五”开好局履职尽责，以优异成绩庆祝中国共产党成立100周年。

附件：省政协2020年度好提案名单

政协河北省委员会办公厅

2021年2月17日

附件：

省政协2020年度好提案名单
（共35件）

案号	题目	提案者
3	优化区域水资源配置，保障白洋淀及入淀河流生态水需求	民革河北省委
5	关于推进我省城市居民生活垃圾分类工作的建议	农工党河北省委
13	关于以农民工返乡创业助推乡村振兴的建议	农工党河北省委
40	关于推进河北省高效绿色农业发展的建议	九三学社河北省委
47	关于新形势下做好食品药品监管工作的建议	王　玲
48	深化医养结合进程中面临的困难及建议	民建河北省委
50	关于推进我省高质量就业的建议	民革河北省委
59	中美贸易摩擦对我省民营企业的影响及对策建议	省工商联
62	关于实施精准之策打赢精准健康脱贫攻坚战的建议	农工党河北省委
65	加快自由贸易试验区建设，打造我省新时代对外开放新高地	民建河北省委
74	关于完善职业教育培训体系，推动职业教育城乡平衡发展的建议	农工党河北省委
83	关于建立清洁取暖长效机制的建议	民革河北省委
84	关于长城河北段国家文化公园建设的建议	农工党河北省委
117	建立遏制返贫长效机制，巩固脱贫攻坚成果	民盟河北省委
118	发展“互联网＋医疗”助推我省卫生健康事业快速发展	九三学社河北省委
129 440	关于中药材产业高质量发展的建议	农工党河北省委 王玉新
143	牢牢把握冬奥机遇，大力发展冰雪产业	民革河北省委
149	关于做好教育精准扶贫的建议	民建河北省委

续表

案号	题目	提案者
153	关于促进我省传统中医药传承与发展的建议	民革河北省委
159	关于促进河北省智能产业创新发展的建议	民盟河北省委
160	关于推动我省先进制造业和现代服务业融合发展的建议	民建河北省委
179	打造科技创新生态圈,促进河北经济高质量发展	民建河北省委
259	提高末端安全处置能力,推进高质量垃圾分类	民盟河北省委
354	加强京津冀教育资源协同,助力河北基础教育高质量发展	杨　昆
355	关于进一步提升行政审批效能的建议	九三学社河北省委
391	优化环境、把握机遇,加快我省数字经济发展	民进河北省委
503	关于加快智慧社区建设,赋能基层社会治理的建议	崔占伟
586	关于推动全省家政服务业健康发展的建议	王冬梅
591	关于进一步规范中医养生保健市场的建议	民建河北省委
658	关于加强白洋淀上游流域生态环境治理和保护的建议	闫立英
687	分类施策、攻坚克难,打赢蓝天保卫战	民盟河北省委
719	深入稳步推进复产复工,夺取疫情防控与经济发展双胜利的建议	民盟河北省委
1004	健全干部容错纠错机制的建议	民建河北省委
1005	关于进一步支持推广全民阅读,建设书香社会的建议	曹征平
1080	关于加强 2022 冬奥会河北省志愿者语言及国际素养的建议	民革河北省委

关于省政协2020年度优秀社情民意信息评选情况的汇报

根据《政协河北省委员会协商议政质量评价工作办法(试行)》《政协河北省委员会反映社情民意信息工作条例》,研究室对省政协2020年度优秀社情民意信息进行了评选,现将有关情况汇报如下。

一、评选原则

(一)选题科学。选题紧扣党委政府中心工作或经济社会发展中具有典型性、苗头性、趋势性或动态性的重要问题及人民群众普遍关心关注的热点难点问题。

(二)内容翔实。经过深入调查研究,以事实为依据,真实反映情况,内容具体、数据翔实、文字简明。

(三)分析透彻。通过理性思考和综合分析,找准问题症结所在,论证有理有据有力,逻辑清楚,说服力强。

(四)建议可行。提出的意见建议符合法律法规和相关政策,时效性、针对性和可操作性强。

(五)成效明显。社情民意信息得到全国政协和省委、省政府领导批示,被相关部门吸收采纳,对促进工作起到积极作用。

二、评选情况

2020年,研究室共向全国政协和省委、省政府报送《社情民意专报》和《每日社情》402期。根据《政协河北省委员会协商议政质量评价工作办法(试行)》《政协河北省委员会反映社情民意信息工作条例》,研究室组织力量对质量较高的社情民意信息进行量化打分。

三、评选结果

依据评分结果,评选出20篇优秀社情民意信息。

四、下一步工作

待主席会议审议通过后,在十八次常委会会议上通报并颁发证书。

附件:2020年度优秀社情民意信息建议名单

附件:

2020年度优秀社情民意信息建议名单

1.《对邱县“三网”同建覆盖城乡的调研与思考》

报送单位:省政协财政经济委员会

2.《关于京冀联合设立北京大兴国际机场综合保税区的建议》

报送单位:民革河北省委

3.《关于科学处置废弃口罩的建议》

报送单位:民革河北省委

4.《关于推动化肥农药减量使用的建议》

报送单位:民进河北省委

5.《在新型冠状病毒肺炎疫情防控工作中发挥农业院校动物医学专业师生作用的建议》

报送者:杨玉成　全国政协委员,省政协常委,省政协农业和农村委员会主任,民盟河北省委副主委

6.《关于加大财政补贴扶持力度培育河北中欧班列做大做强的建议》

报送者:范社岭　全国政协委员,省政协常委,民建河北省委专职副主委,省政协副秘书长(不驻会)

7.《关于促进后疫情时期我省医药产业发展的意见建议》

报送者:韩咏梅　省政协常委,省政协财政经济委员会主任

曹保刚　省政协委员,省社科联原常务副主席,省社会科学院原党组成员、副院长

8.《关于提升对农村籍大学毕业生返乡创业支撑能力的建议》

报送者:郭旭涛　省政协常委,共青团河北省委书记

车同侠　省社会科学院副研究员

9.《关于疫情期间集中(居家)隔离人群生活垃圾处理建议》

报送者:谢雪生　唐山市政协委员,滦南县政协主席

10.《关于打造我省渤海湾港口群的建议》

报送者:李旭红　唐山市政协委员,唐山市政协经济建设委员会副主任、三级调研员

11.《新冠肺炎疫情对实现全面脱贫的影响分析及政策建议》

报送者:鲁鹏飞　邯郸市政协委员,曲周县委编办事业单位登记管理局副局长

12.《关于加强河北省河湖保护法制建设的建议》

报送者:张栓堂　省水利科学研究院院长

孙　湄　省水利科学研究院副院长

赵名彦　省水利科学研究院技术咨询中心主任

王雄宾　民革党员，河北省水利科学研究院水土保持研究所高级工程师
13.《关于尽快落实 2020 年“企业上云奖补政策”的建议》
报送者：赵益朝　民盟河北省委社会委员会副主任，河北经贸大学教授
14.《关于减少疫情对企业及其员工影响的建议》
报送者：刘磊　民盟盟员，省新华书店有限公司干部
15.《关于对疫情期间医药信息发布管制的建议》
报送者：郭志义　民进会员，华北理工大学教授
16.《关于帮扶我省民办幼儿园走出困境的建议》
报送者：安旭飞　民进会员，河北鸿翔律师事务所律师
17.《关于开通抗疫防疫“后勤补给”绿色通道的建议》
报送者：王大力　农工党唐山市委副主委，华北理工大学附属医院副院长
芦阅文　农工党党员，华北理工大学附属医院中西医结合医院办公室主任
18.《关于积极稳妥推进制造业尽快复工的建议》
报送者：芦阅文　农工党党员，华北理工大学附属医院中西医结合医院办公室主任
19.《关于推进农村宅基地改革的建议》
报送者：赵淑芹　九三学社社员，河北地质大学研究生学院院长
20.《关于刺激我省餐饮业恢复发展的建议》
报送者：刘　亮　省政协研究室特约信息员，省委党校教授
王晓霞　省政协研究室特约信息员，省委党校国际战略研究所研究员

政协河北省委员会
关于通报表扬 2020 年度优秀履职委员的决定

（2021 年 6 月 28 日）

广大政协委员深入学习贯彻习近平总书记关于加强和改进人民政协工作的重要思想，自觉践行“懂政协、会协商、善议政，守纪律、讲规矩、重品行”要求，紧紧围绕党中央和省委决策部署，积极参与政协履职活动，在建言资政和凝聚共识上双向发力，在政协工作中很好地发挥了主体作用。特别是 2020 年，许多政协委员在奋力夺取疫情防控和经济社会发展双胜利中作出了突出贡献，展示了良好的精神面貌和履职成果，为新时代全面建设经济强省、美丽河北倾注了心血、贡献了智慧、体现了担当。

为激励广大政协委员奋发有为、履职尽责，经省政协主席会议研究决定，对丁萍等 10 名优秀履职委员予以通报表扬。希望广大政协委员以他们为榜样，扎实工作、担当作为，切实担负起把中央和省委决策部署和对人民政协工作的要求落实下去、把各方面智慧和力量凝聚起来的政治责任，当好人民政协制度的参与者、实践者、推动者，在全面建设社会主义现代化国家新征程中展现新风采、作出新贡献！

附件：2020 年度优秀履职委员名单

附件：

2020年度优秀履职委员名单

（按姓氏笔画排序，共10人）

丁　萍（女）	太平财产保险有限公司河北分公司党委书记、总经理，省政协社会和法制委员会副主任（不驻会）
宁淑敏（女）	石家庄市妇女联合会党组书记、主席
李耀新	省政协常委，首华金融集团行政总裁
杨　昆	民革保定市委主委，河北大学技术转移中心主任
武云秀（女）	省卫生健康委员会人口监测与家庭发展处处长、一级调研员
周树彬	贝壳找房冀晋省区公司事务总经理
胡　坤	省政协常委，省总商会副会长，秦皇岛市工商联副主席，康泰医学系统（秦皇岛）股份有限公司董事长
梁登城	张家口市驻京流动党委书记，张家口通源热力有限公司董事长
寇学臣（满族）	河北师范大学教师教育学院副院长、教授，河北师范大学书法艺术研究所所长
戴长江	省政协常委，省委宣传部原副部长，省文明办原主任，省社科联副主席（不驻会），省政协文化文史和学习委员会副主任（不驻会）

制度建设

中共政协河北省委员会党组
关于落实全面从严治党主体责任的实施意见

为认真贯彻中共中央办公厅《党委(党组)落实全面从严治党主体责任规定》(以下简称《规定》)和省委办公厅《关于贯彻〈党委(党组)落实全面从严治党主体责任规定〉的若干措施》,推动省政协各级党组织不折不扣落实全面从严治党主体责任,切实增强"四个意识"、坚定"四个自信"、做到"两个维护",现结合实际制定如下实施意见。

一、强化政治自觉。《规定》的制定印发,是党中央健全全面从严治党责任制度的重要举措,是新时代推动全面从严治党向纵深发展的具体部署,为落实全面从严治党主体责任指明了方向、提供了遵循。省政协各级党组织一定要从政治上提高抓好全面从严治党认识,认真落实《规定》的"四个坚持"原则、党组 11 项责任内容和对党组书记、党组成员的责任要求,坚持党建工作与业务工作同谋划同部署同推进同考核,切实加强对全面从严治党各项工作的领导,以全面从严治党的新成效,推动人民政协工作创新发展,为新时代全面建设经济强省、美丽河北作出新的更大贡献。

二、强化学习教育。坚持集体学习和个人自学相结合,将《规定》列入党组、机关党组和专委会分党组理论学习中心组年度学习安排,结合深入学习习近平总书记坚定不移推进全面从严治党的重要论述,准确把握《规定》的精神实质、主要内容和工作要求,不断增强落实责任的思想自觉、行动自觉,提升抓落实的能力水平。同时,将《规定》纳入机关干部教育培训和党员"三会一课"学习内容,打牢从严治党的思想基础。

三、强化责任落实。一要作出年度安排。按照《规定》和省委要求,党组、机关党组、各专委会分党组每年年初制定落实全面从严治党主体责任年度安排,突出工作重点,明确目标任务、标准要求和责任单位,纳入各级党组织工作要点一并安排落实。二要制定责任清单。认真落实《规定》明确的责任要求,本着简便易行、务实管用的原则,制定党组、机关党组、专委会分党组主体责任清单、党组书记第一责任人责任清单、党组成员责任清单。三要定期研究部署。每半年至少召开 1 次党组会议,专题研究全面从严治党工作,分析形势、总结经验、查找问题,提出加强和改进的措施。各级党组书记要加强调查研究,深入了解全面从严治党各项工作部署推进情况,注重听取党员干部、基层党组织、政协委员等关于全面从严治党的意见建议。

四、强化监督追责。一要做好总结报告工作。每年年初党组对上年度落实全面从严治党责任情况进行总结,召开党组扩大会议通报情况,并按规定向省委书面报告。机关党组、各专委会分党组每年年初分别向党组会议专题汇报。二要认真开好民主生活会。各级党组及其领导班子成员要将落实全面从严治党责任情况作为年度民主生活会对照检查内容,通过谈心谈话、征求意见等方式发现问题和不足,深入查摆剖析,严肃认真开展批评与自我批评,提出务实管用的整改措施。三要加强监督检查。加强对中央决策部署和省委要求贯彻执行情况、新时代党的建设总要求贯彻落实情况的监督检查,对发现的问题及时予以纠正,推动各级党组织补短板、堵漏洞、强弱项,确保问题整改到位。四要严肃追责问责。严格执行《中国共产党问责条例》和我省实施办法,认真贯彻省委《关于进一步贯彻落实党内谈话制度的实施办法(试行)》,开展谈心谈话、履职谈话、提醒谈话,加强党员教育管理,对出现《规定》中所列追究责任情形的,依纪依规进行严肃问责。

中共政协河北省委员会机关党组工作规则

（2018年5月7日中共政协河北省委员会机关党组第一次会议审议通过，2020年2月27日中共政协河北省委员会机关党组第五十六次会议修订）

第一章 总 则

第一条 为深入学习贯彻习近平新时代中国特色社会主义思想，进一步规范中共政协河北省委员会机关党组工作，根据《中国共产党章程》《中国共产党党组工作条例》和《中共政协河北省委员会党组工作规则》，制定本规则。

第二条 中共政协河北省委员会机关党组（以下简称“机关党组”）是中共河北省委批准在河北省政协机关设立的领导机构，在省政协机关发挥领导作用。

第三条 机关党组工作必须坚持以马克思列宁主义、毛泽东思想、邓小平理论、“三个代表”重要思想、科学发展观、习近平新时代中国特色社会主义思想为指导，坚决维护习近平总书记党中央的核心、全党的核心地位，坚决维护党中央权威和集中统一领导，切实履行机关党组职责。

第四条 机关党组工作遵循以下原则：

（一）坚持旗帜鲜明讲政治，增强“四个意识”，坚定“四个自信”，做到“两个维护”，坚持党对机关工作的全面领导，保证党的理论和路线方针政策以及省委、省政协党组决策部署贯彻落实，建设让党放心和让组织满意、委员满意、群众满意的模范机关；

（二）坚持从严管党治党，贯彻新时代党的建设总要求，贯彻新时代党的组织路线，落实机关全面从严治党主体责任；

（三）坚持民主集中制，确保机关党组的活力和党的团结统一、坚强有力，推动形成良好政治局面；

（四）坚持依据党章党规开展工作，在宪法法律和政协章程范围内活动；

（五）坚持机关党组发挥领导作用与省政协机关依照法律和政协章程履行职责相统一，把党的主张通过民主程序转化为机关领导班子的决定；

（六）坚持和完善中国共产党领导的多党合作和政治协商制度，坚持团结和民主两大主题，发挥人民政协专门协商机构作用，加强思想政治引领，凝聚广泛共识，为省政协履行职能提供服务。

第五条 机关党组必须服从省委的领导，同时在履行职责过程中接受省政协党组的领导。

第二章 职 责

第六条 认真履行对省政协机关的政治领导责任，深入学习、宣传、贯彻执行党的理论和路线方针政策，贯彻落实党中央决策部署和关于政协工作的重要指示，贯彻执行省委、省政协党组部署和要求，发挥好在机关把方向、管大局、保落实的领导作用，始终在思想上、政治上、行动上同以习近平同志为核心的党中央保持高度一致。

第七条　按照省委、省政协党组部署开展工作。围绕党的中心工作、人民政协重大理论和实践问题，深入调查研究，向省委和省政协党组提出建议，为省政协和省政协委员履职提供服务保障。

第八条　讨论和审议向省委、省政协党组请示报告的重要事项；讨论和决定省政协机关重大问题，包括机关重大改革事项、重要人事任免、重大项目安排、大额资金使用等“三重一大”事项。

第九条　贯彻党管干部原则，认真执行《党政领导干部选拔任用工作条例》，按照信念坚定、为民服务、勤政务实、敢于担当、清正廉洁的好干部标准，加强机关干部队伍建设，做好干部的培养选拔任用、教育培训、管理监督工作。

第十条　坚持党建工作与业务工作同谋划、同部署、同推进、同考核，把党的政治建设摆在首位，落实意识形态工作责任制，着力提高党的建设质量。建立“不忘初心、牢记使命”制度，推进“两学一做”学习教育常态化制度化。加强对机关和直属事业单位党组织工作的领导，充分发挥基层党组织战斗堡垒作用和共产党员先锋模范作用。机关党组书记履行党建第一责任人责任，机关党组成员按照“一岗双责”要求抓好职责范围内党的建设工作。坚持机关党组成员为机关党员讲党课制度。

第十一条　认真履行全面从严治党主体责任，对机关党风廉政建设和反腐败工作实行统一领导、全面负责。支持省纪委监委驻省政协机关纪检监察组工作。健全机关党委、机关纪委工作机制，强化监督执纪，坚决防止利用政协影响力或利用委员资源谋取私利。

第十二条　受省政协党组委托，指导各专门委员会分党组工作。

第十三条　加强对机关群团工作的领导，团结非党干部和群众，健全密切联系群众的制度，定期听取机关干部职工意见，及时了解和掌握思想动态，加强思想政治工作。

第十四条　完成省委和省政协党组交给的其他任务。

第十五条　机关党组书记主持机关党组全面工作，负责召集和主持机关党组会议，组织机关党组活动，签发机关党组文件。机关党组副书记协助书记工作，受机关党组书记委托履行相关职责。机关党组其他成员根据机关党组决定，按照授权负责有关工作，行使相关职权。

第三章　组织原则

第十六条　坚决执行《中国共产党重大事项请示报告条例》和省委《实施意见》有关规定，机关党组每年向省委和省政协党组全面报告工作，遇有重大问题及时请示报告。对学习贯彻习近平总书记重要指示批示精神，中央、省委重要会议、重要文件精神和重大决策部署，执行省委和省政协党组重要指示和决定的情况，进行专题报告，确保党中央和省委、省政协党组政令畅通。

第十七条　坚持集体领导制度，凡属机关党组职责范围内的事项，按照少数服从多数原则，由机关党组成员集体讨论决定。机关党组书记带头执行民主集中制，机关党组成员认真执行机关党组集体决定，勇于担当、敢于负责，切实履行职责。机关党组成员自觉维护和增进党组团结，相互信任、相互谅解、相互支持。

第十八条　以机关党组名义发布或者上报的文件、发表的文章，机关党组成员代表机关党组的讲话和报告，应事先经机关党组集体讨论或者传批审定。机关党组成员署名发表或出版的与工作有关的文章、著作、言论，应事先经机关党组审定或者经机关党组书记批准。

机关党组成员在调查研究、检查指导工作或者参加其他任务活动时发表的个人意见，应符合中央、省委、省政协党组和机关党组的有关精神。

第四章　议事、决策和执行

第十九条　机关党组议事决策坚持集体领导、民主集中、个别酝酿、会议决定，重大决策充分协商，实行科学决策、民主决策、依法决策。

第二十条　议事和决策包括以下主要事项：

（一）传达学习习近平总书记重要讲话、重要指示批示和中央、省委重要会议文件精神，传达学习省政协党组的决定和指示，结合机关实际，研究贯彻落实具体措施；

（二）按照中央、省委和省政协党组要求，组织学习党的路线、方针、政策和开展专题理论学习活动；

（三）研究讨论省政协有关重要制度和文件，省政协机关和直属单位机构调整的事项，向省政协党组提出意见和建议；

（四）审议向省委和省政协党组请示报告的机关重要事项和问题；

（五）研究机关党组年度工作要点；

（六）研究制定机关重要规章制度；

（七）审议并决定机关处级及以下干部和直属事业单位领导班子成员的任免、奖惩等事项，研究并提出行政关系在机关的厅级干部任免、奖惩等事项的建议，报省政协党组同意后，按照干部管理权限上报；

（八）研究机关年度财政预算及重大财务项目支出；

（九）定期研究部署机关党的建设工作、党风廉政建设和反腐败工作、意识形态工作、思想政治工作和精神文明建设等；

（十）研究机关和直属事业单位党组织提请研究的重要事项，机关党组成员、秘书长会议成员认为有必要提请机关党组会议研究的问题；

（十一）其他需要机关党组研究讨论的事项。

第二十一条　机关党组作出重大决策，应在调查研究基础上提出方案，充分听取各方面意见，进行合法合规性审查，经过集体讨论决定。

第二十二条　议事和决策一般采用机关党组会议形式。机关党组会议一般每月召开1次，遇有重要情况可随时召开。机关党组书记不能出席时，可委托机关党组副书记召集并主持。机关党组会议议题由机关党组书记提出，或者由其他机关党组成员提出建议、党组书记综合考虑后确定。会议召开的时间、议题，一般应提前通知机关党组成员，会议有关材料应提前送达。

第二十三条　机关党组会议须有半数以上党组成员到会方可举行，讨论和决定干部任免、处分党员事项必须有三分之二以上机关党组成员到会。机关党组成员因故不能参加会议的须在会前请假，其对会议议题的意见可以用书面形式表达。议题涉及本人或者其亲属以及存在其他需要回避情形的，有关机关党组成员须回避。列席机关党组会议的人员，由会议主持人视议题需要确定。

第二十四条　机关党组会议议题表决前，应进行充分讨论。表决可以采用口头、举手、无记名投票或者记名投票等方式进行，赞成票超过应到会机关党组成员半数为通过。未到会机关党组成员的书面意见不计入票数。表决实行会议主持人末位表态制。会议研究决定多个事项时，逐项进行表决。

机关党组会议由专门人员记录、编印会议纪要，并按照规定存档备查。会议纪要由机关党组书记或书记委托副书记签发。

第二十五条　机关党组会议议题和讨论内容，除机关党组决定在一定范围内传达的，与会人员要严格保密，不得以任何方式向外泄露。

第二十六条　机关党组成员必须坚决执行机关党组会议决定。如有不同意见，可以保留或者向省政协党组和省委反映，但在决定改变前必须坚决执行。

机关党组建立有效的督查、评估和反馈机制，确保决策落实。

第五章　自身建设

第二十七条　全面加强机关党组政治建设、思想建设、组织建设、作风建设、纪律建设、制度建设，提高政治把握能力、调查研究能力、联系群众能力和合作共事能力。机关党组成员必须对党忠诚，严格遵守党章，严守政治纪律和政治规矩，加强党性修养与党性锻炼，在重大原则问题上头脑清醒、旗帜鲜明、立场坚定。

第二十八条　坚持和完善机关党组理论学习中心组学习制度，定期就有关重大理论和实践问题开展学习讨论。每年年初制定年度学习计划，提高政策理论水平和业务工作能力。

第二十九条　严肃党内政治生活，每年至少召开1次民主生活会。会前广泛听取意见、深入谈心交心、撰写对照检查材料；会上认真查摆问题、剖析根源，开展严肃认真的批评和自我批评；会后在一定范围内通报会议情况，对存在问题进行整改。

机关党组成员要严格执行双重组织生活会制度，以普通党员身份参加组织关系所在党支部的组织生活。

第三十条　严格落实中央以及省委、省政协党组关于改进工作作风、密切联系群众的各项规定，严格执行中央八项规定及实施细则和我省实施办法，严格遵守党员领导干部廉洁从政有关规定，坚持不懈反对“四风”，认真践行“三严三实”要求，自觉接受党组织和党员群众监督。

第三十一条　继承发扬党的优良传统和作风，广泛团结社会各方面人士，密切与委员的联系，与党外人士真诚相待、平等相处，求同存异、体谅包容，广交深交党外朋友，努力做合作共事的模范、发扬民主的模范、求真务实的模范、联系群众的模范、廉洁奉公的模范。

第六章　附　则

第三十二条　本规则由中共政协河北省委员会机关党组负责解释，自印发之日起施行。

中共政协河北省委员会
各专门委员会分党组工作规则

（2019 年 1 月 21 日中共政协第十二届河北省委员会党组第 30 次会议通过，2020 年 9 月 29 日中共政协第十二届河北省委员会党组第 79 次会议修订）

第一章　总　则

第一条　为进一步规范中共政协河北省委员会各专门委员会分党组工作，根据《中国共产党章程》《中国共产党党组工作条例》和《中共政协全国委员会各专门委员会分党组工作规则》及《中共政协河北省委员会党组工作规则》《关于加强改进河北省政协专门委员会工作和制度建设的意见》等，结合政协工作实际，制定本规则。

第二条　中共政协河北省委员会各专门委员会分党组（以下简称“分党组”）是党在政协河北省委员会各专门委员会中设立的领导机构，在各专门委员会发挥领导作用。

第三条　分党组工作必须坚持以马克思列宁主义、毛泽东思想、邓小平理论、“三个代表”重要思想、科学发展观、习近平新时代中国特色社会主义思想为指导，坚决维护习近平总书记党中央的核心、全党的核心地位，坚决维护党中央权威和集中统一领导，切实履行分党组领导职责。

第四条　分党组工作应遵循以下原则：

（一）坚持旗帜鲜明讲政治，增强“四个意识”、坚定“四个自信”、做到“两个维护”，坚持党对政协工作的全面领导，保证党的理论和路线方针政策以及省委、省政协党组决策部署贯彻落实；

（二）坚持党要管党、全面从严治党，担当管党治党主体责任，贯彻新时代党的建设总要求，推动全面从严治党向纵深发展；

（三）坚持民主集中制，确保分党组的活力和坚强有力，推动形成良好政治局面；

（四）坚持依据党章党规开展工作，在宪法法律和政协章程范围内活动；

（五）坚持分党组发挥领导作用与各专门委员会依照法律法规、《中国人民政治协商会议章程》和《中国人民政治协商会议河北省委员会专门委员会通则》履行职责相统一，充分发挥政治引领作用，使党的主张成为专门委员会领导班子和委员的共识，为省政协提高政治协商、民主监督、参政议政水平，更好凝聚共识服务。

第五条　分党组在省政协党组领导下工作，向省政协党组负责并报告工作，接受省政协机关党组的指导。

第二章　设立和组成

第六条　分党组由省政协党组提出，经中共河北省委组织部批准设立。

第七条　分党组成员由省政协党组决定。分党组设书记1名、成员若干名，书记一般由本专门委员会党员主任担任；主任不是党员的，原则上由党员驻会副主任担任。分党组其他成员一般由本专门委员会党员副主任担任。

第八条　分党组书记主持分党组全面工作，负责召集和主持分党组会议，组织分党组活动，签发分党组文件；分党组成员根据分党组决定，负责有关工作，行使相关职权。分党组可设1名党组秘书，一般由各专门委员会办公室党员主任担任。

第九条　分党组成员不在原单位任职后，组织关系应转入专门委员会党组织。在政协任职结束后再转回原单位。

第三章　工作职责

第十条　分党组在本专门委员会发挥把方向、管大局、保落实的领导作用，全面履行领导责任，认真学习、宣传、贯彻执行党的理论和路线方针政策，贯彻落实省委和省政协党组决策部署，提出具体执行方案和措施，做好思想动员、工作部署、组织实施、督促检查等工作，带领专门委员会中的党员发挥先锋模范作用，确保党的决策部署落到实处。

第十一条　坚持和完善中国共产党领导的多党合作和政治协商制度，巩固和发展最广泛的爱国统一战线，推动本专门委员会委员和所联系的界别委员履行职能、团结合作，为河北改革发展稳定贡献智慧和力量。

第十二条　讨论和审议向省政协党组请示报告的重要事项；认真研究本专门委员会工作的重要部署、重点任务和相关重要事项；对职责范围内的事项作出决定。

第十三条　积极探索分党组工作规律，在实践中不断推动专门委员会工作改进创新，更好发挥专门委员会在专门协商机构中的基础性作用。

第十四条　支持本专门委员会委员和所联系的界别委员依法依章程行使职权，充分发挥政协委员在政协工作中的主体作用。加强同本专门委员会委员和相关界别委员的联系，听取和采纳委员的意见建议，切实做到发扬民主和增进团结相互贯通，建言资政和凝聚共识双向发力。

第十五条　坚持党建工作与业务工作同谋划、同部署、同推进、同考核，把党的政治建设摆在首位，落实意识形态工作责任制，着力提高本专门委员会党的建设质量。分党组书记履行党建第一责任人职责，分党组其他成员按照“一岗双责”要求抓好职责范围内党的建设工作。

扎实推进党风廉政建设，坚决防止利用政协影响力谋取私利，坚决防止利用委员资源谋取私利。

第十六条　认真完成省政协党组交办的任务，加强与机关党组的工作联系。

第四章 组织原则

第十七条 坚决执行《中国共产党重大事项请示报告条例》等有关规定。分党组每年向省政协党组全面报告工作，遇有重大问题及时请示报告。学习贯彻习近平新时代中国特色社会主义思想，传达学习中央和省委、省政协党组重要会议、重要文件精神和重大决策部署，执行省政协党组重要指示和决定等情况，进行专题报告。

第十八条 坚持集体领导、民主集中、个别酝酿、会议决定，凡属分党组职责范围内的事项，按照少数服从多数原则，由分党组成员集体讨论决定。分党组书记带头执行民主集中制，分党组成员认真执行分党组集体决定，按照分工负责有关工作，切实履行职责。

第十九条 以分党组名义发布或者上报的文件、发表的文章，分党组成员代表分党组的讲话和报告，应当事先经分党组集体讨论或者书记审定。分党组成员署名发表或者出版的与本专门委员会工作有关的文章、著作、言论，应当事先经分党组审定或书记批准。

分党组成员在参加省政协组织的视察、考察、调研、外事出访、协商议政或其他公务活动时发表的个人意见，应当符合党中央和省委、省政协党组、分党组的有关精神。

第五章 议事、决策与执行

第二十条 分党组议事和决策包括以下主要内容：

（一）传达学习中央和省委重要会议、重要文件精神，传达学习省政协党组的决定和指示，研究贯彻落实具体措施；

（二）研究需要向省政协党组请示报告或需要提请省政协党组会议研究的重要事项和问题；

（三）制定或修改本专门委员会重要规章制度的建议；

（四）研究本专门委员会年度工作计划（要点）和工作总结的建议；

（五）研究本专门委员会年度协商议题，视察、考察、民主监督、调研计划的建议；

（六）研究本专门委员会重点调研报告等文件材料；

（七）研究分党组年度工作计划（要点）和工作总结；

（八）研究分党组党的建设工作、党风廉政建设和反腐败工作、意识形态工作以及自身建设的重要事项；

（九）研究其他应当由分党组讨论和决定的事项。

第二十一条 分党组作出重要决策，应在调查研究基础上提出方案，注意听取本专门委员会非党组成员的副主任和委员的意见，视情征求政协有关领导、机关党组主要负责同志和相关部门意见。

第二十二条 议事决策一般采用分党组会议形式。分党组会议根据工作需要定期召开，遇有重要情况可随时召开。会议由分党组书记召集并主持。议题由书记提出，或者由其他分党组成员提出建议、书记综合考虑后确定。会议召开的时间、议题，一般应提前通知各分党组成员，会议有关材料应提前送达。

第二十三条　分党组会议应当有半数以上成员到会方可召开，分党组成员因故不能参加会议的，须经分党组书记同意，可以请假，对会议议题的重要意见可以用书面形式表达。

分党组会议可根据需要邀请不是分党组成员的本专门委员会有关副主任、委员和办公室有关人员列席。省政协党组可派员列席分党组会议。

第二十四条　分党组会议议题提交表决前，应进行充分讨论。表决可以采用口头、举手、无记名投票或者记名投票等方式进行，赞成票超过应到会分党组成员半数为通过。未到会党组成员的书面意见不计入票数。表决实行主持人末位表态制。会议研究决定多个事项时，应逐项进行表决。遇到争议等特殊情况时，应当向省政协党组报告，请求批准或裁决。

第二十五条　分党组会议由分党组秘书负责会务工作，由专门人员如实记录并编印会议纪要，按照规定存档备查。会议纪要由分党组书记签发。

第二十六条　分党组决策一经作出，应当坚决执行。如有不同意见，可以保留或者向省政协党组反映，但在决策改变前必须坚决执行。

分党组决策需要转化为本专门委员会决议或意见的，应当依照程序经有关会议审议通过。

第六章　自身建设

第二十七条　分党组必须始终把党的政治建设摆在首要位置，全面加强分党组思想建设、组织建设、作风建设、纪律建设和制度建设，切实履行全面从严治党政治责任，着力提高政治把握能力、调查研究能力、联系群众能力和合作共事能力。

第二十八条　分党组成员必须对党忠诚，严格遵守党章，严守政治纪律和政治规矩，加强党性修养与党性锻炼，在重大原则问题上头脑清醒、旗帜鲜明、立场坚定，充分发挥共产党员先锋模范作用。

第二十九条　坚持和完善理论中心组学习制度、习近平新时代中国特色社会主义思想学习座谈会制度，定期就有关重大理论和实践问题开展学习讨论。

第三十条　严肃党内政治生活，每年召开1次民主生活会，领导班子遇到重要或者普遍性问题，应当专门召开民主生活会。应在会前广泛听取意见、深入谈心交心、撰写班子对照检查材料和个人发言提纲；会上认真查摆问题、剖析根源，开展严肃认真的批评和自我批评；会后在一定范围内通报会议情况，对存在问题进行整改。

分党组成员要严格执行双重组织生活会制度，以普通党员身份参加所在党支部的组织生活。

第三十一条　严格落实中央八项规定及实施细则精神和我省实施办法，坚持不懈反对“四风”特别是形式主义、官僚主义，切实增强践行“三严三实”要求的思想自觉和行动自觉，严格遵守党员领导干部廉洁从政有关规定，主动接受纪检监察机关的监督，自觉接受党组织和党员群众的监督，做到为民务实清廉。

第三十二条　发扬党的优良传统和作风，密切联系本专门委员会委员和有关界别群众，广泛团结社会各方面人士，真心实意和党外人士交朋友，争做发扬民主、合作共事、联系群众、廉洁奉公的模范。

第七章　附　则

第三十三条　本规则由省政协党组负责解释，自发布之日起施行。

中共政协河北省委员会党组
关于深入贯彻落实新时代党的组织路线的若干措施

为深入学习贯彻习近平新时代中国特色社会主义思想，全面落实新时代党的组织路线，切实提高机关党的组织建设水平，根据省委《关于深入贯彻落实新时代党的组织路线的若干意见》（冀发〔2020〕16号）和省政协党组要求，结合机关实际，制定如下措施。

一、始终坚持党的全面领导

1. 坚决做到"两个维护"。加强干部政治忠诚教育，把"两个维护"作为最高政治原则和根本政治规矩，贯彻落实到组织建设的全过程、各方面。健全完善习近平总书记重要指示批示和党中央重大决策部署落实机制，紧紧围绕省委"三六八九"工作思路开展工作，确保党中央政令畅通、令行禁止，确保省委和省政协党组决策部署在机关不折不扣地贯彻落实，确保始终保持政治定力和正确政治方向。（牵头部门：机关党委、秘书处）

2. 落实党的全面领导制度。健全体现党的全面领导的组织工作制度，严格执行请示报告制度，机关党组按照规定和程序向省委、省政协党组请示报告重要工作、重要事项。机关各级党组织要建立和完善请示报告事项清单，并认真督办落实。各级领导干部要按规定向所属党组织请示报告重要工作和个人有关事项。（牵头部门：机关党委）

3. 严格执行民主集中制。健全科学决策民主决策依法决策机制，加强重大决策的调查研究、科学论证、风险评估。建立健全权力制约制衡机制，班子成员之间既各负其责又相互支持、相互监督，重大事项集体讨论决策。坚持民主生活会制度，强化党内监督，增强班子团结和创造力凝聚力战斗力。坚持机关领导班子成员分管工作和联系专委会工作责任制，坚持"谁主管谁负责、谁牵头谁协调"，落实"新官理旧账"要求，健全一级对一级负责、一级帮一级解决问题工作机制和传帮带及层层传导压力的机制，切实解决实际问题，推动工作落实。（牵头单位：机关党委、人事处）

二、持续加强党的创新理论武装

4. 深入实施创新理论铸魂工程。把学习贯彻习近平新时代中国特色社会主义思想作为机关党组和专委会分党组会议的第一议题、理论学习中心组学习的主要内容、党支部"三会一课"的重点、党员干部教育的主体课程。坚持和健全机关"五个一"常态化理论学习制度，完善述学、评学、践行机制，广泛开展"党的创新理论刻骨铭心进头脑""学原著、强信念、做表率"等活动，全面提升党员干部理论水平和运用能力。继续办好政协讲堂，认真做好省政协党组理论学习中心组学习、主席会议和常委会集体学习、习近平新时代中国特色社会主义思想学习座谈会、全省政协系统学习辅导报告会、委员讲堂、委员宣讲等活动的组织协调保障工作。（牵头单位：机关党委、秘书

处、会议处、人事处、宣传处，相关专委会办公室）

5. 深入实施党性淬炼工程。巩固拓展主题教育成果，制订建立和落实“不忘初心、牢记使命”制度的具体办法，建立健全理论学习、检视问题、专项整治、激励担当、廉洁自律的长效机制。每年定期组织党员干部到红色教育基地参观学习、开展主题党日活动，接受革命传统教育和党性教育。深入开展警示教育，用典型案例进行党风廉政教育，增强干部的敬畏之心和自我净化、自我完善、自我革新、自我提高能力。（牵头部门：机关党委）

6. 深入开展机关干部读书活动。结合开展委员读书活动，每年制订机关读书计划，建立读书群组，每季度举办一次学习交流活动，并积极组织参加省政协委员线上线下读书分享、研讨、交流活动，引导机关党员干部职工多读书、读好书、善读书，加强理论修养、提高工作能力。把读书活动开展情况作为机关各支部年度工作总结、年度党建工作考核和民主评议党员的重要内容，推动形成热爱学习、崇尚学习、终身学习的良好氛围，着力建设学习型机关、打造“书香政协”。（牵头部门：机关党委、人事处）

三、全面加强党的组织体系建设

7. 完善机关党的组织体系。严格执行机关党组、专委会分党组工作规则、议事决策制度，夯实机关党组在机关党建和分党组在专委会党建中的主体责任、机关党委抓机关党建工作落实责任、机关党支部抓落实的“最后一公里”责任，建好各专委会党员委员活动小组，督促机关各级党组织各司其职、各负其责，分工合作、步调一致，最大限度发挥好党的组织优势。（牵头部门：机关党委）

8. 加强机关基层党组织建设。牢固树立大抓基层鲜明导向，以强化政治功能和提升组织力为重点，实施“党支部质量提升工程”，深化“五好红旗党支部”创建，提升党支部标准化规范化建设水平，打造支部工作特色和品牌，推动机关各党支部政治生活严肃认真、作风纪律持续加强、服务中心成效显著、堡垒作用有效发挥，实现全面进步、全面过硬。（牵头部门：机关党委）

9. 提高机关党的建设质量。持续推进“基层党建质量提升年”活动，健全完善机关党的建设目标绩效管理体系，把党建任务分解到党组织的各级各岗，确保党建工作重点任务落实见效。深入开展践行“三个表率”、建设模范机关和“双报到”活动，推动党建工作和履职工作互促互进、深度融合，以高质量党建工作推动建设讲政治、守纪律、负责任、有效率的政协机关。（牵头部门：机关党委）

10. 强化党员教育管理。严格发展党员政治审查制度和预审备案制度，确保发展党员质量。认真落实党员教育管理工作条例，每年采取多种方式加强机关党员教育培训。开展“学习身边榜样”活动，每年评选表彰“两优一先”，定期选树“新时代优秀共产党员”，激发党员创先争优内生动力。认真落实“三会一课”、谈心谈话、组织生活会和民主评议党员制度，全面开展支部主题党日活动，用好党支部手册，依规稳妥处置不合格党员。开展家庭助廉活动，将严约束强自律延伸到八小时以外。以开展“重温入党志愿书和入党誓词”“党员过政治生日”“戴党徽、亮身份、作表率”“四问践诺”等活动为载体，引导党员充分发挥先锋模范作用。（牵头部门：机关党委、机关纪委）

四、大力加强机关干部队伍建设

11. 认真履行选人用人主体责任。制定进一步加强机关干部队伍建设的意见，建立综合分析研判制度，着力改善机关干部队伍年龄、经历、知识结构，选优配强处级单位正职，增强整体功能。机关党组每年要对机关干部队伍建设情况进行一次专题研究。（责任部门：人事处）

12. 树立鲜明选人用人导向。严格执行《干部任用条例》，坚持忠诚干净担当和好干部标准，真正把想干事、能干事、干成事的优秀干部选出来、用起来。注重政治标准，政治上不合格的一票否决；注重群众公认，广泛听取机关干部群众意见；注重一线导向，选拔在驻村帮扶、疫情防控、承担重点工作任务中勇于担当、成绩突出的干部；注重以事择人，根据政协事业发展和机关工作需要选人用人。认真落实“三坚持”干部动议工作法和“凡提四必”制度，提高干部选拔任用工作质量和水平。（牵头部门：人事处）

13. 大力培养选拔优秀年轻干部。健全选育管用机制，全面加强机关年轻干部队伍建设。建立健全遴选招录机制，通过公开遴选、四级联考招录、定向选调生招录等方式及时补充优秀年轻干部；建立健全动态管理机制，坚持标准，优中选优，分别建立处、科级优秀年轻干部信息库，动态掌握锻炼成长情况；建立健全接续培养机制，加强年轻干部教育培训、轮岗交流、实践锻炼，建立传帮带制度，对每名年轻干部有针对性地进行培养和素质提升；建立健全适时使用机制，严格落实省委年轻干部配备目标，确保40岁左右处级、30岁左右科级领导干部的结构性配备。用好职务职级并行政策，既要用好年龄大资历长贡献大的干部，解决好职级待遇，又要大胆使用年轻干部，充分调动各年龄段干部积极性。（牵头部门：人事处）

14. 全面抓好机关干部工作。制订机关干部能力提升计划，利用党校、高校和学习强国、网络干部学院等学习平台，分级分类组织干部调训、专题研修、集中轮训、专业培训；积极选派干部参与省委、省政府重点工作和到基层一线锻炼，着力提高“七种能力”。建立健全机关干部交流常态化工作机制，在加强干部内部轮岗交流的同时，积极推荐机关优秀干部到其他省直单位和市县任职。改进干部考察考核工作，建立健全干部政治素质考察制度，制定机关绩效目标考核办法和干部平时考核办法，并用好考核结果。完善不适宜担任现职干部的认定情形和标准，推进干部能上能下、能进能出。加强干部监督管理，坚持严管厚爱结合、激励约束并重，加强政治监督和日常管理，持续深入开展“庸懒散松”、不担当不作为问题整治和作风纪律专项整治。完善和落实关心关爱干部职工的各项措施，按照“三个区分开来”要求建立健全容错纠错机制，营造敢担当、勇负责、善创新的良好氛围。（牵头部门：人事处、机关党委）

五、建立健全组织制度体系

15. 加强组织制度建设。对标对表党内法规和省委要求，建立健全机关配套组织制度体系，完善机关党组、专委会分党组落实全面从严治党主体责任的制度。建立完善组织制度执规责任体系，分解落实执规责任，将组织制度执行落实情况纳入机关基层党组织书记党建述职评议考核，把制度执行力作为干部选拔任用、考核评价的重要依据，定期开展监督检查，深入整治组织制度落实中的形式主义、官僚主义问题。

（牵头部门：秘书处、人事处、机关纪委）

16. 严肃党的政治纪律和组织纪律。教育引导机关党员干部强化组织观念，坚持组织原则，严守组织纪律，坚决执行组织决定，无条件服从组织安排。机关各级领导干部必须严守政治纪律、组织纪律，决不允许犯自由主义、妄议中央，决不允许搞自行其是、阳奉阴违，决不允许搞上有政策、下有对策，决不允许搞任人唯亲、排斥异己，决不允许搞跑官要官、封官许愿，决不允许搞团团伙伙、拉帮结派。对违反政治纪律和组织纪律、搞非组织活动的行为，从严从快查处，坚决维护纪律的严肃性和权威性。（牵头部门：机关党委、机关纪委）

中共政协河北省委员会机关党组关于建立健全机关党建制度机制推进机关治理和事业发展的实施意见

为深入贯彻落实习近平总书记在中央和国家机关党的建设工作会议上的重要讲话和党的十九届四中全会精神，根据省委《关于建立健全机关党建制度机制推进机关治理和事业发展的意见》和省委省直工委通知精神，结合省政协机关重点工作，现就建立健全机关党建制度机制、推进机关治理和事业发展，制定如下实施意见。

一、提高政治站位，全面把握推进机关治理和事业发展的总体要求

以习近平新时代中国特色社会主义思想为指导，学习贯彻习近平总书记关于加强和改进人民政协工作的重要思想，贯彻落实新时代党的建设总要求和新时代党的组织路线，坚持加强党的全面领导，旗帜鲜明讲政治，把政治标准、政治要求贯彻到机关工作全过程和事业发展各方面。

（一）坚决执行维护党中央权威和集中统一领导的各项制度。严格遵守党章各项规定，认真落实“不忘初心、牢记使命”制度，增强“四个意识”、坚定“四个自信”、做到“两个维护”，在思想上政治上行动上同以习近平同志为核心的党中央保持高度一致。严格执行新形势下党内政治生活若干准则，坚持民主集中制，用好批评与自我批评武器，落实党员领导干部双重组织生活制度，增强党内政治生活的政治性、时代性、原则性、战斗性。严明政治纪律和政治规矩，开展政治性警示教育实现常态化制度化，发展积极健康的党内政治文化。坚持围绕中心服务大局，把党的主张和决策部署转化为政协机关的制度措施，不断提高机关治理和事业发展水平。

（二）不断完善机关党建工作的制度机制。健全机关党建工作责任体系，突出党组主体责任和党组书记第一责任人责任，落实领导班子成员“一岗双责”。健全机关基层党组织体系，推进标准化规范化建设。充分发挥机关党委职能作用，认真组织开展基层党建述职评议考核，科学运用考评结果，进一步强化各级党组织书记的责任担当意识。健全机关党员干部理论学习制度，以党组理论学习中心组学习会为引领，坚持机关“五个一”理论学习制度，不断强化政治理论武装。严明党的纪律规矩，完善党内监督，严格执行中央八项规定及其实施细则精神，把作风建设不断引向深入。

（三）健全完善机关党建推动机关治理和事业发展的制度机制。建立党建工作和业务工作同谋划同部署同落实同考核的制度机制，找准党建工作与业务工作、党建要求与党员需求、理论学习与实践运用的结合点，推动党建和业务深度融合。建立督导检查、目标考核、监督测评等制度，以责任落实保障党建和业务深度融合。健全完善党建带动提升群团工作机制，充分发挥群体组织桥梁纽带作用。建立健全激励党员干部担当作为机制，完善党员干部联系群众的制度，教育引导机关干部转变作风、扎实工作，有力推进机关治理和事业发展。

二、丰富载体平台，以机关党建推进机关治理和事业发展

机关党的建设是机关建设的根本保证，通过创新党建载体、搭建党建平台，不断加强机关党的制度建设，把机关党建制度优势转化为治理效能，为推进机关治理和事业发展提供保障。

（一）带头践行“三个表率”、建设模范机关，把习近平总书记对机关党建的重要讲话和指示批示精神落到实处。为贯彻落实省委实施意见和省直工委通知要求，结合政协工作实际，制定《关于带头践行“三个表率”建设模范机关工作方案》，在去年争创“六个机关”建设基础上，进一步明确创建目标，量化考核标准，加强督促检查，着力创建让党放心，让组织满意、委员满意、群众满意的模范机关。

（二）实施“党支部质量提升工程”，把党的一切工作到支部的鲜明导向落到实处。坚持党支部标准化规范化建设的方向，从基本组织、基本队伍、基本活动、基本制度、基本保障抓起，切实把党支部质量提升的量化标准体系建立起来。开展“戴党徽、亮身份、作表率”活动，引导党员强化身份意识，自觉接受社会和群众的监督。开展“四问践诺”主题实践活动，充分发挥党员先锋模范作用。举办“五好红旗党支部”评选、争先创优等活动，推动后进赶先进、中间争先进、先进更前进，切实把机关党支部先进典型树起来。开展岗位练兵，组织业务竞赛，设立学习先进奖、工作创新奖等，激发干事热情，营造创先争优氛围。

（三）开展争做“新时代优秀共产党员”活动，使每名党员都成为一面旗帜。围绕“努力建设政治合格、执行纪律合格、品德合格、发挥作用合格党员队伍”的目标，在机关广大党员中开展争做“新时代优秀共产党员”活动。结合党员岗位职责和工作实际，通过责任落实、督促检查、典型激励、考核问责、动态管理等措施，聚焦省委中心工作和政协重点任务，对照“职责使命之问、干事添彩之问、问题症结之问、整改方向之问”，提高认识，强化担当作为，改进工作作风，在提升履职能力和水平上当排头、做先锋，为推动新时代人民政协工作创新发展努力作出更大贡献。

（四）持续深化作风纪律专项整治，大力营造风清气正的政治生态。认真落实省委和省政协党组要求，把2020年作为“作风建设提质年”，持续整治“四风”顽瘴痼疾，大力营造风清气正、干事创业的良好环境，为省政协履行职能提供坚强作风保证。开展机关面貌提升行动，在精神状态、文明礼仪、工作秩序、环境卫生等方面提出明确要求，引导机关干部讲文明、优服务、强规范、严纪律。坚持严字当头，深化运用“四种形态”特别是第一种形态，抓好日常监督执纪，加强政治性警示教育，做到警钟长鸣、防微杜渐。建立和完善廉政风险防控机制，加强对重点部位、重点环节廉政风险点的动态监控，推动党风廉政建设不断向纵深发展。

三、加强组织领导，确保机关党建和机关治理各项工作取得实效

机关各级党组织要切实负起加强机关党建工作的主体责任，党组织主要负责同志要认真履行好第一责任人职责，加强组织领导，狠抓工作落实，全面推进机关治理和事业发展。

（一）强化责任担当。机关党组要建立健全党建工作制度体系，落实机关党建主体责任。机关各支部要切实负起抓好党建的政治责任，认真谋划、抓好落实。机关党

委要定期对机关各支部、党员领导干部落实机关党建工作责任制、重要制度等情况进行督查，对成绩突出的予以表彰，对思想不重视、工作不得力的提出批评，限期整改。

（二）强化工作保障。按照高素质专业化要求，选优配强专兼职党务干部，围绕增强“八种本领”，通过集中培训、轮岗交流、实践锻炼等途径，加强党务干部的能力培训，提高推动机关治理和事业发展的能力和水平。创新“党建＋互联网”“智慧党建”等工作模式，推动党员教育管理监督优化创新。加强机关党建制度理论研究，注重调研成果转化运用，为建立健全机关党建制度机制、扎实推动机关治理和事业发展提供理论支撑。

（三）强化执行落实。机关各级领导干部要切实强化制度意识，带头维护制度权威，做制度执行的表率。要深入开展调查研究，抓实抓准问题，促进整改提升。坚持日常检查和年终考核相结合，推动各项举措落地见效。广泛宣传开展工作的好经验好做法，加强舆论引导，营造良好氛围。

附件：1. 关于带头践行“三个表率”建设模范机关工作方案

2. 关于机关“党支部质量建设提升工程”实施方案

3. 关于在机关开展争做“新时代优秀共产党员”活动的实施方案

4. 2020 年持续深化机关作风纪律专项整治实施方案

附件 1：

关于带头践行“三个表率”建设模范机关工作方案

为贯彻落实省委《关于建立健全机关党建制度机制推进机关治理和事业发展的意见》和省委省直工委有关要求，不断提升省政协机关治理能力和水平，现就带头践行“三个表率”、建设模范机关，制订如下方案。

一、总体要求

坚持以习近平新时代中国特色社会主义思想为指导，贯彻落实新时代党的建设总要求，以党的政治建设为统领，全面落实习近平总书记关于加强和改进人民政协工作的重要思想，以及对政协机关提出的“从严教育、从严要求、从严管理、从严监督”要求，进一步树牢“四个意识”，坚定“四个自信”，做到“两个维护”，牢牢把握新时代人民政协新方位新使命，努力在深入学习贯彻习近平新时代中国特色社会主义思想上做表率，在始终同以习近平同志为核心的党中央保持高度一致上作表率，在坚决贯彻落实中央、省委、省政协党组决策部署上作表率，着力创建让党放心，让组织满意、委员满意、群众满意的模范机关。

二、基本原则

（一）坚持政治统领。把准政治方向，坚持党的政治领导，自觉在政治立场、政治方向、政治原则、政治道路上始终同以习近平同志为核心的党中央保持高度一致；认真贯彻落实习近平总书记对推进中央和国家机关党的政治建设重要指示精神，确保中央和省委各项决策部署在机关不折不扣贯彻落实。

（二）结合工作实际。紧密结合省委“三创四建”活动和省政协党组 2020 年“一个要点、四个计划”，着眼提升工作质效，完善工作方法，转变工作作风，实现工作机制、工作理念、工作水平的大提升，不断增强机关工作活力。

（三）加强分类指导。处理好共性和个性、党建和业务、目标引领和业务导向、建章立制和落地见效、继承和创新等方面的关系，区分部门单位、干部职工的工作性质差异，分类指导、精准施策，勇于探索实践，善于总结经验，切实提升建设模范机关的系统性、完整性、针对性。

（四）对标先进典型。对标对表全国政协工作要求，学习兄弟省份政协、省直机关先进单位经验做法，找差距、定措施、立标准，聚焦制约机关工作高质量发展的短板弱项，强化问题意识，坚持主动作为，推动机关党员干部思想作风有明显转变，素质能力有明显提升，服务水平有明显提高。

（五）着眼常态长效。坚持以上率下，机关各部门主要负责同志带头，全体干部职工身体力行，健全完善制度机制，凝聚强大工作合力，推动模范机关创建制度化、常态化、长效化，取得扎扎实实的成效。

三、重点举措

按照省委省直工委《关于带头践行“三个表率”建设模范机关实施方案》要求，在去年争创“六个机关”建设的基础上，继续加大工作力度，凝心聚力、锐意进取，采取更加积极有效的措施，做到“五个坚持、五个强化”，深入推进模范机关建设取得新成效。

（一）坚持把党的政治建设摆在首位，不断强化对党忠诚教育。坚持以党章为根本遵循，把严的标准、严的措施贯穿于管党治党全过程和各方面。一是坚决维护党中央权威和集中统一领导。把党的政治建设作为党的根本性建设，引导党员干部自觉践行“四个意识”，坚决维护和捍卫习近平总书记在党中央和全党的核心地位。聚焦贯彻落实总书记重要批示指示和党中央决策部署情况，在机关开展专项监督检查，发现问题及时督促整改，确保党中央决策和省委、省政协党组部署要求落到实处。二是严明政治纪律和政治规矩。开展政德教育主题党日活动，弘扬中华优秀传统文化，进一步增强干部党性意识、廉政意识，提升干部为政之德。不断深化政治性警示教育，教育引导党员干部坚定执行党的政治路线，坚决做到“四个服从”，牢记“五个必须”，防止“七个有之，在政治立场、政治方向、政治原则、政治道路上同党中央保持高度一致。三是深入开展对党忠诚“专题教育”活动。开展重温入党誓词、入党志愿书以及党员过“政治生日”等活动，引导党员牢记身份、永葆初心，充分发挥和增强党员的先锋模范作用和党组织的战斗堡垒作用。组织党员干部到红色教育基地参观学习，接受革命传统教育。开展“树清廉家风、创文明家庭”活动，把对党忠诚融入家庭家教家风中，形成高度的理性认同、情感认同和坚决的维护定力和能力。

（二）坚持把思想建设作为党的基础性建设，不断强化党的创新理论武装。认真学习贯彻习近平总书记重要讲话精神，持续深化理论武装，以理论上的清醒保证政治上的坚定、思想上的统一和行动上的自觉。一是深入开展“党的创新理论进机关”活动。坚持用党的最新理论创新成果武装头脑，以学习习近平新时代中国特色社会主义思想为主线，以党的十九届四中全会、中央政协工作会议，省委九届九次、十次全会和省委政协工作会议精神为重点，在机关持续兴起学习贯彻热潮，推动党的创新理论武装走深走实。引导机关干部用好“学习强国”，养成读人民日报时政报道和重要评论、看中央电视台新闻联播、读《求是》杂志的习惯，线上线下同步学习，做到学习跟进、认识跟进、行动跟进。二是实施思想政治工作“春风化雨”工程。注重利用重要节点开展谈心谈话，做到岗位变动必谈、组织处理必谈、发生家庭变故必谈、发现苗头性问题必谈，做到哪里有党组织、哪里有困难，哪里就有思想政治工作，引导党员干部更加自觉地践行党的初心和使命。积极运用互联网、微信、公众号等新兴媒体平台，做好思想政治工作，及时回应党员干部思想困惑，最大限度地调动和保护工作积极性。三是充分发挥学习平台优势。成立青年理论学习小组，办好“政协讲堂”，开展“浸润书香·悦读人生”读书活动，利用党校、高校和网络干部学院等学习平台，组织党员干部参加调训、专题研修班、集中轮训和网络课堂，通过形式多样的学习活动，不断提高机关干部综合素质和能力水平。四是坚持以制度机制为保障。以党组理论中心组学习为引领，坚决落实好习近平新时代中国特色社会主义思想学习座谈会制度，及时跟进学习习近平总书记最新重要讲话精神和对河北工作重要指示批示，推动委员和机关干部深化思想认识，提升政治站位，增强履职本领。坚持机关理论学习制度，每月印发理论学习提示，定期组织研讨交流，推动党的理论武装走深、走实、走心。

（三）坚持把夯基层强基础作为党建重点工作，不断强化基层党组织建设。实施“组织力提升工程”，严格按照《中国共产党支部工作条例（试行）》要求，加强党支部标准化建设，促进基层党组织各项工作落实。一是严肃党内政治生活。严格执行《关于新形势下党内政治生活的若干准则》，贯彻落实民主集中制，切实抓好“三会一课”、组织生活会、民主生活会、重大事项请示报告等制度落实。加强对党员领导干部参加中心组学习、过双重组织生活等的督促检查，坚持三级书记讲党课，发挥党员领导干部示范带动作用。二是提高基层党支部组织功能。大力推进党支部标准化建设，认真贯彻落实《中国共产党党和国家机关基层组织工作条例》和《党支部工作条例》，实施“党支部质量建设提升工程”和争做“新时代优秀共产党员”活动，建立完善党支部质量提升考核标准，组织开展“五好红旗党支部”培树活动。积极探索专委会分党组党建和界别党组织建设。广泛开展党务干部、党支部书记培训，开展形式多样的主题党日活动，规范党员活动场所和《党支部工作手册》使用，促进基层党建工作大提升。三是严格党员教育管理。认真落实《中国共产党党员教育管理工作条例》，坚持集中教育和经常性教育相结合、组织培训和个人自学相结合，提高教育的针对性实效性。组织党员干部围绕学习党的十九届四中全会精神开展专题培训，扎实推进“两学一做”学习教育常态化制度化。组织开展党性教育，依规稳妥处置不合格党员，探索促进党员先锋模范作用发挥的机制和载体。严格党员组织关系接转和党费收缴、使用和管理。认真做好党员发展工作，规范使用《党支部工作手册》，注重培养和选树各类典型，用身边事教育激励身边人，强化示范带动效应。

（四）坚持围绕中心服务大局，不断强化履职服务水平。以习近平新时代中国特色社会主义思想和党的十九大精神为指导，坚持党建工作和业务工作同安排同部署，以党建促业务，实现履职工作提质增效。一是提高履职工作质效。坚持寓管理于服务之中，统筹办公厅、专门委员会、界别等联络服务委员渠道，推动委员更好发挥主体作用。加强日常管理服务，做好委员履职考核工作，完善委员履职情况统计制度，坚持常委提交履职报告、党员常委履职点评、走访看望委员以及接待和处理委员来信来访等制度，研究制定对不履行职责的委员进行提醒或相应处理的办法，探索运用网络联络服务委员制度，推进委员联络工作制度化经常化。强化委员学习培训，积极组织委员参加省政协举办的学习座谈会、学习辅导报告会等集体学习活动，继续落实好委员分批次列席省政协常委会会议制度，提升履职工作水平。二是提升服务群众水平。严格执行《关于进一步加强和改进调查研究工作提高调查研究实效的意见》，围绕群众普遍关心的难点和热点问题，认真开展调查研究，不断提高运用调查研究做好机关工作的能力水平。认真做好机关脱贫攻坚工作，如期完成脱贫攻坚目标，确保各项考核验收达标。深化“双报到”制度，定期赴驻地所在街道办调研，实实在在帮助解决基层困难；在职党员到驻地社区报到率达到95%以上，每年至少参加1次街道社区组织的志愿服务活动。三是提高办文办事办会质量。修订机关公文处理工作实施办法，举办机关公文处理专题培训，加强公文写作培训，强化公文运转管理，机关公文办理水平实现大提升。践行“马上就办、办就办好”的工作精神，完善重点工作督办落实办法，实行“四个一”督办制度，提高工作质效，形成机关节奏快、标准高、工作实、状态好的工作作风。

（五）坚持持之以恒正风肃纪，不断强化作风纪律建设。巩固拓展深化作风建设成果，持之以恒正风肃纪，严格落实中央八项规定及其实施细则精神，做好安全风险防控各项工作，营造风清气正的良好环境。一是持续深化纠正“四风”和作风纪律专项整治。持续深入整治“四风”老问题和新表现，坚决整治形式主义、官僚主义特别是表态多、门调高，行动少、落实差等突出问题，坚决纠治“机关病”和“衙门作风”。强化监督执纪问责，对发现的问题建立台账、立行立改、一抓到底，不断巩固拓展纠正“四风”和作风纪律专项整治成果。充分发挥群众监督和舆论监督作用，严查享乐、奢靡和“四风”隐形变异问题，对违反纪律的现象及时通报曝光，做到真管真严、敢管敢严、长管长严。二是巩固拓展贯彻落实中央八项规定精神成果。严格贯彻执行中央八项规定及其实施细则和我省实施办法，认真开展“回头看”活动，紧盯违规吃喝、发放津贴补贴、公务接待、公务用车、办公用房等方面，深入自查自纠，组织专项督导检查，以钉钉子精神打好作风建设持久战。扎实推进中央和省委基层减负精神落地见效，特别是在改进调查研究、精简会议文件、统筹规范督查检查考核、激励干部担当作为等方面，定期分析研判，研究改进措施，狠抓贯彻落实。三是防范化解重大风险。认真落实省委《关于进一步加强和改进意识形态工作的意见》和省政协党组《实施意见》，牢牢把握舆论宣传阵地和正确政治方向。落实信访工作责任制，逐级签订信访工作责任书，全力做好维稳工作，争创“省直平安建设考评先进单位”。加大保密教育培训、硬件建设、监督检查力度，切实提升机关干部职工的保密意识和防范能力。严格落实省委关于应急值守工作要求，强化财务管理和资产管理，加强机关用水、用电、饮食以及工程施工等安全检查，落实机关新冠肺炎疫情防控各项措施，确保机关安全稳定。

四、组织保障

（一）加强组织领导。成立以机关党组书记为组长，机关党组成员为副组长，机关各党支部书记为成员的模范机关创建领导小组。领导小组办公室设在机关党委，具体负责创建工作的统筹调度、组织推动等日常工作。

（二）压实工作责任。机关各级党组织主要负责同志要切实担负起第一责任人的责任，认真谋划、精心组织、狠抓落实、务求实效。领导小组办公室要聚焦工作落实，定期对创建工作进行督导检查，对存在的问题提出整改意见，责令限期整改。

（三）营造浓厚氛围。加强模范机关创建的宣传力度，在机关《工作简报》设立专栏，积极开展经验交流，及时通报创建情况，并综合运用多载体、多平台、多形式总结推介先进经验，培树先进典型，全面展示成果，努力营造浓厚的创建工作氛围。

附件2：

关于机关“党支部质量建设提升工程”实施方案

为深入贯彻落实省委《关于建立健全机关党建制度机制推进机关治理和事业发展的意见》，按照省委省直工委有关要求，切实推动全面从严治党向基层延伸，不断提升机关党支部建设质量，使每个支部都成为党旗高高飘扬的战斗堡垒，现就省政协机关实施“党支部质量提升工程”制订如下实施方案。

一、总体要求

认真贯彻落实习近平总书记在中央和国家机关党的建设工作会议上的重要讲话和党的十九届四中全会精神，以及省委九届九次、十次全会精神，强化党支部政治功能，以党的政治建设为统领，以提升组织力为重点，从党支部基本组织、基本队伍、基本活动、基本制度、基本保障抓起严起，围绕中心、建设队伍、服务群众，发挥对党员的教育管理监督作用，全面提高机关党支部的建设质量，把党支部建设成为宣传党的主张、贯彻党的决定、团结动员群众、推动机关治理和事业发展的坚强战斗堡垒。

二、提升标准

1.政治建设全面加强。党支部和党员干部职工旗帜鲜明讲政治，把对党绝对忠诚作为第一位要求，保持政治定力，提高政治能力，遵守政治纪律、政治规矩，树牢“四个意识”、坚定“四个自信”、坚决做到“两个维护”。

2.理论武装不断强化。深入学习贯彻习近平新时代中国特色社会主义思想，坚定政治信仰和理想信念，思想统一、意志统一、步调一致，扎实推进“两学一做”学习教育常态化制度化，党员干部守初心、担使命，找差距、抓落实。

3.党支部作用有效发挥。把坚持和加强党的领导贯穿支部工作各方面全过程，政治功能和组织力全面增强，自觉贯彻执行党的路线方针政策，广泛开展争先创先争优活动，党支部教育管理监督党员和组织宣传凝聚群众有力，党员主动作为、勇于担当。

4.党内政治生活严肃认真。“三会一课”、组织生活会、民主评议党员、谈心谈话等基本制度严格规范，坚持开展批评和自我批评，领导干部自觉参加双重组织生活，《党支部工作手册》使用规范。

5.党员队伍管理严格规范。认真落实《中国共产党党员教育管理工作条例》，从严规范党员日常行为，认真细致做好思想政治工作。党籍和党组织关系管理严格规范，及时依规稳妥处置不合格党员。党内激励关怀帮扶等措施健全完善。

6.支部班子建设不断加强。组织健全完善，设置科学规范，严格执行按期换届规定。党支部班子成员配齐配强，分工负责，发挥作用到位。党支部书记党性强、品行好、作风正、敢担当，切实履行党建工作“第一责任人”职责，熟悉本部门业务，群众信任度较高。

7.作风纪律建设持续加强。认真贯彻落实中央八项规定及其实施细则精神，用身边事教育身边人，不担当、不作为、慢作为、乱作为以及“庸懒散松”问题得到有效解决。持续抓好党风廉政建设，抓早抓小，防微杜渐，党员无严重违纪违法问题发生。

8.服务中心工作成效显著。围绕党中央决策部署和省委“三六八九”工作思路，以及省政协党组、机关党组中心工作研究部署党的建设，党建工作与业务工作紧密融合，做到同谋划、同部署、同检查、同考核。

三、主要举措

按照《中国共产党党和国家机关基层组织工作条例》《中国共产党支部工作条例（试行）》的要求，构建基层可遵照执行，上级可监督评判的质量标准体系，力争到2020年6月，机关党支部的组织设置、队伍建设、制度体系、投入保障等工作实现整体规范达标；到2021年6月，机关基层党支部建设创新发展、机制健全、充满活力，实现全面进步，全面过硬，力争在省直乃至全省推出1—2个先进典型，向建党100周年献礼。

（一）增强党支部政治功能

1.坚持把党的政治建设摆在首位。始终坚持政治建设的统领地位，把旗帜鲜明讲政治作为党支部建设的首要任务，突出政治教育和政治训练，牢固树立“四个意识”，坚定“四个自信”，做到“四个服从”，确保正确的政治方向。

2.强化党的创新理论武装。宣传和贯彻落实党的理论和路线方针政策，第一时间传达学习、贯彻落实习近平总书记重要讲话以及中央、省委和省政协党组重要会议、重要文件精神，认真落实机关每月理论学习提示要求，引导党员干部在学懂弄通做实上下功夫，切实用习近平新时代中国特色社会主义思想武装头脑、指导实践、推动工作。

3.严守党的政治纪律规矩。牢固树立纪律和规矩意识，认真贯彻落实中央八项规定及其实施细则精神，维护和执行党的纪律，监督党员切实履行义务，党支部重要工作、重要事项、重要活动及时请示报告，把对党绝对忠诚体现在实际行动上。

4.切实履行党支部职能。加强党员日常教育管理监督。严格标准，发展政治品质纯洁的党员。按时足额收缴上交党费。关怀帮扶生活困难党员。支持工青妇等群团组织和机关工会兴趣小组开展工作。

（二）建设过硬支部书记队伍

1.选优配强支部班子。党支部书记一般由处室（部门）党员负责人担任，突出政治标准，实行“一岗双责”，切实发挥“头雁效应”。支部班子成员应具备良好的政治素质，热爱党的工作，具有一定的政策理论水平、组织协调能力和群众工作本领，带头发挥先锋模范作用。

2.履行政治责任。把抓好党建工作作为最大的政绩，认真履行支部书记第一责任人责任，制定支部书记抓党建的问题清单、任务清单、责任清单“三个清单”，进一步健全支部书记抓基层党建责任体系，压紧压实党建责任，并抓好整改落实。

3.强化能力素质。进一步健全完善党支部书记培训制度，把学习贯彻《中国共产党党和国家机关基层组织工作条例》和《中国共产党支部工作条例（试行）》作为培训主要内容，结合学习党建业务知识，把常态培训与集中培训相结合，每年对支部书记进行全覆盖培训，不断提升支部书记抓支部工作的能力和水平。

（三）严格落实组织生活制度

1.强化责任落实。把严格党的组织生活制度纳入党建工作责任制，加强领导，明确责任，一级抓一级，层层抓落实，切实抓出成效。机关党委要加强对党支部落实组织生活制度情况的监督检查和考核评价，执行不力的要严肃问责。党支部要严肃认真开展组织生活，对党员参加情况经常进行检查督促，引导党员增强参加组织生活的自觉性主动性。

2.强化制度落实。坚持把组织生活作为对党员进行教育管理的基本方式，经常、认真、严肃开展批评和自我批评，严格落实“三会一课”、组织生活会、民主评议党员、谈心谈话等各项制度，积极创新活动形态，着力增强党员的党性观念和党员意识，增强党内政治生活的政治性、时代性、原则性、战斗性。

3.强化工作落实。党员领导干部带头参加双重组织生活。以“服务中心工作、时间相对固定、方便党员活动”为原则，在每月第一个星期五创新开展主题党日活动。开展《党支部工作手册》规范使用评选活动。按照“八有标准”规范党员活动室，增强党内组织生活的仪式感，使党内生活更加庄重、严肃、规范。

（四）扎实推进党支部质量提升

1.细化党支部建设标准。坚持党支部标准化规范化建设的方向，研究制定机关党组织党建工作标准化体系，清单式量化细化党建工作标准，党支部对照清单抓学习、抓对标、抓争创，机关党委对照清单抓指导、抓考核、抓评价。

2.督促党支部对标提升。对机关党支部进行全面摸底，并组织分档定级，根据每个支部的具体情况，分别制定提升方案，进行分类施策、精准指导。遴选2—5个有特色有亮点、可复制可推广的示范党支部，督促对标提升。

3.建立党支部晋位制度。坚持抓两头带中间，结合开展“两优一先”评比表彰，推动后进赶先进、中间争先进、先进更前进，不断扩大先进支部增量、提升中间支部质量、减少后进支部存量，使每个支部都成为党旗高高飘扬的战斗堡垒。

（五）打造党支部特色品牌

1.深化“五好红旗党支部”创建。继续在机关开展以“政治建设好、组织功能好、制度执行好、任务完成好、作用发挥好”为主要内容的“五好红旗党支部”创建活动，完善创建方案，规范内容和程序，实化细化创建标准，每年评选3—6个“五好红旗党支部”，打造典型品牌。

2.选树党支部建设示范点。认真研究支部建设和党员教育管理的现状，准确把握基层党建工作规律，积极探索抓基层强支部的创新方法，及时发现和总结成功经验，总结提炼支部工作法、“党建实践创新案例”，打造示范品牌。

3.坚持党建和业务深度融合。强化党支部领导、引领、保证、监督和服务定位，提高党建工作服务中心、贴近中心、融入中心的水平，运用“互联网＋”思维，求新求实，推进理念思路创新、方式手段创新、基层工作创新，创造性开展工作，做到党建和业务互补共促、齐头并进，有效解决“两张皮”现象。

4.注重发挥政协党建特色。落实省政协党员委员参加双重组织生活制度，探索建立界别党支部，在重要会议和活动中成立临时党支部，加强思想政治引领，充分发挥省政协党员委员党组织的战斗堡垒作用、党员委员的先锋模范作用，筑牢团结奋斗的共同思想政治基础。继承发扬党的统战工作优良传统，利用政协工作联系各界、汇聚力量优势，充分发挥党支部组织群众、宣传群众、凝聚群众、服务群众基础功能，做好凝心聚力工作。

四、实施步骤

（一）对标自查（2020年4月至5月）。党支部对照质量提升标准认真进行自查，逐条查找问题和短板不足，列出问题清单、任务清单、责任清单，建立党支部建设工作台账，报机关党委备案。机关党委根据自查结果和日常掌握情况，确定“已达标”和“未达标”项目向党支部反馈，并在一定范围内公示，接受党员群众监督。

（二）集中整改（2020年6月至10月）。各党支部对“未达标”项目，进行认真剖析，明确整改落实措施，尽快实现规范达标。机关党委通过工作提醒、情况通报、结对包联等方式，整合资源、集中力量，推动整改落实。

（三）达标验收（2020年11月至12月）。结合年底开展的机关基层党建述职评议考核工作，对党支部“未达标”项目的整改情况进行集中验收。达标验收按照基层自评、组织考评的步骤开展，实行动态管理。机关党委按照一定比例对整改情况进行抽查，对验收合格且表现优秀的给予表彰，对验收仍未达标的支部给予通报批评，责令限期整改。

（四）拓展提升（2021年1月至5月）。机关党委通过工作通报、经验交流、学习观摩等形式，督促指导各党支部对标先进典型，巩固质量提升工作成果，创先争优。

（五）总结表彰（2021年6月）。加大先进典型的选树表彰力度，营造抓基层打基础，学典型做典型的浓厚氛围。在庆祝中国共产党成立100周年前夕，广泛开展优秀共产党员、优秀党务工作者和先进党支部评选表彰。

五、组织保障

（一）加强组织领导。树立大抓基层的鲜明导向，把开展“党支部质量提升工程”作为当前和今后一个时期机关党建工作的重要任务来抓。机关党组成员建立党支部工作联系点，深入基层调研，发现解决问题，总结推广经验。机关党委要对支部工作进行统筹规划和部署，认真谋划、精心组织、务求实效。

（二）强化责任落实。机关党委对“党支部质量提升工程”活动负直接领导责任，要落实好统筹推进、组织落实、教育引导、管理监督、服务激励五项具体责任。党支部书记是质量提升工程具体责任人，要落实好统筹协调、示范带动、日常管理、监督检查等四项具体责任。

（三）严格考核督查。把“党支部质量提升工程”开展情况列入机关基层党建考核重要内容，作为评价基层党组织书记履行管党治党责任的重要依据。加强对活动的督查检查，注重工作实绩，力戒形式主义，对发现的问题要及时反馈并按要求整改落实。

（四）营造良好氛围。及时总结工作中好的经验做法，通过多种方式宣传推广，共享经验成果。注重培树支部建设先进典型，并积极向上级党组织推荐，引导带动机关各党支部见贤思齐，学先进、赶先进、当先进，不断提高机关党建工作质量水平。

附表：党支部质量提升考评标准

附表：

党支部质量提升考评标准

考评标准	具体内容	分值	考评方式
党的政治建设全面加强（15分）	及时传达学习习近平总书记重要讲话精神、中央及省委文件，贯彻落实成效明显。	3	日常考核
	自觉把政治标准和政治要求贯穿业务工作全过程，发挥支部作用。	2	日常考核
	开展对党忠诚教育，建立落实重温入党誓词、入党志愿书及党员过政治生日等制度。	3	日常考核
	组织党员干部到教育基地接受党性教育。	2	日常考核
	严格执行党章党规党纪，没有“七个有之”现象。	2	日常考核
	营造风清气正的政治生态，形成有特色的政治文化品牌。	3	日常考核
理论武装不断强化（11分）	扎实推进“两学一做”学习教育常态化制度化，坚持“不忘初心、牢记使命”主题教育制度。	2	日常考核
	学习制度健全完善，学习型党组织建设推动有力。	2	日常考核
	学习强国、河北干部网络学院、机关党建云平台等学习平台使用率高，《习近平新时代中国特色社会主义思想学习纲要》学习使用全覆盖。	2	日常考核
	积极参加。上级组织的党课、报告会。	2	日常考核
	党员每年集中学习培训时间不少于32单时。	3	日常考核
党支部作用有效发挥（11分）	广泛开展创先争优活动，引导党员主动作为勇于担	5	日常考核
	教育管理监督党员和组织宣传凝聚服务群众有力。	4	日常考核
	党员到居住地社区报到率在95%以上，每年至少参加一次街道社区组织的志愿服务活动。	2	日常考核

续表

考评标准	具体内容	分值	考评方式
党内政治生活严肃认真（12分）	“三会一课”、组织生活会、民主评议党员、谈心谈话等基本制度严格规范，坚持开展批评和自我批评。	5	日常考核
	领导干部自觉参加双重组织生活。	2	日常考核
	《党支部工作手册》管理使用规范。	2	日常考核
	坚持“主题党日”制度，开展创建党员先锋岗等活动。	2	日常考核
	支部书记每年为支部党员讲一次党课。	1	日常考核
党员队伍管理严格规范（11分）	从严规范党员日常行为。	2	日常考核
	党籍和党组织关系管理严格规范，及时处置不合格党员。	2	日常考核
	党内激励关怀帮扶等措施健全完善。	1	日常考核
	重要时间节点对党员干部思想状况进行分析，认真细致做好思想政治工作。	1	日常考核
	健全完善思想政治工作定期分析报告制度、“五必谈”制度等。	1	日常考核
	党支部书记经常主动和干部职工谈心谈话。	1	日常考核
	严格党员发展和党费收缴、使用、管理。	2	日常考核
	积极参与创建“文明单位”“工人先锋号”“青年文明号”“巾帼文明岗”等活动。	1	日常考核
支部班子建设不断加强（11分）	落实好党支部工作《条例》学习培训制度。	2	日常考核
	组织健全完善、设置科学规范，严格执行按期换届规定。	3	日常考核
	党支部班子成员配齐配强，分工负责，发挥作用到位	2	日常考核
	坚持党的民主集中制原则，践行党的宗旨和群众路线，支部重要事项公开。	2	日常考核
	党支部书记政治素质良好，热爱党的工作，敢于担当、乐于奉献，群众威信较高。	2	日常考核

续表

考评标准	具体内容	分值	考评方式
作风纪律建设持续向好（14分）	认真贯彻落实中央八项规定及其实施细则精神。	3	日常考核
	严格遵守党章党规党纪，自觉防微杜渐，注重家风家教。	2	日常考核
	用身边事教育身边人，不担当、不作为，慢作为，乱作为等问题得到有效解决。	2	日常考核
	注重排查廉政风险点，完善内部防控机制。	2	日常考核
	开展廉政教育、政德教育、警示教育活动。	1	日常考核
	群众满意度测评成绩达到良好以上等次。	2	日常考核
	年度内，支部党员未发生违纪问题。	2	日常考核
服务中心工作成效显著（15分）	围绕“三件大事”、“三大攻坚战”、“三创四建”、20项民心工程、新冠肺炎疫情防控以及本部门本单位中心工作，充分发挥党支部战斗堡垒作用。	4	日常考核
	深入基层、深入一线、深入群众开展走访调研，真正为民办实事、解难题。	2	日常考核
	上级主管部门对本支部工作正面积极评价。	2	日常考核
	年度班子考评和单位绩效管理考评较好等次以上。	3	日常考核
	围绕本部门、本单位中心工作研究部署党建工作。	2	日常考核
	支部工作有特色，有创新，有支部工作法。	2	日常考核

附件3：

关于在机关开展争做“新时代优秀共产党员”活动的实施方案

为深入贯彻落实省委《关于建立健全机关党建制度机制推进机关治理和事业发展的意见》和省委省直工委有关要求，现就在省政协机关开展争做“新时代优秀共产党员”活动制订如下实施方案。

一、总体要求

围绕“努力建设政治合格、执行纪律合格、品德合格、发挥作用合格党员队伍”目标，教育引导机关党员深入学习贯彻习近平新时代中国特色社会主义思想，不忘初心、牢记使命，增强“四个意识”、坚定“四个自信”、做到“两个维护”；激发奋斗激情和工作热情，立足本职岗位积极担当作为、攻坚克难，在贯彻落实中央决策、省委部署和省政协党组要求上走在前、做表率；强化宗旨意识，改进工作作风，在提升履职能力和水平上当排头、做先锋，为推动新时代人民政协工作创新发展努力作出更大贡献。

二、创优标准

1.对党忠诚。坚定对共产主义的信仰、对中国特色社会主义的信念，自觉在思想上政治上行动上同以习近平同志为核心的党中央保持高度一致，坚定不移拥护核心、跟随核心、捍卫核心，做政治上的老实人、明白人。

2.知行合一。自觉主动学习习近平新时代中国特色社会主义思想，认真学习习近平总书记关于加强和改进人民政协工作的重要思想，及时跟进学习习近平总书记最新重要讲话精神，学深悟透，融会贯通，真信笃行，增强贯彻落实的自觉性坚定性，提高运用党的创新理论指导实践、推动工作的能力。

3.担当作为。践行新发展理念，以钉钉子精神贯彻落实党中央决策和省委部署，解放思想、锐意进取，主动作为、担当实干，知重负重、攻坚克难，争先创优、打造亮点，个人所承担的工作实绩突出，优质高效完成各项目标任务。

4.为民服务。坚守人民立场，增强群众感情，树牢立党为公、执政为民理念，依法依规依章办事，带头转变作风，践行人民政协为人民，在发挥政协优势，推动协商选题更符合民心民意、履职过程更近民亲民、履职成果更利民惠民上当好参谋助手。

5.清正廉洁。严格遵守党章党规党纪，心存敬畏、手握戒尺，清白做人、干净做事，坚持严于律己，做到防微杜渐，注重家风家教，主动接受监督，始终保持为民务实清廉的政治本色。

三、具体措施

1.亮明身份，强化责任意识。开展“戴党徽、亮身份、作表率”活动，党员参加“三会一课”、党内重要会议、志愿服务活动和驻村扶贫专项行动等工作时，必须规范佩戴党徽。通过佩戴党徽亮明身份，引导党员强化身份意识，自觉接受社会和群众的监督。

2. 主题实践，强化落地落实。开展“四问践诺”主题实践活动，以支部为单位，组织党员对标习近平总书记关于加强和改进人民政协工作的重要思想以及党中央决策部署，对照“职责使命之问、干事添彩之问、问题症结之问、整改方向之问”，提高思想认识，深刻查摆问题，明确提出一定时期内的工作目标和整改措施，在支部党员大会上作出公开承诺，并通过适当方式向党员群众公示。各支部要对党员承诺落实情况建立台账，跟踪了解、督促检查、公开晾晒，对未完成承诺事项的及时提醒和帮助，确保党员承诺落地落实。

3. 创先争优，强化先锋形象。开展岗位练兵，组织业务竞赛，设立学习先进奖、工作创新奖等，激发干事热情，营造创先争优氛围，引导党员比理论功底、比业务能力、比工作绩效、比先锋模范作用，推动党员干部以一流标准、一流作风、一流水平做好各项工作，展示良好形象。

4. 监督管理，强化考核评议。各支部围绕党员教育管理监督，对党员理论学习、参加组织生活、完成工作任务、落实党员承诺、发挥先锋模范作用等情况加强日常管理，列出负面清单，实行台账管理。按照学习教育、个人自评、党员互评、民主测评、组织评定、表彰和处理等程序，严格开展民主评议党员。综合日常管理情况和民主评议结果，对党员进行考核评定。对优秀党员表彰奖励，对合格党员肯定优点、提出希望和要求，对基本合格的党员指出差距、帮助改进，对不合格的党员审慎作出组织处置。

5. 评选表彰，强化典型激励。在开展“两优一先”评选的基础上，认真开展“新时代优秀共产党员”评选活动，选树在推进“三件大事”“三大攻坚战”“三创四建”、20 项民心工程、新冠肺炎疫情防控等工作中作用发挥好的优秀典型，进行表彰奖励，并积极向省直工委推荐。

四、有关要求

1. 加强组织领导。机关各级党组织要把开展争做“新时代优秀共产党员”活动作为建立健全机关党建制度机制、推进机关治理和事业发展的重要载体和有力抓手，与建设模范机关、党支部质量提升、“两优一先”评选等工作结合起来，精心组织，统筹安排、协调推进，切实增强活动的针对性和实效性。

2. 压实工作责任。机关各级党组织特别是党组织书记要切实履行主体责任和第一责任人责任，结合工作实际完善推动活动落实的具体措施，坚决防止形式主义。机关党委要加强指导，对活动开展总体情况进行重点督查，及时发现问题，提出整改措施，确保活动顺利开展。

3. 营造浓厚氛围。充分利用“河北政协”网站、微信公众号、《乡音》杂志和机关办公楼内显示屏，大力宣传争做“新时代优秀共产党员”活动的成功做法、鲜活经验和涌现出的先进典型，用身边事教育身边人，努力营造对标先进、学习先进、争做先进的良好氛围，使争做“新时代优秀共产党员”成为机关每位党员的自觉行动。

附表：“新时代优秀共产党员”评选标准

附表：

“新时代优秀共产党员”评选标准

评选标准	具体内容	分值	评选方式
对党忠诚（20分）	增强“四个意识”、坚定“四个自信”、带头做到“两个维护”。	5	日常考核
	严格参加党的组织生活，接受党性教育。	5	日常考核
	严格遵守党的政治纪律和政治规矩。	5	日常考核
	积极参加急难险重任务和重大斗争，自觉增强政治历练和实践锻炼。	3	日常考核
	自觉参加“主题党日”活动。	2	日常考核
知行合一（20分）	自觉主动学习习近平新时代中国特色社会主义思想，学习收获明显，成果丰富。	5	日常考核
	自觉接受革命传统教育。	2	日常考核
	积极参加重温入党誓词、入党志愿书，过“政治生日”等主题党日活动。	3	日常考核
	通过“学习强国”、河北干部网络学院、党建云平台等学习平台认真学习。	3	日常考核
	积极参加上级党组织组织的理论学习报告会、背年读书会等。	3	日常考核
	党员讲好“微党课”。	2	日常考核
	每年学习培训时间不少于32学时。	2	日常考核
担当作为（20分）	在“三件大事”“三大攻坚战”“三创四建”20项民心工程、新冠肺炎疫情防控等重点工作中担当作为，充分发挥党员先锋模范作月。	5	日常考核
	积极参与党员先锋岗、攻坚团队和创建“文明单位”、“工人先锋号”“青年文明号”“巾帼文明岗”等活动。	3	日常考核
	圆满完成各项工作任务。	3	日常考核
	深入基层、深入一线、深入群众开展走访调研，为民办实事、解难题。	2	日常考核

续表

评选标准	具体内容	分值	评选方式
担当作为（20分）	争先创优、积极创新，工作有亮点、有特色。	3	日常考核
	年度考核、民主评议党员为“优秀”等次。	4	日常考核
勤政为民（20分）	服务热情周到规范，服务标准、服务质量高。	5	日常考核
	积极主动为群众解难题、办实事。	5	日常考核
	服务事项零投诉，群众满意度测评成绩达到良好等次。	5	日常考核
	积极参加定点扶贫结对帮扶，对贫困户进行有效帮扶。	3	日常考核
	在职党员自觉到居住地社区报到，每年至少参加一次街道社区组织的志愿服务活动。	2	日常考核
清正廉洁（20分）	认真贯彻落实中央八项规定及其实施细则精神。	5	日常考核
	严格遵守党章党规党纪，年度内未发生违纪违法问题。	5	日常考核
	积极参加廉政教育、警示教育活动，到康政教育基地参观。	3	日常考核
	自觉弘扬社会主义核心价值观，遵守社会道德、发扬传统美德。	4	日常考核
	认真参与“树清康家风、创文明家庭”活动，培养良好家风。	3	日常考核

附件 4：

2020 年持续深化机关作风纪律专项整治实施方案

根据省委、省政府《关于开展“三创四建”活动加快建设经济强省美丽河北的意见》《2020 年全省深化纠正“四风”和作风纪律专项整治推进方案》，结合机关工作实际，制订本实施方案。

一、指导思想

坚持以习近平新时代中国特色社会主义思想为指导，深入学习贯彻党的十九大、十九届二中、三中、四中全会精神，全面落实习近平总书记关于新冠肺炎疫情防控的重要讲话精神，认真落实省委和省政协党组要求，把 2020 年作为“作风建设提质年”，持续整治“四风”顽瘴痼疾，大力营造风清气正、干事创业的良好环境，努力为办好“三件大事”，打好“三大攻坚战”，扎实推进“三创四建”活动，全面落实省政协“一个要点、四个计划”的安排部署，为省政协履行职能提供坚强的作风保证。

二、具体措施

（一）扎实做好疫情防控工作。机关各部门要提高政治站位，统一思想认识，坚决服从省委和省政协党组统一指挥，统一协调，统一调度，集中精力做好机关疫情防控工作，并坚决落实省委关于深化机关党组织和在职党员“双报到”活动助推街道社区疫情防控措施落实的通知要求，支持基层组织的疫情防控。坚决反对疫情防控工作中的形式主义、官僚主义，坚决做到守土有责、守土负责、守土尽责。要认真落实中央纪委办公厅通知精神，加强监督检查，对防控工作要求不严格、落实不到位、隐瞒不报有关情况等造成影响的严肃问责，坚决打赢疫情防控阻击战。（牵头单位：人事处。责任单位：机关各部门。完成时限：疫情结束）

（二）集中开展“四查四纠”。聚焦“四风”特别是形式主义、官僚主义，深入剖析问题，集中细查深纠。一是在贯彻落实党中央、省委决策部署和省政协党组要求方面，重点查纠政治意识不强、表态多调门高、行动少落实差、不担当不作为等方面问题，确保重大决策部署不折不扣落实。二是在着力解决困扰基层的形式主义突出问题方面，重点查纠文山会海、督查检查考核过多过滥、问责泛化简单化等方面问题，确保为基层减负落到实处。三是在服务群众维护群众利益方面，重点查纠对群众合理诉求推诿应付、损害群众利益、服务意识不强、营商环境差等方面问题，确保坚持以人民为中心的理念落到实处。四是在贯彻中央八项规定精神及其实施细则方面，重点查纠不敬畏、不收敛、搞变通、打掩护等方面问题，坚决遏制“四风”反弹回潮。机关各部门要在 6 月 15 日前逐项列出问题清单、责任清单、措施清单，12 月底前完成结果清单，形成整改完成报告，进一步巩固反“四风”工作成果，推动作风建设不断取得新成效。（牵头单位：机关党委。责任单位：机关各部门。完成时限：12 月底前完成问题整改）

（三）深入开展政治性警示教育。要以严重违纪违法案例为反面教材，以案为鉴、以案示警，扎实开展"用身边事教育身边人"政治性警示教育活动。一是及时部署。机关党组召开(扩大)会议，深入学习贯彻习近平总书记关于全面从严治党的重要论述和党中央决策部署，认真落实省委和省政协党组要求，对机关开展政治性警示教育作出安排部署。各支部都要召开专题会议进行动员部署，研究制定本支部开展政治性警示教育的具体方案。二是加强学习。机关党组召开理论学习中心组学习会，举办机关学习交流会，进行专题学习讨论。机关开展政治性警示教育总结大会，把全面从严治党不断引向深入。三是注重实效。通过讲党课、参观警示教育基地、观看警示教育片等多种形式，确保教育效果。(牵头单位：机关党委、机关纪委。责任单位：机关各党支部。完成时限：6月底前)

(四)加强制度落实，构建长效机制。坚持把立规矩、定制度作为抓整改落实的重要措施，不断强化制度的执行力和刚性约束力。对照"四风"问题新情况新表现，剖析典型案例，找准问题症结，进一步健全完善相关制度规定。认真梳理作风建设方面制度，巩固制度建设成果，构建系统制度体系。对发现的带有典型性、普遍性、倾向性问题逐项进行研究，认真分析产生的深层次原因，查找制度层面存在的缺陷，及时对相应制度规定进行修改完善。同时，要及时把专项整治中好的经验做法上升为制度机制，建立健全符合新规定新要求的制度体系，形成纠正"四风"的长效机制。(牵头单位：秘书处。责任单位：机关各部门。完成时限：12月底前)

(五)组织开展"模范机关"创建活动。认真落实习近平总书记重要指示精神，组织开展争当"三个表率"、建设"模范机关"活动，以政治建设为统领，明确创建标准，细化创建措施，切实把习近平总书记在中央和国家机关党的建设工作会议上的重要讲话精神转化为具体举措和实际行动。按照省政协机关党组《关于带头践行"三个表率"建设模范机关工作方案》，在去年争创"六个机关"建设的基础上，继续加大工作力度，凝心聚力、锐意进取，采取更加积极有效的措施，做到"五个坚持五个强化"，深入推进模范机关建设取得新成效，全面建设让党组放心、让委员信任、让群众满意的模范机关，在省直机关建设中争创一流，走在前列。(牵头单位：机关党委。责任单位：机关各部门。完成时限：12月底前)

(六)开展机关面貌提升活动。按照《省政协助力开展"三创四建"活动实施意见》和《省政协机关开展"爱国卫生运动、有效防控疫情"活动方案》要求，以开展"爱国卫生运动、有效防控疫情"活动为抓手，重点从精神状态、文明礼仪、工作秩序、环境卫生等方面大力开展机关面貌提升活动，为创建全国文明城市、国家卫生城市、国家森林城市贡献力量。成立机关面貌提升行动领导小组，加强组织领导，强化日常考核，严格督导检查，引导机关干部职工讲文明、优服务、强规范、严纪律，营造积极向上的工作环境。4月，联合人事处、行政处等部门，对机关各部门落实机关面貌提升活动情况开展一次专项监督检查，推动活动有力有效开展。(牵头单位：行政处、人事处、机关党委。责任单位：机关各部门。完成时限：长期推进)

(七)强化监督执纪问责。严格执行《中国共产党纪律处分条例》，深化运用监督执纪"四种形态"，对违纪问题、不正之风，以及在抗击新冠肺炎疫情等重要工作中不作为、乱作为、慢作为等懒政怠政问题，坚决查处并追责问责，做到早发现、早报告、早处置，防微杜渐。积极配合派驻机关纪检监察组工作，依纪依规开展执纪审查。设立网络举报信箱、公布举报电话，进一步畅通问题线索举报渠道。加强会风会纪督查工作力度，对迟到、早退、不履行请假手续无故缺会和不遵守会风会纪要求影响会场秩序的，及时纠正和处理，巩固和强化“庸懒散松”专项整治成果。开展贯彻执行中央八项规定“回头看”，盯紧重点领域和关键环节，严防选人用人、工程建设、财政支出等方面出现腐败问题，对违纪违法问题坚决查处并追责问责，教育约束机关干部时刻守住底线、不越红线，营造风清气正的工作环境。（牵头单位：机关党委。责任单位：机关各部门。完成时限：长期推进）

（八）加强对扶贫领域的监督检查。2020 年是脱贫攻坚工作的收官之年，为提升帮扶工作实效，坚决夺取脱贫攻坚全面胜利，就机关驻村扶贫工作开展情况进行专项监督检查。成立由驻机关纪检监察组和机关纪委组成的监督检查小组，全面了解机关驻村帮扶工作开展情况，深入三个帮扶村进行走访调查，充分了解工作队员作风纪律情况，为坚决打赢脱贫攻坚战提供坚强的纪律保障。（牵头单位：机关纪委。责任单位：人事处、驻村工作队。完成时限：12 月底前）

（九）加强对意识形态领域的监督检查。对机关各级党组织落实意识形态工作责任制情况开展监督检查，强化对政协门户网站、微信公众号、《乡音》杂志及讲座、报告会、研讨会等阵地的建设与管理，确保机关党员干部自觉规范线上线下言行，弘扬主旋律，凝聚正能量，掌握主动权。（牵头单位：机关党委、机关纪委。责任单位：机关各部门。完成时限：12 月底前）

三、组织保障

（一）加强组织领导。专项整治工作在机关党组领导下开展，机关成立领导小组，下设办公室，具体负责活动的组织、协调和推动。机关各部门主要负责同志是本部门开展纠正“四风”和作风纪律专项整治的第一责任人，要高度重视、合力推进，做到认识到位、措施到位、工作到位，确保专项整治工作顺利开展。

（二）严格督促检查。机关专项整治领导小组办公室要切实负起责任，通过检查、工作调度、情况交流等方式，全面掌握各部门活动进展情况，及时分析解决存在的问题，总结推广好做法、好经验，推动活动扎实开展。通过简报、门户网站、微信群等形式，宣传活动进展情况。对敢于担当、作风优良、成绩突出、群众拥护的党员干部进行宣传表彰；对敷衍塞责、作风懒散，群众反映强烈的党员干部通报批评，并依规追责问责。

（三）搞好统筹协调。机关专项整治领导小组办公室要建立健全组织协调机构，充实工作专班，细化完善分工负责、问题交办、工作报告、情况反馈、清单管理等工作机制，确保专项整治取得实效。要把纠正“四风”和作风纪律专项整治与“三创四建”活动有机结合，与推进政协履职工作结合起来，形成工作合力。以开展专项整治推动履职尽责，以履职实绩检验专项整治成效，推动政协工作取得新进展、新成效。

（四）营造浓厚氛围。及时总结反映作风纪律专项整治的做法成效，丰富创新宣传内容方式，用好新闻客户端、微信、微博等新媒体平台，全方位、多形式、多角度进行宣传报道，提升专项整治影响力。对机关各部门作风建设中涌现出的先进集体和先进个人进行宣传，形成学先进、赶先进的良好氛围。

附件：2020 年持续深化省政协机关作风纪律专项整治领导小组及办公室主要职责和组成人员名单

附件：

2020年持续深化省政协机关作风纪律专项整治领导小组及办公室主要职责和组成人员名单

为加强对省政协机关作风纪律专项整治的组织领导，本着精简效能的原则，成立省政协机关作风纪律专项整治领导小组及办公室。

一、领导小组成员及主要职责

组　长：陈书增　党组成员、秘书长，机关党组书记

成　员：陈　虎　机关党组成员、副秘书长，提案委员会主任

齐为民　机关党组成员、研究室主任

刘新宏　机关党组成员、省纪委监委驻机关纪检监察组组长

蒋树平　机关党组成员、副秘书长

袁克难　副秘书长

任会君　机关党组成员、副秘书长

马誉辉　机关党组成员、副秘书长

领导小组负责对专项整治总体工作进行统筹协调，解决重要问题，指导、推动、督促各项工作落实。

二、领导小组办公室成员及主要职责

主　任：马誉辉（兼）

成　员：王炜娜　靳晓娟　张文杰　冯　勇　沈泉坤

赵继革　张国强　孙　征　刘合强　郭少敏

王大鹏　于雪松　齐玉东　徐凤娟　庞彩宏

林　红　董　鹏　刘　薇

领导小组办公室设在机关党委，主要负责处理领导小组日常事务工作，贯彻省委和省政协党组要求，落实领导小组议定事项，具体抓好机关专项整治的组织、协调和推动。办公室设4个工作组，主要分工和职责如下。

（一）综合协调组。由机关党委、秘书处牵头，负责专项整治领导小组办公室的组织协调和日常工作。研究制定活动专项整治工作方案，并进行协调推动。确定各阶段重点工作任务，加强沟通、强化督查检查。定期分析总结阶段性工作情况，及时向领导小组提出工作建议。组织召开领导小组会议和有关会议，对议定事项进行督促落实。对口联系省级机关纠正“四风”专项整治办公室。

（二）宣传推进组。由宣传处、信息处牵头，做好新闻稿件起草和报送工作。加强与新闻媒体的联系，大力宣传专项整治工作典型经验和先进做法。利用省政协官方网站和微信公众号等做好专项整治工作的宣传报道工作，营造浓厚氛围，有效推进专项整治工作深入开展。对口联系省委宣传部。

(三)考核评价组。由人事处、机关党委牵头,做好专项整治工作的考核评价工作。贯彻执行省委容错纠错办法,把专项整治有关工作与干部选拔任用和工作考核结合起来,把作风建设情况作为机关绩效考核、奖惩的重要依据,树立正确的选人用人导向。对口联系省委组织部。

(四)督导检查组。由驻机关纪检监察组、机关纪委牵头。对专项整治工作进展情况进行督导检查,及时发现和纠正问题,推动专项整治工作开展。组织开展常态化作风纪律情况监督检查,加强对"四风"问题的查处和问责力度,营造风清气正的良好环境。对口联系省纪委和省直纪工委。

中共政协河北省委员会党组
关于进一步加强和改进政协党建工作的意见

机关党组、各专委会分党组，各市(含定州、辛集市)政协党组：

人民政协是党领导的政治组织和民主形式，人民政协工作是党的工作的重要组成部分。党的十八大以来，以习近平同志为核心的党中央高度重视加强党对人民政协工作的全面领导，作出一系列决策部署。2018 年 8 月，中共中央办公厅印发《关于加强新时代人民政协党的建设工作的若干意见》，全国政协党组召开全国政协系统党的建设工作座谈会，省委办公厅印发《实施意见》，对加强政协党的建设各项工作提出了新的更高要求。

十二届省政协以来，在全国政协党组指导和省委领导下，全省各级政协党组织认真贯彻落实新时代党的组织路线，坚决落实中央精神和省委要求，坚持把党的政治建设摆在首要位置，切实履行管党治党政治责任，党对政协工作的全面领导得到新加强。坚持以党组理论学习中心组学习为引领，推动建立政协委员和机关干部理论学习全覆盖的学习机制，党的创新理论武装取得新成果。坚持完善政协党的组织体系，积极探索创新党建工作方式方法，“委员建在界别上”党建工作经验得到全国政协和省委主要领导肯定，党的组织和工作全覆盖取得新进展。坚持把纪律挺在前面，驰而不息改进作风，严格“两支队伍”管理监督，作风纪律建设实现新提升。坚持发挥制度管根本、管长远的作用，建立和完善制度机制，增强制度执行力，制度建设得到新发展。坚持发挥各级政协党组、机关党组、专委会分党组领导作用，基层党组织战斗堡垒作用，政协组织中共产党员先锋模范作用，初步形成上下联动、齐抓共管的党建工作机制，政协系统党的建设得到全面加强。同时在抓党建重要性的认识、加强界别党组织建设、完善党外委员联系机制、落实党员委员双重组织生活等方面，需要进一步加强和改进，坚持以钉钉子精神抓好党建各项任务落实，以高质量党建引领和保障政协工作高质量发展。

全省各级政协党组要坚持以习近平新时代中国特色社会主义思想为指导，以党章为根本遵循，按照新时代党的建设总要求，全面贯彻落实新时代党的组织路线，牢固树立做好政协工作必须抓好党建的观念，把加强和改进党的建设作为一项重要政治任务，进一步对标对表中央精神和省委要求，抓重点、补短板、强弱项、固优势，切实强化党的政治、思想、组织、作风、纪律等各方面建设，全面提高党建工作质量和水平，把政协系统党组织建设得更加坚强有力，不断开创政协系统党的建设新局面，推进新时代政协事业新发展。

一、毫不动摇坚持和加强党对政协工作全面领导

旗帜鲜明讲政治是人民政协的本质要求。要牢牢把握政治建设这一根本性建设，提高政治站位，强化政治能力，把坚持党的领导贯穿到政协全部工作之中。

（一）坚决做到"两个维护"。各级政协党组织和党员要自觉增强"四个意识"、坚定"四个自信"，坚决维护习近平总书记核心地位、坚决维护党中央权威和集中统一领导，时刻保持政治上的清醒和坚定，引导广大政协委员同以习近平同志为核心的党中央保持高度一致，确保党的路线方针政策在政协落地落实。

（二）自觉接受党的领导。中央和地方党委重要会议第一时间传达学习，坚决执行党的决策部署，坚持围绕中心大局谋划开展工作。严格执行重大问题请示报告制度，重要会议、重要工作、重要活动主动向党委请示报告，年度工作要点和履职计划报党委批准后实施，定期向同级党委常委会会议汇报政协党组工作和政协常务委员会工作情况，按规定报告全面工作情况、履行全面从严治党主体责任情况、落实意识形态责任制情况等。要加强与同级党的纪检、组织、宣传、统战等方面的联系配合，协助党委做好每届政协工作会议组织筹备工作，邀请党委主要负责同志参加政协重要会议活动，确保始终在党的领导下主动负责、协调一致地开展工作。

（三）切实担起政治责任。各级政协党组要发挥好把方向、管大局、保落实的领导作用，把委员和机关干部组织起来，把中央方针政策和党委决策部署贯彻下去，每届至少组织召开 1 次政协党的建设工作座谈会，推动提高政协党的建设工作整体水平。各级机关党组要压实政治责任，强化统筹协调，强化组织实施，确保党委、政协党组决策部署贯彻落实。专委会分党组要压实政治引领责任，使党的主张成为专委会领导班子和委员的共识。政协机关基层党组织要提升组织力，履行好贯彻落实的"最后一公里"职责。政协组织中的广大党员要时刻牢记自己第一身份是共产党员，第一职责是为党工作，坚决听党话、跟党走，对党绝对忠诚。

（四）加强思想政治引领。各级政协党组要认真落实中办《党委（党组）意识形态工作责任制实施办法》和省委《实施细则》，切实履行意识形态工作责任制，把握政协意识形态工作特点，做好知识分子委员的团结引导服务工作，加强对党外委员的政治引领和政治吸纳，最大限度地把广大委员团结凝聚在党的周围。要认真落实开展党的统一战线工作的职责要求，正确处理一致性和多样性的关系，及时了解参加政协的各民主党派、无党派人士思想动态，在一些敏感点、风险点、关切点上强化思想政治引领，做好经常性思想政治工作，对背离共同思想政治基础的错误言论，要旗帜鲜明批评教育。要把双向发力摆在更加突出的位置，在协商议政中引导委员同向建言资政、同心凝聚共识，在履职实践中把走访看望、谈心谈话等寓于调研视察中，使履职的过程成为统一思想、增进认同的过程。要增强委员在履职中自觉传播正能量、发出好声音的意识，帮助宣传政策、解疑释惑，正向影响带动界别群众，为我省经济社会发展聚合力、添助力。

二、持续深化党的创新理论武装

坚持把学习贯彻习近平新时代中国特色社会主义思想作为政协党建的基础性工作，切实用党的创新理论成果武装头脑、指导实践、推动工作。

（五）坚持深学笃行。深入学习习近平新时代中国特色社会主义思想，认真学习贯彻习近平总书记关于加强和改进人民政协工作的重要思想，及时跟进学习习近平总书记重要讲话和指示批示精神，认真组织学习《习近平谈治国理政》第一、二、三卷，紧密联系政协工作实际，持续在学懂弄通做实上下功夫，学出坚定不移的信念信仰、尽职尽责的使命担当和善作善成的能力水平。

（六）健全学习制度。落实好各级党组和机关党组理论学习中心组学习制度、常委会集体学习制度、学习座谈会制度、委员和市县政协主席学习培训制度、机关学习交流会制度、党支部“三会一课”和党员学习日等制度，广泛开展委员读书活动和机关干部读书活动，充分利用“学习强国”、政协网站、微信公众号、视频会议等平台，积极开展内容丰富、形式多样、切实有效的学习活动，推动形成领导干部带头学、政协委员全员学、机关干部跟进学的多层次、全覆盖学习制度机制，以健全完善的制度机制保障理论学习常态化深入开展。

（七）夯实思想基础。注重把学习教育同视察考察、专题调研等履职实践结合起来，引导委员感受新成就、领悟新思想。开展以自我教育自我提高为主旨的委员学习座谈会，举办委员讲堂、委员宣讲团，不断扩大理论学习范围和活动外延，向委员覆盖、向群众延伸，引导参加人民政协的各民主党派、无党派人士、各人民团体和各族各界人士深入学习党的创新理论，不断增进对中国共产党和中国特色社会主义的高度认同，筑牢共同思想政治基础，凝聚团结奋进强大力量。

三、全面推进党的组织和党的工作全覆盖

党的力量来自组织。要切实加强政协系统党的组织建设，以健全的组织体系、规范的组织生活、坚实的基层基础工作，实现党的组织对党员委员全覆盖、党的工作对政协委员全覆盖。

（八）健全政协党的组织体系。完善政协党组、机关党组、专门委员会分党组、机关党委、党支部的组织体系，进一步推动设区的市级政协和有条件的县级政协设立机关党组，加强各级政协党组和机关党组对机关和直属单位党组织的领导，强化政协基层党组织政治功能，坚持在政协全体会议期间和重要履职活动中设立临时党组织，形成上下贯通、执行有力的组织体系。

（九）完善界别党组织设置。依据党内法规，以专委会为依托建立界别党组织，是落实“组织关系一方隶属、参加双重组织生活”，推进政协党的组织和工作全覆盖的重要任务。要按照工作领域相关、平衡调剂等原则，将党员委员按界别分组，成立界别履职党支部，主要负责组织党员委员开展政治学习，对党员委员进行教育管理。党员委员要积极参加界别履职党支部组织生活和政协党组织活动，进行党性锻炼。要把界别履职党支部作为党员委员参加双重组织生活的主要平台，在试点基础上研究制定落实党员委员双重组织生活的制度办法。

（十）建立委员联系机制。完善党组成员联系专委会分党组、专委会分党组联系党员委员、党员委员联系党外委员的党建工作机制，强化正面引导、思想引领，在参加各类会议、视察、考察、调研等活动及其他适当时间加强沟通交流，做好团结联谊。建立健全联系无党派人士界、宗教界机制，把更多的人团结在党的周围，更好地保证党的主张和要求在各界别中得到有效落实。

（十一）规范党内政治生活。政协机关基层党组织要加强标准化规范化建设，认真落实“三会一课”、谈心谈话、党员领导干部双重组织生活和民主评议党员等制度，严格党员日常管理监督，与界别履职党支部开展团结联谊、共创共建活动，协助做好重要会议活动临时党支部党建活动的组织协调和不在原单位任职的分党组成员组织关系接转等工作，推动党的组织作用充分发挥，形成党建工作合力。

（十二）履行党建责任制要求。各级政协党组、机关党组、专委会分党组要坚持民主集中制原则，严格落实议事决策规则，按规定每两个月至少召开1次专题研究部署全面从严治党工作的党组会议、每半年至少1次会同驻机关纪检监察组专题研究全面从严治党工作、每半年至少分别专题研究1次意识形态工作和党风廉政建设工作，定期研究信访工作，定期听取下级党组履行主体责任情况汇报和机关纪委履行监督责任情况汇报，认真召开民主生活会，不断提高政协党组织的凝聚力和战斗力。

四、营造风清气正的干事创业履职环境

作风纪律建设是提高党的执政能力，保持和发展党的先进性的必然要求。要着力正本清源，持续深化作风纪律建设，在政协系统形成风清气正、务实重干的良好风气。

（十三）持之以恒正风肃纪。始终紧绷作风建设这根弦，严格贯彻落实中央八项规定及其实施细则精神和省委要求，改进文风会风，改进调查研究，力戒履职工作中的形式主义、官僚主义和机关工作中的“庸懒散松”，努力建设模范机关，教育引导机关党员和党员委员以新时代奋斗者的姿态和干劲开展政协工作。坚持把纪律挺在前面，严守政治纪律和政治规矩，认真开展政治性警示教育，支持派驻各级政协机关纪检监察组工作，深化运用监督执纪“四种形态”，切实把压力传导和责任追究落实到位，教育机关党员和党员委员敬畏人民、敬畏组织、敬畏法纪，以共产党员的模范行动影响带动广大委员守纪律、讲规矩、重品行。

（十四）加强日常管理监督。各级政协党组织要严格对机关党员和党员委员的管理监督，注重抓早抓小，防患未然。要建立完善政协机关廉政风险防控机制，盯紧重点领域、重要岗位和关键环节强化日常监督，发现问题及时提醒批评，对违纪行为进行严肃处理。要在严格委员履职管理上下功夫，建立委员履职档案，健全委员履职评价及激励机制，研究对不履行职责的委员进行提醒或相应处理办法。要开展党员常委履职建言点评，向本人反馈并在政协党员常委会议通报点评情况，督促党员常委发挥模范带头和“关键少数”作用，引导和带动全体委员发挥主体作用，认真履职尽责。

（十五）强化制度保障作用。坚持把制度建设贯穿于党的建设各项工作之中，根据党建工作新要求，紧密结合自身实际，进一步细化完善、创新拓展党建工作制度，努力构建系统完备、科学规范、运行有效的制度体系。要突出制度刚性约束，教育引导委员和机关干部强化制度意识，严格执行制度、坚决维护制度，形成用制度规范行为、按制度办事、靠制度管人的良好氛围，以完善的制度保障和推动政协党的建设创新发展。

中共政协河北省委员会党组

2020年8月3日

政协河北省委员会
关于强化政协委员责任担当的意见

为深入贯彻习近平总书记关于加强和改进人民政协工作的重要思想，落实中共十九届四中全会和中央、省委政协工作会议精神，根据《中共中央关于新时代加强和改进人民政协工作的意见》和省委实施意见，现就新时代强化政协委员责任担当提出如下意见。

一、总体要求

（一）重要意义。政协委员作为各党派团体和各族各界代表人士，由各方面协商产生，代表各界群众参与国是、履行职责，是政协工作的主体。强化政协委员责任担当，是新时代加强和改进政协工作的重要要求，是发挥专门协商机构在国家治理中优势作用的关键所在。

（二）目标要求。坚持发扬民主和增进团结相互贯通、建言资政和凝聚共识双向发力，着眼发挥委员作用，引导委员勤学习、勇担当、善履职，提高政治协商、民主监督、参政议政水平，更好凝聚共识，切实把人民政协制度优势转化为国家治理效能。

（三）主要原则。坚持党的全面领导，把牢正确政治方向；坚持委员责任担当，更好为国履职、为民尽责；坚持服务中心任务，提高工作质量和水平；坚持密切联系界别群众，发挥团结引导、解疑释惑作用；坚持委员主体地位，做好服务保障工作。

二、政协委员责任担当的主要内容

（四）强化政治责任。坚持用习近平新时代中国特色社会主义思想武装头脑，把增强“四个意识”、坚定“四个自信”、做到“两个维护”作为首要政治任务，始终在思想上政治上行动上同以习近平同志为核心的中共中央保持高度一致。高举爱国主义、社会主义旗帜，增进对中国共产党和中国特色社会主义的政治认同、思想认同、理论认同、情感认同，夯实共同思想政治基础。在涉台、涉藏、涉疆、涉港等涉及国家核心利益的重大问题上，立场坚定、旗帜鲜明、敢于发声。

（五）强化当好人民政协制度参与者、实践者、推动者的责任。深刻把握人民政协作为具有中国特色制度安排的优势作用，增强中国特色社会主义制度自信。注重总结工作实践和履职规律，积极参与政协工作制度建设。落实政协章程和各项工作制度要求，积极参与政协履职活动，认真履职尽责，提高履职制度化规范化程序化水平。

（六）强化落实“懂政协、会协商、善议政，守纪律、讲规矩、重品行”要求的责任。遵守宪法、法律和政协章程以及政治决议等，严格廉洁自律，自觉接受监督，锤炼道德品行，积极践行社会主义核心价值观，树立求真务实作风，以模范行动展现新时代政协委员的责任与担当。准确把握政协性质定位和履职特点规律，掌握协商要义方法，秉持平等包容理念，发扬“团结—批评—团结”优良传统，共同营造既畅所欲言、各抒己见，又理性有度、合法依章的协商氛围，推动表达观点、倾听意见、互动交流有机统一，培育协商文化、提高协商质量、深化协商成果，彰显政协协商特色优势，当好发挥专门协商机构作用的推动者。

（七）强化团结引导界别群众责任。善于通过界别渠道宣传党的大政方针和省委决策部署，把党的主张转化为社会各界广泛共识和自觉行动。掌握联系服务群众方法，深入界别群众听取意见建议、反映愿望诉求，解疑释惑、理顺情绪、化解矛盾，促进社会各界和不同利益群体和谐。做好本职工作，发挥在本界别、本领域、本单位影响力和示范作用，团结界别群众跟党走。主动接受社会各界监督，维护政协委员良好形象。

三、政协委员应自觉提高履职尽责本领

（八）提高政治把握本领

1. 强化思想理论武装。落实人民政协作为政治组织的根本要求，发挥政协委员自我学习、自我教育优良传统，积极参加习近平新时代中国特色社会主义思想学习座谈小组、委员学习座谈会、形势报告会、学习讲座等，自觉读原著、学原文、悟原理，深刻理解党的基本理论、基本路线、基本方略。

2. 树立正确历史观大局观。深入学习习近平总书记关于加强和改进人民政协工作的重要思想，学习中共党史、新中国史和统一战线历史、人民政协历史，学习社会主义协商民主理论和人民政协理论，提升政治素养，增强政治能力，增进对伟大祖国、中华民族、中华文化、中国共产党、中国特色社会主义的认同。

（九）提高协商议政本领

1. 学习履职知识。按照委员学习培训规划，落实初任培训制度，每位委员每届至少参加 1 次学习培训活动，通过委员移动履职平台等自主学习，熟练掌握政协基本知识、重要原则和工作规则。坚持多读书、读好书、善读书，通过委员读书群、读书交流会等平台，聚焦履职所需主动学习相关知识、积极参加委员读书活动，提升履职能力。

2. 增强协商意识。熟悉政协各类会议等协商活动规则程序，掌握对话的技巧、沟通的艺术、说服的能力，寓建言资政和凝聚共识于协商议政中，在深入互动中促进不同思想观点交流交融，求同存异、聚同化异，不断增进了解、加深理解，深化认识、达成共识。每位省政协委员每届至少列席 1 次省政协常委会会议。

3. 提升建言水平。立足所在界别及行业、领域发挥优势专长，用事实和数据说话，做到情况清楚、论证严谨、对策精准，建言建在需要时、议政议到点子上、监督监在关键处。

4. 掌握信息手段。适应信息化、大数据时代要求，掌握远程协商、网络议政等协商形式特点，熟练运用委员移动履职平台，在主题议政群积极发言，积极参加政协开展的网上履职活动等。

（十）提高调查研究本领

1. 全面掌握情况。发挥政协位置超脱、角度客观优势，积极参加政协调研，开展委员自主申报调研，运用座谈交流、蹲点调查、随机走访、网络视频等方式，深入基层、深入实际了解情况。

2. 深入研究问题。加强对调查情况的综合、归纳、提炼、概括，通过典型案例“解剖麻雀”，增强意见建议针对性、实效性。综合运用调研报告、提案、大会发言、社情民意信息等反映调研成果。支持委员申报参与重大战略性问题研究。

（十一）提高合作共事本领

1. 强化团结合作理念。讲民主、讲平等、讲尊重，通过政协视察调研、协商议政等履职活动和界别联谊、委员活动日、网上交流等平台，发挥界别联系人、小组召集人、调研组组长、读书群群主等作用，以道交友、以情感人、以理服众、以商求同。

2. 发挥中共党员委员带头作用。政协委员中的共产党员要增强亲和力感召力，广交、深交党外朋友，通过协商讨论、谈心谈话、走访看望等途径加强经常性联系，以丰富学识、人格魅力、良好作风团结人引领人。落实好党员委员联系党外委员制度，每个党员委员每年与所联系的党外委员至少开展1次谈心谈话。

四、加强政协委员联系界别群众工作

（十二）创新联系群众途径。通过视察考察调研等深入基层听取群众意见，创新界别群众代表交流座谈、界别反映社情民意信息座谈会、政协机关公众开放日活动等面对面沟通形式，探索网站、微博、微信等网上交流途径。建立界别群众意见建议分析机制，转化为提案、大会发言或社情民意信息并反馈处理情况。每年以适当方式同界别群众进行1次以上的专题谈心谈话，积极参加雪中送炭、扶贫济困，春风化雨、解疑释惑，理顺情绪、化解矛盾等活动，不断丰富和拓展委员联系界别群众的途径。

（十三）面向社会传播共识。积极参加委员讲堂、重大专项工作委员宣讲团、形势报告会、界别代表性人士座谈会、专题讲座等，从委员实际出发探索灵活务实的工作方式，发挥自身影响力，宣介习近平新时代中国特色社会主义思想，讲好中国共产党治国理政的故事、人民政协制度和新型政党制度的故事，宣传阐释党和国家方针政策及省委、省政府重大决策部署。

（十四）增强群众工作针对性。民主党派界别委员、无党派人士界委员要加强对本党派成员和无党派人士的团结引导。少数民族界和宗教界委员要深入各族群众之中，宣传贯彻党的民族宗教政策、促进民族团结、宗教和睦，铸牢中华民族共同体意识。港澳委员要联系各界民众，支持特别行政区政府和行政长官依法施政，为维护香港、澳门长期繁荣稳定和促进河北改革发展发挥积极作用。有关界别委员要加强同党外知识分子、非公有制经济人士、新的社会阶层人士等沟通联络，推动更好发挥在社会主义现代化建设中的重要作用。

五、做好政协委员履职服务管理工作

（十五）加强履职管理。健全委员履职情况统计和常委提交年度履职报告制度。完善委员履职档案，在委员移动履职平台建立履职电子台账，记录委员出席会议、参加视察调研和读书活动、联系界别群众、在专项工作和重大任务中担当尽责等履职情况。每年对委员履职情况汇总分析，并向委员个人和有关部门通报，作为换届时是否继续提名的重要参考。建立政协委员履责承诺制度，完善党员常委履职建言点评制度。

（十六）健全激励机制。建立健全协商议政质量评价体系和委员履职评价机制，每年对专题调研、提案、社情民意信息质量进行评价，对表现突出的委员以适当形式予以鼓励。研究制定委员参加读书活动、联系界别群众、参与专项工作等履职情况评价办法。加强委员履职宣传工作。

（十七）强化纪律约束。委员参加会议活动应遵守纪律。因故不能参加应出席的履职活动，应履行请假手续。无特殊情况，委员届内 2 次不出席全体会议，对其进行约谈，并将有关情况通报所在单位和有关部门，3 次不出席全体会议，应按程序劝其辞去委员职务；常务委员届内 3 次不出席常务委员会会议，对其进行约谈，并将有关情况通报所在单位和有关部门。无正当理由，1 年内没有同界别群众开展专题谈心谈话的委员，对其进行书面提醒；连续 2 年没有同界别群众开展专题谈心谈话的委员，对其进行约谈；连续 3 年没有同界别群众开展专题谈心谈话的委员，应按程序劝其辞去委员职务。无特殊情况，委员 5 年内没有参加学习培训的，应记入委员履职档案，并按程序向有关方面建议不再继续提名为政协委员。无正当理由，1 年内无任何履职行为的委员，以书面或约谈形式提醒。委员参加履职活动要落实中央八项规定及其实施细则精神和我省实施办法，防止和克服形式主义、官僚主义，不利用政协委员身份牟取个人、小团体和特定关系人的利益，不利用委员身份干预执法、干涉具体司法案件或插手招标投标，不在参加履职活动时变相从事商业活动。对严重违反政协章程、全体会议和常务委员会会议决议（决定）的委员，按程序依据情节给予警告或撤销委员资格处分。

（十八）做好服务保障。尊重和保障委员依照政协章程行使表决权、选举权和被选举权，对政协工作提出意见、批评和建议的权力。省政协领导到市、县（市、区）视察、考察、调研时，坚持走访看望住当地省政协委员，了解履职情况，帮助解决实际困难，听取对政协工作的意见建议。丰富履职平台渠道，建立健全重点关切问题情况通报会等机制，定期向港澳委员通报工作情况，建立网上政策资料数据库，帮助委员知情明政、履行职责。完善多层次联络服务委员制度，做好委员参加政协会议活动的沟通协调、经费保障等工作，建立委员本职工作与政协履职工作协调机制，协调委员所在单位对其履职提供支持保障。

（十九）港澳台侨和外事委员会可根据本意见，结合港澳委员实际制定专项指导性意见。

（二十）本意见经省政协常务委员会会议审议通过后，自 2021 年 1 月 1 日起施行。

政协河北省委员会专门委员会通则

（2020 年 11 月 20 日政协河北省第十二届委员会常务委员会第十七次会议通过）

第一章　总　则

第一条　为深入贯彻落实中央和省委政协工作会议精神，进一步推进中国人民政治协商会议河北省委员会专门委员会（以下简称专门委员会）工作的制度化、规范化和程序化建设，根据《中国人民政治协商会议章程》《关于加强改进河北省政协专门委员会工作和制度建设的意见》及有关规定，制定本通则。

第二条　专门委员会是常务委员会和主席会议领导下的工作机构，是人民政协履行职能的重要载体、联系委员的重要纽带、发挥人民政协专门协商机构作用的主要依托，在政协工作中具有基础性地位和作用。

第三条　专门委员会以马克思列宁主义、毛泽东思想、邓小平理论、“三个代表”重要思想、科学发展观、习近平新时代中国特色社会主义思想为指导，高举爱国主义、社会主义旗帜，坚持中国共产党领导的多党合作和政治协商制度，贯彻长期共存、互相监督、肝胆相照、荣辱与共的方针，围绕团结和民主两大主题，发挥人民政协作为国家治理体系重要组成部分的作用，发挥联系广泛、人才聚集的优势，认真履行政治协商、民主监督、参政议政职能，更好凝聚共识，担负起把党中央决策部署和省委要求落实下去、把各方面智慧和力量凝聚起来的政治责任，为新时代全面建设经济强省、美丽河北，实现“两个一百年”奋斗目标和夺取全面建设社会主义现代化国家新胜利作出新的更大贡献。

第二章　工作任务

第四条　组织委员认真学习习近平新时代中国特色社会主义思想，学习中国共产党的基本理论、基本路线、基本方略，学习《中华人民共和国宪法》和法律法规，学习《中国人民政治协商会议章程》和人民政协理论，学习国家经济社会发展等各方面方针政策，学习省委、省政府重要决策部署，树立正确的历史观、民族观、国家观、文化观，增强“四个意识”、坚定“四个自信”、做到“两个维护”，夯实团结奋斗的共同思想政治基础。

第五条　根据政协河北省委员会和常务委员会会议精神及年度协商计划，围绕政协全体会议、专题议政性常委会会议、专题协商会、远程协商会、提案办理协商会、网络议政活动议题和本专门委员会对口协商、界别协商、提案办理协商等工作任务，组织委员开展调查研究，形成调研报告、发言材料或提出提案、反映社情民意信息，组织或协助组织各类协商议政活动，探索搭建平台、服务协商的新方式。

第六条　围绕宪法、法律和法规的实施，重大方针政策、重大改革举措、重要决策部署的贯彻执行情况，涉及人民群众切身利益的实际问题解决落实情况，国家机关及其工作人员的工作等，通过提案、建议、报告和开展会议协商、专项监督性调研等形式，开展民主监督。

第七条　聚焦省委、省政府中心任务，围绕河北经济建设、政治建设、文化建设、社会建设、生态文明建设中的重要问题以及人民群众普遍关心的问题，组织开展专题调研、召开座谈会或研讨会等多种形式的参政议政活动，通过调研报告、提案、社情民意信息等形式，向省委、省政府提出意见和建议。

第八条　团结、联系、服务参加人民政协的各党派团体和各族各界人士，开展或协助开展委员视察、考察、宣讲、学习座谈、重点关切问题情况通报等活动，宣传政策，增进共识，广泛联系和动员各界群众，维护民族团结、宗教和谐、社会稳定。发挥我国新型政党制度优势，加强同民主党派、无党派人士在政协专门委员会的合作共事。密切同港澳台侨同胞的团结联谊，广泛凝聚新时代全面建设经济强省、美丽河北的强大力量。加强对外友好往来与合作，推动构建人类命运共同体，展示我国政治制度优势。

第九条　把加强思想政治引领、广泛凝聚共识作为履职工作的中心环节，坚持发扬民主和增进团结相互贯通、建言资政和凝聚共识双向发力，健全凝聚共识的工作载体和落实机制，更好地发挥政协作为坚持和加强中国共产党对各项工作领导的重要阵地、用党的创新理论团结教育引导各族各界代表人士的重要平台、在共同思想政治基础上化解矛盾和凝聚共识的重要渠道的作用。

第十条　加强履职能力建设，提高政协履职水平和工作实效，推进人民政协理论创新、制度创新、工作创新，突出质量导向，建设应用型智库，发挥决策咨询作用，更好地把人民政协制度优势转化为国家治理效能。组织委员参加读书学习和教育培训活动，帮助委员知情明政，强化委员为国履职、为民尽责的使命担当，引导委员懂政协、会协商、善议政，守纪律、讲规矩、重品行，提高政治把握能力、调查研究能力、联系群众能力、合作共事能力，发挥委员在本职工作中的带头作用、政协工作中的主体作用和界别群众中的代表作用，履行好工作职责，树立良好社会形象。支持委员面向社会传播共识和凝聚共识。

第三章　组织制度

第十一条　专门委员会坚持中国共产党的领导，由省政协党组提出，经中共河北省委组织部批准，在各专门委员会设立分党组。专门委员会分党组在省政协党组领导下工作，向省政协党组负责并报告工作，接受省政协机关党组的指导。加强专门委员会党的建设，充分发挥分党组在专门委员会工作中把方向、管大局、保落实的领导作用，发挥专门委员会中共基层党组织战斗堡垒作用和党员委员先锋模范作用。

第十二条　专门委员会的组成，应按照有利于发挥人民政协专门协商机构作用，有利于联系各界、各方面人士，自愿、协商和便于组织经常性活动的原则，统筹安排。

第十三条　每届专门委员会的设立一般在当届政协第一次常务委员会会议上确定。专门委员会的组成人员原则上为全体委员的30%左右，非中共委员要占一定比例。各专门委员会一般由30人左右组成，工作领域较宽的委员会可适当增加组成人员。各专门委员会设主任1人，副主任若干人，其中驻会副主任1人。

第十四条　专门委员会由主任、副主任和相关领域委员组成。专门委员会委员名单由主席会议审定，主任、副主任由常务委员会决定任命。

专门委员会组成人员数量、组成结构等需变更时，按相关程序办理。专门委员会主任会议对本委员会委员的变更可提出建议。

第十五条　根据工作需要，专门委员会可组织、联络和协调非本专门委员会的省政协委员参加活动，邀请省各民主党派和省工商联、各人民团体、有关智库及其他相关机构开展调研，发挥好参政议政人才库作用。

第十六条　提案工作是人民政协的一项全局性工作，每届政协第一次全体会议成立的提案审查委员会，闭会后根据情况作必要调整，经常务委员会会议审议通过，作为提案委员会列入专门委员会序列。

第四章　工作制度

第十七条　省政协每届至少召开一次政协专门委员会工作会议，研究部署专门委员会重要工作。根据工作需要，省政协副主席联系相关专门委员会，并通过专门委员会联系相关界别和委员，相关专门委员会负责做好服务保障工作。

第十八条　专门委员会对常务委员会、主席会议负责，落实重大事项请示报告和总体工作情况定期汇报、重要工作专题汇报等制度。

专门委员会根据政协河北省委员会全体会议和常务委员会提出的任务，制定年度工作计划并提请主席会议审定。年度末向主席会议、常务委员会提交年度工作报告，届末前向主席会议、常务委员会提交任期内工作报告。

第十九条　专门委员会全体会议审议本委员会年度工作计划、总结及其他重要事项，每年至少召开一次，由主任或主任委托的副主任主持。主任会议坚持民主集中制，审议提交委员会全体会议审议的文件和重要事项，审定委员会提交的提案等。主任会议根据工作需要召开，由主任或主任委托的副主任主持。

第二十条　专门委员会工作由主任主持，副主任协助主任工作，驻会副主任协助主任负责日常工作。秘书长或秘书长委托的副秘书长负责协调专门委员会工作。规范办文、办会、办事程序，使办公厅和专门委员会工作相互贯通、形成合力。保障专门委员会有关负责同志按规定参加相关会议、阅读相关文件。

第二十一条　主席或主席委托的副主席、秘书长，根据需要召开专门委员会主任联席会议，讨论研究专门委员会工作的重要问题。

第二十二条　专门委员会工作应发扬民主、充分协商，注重发挥政协委员主体作用。各专门委员会根据自身特点和工作任务、工作领域等，分别联系相关界别委员，广交朋友，深交朋友。组织界别委员开展调研视察考察、协商研讨、学习座谈、交流参访、谈心谈话等活动，反映所联系的社会各界群众的愿望和诉求。赴各地开展活动时注意吸收住当地的省政协委员参加。

第二十三条　专门委员会应注重运用现代信息技术，创新工作方式，提升履职成效。协助建立相关工作领域数据库和信息系统。

第二十四条　以专门委员会名义形成的报告、提案、请示件等，由主任或主任委托的副主任审定；重要问题报请负责联系的副主席审定，必要时可经秘书长提请主席办公会议、主席会议或常务委员会会议审定。提请以政协河北省委员会或政协河北省委员会办公厅名义发出的文件，按规定程序办理。

第二十五条　专门委员会应按程序与省党政有关部门，省各民主党派和工商联、各人民团体及有关机构加强情况沟通，密切工作联系，建立并完善沟通联系机制。

第二十六条　专门委员会应加强与市县政协相关专门委员会的联系与合作，通过召开会议、共同举办活动等方式，沟通情况，交流经验，指导工作。涉及省和市县相关领域工作的重要问题，可开展联合调研、委托调研、联动协商，形成工作合力。

第二十七条　专门委员会组织调研等活动，要严格贯彻中央八项规定及其实施细则精神和我省实施办法，深入基层，联系群众，广泛听取并反映各方面意见，自觉接受监督，力戒形式主义、官僚主义。

第二十八条　专门委员会应不断优化服务，加强对本委员会委员的管理，认真执行委员请假制度，协助建立健全本委员会及所联系界别委员履职档案，做好委员履职统计、常委提交年度履职报告等工作，完善委员履职评价和激励机制。

第五章　办事机构

第二十九条　省政协各专门委员会下设办公室为办事机构。办公厅根据优化、协同、高效原则，加强各专门委员会办公室建设，选优配强干部队伍，为专门委员会履职尽责提供服务保障。

第六章　附　则

第三十条　本通则自常务委员会会议通过之日起施行。

中共政协河北省委员会党组关于加强改进河北省政协专门委员会工作和制度建设的意见

机关党组、各专委会分党组：

为深入贯彻习近平总书记关于加强和改进人民政协工作的重要思想，落实党的十九届四中全会、中央政协工作会议和省委九届九次全会、省委政协工作会议精神，参照《关于加强改进全国政协专门委员会工作和制度建设的意见》，现就加强改进河北省政协专门委员会工作和制度建设，提出如下意见。

一、把握总体要求

（一）重要意义。省政协专门委员会是常务委员会和主席会议领导下的工作机构，是政协履行职能的重要载体、联系委员的重要纽带、发挥专门协商机构作用的主要依托，在政协工作中具有基础性地位和作用。加强和改进专门委员会工作，完善相关制度，是加强和改进政协工作的内在要求，是优化资源配置、提高工作效率和工作质量的务实举措，对于发挥专门委员会在专门协商机构中"专"出特色、"专"出质量、"专"出水平的作用，对于增强政协工作制度系统性、协同性，把政协制度优势转化为治理效能，对于推动建言资政和凝聚共识双向发力，更好承担政协作为坚持和加强党对各项工作领导的重要阵地、用党的创新理论团结教育引导各族各界代表人士的重要平台、在共同思想政治基础上化解矛盾和凝聚共识的重要渠道的工作任务，具有重要意义。

（二）目标任务。以习近平新时代中国特色社会主义思想为指导，认真贯彻落实中央政协工作会议和省委政协工作会议精神，增强"四个意识"、坚定"四个自信"、做到"两个维护"，以宪法法律、相关政策和政协章程为依据，按照权责清晰、程序规范、关系顺畅、运行有效的要求，建立健全专门委员会科学完备配套的工作制度，提升专门委员会工作科学化水平，切实担负起把中央决策、省委部署和对政协工作要求落实下去、把智慧和力量凝聚起来的政治责任，为新时代全面建设经济强省、美丽河北作出贡献。

二、发挥专门委员会在专门协商机构中的基础性作用

（三）优化协商议题产生机制。在省政协年度协商计划制订过程中，要充分发挥专门委员会的专业优势和政协协商一线优势。各专门委员会要主动对接全国政协相关专门委员会，加强同党政有关部门、有关界别和有关市县政协对口委员会的联系，广泛征求意见，提出自身年度协商选题建议，并对办公厅综合征集的协商选题提出意见。通过组织召开各专门委员会负责同志、省各民主党派、工商联负责人等参加的协商议题协调会，形成协商计划草案后按程序提交审议。各专门委员会承办的党委和政府有关部门就重要决策、重要法规等在政协听取相关界别委员意见建议的重要协商安排,应在政协年度协商计划中体现。各专门委员会年度工作计划特别是协商工作安排,监督性议题、持续跟进议题应占一定比例。

(四)组织服务好协商活动。参与落实全体会议协商活动相关工作任务。制定大会期间开展界别协商的工作办法,以专门委员会为基础确定议题、组织协商。每次全体会议,各专门委员会视情提交集体提案或组织界别大会发言,参与大会发言评审遴选工作。

根据省政协年度协商计划,围绕专题议政性常委会会议、专题协商会、远程协商会、提案办理协商会等议题,有关专门委员会依照协调确定的专项工作方案,结合自身专长做好相应筹备组织工作,开展调查研究,有针对性地推荐或安排会议发言。专题议政性常委会会议,由有关专门委员会研究提出分题目,按程序审议后确定,必要时与市政协开展协同调研、联动协商。对年度协商计划中确定的与民主党派联合开展的协商活动,要加强合作、形成合力。

健全提案办理协商制度,加大征集各民主党派提案、界别提案力度,健全各专门委员会督办重点提案机制,把协商贯穿交办、办理、督办提案全过程。完善对口协商、界别协商制度,各专门委员会与有关部门每年至少开展一次对口协商,并探索召开界别代表座谈会,搭建界别协商平台。通过专题座谈会、形势分析会、情况通报会、研讨交流会等形式,更为灵活经常做好服务协商的"搭台"工作。

(五)加强改进调查研究。认真落实省政协《关于力戒形式主义提高调查研究质量的措施》,坚持调研与协商相衔接、调研于协商之前,围绕协商议题深入调查研究,完善选题策划、组织实施、成果转化、跟踪反馈等全流程规范。根据议题需要,可与党政部门、党派团体、市县政协、有关智库、专家学者等联合开展调研。探索推进委员自主申报调研,对有关重点协商议题持续跟进调研,更多运用分组实地调查与汇总集中研究相结合等调研方式。专门委员会调研实行组长负责制,组长主持起草调研计划和调研报告等,必要时可在调研计划起草前开展预调研。调研报告经调研组研究讨论,送办公厅校核后按程序报送。鼓励委员带着问题调研,聚焦对策研讨,提出真知灼见。注重运用大数据手段和成果,加强研究论证,通过调研报告、提案、政协信息、大会发言、重要提案摘报等综合反映调研成果。严格落实中央八项规定及其实施细则精神和省委有关规定,坚决反对形式主义、官僚主义。重要调研活动要成立临时党组织。

(六)规范协商议政流程。制定河北省政协协商工作规则,进一步规范协商内容、参加范围、讨论原则、基本程序、交流方式等。本着一会一议、人事匹配的原则优化参会人员结构。通过发言、提问、回应等程序设计,深化交流互动、多方互动,实事求是分析问题,提出建设性的对策建议,努力形成协商共识,推动协商不断深入。及时汇总整理协商会议情况,报送并跟踪成果的采纳和运用,向协商活动参与人员反馈。

(七)营造民主协商氛围。坚持商以求同、协以成事,求同存异、聚同化异,把协商理念贯穿始终,积极营造畅所欲言、各抒己见,理性有度、合法依章的协商氛围,鼓励参与协商的人士在坚持党的基本理论、基本路线、基本方略基础上,勇于发表各种意见包括批评意见,促进不同思想观点充分表达和深入交流,做到平等协商、有序协商、真诚协商。

（八）增强协商议政实效。按照“懂政协、会协商、善议政”的要求，加强专业性学习培训，引导委员树立协商理念，提升协商素养，遵守协商规则，把握履职方式方法，提升协商能力和水平。完善知情明政和情况通报机制，邀请有关部门就重点关切问题进行情况通报。建立具有政协特色的应用型智库和参政议政人才库，建立协商议政质量评价体系和工作办法，为提高协商质量提供支撑。运用现代传媒手段，扩大政协协商成果传播范围。

三、加强思想政治引领、广泛凝聚共识

（九）强化思想理论武装。完善落实习近平新时代中国特色社会主义思想学习座谈会制度，以专门委员会为依托每季度安排一次学习座谈。健全专门委员会分党组理论学习中心组学习、主任会议集体学习机制，探索开展界别委员培训，实现专门委员会委员学习党的创新理论全覆盖。健全以自我教育、自我提高为主旨的委员学习座谈会制度，把强化思想政治引领同经常性思想政治工作结合起来，不断提高认识、增进认同。

（十）健全完善载体机制。各专门委员会每年开展一次以自我教育为主旨的党外委员专题视察。以重点关切问题情况通报会为载体，引导委员了解情况、学习政策、深化认识。完善党组成员联系专委会分党组、专委会分党组联系党员委员、党员委员联系党外委员的党建工作机制，强化党建工作引领作用。健全主席会议成员联系专门委员会、专门委员会联系界别和委员、委员联系界别群众的履职工作机制，做好思想引领工作。加强文史资料工作，更好发挥存史、资政、团结、育人的重要作用。

（十一）面向社会传播共识。参与做好委员讲堂、重大专项工作委员宣讲团等工作，组织召开界别代表性人士座谈会、委员专题讲座等，及时解读政策、回应关切、引导预期。推动委员广泛联系和动员各界群众，及时了解和反映社情民意，做好统一思想、理顺情绪、化解矛盾、促进团结的工作。专门委员会要注重联系界别群众，组织开展教育、科技、文化、卫生、体育下基层等特色活动。各专门委员会开展界别群众工作情况列入年度工作报告，每届各专门委员会至少提交一份所联系界别群众的思想状况分析报告。

（十二）做好团结联谊工作。根据各专门委员会的不同工作特点，做好新时代团结联谊工作。发挥我国新型政党制度优势，通过开展联合调研、联合监督、联办协商活动等方式，加强同民主党派、无党派人士在政协专门委员会的合作共事。对各民主党派以本党派名义在政协提出提案、提交大会发言等，在相关工作制度中予以落实。以落实谈心谈话、联系党外委员制度等为抓手，加强同党外知识分子、非公有制经济人士、新的社会阶层人士的沟通联络，研究建立邀请其参加专门委员会活动的机制，了解思想动态、反映利益诉求，做好团结引导工作。做好少数民族界和宗教界委员专题学习考察、界别协商等工作，支持少数民族界、宗教界代表人士关键时刻站出来、敢发声。把专门委员会对外交流纳入省政协对外交往计划，发挥专业优势，鼓励开展各具特色的友好交往和业务交流，积极推进务实合作。拓展同港澳台同胞、海外侨胞的交流交往，完善邀请海外侨胞代表列席政协全体会议、参加视察考察等机制。

四、增强推进专门委员会工作的合力

(十三)做好办公厅对专门委员会的服务工作。树立鲜明服务导向,提高统筹协调能力,为专门委员会履职创造良好条件。坚持和完善专门委员会驻会副主任列席秘书长会议制度和出席秘书长办公会议、秘书长碰头会制度。加强与专门委员会沟通协调,通报重要工作,听取意见建议,做好服务保障。开展调研视察、协商议政等履职活动时,办公厅同专门委员会在选题、时间、地点、人数等方面加强日常协调。支持各专门委员会之间密切工作协作,实现优势互补、提升工作效能。

(十四)搭建委员履职尽责平台。专门委员会委员在出席政协全体会议、认真履职建言基础上,每年至少应参加一次本专门委员会履职活动,专门委员会到市县调研时注重邀请住当地省政协委员参加。完善体现本专门委员会特点的委员履职评价及激励机制。按要求报送委员履职情况,配合做好常委提交年度履职报告工作。探索建立界别委员活动室,完善运用网络联络服务委员制度,为委员履职尽责创造良好环境。坚持优化服务与加强管理并重,引导委员强化政治责任,强化当好人民政协制度参与者、实践者、推动者的责任,强化团结引导界别群众责任。

(十五)建立健全专门委员会与党政部门的工作协作机制。以议题为纽带,加强交流沟通,建立健全专门委员会与有关部门的对口联系机制和双向情况通报机制,视情邀请对口部门参加视察考察和调研活动,应邀参加对口部门重要工作会议或重要活动。

(十六)加强改进对市县政协专门委员会工作的联系指导。省政协每届至少召开一次政协专门委员会工作会议,研究部署专门委员会重要工作。各专门委员会每届至少召开一次市级政协相应专门委员会主任会议,经报批后召开专项工作座谈会,研究本专门委员会领域工作,交流经验做法。每年至少开展一次有关市政协相关专门委员会协同调研或联动协商。加强市县政协专门委员会在专门协商机构建设中的作用研究,推动解决市县政协基础工作薄弱、人员力量薄弱的问题。

五、加强专门委员会自身建设

(十七)加强制度建设。根据专门委员会工作制度建设任务,修订《中国人民政治协商会议河北省委员会专门委员会通则》、《中共政协河北省委员会各专门委员会分党组工作规则》,制定专门委员会工作指南,完善工作细则。专门委员会要积极探索创新,及时把成熟经验和做法上升为制度规范。

(十八)加强组织建设。坚持民主集中制,规范议事程序,发挥专门委员会主任会议集体领导作用。研究更好发挥专门委员会主任、副主任、驻会副主任作用的具体办法。主任主持专门委员会全面工作,副主任协助主任履行有关职责,受主任委托开展有关工作。驻会副主任协助主任负责日常工作,分管专门委员会办公室,做好专门委员会和办公厅的联系工作。定期召开专门委员会全体会议、主任会议,协商讨论专门委员会年度工作计划和总结、调研视察成果等重要事项。建立专门委员会务虚会议制度,研究讨论专门委员会工作和所涉及领域重要问题。

(十九)加强干部队伍建设。加强专门委员会办公室干部的理论学习、专业培训、实践锻炼等,提升素质能力。坚持好干部标准,树立正确用人导向,选优配强专门委员会办公室干部队伍。机关党组调整专门委员会办公室工作骨干时，应听取联系专门委员会的政协党组成员和专门委员会分党组的意见。机关党委在对专门委员会办公室党建工作开展述职评议，以党支部为单位对党员开展民主评议时，应将专门委员会分党组对该单位党组织和党员的评价作为重要参考。

六、加强组织领导

（二十）加强省政协党组对专门委员会分党组的领导。专门委员会分党组在省政协党组领导下工作，向省政协党组负责并报告工作。省政协党组要加强对专门委员会思想政治建设、主要工作制度落实、党员委员作用的发挥、党风廉政建设等方面的领导。落实省政协党组成员“一岗双责”，加强对所联系专门委员会分党组的指导，完善政协党组成员点评专门委员会所联系的党员常委履职工作等制度。支持派驻政协机关纪检监察组履行监督责任，把对委员监督和对各专门委员会分党组监督作为开展政治监督的重要内容。

（二十一）加强常务委员会、主席会议对专门委员会工作的领导。贯彻常务委员会、主席会议决议决定和部署要求，坚持党内外副主席共同分管专委会制度，建立健全专门委员会对常务委员会、主席会议负责的机制，落实重大事项请示报告和总体工作情况定期汇报、重要工作专题汇报等制度安排。

（二十二）发挥政协机关党组对专门委员会分党组的指导作用。机关党组按《中国共产党党组工作条例》要求、受省政协党组委托，指导专门委员会分党组工作。完善制度机制，指导专门委员会分党组党的建设等各项工作，落实“不忘初心、牢记使命”制度，推进“两学一做”学习教育常态化制度化。机关党组书记每半年召开专门委员会分党组负责同志会议，通报有关情况、传达相关文件精神，协调分党组建设、专门委员会制度建设等重要问题。

（二十三）强化专门委员会分党组建设。把专门委员会分党组建设与履职工作统筹推进、有效落实，充分发挥分党组在专门委员会工作中的领导作用。定期召开分党组会议，学习贯彻党中央有关精神、全国政协部署和省委、省政协党组要求，研究专门委员会重要问题和事项。分党组成员不在原单位任职后，组织关系应转入专门委员会党组织。建立健全专门委员会所联系界别党员委员参加双重组织生活的机制。依托专门委员会，探索在界别委员中建立党组织，实现党的组织对党员委员的全覆盖、党的工作对政协委员的全覆盖。

中共政协河北省委员会党组

2020 年 3 月 12 日

政协河北省委员会
协商议政质量评价工作办法(试行)

(2020年8月31日政协河北省第十二届委员会第32次主席会议通过)

为深入贯彻习近平总书记关于加强和改进人民政协工作的重要思想,落实中央和省委政协工作会议精神,进一步推动新时代政协工作提质增效,依据政协章程和全国政协、省委有关文件精神,结合工作实际,现就协商议政质量评价工作制订如下办法。

一、指导思想和基本原则

1. 指导思想。以习近平新时代中国特色社会主义思想为指导,深入贯彻落实习近平总书记关于加强和改进人民政协工作的重要思想,坚持人民政协性质定位,坚持团结和民主两大主题,立足新时代人民政协工作的新方位新使命,通过开展协商议政质量评价工作,不断提高人民政协协商议政的质量和实效,发挥好政协专门协商机构作用,切实担负起把中央、省委决策部署和对政协工作的要求落实下去、把各界人士的智慧和力量凝聚起来的政治责任,为加快新时代全面建设经济强省、美丽河北作出积极贡献。

2. 基本原则

——坚持党的领导。坚持中国共产党对人民政协的全面领导,始终坚持正确政治方向,增强“四个意识”,坚定“四个自信”,做到“两个维护”,确保中共中央大政方针和省委决策部署不折不扣贯彻落实到政协全部工作之中。

——提升履职能力。发挥协商议政质量评价对履职工作的激励和导向作用,把加强思想政治引领、广泛凝聚共识贯穿到协商议政质量评价工作的全过程和各方面。通过制定科学有效的质量评价标准和评价办法,引导委员提高政治把握能力、调查研究能力、联系群众能力、合作共事能力,彰显人民政协制度优势。

——增强质量意识。把质量摆在更加突出位置,按照提高协商议政质量的目标要求,探索提高质量的路径方法,不断改进、创新工作机制,促进人民政协工作全面提质增效,努力推动履职质量和效果进一步提升,着力提高协商议政水平。

——坚持循序渐进。先对部分具备评价条件的协商议政活动进行评价,根据工作需要适时调整评价范围,在实践总结中不断提高评价工作的科学性,逐步完善评价标准和工作办法。

二、评价标准

3. 分类标准。针对履职的不同主体、领域、形式、特点等,分类建立科学合理、各有侧重的协商议政质量评价体系。先从专题调研、提案、反映社情民意信息等开展比较经常、制度比较健全、工作比较规范的协商议政活动着手,建立质量评价标准和评价办法。

4. 重点环节。聚焦协商议政过程中共有的重点环节，提炼出示范性强、适用性广、简便易行的评价指标。将选择题目、调查研究、成果转化等作为主要内容，加大协商议政成果在质量评价中的权重。

5. 指标设置。结合政协工作的性质和特点，设置不同的指标和分值。专题调研质量评价设置 4 个一级指标和 7 个二级指标，提案质量评价设置 5 个一级指标和 9 个二级指标，均不设具体分值。社情民意信息质量评价设置 5 个一级指标，并设权重不同的具体分值；总分由基本项和加分项组成，基本项反映协商议政工作的基本要求，加分项反映协商议政工作的突出成效；基本项满分为 100 分，加分项为 30 分，总分为 130 分。

三、评价办法

6. 评价导向。坚持客观评价与主观评价相结合，以客观评价为主；结果评价与过程评价相结合，以结果评价为主；内部评价与外部评价相结合，以内部评价为主；激励与约束相结合，以激励为主。

7. 评价程序。协商议政质量评价分为推荐、初选、评审、审定四个环节。省政协研究室负责专题调研、反映社情民意信息的推荐、初选、评审工作，省政协提案委员会负责提案的推荐、初选、评审工作，省政协主席会议负责定评工作。质量评价工作一般每年开展一次。

8. 评价方式。专题调研、提案质量评价采用定性评议的方式，专题调研划分优秀、较好和一般三个等次，提案划分为好、较好和一般三个等次。反映社情民意信息质量评价采用量化打分的方式，依据评价总得分按比例划分优秀、较好和一般三个等次。

9. 成果运用。协商议政质量评价结果向相关委员和单位反馈，纳入委员履职档案。优秀调研报告、好提案和优秀社情民意信息在省政协常委会议上通报表扬。

四、保障措施

10. 组织领导。协商议政质量评价工作由主席会议统一领导，由省政协研究室和提案委员会负责具体实施。

11. 宣传引导。通过报纸杂志、政协门户网站、微信公众号、委员履职平台，深入报道协商议政质量评价工作，引导政协各参加单位、各级政协组织和广大政协委员不断增强质量意识，为政协工作提质增效创造良好舆论氛围。

12. 推进步骤。省政协在实践探索中，将质量评价工作不断向广度和深度推进，逐步建立一套能评价、能考核的科学指标体系，并指导市县政协积极稳妥开展此项工作。

附件：1. 专题调研质量评价标准表

2. 提案质量评价标准表

3. 社情民意信息质量评价标准表

附件 1：

专题调研质量评价标准表

<table>
<tr><th>一级指标</th><th>二级指标</th><th colspan="3">指标说明</th></tr>
<tr><td>调研题目</td><td>选择题目</td><td colspan="3">省委、省政府重大改革举措、重要决策部署的贯彻落实情况
全省经济建设、政治建设、文化建设、社会建设、生态文明建设中的重要问题
人民群众普遍关心的问题</td></tr>
<tr><td rowspan="2">活动组织</td><td>前期准备</td><td colspan="3">收集、学习相关法律法规、政策文件、最新研究成果等背景材料，了解工作进展情况
制定具体可行的工作方案
成员具有代表性，可邀请有关部门相关负责同志参加</td></tr>
<tr><td>调查研究</td><td colspan="3">深入基层、深入群众
多种方式与各利益相关方深入交流
掌握问题现状，分析问题成因，探讨对策措施</td></tr>
<tr><td rowspan="2">调研成果</td><td>形成共识</td><td colspan="3">把学习教育与调研有机结合
鼓励委员深入开展交流
体现集思广益、体谅包容、理性有度的协商精神
找到解决问题的最大公约数</td></tr>
<tr><td>报告质量</td><td colspan="3">反映情况准确，事实数据翔实，成因分析透彻，找准问题症结，对策建议具体可行</td></tr>
<tr><td rowspan="2">成果转化</td><td>成果转化</td><td colspan="3">省领导作出批示
意见建议被吸收到相关政策文件中
被省委、省政府采纳，对改进工作、解决问题有明显促进作用
对宏观决策、长远规划有重要参考价值</td></tr>
<tr><td>社会影响</td><td colspan="3">成果被重要新闻媒体报道，产生良好社会影响</td></tr>
<tr><td rowspan="2">评价结果</td><td>日　期</td><td>题　目</td><td colspan="2">等　次</td></tr>
<tr><td></td><td></td><td colspan="2"></td></tr>
<tr><td>意见建议</td><td colspan="4"></td></tr>
</table>

注：等次划分为优秀、较好和一般

附件 2：

提案质量评价标准表

一级指标	二级指标	指标说明	
选择题目	重要性	省委、省政府中心工作 全省经济建设、政治建设、文化建设、社会建设、生态文明建设中的重要问题 人民群众普遍关心的问题 爱国统一战线的其他重要问题	
掌握情况	准确性	深入调查研究 反映真实情况 应具有专业性 引证资料准确	
	全面性	充分占有材料 熟悉相关法律法规政策文件 了解工作进展等情况	
分析问题	深入性	抓住主要矛盾和症结 分析深入透彻	
	条理性	逻辑清晰 表达清楚 简明扼要	
提出建议	针对性	针对突出问题提出建议 建议明确具体	
	可行性	符合实施的条件和时机 能够采纳落实	
成果转化	发挥作用	意见建议被提案承办单位重视 对改进工作、解决问题有促进作用	
	社会影响	对宏观决策、长远规划有参考价值 成果被重要新闻媒体报道，产生良好社会影响	
评价结果	提案案号	题　目	等　次
意见建议			

注：等次划分为好、较好和一般

附件 3：

社情民意信息质量评价标准表

<table>
<tr><th rowspan="2">指标</th><th rowspan="2" colspan="2">指标说明</th><th rowspan="2">分值</th><th colspan="3">评价</th><th>得分</th></tr>
<tr><th>优秀</th><th>较好</th><th>一般</th><th></th></tr>
<tr><td>题目选择</td><td colspan="2">围绕全省中心工作反映情况
坚持问题导向
站位高、落点实</td><td>20</td><td>18—20</td><td>14—17</td><td>＜14</td><td></td></tr>
<tr><td>情况反映</td><td colspan="2">真实、准确
及时
具有典型性、苗头性、趋势性或动态性</td><td>30</td><td>27—30</td><td>21—26</td><td>＜21</td><td></td></tr>
<tr><td>分析表达</td><td colspan="2">抓住主要矛盾和关键问题
有新视野、预见性
分析透彻、论证有力
逻辑清晰、简明扼要</td><td>30</td><td>27—30</td><td>21—26</td><td>＜21</td><td></td></tr>
<tr><td rowspan="2">意见建议</td><td colspan="2">紧扣问题发力，针对性强
与相关政策法规和工作实际相符合
有实施的条件和时机，可操作</td><td>20</td><td>18—20</td><td>14—17</td><td>＜14</td><td></td></tr>
<tr><td colspan="7">动态情况类信息无“意见建议”项，此项分值合并至“情况反映”项</td></tr>
<tr><td rowspan="2">成果转化（加分项）</td><td colspan="2">省领导作出批示</td><td colspan="4">15</td><td></td></tr>
<tr><td colspan="2">部门答复或回函
被吸收到相关政策文件中</td><td colspan="4">15</td><td></td></tr>
<tr><td rowspan="2">评价结果</td><td>刊号期号/转送</td><td>题目</td><td colspan="2">总分</td><td colspan="3">等次</td></tr>
<tr><td></td><td></td><td colspan="2"></td><td colspan="3"></td></tr>
<tr><td>意见建议</td><td colspan="7"></td></tr>
</table>

注：等次划分为优秀、较好和一般

政协河北省委员会
关于加强和促进人民政协凝聚共识工作的意见

（2020年11月13日政协河北省第十二届委员会第33次主席会议通过）

加强思想政治引领、广泛凝聚共识是政协组织的重大政治责任。为深入贯彻中共十九届四中全会和中央、省委政协工作会议精神，根据《中共中央关于新时代加强和改进人民政协工作的意见》和省委实施意见，现就新时代加强和促进人民政协凝聚共识工作，提出如下意见。

一、总体要求

（一）指导思想。以习近平新时代中国特色社会主义思想为指导，深入学习贯彻习近平总书记关于加强和改进人民政协工作的重要思想，认真贯彻中央和省委政协工作会议精神，增强“四个意识”、坚定“四个自信”、做到“两个维护”，面向委员加强思想政治引领，引导委员增进对中国共产党和中国特色社会主义的政治认同、思想认同、理论认同、情感认同；面向社会传播共识，为党领导人民有效治理国家厚植政治基础、社会基础；面向海内外讲好中国故事、河北故事，广泛汇聚正能量，画出最大同心圆，切实把中央、省委决策部署和对人民政协工作要求落实下去，把各方面智慧和力量凝聚起来。

（二）目标任务。政协组织要在共同思想政治基础上，通过人民政协制度运行、民主程序和有效工作，把党的主张转化为社会各界的共识，努力使人民政协成为坚持和加强党对各项工作领导的重要阵地、用党的创新理论团结教育引导各族各界代表人士的重要平台、在共同思想政治基础上化解矛盾和凝聚共识的重要渠道，为新时代全面建设经济强省、美丽河北作出贡献。

（三）主要原则。坚持党的领导，把牢正确政治方向；坚持用党的创新理论团结教育引导各党派团体和各族各界代表人士，夯实团结奋斗的共同思想政治基础；坚持人民政协性质定位，促进大团结大联合；坚持继承弘扬中华优秀传统文化，用中华民族共有的精神凝聚人心；坚持一致性和多样性统一，求同存异、聚同化异；坚持把凝聚共识融入履职全过程和各方面，在建言成果、思想收获上一体设计、一体落实；坚持强化委员责任担当，引导委员要旗帜鲜明讲政治，发挥好桥梁纽带作用；坚持在实践中探索创新，推动凝聚共识工作的理念思路、方法手段，更好地适应新时代实践发展需要。

二、加强思想政治引领

加强思想政治引领，打牢团结奋斗的共同思想政治基础，是新时代做好凝聚共识工作的前提。要把坚持和发展中国特色社会主义作为巩固共同思想政治基础的主轴，推动各党派团体和各族各界人士实现思想上的共同进步，在事关道路、制度、旗帜、方向等根本问题上统一思想和步调。

（四）强化政协党组的政治领导。人民政协是党领导的政治组织和民主形式，政协工作是党的工作的重要组成部分。政协党组肩负实现党对人民政协领导的重大政治责任。要深入落实中共中央办公厅《关于加强新时代人民政协党的建设工作的若干意见》和省委办公厅《关于加强新时代人民政协党的建设工作的实施意见》、省政协党组《关于进一步加强和改进政协党建工作的意见》，进一步健全落实党对政协工作全面领导的制度机制，确保政协始终在党的领导下主动负责、协调一致地开展工作。要紧紧抓住加强思想政治引领、广泛凝聚共识这个中心环节谋划部署工作、督促检查落实，把党的主张和重大决策部署转化为政协决定、决议和委员共识，确保广大政协委员在政治立场、政治方向、政治原则、政治道路上始终同中共中央保持高度一致。

（五）坚持习近平新时代中国特色社会主义思想学习座谈会制度。强化党对人民政协的思想领导，建立习近平新时代中国特色社会主义思想学习座谈小组，结合工作实际，深入学习领会习近平新时代中国特色社会主义思想，加强交流、深化认识，促进委员在思想上不断进步。

（六）落实学习教育培训制度。坚持以党组理论学习中心组学习为引领，形成主席会议和常委会会议集体学习、委员教育培训等相配套的学习教育培训制度体系。围绕加强思想政治引领确定学习内容，强化思想理论、方针政策、时事政治学习，强化中国共产党党史、新中国史和统一战线历史、人民政协历史学习。组织好委员读书活动，努力建设书香政协。开展社会主义协商民主理论和人民政协理论培训，努力实现届内培训全覆盖。

三、做好政协委员的凝聚共识工作

把凝聚委员共识作为人民政协凝聚共识的首要任务，贯穿到政治协商、民主监督、参政议政全过程。

（七）将凝聚共识融入各项履职活动。要在各种协商会议中凝聚共识，政协全体会议、专题议政性常委会会议、专题协商会、提案办理协商会等重要会议的议题设置、程序安排、成果反映都要体现凝聚共识的要求。围绕会议主题、委员关注的重点问题和主要意见建议，进行充分沟通协商，使协商过程成为增进了解、加深理解、消除误解的过程，汇聚起完善政策、推动落实的智慧和力量。要在视察考察调研中凝聚共识，视察考察调研要认真学习领会中央和省委有关决策部署，增强推动政策落实的自觉性；深入基层、深入群众，感受成就、接受教育，并针对实践中的问题，多做政策宣传、引导预期的工作；通过不同思想观点的充分表达和深入交流，力求在建言资政和凝聚共识上取得更好成效；落实省政协领导班子成员走访看望委员制度。要在提案办理中凝聚共识，提案提出、立案、办理、督办、评选、表彰等工作，都要通过有效措施，促进提案者、政协组织、承办单位等达成共识。要在反映社情民意中凝聚共识，针对敏感点、风险点、关切点，及时向省委、省政府和有关部门反映情况、提出建议，推动形成共识。

（八）完善谈心谈话制度。与党外委员谈心谈话，是实现党对政治协商和多党合作领导的重要方式。省政协党组成员要加强与所联系界别和专门委员会的党外委员谈心谈话工作，原则上做到届内对所联系的党外委员全覆盖。落实好党员委员联系党外委员制度，每个党员委员每年要与所联系的党外委员至少开展一次谈心谈话。谈心谈话要形式灵活多样，可以小范围谈，可以一对一谈，必要时可以多次谈。谈心谈话要寓思想政治引领于团结民主之中，重在沟通情况、交流思想、加强引导。要坚持互相尊重、开诚布公，讲真话、讲实话、讲心里话，促进党内党外人士合作共事，把谈心谈话成果落到实处。

（九）建立以自我教育自我提高为主旨的委员学习座谈和党外委员专题视察制度。省政协各专门委员会建立4个学习座谈小组，每季度开展1次学习活动，深入学习习近平新时代中国特色社会主义思想，做到委员自己提出问题、自己分析问题、自己解决问题。各专门委员会每年各开展1次以自我教育自我提高为主旨的党外委员专题视察，组织委员深入一线，看新成就、新变化，加深对国情社情省情的了解、认识，加深对党和国家大政方针及省委、省政府决策部署的理解认同。

（十）建立重点关切问题情况通报会制度。省政协各专门委员会每年各组织1次重点关切问题情况通报会，紧扣年度协商议题，邀请省委和省政府有关部门，通报我省改革发展稳定的重大问题和群众关切的热点难点问题有关情况。要加强现场互动，及时解疑释惑，增进委员对重点关切问题通报的理解、认同，促进有关部门对解决重点关切问题的想法、办法更加周全。

（十一）完善专门委员会联系界别委员制度。省政协各专门委员会要充分发挥界别在凝聚共识工作中的重要作用，将界别活动和协商议政活动相结合，纳入年度工作计划，每年至少各组织一次界别活动。鼓励以界别为依托，开展协商主题具有界别特色的协商议政活动。探索邀请界别小组召集人列席常委会会议、专门委员会会议、分党组会议等。鼓励界别小组召集人和界别联系人同界别委员开展座谈交流。

四、面向社会做好传播共识工作

面向社会传播共识是人民政协凝聚共识工作中的重要内容，需要切实加强。要发挥政协委员桥梁纽带作用，通过政协协商履职，反映界别群众诉求，在群众中传播共识。

（十二）建立委员联系界别群众制度。省政协委员要积极主动联系服务界别群众，探索运用定期走访、结对联系、召开座谈会、调查研究、委员接待日和委员线上民情互动等机制，宣传党和国家方针政策、省委、省政府重大决策部署，了解界别群众思想状况，反映群众意见呼声，协助党和政府做好协调关系、理顺情绪、化解矛盾的工作，团结界别群众跟党走。各专门委员会要把凝聚共识工作融入联系服务委员和界别群众之中，及时汇总报告委员联系的界别群众思想状况，每届形成一份综合分析报告。有关专门委员会要开展好教育、科技、文化、卫生、体育下基层等特色活动。支持市、县（市、区）政协根据自身实际探索开展委员联系基层群众工作。

（十三）完善委员讲堂、委员宣讲工作机制。每年制定举办委员讲堂、组织重大问题专项工作委员宣讲团方案。每年至少组织3次委员讲堂和1次重大问题专项工作委员宣讲活动。委员讲堂要围绕党和国家及省委、省政府重大决策部署、社会关注的热点难点问题，以提高公信力和影响力为着力点，从政协的角度，宣读政策、解疑释惑、正面引导。加强与宣传部门沟通，通过有影响力的主流媒体，扩大委员讲堂传播范围，并结合新媒体受众的收视、阅读习惯，丰富传播形式，形成多样化传播矩阵。总结重大专项工作委员宣讲团工作经验，完善工作机制，提升宣讲实效。

（十四）拓展传播共识渠道。鼓励、支持委员在履职工作中和关键时刻亮明身份，利用自身专业知识和影响力，面向社会及时宣传解读党的方针政策，主动回应群众关切。协调主流媒体通过开设专栏、进行专访等方式传播委员声音。整合政协有关网站、新媒体、委员移动履职平台等资源，形成传播共识的工作合力。深化政协传播共识工作理论研究，探索具有政协特色的传播载体。

五、广泛汇聚中华民族伟大复兴正能量

高举爱国主义、社会主义伟大旗帜，充分发挥人民政协独特优势，以对伟大祖国、中华民族、中华文化、中国共产党、中国特色社会主义的认同，形成团结奋进的强大合力。

（十五）做好少数民族界和宗教界委员专题学习考察、界别协商等工作。通过围绕铸牢中华民族共同体意识、坚持我国宗教中国化方向，搭建侧重思想引领的界别主题协商平台，支持委员成为促进各民族交往交流交融、引导宗教与社会主义社会相适应的带头人。通过举办界别座谈会等方式，构建反映民族宗教领域社情民意、做好相关工作的格局，积极推动解决委员重点关切的实际问题。支持委员发挥示范带动作用，协助党和政府引导广大少数民族群众和信教群众进一步增强国家意识、公民意识、法治意识。在民族宗教领域事关国家统一、民族团结、社会稳定的重大原则问题上，支持委员坚持正确政治立场，积极正面发声，旗帜鲜明地开展斗争。

（十六）建立同党外知识分子、非公有制经济人士、新的社会阶层人士的沟通联络机制。加强与各民主党派、工商联和有关社会团体、行业协会的联系，邀请党外知识分子、非公有制经济人士、新的社会阶层人士参加政协协商议政活动，了解思想状况，听取意见建议，有针对性地做好团结引导、解疑释惑的工作。

（十七）加强同港澳同胞的团结联谊。加强与爱国爱港、爱澳社团联系，深化与港澳各界沟通交流。加强和改进港澳委员赴内地考察活动，增加港澳委员参加协商活动的人数和频次。组织港澳青少年赴我省开展参观学习、开展培训等活动，增强港澳青少年的国家意识和爱国精神。港澳委员要立足港澳实际发挥积极作用，针对事关国家主权、安全和发展利益的涉港涉澳重大问题，加强正面引领，主动、及时、广泛发声。

（十八）拓展同台湾岛内有关党派团体、社会组织、各界人士交流交往。坚持体现一个中国原则和“九二共识”，促进我省与台湾交流合作、深化融合发展。加强民意交流，深化与台湾乡镇、村里社会组织交流交往。统筹谋划政协港澳涉台、侨务涉台工作，发展壮大港澳台侨爱国统一战线。

（十九）广泛团结联系海外侨胞。落实好海外侨胞列席省政协全体会议制度，建立侨胞代表参加协商议政、视察考察调研和重要纪念活动的常态化机制。进一步加强与海外侨胞和爱国侨团日常联系交流，定期联系或走访看望侨团侨领，及时反映海外侨界社情民意。积极引导海外侨胞讲好中国故事、河北故事，为构建人类命运共同体和“一带一路”建设贡献智慧和力量。

(二十)积极开展对外交往。探索建立省政协有关对外友好小组,做好互访交流、会议研讨、课题调研、对外宣传等工作。引导委员在对外交往中大力宣介习近平新时代中国特色社会主义思想、中国特色社会主义制度和人民政协制度,增进国际社会对中国特色社会主义道路、理论、制度、文化的认同。

六、工作保障

把加强和改进人民政协凝聚共识工作,作为一项长期性、战略性、基础性工作,切实加强工作保障,推动各项工作落到实处。

(二十一)加强中国共产党的领导。省政协党组要在凝聚共识工作中发挥好把方向、管大局、保落实的领导作用,将凝聚共识工作纳入政协党的建设,一体谋划、一体部署、一体落实。建立凝聚共识工作评价机制,将其纳入政协协商议政质量评价体系,同建言资政工作一并点评考核。

(二十二)营造凝聚共识良好氛围。凝聚共识不是无区别的强求一律,而是有方向的启发引领;不是单向度的灌输说教,而是互动式的协商讨论;不是表面的附和敷衍,而是内心的深刻认同;不是快餐式的立竿见影,而是长期性的润物无声。要通过加强学习明共识、协商交流聚共识、团结—批评—团结增共识,营造在共同思想政治基础上各抒己见、畅所欲言、知无不言、言无不尽的良好氛围。要加强凝聚共识工作的理论研究和宣传报道。

(二十三)发挥中共党员委员先锋模范作用。中共党员委员要在深化理论武装、坚定政治立场、遵守纪律规矩、推动政策落实上带好头、做表率。要主动同党外委员和社会各界人士广交深交朋友,沟通情况、交流思想,宣传政策、增信释疑。要强化责任担当,在大是大非面前旗帜鲜明,敢于发声,加强引导。

(二十四)加强能力建设。政协组织和政协中党的组织,要牢牢把握人民政协在新时代的新方位新使命,不断提升凝聚共识的能力和水平,善于用创新理论团结教育引导各党派团体和各族各界人士,善于用党的方针政策统一步调和行动,善于用中华优秀传统文化和社会主义核心价值观汇聚正能量,善于处理一致性和多样性的关系,善于调动政协委员的积极性、主动性。政协委员要进一步深化对凝聚共识工作重要性的认识,增强做好凝聚共识工作的自觉,提高形成共识、增进共识和传播共识的能力,不断推动凝聚共识工作取得实效。

(二十五)加强对凝聚共识工作的指导。省政协通过多种形式指导市、县(市、区)政协开展凝聚共识工作,及时总结推广典型经验,研究解决共性问题。鼓励各级政协组织就凝聚共识工作存在的问题开展协同调研,增强工作的针对性和实效性。

河北省政协网络议政远程协商工作规程(试行)

为认真贯彻落实习近平总书记关于加强和改进人民政协工作的重要思想和中央、省委政协工作会议精神,拓展政协协商形式、创新政协协商方法,推进协商民主广泛多层制度化发展,结合省政协工作实际,现就规范有序组织开展网络议政远程协商,制定如下工作规程。

一、指导思想

坚持以习近平新时代中国特色社会主义思想为指导,把深入贯彻习近平总书记关于加强和改进人民政协工作的重要思想同全面落实习近平总书记关于网络强国的重要思想结合起来,把互联网优势同政协协商特色结合起来,积极搭建网络议政远程协商平台、完善政协协商议政格局,促进政协工作提质增效,为新时代全面建设经济强省、美丽河北凝聚共识和人心,贡献智慧和力量。

开展网络议政远程协商,必须坚持党的领导,把握政协性质定位,确保正确政治方向;坚持服务中心,注重选择党政关心、委员关注、群众关切的议题,听民声、尊民意、纳民智;坚持问题导向,不断优化工作流程、完善工作机制,提高网络议政远程协商制度化规范化水平;坚持注重实效,做到建管用并举、线上下结合,既有利于政协委员和各界群众参与,又安全可控、高效便捷。

二、议题确定

网络议政远程协商议题,原则上从省政协年度协商工作计划中遴选产生。重要紧急临时性议题,按程序报批确定。

每年初,各专委会根据自身工作实际,从本专委会承担的年度协商议题中至少选取1项适宜采用网络议政远程协商方式组织实施的议题,报经秘书长会议统筹研究、提出具体意见,提请主席会议审议确定。

三、组织实施

网络议政远程协商活动由议题承办专委会会同办公厅组织实施。具体步骤如下:

(一)制订工作方案。议题承办专委会提前一个月制定《网络议政远程协商工作方案》,报秘书长和分管副主席审定后实施。

(二)及时发布通知。议题承办专委会提前两周将网络议政主题和有关要求在省政协门户网站、微信公众号和河北政协委员履职系统APP上发布,发动委员围绕议题开展调查研究和广泛参与。

(三)组织网络议政。围绕议题,在河北政协委员履职系统APP或委员微信群,建立讨论群组,邀请委员进入群组进行互动交流。通过文字、语言和视频等形式参与讨论,发表意见建议。议题承办专委会安排工作人员专门汇总、整理各位委员意见建议,并根据网络讨论情况,邀请部分委员参加远程协商会。

(四)召开远程协商会。在省政协机关设置主会场,在相关市政协设置分会场,并根据工作需要在基层设置若干现场连线点，邀请部分委员通过视频会议系统与省政协有关领导同志、省直有关部门负责同志等就议题开展深入研讨。会期一般为半天。

（五）撰写报送专题报告。远程协商会后，议题承办专委会及时汇总梳理委员在网络议政和远程协商会上的意见建议，撰写专题报告，经分管副主席、主席审定后，视情报送省委、省政府或相关部门，促进网络协商议政成果转化运用。

根据工作需要，各专委会也可临时组织委员进行网络互动讨论或组织召开远程协商会，打造丰富多层的协商平台。

承接全国政协网络议政远程协商活动时，由承办专委会会同办公厅设置我省分会场，并按全国政协要求做好具体组织实施工作。

四、职责分工

网络议政远程协商活动在省政协主席会议领导下进行，具体工作由办公厅、专委会承担，相关设区市、县（市、区）政协配合。

办公厅负责网络议政远程协商工作整体统筹协调，包括督促落实、技术保障、会场布置、新闻宣传、舆情管控、委员参与履职统计等。

专门委员会负责网络议政远程协商具体组织实施，包括起草工作方案、及时发布通知、组织委员参与网络议政、组织召开远程协商会、梳理协商成果、撰写报送专题报告等。

五、工作要求

（一）加强组织领导。将网络议政远程协商工作列入省政协重要议事日程，切实加强领导、统筹安排，不断完善工作思路和措施，积极探索建立长效工作机制。

（二）密切协同配合。各部门要强化全局观念，加强统筹协调，落实责任分工，主动沟通衔接，积极争取党委、政府有关部门支持和各设区市、县（市、区）政协配合，按方案要求做好网络议政远程协商工作。

（三）树牢安全意识。网络议政远程协商议题不得涉及保密事项和不宜公开讨论的问题，宣传报道工作应按有关规定执行，完善网络安全事件应急预案，确保整体活动政治安全、资讯安全、图文安全、数据安全、舆情安全。

政协河北省委员会
关于力戒形式主义提高调查研究质量的措施

（2020年1月10日政协河北省第十二届委员会第59次党组会议审议通过）

为深入贯彻中央政协工作会议和省委政协工作会议精神，落实《中共中央关于新时代加强和改进人民政协工作的意见》和《中共河北省委关于新时代加强和改进人民政协工作的实施意见》要求，按照“不忘初心、牢记使命”主题教育中关于解决调研中的形式主义的整改安排，结合《省政协加强和改进调研工作实施办法》，现就力戒形式主义、提高调查研究质量提出以下措施：

一、科学确定调研选题。一是明确选题依据，聚焦省委“三六八九”工作思路，围绕省委、省政府中心工作和群众关切选择调研课题。二是征求选题意见，调研选题由专门委员会通过适当形式征求委员意见，并邀请相关专家学者参与选题研究论证。三是搞好选题协调，办公厅每年定期召开调研选题通报协调会，与各专委会、省各民主党派、工商联及有关人民团体等相关方面，就年度调研选题进行沟通协调，提出综合平衡意见。需要市县政协协同调研的选题，由选题提出单位与相关市县政协沟通协调。

二、周密制订调研计划。一是制订调研计划，选题提出单位根据综合平衡意见，起草各自年度调研计划（包括调研题目、时间、地点等），报经秘书长会议汇总研究，形成省政协年度调研计划草案，报主席会议审定。主席、副主席可根据工作需要提出调研题目，经办公厅协调后，由相关单位组织实施。二是制定调研方案，调研组织单位根据调研计划，制定详细的调研方案，主要内容包括：调研的目的、成员、时间、地点、对象、步骤、进度安排、方式方法、详细提纲、完成时限、责任分工等方面。

三、扎实做好调研组织工作。调研实行组长负责制，组长一般由专委会主任或副主任担任，重要调研活动可邀请分管副主席带队。调研组成员一般在10人以内，以本委员会委员为主，适当吸收有关方面人员参加。重要调研活动，调研组设立临时党组织，调研组成员和工作人员中的中共党员参加临时党组织。可以课题为纽带，有关专委会之间配合调研，与民主党派联合调研，与市县政协协同调研。有的调研题目，可委托所在地省政协委员活动召集人牵头，组织住当地的省政协委员开展调研。

四、精心做好调研前的准备工作。一是搞好学习培训，调研前，要组织课题组成员认真学习有关法律法规、方针政策和专业知识，做到知情议政、知情出力。要把学习贯穿于调研的全过程，不断扩充知识、拓宽视野。二是听取情况介绍，在实地调研之前，可根据调研课题需要，安排情况介绍会，邀请省直相关部门同志介绍情况。要注意加强委员与省直部门同志的互动交流，尽可能多地掌握调研内容的现实情况，使调研的问题更集中、认识更深入、思路更清晰。

五、改进调研方式方法。突出政协调研的特色，灵活运用分组调研、自主调研、蹲点调研、跟踪调研、联合调研、委托调研等方式深入开展调查研究，鼓励委员从实际出发创新调研方式，提高调研质量。根据调研需要，可利用问卷调查、网络查询等手段获取相关资料，加强数据分析和事例剖析，增强意见建议的可信度与说服力。调研座谈会一般由调研组成员主持，可采取到调研点后再分散进行的方式，减少基层不必要的陪同。积极参与全国政协组织的调研活动，加强与各地政协的协调联动，围绕普遍性的重大问题开展联合攻关，发挥政协系统整体优势。

六、切实提高调查研究的质量。要放下架子、俯下身子，耐心倾听、虚心请教，既摸清综合情况又了解典型案例，既听干部意见又听群众意见，既了解成绩经验又发现问题不足，对重要数据和材料加以核实，真正把各方面情况摸清吃透。深入全面掌握第一手材料，可以采取召开座谈会、实地考察、个别交流等方式进行。座谈会既应邀请政府及相关部门介绍情况，也可邀请相关社会组织、企业和群众代表、专家学者参加。实地考察要坚决反对形式主义，防止做样子、走过场，要点面结合，注重从不同侧面总结经验、发现问题、提出建议。可采取整体调研与分组调研相结合的方式，组织“小而精”的调研小组，开展定向定点调研，适当扩大委员自主调研试点范围，深入基层“解剖麻雀”。个别交流要选择情况熟、有见解的同志参加，以便集中、深入地探讨问题。

七、加强调查基础上的研究工作。实地调研后期或结束后，应及时安排调研组内部研讨会，总结交流调研体会，探讨相关问题，研究确定调研成果构架和核心内容。要坚持调查与研究并重，对调查材料进行去粗取精、去伪存真、由此及彼、由表及里的思考、分析、综合，透过现象看本质，找准症结，提出有针对性的意见建议。

八、开展重点课题跟踪研究。紧扣党和国家中心工作，精心遴选一批具有综合性、战略性、前瞻性的课题，以专委会对口承接、委员自愿参与的方式组建课题组，实施项目化推进，进行跟踪持续研究，打造在专业领域有影响力的应用型智库。

九、把调查研究与推进协商民主结合起来。把调查研究同推进人民政协协商民主、推进基层协商民主有机结合起来，通过召开座谈会、协商会等，与党政部门多交流、多协商，与群众多接触、多商量，广泛听取意见、积极提出建议，坚持在建言资政、凝聚共识上双向发力，切实发挥人民政协作为协商民主重要渠道和专门协商机构的作用。

十、完善调研成果运用机制。及时跟踪省委、省政府领导同志对调研成果的批示情况，收集省直有关部门对委员所提意见、建议的吸收采纳情况，并将有关情况及时反馈给调研组成员。把调研与政协履行职能的多种方式结合起来，加强调研资料的整合与共享，综合运用调研报告、提案、社情民意、会议发言、河北政协门户网站等途径建言献策。强化重大调研成果的跟踪、反馈和评估，促进调研成果转化运用。每年对上年度调研成果运用和落实情况进行“回头看”，总结经验，评选优秀调研报告。全面收集调研资料和调研成果，建立调研数据中心，为今后的调研提供大数据支撑。

重要会议、活动

【全体委员会议】

十二届三次会议 1月6日至10日上午在石家庄召开。省政协十二届三次会议应出席委员760名，实际出席委员711名。中共河北省委书记、省人大常委会主任王东峰出席开幕会并讲话。开幕会由省政协副主席沈小平主持，闭幕会由省政协主席叶冬松主持并讲话。

大会听取并审议了政协河北省第十二届委员会常务委员会工作报告和政协河北省第十二届委员会常务委员会关于十二届二次会议以来提案工作情况的报告。与会委员列席了河北省十三届人大三次会议，听取并讨论了省长许勤所作的政府工作报告和会议期间的其他报告。会议审议并通过了《政协河北省第十二届委员会第三次会议政治决议》《政协河北省第十二届委员会第三次会议关于常务委员会工作报告的决议》《政协河北省第十二届委员会提案委员会关于十二届三次会议提案审查情况的报告》。会议期间，大会提案组共收到提案541件，符合立案条件的528件，占提案总数的97.6%，未予立案的13件，占提案总数的2.4%。12位省政协委员和海外华侨华人代表作了口头发言，为夺取全面建成小康社会伟大胜利，加快建设经济强省、美丽河北建言献策。大会坚持以习近平新时代中国特色社会主义思想为指导，深入学习贯彻党的十九届四中全会和中央经济工作会议、中央政协工作会议精神，全面贯彻落实省委九届九次、十次全会和省委政协工作会议部署，深入协商，认真履职，是一次团结民主、开拓奋进、风清气正的大会。

会议强调，今年是全面建成小康社会、打赢脱贫攻坚战和“十三五”规划收官之年，是实现第一个百年奋斗目标的决胜期和攻坚期。省委九届九次、十次全会描绘了加快新时代全面建设经济强省、美丽河北的广阔前景，政府工作报告明确了全年经济社会发展目标任务和重点工作。全省各级政协组织和广大政协委员要启航新征程，扬帆再出发，共同开创新时代政协事业新局面。要高举旗帜，坚定信念，矢志不渝跟党走，坚定不移以习近平新时代中国特色社会主义思想为指导，坚定不移坚持党的领导，坚定不移把牢正确政治方向，切实担负起把党中央决策部署和省委要求落实下去、把各方面智慧力量凝聚起来的政治责任。要发挥优势，聚焦主业，协商民主再提升，锚定方位使命，突出提质增效，营造民主氛围，擦亮专门协商机构的牌子。要围绕中心，服务大局，助推发展勇担当，把力量集中到抓好大事要事上，把智慧集中到高质量发展上，把精力集中到勇于担当尽责上，干出新时代人民政协的新样子。要牢记宗旨，心系群众，坚守初心为人民，心中始终装着群众，履职始终为了群众，工作始终依靠群众，切实做到人民政协为人民。要凝聚人心，广聚共识，画出最大同心圆，坚持发扬民主和增进团结相互贯通，坚持建言资政和凝聚共识双向发力，坚持面向社会扩大共识，提振精气神、激发正能量。要只争朝夕，不负韶华，展现政协新形象，倍加珍惜委员荣誉，倍加珍惜委员形象，倍加珍惜时代机遇，谱写新时代政协事业更加绚丽的新篇章。

会议号召，全省各级政协组织、政协各参加单位和广大政协委员，要更加紧密团结在以习近平同志为核心的中共中央周围，坚持以习近平新时代中国特色社会主义思想为指导，在中共河北省委坚强领导下，勠力同心、勇毅笃行，努力创造无愧于新时代的新业绩，为全面建成小康社会，加快建设经济强省、美丽河北作出新的更大贡献。

【常务委员会会议】

十二届第十二次会议 1月3日至4日在石家庄召开。会议应出席151人，实际出席135人。省政协主席叶冬松主持开幕会并在闭幕会上讲话，副主席卢晓光主持闭幕会。会议传达学习省委九届十次全会精神，省长许勤应邀出席并通报2019年全省经济社会发展情况，听取省政协十二届三次会议有关事项说明，省委常委、统战部部长冉万祥作十二届省政协委员调整增补意见的说明，听取省政府有关同志作的关于省政府系统办理省政协十二届二次会议提案工作情况的报告，听取关于省政协常委会工作报告及报告人名单(草案)、提案工作情况报告及报告人名单(草案)的说明。

十二届第十三次会议 1月8日下午在石家庄召开。会议应出席150人，实际出席139人。省政协主席叶冬松主持会议。会议审议了政协河北省第十二届委员会补选副主席、常务委员候选人名单(草案)，政协河北省第十二届委员会第三次会议选举办法(草案)，政协河北省第十二届委员会第三次会议总监票人、监票人建议名单，政协河北省第十二届委员会第三次会议关于常务委员会工作报告的决议(草案)，政协河北省第十二届委员会提案委员会关于十二届三次会议提案审查情况的报告(草案)，政协河北省第十二届委员会第三次会议政治决议(草案)。

十二届第十四次会议 6月3日以视频会议形式在石家庄召开。会议应出席154人，实际出席142人。省政协主席叶冬松出席会议并讲话，副主席沈小平主持会议。会议传达学习习近平总书记在参加内蒙古、湖北、解放军和武警部队代表团审议及经济界联组会上的重要讲话精神；传达学习十三届全国人大三次会议、全国政协十三届三次会议精神；传达学习河北省传达学习贯彻全国两会精神领导干部会议精神；通报全省政协系统开展"聚力量、防疫情、促发展"活动进展情况；审议省政协2020年协商、民主监督、视察考察、调研工作计划；通报2019年度省政协常委履职情况；通报省政协2019年度优秀调研报告和好提案评选结果并颁发证书。会后，全国政协办公厅研究室副主任胡衡庐就全国政协十三届三次会议精神作辅导报告。

十二届第十五次会议 7月9日上午以视频会议形式在石家庄召开。会议应出席154人，实际出席144人。省政协主席叶冬松出席会议并讲话，副主席曹素华主持。会议传达学习全国政协十三届十二次常委会会议精神，围绕深化农业供给侧结构性改革专题协商议政，听取河北省人民政府副省长时清霜同志关于深化农业供给侧结构性改革的报告，审议政协河北省第十二届委员会主席会议2020年上半年工作情况的报告（书面），审议通过人事事项。

十二届第十六次会议 9月14日下午以视频会议形式在石家庄召开。会议应出席154人，实际出席139人。省政协主席叶冬松出席会议并讲话，副主席苏银增主持会议。传达学习全国政协十三届十三次常委会会议精神；围绕编制我省“十四五”规划纲要专题协商议政；听取河北省人民政府常务副省长袁桐利作的关于编制我省“十四五”规划纲要情况的报告；审议通过人事事项。

十二届第十七次会议 11月19日至20日在石家庄召开。会议应出席154人，实际出席124人。省政协主席叶冬松出席会议并在闭幕会上讲话，副主席边发吉、葛会波分别主持开幕会和闭幕会。省政协召开十二届第十七次常委会会议。传达学习中共十九届五中全会精神、全国政协十三届十四次常委会会议和省委九届十一次全会精神；审议通过《政协河北省委员会关于强化政协委员责任担当的意见》《政协河北省委员会专门委员会通则》；审议通过人事事项。

【主席会议】

十二届第二十六次主席会 2020年2月25日下午，叶冬松主席主持召开第二十六次主席会议。研究省政协2020年度优秀调研报告、好提案评选工作；研究省政协2020年度重点提案遴选和督办工作；听取关于2020年省政协委员履职情况的报告。

十二届第二十七次主席会 2020年3月8日下午，叶冬松主席主持召开第二十七次主席会议。通报省政协党组2020年工作要点及责任分工；研究省政协2020年协商、民主监督、视察考察、调研工作计划（审议稿）。

十二届第二十八次主席会 2020年4月27日上午，叶冬松主席主持召开第二十八次主席会议。传达学习贯彻中共中央政治局常务委员会会议、中共中央政治局会议和中央应对新冠肺炎疫情工作领导小组会议精神，传达学习省委常委会（扩大）会议、全省常态化疫情防控和经济工作推进会有关精神，研究贯彻落实意见；听取全省政协系统参加疫情防控和履职工作情况汇报；研究《关于在全省政协系统开展“聚力量、防疫情、促发展”活动的通知（审议稿）》；研究《2019年省政协常委履职情况报告（审议稿）》。

十二届第二十九次主席会 2020年6月1日上午，叶冬松主席主持召开第二十九次主席会议。审议政协河北省第十二届委员会常务委员会第十四次会议有关事项；听取全省政协系统开展“聚力量、防疫情、促发展”活动进展情况的汇报；审议《政协河北省委员会重点提案遴选与督办办法（修订草案）》。

十二届第三十次主席会 2020年7月2日上午，叶冬松主席主持召开第三十次主席会议。传达学习全国政协十三届十二次常委会会议精神；审议政协河北省第十二届委员会常务委员会第十五次会议有关事项；研究省政协2020年上半年工作总结和下半年工作安排；研究《省政协委员读书活动方案（试行）》。

十二届第三十一次主席会 2020年7月9日上午，叶冬松主席主持召开第三十一次主席会议。审议有关人事事项。

十二届第三十二次主席会 2020年8月31日下午，叶冬松主席主持召开第三十二次主席会议。传达学习全国政协十三届十三次常委会会议精神，研究贯彻落实意见；传达学习全国地方政协工作经验交流会精神，研究贯彻落实意见；审议政协河北省第十二届委员会常务委员会第十六次会议有关事项；研究《政协河北省委员会协商议政质量评价工作办法（试行）》；研究《政协河北省委员会建设参政议政人才库工作方案》和参政议政人才库管理办法（试行）、十二届省政协参政议政人才库人选名单。

十二届第三十三次主席会 2020年11月13日上午，叶冬松主席主持召开第三十三次主席会议。传达学习全国政协十三届十四次常委会会议精神，研究贯彻落实意见；传达学习贯彻省委九届十一次全会精神，研究贯彻落实意见；传达学习王东峰同志在庆祝河北省政协成立70周年座谈会上的讲话精神，研究贯彻落实意见；审议政协河北省第十二届委员会常务委员会第十七次会议有关事项；审议《政协河北省委员会关于强化政协委员责任担当的意见（审议稿）》和《政协河北省委员会关于加强和促进人民政协凝聚共识工作的意见（审议稿）》审议《政协河北省委员会专门委员会通则（修订草案）》。

【其他重要活动、会议】

省政协常委暨全省政协学习贯彻党的十九届五中全会精神辅导报告会 11月20日，省政协常委暨全省政协学习贯彻党的十九届五中全会精神辅导报告会在石家庄举行。省政协主席叶冬松参加学习。

国家发展和改革委员会国际合作中心副主任刘建兴应邀作了题为《贯彻党的十九届五中全会精神，谋篇"十四五"时期高质量发展》专题辅导报告，重点围绕习近平新时代中国特色社会主义经济思想、我国的五年规划、科学编制"十四五"规划等内容，进行了生动翔实、深入浅出的解读。

与会同志认真聆听、仔细笔记、悉心领会。大家认为，报告具有很强的前瞻性和指导性，对我们深刻领会党的十九届五中全会精神，准确把握新发展阶段的目标任务具有很强的辅导作用和指导意义。大家纷纷表示，要学深悟透党的十九届五中全会精神，结合学习贯彻中央和省委政协工作会议精神，深入领会精神实质，准确把握实践要求，切实把思想和行动统一到中央精神和省委部署上来。要紧扣中心任务，认真履职尽责，聚焦经济社会发展的大事要事，人民群众关心的重点难点，深入调查研究，积极协商议政，为助推河北省新阶段经济社会发展献计出力。要发挥委员作用，加强思想引领，深入界别群众宣传"十三五"成就，宣传"十四五"规划，为奋进新征程汇聚广泛正能量。

省政协副主席孙瑞彬、曹素华、葛会波、卢晓光、王宝山参加学习，省政协副主席苏银增主持报告会。

报告会以视频形式召开，省政协机关、各市（含定州、辛集市）、县（市、区）政协设分会场。省政协机关全体干部，市县政协领导班子成员、部分省、市、县政协委员和市县政协机关干部在分会场参加学习。

全省政协系统学习贯彻全国政协十三届三次会议精神专题辅导报告会 为深入学习宣传贯彻习近平总书记重要讲话和全国两会精神，认真落实省委要求，6月3日，河北省政协举办全省政协系统学习贯彻全国政协十三届三次会议精神专题辅导报告会。省政协主席叶冬松出席报告会。

全国政协办公厅研究室副主任胡衡庐应邀作报告,围绕学习贯彻习近平总书记重要讲话和中央政协工作会议精神,深入浅出解读了全国政协十三届三次会议精神,生动翔实阐释了全国政协常委会工作报告的起草背景、过程、重点内容和创新亮点,既有历史视野,又有实践探索,既有理论分析,又有事例解读。

"报告思路清晰、重点突出,具有很强的理论性、思想性和针对性,使我们对学习领会习近平总书记重要讲话和全国两会精神有了更深刻的认识,对中央政协工作会议的部署有了更深入的理解,对推动政协工作新发展的方向有了更准确的把握。"与会同志认真听、仔细记,大家纷纷表示,要认真学习领会,强化责任担当,聚焦统筹推进常态化疫情防控和经济社会发展履职尽责,增强当好专门协商机构成员的基本功,努力做到建言资政有用、凝聚共识有效,为加快建设经济强省、美丽河北贡献智慧力量。

省政协副主席沈小平、曹素华、葛会波、卢晓光、苏银增、王宝山和秘书长陈书增出席报告会,省政协副主席边发吉主持报告会。

会议以视频形式召开,各市(含定州、辛集市)、县(市、区)政协设分会场。

全省政协系统开展"聚力量、防疫情、促发展"活动 4 月 28 日,河北省政协以视频形式召开省、市、县三级政协会议,动员部署"聚力量、防疫情、促发展"活动。省政协主席叶冬松强调,全省政协系统要以更大的工作力度、更实的工作举措,发挥独特优势和作用,为全省经济发展和社会稳定大局添彩,交出一份不负省委重托、不负人民期望的政协"答卷"。

面对疫情防控外防输入、内防反弹的艰巨任务和经济社会发展面临的严峻挑战,省委书记王东峰提出,省、市、县政协要围绕疫情防控、经济社会发展联动履职,并作出"在全省政协系统开展'聚力量、防疫情、促发展'活动"的批示要求。

会议强调,在"聚"上,全省政协系统要更全面反映情况、更有效汇聚建议,形成推动发展合力,引导委员建真言、献良策,到界别群众中解疑释惑,汇聚起全社会共克时艰的广泛正能量。在"防"上,要杜绝麻痹大意,组织委员积极为党委政府提高防疫工作针对性、有效性提出意见参考,立足工作岗位、发挥自身优势,在疫情防控中强化责任担当。在"促"上,坚持问题导向深调研,到基层一线、困难多的地方,掌握真实可靠的第一手资料,使调研成为发现问题、推动问题解决的过程;坚持结果导向建真言,不说空话、套话,努力提出党政部门没想到、没想深、没想透的意见建议。

7 月 29 日,全省政协"聚力量、防疫情、促发展"座谈会在廊坊固安县召开。省政协主席叶冬松出席并讲话,强调开展"聚力量、防疫情、促发展"活动既为我们服务全省大局提供了舞台,也为我们推进协商民主注入了动力。要以习近平新时代中国特色社会主义思想为指导,深入落实中央部署和省委要求,切实把活动开展好推进好,努力向省委、向人民交一份合格的政协"答卷"。

会议指出,全省政协开展"聚力量、防疫情、促发展"活动是一次创新性履职活动:首次统一活动主题、统一动员部署、统一目标任务,首次明确以协商为主要方式,首次由全省政协上下联动、三级政协组织和四级政协委员共同参与。活动开展以来，全省政协把“聚力量、防疫情、促发展”活动作为履职重中之重，市县政协组织有力、活动有序、工作有效，彰显了专门协商机构的优势和特色。要在总结好县级政协活动经验成效的基础上，以更强的担当、更高的标准、更实的举措，为统筹推进常态化疫情防控和经济社会发展贡献政协智慧和力量。

会议强调，要进一步强化责任担当，增强开展活动的政治自觉，增强做好活动的思想自觉，增强推进活动的行动自觉，以“聚、防、促”活动深入开展更好服务全省工作大局。要进一步聚焦主责主业，着力做好协商主业，着力规范协商活动，着力发挥委员作用，把“聚、防、促”活动打造成为推动政协协商民主的特色品牌。要进一步抓好工作落实，注重把握工作进度，注重形成活动成果，注重提炼经验做法，营造良好舆论氛围，切实完成“聚、防、促”活动各项目标任务。

省政协秘书长陈书增主持并通报活动进展情况，唐山市、廊坊市、石家庄藁城区、保定满城区、沧州肃宁县政协作交流发言。

10 月 28 日，全省政协“聚力量、防疫情、促发展”活动总结会召开，深入学习贯彻习近平总书记重要讲话精神，认真落实中央精神和全国政协部署，按照王东峰书记的要求，全面总结“聚、防、促”活动情况，巩固深化履职成果，努力取得新成效，推动全省政协工作创新发展。省政协主席叶冬松出席并讲话。

会议指出，“聚、防、促”活动开展以来，在省委的坚强领导下，全省各级政协组织紧扣学习贯彻习近平总书记重要讲话精神这一主题，聚焦助推“双胜利”、确保“三个圆满收官”这一主线，强化组织领导，注重协同联动，广泛凝聚力量，助力疫情防控，聚焦重点履职，形成了一批建言成果，凝聚起广泛共识，取得了重要阶段性成果。

会议强调，要坚持以习近平新时代中国特色社会主义思想为统领，按照省委部署要求，巩固深化活动成果，发挥政协优势作用，为统筹推进常态化疫情防控和经济社会发展、确保“三个圆满收官”贡献政协力量。一要坚持政治站位，强化理论武装，坚持党的领导，聚焦重点任务，确保履职方向不偏重点不移。二要服务发展大局，围绕中心工作履职，紧盯民生关切履职，强化协同联动履职，展现政协新担当新作为。三要彰显特色优势，在发挥政协专门协商机构作用上更进一步，在加强思想政治引领、广泛凝聚共识上更进一步，在充分发挥委员主体作用上更进一步，推动政协事业创新发展。

省政协副主席沈小平主持并通报全省政协开展“聚、防、促”活动情况，省政协副主席孙瑞彬、曹素华、葛会波、卢晓光、边发吉、苏银增和秘书长陈书增出席，石家庄市政协、唐山市政协、三河市政协、曲周县政协负责同志作交流发言。

会议以视频形式召开。各市（含定州、辛集市）、县（市、区）政协设分会场。

河北省政协工作经验交流会 9 月 14 日，全省政协工作经验交流会召开，深入学习贯彻习近平总书记关于加强和改进人民政协工作的重要思想，进一步落实中央和省委政协工作会议精神，传达学习全国地方政协工作经验交流会精神，交流工作经验做法，推动政协事业发展再上新台阶。省政协主席叶冬松出席并讲话。

会议指出，一年来，全省政协深入学习贯彻习近平总书记重要讲话精神，认真落实中央和省委政协工作会议精神，全面加强政协党建，进一步规范协商工作，紧扣统筹推进常态化疫情防控和经济社会发展履职尽责，着力激发委员责任担当，推动解决“两个薄弱”问题，各项工作取得了新进展。

会议强调，要强化理论武装，在学习领会习近平总书记重要讲话精神上下功夫，在理解把握全国政协部署要求上下功夫，在贯彻落实中央和省委政协工作会议精神上下功夫，进一步把思想和行动统一到中央精神和省委要求上来。要增强政治自觉，把党的领导落实到重点工作中、筑牢在组织建设中、体现在发挥委员作用中，坚定不移坚持党的全面领导。要聚焦主责主业，明确政协主要工作是协商、主要工作方式是搭台、工作主旨是双向发力，充分发挥专门协商机构作用。要突出中心环节，通过加强学习教育做好思想引领，通过开展履职活动增进理解认同，通过发挥委员作用扩大社会共识，推动凝聚共识工作走深走实。要加强自身建设，健全工作制度机制，强化委员服务管理，提高机关工作水平，促进政协工作新发展。

省政协副主席沈小平介绍中央和省委政协工作会议以来省政协主要工作情况，省政协副主席孙瑞彬主持会议，秘书长陈书增传达全国地方政协工作经验交流会精神。省政协副主席葛会波、边发吉、王宝山出席会议。7位市县政协负责同志作交流发言。

庆祝河北省政协成立70周年座谈会　11月8日，庆祝河北省政协成立70周年座谈会在石家庄举行。各级政协组织、各民主党派和政协委员代表纷纷表示，中央政协工作会议为新时代加强和改进人民政协工作指明了前进方向，提供了根本遵循，要深入学习贯彻习近平总书记重要讲话精神，全面落实中央和省委政协工作会议部署要求，奋力谱写新时代人民政协工作新篇章。省委书记王东峰出席会议并讲话。

会议回顾了省政协70年的发展历程，充分肯定了省政协70年来特别是党的十八大以来，在推动全省经济社会发展中发挥的重要作用、取得的重要成绩。

大家认为，习近平总书记在中央政协工作会议上的重要讲话，科学回答了新时代人民政协事业一系列重大理论和实践问题，标志着我们党对人民政协工作的规律性认识达到了新的高度，要全面贯彻落实好会议精神。邢台市政协主席邱文双说，必须坚持党对人民政协的领导，一以贯之把政治建设摆在首位、把党的领导贯穿政协工作始终、抓好政协党建。民革河北省委会专职副主委梁立敏说，要用好政协平台，突出党派特色，积极发挥优势，当好共促河北发展的奋斗者。涞水县政协主席刘喜宗结合县级政协工作实践，提出要聚焦主责主业，将协商议题选择与党委政府工作思路相衔接，全力服务发展大局。省政协委员周庆说，要坚定政治立场，提高履职能力，强化责任担当，让更多人感受到政协组织的力量和政协委员的责任。

省委书记王东峰强调，要坚持政治站位和深化思想认识，深入贯彻党的十九届五中全会精神，把全省政协委员紧紧凝聚在一起，在新的历史起点上奋进新征程、展现新担当。要坚持创新理论武装和强化思想政治引领，深入学习贯彻习近平新时代中国特色社会主义思想、习近平总书记关于加强和改进人民政协工作的重要思想，大力宣传党的十八大以来党和国家各项事业取得的历史性成就、发生的历史性变革。要坚持围绕中心和服务大局,充分发挥人民政协专门协商机构作用,齐心协力推进河北各项事业高质量发展。要坚持党的领导和健全工作机制,为推动河北政协事业持续健康发展提供坚强保证,各级党委要把政协工作纳入全局工作统一部署、统一推进,为人民政协履职尽责创造良好条件。

省政协主席叶冬松表示,要坚持以习近平新时代中国特色社会主义思想为指导,深入贯彻落实党的十九届五中全会和省委九届十一次全会精神,坚持党的领导,着力服务大局,强化思想引领,发挥政协委员作用,推进新时代政协事业新发展,为全面建设社会主义现代化国家贡献河北力量。

庆祝河北省政协成立70周年理论研讨会 9月25日,庆祝省政协成立70周年理论研讨会召开,深入学习贯彻习近平总书记关于加强和改进人民政协工作的重要思想,进一步落实中央和省委政协工作会议精神,围绕发挥专门协商机构作用深入研讨,以理论研究新成果推动政协事业新发展。省政协主席叶冬松出席并讲话。

会议指出,70年来,在省委领导下,省政协认真贯彻党的理论和路线方针政策,坚持团结和民主两大主题,坚持围绕中心、服务大局,倾听群众呼声、反映群众愿望,认真履行政治协商、民主监督、参政议政职能,为全省经济社会发展作出积极贡献。特别是中央和省委政协工作会议以来,全省政协把学习贯彻习近平总书记重要讲话和中央、省委政协工作会议精神作为重大政治任务,集中开展学习研讨,推进党的组织、党的工作全覆盖,把"聚力量、防疫情、促发展"活动作为重要抓手,着力打造"重要阵地、重要平台、重要渠道",完善制度机制,加强联系指导,开创政协事业发展新局面。我们深切感到,做好政协工作必须坚持党的领导,坚持性质定位,坚持发扬民主,坚持服务大局,坚持人民立场,坚持特色优势,坚持改革创新。

会议强调,要强化理论武装,深入学习习近平总书记关于加强和改进人民政协工作的重要思想,深刻理解中央和省委政协工作会议精神,准确把握全国政协和省委的新要求,锚定使命任务,提升思想境界。要强化导向引领,坚持目标导向、问题导向和结果导向,聚焦重点难点,加强和改进政协工作。要强化实践探索,推进制度机制创新、理论创新、工作创新,以规范促提升,增强发展活力。

省政协副主席沈小平主持会议,省政协副主席孙瑞彬、曹素华、卢晓光、边发吉、苏银增和秘书长陈书增出席会议。8位同志作交流发言。

全省政协秘书长工作交流座谈会 7月29日,河北省政协秘书长工作交流座谈会在廊坊市固安县召开。省政协秘书长陈书增在会上表示,将推进全省政协系统工作协调联动,不断加强和改进政协机关工作,努力创建让党放心,让组织满意、人民满意、委员满意的模范机关。

会议指出,全省各级政协机关要进一步强化抓落实的责任担当。突出协商重点、丰富协商形式、完善协商规则,不断提高协商议政效能。畅通渠道、丰富手段,加强实践探索,不断提升凝聚共识水平。扎实推进脱贫攻坚行动等重点工作开展。

会议要求,着力推动新时代人民政协工作创新发展。以改革创新精神推动全省政协系统党的建设取得新成效。加快构建覆盖政协党建、履职和组织管理、内部运行的制度体系。健全委员履职档案等履职管理制度。适应常态化疫情防控，做到防疫情抓工作两手硬、两不误。

会议强调，全面加强机关和干部队伍建设。改进会风文风，改进调查研究，深化提质增效，在全省政协系统大力倡导以一流标准、一流作风、一流水平干事创业。树立务实重干的鲜明导向，持续整治"庸懒散松"，营造机关风清气正的政治生态。

京津冀政协主席联席会议第六次会议 9月9日，京津冀政协主席联席会议第六次会议在天津召开。中共中央政治局委员、天津市委书记李鸿忠，天津市委副书记、代市长廖国勋与参会代表进行座谈。全国政协经济委员会主任尚福林、北京市政协主席吉林、河北省政协主席叶冬松出席会议并讲话，天津市政协主席盛茂林主持并讲话。

国家发改委负责同志通报工作情况，与会同志深入协商交流，总结经验做法，分析存在问题，提出对策建议。

会议认为，京津冀协同发展是习近平总书记亲自谋划、亲自决策、亲自推动的重大国家战略，饱含着对京津冀三地发展的殷切期望和深切关怀。河北省委、省政府认真贯彻落实习近平总书记重要指示精神，坚持以疏解北京非首都功能为"牛鼻子"，扎实推进雄安新区建设发展，全面完成"十三五"规划各项任务，研究制定"十四五"规划，为推进京津冀协同发展提供有力支撑。

会议指出，今年是"十四五"规划谋篇布局之年，也是实现京津冀协同发展中期目标之年。我们要深化思想认识，深入学习贯彻习近平总书记重要指示精神，深刻领会京津冀协同发展是党中央交给三地的重大政治任务，深入理解"十四五"时期是京津冀协同发展的关键五年，切实把思想和行动统一到党中央决策部署上来。要主动服务大局，充分运用好这次会议成果，推动相关意见建议体现在国家"十四五"规划中，体现在京津冀三地"十四五"规划战略协同中，体现在规划实施的政策措施中。要发挥政协优势，进一步精准选题，进一步丰富成果，进一步创新形式，推动京津冀协同发展取得新的更大成效。

天津市领导阴和俊、王卫东和市政府秘书长孟庆松，京津冀三地政协副主席林抚生、尚斌义、苏银增和秘书长严力强、高学忠、陈书增参加有关活动。

开展"我为'十四五'规划献一计"活动 为落实好习近平总书记重要指示精神和省委部署要求，省政协近日决定在全省政协系统开展"我为'十四五'规划献一计"活动，号召全省各级政协组织、政协各参加单位，全省政协委员和机关干部，充分发挥政协优势作用，举全省政协之力，聚各界人士之智，助推我省"十四五"规划编制工作。

省政协倡议，要提高思想认识，强化使命担当。在常态化疫情防控背景下开展"我为'十四五'规划献一计"活动，是贯彻落实习近平总书记重要指示精神的具体行动，是省政协围绕中心、服务大局，发挥人民政协作为协商民主重要渠道的有力举措，既为广大政协委员履职尽责、参政议政搭建了新的平台，更为集中政协系统各方智慧、凝聚各界共识提供了新的渠道。要充分认识编制"十四五"规划的重大意义，以高度的责任感和使命感，积极参与"十四五"规划编制工作，讲真话、出实招、献良策，在建言"十四五”规划中唱响政协“好声音”。

省政协倡议，要把握发展大势，聚焦重点建言。“十四五”规划是未来五年的布局谋篇，编制好规划，是一项复杂的系统工程。要强化战略思维，树立世界眼光，把研究和编制我省“十四五”规划放在实现“两个一百年”奋斗目标的大背景中来思考，坚持问题导向和目标导向相统一，坚持立足河北与放眼全国、全世界相结合，跳出河北看河北，科学把握发展规律和发展大势，突出建言的前瞻性、时效性。要坚持新发展理念，坚持以人民为中心的发展思想，聚焦制约我省高质量发展的深层次问题，紧扣社会主要矛盾新变化和人民群众所思所盼，深入思考，认真谋划，提出有针对性的意见建议。

省政协倡议，要强化质量意识，精准建言献策。为“十四五”规划献一计，贵在看得准、谋得深、提得对、可操作。要把“献一计”作为当前履职尽责的重要内容，紧扣主题，加强学习，准确把握中央和省委的决策部署，深入实际、深入基层开展调查研究，广泛问计于民、问需于民，厚植建言献策的群众基础。要加强分析论证，为规划编制提供多视角、有分量、有价值的意见和建议。要坚持朴实文风，主题鲜明、开门见山、文字精炼，突出新意和可操作性。所提建议字数不限，可就某个具体问题提出建议，也可围绕经济、政治、文化、社会、生态等领域的某个方面提出综合性建议，截稿时间为9月10日。

省政协财经委有关负责人介绍，省政协将组织专门力量对“献一计”征集到的意见建议进行梳理分类，并吸纳到省政协有关报告之中，为省委、省政府提供决策参考。对提交高质量的意见建议者，将邀请参加省政协十二届十六次常委会会议，和省政协常委共商“十四五”规划的编制工作。同时，还将编发专门信息，报送我省规划编制部门。

建立省政协参政议政人才库 9月11日，河北省政协举行参政议政人才库特聘专家聘书颁发仪式，为首批55名特聘专家颁发聘书。省政协主席叶冬松强调，要充分认识建设参政议政人才库重要意义，为特聘专家在政协参与协商议政、视察调研、课题研究、市县政协相关活动等提供有力支持。

河北省政协重视参政议政人才库建设，制定了有关工作方案和管理办法，要求特聘专家政治意识强，热心人民政协事业，熟悉河北省情，关注河北经济社会发展，在相关学科和领域具有丰富实践经验和较高理论水平，在本专业领域有影响力和权威性，且具有较强的参政议政能力。特聘专家人选由省政协各专门委员会、河北省人民政协理论研究会、省委统战部等分别推荐，征求本人和所在单位意见后确定。首批55名特聘专家主要来自省内科研机构、重点高校及部分非公有制企业，专业领域涉及经济、政治、文化、社会、生态文明五大领域，涵盖政协跨领域交叉研究问题需要的各方面人才。

河北省政协表示，将做好服务保障，为特聘专家开展工作创造良好条件，发挥好专家作用。

开展省政协委员委员读书活动 7月9日，河北省政协以视频形式举行政协委员读书活动启动仪式，科协界别、台联界别、文化艺术界别委员之家负责人代表19个委员之家，领取河北出版传媒集团捐赠的冀版精品图书。

省政协主席叶冬松在启动仪式上强

调，委员读书活动不同于一般的书友会，要在“学什么”“谁来学”“学出什么效果”等方面下功夫、求实效，防止成为形式主义的程序和仪式，要把活动打造成为政协的形象和名片。他希望委员们将学习作为一种政治责任、一种精神追求、一种生活方式，共同在读书活动这个平台上勤学善思、明辨笃行，为发挥政协专门协商机构作用、推动政协事业新发展贡献智慧和力量。

推动社区街道居家养老、积极应对人口老龄化专题协商会 河北省政协将“推动社区街道居家养老、积极应对人口老龄化”作为今年专题协商的重要议题，组成专题课题组，先后深入石家庄、秦皇岛、廊坊、邢台、邯郸等多个市、县（区）进行实地调研，并赴上海、江西学习取经，形成了调研报告。9月22日，省政协召开“推动社区街道居家养老、积极应对人口老龄化”专题协商会，围绕前期调研成果，组织有关民主党派，政协常委、委员以及专家学者和企业家代表，与省直有关部门负责人共商对策。

创新推动河北自贸试验区建设专题协商会 河北省政协将“创新推动河北自贸试验区建设”列为今年专题协商议题，由港澳台侨和外事委员会牵头，联合有关民主党派和市县政协开展调研。50余篇调研报告、1000余条意见建议，调研成果丰硕。7月31日，河北省政协召开创新推动河北自贸试验区建设专题协商会，政协委员、专家学者与省直有关部门面对面共商自贸试验区发展。

加快我省数字经济发展专题协商会 8月21日，省政协“加快我省数字经济发展”专题协商会在石家庄召开。省政协副主席苏银增出席会议并讲话。会上，省政协常委、委员和有关民主党派负责同志及专家学者从多角度就“加快我省数字经济发展”建言献策。省发改委、科技厅、工信厅等8个省直部门负责同志应邀到会介绍情况，听取意见，并就委员提出的问题和建议作了互动交流。会议通过深入协商，达到了凝聚共识和建言资政双向发力的预期目的。

加强农业基础设施维护管护机制建设远程协商会议 农村基础设施是促进农村经济社会持续健康发展的重要支撑，是建设美丽宜居乡村、推进乡村全面振兴的重要基础。各级政府投入大量资金用于农村基础设施建设，但建好后，有人管、能管好才能更好服务农村经济发展。10月22日，河北省政协召开远程协商会议，为农村基础设施管护献计献策。

推动近视大防控、合力减少小眼镜远程协商会 9月28日，省政协教科卫体委员会联合省农工党召开“推动近视大防控、合力减少小眼镜”远程协商会。省政协机关设主会场，张家口市政协、唐山市政协、张北县政协分别设分会场，省教育厅、省财政厅、省人社厅、省卫健委、省市场监督管理局、省体育局等相关负责同志以及部分省政协委员参加会议，省政协副主席曹素华出席会议并讲话，省政协副主席王宝山主持会议。

推进物业管理和社区治理融合发展，夯实常态化疫情防控基层基础专题协商座谈会 5月27日，省政协召开“推进物业管理和社区治理融合发展，夯实常态化疫情防控基层基础”专题协商会，省政协副主席孙瑞彬出席并讲话。他强调，要深入学习贯彻习近平总书记关于统筹推进疫情防控和经济社会发展的重要讲话精神，认真落实省委、省政府部署要求，全面推进物业管理与社区治理融合发展，构建基层社会治理共同体，为打赢疫情防控的人民战争夯实更加稳固的基层基础。

为深入开展“聚力量、防疫情、促发展”活动，社法委和省民盟积极推进“加强常态化疫情防控”调研协商工作。专题协商会上，与会政协委员、民盟盟员、专家学者聚焦社区治理和疫情常态化防控工作提出意见建议，物业单位、基层社区代表积极反映突出问题，省民政厅、司法厅、住建厅、卫健委等部门负责同志认真回应各方关切，深入开展互动交流。

加强散煤治理专项民主监督活动 按照省政协工作安排，10 月 20 日至 21 日，省政协副主席苏银增率专项监督调研组，到张家口市开展“加强散煤治理”专项民主监督活动。

苏银增一行深入怀来县土木镇西辛堡村和老营洼村，实地查看了洁净煤发放、散煤治理和煤改电项目工作进展情况，听取了怀来县散煤治理和清洁取暖工作的汇报，并走进农户家中，询问大家的改造意愿，了解改造给村民生活带来的变化，听取群众的意见建议。苏银增指出，加强散煤治理推进清洁取暖工作，对促进百姓生产生活方式转变、促进大气污染防治和持续改善空气质量具有重大意义。张家口市要以办好 2022 年冬奥会为契机，坚持能源革命，统筹协调，统筹规划，走绿色发展之路；要因地制宜，发挥地域优势和独特的自然禀赋，充分利用各种新能源方式，围绕破解北方冬季清洁取暖这个难题，积极探索清洁供暖新方式、新路径。

苏银增强调，要深入贯彻落实习近平总书记生态文明建设重要思想、关于加强和改进人民政协工作的重要思想，进一步发挥人民政协民主监督的独特优势和重要作用，贯彻以人民为中心的发展理念，紧扣省委、省政府关于散煤治理重大决策部署的贯彻落实情况深入调查研究，开展民主监督，要广泛倾听群众意见，集思广益，要加强政策宣传，做好引导工作，使政协民主监督过程成为统一思想、凝聚共识的过程，为最大限度减少散煤燃烧造成的环境污染、全面提升散煤管控水平，大力促进散煤压减替代和清洁利用，持续改善环境空气质量贡献政协力量。

苏银增一行还就“加强森林城市建设工作”在怀来县进行了调研。

加强我省文物保护工作专项民主监督协商座谈会 9 月 25 日，省政协召开加强我省文物保护工作专项民主监督协商座谈会。省政协副主席边发吉出席会议并讲话。

会上，6 位省政协委员围绕社会力量参与文物保护、加强革命文化资源保护、推进文物古迹数字化、做好基层文物工作、加强非国有博物馆发展、历史文化名镇名村保护利用等方面作了口头发言。省文物局、省委编办、省财政厅等 12 个我省文物保护工作领导小组成员单位负责同志与委员们进行了互动交流。

边发吉指出，文物是坚定文化自信的重要力量源泉和物质载体，全省各级文保部门深入贯彻落实习近平总书记关于文物工作重要论述和指示批示精神，在宣传贯彻文物保护法、推动文物保护利用改革、促进文物安全形势稳中向好、提高全民文化遗产保护意识等方面做了大量卓有成效的工作。要坚持政治站位，充分认识文物在传承中华文明、助力经济社会发展、提升国民素质、增进各国文明交流互鉴等方面的重大意义。要聚焦加强文物工作领导、文物价值内涵挖掘、革命文物保护、实施“文物＋旅游”等关键环节，不断提高我省文物保护利用水平。要发挥好政协组织优势，继续开展多种层次、多种形式的民主协商，纳各方之见，聚众人之智，为我省文物保护工作贡献更多政协智慧和力量。

易地扶贫搬迁后续工作专项民主监督协商座谈会 7月29日，省政协召开“易地扶贫搬迁后续工作落实”专项民主监督协商座谈会。省政协副主席曹素华出席会议并讲话。省各民主党派、部分省政协委员、市县政协负责同志参加会议。省直相关部门应邀参加会议，和与会委员围绕会议主题进行互动交流。

曹素华指出，省政协连续三年围绕脱贫攻坚开展民主监督，是服务政府、推动相关政策落实，助力打赢我省脱贫攻坚战的具体体现，省直各相关部门聚焦短板，精准发力，易地扶贫搬迁工作扎实推进，成效显著，但做好易地扶贫搬迁“后半篇文章”的任务依旧艰巨。

曹素华强调，要高度重视，坚持不懈地抓好易地扶贫搬迁后续工作落实，切实加大对搬迁群众的后续扶持力度，确保搬迁群众“搬得出、稳得住、能致富”。要坚持目标导向、问题导向，聚焦后续重点任务落实，抓住关键问题，关键环节，着力在稳就业、强造血、扶产业、促融合、建机制上精准发力，确保后续工作落地落实见效。要坚持双向发力，为推进易地扶贫搬迁后续工作落实贡献政协力量，政协组织要积极履行职能、建言献策，委员要发挥主体作用，助力我省脱贫攻坚工作，相关部门要推动专题协商成果的转化落实，切实发挥好政协民主监督作用。

促进县域科技创新跃升专项民主监督协商座谈会 7月3日，省政协召开促进县域科技创新跃升专项民主监督协商座谈会。省政协副主席曹素华出席会议并讲话，副主席王宝山主持会议。

10位省政协委员从加大组织领导力度、发挥好规划引领作用、加强园区建设等方面作口头发言。省委组织部等6个省直部门与委员进行了互动交流。会前，教科卫体委员会与省民进开展了联合调研，有关市县政协进行了协同调研，部分政协委员进行了自主调研。

曹素华总结了这次民主监督取得的建言成果和共识成果。她指出，省政府出台《县域科技创新跃升计划》是一个很好的顶层设计，取得了良好成效。通过民主监督，大家对我省县域科技创新跃升的认识更深刻，对其中存在的问题聚焦更精准，对进一步推动县域科技创新信心更坚定。要把科技创新对县域经济高质量发展的贡献度作为衡量落实情况的根本标准，把企业的满意度作为重要标准，突出工作重点，加强部门联动，汇聚工作合力，推动省委、省政府决策部署更好地落地落实。

王宝山指出，要学习好领会好习近平总书记关于科技创新的重要论述，贯彻好落实好省委、省政府关于县域科技创新的决策部署，推动各界树牢新发展理念。要继续做好建言献策、凝心聚力工作，为县域经济高质量发展，建设创新型河北作出更大贡献。

党外委员“加快北京大兴机场临空经济区规划建设和自贸试验区建设”专题视察活动 9月3日至4日，按照省政协2020年视察考察工作计划，副主席葛会波、卢晓光、苏银增带领部分党外委员围绕“加快北京大兴机场临空经济区规划建设和自贸试验区建设”，赴廊坊临空经济区、北京大兴国际机场进行专题视察，先后参观了廊坊临空经济区规划馆、航空小镇项目和北京大兴国际机场国际出发大厅、综合交通中心换乘大厅、京雄城际大兴机场站和运行指挥中心等地，分别听取了关于廊坊临空经济区规划及项目建设情况和大兴机场规划建设运行情况汇报。

葛会波、卢晓光、苏银增指出，北京大兴国际机场是习近平总书记特别关怀、亲自推动的国家重点工程，参观后备受鼓舞。它的建成及其在疫情期间的平稳高效运行，充分展现了中国工程建筑的雄厚实力，充分体现了中国精神和中国力量，充分体现了中国共产党领导和我国社会主义制度能够集中力量办大事的政治优势。

他们强调，北京大兴机场及临空经济区位于河北腹地，占尽京津冀三地优势，是推动京津冀协同发展的骨干力量。一年来的运行充分证明了其强大的辐射带动作用，这对河北既是前所未有发展机遇，也对河北的各项工作提出了前所未有的更高的要求。

他们要求，各党派团体、各个界别、各位委员要加强思想政治引领，增进“四个认同”，把做到“两个维护”作为责任担当的首要任务，把这次视察作为建言资政、凝聚共识的新动力，围绕京津冀协同发展，积极建言献策，加快推动地区高质量发展。

党外委员“我省清洁能源基础设施建设”专题视察活动 9月24日至25日，省政协副主席、九三学社省委主委葛会波率队赴唐山市，就“我省清洁能源基础设施建设”开展党外委员专题视察。视察团先后考察中冶瑞木新材料项目和世界级LNG接卸储备交易中心曹妃甸LNG项目。通过视察，委员们亲身体验我省清洁能源基础设施建设取得的巨大成绩。

葛会波指出，能源是社会发展的物质基础。建设清洁低碳、安全高效的能源体系，是提高国家治理体系与能力、实现经济社会持续健康发展的必然要求，也是解决我国能源发展主要矛盾的根本途径。当前，我省能源结构正在向多元化转变，清洁能源在消费中的比重不断提升。加强清洁能源基础设施建设，为清洁能源推广利用和群众冬季取暖提供了安全保障。

葛会波强调，政协委员要深刻感受建设经济强省、美丽河北取得的显著成效，深刻感受我省在经济社会发展中的后劲与韧性，深刻感受基层群众的巨大创造力和辛苦付出，不断增进对坚持中国共产党领导和中国特色社会主义制度的政治认同、思想认同、理论认同、情感认同，打牢共同思想政治基础，广泛凝聚共识。要充分发挥政协优势，加强调查研究，积极建言献策，为在全省形成推进清洁能源基础设施建设的整体合力和加快推进河北生态文明建设贡献智慧和力量。

视察期间，葛会波还看望了部分住唐山市省、市政协委员。

党外委员“传承发展中华优秀传统文化和革命文物保护利用工作”专题视察活动 9月24日，省政协副主席孙瑞彬率部分党外委员，就传承发展中华优秀传统文化和革命文物保护利用工作，赴保定市清苑区、安国市开展以自我教育为主旨的党外委员专题视察活动。

视察期间，党外委员实地考察了安国市药博园、数字中药都、药王庙，清苑区冉庄地道战纪念馆和地道战遗址，并就传承发展中医药文化和革命文物保护利用提出了意见建议。

孙瑞彬指出，中医中药为中华民族的繁衍昌盛作出了卓越贡献，中医药文化作为中华文明的重要组成部分和重要标志，是中华优秀传统文化的代表，展示了中华民族伟大的创造力。革命文物是激发爱国热情、振奋民族精神的深厚滋养，是弘扬革命传统、传承中华文化的重要载体。委员是政协工作的主体、界别群众的代表，要争做承发展中华优秀传统文化和革命文物保护利用的示范者、宣传者、推动者，围绕挖掘、提炼、展示、传播中华优秀传统文化和革命文物所承载的精神标识、文化精髓和当代价值，深入调查研究，积极献言献策，为繁荣发展社会主义先进文化贡献更多政协智慧和力量。

党外委员“林下经济”专题视察活动 10月29日，省政协副主席曹素华带领部分全国政协、省政协、邯郸市政协及肥乡县政协党外委员到邯郸市丛台区和肥乡区，就林下经济发展情况进行视察。曹素华指出，大力发展林下经济是助力脱贫攻坚和生态保护的重要举措，要始终坚持以习近平新时代中国特色社会主义思想为指导，深入学习贯彻习近平总书记关于扶贫工作重要论述和习近平总书记关于生态文明建设的重要论述，科学谋划，精准施策，让生态扶贫“协奏曲”在林间唱响。

曹素华一行先后视察了丛台区和肥乡区林下经济带的建设情况。她指出，要让林下种植、林中养殖、林间旅游、林上采集的多种林下种养项目成为提升生态环境和助力林农增收、脱贫致富的有效途径；要大力培育龙头企业，吸引实力雄厚的企业家投资兴业，把培育壮大龙头产业作为推进林下经济发展的重要抓手，完善种养加产供销一体化全产业链条，形成带动林下经济发展合力；要着力打造生态品牌，发挥林下种养绿色、有机、无公害的优势，规范种养标准，打造环保产品品牌；要坚持生态优先，充分考虑生态承载力，适度、合理发展林下经济，切实加强管理，严禁以发展林下经济名义破坏林地资源，确保实现可持续发展。

曹素华强调，要通过视察，使委员们增进对中国共产党和中国特色社会主义的政治认同、思想认同、理论认同、情感认同，增进对党委、政府决策部署的高度认同。深切感受经济社会发展取得的新成就、产生的新变化，感悟新思想、凝聚新共识、作出新贡献。

党外委员“社区和居家养老工程”专题视察活动 8月26日，省政协副主席孙瑞彬带领党外委员到邢台市就社区和居家养老工程开展视察考察活动。他指出，省委、省政府连续三年把社区和居家养老列为年度民心工程，推动养老体系建设取得了长足的进步，体现了中国特色社会主义制度的优越性，体现了以人民为中心的发展思想。政协委员要进一步增进政治认同、思想认同、理论认同、情感认同，不断增强“四个意识”，聚焦重点难点问题，积极开展建言献策。

考察组一行深入襄都区泉东街道居家养老服务中心、邢台爱晚红枫医养服务有限公司、信都区敬老院和宏信社区日间照料服务站进行了实地调研考察，详细了解养老服务机构日常运营、生活照料、健身康复、精神慰藉、文化娱乐等情况，并同当地负责同志和入住老人进行了互动交流。

孙瑞彬强调，要把加快养老服务体系建设作为重要任务，进一步统筹整合资源，创新发展思路，不断完善养老服务体系。要破解体制机制障碍，加大社会力量的投入力度，提高养老机构建设质量和服务质量。要注重对养老服务人员的教育培训，提升从业人员的职业技能和待遇水平，让人才留得住、干得好。要发挥好政协委员作用，持续关心关注养老问题，充分发挥主体作用，为养老事业发展贡献更多的智慧和力量。

党外委员“少数民族特色村寨建设情况”专题视察活动 8月27日至28日，省政协副主席卢晓光带领部分省政协党外委员到保定市易县，就少数民族特色村镇建设情况进行视察。卢晓光指出，环京津少数民族特色村镇示范带是贯彻落实党的民族工作方针政策的重要载体，是推动少数民族和民族地区加快发展的重大举措。要始终坚持以习近平新时代中国特色社会主义思想为指导，深入贯彻落实党的民族工作政策，抢抓机遇、创新思路、多措并举、增强合力，持续推动特色村镇建设提档升级。

卢晓光一行实地视察了易县西陵镇凤凰台村、忠义村，并考察了易县抽水蓄能电站项目建设情况。

卢晓光对易县在特色村镇建设、民族文化传承、打造美丽乡村等方面取得的成效给予肯定。他指出，特色村镇建设的持续深入推进，为各族群众生产生活带来了深刻变化。要完善机制，优化布局，将特色村镇建设与乡村振兴、生态文明村建设和打赢脱贫攻坚战有机结合，助力民族地区高质量发展。要做强产业，提档升级，指导乡村立足特色文化、自然生态、历史沉淀、民族特色等优势，打造一批与脱贫攻坚、旅游休闲、文化传承融合发展的产业生态，推动乡村绿色发展、可持续发展。要充分发挥委员主体作用，履职尽责，为少数民族地区发展贡献智慧和力量。

党外委员“雄安新区建设有关进展情况”专题视察活动 1月10日至11日，省政协副主席曹素华率省政协港澳委员、海外侨胞代表视察团一行到雄安新区视察。视察团一行先后来到雄安市民服务中心、雄安新区容东片区建设现场，了解雄安新区整体规划及建设情况。

视察团在雄安期间还举行了相关工作会议，传达学习了党的十九届四中全会、中央政协工作会议、省委九届九次全会、省委九届十次全会和省委政协工作会议精神。曹素华表示，河北省高度重视团结联络港澳及海外侨胞相关工作，也十分珍惜与来自港澳的省政协委员以及海外侨胞相聚交流的机会。目前河北省正努力办好推进京津冀协同发展、规划建设雄安新区、筹办北京冬奥会这三件大事，希望政协港澳委员、海外侨胞朋友积极建言献策，为河北省的经济社会发展贡献力量。

省政协港澳委员及海外侨胞代表对视察雄安新区反应热烈。来自香港的省政协委员陈爱菁表示，雄安新区有着清晰而明确的发展目标，科学而详致的城市规划，她为自己的国家感到骄傲。来自澳门的省政协委员陈振豪表示，雄安新区是充满希望的未来之城，希望日后能够加强澳门与河北的交流与联系，实现共同发展。

强化投资拉动，推进项目建设专题调研活动 5月27日至28日，省政协副主席苏银增带队到衡水市就“强化投资拉动，推进项目建设”开展调研。调研组先后实地察看了故城县正大食品肉鸡屠宰及深加工项目、以岭药业现代中药产业化项目和枣强县申电科技智能一体化电源系统生产基地项目、国润药品包装材料项目等，详细了解疫情防控措施落实和项目规划设计、投资完成、建设进展等情况。

苏银增指出，当前我省经济加快恢复，经济社会发展活力不断增强，但面临的困难和挑战依然严峻。要认真贯彻全国“两会”精神特别是习近平总书记在看望参加政协会议的经济界委员时的重要讲话精神，落实党中央、国务院和省委、省政府部署要求，坚持用全面辩证长远眼光分析经济形势，进一步坚定信心决心，主动作为，用足用好“一揽子”产业政策和投资政策，突出重点产业和重点区域，强力推进投资落地和项目实施。要扎实开展“三包四帮六保五到位”活动，落实包联责任，主动靠前服务，强化要素保障，为项目建设提供良好外部环境。要发挥政协优势作用，坚持省、市、县三级政协联动，引导委员积极投身“聚力量、防疫情、促发展”活动，做好建言资政、凝聚共识各项工作，为统筹推进常态化疫情防控和经济社会发展贡献政协智慧和力量。

在衡水市期间，苏银增还到枣强县政协机关走访调研，看望政协机关干部。

贯彻落实中央和省委政协工作会议精神专题调研活动 10 月 20 日至 21 日，省政协主席叶冬松赴秦皇岛调研。他强调，要深入学习领会习近平总书记重要讲话精神，进一步贯彻落实中央和省委政协工作会议精神，在重点任务落实上再加力，在加强自身建设上求实效，在推进履职实践上抓创新，推动新时代政协工作迈上新台阶。

叶冬松实地考察了山海关区孟姜镇北营子村，深入山海关区政协第四委员工作室，走访看望基层政协委员，详细了解工作室履职活动、制度建设等情况，对工作室“五个一线”工作方式给予充分肯定。他说，推动政协工作向基层延伸，是政协工作一直探索的重要课题。委员工作室贴近群众、扎根基层，是委员履职的大平台、凝聚共识的好抓手、服务群众的新载体。希望广大政协委员踊跃参与、大力支持，及时听取和反映群众的意见呼声，多为群众办实事解难事做好事，展现新时代基层政协组织的政治担当，树立政协委员的良好形象。

叶冬松还到秦皇岛市政协机关看望干部职工，与部分市县政协主席进行座谈，认真听取市县政协贯彻落实中央和省委政协工作会议精神的经验做法，探讨交流加强和改进政协工作的思路方法。他指出，要深入学习贯彻习近平总书记关于加强和改进人民政协工作的重要思想，认真落实中央和省委政协工作会议精神，在协商主责主业上下功夫，把握职责定位，明确协商重点，规范协商活动，发挥好专门协商机构的优势作用。要在委员队伍建设上下功夫，加强思想引领，提升能力水平，优化服务管理，让委员会履职、想履职、履好职，着力提升委员履职的能力和水平。要在加强实践探索上下功夫，在履职手段上不断创新，在制度建设上不断完善，在解决“两个薄弱”上不断突破，展现新时代政协工作的精神风貌。

省政协秘书长陈书增参加调研。

专门委员会工作

提案委员会

2020年，提案委员会在省政协党组、主席会议和分管副主席的正确领导下，坚持以习近平新时代中国特色社会主义思想为指导，深入学习贯彻习近平总书记关于加强和改进人民政协工作的重要思想、关于统筹疫情防控和经济社会发展重要论述，认真贯彻落实中央和省委政协工作会议精神，推动提案工作在建言资政和凝聚共识上双向发力，较好地完成了各项工作任务。

一、提高政治站位，把牢正确政治方向

（一）加强党的领导，完善工作机制。积极探索新时代加强党对提案工作领导的特点和规律，从建立健全工作机制入手，完善学习小组学习交流制度等，成立提案委员会党员委员活动小组，对重点提案遴选、年度好提案评选等重点工作进行政治把关，着重审查是否符合习近平新时代中国特色主义思想，是否符合中央和省委政协工作会议精神，是否符合中央、省委和省政协党组决策部署，是否围绕中心服务大局、助推省委、省政府中心工作，确保了提案工作正确政治方向。

（二）深化理论武装，凝聚思想共识。构建分党组与党支部组织学习相结合、个人自学与集中学习相结合、撰写体会与交流研讨相结合的学习机制。先后4次组织召开习近平新时代中国特色社会主义思想学习小组学习座谈会，组织党外委员赴大兴机场开展专题视察，引领委员提高理论素养，加强对党的路线方针政策的思想认同。扎实组织开展委员读书活动，建立提案委员会读书群，通过发布导读文章、提出问题等，广泛发动引导委员积极发言讨论，组织召开线下学习交流会，形成线上线下读书交流相互结合、相互促进、相得益彰的学习局面，促进理论学习不断深化。

（三）落实主体责任，切实从严治党。严格执行准则和条例，严格执行重大问题请示报告制度，认真执行民主集中制，认真执行议事决策规则，不断提升党内政治生活的规范化水平。强化党风廉政建设主体责任，深入开展政治性警示教育，邀请纪检监察组全程参加年度好提案评选等重点工作，着力营造风清气正的政治生态。深入实施机关党组组织开展的争做优秀共产党员、作风纪律专项整治、践行“三个表率”建设模范机关等活动，在委员会办公室开展“争当优秀共产党员、争当业务能手、争当遵纪模范、争当先进集体”活动，着力强化责任担当和作风能力建设，委员会同志的宗旨意识、大局意识、服务意识明显增强，以党的创新理论指导提案工作、推动提案工作高质量发展的能力得到进一步提升，工作作风明显好转，在思想上、政治上、行动上为做好新时代政协提案工作奠定了坚实基础。

二、把准使命职责，着力推动新时代提案工作高质量发展

（一）强化质量意识，持续提高提案质量。一是做好选题引领。围绕全省中心工作，在年中和年末编发两期共150条提案参考题目，帮助和引导提案者提出提案更加聚焦。编发《河北提案工作》《提案及复文选》等，为委员撰写提案提供学习资料。二是加强示范带动。与各党派团体共同谋划提案选题，交流撰写高质量提案的经验和做法，发挥集体提案引领作用。首次以网络视频会议形式组织评选出35件省政协年度好提案，在省政协常委会会议上进行通报表扬，并在河北日报专版摘登，引导委员提出高质量提案。三是严格制度规范。进一步严格提案审查工作的程序和标准，认真落实《关于提高提案质量的意见》，严把审查立案关，筛选25件提案选登件报送省委、省政府领导，对不符合标准的坚决不予立案，同时做好解释说明工作，引领委员进一步增强质量意识。

（二）强化重点督办，带动提案办理质量整体提升。一是省政协领导以上率下。省政协主席会议确定35件重点提案，选取8件分别由省政协领导牵头督办，以省政协办公厅名义印发《省政协2020年重点提案名单》和《省政协2020年重点提案督办任务分解意见》。省政协领导亲自研究制订督办方案，明确责任分工和办理时间节点等，并带头深入一线进行调研和督办，倾听群众意见，了解实际情况，有力地推动了提案的办理落实。二是深化办理协商。坚持众人的事情由众人商量，邀请政协委员、党派团体、专家学者、群众代表全程参加提案督办，办理前，共同研究提案内容，制订切实可行的办理方案；办理中，就共同关心的问题相互交流，听取意见，增进了解，达成共识；办理后，主动征求提案者的意见，将协商民主贯穿督办工作全过程，广泛凝聚推动改革发展稳定的智慧和力量。今年以来，围绕打造大运河国家文化公园、深化“放管服”改革、实施就业优先政策、加强农村人居环境整治等，与省发改委、省政务服务办、省人社厅、省农业农村厅等部门，在石家庄、张家口、雄安新区等地组织开门办案活动14次，广泛听取政协委员、党派团体和基层干部群众的意见建议，宣讲党的方针政策，面对面深入交流，实打实解决问题，让政协走进群众，让群众走进政协，不断开创新时代政协提案工作双向发力新局面。三是开展提案办理“回头看”。会同省委督查室、省政府督查室先后5次召开提案督办落实会议，督促提案办理落实。同时，针对不满意件，分别到保定、邯郸等地走访委员，征求意见，协调承办单位重新办理。此外，围绕《关于复建华北大学的建议》的提案，由卢晓光、苏银增副主席带队，组织有关委员赴正定现场调研督办，就传承红色文化基因、争取更多教育资源达成共识。

（三）强化服务意识，切实提高服务质量。一是主动争取工作指导。积极与全国政协提案委员会沟通联系，争取全国政协提案委员会的指导；认真做好全国政协提案委员会围绕“永定河流域文化建设”来河北开展党外委员专题视察的服务工作，在服务中学习，在交流中提高，促进了制度修订、委员读书群建设等工作开展。二是修订完善相关制度。制订网上提交提案、日常提案审查交办制度，修订《重点提案遴选与督办办法》，建立委员读书活动制度，成立委员读书群和委员活动室，帮助委员更好知情明政，

建立走访委员和定期交流制度，为委员履职提供方便。三是加强提案工作队伍建设。举办提案工作培训班，对省各党派团体、承办部门和各市政协等单位提案工作人员进行集中辅导培训，交流提案工作经验，研究探讨新时代提高提案工作质量的举措办法，不断提高提案工作队伍履职专业化水平。

三、扎实履行职责，不折不扣完成好省政协党组和主席会议部署的各项工作任务

（一）扎实组织开展“聚力量、防疫情、促发展”活动。组织委员会同志认真学习中央、省委有关会议文件，领会叶冬松主席有关讲话精神，准确把握总体要求和基本原则，找准提案工作履职尽责的着力点。一是广泛征集提案。先后三次通过发函、印发提案参考题目等形式，广泛发动各界别委员、各党派团体、各市政协和省直部门积极撰写相关提案，为疫情防控献计出力，共征集相关提案159件。考虑到疫情防控时限性要求等因素，第一时间进行提案审查，第一时间进行提案交办，并要求承办单位限时办理、限时答复，确保提案发挥应有作用。二是首次开展提案办理远程协商。围绕“应对新冠肺炎疫情冲击和影响，支持中小企业发展”，组织召开提案办理远程协商座谈会，对19件相关提案进行打包督办，苏银增副主席出席会议并讲话，邀请受疫情冲击影响较大的餐饮、旅游、流通、工业、外贸等行业企业代表通过视频连线方式参加，在各市设分会场。会后梳理出疫情期间企业暂停使用商业承兑汇票、加大国企对中小企业欠款清欠力度，对低收入人群适当减免社保个人承担部分、延长免缴期限，针对疫情期间对中小企业增加经营负担的增值税进行统计认定、出台政策适时减免，实施差异化房租减免政策等5个方面10条建议，省政府领导对呈报的情况报告给予批示，省工信厅等部门充分吸纳有关意见建议，制定出台了《2020年河北省中小企业纾危解困行动计划》，为克服疫情影响、促进我省中小企业复工复产发挥了积极的推动作用。三是首次开展提案督办界别协商。组织召开“发展互联网＋医疗、助推我省卫生健康事业快速发展”提案督办界别协商座谈会，邀请医药卫生界别委员、专家学者召开界别协商座谈会，听取有关承办单位办理情况汇报，对不断完善医保政策、加快发展互联网医疗服务、开辟好线上医疗抗疫第二战场、推动“互联网＋医疗”服务价格和支付政策等问题的解决达成共识。

（二）深入开展“同心协手助力脱贫攻坚”行动。一是加大扶贫领域提案督办力度。遴选4件扶贫领域提案作为省政协年度重点提案，其中《建立遏制返贫长效机制，巩固脱贫攻坚成果》提案由沈小平副主席牵头督办。二是积极筹集防疫物资，组织开展消费扶贫。协调省红十字会和省应急管理厅，筹集慰问物资，由委员会主要领导同志带队，入户走访发放，积极帮助小庙子村做好疫情防控工作。发动委员会同志购买小庙子村黑木耳等土特产品，积极开展消费扶贫。三是认真谋划扶贫项目。为小庙子村谋划了引进矿泉水厂和蛋鸡养殖两个项目，目前，蛋鸡养殖项目已经落地。

（三）努力完成好省政协党组部署的其他工作任务。一是做好全国政协十三届三次会议提案筹备工作。在扎实做好广泛征集、精心整理、补充完善相关提案等工作的基础上，成立工作专班，以专人服务、分工负责的方式，逐一向住冀全国

政协委员推荐71件提案，同时密切与全国政协提案委员会办公室的联系，积极协调解决全会期间委员提案工作中出现的问题，及时掌握进展情况，着力推动提案落实。二是做好住冀全国政协委员参加全国政协提案委读书活动。认真落实叶冬松主席对全国政协提案委员会主任李智勇同志来函指示精神，发动23位住冀全国政协委员加入全国政协提案委员会读书群开展读书交流。同时按照全国政协提案委员会要求，认真总结本届以来我省政协提案工作，撰写提交《把握新形势新任务新要求，推动新时代政协提案工作高质量发展》交流材料，得到了全国政协提案委员会领导的高度肯定和好评，全国政协提案委员会李智勇主任、戚建国副主任总结提出了我省政协提案工作经验做法的十一点启示，并批示指出："河北省政协提案工作，富有创新精神，工作成果突出，需要认真学习借鉴。"三是做好省政协领导包联事项服务工作。就葛会波副主席包联重点企业工作，组织有关部门成立工作专班，召开调度会议，随葛会波副主席实地走访企业，积极协调解决企业存在的困难和问题；就苏银增副主席联系指导市县政协工作，随苏银增副主席到秦皇岛市开展调研指导，并撰写相关调研报告；就葛会波、苏银增副主席包联贫困县工作，多次随两位副主席到包联县对巩固脱贫攻坚成果等工作进行调研指导。

2021年是中国共产党建党100周年，也是实施"十四五"规划开局之年，做好提案工作有特殊重要的意义。要坚持以习近平新时代中国特色社会主义思想为指导，深入学习贯彻党的十九届五中全会、中央经济工作会议和中央政协工作会议精神，全面落实省委九届十一次、十二次全会和省委政协工作会议部署要求，坚持以政治建设为统领，紧紧围绕实施"十四五"规划任务要求，找准服务大局的切入点和着力点，更好发挥提案工作在履行人民政协职能中的作用。

（一）加强思想政治引领，在广泛凝聚共识上下功夫。深入贯彻落实关于建言资政和凝聚共识双向发力的新部署新要求，坚持以双向发力为着力点，不仅要通过提案实现有序政治参与，表达意见诉求，积极建言资政，更要发挥好提案协调关系、化解矛盾、凝聚共识、服务大局的作用，为"十四五"开好局、起好步汇聚强大正能量。

（二）强化提案质量导向，在提高提案质量上下功夫。认真贯彻习近平总书记对提案工作的重要指示精神，引导委员进一步强化质量意识和精品意识，做到调研不深入不提案，提案选题要聚焦，反映情况要准确，分析问题要深入，提出建议要具体，确保提出高质量提案。

（三）深化提案办理协商，在推动提案落实上下功夫。把办实事、求实效、促落实作为提案办理工作的出发点和落脚点。坚持发扬民主和增进团结相互贯通，更加灵活、更加务实、更加经常地开展不同形式的提案办理协商，不断完善开门办案、界别协商、远程协商等制度机制，探索开展提案办理工作评价，确保提案办理工作扎实有效。

（四）加强"两支队伍"建设，在提高履职能力上下功夫。适应新时代提案工作新要求，围绕更好发挥委员主体作用和提案工作干部队伍服务保障作用，以提高"四种能力"为重点，用改革思维、创新理念，充分运用现代信息手段，切实加强创新理论武装和学习培训，不断提高"两支队伍"履职能力。同时，加强对市县政协提案工作的指导，不断完善各项制度机制，推进智慧提案系统建设，为推动提案工作高质量发展提供支撑。

人口资源环境委员会

一年来，人资环委分党组在省政协党组的领导和机关分党组指导下，深入学习贯彻党的十九大和十九届二中、三中、四中、五中全会精神，立足新方位新使命，以党的建设为统领，充分发挥把方向、管大局、保落实的领导作用，全面推进党的政治建设、思想建设、组织建设、作风建设、纪律建设、制度建设，为全面完成各项工作任务提供了强有力的保证。

一、以政治建设为统领，强化党的领导。坚持把政治标准和政治要求贯穿党的思想建设、组织建设、作风建设、纪律建设以及制度建设、反腐败斗争始终，以政治上的加强引领带动党的建设质量全面提高，推动党中央和省委、省政协党组管党治党部署在我委落地生根。一是牢固树立“四个意识”，增强政治自觉、思想自觉和行动自觉。分党组成员带头深入学习习近平总书记关于党的政治建设的系列重要论述，坚持把正确的政治方向贯彻到谋划工作、制订方案、部署任务、推进实施的实践中去，始终把坚决维护习近平总书记的核心地位、坚决维护党中央权威和集中统一领导作为最高政治原则，在思想上高度认同、政治上坚决维护、组织上自觉服从、行动上紧紧跟随。及时传达贯彻中央和省委、省政协党组重要会议精神和有关文件要求，确保中央的决策部署和省委、省政协党组要求贯彻落实到委员会工作的各个方面。二是加强组织协调，统筹推动党建任务落实。认真贯彻落实新时代党的建设总要求，以党建引领业务，充分发挥专委会分党组在委员会工作中的领导作用。按照《省政协党组贯彻落实党的建设工作八项制度实施方案》规定，细化了“党组成员联系界别、党员委员联系党外委员”的要求，每名分党组成员联系一个界别，每名党员委员联系1—2名党外委员。认真履行分党组党建主体责任，围绕省政协党组年度工作要点和机关党组工作要求，制订了分党组2020年度工作计划，确保各项任务有安排、有推动、有检查、有落实。三是认真落实“一岗双责”，扛起党风廉政建设主体责任。坚持把党建工作、党风廉政建设同履职工作一同谋划、一同部署、一同推进，把中央和省委关于党风廉政建设和反腐败斗争的部署要求贯彻落实到专委会工作各个方面、各个环节。分党组书记认真履行第一责任人职责，亲力亲为、用心用力，认真抓好人资环委的党风廉政建设；委员会党组成员坚持“一岗双责”，对委员会的党风廉政建设加强指导和监督，对党员干部经常性开展理想信念、党风党纪和廉洁从政教育，对苗头性、倾向性问题早提醒、早处置。

二、以思想建设为基础，夯实理想信念。坚持把思想建设摆在重要位置，自觉用习近平新时代中国特色社会主义思想武装头脑、指导实践，推动工作。一是深入学习贯彻习近平新时代中国特色社会主义思想。把学习贯彻习近平新时代中国特色社会主义思想作为分党组首要政治任务，通过分党组会议、理论中心组学习、专委会工作会议、党支部会议和个人自学等多种形式，坚持系统学、跟进学、联系实际学，引领本委委员和全体党员干部不断提升政策理论水平，切实增强“四个意识”，坚定“四个自信”，做到“两个维护”。年初因受新冠肺炎疫情影响，利用网络在微信群进行学习交流，深化思想认识，增强必胜信心，激发履职热情。截止到11月底，分党组成员进行了6次集中学习。与民宗委联合组织召开了4次习近平新时代中国特色社会主义思想第一学习座谈小组学习座谈会。二是健全完善理论学习制度和形式。制订分党组学习计划和个人自学计划，坚持每周一上午集体学习和每天一小时自学。通过专题学习、交流研讨、主题党课、主题党日等大家喜闻乐见的学习形式，确保学习见效果。充分利用学习强国、河北干部网络学院和冀云等网上学习平台，加强日常学习，切实增强党员干部维护核心、担当作为、为民服务的思想自觉和行动自觉。突出以上率下，分党组书记坚持在“学”上站在排头，在“做”上走在前列，带头参加学习讨论，带头谈体会、讲党课、作报告，带头参加组织生活会进行批评和自我批评、开展民主评议，带头履职尽责、立足岗位作贡献。三是强化警示教育，筑牢防腐拒变思想防线。组织党员干部积极参加机关组织的警示教育活动，观看警示教育片，及时传达违纪情况通报，以案为戒，汲取教训；组织党员干部开展反对“四风”学习交流讨论，形成了健康向上的政治文化。

三、以组织建设为抓手，增强生机活力。党要管党必须从党内政治生活管起，从严治党必须从党内政治生活严起，不断夯实全面从严治党的基础。一是强化党的组织原则。严格执行请示报告制度，对我委重要工作、自身建设中的重要问题及时请示汇报，对省政协党组安排部署的重大活动开展落实情况，能够做到及时报告，一事一报。坚持集体领导、民主集中、个别酝酿、会议决定，凡属分党组职责范围内的事项，按照少数服从多数原则，由分党组成员集体讨论决定。二是强化党的组织建设。建立2个覆盖联系界别全体党员委员的履职活动小组，4个由分党组成员牵头的界别活动小组，并制订计划、列出专题、植入载体，科学有效推进学习、履职各项工作，形成了上下衔接、立体覆盖、各尽其责、无缝对接的党组织网络，真正实现和落实了“两个全覆盖”要求。三是强化党的组织活动。充分发挥分党组政治引领作用，注重党支部的战斗堡垒和党员的先锋模范作用，在开展重要工作之前，召开分党组会议动员部署、统一思想、提高认识，发挥党员模范带头和业务骨干作用。认真执行新形势下党内政治生活若干准则，严肃党内政治生活，推动党支部严格落实“三会一课”、党员活动日、组织生活会等组织制度。认真召开组织生活会，充分运用批评与自我批评武器，营造出实事求是、勇于批评的政治氛围。

四、以作风建设为重点，推进提质增效。针对政协工作的新形势新任务，分党组积极探索研究做好自身工作的新思路新方法，以强化党员干部作风建设为抓手，助推专委会工作不断守正创新、开拓进取。一是真心实意为委员服务好。我委负责联系民建、无党派、总工会、妇联4个界别和专委会委员共100余人，在每个界别中都建立了委员活动之家，定期组织委员开展履职活动。建立了4个界别读书学习小组，每周线上集中开展理论学习，适时组织线下读书交流座谈，积极作好委员建言资政和凝聚共识工作。二是自觉践行党的群众路线。2020年人资环委共承担了“推动社区街道居家养老、积极应对人口老龄化”专题协商、“促进我省农产品稳产保供工作”调研协商、“加强散煤治理”专项监督3

项重点工作和1次“河北清洁能源基础设施建设”党外委员视察活动，每一项工作都与人民群众的生活密切相关，关乎人民群众对美好生活的向往。最后形成的议政成果、提出的意见建议直接反应人民群众诉求和呼声，得到省委书记王东峰和省长许勤的亲自批示和叶冬松主席的好评。三是以过硬作风促进履职尽责。人资环委的工作涉及全省焦点、热点和难点问题，在任务重、人员相对较少的情况下，内挖潜力，以过硬作风保证了各项工作圆满完成。今年，人资环委除完成“一要点四计划”中3项工作和“聚、防、促”1项工作外，还高标准完成了全国政协交办的各项工作任务。向全国政协报送了《河北省关于贯彻落实〈关于禁止非法野生动物交易、革除滥食野生动物陋习、切实保障人民群众生命健康的决定〉有关情况的报告》，向住冀全国政协委员，省、市、县（区）三级政协组织和政协委员，转发了全国政协起草的《革除滥食野生动物的陋习从我做起的倡议书》；完成了“以水定需”协同调研任务，报送了《河北省推动落实“以水定需”有关情况的调研报告》；完成了“‘十四五’华北地下水超采及地面沉降治理规划与实施”协同调研，与办公厅协作圆满完成网络视频调研会议河北分会场各项工作任务。

五、以纪律建设为根本，杜绝庸懒散松。坚持把纪律挺在前面，真正使纪律成为管党治党的尺子、不可逾越的底线，让党的纪律时时刻刻体现在党员干部的日常工作生活中。一是强化纪律教育，增强党员纪律规矩意识。坚持抓在经常、严在日常，把《关于新形势下党内政治生活的若干准则》《党内监督条例》《廉洁自律准则》《纪律处分条例》《问责条例》《中国共产党重大事项请示报告条例》《中共中央政治局关于加强和维护党中央集中统一领导的若干规定》等党内法规作为党员学习培训必修课，组织党员干部参加各种答题活动，时刻注意把政治纪律政治规矩挺在最前面，教育党员干部做“守纪律、懂规矩、敢担当、有作为”的模范。二是整治“庸懒散松”，严肃工作纪律。纠正得过且过、不思进取，懒散萎靡、工作拖沓，自由散漫、消极观望，纪律松弛、要求不严等问题，推动人资环委党员干部思想政治素养、工作作风纪律、综合能力素质提升和改进，进一步营造了风清气正、干事创业、奋发向上的良好氛围。三是严格执行中央八项规定。坚持开短会、讲短话，改进会风文风；在组织会议、调研、视察、考察、座谈等活动和机关日常工作中，力戒形式主义、厉行节约反对浪费，严格按照规定使用公务用车，没有任何违规违纪行为；紧盯春节、劳动节、端午节等重要节点，提醒专委会同志防止“四风”问题反弹。

六、以制度建设为保障，强化长效机制。持续用力推动党内政治生活制度化、经常化、规范化，把思想的柔性和制度的刚性结合起来，刚柔并济、同时发力，推动全面从严治党要求落到实处。一是建立健全工作机制。严格落实《省政协机关落实全面从严治党主体责任监督办法》等文件规定，对《政协河北省委员会人口资源环境委员会主要职责》《政协河北省委员会人口资源环境委员会办公室主要职责》《人口资源环境委员会工作规则》《人口资源环境委员会工作人员守则》等规章制度进一步进行了完善。二是加强对制度执行的督促检查。最大限度发挥制度刚性约束力，形成用制度管党治党的工作体系；列出各责任主体的责任清单、任务清单和措施清单，以责定单、照单履责、按单问责，层层传导压力，推动落实落地，提升了党建工作制度化、规范化、程序化水平。三是积极配合纪检组和机关纪委工作。主动接受监督，抓早抓小抓初萌，防微杜渐。

一年来，人资环委分党组的工作尽管取得了一些成绩，但是在推进工作中还存在一些不足。一是尽管"两个全覆盖"工作取得积极进展，但活动还不够深入、不够经常、不够灵活；二是尽管理论学习制度落实很好，但是学习的方法还是相对单一，学用相长的能力还需增强。

下一步，将全面落实新时代党的建设总要求，不断提高党的建设科学化水平，为推动各项事业发展提供坚强的政治保证。

（一）突出"两个维护"，加强政治建设。坚决把正确政治方向贯彻到谋划工作、制定政策、部署任务、日常实践中去，始终与以习近平同志为核心的党中央和省委、省政协党组同心同向同行。坚持民主集中制，认真执行分党组议事规则和决策程序，提高决策能力和执政水平。

（二）突出理论武装，加强思想建设。持续深入学习宣传贯彻习近平新时代中国特色社会主义思想和党的十九大二中、三中、四中、五中全会精神，不断提高学以致用的能力和水平。

（三）突出正确导向，加强队伍建设。加强对干部的全方位管理，注重干部日常监督，坚持抓早抓小、防微杜渐，对苗头性、倾向性问题早打招呼、早提醒、早纠正，防止干部触红线、碰底线。

（四）突出从严从实，加强作风建设。严格执行中央八项规定及实施细则和省委有关规定，紧盯"四风"新动向新特点，持之以恒正风肃纪，严防反弹回潮。全面推行"马上就干、真抓实干"，加大治慵治懒力度，密切党群干群关系。

（五）突出标本兼治，加强纪律建设。认真履行"一岗双责"，积极发挥表率作用，深入推进党风廉政建设和反腐败工作；坚持纪严于法、纪在法前，最大限度防止干部出问题。

文化文史和学习委员会

2020年以来，文化文史和学习委员会分党组在省政协党组的正确领导下，以习近平新时代中国特色社会主义思想为统领，全面贯彻党的十九大和十九届二中、三中、四中、五中全会及中央政协工作会议精神，深入学习贯彻习近平总书记关于加强和改进人民政协工作的重要思想，贯彻落实省委九届九次、十次、十一次全会和省委政协工作会议精神，围绕中心、服务大局，创新方式方法，坚持建言资政和凝聚共识双向发力，统筹推进疫情防控和履职工作，较好地完成了全年工作任务。

一、强化理论武装，夯实共同思想政治基础

把学习贯彻习近平新时代中国特色社会主义思想作为首要政治任务，扎实做好委员学习工作，不断增强贯彻落实中央方针政策和省委部署要求的政治自觉、思想自觉和行动自觉。

（一）坚持和完善省政协习近平新时代中国特色社会主义思想学习座谈会制度。认真履行牵头单位职责，加强督促指导，确保学习座谈会制度落地落实、发挥成效。根据疫情防控要求，指导各小组以线上线下相结合的方式开展学习座谈活动，4个学习座谈小组全年共召开学习座谈会16次，发言270余人次，编发简报12期，为深入学习贯彻习近平新时代中国特色社会主义思想，进一步加

强思想政治引领，广泛凝聚共识、汇聚力量，助力夺取“双胜利”发挥了重要作用。

（二）深入开展省政协委员读书活动。强化顶层设计，制订《省政协委员读书活动方案（试行）》《2020 年省政协委员读书活动工作计划》等指导性文件 2 项、具体工作方案 3 项，组建读书活动指导组；组建 10 个委员读书群，实现委员全覆盖；发布两批荐读书目共 47 部，为全体委员购置发放必读图书；指导创建 19 个界别委员之家读书园地，协调省出版传媒集团向园地赠阅冀版精品图书；以视频形式举办读书活动启动仪式，叶冬松主席出席并讲话，会后向全体委员发出《关于开展省政协委员读书活动的一封信》，动员引领委员广泛参与读书活动。加强统筹协调，组织召开指导组工作会议 2 次，下发工作通知 6 个，指导各读书群采用线上线下相结合的方式开展丰富多彩的读书活动。营造舆论氛围，编发读书活动工作简报专刊 5 期，在《乡音》杂志刊发委员导读和学习体会文章 8 篇，省政协微信公众号同步刊发。指导市县政协开展委员读书活动，注重加强日常工作交流和指导，推动在全省政协系统形成上下同欲、共建书香政协的良好局面。

（三）扎实开展委员学习培训工作。根据疫情防控要求，及时调整工作部署，通过微信工作群、网络视频会议等形式，推送学习资料、传达中央、省委和省政协党组重要会议精神，转载权威媒体发布的疫情动态、政策决策、预防科普、心理干预知识等，稳定人心、增强信心。4 月底，以线上形式召开委员会全体委员暨各市政协对口专委会主任会议，传达学习中央、省委和省政协党组重要会议精神，通报工作情况，研究部署年度重点工作，指导市县政协工作开展，有效凝聚了全省政协文化文史和学习工作合力。

二、聚焦主责主业，围绕文化建设建言献策

聚焦协商主责主业，充分发挥专委会在专门协商机构中的基础性作用，围绕推动我省文化建设，深入调查研究，积极搭建协商平台，坚持建言资政和凝聚共识双向发力，助力新时代全面建设经济强省、美丽河北。

（一）围绕加强我省文物保护工作开展专题调研和专项民主监督。一是认真筹备制订工作方案，遴选委员和专家组成专题调研组，走访省文旅厅、省文物局等部门了解情况、征求意见。4 月 30 日，召开视频动员会，对调研和监督工作作出部署。二是深入调研。深入承德市、保定市、平泉市等市县开展实地调研，召开调研座谈会，听取工作汇报，征求意见建议。三是协调联动。与承德市、邢台市、邯郸市政协开展联合调研，委托其他各市（含定州、辛集市）政协和部分县（市、区）政协开展协同调研。同时，利用网络学习山西、陕西、河南、浙江等地经验。四是广泛协商。调研中，组织召开不同层次的线上线下座谈会、讨论会和协商会，广泛凝聚共识、汇聚力量。在此基础上，形成报告并以省政协党组名义报送省委。王东峰、许勤、高志立、夏延军等省领导作出肯定性批示。

（二）围绕长城河北段国家文化公园建设开专题调研和重点提案督办。一是认真筹备。制订工作方案，遴选委员和专家学者组成专题调研组。走访省文旅厅、省文物局、省科学院地理研究所、省长城保护学会等省直部门、科研院所和有关专家学者，了解情况，征求意见。二是深入调研。6 月 15 日，赴滦平县实地

考察长城国家文化公园重点项目推进情况，召开专题调研及提案督办座谈会，听取我省和承德市相关工作汇报，征求意见建议。三是协调联动。与秦皇岛、承德、张家口等市政协开展联合调研，委托长城沿途市县政协开展协同调研，省、市、县三级政协协调联动。四是广泛协商。调研中，利用微信工作群等形式，先后组织召开10余次不同层次、不同类型的协商交流活动，广泛凝聚共识、汇聚力量。在此基础上，形成了调研报告。省国家文化公园建设领导小组办公室在工作中，对相关意见建议予以积极采纳。

（三）围绕振兴地方戏曲艺术、推进评剧事业发展开展专题调研。今年6月，叶冬松主席赴唐山调研期间，作出了就推进评剧事业发展开展省、市、县三级政协联合调研的指示。孙瑞彬、边发吉副主席高度重视，带领文化文史和学习委员会联合唐山市政协制订了调研工作方案，组成由政协委员、民主党派成员和专家学者参与的专题调研组，采取省、市、县政协三级联动的方式，就振兴地方戏曲艺术、推进评剧事业发展开展了调查研究。调研组深入戏校、院团等地开展了实地调研，并组织召开了不同层次的线上线下座谈会、讨论会和协商会，就评剧事业发展相关问题进行了深入探讨和广泛协商。在此基础上，形成了专题调研报告并呈报省委、省政府。王东峰等省领导予以批示。

三、发挥特色优势，围绕重要节点重大题材凝聚共识

把加强思想政治引领、广泛凝聚共识作为履职中心环节，按照全国政协和省政协党组有关部署，围绕庆祝河北省政协成立70周年、新冠疫情防控等重要节点和重大事件，发挥人民政协文史工作职能特色和优势，着力凝聚人心、汇聚力量。

（一）编纂出版《河北省政协七十年记述》图书。该书分大事记和回忆录两部分，共100万字，所录内容时间截止到2020年6月30日。按照省政协领导指示，在已经完成全书统稿基础上，开展了两次重要史料补充征集。为按时完成出版任务，压缩“工期”、加快进度，保质保量按时完成了组稿、统稿、审校、付印等各项工作，并于9月底正式出版，为河北省政协七十华诞献上了一份具有历史价值和纪念意义的贺礼。

（二）举办庆祝省政协成立70周年京津冀政协委员书画摄影展。精心制订筹展方案，加强统筹协调，积极主动与北京、天津市政协及省内各有关部门沟通对接，协调做好筹展工作。10月26日，“庆祝河北省政协成立70周年——京津冀政协委员书画摄影展”在省博物院开幕。省政协主席叶冬松出席开幕式并参观展览，北京市政协副主席燕瑛、天津市政协副主席高玉葆、省政协副主席孙瑞彬分别致辞，省政协副主席边发吉主持开幕式，省政协在家领导班子成员出席开幕式并参观展览。此次展览共展出作品187幅，弘扬了时代主旋律，传播了政协好声音，凝聚了发展正能量，充分彰显了京津冀三地政协委员用文化塑魂、为人民创作、为时代放歌的精神风貌和责任担当，为进一步发挥政协人才荟萃、智力密集、联系广泛的优势，推动京津冀协同发展向广度深度拓展做出了有益探索。

（三）开展抗击新冠肺炎疫情史料征编工作。7月，根据全国政协要求和省政协工作部署，为弘扬抗疫斗争中展示出来的伟大民族精神，真实记录和广泛

宣传全省各级政协组织和广大政协委员的抗疫故事和感人事迹，更好凝聚共识、凝聚力量，分别向全体省政协委员和各市（含定州、辛集市）政协下发通知，开展了抗击新冠肺炎疫情史料征编工作。经过广泛发动、持续督促，目前已收到文字、音像史料1400余篇（件）。经初步整理，11月底向全国政协报送了第一批40篇（件）文史资料。

四、坚持统筹兼顾，做好省政协党组和主席会议交办工作

（一）深入开展“聚力量、防疫情、促发展”活动。按照省政协党组安排部署，积极引导委员增强抗疫情、促发展的必胜信心，广泛动员专委会委员和联系界别委员为夺取“双胜利”积极献计出力，汇聚团结一心、共克时艰的强大力量。5月28日，由孙瑞彬副主席带领部分委员深入省话剧院走访调研，围绕常态化疫情防控中文艺院团如何复工复产、为人民群众提供高质量的文化产品倾听文艺工作者呼声，宣传政策、凝聚共识、鼓舞信心，并给予有针对性的具体指导。

（二）服务保障领导包联工作。6月12日和11月25日，两次陪同孙瑞彬副主席赴赞皇县调研督导脱贫攻坚工作，深入企业、农村，听取意见建议，宣讲全国“两会”和党的十九届五中全会精神。7月29日，陪同孙瑞彬副主席赴邯郸市走访慰问退役军人。结合疫情防控要求，采取网络视频、电话调研等方式，协助孙瑞彬副主席了解包联重点项目、企业复工复产和遇到的困难等情况，积极协调有关部门帮助解决；8月18日至20日，陪同孙瑞彬副主席赴唐山市进行实地调研督导，目前5家企业的困难已全部解决。12月10日至11日，陪同边发吉副主席赴任丘市调研市县政协工作，看望部分住沧州市省政协委员和任丘市政协机关干部。

（三）积极助力脱贫攻坚。一是依托项目开展重点帮扶。指导驻干沟门村工作队以“妇女之家”项目为依托，持续帮扶20余名妇女参加手工艺品加工，人均月收入1000—2000元；结合疫情防控要求，通过网络视频、电话沟通和实地入户等形式，开展入户走访帮扶。二是开展文化下乡扶贫。充分发挥文化“扶志、扶智、扶精神”的作用，制订《省政协2020年文化下基层助力脱贫攻坚活动工作方案》，依托省话剧院、省心连心艺术团、省杂技团等文艺院团，以“筑梦新时代、全面奔小康”为主题，开展文化下基层助力脱贫攻坚工作。12月11日，由边发吉副主席带队赴任丘市第一中学演出，以文艺的形式向基层政协委员、干部群众和中学师生宣讲党的十九届五中全会精神，让更多基层群众共享社会主义先进文化发展成果。

（四）密切协同，发挥政协整体功能。一是密切与全国政协文化文史和学习委员会的工作联系，主动汇报工作，争取指导和支持。9月1日至4日，会同办公厅接待处和张家口市政协做好全国政协调研组赴我省开展推进长城国家文化公园建设监督性调研服务保障工作，全国政协专门致函表示感谢。二是在开展专题调研、专项民主监督等协商活动中，一方面注重动员省各民主党派成员积极参与，另一方面组织市县政协同步开展协同调研、监督，凝聚工作合力，提升履职实效。三是加强对市县政协工作的指导。9月1日，参加承德市政协文史工作现场会；12月4日，会同邯郸市政协、丛台区政协联合召开文史工作座谈交流会，并组织专家学者对丛台区政协文史

工作成果进行论证。此外，还做好重庆市政协来冀调研的服务保障工作。

（五）扎实做好委员会疫情防控等工作。按照省政协党组和机关疫情防控领导小组办公室要求，把疫情防控作为重大政治任务抓紧抓好，确保不发生一起干部职工感染新冠肺炎情况。发挥党组织战斗堡垒作用，采取专人专责联络管理、风险隐患及时提示、排查日报告零报告，以及实施24小时监控、加强巡查等措施，确保抗击疫情及安全风险管控有序开展。同时，做好所属各部门日常管理工作，指导《文史精华》编辑部保质保量完成今年前5个月的杂志编辑出版工作，认真落实省政协机关党组要求，稳步推进今年各项改革任务。文化文史和学习委所涉及的《文史精华》编辑部改革工作全部按期完成。

五、加强自身建设，不断提升专委会工作效能

坚持党建工作和业务工作一起谋划、一起部署、一起落实、一起检查，充分发挥党组织战斗堡垒作用和党员先锋模范作用，努力以党建工作新成效引领专委会工作新发展。

（一）坚持党建引领，做好专委会党建工作。一是加强政治建设。始终把政治建设摆在首要位置，全面加强分党组政治建设、思想建设、作风建设、纪律建设和制度建设，压紧压实管党治党政治责任，自觉增强“四个意识”、坚定“四个自信”、做到“两个维护”。二是强化理论武装。组织全体党员干部认真参加政协讲堂、学习党的十九届四中全会专题网班、党的十九届五中全会精神宣讲等集体学习活动，召开支部学习会议30余次，组织党员干部撰写心得体会20篇，通过灵活多样的方式强化理论武装，提高政治站位，做到思想上坚定自觉，行动上扎实有力，能力上不断提升，不断增强分党组组织力、引领力和战斗力。三是强化制度意识。按照省政协党组要求，发挥分党组把方向、管大局、保落实的领导作用，全面履行领导责任，以线上方式6次召开分党组会议开展学习、部署工作。组建党员委员履职活动小组，结合履职工作，落实分党组成员联系党员、党员委员联系党外委员、走访看望委员和谈心谈话等制度，同期部署开展相关活动，并服务分管省政协领导做好相关工作。认真执行各项党建工作制度，组织开展党员民主评议，落实谈心谈话制度，分党组和党支部的组织力、凝聚力和战斗力不断增强。

（二）着力加强委员队伍建设。一是引导委员强化责任担当。组织专委会和联系界别委员认真学习贯彻省政协党组关于提高调查研究质量、加强和促进凝聚共识、加强和改进专委会工作和制度建设等部署和要求，进一步增强委员做好政协工作的责任感、使命感。二是建好用好界别委员之家。根据疫情防控要求，利用微信工作群组建民盟、文化艺术、新闻出版界别网上委员之家，并以此为依托组织开展学习座谈、读书交流等形式多样的学习履职活动，引导委员自觉提高政治把握本领、协商议政本领、调查研究本领、合作共事本领。三是组织开展以自我教育自我提高为主旨的党外委员专题视察活动。9月24日，由孙瑞彬副主席带队，就传承发展中华优秀传统文化和革命文物保护利用工作赴保定市安国市、清苑区开展党外委员专题视察活动。通过亲身感受传统中医药文化的博大精深，感悟冉庄地道战遗址蕴含的伟大抗战精神，教育、引导党外委员坚

定文化自信，争做传承发展中华民族优秀传统文化和红色文化的示范者、宣传者、推动者，为繁荣发展社会主义先进文化贡献更多智慧和力量。

（三）持之以恒加强作风建设。深入开展“庸懒散松”专项治理整顿活动，从严从实改进工作作风，督促党员干部进一步提振精神，严守纪律和规矩。认真落实中央《关于进一步激励广大干部新时代新担当新作为的意见》和省政协《进一步关心关爱干部职工的若干措施》，鼓励干部职工积极参加机关“五四”诵读会等活动，关心帮助解决工作生活中的实际困难，充分调动同志们干事创业的积极性、主动性、创造性，委员会全体干部职工特别是年轻干部在实践中得到了锻炼提升。

2021 年是中国共产党成立 100 周年，也是“十四五”开局之年。文化文史和学习委员会分党组将以习近平新时代中国特色社会主义思想为统领，深入贯彻落实党的十九届五中全会和省委九届十一次全会精神，进一步强化责任担当，为开启全面建设社会主义现代化国家新征程、向第二个百年奋斗目标进军作出新贡献。拟重点做好以下几项工作：

一是强化党的创新理论武装。制订学习计划，重点组织好分党组理论学习中心组学习、习近平新时代中国特色社会主义思想第二小组学习座谈会、专委会读书群读书活动以及界别委员小组和党支部的学习活动。

二是加强专委会党建工作。按照省政协党组安排部署，落实全面从严治党各项要求，着力加强两支队伍建设，为确保各项工作沿着正确方向前进提供坚强的政治保证。

三是做好委员学习工作。坚持和完善好习近平新时代中国特色社会主义思想学习座谈会制度，开展好省政协委员读书活动。

四是聚焦中心工作，按照省政协党组“一个要点、四个计划”工作部署积极履职尽责。拟围绕大运河文化带建设开展专题协商，围绕太行红河谷文化旅游经济带建设开展专题调研。

五是围绕建党 100 周年做好史料征编工作。

财政经济委员会

2020 年，面对突如其来的新冠肺炎疫情，财政经济委员会在省政协党组的坚强领导和分管副主席的有力指导下，坚持以习近平新时代中国特色社会主义思想为指导，深入学习贯彻党的十九大和十九届二中、三中、四中、五中全会精神，认真落实中央、省委政协工作会议精神和省政协党组工作部署，统筹常态化疫情防控和履职工作，扎实开展“聚、防、促”活动，自觉围绕“六稳”“六保”，强化党建引领，聚焦双向发力，突出创新求进，着力提质增效，较好完成各项工作任务。

一、持之以恒加强党建，夯实思想政治基础

认真贯彻落实党中央和省委、省政协党组关于加强政协党建工作和意识形态工作的部署要求，切实发挥分党组在专委会工作中的领导作用，不断强化“四个意识”，坚定“四个自信”，做到“两个维护”。

一是坚定不移讲政治。始终坚持以政治建设为统领，严格落实分党组工作规则，制订和实施分党组年度工作计划，提升政治站位，压实政治责任，严明党的政治纪律、政治规矩，坚持在省政协党组统一领导和机关党组协调指导下开展工作，坚持发挥分党组领导作用和履行委员会职责有机结合，把加强党建和创新履职一体谋划，一起推动，先后召开10次分党组会议，成立三个党员委员活动小组，明确活动制度和具体要求，切实落实党的组织和党的工作全覆盖，做细做实意识形态工作，引导党员委员在建言资政和凝聚共识双向发力上作出示范、当好表率，始终在思想上政治上行动上同以习近平同志为核心的党中央保持高度一致。

二是与时俱进抓学习。进一步巩固和发扬“不忘初心、牢记使命”主题教育成果，自觉落实政治理论学习制度，制订和实施分党组2020年学习计划，坚持集中学习和个人自学相结合，不断深化对习近平新时代中国特色社会主义思想、习近平总书记关于加强和改进人民政协工作的重要思想的学习领会，专题组织学习习近平总书记在统筹推进新冠肺炎疫情防控和经济社会发展工作部署会议上的重要讲话精神，及时传达学习党的十九届五中全会精神和省委、省政协党组重要工作部署，推动政治理论学习走深走实、入心入脑，把思想和行动高度统一到习近平总书记的重要讲话精神和党中央决策部署上来，思想理论武装对工作实践的指导推动作用得到新的加强。

三是管党治党正风气。围绕落实全面从严治党主体责任，突出抓好“关键少数”，严格执行“一岗双责”，“一对一”落实党员委员双重组织生活制度、党员委员联系党外委员制度、党员常委履职建言点评制度，自觉在视察调研活动中组建临时党支部，认真探索具有政协特色的党员委员教育管理工作，教育引导党员干部、党员委员自觉遵规守纪，倡导新风正气。全面推进党风廉政建设，严格执行中央八项规定及其实施细则和省委、省政协党组关于廉政建设的制度规定，坚持不懈杜绝“四风”、厉行节约、反对浪费。分党组认真指导党支部严格落实党支部工作条例，落实“三会一课”制度，坚持每周例会、每月讲评，推动党支部建设和委员会工作紧密结合、作风之实与履职之能互相促进，支部党员精神面貌、素质能力有了较大改善和提升。

二、强化“两手一线”意识，“聚、防、促”中尽责作为

面对统筹常态化疫情防控和经济社会发展的艰巨任务，财经委牢固树立疫情防控与履职工作两手抓两手硬、争上一线作贡献意识，紧密结合委员会实际，发扬战疫精神，积极创新作为，自觉以动为先、干在实处，务实投入“聚、防、促”活动。

一是一线落实战疫要求。在机关防疫一线，严格按照机关统一要求，养成科学防疫习惯，坚持零报告、日报告制度，建立每日排查统计台账，认真执行报批报备制度、机关轮流值班制度，党支部全体党员积极参加社区疫情防控“双报到”活动。充分利用委员履职平台、微信工作群向所联系界别委员发出红色倡议，推介疫情防控知识，引导抵制不良信息和谣言，发动委员带头落实疫情防控各项措施，捐款捐物驰援防疫战疫一线，共协调组织委员捐款836.4万余元，抗疫物资价值200万元。

二是一线助力复工复产。在全省政协系统“聚、防、促”活动动员会召开之后，委员会迅即行动，积极联系发动，鼓励企业家委员全力组织复工复产，及时统计复工复产情况，认真了解并努力协调解决实际困难。5月以来，结合协助领导包联企业工作，在沈小平、苏银增副主席带领下，先后深入8个市的百余家

企业和项目现场，进车间、到工地，面对面宣介“六稳”“六保”政策措施，听取诉求、共商对策，指导有序复工复产，对激励基层部门和企业增强战疫信心、落实“六稳”“六保”要求、加快恢复正常生产经营秩序起到了积极的促进作用。

三是一线开展专题调研。按照省政协“聚、防、促”任务分工，及时调整工作计划，围绕“强化投资拉动，推进项目建设”，与省直有关部门密切对接，统筹省、市、县三级政协上下联动，逐级深入一线开展调研。苏银增副主席利用5个多月时间，带领财经委同志及部分省政协委员下县进厂，听取意见建议，掌握了大量第一手资料，汇聚了广泛的基层和委员智慧，并三次与省直有关部门座谈协商，形成专题调研协商报告，引起省委、省政府有关领导高度关注。在实地调研中整理的“对邱县‘三网’同建覆盖城乡的调研与思考”《社情民意》得到省政府领导批示。

三、始终聚焦主责主业，提高建言议政质量

紧紧围绕省委、省政府中心工作，紧扣省政协党组“一要点四计划”，认真研究谋划重点调研议题，精心组织协商议政活动，有关成果受到省委、省政府高度重视，《人民政协报》等主流媒体予以报道宣传。

一是唱好谋篇“十四五”发展“重头戏”。省政协党组确定围绕编制“十四五”规划纲要建言献策为专题议政性常委会议中心议题后，在卢晓光、苏银增副主席牵头指导下，财经委认真学习贯彻习近平总书记对“十四五”规划编制工作的重要指示精神，及早谋划部署，制订工作方案，先后两次走访规划编制机构，两次召开专题座谈会，密切沟通对接，深化知情明政。坚持广泛发动、求深求实，线上召开动员协调会，线下向全省政协委员发出“我为‘十四五’规划献一计”倡议，各党派、团体和各市政协及省政协常委、委员积极参与、深入调研、贡献真知灼见。对上报的建言成果严格把关、精选精编，印发会议书面发言材料117篇、口头发言材料8篇，确保了专题议政性常委会议顺利召开，梳理归纳对编制我省“十四五”规划纲要主要意见建议共10个方面44条，得到省委书记王东峰、省长许勤等领导批示肯定。

二是奏响建言数字经济发展“协奏曲”。针对“加快我省数字经济发展”这一新的重要议题，组织委员会干部首先“充电”“补脑”。坚持精准发动，定向发函动员，及时推送数字经济信息、政策等相关参考资料，加强调研指导。4月至7月，组织调研组深入部分市、县的40余家企业和研究机构实地调研，会同省统计局、省经济信息中心对13个市、145个县(市、区)的387家企业进行了问卷调查，了解各方面对发展数字经济的意见建议，并向浙江、广东、贵州、江苏等数字经济发展先进省份进行书面调研，在广泛征集和精心编审调研成果的基础上，召开专题协商会，形成《关于加快我省数字经济发展专题协商会的情况报告》，得到省委、省政府领导批示肯定。

三是发出助推协同发展河北“好声音”。围绕京津冀政协主席联席会议第六次会议议题，财经委统筹谋划，进一步密切与京津政协经济委员会及省直相关厅局联系，邀请省直有关部门与来冀调研的天津市政协调研组座谈交流、集思广益，努力求得共识，形成苏银增副主席在联席会上的主旨发言，重点立足协调发展大局，突出反映河北诉求，从协同打造京津冀世界级城市群、共同谋划区域性“两新一重”项目建设布局、携手构建融合互补产业链条、共同推进生态环境治理修复、协同推进体制机制改革5个方面提出具体建议，为推进京津冀协同发展相关工作建言了“河北方案”，受到一致好评和广泛认可。

四、丰富活跃界别活动，广泛凝聚思想共识

坚持把加强思想政治引领、广泛凝聚共识作为履职中心环节，发挥好人民政协大团结大联合优势，积极为委员开展活动搭建平台、创造条件，着力汇聚团结奋斗的正能量。

一是组织开展专题视察。组织界别委员围绕“加快北京大兴国际机场临空经济区规划建设和自贸试验区建设”“深化放管服改革，优化营商环境”开展专题视察，多角度知情明政，感悟发展变化，进一步增强了发展信心、凝聚了广泛共识，激发了为国履职、为民尽责情怀。

二是切实加强团结联谊。深化联系走访委员活动，充分利用到基层调研、用好委员之家、专门走访对话等一切机会，深入委员单位，走到委员身边，面对面交流，促进融情凝心，全年与委员见面谈心70多人次。围绕纪念省政协成立70周年系列活动，发动组织委员录制个人微视频、参加征文活动、推荐委员走上政协讲堂，为委员展现履职成果提供平台。

三是推进书香政协建设。成立委员读书活动指导组，研究制订读书活动方案，组建读书群，依托界别委员之家平台，结合分党组、党支部活动，通过指定必读书目，密集开展线上线下交流，不断活跃委员读书活动。10月以来，在委员读书群中开辟“财经学苑”学习专栏，常态化推送重要政治理论文章和委员学习体会共80多篇，做到了及时跟进学、联系实际学、群主引导学、交流互促学。

五、加强工作统筹协调，提升履职创新能力

积极适应常态化疫情防控新形势，不折不扣落实省政协党组各项具体要求，切实加大统筹协调力度，自觉抢时间、赶进度，创新方式方法，提高工作效率，全力以赴消除疫情影响，确保年初既定目标和机关工作部署落地落细落实。

一是抓好重点提案督办。围绕沈小平副主席督办的《建立遏制返贫长效机制，巩固脱贫攻坚成果》重点提案，财经委积极协助制订督办工作方案，明确督办方法、步骤和时间节点，主动到省扶贫办走访对接，组成调研组深入平山、灵寿县的4乡8村实地了解当地脱贫情况，并牵头组织提案督办座谈会，完善督办报告，切实推动重点提案督办落实见效。

二是服务包联帮扶工作。精心做好沈小平副主席包联企业、项目、退役军人等工作的联络服务，认真对接相关部门，多次深入企业、乡村和群众家中，协调解决相关问题，较好完成了各项协助包联任务。同时，发动委员持续投身“同心携手助力脱贫攻坚”行动，曹彦辉、张生、张宏繁、李建军、杨壹名等委员捐献的22万元款物所涉及帮扶项目全部实施完成。

三是加强工作联系指导。注重加强与全国政协经济委员会联系，密切和有关兄弟省市政协经济委员会联系，广泛沟通信息，促进学习提高。积极配合做好党的十九届五中全会和省委九届十一次全会精神委员宣讲，以及中央和省委政协工作会议精神贯彻落实情况专项督查工作。协助省政协领导调研基层政协建设，多次召开专项工作网络视频会议，围绕重点调研议题认真组织与各市政协联合调研，专项组织与石家庄市政协开展园区创新发展视察协商，进一步深化了对市县政协对口委员会的联系指导。

回顾一年工作，仍存在应当更加重视和改进的差距和不足。主要是：思想理论武装上学以致用的实效性还显不够；双向发力上委员参与度还不高，凝聚共识方面有待创新求效；联系服务委员上有待更深入更贴心；自身建设上还需进一步加强制度规范的执行力度，作风纪律建设还有待抓得更实、更严、更过硬。

2021年是实施“十四五”规划的开局之年。财经委将在省政协党组的领导和分管副主席的指导下，坚持以习近平新时代中国特色社会主义思想为指导，认真学习贯彻党的十九届五中全会、中央经济工作会议、省委九届十一次全会精神，立足新发展阶段，贯彻新发展理念，紧扣构建新发展格局、推动高质量发展，围绕助推“十四五”规划开好局起好步，积极探索创新履职思路和办法，持续推动双向发力落实见效，切实有效开展各项工作。

一、坚持不懈加强政治建设、强化党建引领。更加注重发挥分党组领导作用，进一步严格落实分党组工作规则，抓牢抓实政治理论学习，认真落实分党组学习制度，及时跟进深入学习习近平总书记重要讲话精神和党中央决策部署，强化党的创新理论武装。严格落实全面从严治党主体责任、“一岗双责”和巡视整改要求，严格执行党的政治纪律和政治规矩，认真践行习近平法治思想，切实提高“关键少数”的政治素养、政治定力和法治思维、法治自觉。积极探索开展分党组活动，坚持党的建设与业务工作同谋划、同部署、同推进。认真落实意识形态工作责任制，进一步加强对党员干部、党员委员的教育和管理，切实发挥基层党组织战斗堡垒作用和党员委员政治引领和模范带头作用，强化全员“四个意识”、坚定全员“四个自信”，确保全员自觉做到“两个维护”。

二、坚持不懈围绕中心大局、深化建言资政。更加注重发挥专委会在推进政协协商民主中的基础性作用，锚定主责主业，深入学习领会省委、省政府推进高质量发展工作部署，认真落实省政协党组“一要点四计划”，围绕实施“十四五”规划纲要，聚焦促进产业振兴、助力企业发展，进一步加强与有关职能部门沟通对接，精心筛选重点议题，深入组织调研协商，落实项目制推进。进一步创新调研协商方式，紧扣做好“搭台”文章，围绕用好委员之力、外脑之力、基层之力，探索在部分市县、企业和研究机构建立长期合作的调研协商联系点，更多动员委员参与，更多吸纳专业人才，更多走向一线调研，更多开展联合调研，优化服务保障，浓厚协商氛围，广泛汇智聚力，努力提高建言资政质量水平。统筹抓好分管副主席重点提案督办、帮扶包联和机关安排的其他各项工作。

三、坚持不懈加强团结联谊、促进凝聚共识。更加注重加强联系界别委员工作，认真落实省政协关于加强凝聚共识工作的实施意见，协助分管副主席落实省政协领导班子成员走访看望委员制度和开展谈心谈话有关规定，谋划开展“大走访”活动，从基层委员、住市委员、骨干委员开始，有计划走进委员当中，宣传政协工作部署，了解学习工作生活情况，听取意见建议，帮助协调解决问题，传递政协关心关怀，强化委员责任担当，激发参政议政热情。建好用好委员之家，特别是探索在界别委员相对集中的市再建委员之家，探索开展集中视察与分组视察、读书学习与教育培训、线下交流与线上互动相结合等形式多样的界别活动，营造团结共进合力，促进强化“四个认同”，增强委员会向心力、凝聚力，充分调动委员发挥主体作用自觉性、主动性、积极性。

四、坚持不懈抓好自身建设、提升素质能力。更加注重强化作风之实与履职之能的有机结合，认真对照落实专委会工作通则，扎实开展机关干部每周讲学测、一月一交流、一季一总结，不断深化委员读书活动，深入组织好学政治、学经济、学业务，以学习提高的常态化、长效化促进思想大提升、能力上台阶。进一步强化纪律观念和作风养成，完善规章制度，践行严于律己，加强统筹协调，合理摆布工作，压实工作责任，激励担当作为，自觉抵制“四风”，促进自觉比赶超、创树好形象。加强协作联动，有效推进与全国政协相关工作部门、省直有关部门及市县对口专委会的联动协作，合力推动委员会工作开创新局面，取得新业绩。

农业和农村委员会

2020年，在省政协党组和主席会议领导下，在曹素华、王宝山副主席带领下，认真履职尽责，圆满完成各项任务。

一、强化政治引领，充分发挥分党组领导核心作用

一是把牢政治方向。先后召开多次分党组会议，学习习近平新时代中国特色社会主义思想、中央和省委政协工作会议精神，研究部署专委会工作，发挥分党组把方向、管大局、保落实的领导作用。建立完善分党组成员联系党员委员、党员委员联系党外委员制度，引导委员旗帜鲜明讲政治，增强“四个意识”、坚定“四个自信”、做到“两个维护”。二是推进理论学习。以理论学习座谈小组和农委委员读书群为依托，组织委员学习习近平总书记在统筹推进新冠肺炎疫情防控和经济社会发展工作部署会议上的重要讲话精神、《习近平谈治国理政》第三卷、党的十九届五中全会和省委九届十一次全会精神，加强政治引领，广泛凝聚共识。三是加强党支部党建工作。落实党支部工作条例，坚持每周四下午学习制度，促进党建工作规范化制度化，以坚实的战斗堡垒作用助力专委会工作提质增效。

二、突出工作重点，服务全省发展

围绕省委中心工作，落实省政协党组要求，突出抓好三项重点工作，为服务我省经济社会发展作出新贡献。

（一）创新工作方法，提升常委会发言质量。根据省政协党组年度工作安排，负责省政协十二届十五次常委会大会发言组织工作。在曹素华、王宝山副主席的带领下，坚持防疫情、促履职统筹开展，创新方法，推进工作落实。采取自上而下和自下而上相结合的方法，向各参加单位和有关常委、委员征集调研题目116个，确定19个重点课题，明确牵头人负责组织深入调研，共收到发言材料142篇，调研报告23篇，从中精选出8篇，在常委会上作了口头发言，受到领导和委员好评。会后，撰写了《关于进一步深化我省农业供给侧结构性改革的建议》，省长许勤批示：“拟同意，请清霜同志组织深化研究，进一步丰富我省农业供给侧改革方案内容，加紧推动落实。”副省长时清霜两次批示，“拟同意，请省农业农村厅认真研究吸纳有关建议，会

同有关部门抓好落实”。“请省农业农村厅认真落实许勤省长批示要求，加快推动我省农业供给侧结构性改革取得扎实成效。”

（二）持续跟踪扶贫搬迁，增强民主监督实效。在2018年、2019年连续开展扶贫攻坚专项民主监督的基础上，联合省民盟、省民革、省九三学社、省农工党，就易地扶贫搬迁后续工作落实情况继续开展专项民主监督。通过深入调研，召开监督协商座谈会，撰写了《推动易地扶贫搬迁后续工作落实专项民主监督报告》，王东峰书记批示：“请许勤、桐利、清霜同志阅示，全面系统摸清易地扶贫搬迁后续工作，有针对性研究提出意见报告省委。”许勤省长两次批示：“感谢省政协有效监督和支持，同意桐利同志意见和拟办，切实做好易地扶贫搬迁后续工作，确保搬得出、稳得住、逐步能致富。提前研究防范风险，确保不返贫。请桐利同志阅示。”袁桐利、时清霜等省领导也作了相应批示。

（三）聚焦农村基础设施管护，开展远程协商。围绕农村基础设施管护机制建设开展协商，是农委首次开展远程视频协商的有益尝试。在工作中坚持两个创新。一是学习借鉴外省经验。王宝山副主席带领政协委员和专家学者赴内蒙古开展实地调研，向黑龙江和浙江省政协分别发了商请调研函，围绕农村基础设施管护机制建设取得经验、做法进行商请函调研，学习借鉴外省先进经验和做法。二是市县政协同步调研。省民盟、石家庄市政协、宁晋县政协、清苑区政协等都结合工作实际，分别组成调研组同步开展调研，10月22日召开远程协商座谈会，曹素华副主席出席会议并讲话。省政协委员、专家学者、市县政协和相关厅局负责同志出席会议。会后，综合各方意见建议，撰写了《关于推进农村基础设施管护工作远程协商情况的报告》，以省政协名义报送省委、省政府。人民政协报等媒体，报道了省政协围绕农村基础设施管护，开展远程协商的情况。

三、强化凝聚共识，增进“四个认同”

创新开展多种形式的活动，引导委员增进对中国共产党和中国特色社会主义的政治认同、思想认同、理论认同、情感认同。一是加强思想引领。坚持学习座谈会制度，建立学习座谈小组，结合工作定期开展学习，利用微信读书群和召开学习座谈会，就《习近平谈治国理政》第三卷和《百年大变局》开展读书学习研讨，打牢团结奋斗的思想政治基础，在事关道路、制度、方向等问题上统一思想凝聚共识。二是营造良好氛围。凝聚共识不是简单的说教和表面的敷衍，而是内心的认同与平等的协商，需要营造良好的氛围。为此，在开展协商和监督活动中，都安排委员与部门互动环节，充分沟通协商，在交流互动中凝聚共识；同时，为了让委员更好地知情明政，在每次调研活动开始之前，都召开重点关切问题通报会，主管部门通报相关情况及存在的问题，让委员抓住关键，增强调研的针对性。三是融入履职实践。在曹素华副主席带领下，四级党外政协委员组成的视察组赴邯郸市丛台、肥乡区考察林下经济。通过视察交谈，委员们看发展取得的新成就、新变化，加深对省情社情的了解，增进对省委决策部署的理解认同。通过学习习近平总书记在统筹推进新冠肺炎疫情防控和经济社会发展工作部署会议上的重要讲话精神，结合各自参与抗疫与复产实践，由“中国之治”与“西方之乱”的对比，看国内外制度优劣势，体会新中国从站起来、富起来、强起来的发展变化，在学思践悟中凝聚共识坚定信念。

四、全力开展“聚、防、促”，助力实现“双胜利”

疫情发生后，按照省政协党组要求，积极开展“聚、防、促”活动。一是及时建立委员联系群。在微信群转发倡议书，动员委员关注疫情防控期间的敏感点、风险点、关切点，及时提交提案，主动正面发声，汇聚抗疫正能量。委员们纷纷响应，积极提交相关建议。崔伟京委员主动捐款20万元，为武汉和唐县捐赠了大量物资。二是在国务院下发《企事业单位复工复产疫情防控措施指南》后，在微信群及时转发，对企业复工复产提出建议，郎海伦委员克服困难，率先开工复产。三是关注疫情变化建言献策。第一时间向全国政协提交《在疫情防控中发挥农业院校动医专业师生作用的建议》，全国政协副主席杨传堂作出肯定性批示。提交《健全法律法规体系，提升源头防控实效》，得到许勤省长肯定性批示；提交《在疫情防控中发挥农业院校动医专业师生作用的提案》，全省13个市政府及雄安管委会和省直厅局高度重视并采纳，为我省疫情防控作出积极贡献。

五、发挥自身优势，服务脱贫攻坚

用足用好熟悉三农工作的优势，倾心做好事做实事。一是开展技术扶贫。邀请河北农业大学教授、国务院特贴专家杨福存与隆化县郭家屯镇村民们建立微信联系，开展种植技术指导。邀请河北北方学院教授岳春旺为干沟门村开展远程技术讲座，在微信群讲授肉牛养殖技术，提高村民科学养殖水平，增加养牛收入。二是为扶贫建言献策。提出《关于完善防范返贫机制巩固脱贫成果的建议》，时任省委副书记赵一德批示：对当前存在的问题，各地要引起高度重视并采取切实措施加以解决。撰写的《关于我省京津冀水源生态涵养区发展养蜂产业的建议》，赵一德副书记批示：这个建议值得重视。请省农业农村厅与张承两市研究。三是开展济困助学活动。组织委员及所联系的企业家为贫困家庭和贫困学子捐款。分别在石家庄市井陉县和张家口市宣化区召开捐资助贫助学现场会，共为20个贫困家庭学子和20户建档立卡贫困户捐款12万元。

六、强化协调联动，形成整体合力

一是对标全国政协农委。在履职实践、制度建设等方面向全国政协农委看齐，不断提升工作水平。在接待全国政协农委“推动乡村公共文化服务体系建设”调研组到我省调研中，学习做法、汲取经验。二是加强与兄弟省政协互动。协助完成黑龙江省政协农委来函调研“加快发展农副产品精深加工业”课题；围绕农村基础设施管护，加强与内蒙古、浙江、黑龙江省政协的联系，学习好经验、好做法。三是强化三级政协联动。在易地扶贫搬迁后续工作落实专项民主监督中，同有易地扶贫搬迁任务的7市35县政协联动；在农业基础设施管护机制建设远程协商中，与3市4县政协开展远程协商。通过三级政协合作，增强了建言的可操作性。四是加强与各民主党派联动。与省民盟合作开展农村基础设施管护机制建设远程协商；与省民盟、省民革、省九三学社、省农工党开展易地扶贫搬迁后续工作落实情况专项民主监督，优势互补，提升了履职实效。五是完善与省直职能部门协调机制。建立走访制度，就“三农”工作中的热点、难点问题进行沟通交流；建立重点关切问题情况通报会制度，邀请有关厅局通报情况，便于找准问题；邀请厅局加入调研组，确保调研成果的专业性、精准性；成果报送后加强与厅局联系，跟踪反馈促进成果转化。

同时，协助做好曹素华副主席所联系的贫困县、退役军人和信访包联工作，协助王宝山副主席做好提案督办工作。

回顾一年的工作，对于做好新时代专委会工作，深感需要做到五个坚持。一是坚持学习不放松。无论多忙都要加强学习，自觉以习近平新时代中国特色社会主义思想为指导，武装头脑，指导实践，夯实思想政治基础。二是坚持创新不止步。通过建立健全联系委员、情况通报等制度，为规范办事、搞好服务提供制度保障。适应疫情防控要求召开网络视频会议和远程协商，探索专委会工作的新途径、新方法，提升了履职实效。三是坚持突出抓质量。牢固树立质量意识，在方案制订、组织调研、撰写报告等各环节，始终把提质增效放在首位，把问题找准、建议提实，确保建言精准。在第十五次常委会发言工作汇报材料上，叶冬松主席批示："谋划细、抓得实、协调沟通深入"，对发言组织工作质量予以充分肯定。四是坚持专家严把关。对于重点调研工作，在确定调研题目、开展实地调研、遴选发言材料，全程邀请专家参与、严格把关，确保成果的专业性和权威性。五是坚持"三不"原则。坚持目标、实践、问题导向，与职能部门加强沟通，确保不说外行话、不说过头话、不放马后炮，使所提建议更加切合实际、能落地、真管用。

一年来所取得的成绩，是省政协党组正确领导的结果，是各党派、各级政协和委员积极参与的结果，是省直部门大力支持的结果。同时，还存在一些不足，如：组织委员学习做得不实，凝聚共识工作有待加强，服务委员提升履职实效还有差距等，需要在今后的工作中加以改进。

2021年是"十四五"规划的开局之年，落实省政协党组要求，认真做到四要。一要坚持党建引领。坚持和完善分党组学习制度，用习近平新时代中国特色社会主义思想武装头脑。开展多种形式的分党组活动，以党员委员活动小组为依托，拓宽活动形式，引导委员自觉接受党组织管理，增强委员履职的责任感和使命感。二要围绕中心聚智。聚焦省委、省政府中心工作、"三农"工作中的重点问题、人民群众关切的热点难点问题，开展协商、监督。拟围绕农产品仓储保鲜冷链物流设施建设和巩固扶贫产业、促进农民增收及促进种子产业健康发展开展专题协商、民主监督。三要着力凝聚共识。发挥农委特色和优势，组织委员通过视察、考察等形式，看发展、看成就，统一思想凝聚共识。拟围绕数字农业、智慧农业，特色中药材种植和农业社会化服务等，组织委员视察考察。四要强化队伍建设。抓学习。将学习作为重要内容，对标全国政协农委，健全学习制度，创建学习型专委会。重服务。创新工作方法，提升服务水平，充分调动委员积极性主动性。强作风。强化作风建设，纠正"慵懒散松"问题，激励干部以"三个一流"精心工作，争作贡献。

教科卫体委员会

2020年，教科卫体委员会在省政协党组和常委会、主席会议的领导下，在曹素华、王宝山副主席的指导下，以习近平新时代中国特色社会主义思想为引领，认真贯彻中央精神和省委部署，落实“双向发力”要求，发挥“三个重要”作用，促进履职提质增效，较好完成了全年目标任务。

一、深化理论武装，不断筑牢思想政治基础

（一）突出学习重点。把学习贯彻习近平新时代中国特色社会主义思想作为首要政治任务，认真学习贯彻党的十九届四中、五中全会精神，深入学习习近平总书记系列重要讲话精神，学习习近平总书记关于加强和改进人民政协工作的重要思想，学习省委重要部署和省政协党组各项要求，不断提高思想理论水平，进一步增强“四个意识”、坚定“四个自信”、做到“两个维护”。

（二）注重学习实效。依托医药卫生、科技科协、教育体育3个专业组成立界别委员读书小组，分别建设3个界别委员读书园地，初步形成以委员读书小组为基本学习单元，以微信群为组织引导媒介，以书香政协系统为线上交流渠道，以委员读书园地为线下活动平台，与委员视察考察和学习座谈会等工作深度结合的创新学习链条。全年共举办三次委员读书活动，组织或协同组织4次习近平新时代中国特色社会主义思想学习座谈会，通过界别微信群向委员推送学习资料168篇，62位委员提交正式书面发言，367人次作自由发言或跟帖回应，实现了界别委员学习全覆盖。

（三）健全学习制度。建立健全分党组带头学习、党支部集体学习、委员交流学习、机关干部自觉学习，覆盖委员会全体委员和干部的学习制度体系。召开8次分党组会和分党组理论中心组学习会，向委员会分党组微信群推送学习资料30篇，委员会干部每天自学一小时，每周参加一次集体学习，每月撰写一篇学习体会，做到了学习制度化、常态化。

二、服务发展大局，扎实做好各项重点工作

（一）围绕“聚力量、防疫情、促发展”献计出力。疫情发生后第一时间向医卫界委员发出倡议书、慰问函，围绕加强大数据在疫情防控中的应用、发挥中医药作用等，组织委员撰写提案、社情民意，共发动委员提出意见建议50多条，捐资捐物270多万，宣传推介委员60多人次。围绕“互联网＋医疗健康”开展调研协商，调研组深入省医院、省中医院、衡水市和部分互联网医疗企业调研，召开研讨会认真研究论证，提出应对疫情挑战、推进互联网医疗建设的12条建议。王东峰、许勤等6位省领导对报告作出肯定性批示。

（二）围绕“促进县域科技创新跃升”进行专项民主监督。与省民进联合，与廊坊、承德市和大城、平泉县政协协同，共同就省政府印发的《县域科技创新跃升计划（2019—2020）》贯彻落实情况进行民主监督。赴辛集市、元氏县实地调研，共召开不同层次座谈会、访谈会10次，上门走访、集体研讨6次，12位委员进行了自主调研。《民主监督报告》报送省委、省政府后，省委书记王东峰、省长许勤等8位省领导作出批示。省科技厅围绕《报告》提出的意见建议，专门制定《关于促进县域科技创新的若干措施》，经省政府同意后，印发全省各市县和省直有关部门。《报告》提出的15条建议有14条被采纳。

（三）围绕“推动近视大防控、合力减少小眼镜”开展网络议政和远程协商。创新了建言方式，通过与省农工党、唐山市、张家口市和张北县政协紧密合作，在农工党系统和三级政协委员履职平台上进行了网络议政，连续1个月组织委员和农工党员建言；创新了协商方式，精心组织由省、市、县三级政协委员和有关部门参加的远程协商会，通过网络同堂议政、共同协商；创新了宣传方式，通过把协商工作与委员访谈相结合，组织委员接受媒体专题访谈，在社会上宣传近视防控知识。活动共组织座谈会、访谈会、协商会13次，参与政协委员160人，提出意见建议610多条。徐建培副省长对协商情况报告作出批示，省教育厅针对《报告》建议，逐条提出落实意见向省政府作了报告，省卫健委向我委书面反馈。

（四）协助分管副主席做好重点提案督办和包联重点企业工作。围绕推动中药材产业高质量发展，组织提案承办单位、提案者和部分省政协委员到承德市药材种植基地和部分医药企业实地调研，召开协商座谈会，共同研究推进中药材产业高质量发展的办法，提案提出的建议均得到转化落实；加强与分管副主席包联重点企业和包联工作专班的联系，先后两次到唐山市逐一走访企业，了解发展情况和遇到的困难，帮助有关企业协调解决资金、环保、销售等方面的难题。

三、助力脱贫攻坚，深入开展为民服务活动

（一）扎实推进“烛光计划”。2—10月开通网上微课堂，组织政协委员和书法名家为乡村学校师生进行网上教学、线上点评，培训书法种子教师，并赴贵州开展系列帮扶活动。线上总学习次数13万多次，覆盖京津冀黔等地100余所中小学校、8000多名师生，培训骨干教师210名，新建“乡村书法学校”40所，有效促进了贫困偏远山区书法教育。

（二）丰富卫生下基层。以“提高基层常态化防控能力、助力打赢脱贫攻坚战”为主题，与省政协农业农村委员会、省农工党、省中医院联合，采取远程培训、远程门诊、远程查房、远程健康教育等7种形式，连续7个月开展远程帮扶，共组织帮扶活动59次，辐射全省78个县的110余家医疗机构，受众医生超万人，受益群众2000余人，促进了基层医疗机构的服务水平和常态化疫情防控能力的提升。

（三）深化科技下基层。围绕基层群众对“应对疫情防控、决胜脱贫攻坚、促进农业增收”的迫切愿望，与省九三学社、提案委、省科协联合，连续5个月进行远程农业知识讲座、远程农业技术指导和远程答疑解问。围绕电子商务与农产品直播带货、果树病虫害防治等进行培训，覆盖了全省13个地市、168个县区，受益群众达86万余人次。

（四）组织体育下基层。把健康和扶贫相结合，依托省体育学院，组织部分体育界委员和专家学者赴张家口市阳原县开展“送健康、助脱贫、暖阳原”专项活动，共为村民健康体质监测189人次，康复治疗40余人次，举办专题体育与健康知识讲解3场，让群众感受到党的温暖和关爱。

四、坚持党建引领，扎实推动“两个全覆盖”

（一）充分发挥分党组领导作用。及时召开分党组会议，传达学习中央、省委和省政协党组重要会议精神，研究确定委员会工作要点、重要协商议题、重要履职活动等，认真抓好政协党组“一个要点、四个计划”中委员会重点任务的落实，切实把中央精神、省委部署和省政协党组要求落实到位。

（二）加强党员委员队伍建设。加强与党员常委的沟通联系，主动通报委员会工作要点，协助分管副主席对10位党员常委进行履职点评。组建三个党员委员活动小组，在重要履职活动中，成立临时党支部，召开党支部会议，引导党员委员发挥示范引领作用。

（三）加强对党外委员的思想引领。组织10位党外委员赴正定新区专题视察，深入了解城市发展规划、生态环境建设和农村面貌改善情况，切实增强委员对我国制度优势、我省发展成就的自豪感和自信心。加强与党派合作，在县域科技创新跃升民主监督、推动近视大防控远程协商和下基层活动中，与省农工党、省民进、省九三学社联合开展。

（四）提高党支部建设质量。落实“三会一课”制度，积极组织党员参加志愿服务、演讲比赛、学习交流等活动，探索党支部组织生活、政治学习、党员管理的标准化模式。围绕学习党的十九届五中全会精神，党支部书记认真讲党课，与党员干部谈心谈话，增强党支部创造力、凝聚力、战斗力。

五、着力固本强基，持续提升履职能力

（一）发挥委员主体作用。搭建网络平台，组建教育体育、科技科协、医药卫生三个界别委员微信群，把所有界别委员全部纳入，方便委员知情明政、交流建言。创新调研方式，鼓励委员围绕常委会议题、委员会协商议题搞好自主调研，协助委员做好协调联络工作。密切联系委员，全年先后8次对150多位委员进行重点联系、沟通、发动，着力调动委员履职积极性。到市、县进行的5次调研中，看望住当地省政协委员15人次，吸收20名省、市、县政协委员参加，为委员履职搭建了平台。

（二）加强政协纵向联系。积极争取全国政协教科卫体委员会的指导，参加全国暨地方政协教科卫体委员会工作经验交流会并作口头发言。召开全省政协教科卫体委员会工作视频座谈会，交流工作经验，促进协调联动。加强对委员会联系市县政协张家口市、张北县政协的指导，及时传达两会精神，推动贯彻落实中央和省委政协工作会议精神。在远程协商、视察调研、专项民主监督等活动中与张家口、廊坊、承德、唐山市政协联合，加强工作调度，形成工作合力。

（三）提高服务保障能力。认真执行加强和改进调查研究、协商民主工作办法等制度，制定委员会学习座谈、调查研究、界别活动等10项工作办法，提高工作制度化规范化水平。严格贯彻落实中央八项规定和实施细则精神，坚决反对形式主义和官僚主义，力戒“庸懒散松”，发扬一流作风。在履职活动中强化干部责任，加强实践锻炼，不断提高干部调查研究能力、组织协调能力、文稿写作能力、狠抓落实能力。

2021年，教科卫体委员会工作总的要求是：坚持以习近平新时代中国特色社会主义思想为指导，认真学习贯彻中央精神和省委部署，牢牢把握进入新发展阶段、贯彻新发展理念、构建新发展格局的实践要求，坚持以人民为中心，紧扣我省发展大局和群众关心关切，充分发挥委员会基础作用，为我省“十四五”时期教科卫体事业开好局、起好步贡献智慧和力量。主要做好以下几个方面工作：

一是进一步筑牢思想基础。及时召开分党组理论中心组学习会，每季度召开习近平新时代中国特色社会主义思想学习座谈会，组织好委员读书活动，及时向界别委员推送学习资料，推动委员深入学习贯彻习近平总书记重要讲话精神和中央、省委重要决策部署，切实把习近平新时代中国特色社会主义思想学深悟透，真信笃行。

二是进一步聚焦中心工作。拟就“推动科技创新成果转化”“完善社会心理健康服务体系”“加强学校体育工作”等组织协商监督和调研议政活动，为推动我省高质量发展建言献策。持续关注和推进县域科技创新、中医药产业高质量发展、儿童青少年近视防控工作，组织委员视察考察，推动建言成果转化落实。

三是进一步擦亮为民品牌。继续开展卫生、科技、体育下基层活动，结合我省脱贫攻坚后续帮扶和乡村振兴工作，选择有代表性的乡村，组织委员和专家学者走到老百姓身边，用心用情开展义诊、免费体检、技术咨询、现场教学等服务，提高群众的获得感幸福感。持续推进“烛光计划”，探索对新疆、西藏等民族地区学校的书法教育辅导，扩大影响力。

四是进一步加强思想引领。就省内重要科技创新平台建设和重点科技企业发展情况组织党外委员专题视察，动员委员参加委员讲堂和委员访谈活动；组织委员自行开展调研，撰写提案、发言材料、社情民意；鼓励委员加强与界别群众的联系，做好宣传政策、解疑释惑、理顺情绪、化解矛盾工作，凝聚团结奋斗的合力。

五是进一步加强自身建设。争取全国政协教科卫体委员会的指导，召开全省政协教科卫体工作座谈会，形成协调联动的合力。指导三个党员委员活动小组开展活动，做好委员履职统计、党员常委履职点评等工作，充分利用网络联络服务委员，引导委员强化责任担当。持续加强作风纪律建设，加强干部队伍实践锻炼、专业训练，推动干部不断提高七种能力，争当政协工作的行家里手。

社会和法制委员会

2020 年，社法委围绕省政协党组“一个要点、四个计划”和“聚、防、促”活动安排部署，在孙瑞彬、边发吉副主席的带领下，全面贯彻习近平总书记关于加强和改进人民政协工作的重要思想，充分发挥专委会基础平台作用、分党组领导核心作用和委员主体作用，抓党建，强队伍，促履职，较好地完成了全年的各项任务。现总结报告如下。

一、深化理论学习，强化政治引领

一是完善机制学。系统制订专委会学习计划，扎实开展分党组定期集体学习、党支部每周集中研讨、专委会党员干部每天自学一小时等活动。全年召开 9 次分党组学习会、32 次党支部学习会，委员会的学习书目不断丰富，学习内容不断拓展，学习形式更加规范。二是突出重点学。以深入学习党的十九届五中全会精神和习近平法治思想为重点，与学习《习近平谈治国理政》第三卷、《民法典》、省委九届十一次全会精神、省政协成立 70 周年座谈会精神等结合起来，持续开展领导干部讲党课、座谈交流会等学习活动，努力做到学思用贯通，知信行统一。三是创新形式学。扎实开展委员读书活动，充分利用委员微信群、书香政协学习平台、委员界别活动室等开展学习，特别是在疫情防控最吃紧的时候，通过学习强国视频形式定期召开分党组会议和党支部会议，做到防控、学习两不误。进一步健全专委会和界别委员学习交流平台，及时宣讲重要会议精神，发布重点学习内容，通报重大履职成果，把中央精神、省委部署和党组要求及时传达下去，把各方面智慧和力量更好地凝聚起来。四是实化效果学。认真落实习近平新时代中国特色社会主义思想学习座谈会制度，紧紧抓住“广泛学、重点讲、领导评”等重要环节，采用线上线下相结合的形式，组织4次学习座谈会，60余名委员做口头发言或书面发言，使大家进一步提高了认识、鼓舞了干劲，推动了学习活动走深、走实、走心。

二、提升党建水平，夯实履职基础

一是突出自身特色抓党建。在开展党建的过程中，注重夯实从严治党的法治保障，深入学习贯彻《中国共产党党组工作条例（试行）》和专委会分党组工作规则，强化党对委员会工作的全面领导。坚持并完善党员委员参加双重组织生活制度、党员委员联系党外委员制度和界别委员、界别群众思想状况分析制度等，切实发挥分党组把方向、管大局、保落实的领导核心作用，进一步突出政治引领、广泛凝聚共识、推动履职为民。二是认真开展委员履职党支部试点工作。社法委做为试点单位，在机关党组和机关党委的指导下，建立了两个党员委员活动小组（委员履职党支部），制定了工作办法（草案），形成了试点工作的情况报告，叶冬松主席予以批示肯定。孙瑞彬副主席出席党员委员活动小组（委员履职党支部）第一次学习会，为我们深入推进政协党的组织建设进行把脉指导。在试点的基础上，社法委按照机关建设党员委员活动小组的要求，对委员履职党支部进行了整合提升，进一步加强阵地建设、强化党员委员带头作用，形成了党建与履职互促互进、共同进步的良好局面。《人民政协报》对成立委员履职党支部等有关做法进行了报道。三是持续抓好作风建设。认真学习贯彻中央《党委（党组）落实全面从严治党主体责任规定》和省委意见，制定分党组和分党组书记全面从严治党主体责任清单；深入贯彻实施《建立健全机关党建制度机制推进机关治理和事业发展的实施意见》，在完善制度机制、推进模范机关建设、提升党支部工作水平、发挥党员先锋作用等方面狠下功夫；积极配合做好省委巡视有关工作，扎实开展“四查四纠”和“集中整治专项行动”，严格组织生活，真正做到思想紧、工作快、标准高、效果好。四是积极服务委员履职。着力搭建委员履职平台，认真落实委员履职工作规则，做好委员履职的服务管理，对所联系界别的党员常委履职情况提出点评建议。充分利用委员活动室，以委员活动日、小型调研、交流座谈等形式，开展特色履职活动，体现界别特点，发挥专业优势，广泛联系群众。定期走访委员，听取意见建议，及时传递政情信息，畅通知情明政通道，使履职活动更加规范、更有保障、更富成效。

三、紧盯重点工作，推动任务落实

一是扎实开展“加强常态化疫情防控”调研协商。围绕调研协商议题，深入街道、社区、物业企业等开展实地调研，掌握第一手情况；召开专题协商会，听取有关方面的意见建议，研究讨论重点难点问题，形成广泛共识；组织动员政协委员和市、县政协对口部门开展相关调研，三级联动形成工作合力；设立线上“议政专栏”，36位委员提出了87条意见建议；及时起草并向省委、省政府报送了《调研协商工作情况报告》，省委、省政府领导同志分别作出批示，认为一些问题和建议确实应该引起高度重视，省委政法委在“河北省市域社会治理现代化工作专刊”进行全文刊发，《河北日报》以《打通社区治理“最后一公里”》为题进行了较大篇幅的专题报道。二是认真实施“促进消费潜力释放”调研协商。围绕8个方面的重点内容制订工作方案，赴衡水、沧州、保定开展了实地调研，广泛了解基层情况。召开了省政协“促进消费潜力释放”调研协商座谈会，向省委、省政府报送了调研协商报告，王东峰书记、许勤省长等省委、省政府领导予以批示。受邀参加了省发改委牵头的省完善促进消费体制机制联席会议工作调度推进会，会上就落实好省领导批示精神进行了研究部署。三是做好分管领导联系指导市县政协的服务工作。同邯郸市政协建立日常联系机制，及时掌握有关情况。陪同孙瑞彬副主席赴邯郸市，就市县政协贯彻落实中央和省委政协工作会议精神、推进“聚、防、促”情况深入开展调研，发现典型，检视问题，总结经验，提出建议，形成了调研报告，有力地推动了市县政协工作。四是做好省领导重点提案督办和包联工作。围绕孙瑞彬副主席负责的《关于深化医养结合进程中面临的困难及建议》重点提案，积极同提案委和主会办单位进行沟通协调，开展现场督办活动，推动提案办理工作顺利推进。陪同边发吉副主席到衡水市包联企业开展调研帮扶，协调解决有关问题，促进了企业加快发展。对边发吉副主席包联的贫困县、退役军人等其他事项，认真做好联络、反馈、落实等服务，各项工作进展顺利。五是组织专题视察和调研活动。组织党外委员赴邢台市，围绕“社区和居家养老工程”专题，深入实地、深入基层、深入群众开展专题视察，协助党委政府听取民声、了解民意、汇聚民智、凝聚民心，提出意见建议，积极助推民心工程落地落实。围绕“商业保险助力脱贫攻坚”，组织委员开展专题调研，形成了针对性强的意见建议，以社情民意的形式报省委、省政府。六是开展助力脱贫攻坚活动。加强与隆化县河南村党支部的沟通联系，深入研究包联贫困户的具体情况，以“一户一策”细化帮扶措施，切实帮助包联贫困户真脱贫、不返贫。律师委员持续开展法律志愿服务等活动，为脱贫攻坚提供了坚强的法治保障。

四、立足岗位职责，发挥特色优势

一是积极做好立法协商工作。按照省委办公厅通知要求，就《白洋淀生态环境治理和保护条例(草案)》，和人资环委共同组织召开立法协商座谈会，12名省政协委员、专家学者出席会议提出意见建议，省民盟、民进、保定市政协和21名省政协委员提交书面意见，起草立法协商报告并及时反馈，省人大常委会党组专门召开工作会议研究反馈意见，对绝大部分意见完全吸收采纳，并指出此次立法协商为该条例在省十三届人大四次会议高质量通过打下了坚实的基础；应省司法厅等部门商请，组织11名省政协委员就《河北省铁路安全管理规定(修订草案)》开展书面协商，反馈修改意见建议27条；组织委员就《省高级人民法院进一步规范开展司法救助工作办法(修订)》征求意见稿开展书面协商，反馈意见建议6条，有关工作均受到起草单位的高度评价。二是扎实开展《民法典》学习宣传。联系邀请中国人民大学法学院院长王轶教授围绕“民法典的中国特色与时代精神”在省政协党组中心组理论学习(扩大)会议上授课。组织3名委员以“深入学习民法典”为主题，录制委员讲堂，开展两次委员会民法典集中学习座谈会，明确领读人，68名社法委联系界别委员踊跃交流学习体会，推动民法典学习取得了良好效果。三是认真履行兼职岗位职能。协助机关做好“七五”普法验收总结，向省“七五”普法验收第二考核组汇报有关情况，考核验收取得优异成绩。与省委政法委考核责任部门沟通对接，协助机关完成平安建设、法治建设年度考核目标任务。按照省“七五”普法规划验收考核安排，社法委负责同志带队到保定、张家口市和部分省直单位进行普法规划验收考核。推荐委员担任省检察官惩戒委员会非常任委员。向省平安建设领导小组报送“平安河北进行时”宣传作品，向省法治宣传教育领导小组报送法治宣传视频。按时完成省委全面依法治省委员会、省平安建设领导小组、省法治宣传教育领导小组、省法学会、省哲学社会科学法治建设研究基地等交办的其他任务。四是全面助力疫情防控。针对疫情防控期间的法律问题增多、市场主体和人民群众亟须服务帮助的情况，指导成立了6支涉疫(新冠肺炎疫情)案件法律志愿服务队，免费帮助解决有关复工复产、合同履行、企业管理、劳动用工等方面的法律问题和矛盾纠纷。通过政协门户网站和微信平台，积极开展突发事件应对法、传染病防治法、野生动物保护法等法律知识的宣传工作。持续发动社法委委员和联系界别委员为抗疫献爱心、作贡献，委员共捐赠口罩8万只、现金及防疫物资价值合计近千万元，协调有关单位为抗疫一线人员提供保险保障16.97亿元。五是搭建服务委员复工复产平台。社法委负责同志分别确定了委员中的包联对象，通过走访、电话、视频等形式进行经常性沟通联系，密切掌握委员复工复产等情况，帮助协调解决有关防疫物资短缺、原材料紧张、产品销路不畅等问题，得到了委员们的广泛好评。六是推动庆祝省政协成立70周年有关活动。结合专委会特点，组织引导委员认真开展主题征文、史料征集、座谈研讨等活动，协助录制《责任与担当》委员视频集锦，有效激发广大委员凝心聚力、团结奋进的履职热情。七是加强委员会基层联系点建设。多次组织委员到社法委基层联系点平山县猴家庄村、赵家庄村开展宣传宣讲活动，围绕《民法典》、党的十九届五中全会精神分别制作宣传橱窗，并开展走访慰问老党员和送法下乡等活动，推动党的方针政策更好地在基层贯彻落实，增强与群众的密切联系，提高群众法治意识和依法办事能力。八是注重扩大工作交流。参加全国地方政协社法委工作座谈会，以“发挥专委会基础性作用更好凝聚思想共识”为题作经验交流。应广西政协的商请，协助做好“加强自贸区法治建设”的相关调研。做好贵州省政协“推进产业工人队伍建设改革”来河北调研的陪同协调联络工作，实现了双向互动、互促互进。参加省民政厅组织的“强化城乡社区治理、促进城乡社区治理体系和治理能力现代化”重点事项开门办案活动，健全了与党政对口部门协作配合机制。

2021年，将进一步深入学习贯彻习近平新时代中国特色社会主义思想，以党的十九届五中全会和习近平法治思想为指引，围绕《十四五规划》实施、全省重点工作和党组安排部署，着眼全省社会发展和法治进程：一是继续做好立法协商，与省司法厅沟通修订《立法协商工作机制的实施意见》；二是围绕“法治化营商环境”“社区建设”选取角度进行专项民主监督；三是围绕“市域社会治理现代化”“进一步做好普法工作”开展调研；

四是围绕石家庄市城市规划及滹沱河综合治理情况组织党外委员开展视察活动；五是做好重点提案督办工作，积极打造工作新亮点，形成工作品牌，在建言资政和凝聚共识“双向发力”中，推动社法委工作实现新的跨越。

民族和宗教委员会

2020年，民族和宗教委员会在省政协常委会、主席会议和分管副主席领导下，深入贯彻落实中央和省委政协工作会议精神，以加强思想政治引领、广泛凝聚共识为主线，紧扣统筹推进常态化疫情防控和经济社会发展工作，充分发挥专委会基础作用和委员主体作用，不断推进新时代政协民族宗教工作创新发展。

一、提高政治站位，坚持党对政协民族宗教工作的全面领导

（一）旗帜鲜明讲政治，坚决维护党中央权威和集中统一领导。一是始终把加强党的领导作为确保正确政治方向的根本保证。自觉服从并不折不扣地执行以习近平同志为核心的党中央决策部署，不断增强“四个意识”、坚定“四个自信”、做到“两个维护”。二是切实发挥分党组把方向、管大局、保落实的领导作用。坚决贯彻党的基本理论、基本路线、基本方略，落实省委和省政协党组工作部署。三是推动委员思想政治进步和团结引领界别群众相互促进。支持民族宗教界委员积极宣传党的民族宗教政策主张，面向界别群众传播和凝聚共识。注重发挥民族宗教界代表人士的社会影响力，在事关重大原则和国家核心利益问题上坚持正确立场，在维护祖国统一、民族团结和社会稳定上发挥积极作用。

（二）加强理论武装，筑牢团结奋斗的共同思想政治基础。一是落实制度系统学。运用好学习座谈会制度，与人资环委共同组织召开了四次习近平新时代中国特色社会主义思想学习座谈小组第一组学习座谈会，围绕有关专题进行交流座谈。二是突出重点深入学。采取集中交流和个人自学相结合等方式，分专题重点学习了党的十九届四中、五中全会精神、省委九届十一次、十二次全会精神、全国暨地方政协民族和宗教委员会工作座谈会精神等。三是坚持日常跟进学。及时跟进学习习近平总书记最新重要讲话精神，深入学习领会党的民族宗教政策。积极参加各类学习活动，推动委员和机关干部深化思想认识，提升政治站位。

二、围绕中心大局，扎实开展“聚力量、防疫情、促发展”活动

（一）围绕促进企业复工复产开展专项民主监督：一是实地调研走访。赴省内多个地市调研座谈、明察暗访，实地了解企业困难，督促当地有关部门主动服务企业、排忧解困，促进各项惠企政策落地见效。二是开展问卷调查。研究拟制了《河北省政协关于企业复工复产政策措施落实情况调查问卷》，向各市县350家不同行业类别和规模的代表性企业发放调查问卷，进行信息数据收集和分析研判。三是加强纵横联动。采取联合调研、委托调研、征求意见等形式，形成省、市、县政协三级联动格局。同时加强与省直有关部门的联系，掌握相关情况。四是进行座谈协商。邀请部分省政协委员、企业家代表、省直相关部门进行座谈交流，对提出的意见建议进行协商论证。

（二）围绕强化民生保障开展专题协商：一是明确工作重点。通过委托有关市政协调研、发动委员协同调研和书面调研等多种形式，围绕高校毕业生、退役

军人、困难群体就业问题进行调研，最终选择以促进高校毕业生就业为切入点，开展专题协商。二是加强协调联动。联合省人力资源和社会保障厅、省教育厅开展联合调研，发动民革和少数民族界委员、部分高校负责人，协助开展调研协商。三是凝聚协商共识。召开专题协商会，通过面对面协商座谈，在深化高校毕业生工作紧迫性重要性认识，破解影响高校毕业生就业难点、堵点，发挥政协优势助力高校毕业生就业等方面达成共识。

以上两项重点工作形成的专题报告，省委、省政府主要领导先后作出重要批示，给予高度评价。

三、聚焦主责主业，推动专委会工作提质增效

（一）以铸牢中华民族共同体意识为根本方向，关注民族地区发展。一是专题协商深入扎实、成效明显。联合省民革、省教育厅、省民委和承德市政协，共同围绕加快我省民族教育发展开展专题协商，在分析我省民族教育现状、查找存在主要问题基础上，提出了多措并举推动我省民族教育发展的意见建议，省委、省政府主要领导作出肯定性批示，相关部门积极采纳吸收。二是调研考察主题突出、载体丰富。先后围绕我省民族地区实施乡村振兴战略和散杂居少数民族发展情况，在承德、邯郸开展多种形式的调研活动，广泛听取各方面意见，切实做到建言资政和凝聚共识双向发力。组织党外委员到保定市易县，就少数民族特色村镇建设情况进行视察，进一步加强对党委政府中心工作决策部署的高度认同、加深对国情世情民情的理解把握。

（二）落实党的宗教工作基本方针，积极引导宗教与社会主义社会相适应。举办坚持我国宗教中国化方向解经释义交流研讨活动，组织宗教界委员在保持基本信仰、核心教义的同时，深入挖掘教义教规中有利于社会和谐、时代进步、健康文明的内容，作出符合当代中国发展进步要求、符合中华优秀传统文化的阐释。研讨活动成效明显，进一步强化了政治引领，夯实了共同思想基础；经常性走访五大宗教团体及宗教界委员，积极参加省五大宗教团体的相关活动，宣传党的宗教工作方针政策，引导宗教与社会主义社会相适应、坚持宗教中国化方向。

（三）聚焦民生难点，积极助力脱贫攻坚。邀请省农业厅技术专家，赴隆化县对高效暖棚建设项目进行技术指导，并协调有关方面帮助解决因疫情防控遇到的实际困难。引导所联系界别委员助力帮扶贫困村脱贫攻坚，明海、靳云鹏、张士江三位委员捐款 80275 元，用于河南村村委会建设、村内道路整治提升；释道泓、张士江、莫日根图三位委员捐款 6 万元，用于干沟门村修建“农村土特产品销售处”。

（四）精心做好分管副主席开展相关工作的服务保障。先后完成了分管副主席调研保定市和涞源县贯彻落实中央和省委政协工作会议精神情况，推进包联重点企业复工复产、达产达效，检查指导包联贫困县工作等多项重点工作的服务保障。其中，督办完成的《关于加强 2022 冬奥会河北省志愿者语言及国际素养的建议》重点提案，被评选为省政协 2020 年度好提案。

四、压实管党治党责任，持续加强自身建设

（一）发挥专委会基础作用。克服疫

情影响，创新工作方式，线上组织召开民宗委全体委员会议暨各市政协对口委员会主任会议，谋划部署全年工作，听取意见建议。按照庆祝省政协成立 70 周年活动安排，发动委员录制短视频、撰写理论文章、收集汇总相关资料。认真落实专委会联系界别委员制度，加强专委会与委员的联系，及时传达省政协党组工作部署和要求，为委员履职创造条件。

（二）加强委员队伍建设。引导所联系界别委员自觉遵守宪法法律和政协章程，积极参与政协各项活动；坚持民主协商、平等议事、求同存异、体谅包容，积极营造和谐包容的工作氛围。在抗击新冠肺炎疫情过程中，所联系界别委员展现了强烈的责任担当意识，积极响应省政协倡议，共组织捐款捐物折合 2819.3914 万元。建立民革、少数民族、宗教三个界别委员读书群，开展形式多样的线上线下读书活动，组织委员集中学习研讨，参观华北大学旧址、石家庄城市馆等，不断提高委员履职能力和水平。

（三）加强干部队伍建设。认真贯彻《关于激励干部新时代新担当新作为的实施意见》，全面落实党组、机关党组的各项学习安排，坚持通过委员会微信工作群随时推送学习资料，坚持周五学习日制度，强化政治理论和相关业务知识学习，全方位提升政务性服务能力和事务性服务水平。

（四）主动加强与相关部门的沟通联系。积极与全国政协民宗委联系，争取指导和支持。密切与省直有关部门的协同配合，密切与宗教团体和宗教界人士的沟通联系，同时注重加强与其他省区市政协和省内各市政协对口委员会保持经常性联络，拓展工作的广度与深度。

（五）严明政治纪律规矩。主动接受驻省政协机关纪检监察组监督，抓好分党组和党支部党风廉政建设。成立民宗委党员委员活动小组，并通过分党组成员联系党员委员、党员委员联系党外委员等，推进党的组织和党的工作全覆盖。抓好委员会办公室党支部建设，开展学习交流、党支部书记述职和评议党员等工作。强化主体责任和“一岗双责”，严格遵守请示报告和个人重大事项报告等制度，推动全面从严治党不断向纵深发展。

一年来，民宗委工作虽取得了一定成效，但还存在一些不足之处，如，理论学习的深度、工作创新的力度等还不够，在探索新思路、拓展新渠道、尝试新方法上，还需继续加强和改进。2021 年，民宗委将进一步健全落实党对政协工作全面领导的制度机制，丰富履职平台、创新履职方式，推进工作再上新台阶。

一、抓学习，把学习好、理解好、运用好、贯彻好习近平新时代中国特色社会主义思想摆在首位

丰富学习载体，不断加强学习，在学习实践中领悟和感受习近平新时代中国特色社会主义思想的真理力量。落实好学习座谈会制度，及时跟进学习党的创新理论，深入对习近平关于加强和改进人民政协工作的重要思想研究，掌握中央、省委关于民族宗教工作的新精神。发扬人民政协重视学习、崇尚学习的优良传统，推动委员读书活动深入开展。

二、抓党建，发挥专委会分党组领导作用

以党的政治建设为统领，不断加强分党组自身建设和党员委员管理，把讲政治讲党性落实在行动上、体现在工作中。严格落实“三会一课”、谈心谈话、组织生活会等制度，把牢政治纪律和政治

规矩，不断提升分党组创造力、凝聚力、战斗力。加强思想政治引领，引领少数民族界委员在学习教育、协商议政中增进对中国共产党和中国特色社会主义的认同，铸牢中华民族共同体意识，夯实团结奋斗的共同思想政治基础。密切与宗教团体和宗教界人士的沟通联络，开展经常性走访委员、慰问宗教团体活动，和风细雨宣传党的宗教政策，坚持宗教中国化方向，引导宗教与社会主义社会相适应。

三、抓履职，围绕中心任务发挥专门协商机构作用

牢牢把握加强思想政治引领、广泛凝聚共识这个中心环节，坚持发扬民主和增进团结相互贯通、建言资政与凝聚共识双向发力，紧紧围绕中心工作，科学制订协商、调研、视察等履职活动。围绕“推进民族地区城乡人居环境改善治理”联合省民革和有关市政协共同开展专题协商，提升协商实效。围绕修订《河北省宗教事务条例》开展相关工作。围绕宗教场所规范管理及民族地区经济文化发展组织部分委员赴省内、外调研考察。开展以自我教育为主旨的学习考察活动，围绕“民族地区发展乡村旅游和美丽乡村建设”组织党外委员开展专题视察。加强与京津等地对口部门的联络，围绕相关问题开展学习考察等交流活动。

四、抓作风，全面落实从严治党要求

强化政治自觉和学习教育，着眼“政治过硬、素质过硬、作风过硬、纪律过硬”，狠抓干部队伍建设。自觉经常同党中央对标对表，坚持好组织原则，执行好组织决定。坚持讲责任、讲奉献，持续改进工作作风，把心思用在干实事上、把精力放到抓落实上，自觉地把责任扛在肩上。进一步抓好八项规定落实，在纠治“四风”上永不止步，坚定不移地把党风廉政建设和反腐败斗争引向深入。

港澳台侨和外事委员会

2020年，港澳台侨和外事委员会在省政协党组和主席会议领导下，在分管副主席和机关党组指导下，坚持以习近平新时代中国特色社会主义思想为统领，深入学习贯彻党的十九大和十九届二中、三中、四中、五中全会精神，认真领会习近平总书记关于加强和改进人民政协工作的重要思想，全面落实省委九届十次、十一次、十二次全会和省委政协工作会议精神，围绕统筹推进常态化疫情防控和经济社会发展目标要求，聚焦建言资政和凝聚共识双向发力，守正务实，担当尽责，顺利完成年度工作任务。

一、2020年工作总结

（一）强化理论武装，深化学思践悟。严格落实分党组“每月一学”、委员会“每周一学”、党员个人“每日一学”制度，以习近平新时代中国特色社会主义思想为主题主线，以《习近平谈治国理政》第三卷，习近平外交思想，习近平法治思想，习近平总书记关于港澳台工作、海外统战和侨务工作的重要论述，香港国安法等为重点，扎实开展政治理论学习，全年共组织分党组集体学习11次、委员会集体学习35次、自行问卷测评33次、重点篇目“集中研读周”1次，做到学思用贯通、知信行合一。

（二）加强思想引领，广泛凝聚共识。牢牢把握加强思想政治引领和凝聚共识中心环节，认真做好港澳委员、台联侨联界别委员和海外侨胞代表政治引领工作。一是强化教育引导聚共识。搭建线上学习交流平台，研究制定凝聚共识工作办法，扎实开展学习座谈和委员读书活动，全年累计推送学习资料156份，建

立委员读书园地2个、委员读书群1个，组织学习座谈会4次、线上读书活动2期，10月在正定塔元庄村组织现场读书会1次，曹素华、王宝山副主席积极参与有关活动，做辅导、谈体会、听建议、促共识，委员、代表参与有关活动300余人次，实现理论学习制度化、经常化。二是视察考察树信心。组织2次委员、代表专题视察，深入雄安新区、北京大兴机场和廊坊、张家口、承德，实地感受"十三五"时期国家和河北取得的发展成就。同时，积极搭建合作交流平台，先后组织委员、代表与张承地区6个县区对接交流，洽谈合作项目，张家口经开区康养项目、万全区陆地风帆车项目均已签署合作协议。三是声援爱国活动扬正气。高度关注港澳局势，在撑香港国安法、支持全国人大常委会港区议员资格决定等重大事件关键节点，旗帜鲜明地鼓励委员积极表态、正面发声、有所作为。今年以来，我省港区委员先后在港组织街站活动4次、发动亲友1200余人次、征集正义签名3579个。港区省级政协委员联谊会专门向叶冬松主席、我省港区委员召集人和全体港区委员致信感谢，全国政协港澳台侨委员会主任朱小丹批示：河北省政协港澳台侨和外事委员会依靠港区委员建立香港各界"撑国安法"联合阵线，为港区国安立法发声出力，体现了专委会责任担当和积极作为。

（三）紧扣发展主题，深化协商议政。围绕全省中心工作和省政协"一个要点、四个计划"，精心组织调研议政，着力打造建言精品。一是聚焦自贸试验区建设组织专题协商。在曹素华、王宝山副主席具体指导下，联合石家庄、唐山、廊坊三市政协，组织具有相关工作经历和学术专长委员、代表和专家学者实地调研，与40多家省直部门、地方单位和市场主体座谈交流，形成一批高质量调研成果，并于7月底邀请省政府及有关部门单位协商议政，共同为推进自贸试验区建设贡献智慧力量。王东峰书记、许勤省长等省领导对专题协商报告作出批示，要求四个片区深入研究，积极采纳协商成果。二是围绕全省大事要事汇聚智慧力量。

组织委员、代表紧扣省委、省政协重点工作建言献策，全年共收集调研报告、大会发言、社情民意等50余篇，陈智仁、李连君、张志刚、宣武兵4位委员、代表分别在省政协十二届三次全会、创新推动河北自贸试验区建设和积极应对人口老龄化专题协商会上重点发言。同时，及时整理全会期间委员、代表提出意见建议，《省政协十二届三次会议期间港澳委员和海外侨胞代表议政建言和交流合作情况报告》得到王东峰书记、许勤省长等省领导肯定，并批转相关部门研究落实，据省政府年底反馈意见，委员、代表提出的七个方面19条建议均被采纳。三是落实"三创四建"要求服务领导包联。建立与市县政协日常联络机制，王宝山副主席认真做好联系指导市政协和包联工作，多次深入石家庄、保定、沧州、定州、辛集等地调研座谈，协调解决"省药挂网""省药进省院"难题，强力推进中荷航空模拟机制造和培训中心项目。

（四）聚焦同心战疫，主动担当作为。依托河北省海外同胞慈善基金会（以下简称基金会）平台，在国内抗疫、海外战疫、复产复工等各阶段，主动担当、尽心履职，受到各界一致好评，基金会被省民政厅评为"疫情防控突出贡献单位"。一是组织委员代表支持抗疫。第一时间向港澳委员、海外侨胞代表发出同心协力支持河北抗疫倡议，主动与省卫健委、省红十字会、石家庄海关、省内主要防疫机构和国内运输公司等建立应急联动机制，累计接收委员、代表捐款 291.85 万元、物资价值 327.66 万元，惠及河北援鄂医疗队和省内 30 多个防控定点医院和防疫一线单位。指导基金会向我省受到全国卫健系统表彰的 9 名抗疫先进个人颁发奖金 18 万元，向石家庄、保定、唐山、邯郸 4 市援鄂医疗队捐赠奖金 80 万元。二是捐赠药品支援委员代表战疫。疫情全球蔓延，在曹素华副主席指导下，及时向委员、代表致信慰问，并于 3 月下旬率先为有需要的 21 名代表捐赠连花清瘟 2000 盒，4 月中旬又联合省委统战部、省侨联为 32 个港澳和海外侨团、30 位代表捐赠连花清瘟 13250 盒和防护口罩 2000 多只，与委员、代表一道应对疫情、共克时艰。三是走访调研助力企业复产复工。联合省医药行业协会，围绕加快推进后疫情时期我省医药产业健康发展深入调研，形成《社情民意》报省委、省政府，许勤省长、徐建培副省长批示肯定，要求省卫健委会同省发改委、省工信厅等部门研究促进医药产业发展措施。落实“聚、防、促”活动要求，陪同曹素华、王宝山副主席赴石家庄、张家口、沧州、衡水走访看望委员、代表 15 人次，听取建议，回应关切，协调解决疫情期间企业房租减免等问题。

（五）坚持多措并举，助力脱贫攻坚。组织港澳委员、海外侨胞代表通过基金会平台持续参与“同心携手助力脱贫攻坚”行动，基金会被省民政厅评为“助力脱贫攻坚突出贡献单位”，基金会永久荣誉理事长杨勋先生经省政协办公厅推荐，荣获第十一届“中华慈善奖”捐赠个人奖。一是狠抓项目建设。多次深入石家庄、张家口、承德实地考察推进扶贫项目。蔚县宜兴社区居家养老服务中心竣工并投入使用，隆化县郭家屯镇第 12 座连心桥建成通车，赞皇县中医院门诊大楼主体封顶，基金会第 28 次颁奖圆满完成，再奖励贫困地区优秀师生 550 名，受到当地干部群众交口称赞。肉牛养殖、贡米和烟叶种植产业项目进展顺利，香港仁善扶贫基金会第三次产业扶贫分红活动如期举行，4 个产业项目共惠及张承 2 地 368 户困难群众。二是重视平台建设。赴深圳参加第八届中国慈展会，围绕基金会运营管理、资金保值增值、慈善业务拓展等，观摩慈善成果，学习先进经验，与中国光华科技、东润公益等知名慈善机构建立联系、谋划合作。指导基金会认真做好 2020 年河北省社会组织评估和非营利组织免税资格认定工作。基金会从 140 余家参评单位中脱颖而出，被评为 5A 等级（此次 9 家社会组织获评 5A 等级），顺利获得免税资格。

（六）加强联络沟通，形成工作合力。围绕全年重点工作，主动与全国政协、兄弟省市政协及省直有关部门加强沟通交流，务实推进资源共享、联动协作。落实全国政协、省政协关于强化委员责任担当文件精神，就强化港澳委员责任担当赴全国政协征求意见；围绕创新推动河北自贸试验区建设协商专题，函调学习上海、福建、广东、天津、山东 5 省市自贸试验区建设经验做法；认真做好全国政协台盟台联侨联界别党外委员和上海市政协港澳台委来冀视察考察接待工作，为高质量推动京津冀协同发展、雄安新区建设发展征集有价值意见建议。全会期间邀请 35 个省直部门、县区政府、医院学校及有关企业与列席会议的海外侨胞代表对接交流，达成合作意向 27 个；

联合省委统战部就“促进冀港澳青年交流”开展专题调研，提出意见建议；配合省台办落实“台胞同等待遇和各项惠台措施”联席会议精神，适时邀请台胞代表列席省政协全会；配合省外办做好疫情期间我省华侨“双稳”工作；联系省税务局，协助解决原港区常委高彦明先生公益捐款抵税被罚事宜。

（七）持续正风肃纪，强化自身建设。充分发挥分党组领导作用，定期召开会议，研究部署委员会重点工作。认真开展党内组织生活，规范落实“三会一课”、谈心谈话、民主评议党员、个人事项报告等制度。巩固和发展“不忘初心、牢记使命”主题教育成果，研究制订委员会作风建设整改落实工作方案、委员会整治作风纪律突出问题专项行动工作安排，在服务省领导包联、走访看望委员、专题协商调研活动中，严格执行中央八项规定精神和省委、省政协党组有关纪律要求。认真执行厅级干部“一带二”帮带制度和单项工作厅级领办、个人负责、一事一讲评制度，全面提高党员干部能力素质。

二、2021年工作安排

2021年，港澳台侨和外事委员会坚持以习近平新时代中国特色社会主义思想为指导，持续深入学习贯彻党的十九届五中全会和中央经济工作会议精神，认真落实省委九届十一次、十二次全会精神，结合中国共产党成立100周年庆祝活动，围绕“十四五”规划编制实施，聚焦“三重四建五优化”活动任务，发挥优势，突出特色，认真履职，推动委员会工作再上新台阶。

（一）强化创新理论武装。一是坚持以习近平新时代中国特社会主义思想为指导，抓紧抓好分党组、委员会、党支部政治理论学习。二是用党的创新理论教育引导委员、代表，围绕习近平总书记在庆祝中国共产党成立100周年大会上的重要讲话和习近平总记在全国脱贫攻坚总结表彰大会上的重要讲话，组织2—3次远程学习辅导。三是认真落实学习座谈会制度，聚焦党的最新理论成果，不断创新学习方式，推动知行合一。四是围绕《习近平在宁德》《习近平在福州》扎实开展委员读书活动，组织2次现场读书会。五是根据新时代委员、代表履职需要，适时在深圳或珠海组织港澳委员、海外侨胞代表专题培训。

（二）广泛凝聚思想共识。一是组织委员、代表赴广东省视察粤港澳大湾区建设，深刻理解大湾区建设对助力“一国两制”新实践的重大意义。二是组织委员、代表赴雄安新区和基层县区视察，实地感受祖国新成就、河北新发展。三是高度关注港澳局势，支持港澳委员发挥“双重积极作用”，鼓励他们在事关国家主权、安全和发展利益等问题上主动发声、积极作为。四是引导海外侨胞代表结合亲身经历讲好中国抗疫故事和治国理政故事，让中国道路、中国方案、中国主张得到国际社会更广泛理解和认同。

（三）围绕中心履职尽责。一是围绕构建新发展格局，聚焦支持跨境电商健康发展主题，组织专题调研，提出协商建议，推动转化落实。二是紧扣“十四五”规划目标任务，紧盯全省大事要事和省政协要点计划，组织委员、代表议政建言。三是联合中国光华科技基金会合作实施“书海工程”，为省内中小学校捐赠图书。四是组织委员、代表继续在蔚县捐建公益慈善项目，助力巩固脱贫攻坚成果。五是指导基金会做好第29次奖励优秀师生工作。六是定期督导委员、代表资助的产业扶贫项目，协调解决困难问题，确保项目正常运转。

（四）拓展政协交流联谊。一是依托线上平台，密切与委员、代表日常联系，及时沟通信息、提供帮助、深化友情。二是视情组织赴港澳访问工作，继续邀请港澳青年赴冀参观考察，持续深化冀港澳交流合作。三是协助省直涉台部门认真做好对台工作，适时推进冀台民间交往。四是继续邀请海外侨胞代表列席政协全会，根据实际需要，适当增补、调整列席人员。五是精心谋划省政协外事访问工作，视情持续扩大对外友好交往。

（五）推进工作提质增效。一是充分发挥分党组领导作用，定期召开会议，传达学习中央决策、省委部署和省政协党组要求，谋划推进委员会重点工作。二是严格落实党建八项制度，在调研视察工作中合理安排走访慰问活动，开展谈心谈话。三是主动密切与全国政协和港澳中联办联系，参加全国暨地方政协港澳台侨工作座谈会，争取工作指导。四是加强与兄弟省市经验交流，不断提高业务素质。五是推动落实“四侨五台”联席会议制度，与涉台涉侨部门，增强工作活力。六是加强对各市政协对口专委会业务指导，发挥政协港澳台侨外工作整体合力。

经常性工作

委员视察、考察、调研

2020年，在省政协党组和主席会议领导下，政协河北省委员会办公厅、各专门委员会和有关市政协坚持以习近平新时代中国特色社会主义思想为指导，认真贯彻落实党的十九届四中、五中全会及中央政协工作会议精神，全面贯彻落实省委九届九次、十次、十一次、十二次全会和省委政协工作会议部署要求，坚持把加强思想政治引领、广泛凝聚共识作为中心环节，精心组织委员开展视察考察，为我省“十三五”圆满收官、决战决胜脱贫攻坚和全面建成小康社会作出积极贡献。

一、基本情况

按照省委要求和《省政协2020年视察考察工作安排》，全年共组织14个视察考察团，其中党外委员视察团9个、党外人士考察团2个、委托市政协组织跨市考察团3个。10位省政协领导同志分别率团视察考察，委员共计251人次参加，实现了29个界别全覆盖。

（一）围绕“十三五”时期新变化新成就开展专题考察。为深入学习贯彻中共十九届五中全会和省委九届十一次全会精神，按照省委安排部署，2020年11月，会同省委统战部联合组织两个党外委员、党外人士考察团，围绕我省“十三五”时期取得的新成就开展专题参观考察。第一考察团由省政协主席叶冬松同志任团长，葛会波同志任副团长，组织省民盟、省民建、省九三学社、省工商联中的党外人士和党外委员45人，赴廊坊、秦皇岛、唐山等地开展参观考察。第二考察团由省委常委、统战部部长、省政协党组副书记冉万祥同志任团长，卢晓光、王宝山同志任副团长，组织省民革、省民进、省农工党、无党派人士中的党外人士和党外委员40余人，赴雄安新区、保定、张家口等地进行参观考察。通过实地参观考察，大家对“十三五”时期全面建成小康社会取得的决定性成就有了更加直观的认识，充分感受到这些成就的取得充分彰显了中国共产党领导和中国特色社会主义制度的显著优势，一致表示要把学习宣传贯彻习近平总书记重要讲话精神和中共十九届五中全会精神作为重大政治任务，深入界别群众宣传中央精神和省委、省政府部署，宣传我省“十三五”成就，宣传我省“十四五”规划，保持战略定力，把握发展机遇，为实现全面建设经济强省、美丽河北的宏伟目标作出新贡献。省委书记王东峰对考察报告作出批示，对考察活动给予充分肯定。

（二）围绕大事要事凝聚智慧和力量。京津冀协同发展、雄安新区规划建设是习近平总书记亲自谋划推动的重大国家战略，是河北千载难逢的历史机遇。围绕“京津冀协同发展、雄安新区规划建设”，曹素华副主席于1月带领港澳台侨和外事委员会专题视察团，赴雄安新区、廊坊市进行视察。通过视察，港澳委员和海外侨胞代表亲身感受到祖国发展的新变化新成就，感受到京津冀协同发展的生机活力和广阔前景，并提出完善政策机制、提升创新活力、加强对外宣传等建议。设立河北自由贸易试验区是党中央、国务院作出的重大决策。围绕“加快北京大兴机场临空经济区规划建设和自贸试验区建设”，葛会波、卢晓光、苏银增副主席于9月带领提案委员会和财政经济委员会视察团，赴廊坊临空经济区、北京大兴国际机场进行专题视察。通过视察，委员们近距离看到了北京大兴机场临空经济区和自贸试验区建设进展情况，感受到新发展理念深入人心、发展动力活力充分涌现，并就坚定发展信心、凝聚起高质量发展的广泛共识和强大动力等提出建议。

（三）围绕助推我省经济和生态文明建设建言资政。推进正定新区建设对优化省会城市空间发展布局、提升省会城市品位具有重要意义。教科卫体委员会于10月组织党外委员赴正定县，围绕“正定新区建设情况”进行专题视察，切身体会正定新区日新月异发展变化，并就创新城市发展理念、推进城市发展模式创新等提出建议。大力发展林下经济是助力脱贫攻坚和生态保护的重要举措。围绕“林下经济发展”，曹素华副主席于10月率农业和农村委员会视察团，赴邯郸市进行视察，详细了解林下经济、涉农产品生产销售和企业运营状况，就坚持生态优先，充分考虑生态承载力，适度、合理发展林下经济，形成可持续发展的良性循环等提出了意见建议。建设清洁低碳、安全高效的能源体系，是实现经济社会持续健康发展的必然要求。围绕“河北清洁能源基础设施建设”，葛会波副主席于9月带领人口资源环境委员会视察团，赴唐山市进行专题视察，亲身体验我省清洁能源基础设施建设取得的成绩，就形成推进清洁能源基础设施建设的整体合力和加快推进河北生态文明建设提出建议。

（四）围绕社会事业发展和民生改善献计出力。养老问题是关乎民生的重要问题。围绕“社区和居家养老工程”，孙瑞彬副主席于8月率社会和法制委员会专题视察团赴邢台市开展视察。委员们深入社区居家养老服务中心、医养服务部门、敬老院等地进行实地察看，深切感受到了省委、省政府连续三年把发展社区和居家养老列为民心工程，推动我省养老体系建设取得的长足进步，并就发展社区和居家养老存在的重点难点问题，从创新发展思路、破解体制机制障碍、加大社会力量投入力度、提高养老机构建设质量和服务质量等方面积极建言献策。环京津少数民族特色村镇示范带建设是推动少数民族和民族地区加快发展的重要举措。围绕“少数民族特色村寨建设情况”，卢晓光副主席于8月带领民族和宗教委员会专题视察团赴保定市易县开展视察。通过视察，委员们感受到特色村镇建设持续深入推进为各族群众生产生活带来的变化，并就完善机制、优化布局、做强产业等提出建议。围绕我省脱贫攻坚和经济社会发展情况，港澳台侨和外事委员会于10月组织港澳委员、海外侨胞代表、港澳青年代表赴张家口市、承德市开展视察，并就加强资源整合、信息共享、助力脱贫攻坚提出意见和建议。

（五）围绕传承和保护传统文化和革命文物履职尽责。围绕传承发展中华优秀传统文化和革命文物保护利用工作，孙瑞彬副主席于9月带领文化文史和学习委员会视察团赴保定市进行视察，聚焦挖掘、提炼、展示、传播中华优秀传统文化和革命文物所承载的精神标识、文化精髓和当代价值，坚定文化自信，深入调查研究，积极建言献策。委员们表示要争做传承发展中华优秀传统文化和革命文物保护利用的示范者、宣传者、推动者，为繁荣发展社会主义先进文化贡献更多政协智慧和力量。

此外，办公厅委托张家口市、秦皇岛市、石家庄市等市级政协组织住当地省政协委员开展了跨市考察。

二、主要做法

（一）坚持突出中心环节，广泛凝聚人心共识。坚持把加强思想政治引领、广泛凝聚共识作为中心环节，贯穿到视察考察全过程，引导委员把参加视察的过程作为自我学习、自我教育的过程，进一步增进对中国共产党和中国特色社会主义的政治认同、思想认同、理论认同和情感认同，进一步增进对中央和省委决策部署的理解和认同，进一步坚定了发展的信心与决心，汇聚起推动改革发展的广泛合力。

（二）坚持发挥委员优势特点，切实提升视察考察实效。各视察考察团在课题选择、人员组成、活动实施等方面，充分发挥委员的专业优势和履职积极性。坚持拟定视察考察选题和实施方案时，认真征求、吸纳委员的意见建议，提升选题的科学性、针对性。坚持根据界别特点和专业结构，组织委员参加专题视察，增强了建言资政的精准性和权威性。坚持多渠道、多形式运用视察考察成果，视察中组织委员深入现场摸实情，座谈交流出实招，充分发表意见建议，形成专题视察报告后及时送省委、省政府有关部门，有的意见建议直接转化为提案和社情民意，为有关部门科学决策提供参考和依据。

（三）坚持精心组织谋划，保障视察考察活动规范高效。面对新冠肺炎疫情的影响，在严守疫情防控和廉洁纪律的基础上，各组织单位精心谋划、周密组织，充分预判活动中不确定因素，制订切实可行的工作方案。加强组织领导，叶冬松主席和各位副主席带队进行视察考察，组建临时党支部，充分发挥党组织在视察、考察中的作用。视察前有针对性地将与视察内容相关的政策要求、被视察单位的相关资料征集印发给委员，帮助委员知情明政、知情议政。加强与市县政协协调联动，形成整体合力。严格遵守中央八项规定和我省实施办法，轻车从简、厉行节约。

三、2021 年工作设想

坚持以习近平新时代中国特色社会主义思想为指导，全面贯彻落实中共十九大和十九届二中、三中、四中、五中全会精神以及中央政协工作会议精神，贯彻落实省委十一次、十二次全会精神和省委政协工作会议精神，牢牢把握新时代人民政协新方位新使命，更加注重思想政治引领，更加注重广泛凝聚共识，更加强化委员责任担当，进一步提高视察、考察工作质量。

（一）在聚焦中心任务、强化责任担当上实现新提升。围绕省政协 2021 年“一个要点四个计划”工作安排，紧扣“三重四创五优化”、“三件大事”、创新驱动发展等，以助推我省“十四五”开好局、起好步为着力点，认真选题、精心组织，推动委员充分发表意见、写好委员作业，为我省经济社会发展贡献智慧和力量。

（二）在广泛凝聚共识上取得新进展。落实好《河北省政协关于加强和促进人民政协凝聚共识工作的意见》,把思想政治引领和凝聚共识融入视察考察全过程。认真学习领会中央和省委决策部署,增强推动政策落实的自觉性。深入基层、深入群众,多做政策宣传、引导预期的工作。通过不同思想观点的充分表达和深入交流,力求在建言资政和凝聚共识上取得更好成效。

(三)在发挥界别作用上实现新突破。注重发挥政协的界别优势,认真落实专委会联系界别委员制度,善于通过界别渠道宣传党的大政方针和决策部署,把党的主张转化为社会各界广泛共识和自觉行动。探索联系服务群众方法,在视察考察过程中深入界别群众听取意见建议、反映愿望诉求,解疑释惑、理顺情绪、化解矛盾,促进社会各界和不同利益群体和谐。

(四)在推动成果转化上取得新成效。坚持质量优先,综合运用提案、社情民意信息、大会发言等形式,推动视察考察报告成果转化运用。及时宣传报道视察考察情况,宣传视察考察工作的实际成效,把委员视察考察工作体现的民主监督与舆论监督综合起来,进一步扩大社会影响力。

反映社情民意信息工作

2020 年,省政协办公厅坚持以习近平新时代中国特色社会主义思想为指导,深入学习中共十九大和十九届五中全会精神,学习贯彻习近平总书记关于加强和改进人民政协工作的重要思想,全面贯彻中央政协工作会议精神,贯彻落实省委九届十一次、十二次全会和省委政协工作会议精神,组织政协各参加单位、各专门委员会、政协委员、各民主党派和工商联成员及无党派人士积极反映社情民意,推动反映社情民意信息工作在建言资政和凝聚共识上双向发力,服务全省改革发展稳定大局,为助推党委政府方针政策落实,促进科学决策、有效施策,广泛汇聚团结奋斗的正能量,推进新时代全面建设经济强省、美丽河北发挥了积极作用。

省政协党组和主席会议高度重视政协反映社情民意信息工作,就提高信息工作质量、畅通信息报送渠道等提出要求。一年来,共收到社情民意信息 792 篇,精编后向全国政协报送《社情民意专报》和《每日社情》402 期,向省委、省政府报送《社情民意专报》124 期,向有关部门转送信息 1 件。所报送的社情民意信息中,有百余篇被全国政协采用,得到省委、省政府、省政协领导批示 50 余人次,有关部门回函、回电答复 1 次。反映社情民意信息作为政协履行职能和发挥专门协商机构作用的有效形式、转化双向发力成果的重要载体、政协汇集社情民意的基本渠道,在推动人民政协努力成为"重要阵地""重要平台""重要渠道"中展现了新样子新作为。

一、反映社情民意信息基本情况

一年来,我们坚持围绕中心、服务大局,针对党和国家重大方针政策和省委、省政府部署安排的贯彻落实情况以及人民群众关心关注的热点难点问题编报信息,省委、省政府领导同志对有关信息作出批示,要求相关部门高度重视委员、统一战线成员提出的意见建议,认真研究、切实推动解决问题、改进工作。

(一)聚焦应对新冠肺炎疫情提出对策建议。针对应对新冠肺炎疫情,报送相关信息 200 期。向全国政协反映了春节期间预防新型冠状病毒肺炎、加强对消毒产品管控、对疫情防控期间医药信息发布管制、疫情防控期间通过媒体加强社会心理疏导、加强疫情各环节医疗废物监管、完善我国突发公共卫生事件监测预警工作、加强对新冠肺炎康复人群的心理关爱、在疫情防控工作中发挥农业院校动物医学专业师生作用等建议,其中近百篇被全国政协采用。向省委、省政府报送了开通抗疫防疫"后勤补给"绿色通道、科学处置废弃口罩、积极稳妥推进制造业尽快复工、疫情期间集中(居家)隔离人群生活垃圾处理、刺激我省餐饮业恢复发展、新冠肺炎疫情对实现全面脱贫的影响等方面问题,其中10篇得到省委、省政府主要领导批示,为我省疫情防控工作和恢复生产生活秩序发挥了积极作用。"聚力量、防疫情、促发展"活动开展以来,全省政协系统围绕经济社会发展、疫情防控、"六稳""六保"等重点任务,共反映社情民意信息2517条,一批建言成果得到党委政府主要领导同志批示肯定,有关部门认真吸收采纳。

(二)围绕党委政府中心工作提出对策建议。针对深化供给侧结构性改革,报送相关信息5期。反映"深化农业供给侧结构性改革"专题议政性常委会议协商成果,编报推进我省农村集体产权制度改革、推进农村宅基地改革、降低车辆购置税拉动汽车消费等建议,其中《关于推进农村宅基地改革的建议》得到许勤省长批示。围绕"三件大事",报送相关信息6期。反映"京津冀协同发展""雄安新区建设""冬奥会筹备情况"调研视察成果,编报了京冀联合设立北京大兴国际机场综合保税区、培育河北中欧班列做大做强、优化京石城际高铁运行、培育我省京津冀水源生态涵养区发展养蜂产业、做好我省冰雪产业等建议,其中《京冀联合设立北京大兴国际机场综合保税区的建议》得到许勤省长批示。关于编制"十四五"规划纲要,报送相关信息5期。反映"编制我省'十四五'规划纲要"专题议政性常委会议成果,编报重视大型科研仪器共享平台建设、推进养老服务创新发展等建议。针对科技创新发展,报送相关信息5期。反映"促进县域科技创新跃升"专项民主监督成果,编报了成立电子科学与技术专业教学联盟、加快研制光刻机摆脱国外制约、促进中小高科技企业发展等建议。

(三)紧扣打好三大攻坚战反映情况意见。关于打好防范化解重大风险攻坚战,报送相关信息10期。围绕重点防控金融风险,编报防范公民金融隐私信息泄露、解决中小企业现金流告急问题、规范股权登记托管等信息;就生产安全问题,编报我省氨水生产行业存在巨大隐患应予以重视等建议;就粮食安全问题,编报强化农作物生物灾害监测防控、解决"收缩城市"规划建设占用耕地问题、健全粮食产后减损机制、秋收秋种秋管工作存在问题及对策、应对可能性蝗灾等建议。关于打好精准脱贫攻坚战,报送相关信息12期。反映"推动易地扶贫搬迁后续工作落实"民主监督成果,编报了后脱贫攻坚时代需要超前谋划有关问题、脱贫攻坚与乡村振兴战略机制衔接过程存在一些问题应予重视、完善防范返贫机制巩固脱贫成果等信息。关于打好污染防治攻坚战,报送相关信息6期。反映"加强散煤治理"民主监督成果、"河北清洁能源基础设施建设"党外委员专题视察成果,编报了完善我省河长制、减少餐饮外卖领域塑料污染、推进塑料污染治理、推动化肥农药减量使用、破解农村清洁取暖困局等信息,其中《关于推动化肥农药减量使用的建议》得到许勤省长批示。

(四)围绕保障和改善民生反映群众关切。就办好人民满意的教育,报送信息12期。反映"加快少数民族地区教育发展"专题协商成果,编报了加强新时代高校教师队伍建设、解决高校就业率虚高问题、帮扶我省民办幼儿园走出困境、延期开学期间允许高校免费使用电子版教学用书、加强规范中小学生汉字书写教育等信息。就推进健康中国战略、全面推进健康河北建设,报送相关信息13期。反映"推动中小学生近视大防控、合力减少小眼镜"专题协商成果,报送了大学生群体较高的乙肝病毒感染率应予以重视、儿童青少年脊柱侧弯情况亟待关注等信息。编报了解决二级医院手术紧急用血问题、及早应对阿尔茨海默病带来的医疗冲击、加强医联体建设等建议。就实施就业优先政策和提高社会保障水平,报送相关信息6期。反映"推动社区街道居家养老""积极应对人口老龄化"专题协商成果,围绕做好稳就业工作,提出提升对农村籍大学毕业生返乡创业能力支撑等建议;围绕提高社会保障水平,编报以"时间银行"模式创新推进养老服务、关心关爱独生子女家庭养老问题等信息。就推动文化事业和文化产业繁荣发展,报送相关信息3期。反映"加强我省文物保护"专项民主监督成果,编报了未来二三年我省文化战略的思考等建议。

(五)关注关于推进法治建设和社会治理创新的意见建议。在推进法治建设、加快建设法治河北方面,报送相关信息13期。提出修改完善《未成年人保护法》《民法典(草案)》《行政复议法》《信息公开条例》、完善网络立案、完善法院网上协同办案应用系统等建议,其中《关于加强河北省河湖保护法制建设的建议》得到许勤省长批示。在加强和创新社会治理方面,报送相关信息5期。反映"物业管理与社区治理融合发展"专题协商成果,围绕构建基层社会治理新格局,提出探索创新基层群众自治模式、打通服务群众"最后一公里"等建议。

(六)围绕加强和改进人民政协工作反映情况。在加强和改进人民政协工作方面,报送相关信息16期。反映庆祝河北省政协成立70周年活动成果,提出强化民主监督实效、加强委员学习培训、健全委员履职评价及激励机制、完善委员移动履职平台、建立社情民意反馈机制等建议。

二、加强和改进反映社情民意信息工作主要措施

一年来,我们坚持问题导向,聚焦短板弱项,加大工作创新力度,完善工作机制,着力提升工作质量,主要采取以下措施:

(一)围绕省政协重要协商议政活动编报信息,做好履职成果转化工作。发挥政协信息直通车优势,及时反映省政协全体会议,专题议政性常委会议、专题协商会、远程协商会、提案办理协商会、对口协商会、界别协商会以及重要专题调研、视察考察、民主监督活动成果,完善和创新会议成果报送方式,充分发挥政协信息转化协商议政成果的作用。

(二)发挥《社情民意专报》《每日社情》和《转送件》作用,搭建政协信息服务建言资政和凝聚共识的平台。将涉及全国性问题的意见建议以《每日社情》和《社情民意专报》形式直接报送给全国政协,把涉及全省经济社会发展问题的意见建议以《社情民意专报》的形式报送给省委、省政府领导,把涉及相关部门的意

见建议以《转送件》的形式直接转送相关部门，保证了信息的时效性和针对性，促进了建议问题的及时解决。丰富信息内容，既可是建言献策、反映问题、提出意见建议，也可是凝聚共识、加强引领，在中央作出重大决策部署，或在国际国内发生重大情况和突发性事件时，及时反映社会舆情、思想动态，拓宽统一战线成员、政协委员向党委政府反映情况建议渠道，加强政治引领，广泛凝聚人心。

（三）加大对信息报送主体分类指导力度，增强工作针对性。发挥政协委员报送信息主体作用，加大对各级政协委员定向约稿力度，突出反映委员重要意见建议。同时，还注重强化社情民意特邀信息员的队伍建设，聘请一批参政议政能力强、反映社情民意信息积极、具有代表性的专家学者担任社情民意特约信息员，为反映社情民意信息工作注入了新鲜的血液，充实了人员力量。组建各市县政协、省各民主党派、省工商联反映社情民意信息工作微信群，加强工作联系和业务交流，提升来稿质量，采用率明显提高。召开反映社情民意信息经验交流会，深入研讨反映社情民意信息工作，深化思想认识，交流先进做法。

（四）开展信息质量评价工作，推动信息工作提质增效。根据《政协河北省委员会协商议政质量评价工作办法（试行）》，开展反映社情民意信息质量评价工作，评出优秀社情民意信息20篇。增强信息组稿主动性，跟踪时政要闻和社会热点，强化报送时效，定期策划重要选题，提高选题精准度，重点向具有专业特长的委员和相关报送单位提出用稿建议。提升编报能力，编印年度社情民意信息汇编，加强业务培训指导，规范工作流程，提高工作人员专业素养。及时反馈出刊信息，反馈采用情况，激发报送信息的积极性。

（五）充分利用县级信息直报点优势，全面激发基层活力。社情民意信息源自基层，潜力也在基层。全省共设置20个社情民意信息县级直报点，实现了各设区市“全覆盖”，打通社情民意信息报送的“最后一公里”。选定唐山为全国政协信息直报点，在疫情防控的攻坚阶段，唐山市政协谋划开展了“夺取疫情防控和经济社会发展双胜利”社情民意专题“一线协商”活动，通过搭建网络微平台，邀请政协委员、政府相关部门、各界代表和基层群众150余人参与线上协商互动，并研究制定了《唐山市政协“一线协商”工作办法》。在全国政协办公厅2020年反映社情民意信息工作座谈会上，作为市级报送社情民意信息典型，作了会议口头发言。邢台市政协制定《邢台市政协关于聘请社会人士担任民主咨政员、特邀监督员、民情观察员的办法（试行）》，利用“三员”队伍为政协发扬民主、联系各界、增进共识开辟了一种新的补充形式。

总结一年来的工作，主要有以下几点体会：一是注重发挥政协信息凝聚共识功能作用。既聚焦中央和省委中心任务报送信息，为党和政府科学民主决策提供有益参考，又及时反映各级政协委员与统一战线成员诉求心声，为协助做好解疑释惑、宣传政策、理顺情绪、化解矛盾工作提供支撑。二是注重加大信息工作创新力度。在继承中发展，在发展中创新，既坚持已有的阅选流程、编报机制等经验做法，又着力解决制约工作发展的“瓶颈”和短板，克服思维惯性，丰富刊型载体，加强信息技术手段应用，增强信息工作整体效能。三是注重把提高信息质量摆在更加突出的位置。将提质增效贯穿信息工作全过程，既采取行之有效的措施提高稿件采用率，又通过约稿、培训、质量评价等措施，使更多接地气、选题好、分析透、举措实的信息报送上来，强化信息编报能力，努力打造信息精品。四是注重形成信息工作整体合力。构建联动高效的信息工作网络，既定期召开会议通报情况、交流工作，加强对各方面报送主体的业务指导，又挖掘信息资源潜力，充分调动委员和信息工作者两支队伍积极性，发挥好通报和评选表彰工作引导激励作用。

同时要看到，工作中还有不足之处：有的信息报送单位工作积极性不高，一些信息质量有待进一步提升，政协委员信息报送主体作用发挥不够充分等。对于这些问题，我们将加强研究，切实改进。

三、2021 年工作初步考虑

一是在服务发挥人民政协专门协商机构作用上下功夫。围绕全面建设社会主义现代化国家和“十四五”规划目标任务精准选题，聚焦全国政协和省政协年度协商计划精心谋划。加大协商成果转化力度，拓宽反映形式，向全国政协和省委、省政府及时反映政协协商成果，加强协商成果采纳情况的反馈。二是在加强思想政治引领、广泛凝聚共识上下功夫。积极运用《社情民意专报》《每日社情》《转送件》等载体，反映各级政协委员和统一战线成员关心关注的热点难点问题，协助有关方面在一些敏感点、风险点、关切点问题上做好凝聚共识工作。三是在健全发挥新型政党制度优势的机制上下功夫。加强与民主党派沟通协作，定期印发社情民意相关资料，完善经常性联系机制，支持各民主党派以本党派名义通过政协信息建言资政，为民主党派和工商联成员及无党派人士反映社情民意做好服务。四是在调动委员反映社情民意信息积极性上下功夫。建立健全委员联系沟通机制，重要约稿选题向委员倾斜。在委员学习培训中充实反映社情民意信息内容，引导推动委员做好包括社情民意信息在内的“委员作业”，充分调动委员报送信息的积极性、主动性。

信访工作

2020 年，委员联络工作室贯彻落实省政协党组、机关党组的工作部署，在办公厅领导下，认真履行职责，不断创新方法，探索新思路，顺利完成了 2020 年承担的重点工作。现将主要工作总结如下。

一、筑牢信仰根基，对党绝对忠诚

始终把旗帜鲜明讲政治摆在首位，树牢“四个意识”，坚定“四个自信”，做到“两个维护”，在政治立场、政治方向、政治原则、政治道路上时刻同以习近平同志为核心的党中央保持高度一致。一是加强理论学习。坚持把学习贯彻习近平新时代中国特色社会主义思想作为首要任务，用党的最新理论成果武装头脑。推动理论学习常态化。按照机关党委的每月理论学习提示，组织支部党员干部认真开展学习。定期组织集体学习，交流学思感悟，进一步统一思想、凝聚共识；激发理论学习积极性。引导党员干部积极撰写学习体会，参加机关理论学习交流会。充分利用“学习强国”平台，发掘“学习强国”的各项功能，通过丰富的学习资源增强学习主动性；丰富理论学习形式。组织党员干部全员参加了河北干部网络学院的网络培训，集中收听收看中央重要会议实况,积极参加省政协常委会后集体学习,听取专家辅导讲座,进一步提升学习效果。达到了理论学习有收获、思想政治受洗礼、干事创业敢担当、为委员服务解难题、清正廉洁做表率的预期目标。二是把理论武装体现到政治担当上。严格遵守党的各项纪律特别是政治纪律和政治规矩,认真组织开展民主生活会,通过出出汗、红红脸等方式,巩固和提高政治标准、增强政治效果,做政治上的明白人。三是夯实业务基础,努力做到懂政协、会协商、善议政。下功夫向领导学、向委员学、向同志学,向书本学、向实践学,增强自己的业务水平,为更好地开展工作打好业务基础。

二、坚定服务理念,为住冀全国政协委员服务

一年来,我们牢固树立服务理念,一直致力于加强与住冀全国政协委员的联系,探索改进服务委员的方式方法,寻找最佳着力点,把工作做细、做实,为委员履职提供更好的服务。

(一)圆满完成住冀全国政协委员参加全国政协十三届三次会议的服务保障工作。一是做好会前筹备工作。制订工作方案,组建工作专班,抽调精干力量组成了赴京服务工作队伍。明确专人与住我省全国政协委员密切联系,确保委员均能按时出席会议。积极与省委办公厅、省委统战部、省政府驻京办和省政协有关部门联系,落实上会服务工作人员和车辆的情况。按照全国政协的要求,完成了各项报名准备工作。二是做好疫情防控工作。提前对委员和上会工作人员做好流行病学史筛查、每日健康监测和自身防控作出安排。组织进行了两次核酸检测、一次血清抗体检测和胸部CT检查。协调有关市政协对住当地的全国政协委员进行了有关检测。严密组织了核酸检测后的集中封闭管理和集体乘火车赴京报到,确保形成闭环。三是做好会议期间和会后的各项服务保障。积极与全国政协沟通,解决委员和工作人员在京遇到的各种情况。组织会议结束后的第三次核酸检测。跟踪了解所有赴京人员在会后14天的身体状况,确保此次会议组织服务工作万无一失。

(二)征集履职的素材,帮助委员了解省情。为了进一步引导住冀委员围绕我省“3689”重点工作深入调研、撰写提交提案,积极反映河北经济社会发展新成效,呼吁国家层面支持,助力河北发展,去年年底和今年年初,我们联系省委办公厅、省政府办公厅和有关厅局、各市政府、各民主党派,收集了我省需要在全国政协会议上呼吁解决的一些问题,形成提案素材,送交给提案委员会整理成提案素材供各位住冀全国政协委员撰写提案参考。委员们认为,这样的做法有助于他们更好地锚定新方位新使命,紧扣新任务新要求,了解省情,抓住重点,精准建言,更好地利用全国政协这个平台,为奋力开创新时代经济强省美丽河北新局面作出政协委员新贡献,助力我省经济社会发展。

(三)加强会前准备,帮助委员拓展思路。在住冀全国政协委员赴京前,组织召开住冀全国政协委员座谈会,座谈研讨提交提案的准备情况,拓展思路,提前谋划、准备全国政协全会。2020年5月19日,在太行国宾馆组织了住冀全国政协委员座谈会,深入学习贯彻习近平新时代中国特色社会主义思想和党的十九大精神以及习近平总书记对河北工作的重要指示批示,认真落实省委九届九次、十次全会和省“两会”精神,围绕我省

"3689"重点工作，就如何在全国政协会上以提案和会议发言形式呼吁争取国家部委支持进行了座谈交流，同时，对委员在会议期间履行好职责、严肃会风会纪提出要求。

三、坚持高标准高质量，圆满完成省政协大会发言组织工作

2020年，委员联络工作室首次承担大会发言组的工作，以高度积极性和责任感圆满完成了大会发言的各项工作。一是提前着手，周密部署。接到大会发言任务后，集中力量研究工作步骤，明确责任分工，制定了详细的工作进度时间表。二是迅速行动，多方沟通。迅速下发了大会发言的征稿通知，并多次召开各专委会、各民主党派参加的协调会，推动大会发言征稿工作。三是精心筹备，仔细推敲。经过与各专委会、各民主党派和有关委员的反复沟通，几易其稿，最终精选口头发言12篇，定稿书面发言294篇。省政协十二届三次会议的大会发言质量较高，委员们围绕省委、省政府中心工作和我省经济社会发展的热点难点问题凝聚共识，建言资政，提出意见和建议，省委、省政府负责同志现场听取意见和建议，体现了政协建言、党委政府纳言的互动，塑造了"商量办事"的政协品格。展示了政协的履职能力，体现了省政协委员的新风采、新面貌、新形象。

四、搭建履职平台，密切与委员联系

一是做好与党外委员和党外人士联系的服务保障工作。4月24日，叶冬松主席主持召开党外委员座谈会，与党外委员开展谈心谈话，倾听委员心声，了解思想动态，听取意见建议，筑牢团结奋斗的共同思想政治基础。11月14日至17日，组织党外人士考察团赴廊坊、秦皇岛、唐山进行考察，切身感受我省"十三五"时期取得的新进展新成就，进一步增进对省委决策部署的理解和认同，考察结束后形成考察报告报送省委。二是发动委员积极参加省政协组织的各类活动。为庆祝省政协政协成立70周年，重点联系了不同界别的履职成绩突出的政协委员，先后录制了214名委员《责任与担当》短视频，展示了政协委员的新风采、新面貌、新形象。邀请部分住冀全国政协委员和15名省政协委员参加省委组织的春节团拜会。汇总收集住冀全国政协委员和省政协委员在参与新冠肺炎疫情防控中的做法和先进事迹，及时向宣传处等部门反馈。三是制发委员生日贺卡。按照省政协领导的要求，为每一位省政协委员制作了生日祝福卡片，在委员生日前寄出，让委员感受到更多人性化的关怀。

五、积极探索创新，推动委员履职管理工作有序开展

一是收集委员履职情况表和常委履职情况报告，对2019年省政协委员履职情况进行统计分析。二是汇总委员履职系统内的信息，按照委员、常委、党员常委三个层次对省政协委员2019年的履职情况进行定量、定性的分析评价，起草了有关情况报告。《2019年省政协委员履职情况报告》和委员履职情况表反馈省委组织部、省委统战部、委员本人和委员所在单位。《2019年省政协常委履职情况通报》在省政协十二届十四次常委会上印发。三是推动省政协常委履职点评工作。印发了《省政协党员常委履职点评工作办法（试行）》，制订了《2019年省政协党员常委履职点评工作方案》，协调有关部门提供相关履职材料。起草了《2019年度省政协中共党员常委履职建言情况通报》，对此次党员常委点评工作

进行了总结，在省政协十二届十四次常委会前的中共党员常委会议上进行了口头通报，进一步深化了委员履职评价及激励机制。

六、适应新形式，制定新制度

（一）起草了《河北省政协党员常委履职点评工作办法》。按照省政协领导要求，为更好地发挥省政协党员常委的模范带头和“关键少数”作用，引导和带动全体委员坚持履职正确政治方向，不断提高建言资政和凝聚共识的质量。依据《中共中央关于新时代加强和改进人民政协工作的意见》、中共中央办公厅《关于加强新时代人民政协党的建设工作的若干意见》和省委《关于新时代加强和改进人民政协工作的实施意见》、省委办公厅《关于加强新时代人民政协党的建设工作的实施意见》及《省政协党组贯彻落实党的建设工作八项制度实施方案》等文件精神，参照《全国政协党员常委履职点评工作办法》，结合我省政协工作实际，起草了《工作办法（试行）》，4 月以省政协党组文件印发。

（二）起草了《河北省政协关于加强和促进人民政协凝聚共识工作的意见》。为深入贯彻中共中央十九届四中全会、中央政协工作会议和省委政协工作会议精神，根据《中共中央关于新时代加强和改进人民政协工作的意见》和省委实施意见，参照全国政协《关于加强和促进人民政协凝聚共识工作的意见》，结合我省实际，起草了《河北省政协关于加强和促进人民政协凝聚共识工作的意见》，已经省政协主席会议审议通过后印发。

（三）起草了《河北省政协关于强化政协委员责任担当的意见》。为深入贯彻习近平总书记关于加强和改进人民政协工作的重要思想，落实中共十九届四中全会和中央、省委政协工作会议精神，根据《中共中央关于新时代加强和改进人民政协工作的意见》和省委实施意见，参照全国政协《关于强化政协委员责任担当的意见》，结合我省实际，起草了《河北省政协关于强化政协委员责任担当的意见》，已经过省政协主席会议和常委会议审议通过后印发。

（四）修订《省政协大会发言工作规则》。据咨询全国政协文史委员会（该文件的起草部门），全国政协将于今年 12 月启动修订工作（只过秘书长会，不上主席会）。目前我们正在积极对接，待全国政协文件制定后，对标全国政协文件，根据我省工作实际，着手修订我省《大会发言大会发言工作规则》。

七、坚持底线思维，全力完成各项信访维稳工作任务

认真学习贯彻习近平总书记关于加强和改进人民信访工作的重要思想。通过集中学习，充分认识重大意义，深刻理解精神实质，自觉笃行实践要求，真正做到内化于心、外化于行，知行合一。坚持运用这一重要思想分析新形势、研究新情况，解决好信访问题、服务好工作大局。

（一）进一步压实信访工作责任。组织机关各部门逐级签订《2020 年度省政协机关信访工作责任书》，通过签订责任书，进一步强化担当、压实责任、细化任务、明确目标，建立起一级抓一级、层层抓落实的信访工作责任体系。一是以部门为单位落实隐患排查化解整改责任、维稳责任，形成逐部门排查、按职能归口的源头管控防范化解机制，确保机关信访工作安排部署落实落地；二是按照“谁主管、谁负责”“一岗双责”原则，分别明确主管领导对分管部门、分管工作领域

信访问题的包联责任，对案情复杂、解决难度大的问题，提级分包，推动案结事了，确保群众合理合法诉求得到及时解决；三是加强了统筹保障，明确在重要敏感时间节点、有应急处置需要时，按职能为开展应急处置工作提供人力、物力等资源保障，服从机关统一安排，确保应急处置能够快速反应、积极应对。

（二）组织开展常态化隐患排查化解。全年围绕省两会、全国两会、暑期安保、国庆中秋和党的十九届五中全会等特殊时期，围绕涉新冠肺炎疫情问题，以及省信访局的统一安排部署，全年共组织开展信访矛盾隐患排查5次，做到发现在早、防范在先、处置在小。一是按部门从职能到所属人员等不同层面深入清查隐患点、矛盾点和潜在不稳定人员；二是针对排查出的问题建立隐患台账，实行“一人一档”“一人一策”，明确化解意见、化解措施、化解稳控责任人；三是强化人员稳控，通过电话、微信等方式保持经常性联系，了解日常思想状况，做好政策解释、困难帮扶，确保不让任何风险隐患走出机关形成赴省进京访。四是疫情发生后，严格按照省委、省政府的工作部署，对涉疫情信访矛头隐患开展不间断排查，及时预警并妥善化解防控疫情期间发生的矛盾纠纷。

（三）做好来信来访接待办理工作。学习贯彻习近平总书记对信访工作的重要指示精神，认真落实信访事项首接首办责任，时刻牢记“群众工作无小事”，用心用情用力解决群众诉求，做到事事有回应、件件有着落。一是全年共拆阅、登记来信65件，严格按照《省政协办公厅信访工作办法》做转送、交办、留存处理，并将相关跟踪情况形成电子台账，方便查阅检索判重归档。二是对涉及省政协机关、省政协委员或有省政协领导批示指示的7件信件及时转送、重点跟踪办理，建立年度机关信访批示件台账及目录。三是疫情期间，开启“不见面”信访工作模式，及时接听群众来电，实时查看网上信访投诉情况，采取电话回复、电话跟踪督办、电话回访等方式及时、高效办理群众反映的诉求，进一步畅通信访渠道。对涉疫情有关事项“特事特办”。

八、明年工作设想

在今工作的基础上，按照省政协党组工作要点的要求，认真落实省政协领导交办的各项工作任务。在做好日常工作的同时，重点做好以下工作：一是组织好委员视察考察。按照省政协党组2021年工作要点要求，组织住冀全国政协委员和省政协委员开展视察考察。二是努力提升委员履职管理水平，进一步完善委员履职档案。三是继续致力于委员联络工作的探索创新，努力摸索尝试新做法。四是做好信访维稳工作，稳步推进省领导包案督访工作。

学习培训

根据省委组织部要求，组织开展省管干部和机关处级及以下干部党的十九届四中全会精神网络培训工作，做到厅级及以下干部全覆盖。根据全国政协、省委组织部通知要求，做好全国政协干部培训班和省委党校（河北行政学院）干部调训工作。总结梳理近三年机关贯彻落实《干部教育培训工作条例》和《2018—2022年全省干部教育培训规划》情况，做好中期评估迎检工作。

（一）扎实开展“不忘初心牢记使命”主题教育。突出主题主线，牢牢把握总要求和根本任务，把学习教育、调查研究、检视问题、整改落实贯穿始终。认真做好党组成员、机关党组成员、专委会分党组书记在省委党校为期7天封闭式集中学习和机关3次主题教育专题报告会、3次理论学习交流会服务保障工作，组织2次委员讲堂、2次主题参观、4次观看专题教育片和优秀剧目，机关党组织开展集体学习288次、交流研讨72次。

(二)狠抓政治理论学习。坚持以习近平新时代中国特色社会主义思想武装干部头脑、推动机关工作，切实增强“四个意识”、坚定“四个自信”、做到“两个维护”，把党的政治建设摆在首要位置、落实在行动上、体现在工作中，及时学习贯彻中央、省委和省政协党组、机关党组重要会议、文件精神，办公厅重要工作及时请示报告，牢牢把握正确政治方向，强化对党忠诚教育，指导各党支部开展重温入党誓词、入党志愿书以及党员过“政治生日”等政治活动，组织机关干部赴西柏坡、李家庄开展革命传统教育，修炼对党绝对忠诚的坚强品质，增强坚定的维护定力和能力。

(三)开展中央、省委政协工作会议精神大学习大研讨。制订印发中央、省委政协工作会议精神学习宣传贯彻安排方案，扎实推进42项重点任务落实，以广电网络视频会议形式召开全省政协系统学习贯彻中央和省委政协工作会议精神暨专题辅导报告会，覆盖全省政协系统182个市县2.8万人。召开机关学习交流座谈会和中央、省委全会精神宣讲报告会暨学习交流会，安排20名厅处科级干部发言。组织机关干部参加中央宣讲团宣讲报告会机关分会场视频学习，列席十二届十一次常委会议集体学习。着力营造氛围，宣传省政协先进经验，在人民日报、中央电视台和省级主要媒体及时反映我省各级政协组织和政协委员学习会议精神情况，在人民政协报推出《牢记嘱托·双向发力》长篇通讯，在河北日报推出综述《锚定新方位·担当新使命·干出新样子》，在省级以上新闻媒体和政协内刊、门户网站等组织专家、委员撰写理论文章，深入解读会议精神，深度报道学习贯彻会议精神好做法、好经验、好成效，营造学习贯彻的浓厚氛围。

(四)大力推进学习机关建设。以党组理论中心组学习为引领，坚持每天机关干部自学1小时、每周党支部组织1次集中学习、每月为机关干部精选1本书、每季组织1次习近平新时代中国特色社会主义思想学习座谈会和机关学习交流会制度。积极组织机关干部参加常委会学习、专题辅导、委员讲堂等集体学习，教育引导机关干部学习跟进、认识跟进、行动跟进。

(五)强化党风廉政教育，增强拒腐防变能力。从政治思想教育入手，深入开展以党的十九会议精神为主要内容的教育活动，利用“两学一做”、“三会一课”对党员、干部、职工进行党性、党风、党纪、政纪教育，认真解决党员干部职工在思想上、组织上、作风上存在的突出问题，达到弘扬正气的目的，提高廉洁自律的自觉性。

(六)积极选派干部参加全国政协干部培训中心学习。党组和机关对选派干部参加全国政协培训班高度重视，每年下达年度培训任务后，党组主要领导对办公厅提出的具体安排意见和参训人选及时作出批示，要求在规定的时限内抓好落实，克服困难，积极选派干部参加培训，确保了各期培训计划的完成。

(七)根据政协工作需要举办专题培训班。为适应新时期政协工作深入发展的需要，进一步提高机关干部的业务能力和服务水平，省政协根据不同时期政协工作的需求，采取集中和依托行政学院分批进行的方式，定期举办以政协基本理论知识、提案写作、反映社情民意、干部履职能力提升、机关公文写作等为主要内容的专题培训班，邀请有关方面的负责同志进行专题辅导，先后培训省、市、县政协领导干部 382 人次、宣传干部和通讯员 200 多人次、社情民意信息员 150 多人次，有效地提高了政协干部的整体业务素质；依托浙江大学、人民大学、四川大学等多家高校，举办 8 期以促进政协履职能力建设为主题的专题研修班。

（八）充分利用省干部网络学院培训平台开展学习培训。积极运用网络平台和线下模式推动干部教育工作创新，综合运用干部网络学院和学习强国 APP，丰富干部教育内容和形式。

理论研究工作

第四届理事会履职一年来，研究会坚持以习近平新时代中国特色社会主义思想为指导，全面贯彻落实党的十九大和十九届二中、三中、四中全会精神及中央政协工作会议精神，贯彻落实习近平总书记关于加强和改进人民政协工作的重要思想，贯彻落实省委九届九次、十次全会和省委政协工作会议精神，按照《河北省人民政协理论研究会章程》，聚焦新时代人民政协新方位新使命，积极组织和推动本会会员、热心政协理论研究的各界人士，以课题为纽带，依托全省各级政协组织、政协各参加单位，突出工作重点，深化理论研究，形成高质量的理论研究成果，有效发挥了理论先导作用与支撑作用，为我省政协事业的发展作出了积极贡献。

一、切实加强政协理论学习

组织会员认真学习习近平新时代中国特色社会主义思想。约请全国政协的领导和有关方面的专家学者，多次举办专题讲座，重点学习习近平总书记关于加强和改进人民政协工作的重要思想，中央政协工作会议和省委政协工作会议精神，深刻领会中央和省委对政协工作提出的新思想、新观点、新举措、新要求，确保研究工作的正确政治方向。通过召开研究会会长会议、座谈会、理论研讨会、读书学习会等形式把学习活动引向深入，以信函、微信平台等方式为会员推送领导重要讲话和理论文章，推动会员做到全面系统学、及时跟进学、联系实际学、专题深化学，准确把握政协理论研究工作的重点和创新点，为深入开展人民政协理论与实践研究工作奠定坚实的思想理论基础。

二、组织开展政协理论研究

组织召开庆祝河北省政协成立 70 周年理论研讨会，回顾政协历史，总结实践经验，深化对专门协商机构内涵和独特优势的认识，研讨专出特色、专出质量、专出水平的制度机制，为充分发挥专门协商机构作用提供理论支撑。以庆祝省政协成立 70 周年为契机，认真开展重点课题研究，与中国人民政协理论研究会进行认真对接，确定了我省今年的重点研究课题，并将课题向研究会会员和大专院校、科研机构的专家学者，进行了发布，组织专家评审组，立项通过 20 个重点课题，深入开展理论研究，力求从理论与实践相结合的角度，提出推动政协工作发展的思路、对策、建议。

三、积极参与政协重点工作

参与中央和省委政协工作会议精神

贯彻落实情况调研。吸收研究会会员和基地专家,围绕推进政协协商民主发展、发挥专门协商机构作用,提升政协履职能力和服务河北发展水平等,深入市县政协开展调研,召开调研座谈会,了解各市政协对学习贯彻中央、省委文件精神的新认识、新体会,工作中的新情况、新做法,听取意见建议,提出对策措施。

协助筹备河北政协工作经验交流会,深入学习贯彻习近平总书记关于加强和改进人民政协工作的重要思想,传达学习全国地方政协工作经验交流会精神,总结、宣传和推广政协工作的新经验、新做法和新成果,进一步落实中央和省委政协工作会议精神,推动政协事业发展再上新台阶。

参与政协组织的有关调查研究、视察考察、学习交流活动。为研究会会员、基地和智库专家等更多了解政协工作、更好参与研究,有计划、有选择地组织会员参与政协各项履职活动,为他们开展研究创造条件、激发理论研究的积极性、主动性和创造性。

四、组建政协理论研究基地

今年 7 月,与河北省委党校签署共建协议,揭牌成立河北省新时代人民政协理论研究基地。深入学习贯彻习近平新时代中国特色社会主义思想,特别是习近平总书记关于加强和改进人民政协工作的重要思想,推动我省人民政协理论研究工作深入发展。牢牢把握人民政协理论研究的方向、原则和目标,全方位组织开展理论研讨活动,在多出成果、多出精品上下功夫。结合河北实际,用足用活现有资源,突出优势和专长,创出品牌、创出影响,努力让基地工作的开展有计划、有平台、有组织、有成果。

五、深化政协理论宣传教育

抓好理论宣传工作,加强同中国人民政协理论研究会、人民政协报、河北日报等研究机构和报刊媒体的联系,推进人民政协理论与实践研究成果的宣传应用。组织开展新时代政协工作宣讲活动,切实让人民政协理论更加走进群众、深入人心,努力为各阶层人士所接受,着力营造有利于政协工作的良好社会环境,不断扩大人民政协的政治影响。

大力推动人民政协理论知识进党校进课堂,以理论研究基地为依托,加强对人民政协理论的研究和宣传,把人民政协理论纳入省委党校培训教学内容,夯实团结奋斗的政治基础,为新时代加强和改进人民政协工作提供强有力的思想保证。

六、加强研究会自身建设

加强组织队伍建设,密切研究会与理事和专家学者之间的联系与沟通,及时吸纳理论研究基地专家成为研究会会员,充实人民政协理论研究力量。把制度建设作为工作重点,认真学习全国政协关于加强政协理论研究制度建设的指示精神,学习和借鉴其他省市做法,根据我省人民政协理论研究会章程,制定《河北省人民政协理论研究会会长会议工作规则》《河北省人民政协理论研究会理事会工作规则》,推进研究会工作的制度化、规范化和程序化建设,更好地服务我省政协事业发展和政协理论研究工作。加强研究会党建工作,抓好研究会党支部建设,积极开展支部活动,以党建促进学习和研究,以党建促进服务和管理,以党建促进工作能力的提升和工作作风的改进。

新闻宣传工作

2020年，在省政协党组和机关党组的正确领导下，省政协宣传工作认真贯彻习近平新时代中国特色社会主义思想和党的十九大精神，坚持正确政治方向，弘扬主旋律，汇聚正能量，按照“宣传政协、宣传河北、宣传委员”总要求，紧紧围绕省政协重点工作统筹谋划，服务大局，开拓创新，克服疫情带来的困难，以一流的工作标准、一流的服务水平、一流的工作业绩，为全省政协事业蓬勃发展营造良好的舆论氛围。全年在省以上各类媒体刊发新闻稿件4900多篇(条)，其中中央级媒体发稿180多篇(条)，省政协办公厅被全国政协新闻局和人民政协报社评为“政协新闻舆论工作先进指导单位”。

一、把握正确导向，做到守土尽责，坚决打好意识形态领域主动仗

意识形态工作是党的一项极端重要的工作。做好意识形态工作，是政协宣传部门的重要使命。我们充分认识政协宣传工作是党的意识形态工作的重要组成部分，高度重视政治立场、正面发声和风险防控，切实把增强“四个意识”、坚定“四个自信”、做到“两个维护”贯穿到政协宣传工作全过程，坚定不移做好新时代人民政协意识形态工作。

(一)明确责任。坚持党管宣传、党管意识形态原则，机关党组成立意识形态工作领导小组，并明确分工职责，严格落实意识形态工作责任制，及时传达上级部署，狠抓工作落实。坚持把理论武装紧紧抓在手上，严格执行政治学习制度，以科学的理论武装头脑、建强队伍、指导工作，确保政协宣传工作正确政治方向。

(二)主动作为。坚持开拓创新、积极进取，不断巩固和扩大正面舆论优势，大力宣传我省各级政协组织和广大政协委员在理论学习、思想引领、党的建设、协商议政、民主监督、制度建设、委员履职等各个方面履职新成就，引导政协委员为河北经济社会发展更好地贡献智慧和力量，推动制度优势转化为治理效能。

(三)严格防控。坚持正面发声和风险防控“两手抓”，积极发挥省政协自办媒体主阵地作用，明确“主管主办”责任，改进和完善省政协新闻稿件审核办法，科学规范审签程序，突出把好宣传稿件政治质量关，确保省政协宣传工作风清气正、健康发展。认真做好网络舆情监控工作，发现问题及时有效处置。

二、突出宣传重点，准确及时报道，全景式展示省政协履职成就

围绕中心、服务大局是政协宣传工作的基本职责。围绕省政协党组“一个要点、四个计划”履职方案，坚持动态报道与经验报道相结合，一般报道与重点报道相结合，做到常规报道及时准确、重点报道深挖细述，把握好“时、度、效”，做到既全面开花、形成声势，又春风化雨、“滴灌”渗透。

(一)周密做好各项常规会议、履职活动的报道。及时准确做好省政协常委会会议、主席会议、党组会议、党组理论中心组学习会议等重要会议报道，严密细致做好省政协领导视察、考察、调研、督办等各项重要活动的宣传，共刊播各项工作动态消息980多篇(条)，做到常规动态报道无迟报、无漏报、无差错，实现省政协各项履职活动“能报必报”。特别是创新常委会会议报道，协调省主要媒体，加重报道分量，首次将以学习贯彻党的十九届五中全会精神为主题的十七

次常委会会议，实行开幕、闭幕和常委会集体学习单独报道，电视台增加了对与会委员的采访报道。

（二）高质量完成省政协全会宣传报道任务。共组织省内和中央、港澳新闻媒体29家、记者170多人上会，刊（播）各类体裁新闻稿件2000余篇（条）。积极创新探索，联合长城新媒体集团开通了对全会活动的网络直播，首次在大会现场设置“委员直播间”；发挥省政协门户网站、微信公众号、机关电子大屏和《乡音》杂志作用，及时编发转载会议报道，形成立体多维、图文并茂、动静结合的全会宣传特色。

（三）扎实做好我省媒体采访全国政协全会工作。鉴于新冠肺炎疫情的影响，今年的全国政协十三届三次会议不邀请地方媒体记者上会采访。为切实做好住冀全国政协委员参会履职的报道，我们在住冀全国政协委员进京参会前收集建言材料，提供给媒体记者参考，先行准备。同时，派人进京负责采访的协调联络工作，前后方配合，通过网络视频、电话连线等远程采访，保证新闻宣传顺畅有效进行。在中央和省主要媒体发稿165篇，《乡音》杂志推出专题报道，实现了对29名住冀全国政协委员参会履职报道的全覆盖。

（四）充分报道全省政协系统开展“聚、防、促”活动。新冠肺炎疫情发生后，及时成立机关防控办宣传组，主动向全国政协新闻局、省委宣传部请示汇报，积极与中央、省主要新闻单位沟通协调。在中央、省主要媒体和《乡音》杂志刊（播）各类体裁新闻稿件846篇（条），报道省政协重要活动和工作部署37次，报道40个市县政协组织和政协参加单位先进做法，推介203名各级政协委员的先进事迹。利用《河北政协工作简报》平台，编发《省政协应对新冠肺炎疫情工作专刊》18期，刊发信息282条。

三、精心统筹谋划，严密组织推进，多形式开展庆祝省政协成立70周年系列宣传活动

今年是省政协成立70周年。按照省政协党组和机关党组安排部署，集中精力，严密组织，多措并举，广泛宣传省政协成立70周年履职业绩，激励全省广大政协委员和政协工作者“守初心、担使命、展风采”，取得良好效果。

（一）推出集中规模宣传，营造庆祝活动良好氛围。与中央和省级媒体沟通，根据媒体特点，策划各具特色方案。人民政协报推出庆祝专版，以《继往开来谱新篇》为主题，展示了省政协在各个历史时期的履职亮点；河北日报推出庆祝专版，分专题对省政协70年砥砺前行进行回顾，并在一版以《风雨同舟铸辉煌，携手奋进新征程》为题推出社论，以《舵正风满行致远——党的十九大以来省委、省政府重视支持政协工作纪实》为题刊发专题文章；河北广播电视台推出庆祝专题片，重点展示了新时代省政协围绕中心、服务大局的履职风采。门户网站、微信公众号和《乡音》《文史精华》杂志推出专题栏目、编发专刊，大力度、广角度反映省政协70年履职成就和创新成果，形成舆论声势，营造深厚氛围。

（二）组织省政协发展历程历史资料陈列，打造初心使命宣传教育新阵地。在省政协党组支持下，成立省政协发展历程历史资料陈列筹备工作小组，抽调宣传处、机关党委、文史和学习委办公室3名同志投入筹备工作中。坚持以“不忘初心、牢记使命、接续奋斗”为主题，以

省政协各历史时期重点工作和履职成就为主线，通过图片、资料视频、电子文件及实物展示，生动反映省政协 70 年奋斗历程。通过各种渠道，共收集文件类资料 1896 份、报刊资料 472 份、视频资料 134 段、图片 2151 张，以及证件、证书、图书等实物 70 多件。省委巡视组参观后给予良好评价，认为这不仅是为庆祝省政协成立 70 周年的献礼项目，也是广大政协委员、政协机关干部自我学习、自我教育的新阵地。

（三）组织“委员讲堂”“委员访谈”，实现委员履职与政协宣传有机融合。落实庆祝省政协成立 70 周年活动方案安排，联合长城新媒体集团，策划组织了 3 期“委员讲堂”、3 期“委员访谈”。“委员讲堂”侧重配合大局需要宣传解读党和国家方针政策，主题分别为“聚力量、防疫情、促发展”“深入学习民法典”和“深入学习贯彻《习近平谈治国理政》第三卷”。“委员访谈”重点是围绕经济发展和社会建设建言资政，主题分别为“建设书香政协，推进政协履职高质量发展”“建言‘十四五’时期河北经济社会发展”和“为合力减少‘小眼镜’出谋划策”。两个系列节目通过长城网、“冀云”和“长城 24 小时”客户端、省政协门户网站及微信公众平台相继播发，产生广泛影响。

（四）开展重大理论政策宣讲，广泛凝聚团结奋斗共识。8 月，以《立足新方位，担当新使命，全力做好新时代人民政协工作》为题，举行“庆祝省政协成立 70 周年委员宣讲”活动。省政协委员、宣讲团成员齐为民、任会君、马誉辉深入宣讲解读了习近平总书记关于加强和改进人民政协工作的重要思想、中央和省委政协工作会议精神。这次重大理论政策宣讲，以视频报告会形式举行，全省设北、中、南三个片区，分别以张家口、廊坊、邯郸三市为主会场，片区内其他设区市及所辖县（市、区）、省直管县设分会场，全省政协系统参会听讲人员达 4700 多人。

（五）开展征文活动，吸引各界广泛参与。开展“守初心、担使命、展风采 庆祝河北省政协成立 70 周年”征文活动，通过省政协办文渠道、门户网站、微信平台及省政协工作网络群组发放全省政协系统，并在省主流媒体刊登，调动了各级政协机关工作人员、广大政协委员、相关各界人士参与活动的积极性。共收到来稿 660 多篇。其中，150 多篇优秀征文先后在河北日报、省政协网站、《乡音》《文史精华》杂志等媒体刊发，38 篇获奖征文辑印成册。

（六）录制视频集锦，展示委员时代风采。参照全国政协庆祝人民政协成立 70 周年录制委员视频集锦做法，以《责任与担当》为主题，选择 214 名委员履职经验、谈使命责任，分别录制视频，形成《庆祝河北省政协成立 70 周年委员视频集锦》，分批在委员履职系统、门户网站、微信公众号等网络平台发布，产生良好的社会效果。

四、强化沟通协调，加强阵地建设，搭建宣传工作提质增效大平台

扩大政协宣传工作影响，必须突破思维定式，做到内外结合，凝聚整体合力。9 月机关党组领导班子分工调整以来，宣传口全体干部职工认真研究新形势、新特点、新任务，放眼工作全局，紧抓关键环节，畅通联络渠道，建强载体平台，优化了工作环境，增强了宣传实效。

（一）加强与有关媒体协调配合。认真分析政协宣传工作形势和需求，走访长城新媒体集团，与河北日报、河北广播电视台领导及跑线记者进行座谈交流，同人民政协报及调研组进行深入沟通，取得相关方面的信任和支持。河北日报《议政与建言》专版增加编发频次，河北广播电视台增加省政协重要活动的专题报道，长城新媒体集团承担省政协非程序性报道，使政协新闻宣传工作亮点不断。

（二）推进纸媒从形式到内容全面提质。以“把好定位、体现特色、提高品位”为目标，对《乡音》《文史精华》杂志的封面设计、栏目设置、内容选择等作出整体规划。邀请河北美术出版社专业人员为两本杂志进行封面设计，展现政协特色，提升文化品位。完成《文史精华》主管主办单位变更，由半月刊改为月刊，目前正在进行清产核工作。

（三）积极打造网络媒体高地。按照中央和省委要求，落实“移动优先”理念，以“报道迅速、内容实在、形式新颖、操作便捷”为原则，推进省政协门户网站、河北政协微信公众平台和河北政协新闻网建设，进一步优化页面设计、栏目版块，扩充发布内容，丰富表达形式，提升平台点击量和传播力。

（四）全力构筑舆情安全防护网。将新闻安全与网络安全融为一体抓，今年投资2132万元，大力推动机关信息化建设。对机关老化的网络设备、安全设备进行更新替换，对门户网站、办公自动化、委员履职系统优化网络配置，加大对服务器运行监测力度。扎实推进安可替代工程实施，目前已完成软硬件设施安装、调试工作，已进入验收阶段。

2021年是中国共产党成立100周年，是“十四五”规划开局之年。面对新形势新任务，我们将自觉担当政协宣传新使命，把握时代特点，把政协宣传工作提高到一个新水平。

（一）进一步提高政治站位，确保正确舆论导向。以习近平新时代中国特色社会主义思想为指导，认真贯彻落实明年计划召开的全国政协宣传思想工作会议精神，坚持“宣传政协、宣传河北、宣传委员”总要求，大力宣传中国共产党领导的多党合作和政治协商制度的巨大优势，宣传政协组织和政协委员在推动建设经济强省、美丽河北进程中的积极贡献，画出最大同心圆，凝聚最大向心力。

（二）进一步强化工作创新，提升宣传质量水平。推进内容创新，增强新闻鲜活性、灵活性、可读性。推进方式创新，注重过程性展示。推进渠道创新，运用各类宣传渠道覆盖各类人群。推进阵地创新，坚持“移动优先”，整合各种媒介资源；对省政协网站、微信公众号、《乡音》《文史精华》杂志版面内容进行创新，确保2021年元旦起全新亮相。

（三）进一步优化制度机制，夯实宣传工作基础。加强沟通协调，多向全国政协新闻局、省委宣传部汇报请示。加强同中央和省主要媒体联系沟通，健全新闻通报制度，邀请记者参与调研视察等活动。完善《河北政协工作简报》信息梳理汇总机制，丰富《河北政协工作参考》内刊内容。加强政协网站舆情监控，及时处置各种网络舆情。

（四）进一步凝聚整体合力，构建大宣传格局。树立全省政协宣传工作“一盘棋”思想，密切上下级政协之间联系，发现总结推广各地政协宣传题材。加强政协宣传联络员队伍建设，密切省政协机关各部门，各市政协、各县（市、区）政协，各民主党派、工商联专兼职宣传干部的联系，自上而下形成营造政协更好履职的浓厚氛围。

《乡音》杂志社工作

今年以来，乡音杂志社在机关党组的坚强领导下，认真贯彻省政协党组关于做好政协宣传工作的新要求，坚持“宣传政协、宣传河北、宣传委员”的工作思路，克服时间紧、任务重、人手少等困难，不断提高机关刊物办刊质量和水平。同时，积极推进《文史精华》杂志合并后的相关事宜，千方百计确保杂志社健康稳定发展。

一、提高政治站位，发挥职能作用，在重点报道上下功夫

旗帜鲜明讲政治是办好政协刊物的根本遵循。《乡音》杂志作为省政协机关刊物，《文史精华》杂志作为政协史料专类期刊，是全省政协舆论宣传工作的重要阵地，必须围绕中心、服务大局，为推进我省政协宣传工作作出积极贡献。今年是省政协成立70周年，按照省政协庆祝成立70周年安排部署，杂志社承担了“设立庆祝省政协成立70周年专栏，出版一期庆祝省政协成立70周年专刊，举办征文活动”的任务，按照责任分工，精心组织，统筹安排，全力做好庆祝省政协成立70周年主题宣传工作。一是开办专栏。《乡音》杂志从第1期开设“庆祝省政协成立70周年”专栏，办好“史志”“征文”子栏目。与宣传处联合开展“守初心　担使命　展风采——庆祝河北省政协成立70周年”主题征文活动，共征集稿件600多篇，杂志共刊发32篇。同时，为扩大影响，推进省政协自有媒体合作联动，坚持“一稿多用”，部分优秀征文发表在省政协门户网站和省政协微信公众号上，并向河北日报推荐，取得了“全面开花”的宣传效果。《文史精华》杂志从8月起增设庆祝河北省政协成立70周年——“辉煌70年”专栏，特别约请省政协老领导、老同志、政协委员、在职干部撰写“三亲”史料文章，记录了不同时期河北政协人在建言献策、履职尽责等方面的风采与贡献，加强了对河北省政协历史的研究，留下了宝贵史料，共计刊发稿件10篇，7万余字。二是办好专刊。按时编辑出版《印记70年——庆祝省政协成立70周年专刊》，从“发展历程”“风雨同舟”“奋进之路”“理论研讨”“我与政协”“政协人物”“当代风流”等不同方面，书写了省政协成立70年以来所经历的辉煌岁月。三是用好史料。《文史精华》杂志始终坚持围绕中心、服务大局，选题策划立足当代、观照历史，聚焦实现全面小康社会、扶贫攻坚、抗击疫情、中央重要工作会议精神等热点焦点话题征编稿件，刊发了一批高质量文章，被多家媒体转载，充分发挥了史料“存史、资政、团结、育人”的社会效果。

二、坚持守正创新，树立品牌栏目，在创新报道上下功夫

与时俱进追求卓越是永葆办刊生机的行动指南。杂志不断创新宣传手段，丰富宣传载体，运用多种形式和手段增强纸媒宣传效果。一是突出主题宣传。在高标准完成省政协重要活动报道的同时，重点做好全国政协会议和省政协全会报道，《乡音》杂志第2期推出了“省政协十二届三次会议专题报道”，第6期推出了“住冀全国政协委员出席全国政协十三届三次会议专题报道”，全面反映全会盛况。二是面向基层政协。开设“议政建言”“市县政协聚焦”“交流探讨”等栏目，侧重于市县政协工作所取得的新成绩、新经验、新做法，进一步强化报道力度，大力宣传市县政协工作，刊发市县政协新闻宣传稿件300多篇，多角度地反映了市县政协的工作动态和履职尽责

的成就。三是把握阶段重点。针对突如其来的疫情,《乡音》杂志发挥宣传职能作用,开设“坚决打赢疫情防控阻击战”和“聚力量、防疫情、促发展”专栏,及时、快速、全面、详实报道全省政协系统凝聚力量同心抗疫事迹,累计刊发稿件335篇(条),宣传各级政协委员680多人(次)。四是创新报道形式。从第4期开始,开设“学习贯彻中央和省委政协工作会议精神”专栏,以记者访谈形式,邀请各市政协主席畅谈学习贯彻中央和省委政协工作会议精神的感受和体会。目前,已刊登邢台、廊坊、张家口、邯郸、沧州、唐山、石家庄市7个市政协主席专访,收到良好效果。五是紧跟最新要求。为进一步丰富委员读书生活,鼓励委员以各种方式读书,多读书、读好书,从第9期开设“书香政协”专栏。

三、坚持稳步推进,激发创业热情,全力做好《文史精华》合并后事宜

杂志社按照省政协机关党组关于由乡音主办《文史精华》的决策部署,积极推进,认真落实。一是按照省政协机关党组要求和工作专班部署,积极理顺办刊工作。针对改革期间存在的具体问题,杂志社积极开展调研,认真完成主管、主办单位交付的改革任务。为维持出刊工作正常运转,就变更主办单位后的《文史精华》日常财务审批问题,勤请示、勤报告,及时做好沟通工作。配合做好清产核资工作。二是加强团队建设,打造一支团结奋进的办刊队伍。加强杂志社新领导班子建设,配齐建强杂志社支部委员会,打造团结务实的杂志社领导班子。同时,加强杂志社干部职工教育培训,讲学习,提高政治鉴别力;讲团结,提高协作配合力;讲担当,提高工作执行力,不断开拓乡音杂志社事业发展新局面。三是推进改革创新,不断改进编辑出版工作。认真推进《乡音》《文史精华》封面、内文版式设计工作,确保2021年杂志有新面貌。经过积极跑办,将2021年《文史精华》杂志由半月刊变更为月刊,原杂志页码增加到80页,集中力量办好杂志原创内容,更好满足读者阅读需求。

四、坚持深入基层,提高服务能力,全力做好杂志发行工作

杂志要发展,必须两条腿走路,一靠宣传和质量,二靠发行。政协的主要工作是建言献策,建言献策就要靠宣传。杂志社按照陈书增同志提出的“要进一步采取多种措施,加大力度,促进征订工作稳步提升”的具体要求,全力以赴做好发行工作。一方面,在“无障碍沟通”上下功夫。杂志社积极克服疫情影响,创新工作方法,采取电话、信函、电子邮件等多种形式与市县政协进行联系,强化与市县政协的感情,了解市县政协对杂志的售后服务评价,征求他们对办好刊物的意见建议。针对今年《乡音》杂志出现34个空白县的实际情况,从9月至今,主编带队到邢台、沧州、衡水、邯郸部分县(市、区)进行调研,加强与市县政协沟通联系。加强对投递公司的管理和沟通,及时处理反馈信息,确保按时分发、及时到位,让订户放心满意。另一方面,在“无缝隙对接”上下功夫。为保障《文史精华》改革过渡期发行工作前后衔接,杂志社进一步明确职责与分工,当前发生的涉及2020年上半年发行工作内容,仍由《文史精华》原发行人员负责办理;2020年下半年发行工作由《文史精华》原发行人员配合乡音杂志社共同负责;2021年发行工作谋划由乡音杂志社发行部门负责。双方发行人员齐心协力共

同做好过渡时期工作，确保服务读者工作不留盲区。

五、强化网络宣传，顺应发展趋势，不断增强新闻传播力

随着信息社会不断发展，新兴媒体影响力越来越大。杂志社根据新的形势要求，坚持“移动优先”原则，充分运用互联网，推动政协宣传与之深度融合，拓展政协宣传工作手段载体平台，切实增强政协宣传工作传播力。一方面，办好网站和微信公众号。全面加强“河北政协新闻网”各项管理。按照省委宣传部和省网信部门要求，完善网站域名、服务器等备案工作，更新网站设计，进一步提升了网站安全系数，规范了网站新闻发布流程，遵守保密制度，严格审查把关，确保不出任何纰漏。同时，加强微信公众号管理工作，严格审查把关，遵守保密制度，进一步规范完善了新媒体新闻发布程序，不断提高杂志社新媒体影响力。另一方面，注重加强与省政协自有媒体联系。加强与省政协机关其他宣传部门的合作，密切与宣传处、信息处、人民政协报河北记者站的业务联系，及时提供优秀稿件，把好宣传方向和重点，合力推动省政协宣传工作更好开展。

六、2021年工作打算

一是围绕中心工作做好宣传报道。及时宣传省政协的重要会议和重要活动。做好“学习贯彻党的十九届五中全会精神”专栏，开设“协商议政”“政协理论研究”“实践交流”“市县政协聚焦”等专栏，宣传我省各级政协及参加单位、各级政协委员和党派成员参政履职成果。二是全力提升杂志竞争力。严格“三审三校”制度，提高刊物的政治质量、文稿质量、编校质量。进一步改进版面设计，打造品牌栏目，增加杂志文化气息，全面提升杂志竞争力。三是积极做好2021年杂志发行工作。强化与市县政协的感情，了解市县政协的诉求，征求他们对办好刊物的意见建议。同时，因地制宜，制定措施，对石家庄、保定、邯郸等重点市加大联系力度。四是适应新媒体发展形势。适应新媒体发展形势，践行“移动优先”，办好河北政协新闻网、乡音杂志微信公众号，适时改进栏目设置，增强新闻渗透力、传播力和影响力。五是协助推动《文史精华》财税相关工作。在依法依规的基础上，明确专人，协助推动文史精华财税工作的推进，尽快步入正轨，推动杂志社健康持续发展。

机关建设

纪检工作

2020年，在省纪委驻机关纪检监察组的指导帮助下，在省委省直纪工委、省政协机关党组和机关党委的正确领导下，机关纪委以学习贯彻党的十八届六中全会精神、党的十九大精神和习近平总书记系列重要讲话精神为统揽，认真贯彻落实十九届中央纪委四次全会和省纪委九届五次全会安排部署，加强政治建设、深化理论武装、强化思想引领、推进“两个覆盖”、持续正风肃纪，营造风清气正的政治生态，为省政协机关履职提供了强有力的纪律保证。主要工作开展情况如下。

一、加强自身建设，提高政治站位

坚持以习近平新时代中国特色社会主义思想为指导，深入学习贯彻党的十九大精神和习近平总书记系列重要讲话精神，以党的政治建设为统领，聚焦监督执纪问责，持之以恒纠正四风，深入推进反腐败工作，协助机关党组抓好机关党风廉政建设和组织协调反腐败工作，科学有效地履行党风廉政建设监督责任。一是始终把政治纪律和政治规矩挺在前面。把坚决做到“两个维护”作为根本政治要求，在思想上政治上行动上同以习近平同志为核心的党中央保持高度一致。坚持和加强党的全面领导，牢牢把握正确政治方向，强化对党忠诚教育，开展重温入党誓词、入党志愿书以及党员过“政治生日”等政治活动，组织机关干部赴西柏坡、李家庄开展革命传统教育。二是切实履行监督责任。机关纪委全面落实中央、省委和省政协党组全面从严治党部署要求，认真履行党风廉政建设监督责任，协助机关党组加强机关党风廉政建设工作，充分发挥组织协调作用，积极推进惩治和预防腐败各项工作扎实开展，把党风廉政建设任务分解落实到机关各部门，加强监督检查，推动任务落实，将党风廉政建设和反腐败工作贯彻到政协履职工作全过程。三是加强惩治和预防腐败体系建设。机关纪委坚持党要管党、从严治党，深入开展党风廉政建设，把全面推进惩治和预防腐败体系建设作为重大政治任务抓紧抓好。按照党风廉政建设责任制“一岗双责”、谁主管谁负责和层层签订责任制的要求，严格落实党风廉政建设责任制，组织机关党员领导干部层层签订《党风廉政建设责任状》，建立健全惩治和预防腐败体系，党员干部廉洁自律意识和拒腐防变能力显著增强。

二、坚持正风肃纪，营造良好政治生态

认真贯彻中央、省委关于加强党风廉政建设工作的有关要求，创新工作方法，保障机关各项工作顺利开展。一是深入开展政治性警示教育。坚持以违纪违法典型案例为反面教材，开展“用身边事教育身边人”警示教育活动，深刻剖析典型案例的成因和教训，进一步增强党员干部的组织观念、纪律观念和法制观念。充分发挥群众监督和舆论监督作用，加大对违纪违法典型案例通报力度，以案为鉴、以案示警。邀请省纪委有关领导就加强党风廉政建设开展专题讲座，播放警示教育记录片，切实让党员干部知敬畏、存戒惧、守底线，巩固拓展作风建设成效。二是持续深化作风纪律专项整治。按照省作风纪律领导小组和省政协《实施方案》要求，结合年度作风评议问题整改，聚焦“四风”特别是形式主义、官僚主义，深入开展“四查四纠”，建立整改工作台账，进一步巩固反“四风”成果。集中利用三个月时间，开展“紧盯当前党员干部作风纪律突出问题集中开展整治专项行动”，查找问题根源，制定具体措施，抓好整改落实，为政协履职提供坚强的纪律保障。开展“树忠廉家风，创最美家庭”活动，发放“家庭助廉倡议书”，签订家庭廉洁自律保证书，为各支部购买《让家庭远离腐败》等书籍，引导党员干部及家庭成员自觉倡树清廉家风，构建拒腐防变的家庭防线。三是严格执行中央八项规定精神。认真贯彻落实中央和省委要求，坚持把贯彻落实中央八项规定精神作为重要工作抓紧抓好，常抓不懈。对“四风”问题坚持严查严管、铁腕整治。组织机关各部门认真学习贯彻中央八项规定精神及实施细则和我省实施办法，在调研、会议、接待、办公用房、公务用车、新闻报道等方面，认真开展“回头看”，发现什么问题，就解决什么问题，坚决防止“四风”问题反弹。在元旦春节、五一端午、十一中秋前夕，及时发出廉洁自律通知，利用短信微信等平台发送警示提醒信息，就纪律规定作出明确要求，加强对“四风”问题的监督检查，引导党员干部进一步增强自律意识，营造崇廉尚俭的氛围。四是扎实开展党风廉政教育。坚持不懈开展党风廉政教育，对新任职党员领导干部进行廉政谈话，增强抓好党风廉政建设责任和遵章守纪意识，提高拒腐防变能力。加强对机关各部门落实省委、省政协党组和机关党组各项任务要求以及各项规章制度情况的监督检查，推动工作有力有序有效开展。每年召开机关党风廉政建设工作会议，传达中央和省委有关会议精神，总结党风廉政建设工作，部署年度工作任务。

三、坚持挺纪在前，强化监督执纪

深入开展政治纪律、政治规矩的日常教育监管，持之以恒抓好党性教育和警示教育，引领党员干部常怀敬畏之心、戒律之心。一是狠抓责任落实。坚持把“四种形态”要求贯彻到党员干部日常教育、管理和监督之中，让咬耳扯袖、红脸出汗成为常态，推动执纪监督关口前移。会同驻机关纪检监察组开展机关党支部书记履行主体责任情况监督检查，指出存在问题并督促彻底整改，有效提升机关党建工作水平。督促教育机关干部严格落实省直机关婚丧嫁娶报备有关规定，积极对机关工程建设招标、财政大额支出、公开遴选公务员等工作中，成立联合监督检查小组，盯紧重点领域和关键环节，严防违纪违法问题发生。从严从实从细抓好领导干部个人事项报告工作和机关干部职工因私出国（境）审批、社会团体兼职、外出请假申请报备等工作，始终保持正风肃纪反腐高压态势，推动作风纪律建设不断取得新成效。二是加强监督执纪问责。支持派驻政协机关纪检监察组工作，严肃查处党员干部违纪案件，认真受理群众反映的问题线索，及时根据规定作出相应的调查处理。运用监督执纪“四种形态”，坚持抓早抓小，让红脸出汗成为常态，实行履职活动纪律提醒、节日纪律明示、经常性明察暗访，对违纪违规问题发现一起、查处一起、通报一起，使干部知敬畏、守底线、存戒惧，自觉依宪依法依章履职尽责。今年7月，按照纪律处分条例有关规定，对1名违纪违法的副处级干部给予党内警告处分。三是完善制度机制。完善各种监督制度，确保监督不留死角，实现全覆盖。建立约谈提醒、诫勉谈话、函询等制度，及时化解苗头性、倾向性问题，防止小错误变成大问题。通过健全完善制度机制，切实提高自律观念，有效发挥监督作用，推进机关党风廉政建设和反腐败工作的科学化、长效化、常态化。四是加强请示汇报。注重加强与省直纪检监察工委的沟通联系，遇有重大情况、重要活动、重点任务，第一时间汇报，征求意见建议。遇到难点问题，及时请教，省直纪检监察工委片区同志认真答疑解惑，为机关纪委开展工作提供有力支持。

四、强化使命担当，增强履职本领

按照“好干部”标准和建设“让党中央放心，让人民群众满意”的模范机关要求，加强自身队伍建设，在实际工作中锤炼政治品格，在具体岗位上增强业务本领，在具体事务中彰显忠诚干净担当，在矛盾问题中体现斗争精神，持续推进干部队伍高素质、专业化发展。通过举办培训班、以会代训、以老带新等方法，不断加强机关纪委委员和支部纪检委员的纪检监察业务水平。严格执行监督执纪工作规则，增强纪法思维、辩证思维，有效发挥“一线探头”作用，对发现的苗头性、倾向性问题，抓早抓小，防微杜渐，确保安全无事故，确保年度工作任务圆满完成。

一年来，省政协机关纪委认真履行职责，充分发挥职能作用，党的领导更加坚强有力，干部作风有了新转变，履职工作有了新提升，机关面貌有了新气象。在取得成绩和进步的同时，也存在一些不容忽视的问题，主要是：履行党风廉政建设监督责任的自觉性还不够不强，抓工作落实的力度还需要进一步加强；开展党风廉政教育的方式方法较为单一，还需要进一步丰富；运用监督执纪“四种形态”开展工作还不够有力。

机关党建工作

2020年，在省政协党组、机关党组和省委省直工委的坚强领导下，机关党委和各基层党组织坚持以习近平新时代中国特色社会主义思想为指导，全面落实新时代党的建设总要求，以党的政治建设为统领，压紧压实政治责任、持续深化理论武装、严格规范党内政治生活、重点抓好党支部质量提升、大力推进正风肃纪，在攻坚克难中践行初心使命，在大战大考中强化责任担当，为政协履职提供了坚强保证和有力保障。

一、坚持政治站位，党的政治建设取得新成效

坚持把政治建设摆在首位，认真落实全面从严治党政治责任，带头践行“三个表率”、努力建设模范机关，政治机关本色持续彰显。一是坚持党的全面领导。坚持政协性质定位，坚定不移执行党的政治路线，党中央提倡的坚决响应、党中央决定的坚决执行、党中央禁止的坚决不做。中央、省委和省政协党组以及机关党组重要会议精神第一时间传达学习，重要工作、重要活动主动请示报告，确保机关工作始终与上级党组织目标同向、同频共振。二是严肃党内政治

生活。严格执行《关于新形势下党内政治生活的若干准则》,强化“三会一课”、组织生活会、谈心谈话、民主评议党员等组织生活制度的落实。开展三级书记讲党课 77 人次,检查督导党支部“三会一课”3 次,指导开展主题党日活动 65 次,推动党内政治生活严起来实起来活起来。三是持续强化党性教育。深化对党忠诚教育,组织开展重温入党誓词、党员过“政治生日”等活动,充分利用西柏坡、李家庄等红色教育基地开展党性教育 13 次,教育引导党员干部不断增强“四个意识”、坚定“四个自信”、做到“两个维护”。

二、坚持学习提高,理论武装取得新成果

以深化学习机关建设为抓手,持续推动学习贯彻习近平新时代中国特色社会主义思想走深走实。一是强化引领和带动。围绕学习贯彻习近平总书记重要讲话精神、《习近平谈治国理政》第三卷、习近平法治思想等,分别做好 8 次省政协党组和 9 次机关党组中心组学习会的服务保障工作,安排机关各支部负责同志列席学习会 220 余人次,以党组理论学习中心组学习带动基层支部理论学习。就学习贯彻党的十九届五中全会精神,开展机关三级书记宣讲 28 场次,积极推动机关理论学习常态化。二是丰富内容和形式。机关党员干部参加习近平新时代中国特色社会主义思想学习座谈会 16 次,参加学习性常委会会议 2 次和全省政协视频辅导讲座 5 次。召开机关理论学习交流会 4 次,印发理论学习提示 12 期,指导党支部开展集体学习 689 次、研讨交流 421 次、读书活动 193 次,政协网站“学思践悟”专栏刊发学习体会 134 篇,形成深入学、跟进学、全员学的浓厚氛围。三是健全日常学习制度体系。坚持和完善机关“五个一”理论学习制度,推动落实省政协常委集体学习、习近平新时代中国特色社会主义思想学习座谈会、委员宣讲等学习机制,研究制订机关干部读书活动方案、机关青年理论学习小组工作安排,学习制度体系更加健全完备。四是推动意识形态工作不断深化。认真落实党管意识形态工作原则,召开 4 次会议专题进行安排部署,牢牢掌握意识形态工作的领导权和主动权。不断加强思想舆论阵地建设,坚持宣传河北、宣传政协、宣传委员导向,办好《乡音》《文史精华》杂志,在中央、省媒体刊播稿件 4900 余篇,政协网站、微信公众号刊发信息 5700 余篇,编发《河北政协工作简报》81 期,产生良好的社会效果。

三、坚持强基固本,基层组织建设取得新提升

以强化政治功能、提升组织力为重点,从党支部基本组织、基本活动、基本制度抓起严起,持续加强党支部标准化规范化建设和党员的教育管理监督,全面打造过硬党支部。一是狠抓党支部建设质量。大力实施“党支部质量提升工程”,制定考评标准,建立工作台账,加强监督检查,有效提升党支部建设质量水平。选派机关党务干部参加省直工委培训 5 人次,自行组织支部书记专题培训 2 次,切实提升抓党建的能力和水平。2020 年,被省直工委评为省直先进党支部 1 个,“五好”先进党支部 1 个。二是严格党员教育管理。坚持严管与厚爱相结合,以开展争做“新时代优秀共产党员”活动为契机,对党员理论学习、参加组织生活、完成工作任务、落实党员承诺、发挥先锋模范作用等情况加强日常

管理监督。开展“两优一先”评比活动，评选表扬优秀共产党员30名、优秀党务工作者8名，激发干事创业热情。三是扎实做好群团工作。盘活资源，优化服务，不断彰显群团工作活力。开展“送万福、进万家”书法文化惠民公益行动，支持机关足球、篮球、摄影、绘画等兴趣小组开展活动，进一步丰富机关文体生活。做好走访慰问困难老党员，做细做实“互助一日捐”、发放春节福利和生日蛋糕券等工作，积极为机关干部职工排忧解难。高质量完成机关工会之家和爱心妈妈小屋建设，巩固拓展工会阵地，省政协机关被省直工会评为2020年“省直新时代职工之家建设表现突出单位”。

四、坚持党建引领，机关各项工作取得新进展

贯彻落实新时代党的建设总要求和新时代党的组织路线，充分发挥党建优势作用，围绕中心服务大局，在推进党建与业务工作深度融合中提质聚力。一是工作机制不断完善。起草印发《关于建立健全机关党建制度机制推进机关治理和事业发展的实施意见》等“1＋4”文件，进一步建立健全以党的政治建设为统领，全面推进党的各方面建设的制度机制，制定工作台账，抓好督办落实。二是政协党建创新发展。制定印发《关于进一步加强和改进政协党建工作的意见》，围绕政协系统党的建设工作开展大调研，推动中央和省委重要文件、会议有关精神在政协系统落地落实。制定《省政协党员委员组织关系一方隶属、参加双重组织生活实施方案（试行）》《省政协党员委员活动小组工作办法（试行）》等系列党建制度，界别党组织建设得到进一步加强。三是提质聚力水平不断提升。积极发挥党建引领作用，围绕全省“三创四建”活动及时制定实施意见，把开展“聚、防、促”活动作为工作重点，形成8项履职具体方案，加强协调调度、督促指导，推动形成上下联动、合力推进的良好局面。围绕贯彻落实省政协党组“一要个点四个计划”，组织保障38次机关党组会议，抓好议定事项的督办落实，让党员带委员，把党建优势转化为发展优势，有力推动协商议政和民主监督等履职工作深入开展。四是先锋模范作用更加显现。及时印发《关于认真做好疫情防控期间机关党建工作的通知》，动员党员干部积极奉献、奋勇争先，争做抗“疫”先锋，彰显党员本色。在确保机关万无一失的同时，组织党员为群众捐款43100元，开展“双报到”社区志愿服务397人次，为驻地街道及时提供防疫物资，党旗在抗疫一线高高飘扬。认真开展“脱贫攻坚党旗红，结对帮扶献爱心”系列主题党日活动，组织党员入户走访，宣传国家扶贫政策，帮助协调解决实际困难。为驻村工作队做好坚强后盾，关心关爱驻村干部身心健康，持续关注和积极推动驻村帮扶工作。组织动员驻村干部参与“扶贫路上当先锋”主题征文活动，1名同志获一等奖，2名同志获优秀奖。在2020年度扶贫脱贫帮扶工作考核工作中，省政协机关和三个驻村工作队均被评为优秀等次。

五、坚持正风肃纪，机关政治生态得到新优化

始终把党风廉政建设作为重要工作抓紧抓好，引导机关党员干部把纪律和规矩挺在前面，始终筑牢拒腐防变思想防线。一是持续开展作风纪律专项整治。按照党组、机关党组关于加强机关作风建设的具体要求，结合2019年度作风评议问题整改工作，聚焦“四风”特别

是形式主义、官僚主义,深入开展“四查四纠”,建立整改台账,抓好整改落实,进一步巩固反“四风”成果。集中开展“紧盯当前党员干部作风纪律突出问题集中开展整治专项行动”,为政协履职工作提供坚强的纪律保障。二是大力开展党风廉政教育。贯彻落实全省政治性警示教育大会精神,召开机关党建工作暨党风廉政工作会议,安排部署年度工作。组织辅导讲座、观看警示教育片,指导基层党组织开展政治性警示教育 96 次,以案为鉴,以案示警。组织开展“诵读经典 红心向党”主题亲子阅读活动,印发“家庭助廉倡议书”、签订责任状,教育引导党员干部遵纪守法、廉洁从政。积极组织机关干部和政协委员开展普法宣传,法治机关建设得到不断加强。三是不断加强监督检查力度。在重要节假日等时间节点,印发廉政提醒函 78 份,制作播放警示小视频,抓早抓小、防微杜渐。支持配合派驻政协机关纪检监察组工作,在机关工程建设招标、财政大额支出等工作中成立联合监督检查小组,用好监督执纪“四种形态”,严防违纪违法问题发生,推动机关全面从严治党向纵深发展,机关政治生态更加风清气正。

在省政协党组和机关党组的坚强领导下,经过广大党员干部的不懈努力,2020 年的机关党建工作取得了显著成效,但面对新形势新任务新要求,还有一些工作需要在今后不断改进和加强。主要是理论学习需要进一步深化、支部建设需要进一步规范提升、党建活动的方式方法还需要进一步探索创新等。2021 年,机关党委将进一步强化理论武装,强化服务意识,强化责任担当,强化创新精神,推动机关党建工作迈上新台阶、取得新进步。一是坚持把党的政治建设摆在首位,坚决做到“两个维护”。坚持党的全面领导,坚决贯彻落实党中央和省委决策部署,把党的领导贯穿机关工作各方面全过程。严肃党内政治生活,全面落实“三会一课”、组织生活会、民主评议党员、谈心谈话等制度。深化政治机关意识教育,加强党性锻炼和政治历练,发扬斗争精神,增强斗争本领,提高政治能力。二是坚持强化理论武装,更加坚定理想信念。深入学习贯彻习近平新时代中国特色社会主义思想,健全完善机关“五个一”理论学习制度,强化分类指导,增强针对性实效性。认真开展党史学习教育,深入开展“团结就是力量”专题学习教育活动,组织开展庆祝中国共产党成立 100 周年系列活动。加强意识形态工作领导,弘扬主旋律,凝聚正能量,掌握主动权。三是坚持党建引领,为专门协商机构建设提供坚强保障。充分发挥党建引领作用,推进党建和业务工作深度融合,围绕省委、省政府中心工作,推动党组“一个要点、四个计划”落地落实。继承发扬党的统战工作优良传统,利用政协工作联系各界、汇聚力量优势,做好凝心聚力工作。四是坚持抓基层强基础,推动基层党组织全面进步全面过硬。积极开展“三基”建设年活动,牢固树立大抓基层的鲜明导向,严格党员教育管理监督,继续实施“党支部质量提升工程”,深化“五好红旗党支部”创建,以“创模范机关、争一流业绩”为主题开展“创先争优”活动。积极探索适合界别特点的党建活动,切实发挥机关带系统作用,进一步深化政协党的组织和工作全覆盖。五是坚持不懈正风肃纪,巩固风清气正的良好环境。深入开展纪律教育和廉政教育,深化纠正“四风”和作风纪律专项整治,实施“庸懒散松”专项整治回头看行动，加大监督执纪力度，切实让党员干部知敬畏、存戒惧、守底线，推进作风建设持续向上向好。

秘书与会务工作

2020 年，在省政协党组和机关党组的坚强领导下，办公厅以习近平新时代中国特色社会主义思想为指导，认真学习贯彻党的十九大和十九届二中、三中、四中、五中全会精神，贯彻落实中央和省委政协工作会议精神，坚持把政治建设摆在首位，着力建设讲政治、守纪律、负责任、有效率的模范机关，积极为政协发挥专门协商机构作用提供有力服务和坚实保障，努力展现新时代政协机关的新样子。

一、加强思想引领，始终保持办公厅工作正确政治方向

坚持把学习贯彻习近平新时代中国特色社会主义思想作为首要政治任务和根本要求，把旗帜鲜明讲政治摆在更加突出的重要位置，增强“四个意识”、坚定“四个自信”、做到“两个维护”。一是坚持党的全面领导，不断推动党的政治建设。在思想上政治上行动上坚决同以习近平同志为核心的党中央保持高度一致，始终在省政协党组和机关党组领导下开展各项工作，重要事项及时请示报告，重大活动突出政治引领，重点工作紧紧围绕大局，把遵守政治纪律和政治规矩贯穿于办公厅履职的全过程。协调安排 37 次机关党组会议及时传达学习贯彻习近平总书记重要讲话精神和中央、省委重要会议、文件精神以及省政协党组安排部署，服务保障省政协领导外出请假报批报备 172 人次，履行厅处级干部请假报批报备程序 260 人次。机关党组成员参加党支部组织生活 52 次、三级书记讲党课 77 次。组织机关党支部开展重温入党誓词、党员过“政治生日”、赴红色教育基地开展党性教育 13 次，开展主题党日活动 65 次，政治机关的政治属性更加彰显，政治导向更加鲜明。二是不断深化党的创新理论武装，全面提高做好办公厅工作的能力和水平。以深化创建学习型机关为抓手，坚持领导带头学、全面系统学、联系实际学、深入研究学，学深悟透习近平总书记重要讲话精神、《习近平谈治国理政（第三卷）》、习近平法治思想等，以知促行、知行合一。做好 13 次政协党组和 9 次机关党组理论学习中心组学习组织服务工作，协调 4 个学习座谈小组召开学习座谈会 16 次。印发机关理论学习提示 12 期，组织机关干部参加常委会学习讲座、委员讲堂等集体学习 14 次，召开学习交流会 4 次，指导各党支部集体学习 689 次。成立青年理论学习小组，举办“五四”青年节诵读会，在政协网站“学思践悟”专栏刊发体会文章 134 篇，切实推动党的创新理论入脑入心、见行见效，成为破解工作难题、提高工作水平的“金钥匙”。三是全面准确把握党的十九届五中全会精神，不断增强做好办公厅工作的使命感和责任感。把学习宣传贯彻党的十九届五中全会精神作为重大政治任务，及时印发学习通知和安排方案，充分购置发放学习教材，组织机关干部参加中央宣讲团宣讲报告视频会学习，召开机关党员干部大会和各支部学习会深入研讨交流。组织召开十二届十七次专题学习性常委会会议暨全省政协 4267 人参加的视频报告会，并通过 19 个委员读书园地、10 个委员读书群组开展委员交流互动。服务保障省政协领导到 10 个基层点和机关宣讲全会精神，组织省政协委

员宣讲团赴承德、沧州、邢台等市开展宣讲活动，并充分发挥"学习强国"、河北干部网络学院等平台作用，以网络视频形式举办委员讲堂，在全面推动全会精神走深走实中，深化学思践悟，感受真理力量，主动担当尽责。

二、服从服务大局，积极推动上级重大部署要求落地落实

紧紧围绕政协党组、机关党组的决策主线和工作安排，充分履行参谋助手、服务保障、统筹协调、督办督查、沟通联络等职能，跑好确保政令畅通、推动工作落实的第一棒。一是大力推进全省政协"聚力量、防疫情、促发展"活动。坚决贯彻落实习近平总书记关于疫情防控工作的重要指示精神，在抓紧抓实机关疫情防控的同时，积极服务全省"抗疫"大局。第一时间向全省各级政协组织和广大政协委员发出倡议，汇集政协才智，融入抗疫大局，把履职答卷书写在抗疫战场上。协助筹备成立活动领导小组及办公室，印发活动方案、通知和倡议书，认真组织全系统的动员会、座谈会、总结会，服务保障 8 项重点履职活动并及时呈报专题报告，得到省委、省政府领导批示 39 人次。以网络直播形式举办"聚、防、促"委员讲堂，编发市县典型做法 60 多个、防控专报 327 期、工作专刊 18 期，起草有关制度文件、工作汇报、贯彻意见等 40 多个，新华社、人民政协报、河北日报等刊发稿件 580 余篇。王东峰书记在活动总结报告中作出批示："省政协开展的此项活动抓得紧、力度大、效果好！要持续深化，努力取得新成效。"全省三级政协共形成履职报告 805 篇、提交提案 5188 件、反映社情民意信息 2517 条，政协委员捐款捐物 4.5 亿元，人民政协报在头版头条推出长篇专题报道，王东峰书记两次予以批示肯定。采取网络议政、远程协商、委托调研、视频会议、微信群等方式创新履职工作，创办并制发《河北政协工作参考》35 期、《省政协机关疫情防控工作专报》338 期，做到了疫情防控和履职尽责两不误。二是配合省委办公厅以省委名义开展专项督查。及时印发通知、起草方案、组织培训、做好动员，成立由党员副主席任组长的 5 个督查组，分赴石家庄、唐山、保定、衡水、邢台 5 市 12 个县市区实地督查，推动中央和省委政协工作会议精神落地落实。三是保障省政协全年重点任务圆满完成。一年来，中央和省委政协工作会议部署的重要任务和党组"一要点、四计划"等安排的重点任务 539 项，全部按计划完成。服务保障专委会履职活动 40 次，呈报专题报告 21 个，省委、省政府领导作出肯定性批示 88 人次；统筹修订、制定政协党建、履职工作、交流通报、内部运行等制度 18 项。组织秘书长碰头会 21 次、专题推进会 5 次，印发督办函 125 个、督办通报 12 期，开展半年回头看和专项工作摸底 4 次。四是精心组织庆祝省政协成立 70 周年活动。协助成立活动组委会，起草总体方案和 12 个具体方案，专题调度 2 次，每月印发进展通报，按计划召开庆祝座谈会、理论研讨会，举办网络直播讲堂 3 次。组织委员宣讲团赴 3 市开展覆盖全省、市、县政协的视频宣讲，录播 3 期委员访谈和 214 个委员短视频，征集征文 600 多篇，媒体专栏刊发 150 余篇，完善展陈资料 4700 多件，出版《河北省政协七十年记述》，举办京津冀政协委员书画摄影展，圆满完成各项庆祝活动，回顾历史、凝心聚力，推动新时代政协事业新发展。五是持续推进全省政协"同心携手助力脱贫攻坚"行动。深入开展机

关“脱贫攻坚党旗红、结对帮扶献爱心”活动,并向全省政协组织、广大政协委员发出通知和倡议书,为决战决胜脱贫攻坚、全面建成小康社会凝心聚力。服务保障、协调调度有关专委会举办文化、卫生、科技下基层活动,围绕易地扶贫搬迁后续工作开展民主监督。加强驻村帮扶工作的推进指导,省政协机关和3个驻村工作队分别被省委组织部考评为年度“优秀”等次,其中1个工作队和1名队员获得省委表彰。六是政协系统联动务实紧密。加强与全国政协办公厅工作联系,积极争取指导支持。认真做好国家级和省内外团组18批193人次调研考察接待工作。组织召开民主党派、工商联、有关市政协负责人座谈会。围绕贯彻落实中央和省委政协工作会议精神、推进“聚、防、促”活动、包联重点项目企业和贫困县工作,服务保障省政协领导深入13个市36个县市区政协调研指导工作。开展加强政协系统党建、推动解决“两个薄弱”等调研,编发政协工作通报13期,总结工作成果,交流各地经验,促进共同发展。

三、全面提质增效,切实提升机关保障能力和服务水平

积极推进实施“六个机关”建设和“七个提升”行动,办公厅标准化规范化制度化水平实现新的进步,为政协履职奠定了重要基础和有力支撑。一是公文处理工作严谨规范。举办公文处理培训会,加强干部文字写作锻炼,办理各类文电7000余件,全年起草各类文稿180多篇、约70万字。修订管理制度,严格公文审核,大力精简文件,全年审核发文154件,同比减少12%。举办档案观摩展评会,改造升级机关档案室,推进档案信息化建设。健全保密制度,加强保密检查,完善硬件设施,机关保密工作得到省委保密委充分肯定。二是会议组织服务不断优化。适应疫情防控形势,完善会务组织服务细则,创新组织会议形式,制定网络议政远程协商规程,改造远程协商视频会议室,提高会议活动实效。高质量完成省政协十二届三次会议、6次常委会会议、26次党组会议、13次党组理论学习中心组学习会、8次主席会议以及7次全省性会议的组织服务工作,其中采取视频形式召开会议6次、举办集体学习5次、组织履职活动11次,列入精简范围的会议同比减少25%。三是委员服务管理持续加强。制订参加全国政协全会服务保障和疫情防控工作方案,筛选大会提案72件,圆满完成服务保障任务。协调保障省政协领导看望委员882人次、党组成员与党外委员座谈574人次、专题视察考察14次。健全评价机制,开展建言情况统计,在党员常委会议和常委会会议上通报党员常委和常委履职情况,完善2019年委员履职档案,履职情况反馈有关部门和委员本人。建立委员生日慰问制度,协调专委会建立委员之家22个,完善委员履职系统和移动履职平台,为委员履职创造良好条件。四是意识形态工作成效显著。制定《关于落实意识形态工作责任制的若干措施》,扩大意识形态工作覆盖面,把牢意识形态工作方向盘,掌握意识形态工作主动权。坚持党管宣传,不断加大宣传政协、宣传河北、宣传委员力度,新闻宣传工作质量双升。在省以上媒体刊发各类稿件4900多篇条,形成传播政协好声音强大声势。加大信息化建设力度,改版“河北政协”网站,机关信息化水平进一步提升。适应疫情防控要求,通过网络视频对29名住冀全国政协委员远

程采访，在省政协全会现场设置“委员直播间”，高质量完成全会宣传任务。扎实做好疫情防控宣传，在河北日报推出专版专题，宣传政协组织、政协委员先进事迹1296次，办公厅被全国政协新闻局和人民政协报评为“新闻舆论工作先进指导单位”。五是防范化解风险工作扎实有效。扎实推进平安机关、法治机关建设，充分发挥机关国家安全领导小组的牵总作用，结合机关平安建设领导小组、国家安全人民防线建设领导小组、防范化解重大风险领导小组、保密工作领导小组、应对疫情防控工作领导小组的工作运行，健全完善维护国家安全、防范化解风险的分工协作机制和责任体系。建设智慧磐石工程、安可替代工程，机关各部门积极排查风险点、制定清单台账，加强应急值守、强化督导检查，统筹做好来信来访、安全保卫、警卫勤务等工作，确保机关安全稳定、运转有序。六是行政后勤工作亮点纷呈。省级“节约型机关”创建工作取得突破，认真制订节约型机关创建行动推进方案和节水型机关建设方案，积极开展节能宣传周活动，机关能源节支率达到30%以上，在国务院机关事务管理局的抽查中，省政协机关节能资料齐全、数据翔实准确、节能效果突出，得到的评价是：“省政协的节能工作可以作为范本加以推广。”出台《坚决制止餐饮浪费行为的若干措施》《制止餐饮浪费行为工作方案》《制止餐饮浪费行为管理规范》等，印发号召全省政协和政协委员带头制止“舌尖上的浪费”公开信，加强机关食堂、公务接待用餐、中山宾馆餐饮管理。同时，丰富就餐品种，增加特色小吃，进一步改进和完善食堂管理工作，受到广大干部职工的拥护和好评。按照有关规定，参照省人大机关做法，结合实际，提高驻勤武警部队伙食补助，有效提高驻勤武警官兵的工作积极性。牢固树立“过紧日子”思想，完善和规范机关各项经费的使用、审批与报销工作，不断改进财务工作方式方法，“三公”经费开支比去年减少28.8%。指导科学合理编制2021年度预算，积极争取财政资金支持，增加可用财力，在2021年省直部门经费统一压减10%大环境下，赢得了预算空间。

四、着力强基固本，不断加强党的基层组织和干部队伍建设

制定《关于深入贯彻落实新时代党的组织路线的若干措施》，坚持以全面提升基层党组织的凝聚力战斗力为重点，着力培养忠诚干净担当的高素质干部队伍，为新时代政协事业发展、加强专门协商机构建设提供有力保障。一是党的基层组织全面进步。制订实施关于建立健全机关党建制度机制推进机关治理和事业发展实施意见和践行“三个表率”建设模范机关、开展党支部质量建设提升工程、争做新时代优秀共产党员活动和持续深化作风纪律专项整治4个方案，形成党建引领机关建设的制度体系。在开展“机关党建规范化提升年”活动的基础上，全面实施“机关党支部规范化建设质量提升”工程，努力把机关基层党组织建设成为坚强的战斗堡垒，推动机关党建实现新发展、取得新成效。加强“三会一课”、组织生活会、谈心谈话、民主评议党员等制度检查落实，按照“八有标准”建设标准化党员活动室，党支部规范化建设明显提升。推进机关党组织和党员“双报到”，深入维明街道办事处慰问支援防疫物资，组织机关党员自愿捐款43100元。评选机关先进党支部6个、优秀共产党员30名、优秀党务工作者8

名，荣获省直“五好红旗党支部”1个。二是系统党建两个覆盖深化拓展。协调开展全省政协党建工作调研，印发党员委员组织关系一方隶属、参加双重组织生活实施方案（试行）、党员委员活动小组工作办法（试行）、党建工作联系办法（试行）。指导社法委和民宗委分党组完成建立党员委员活动小组、党组织、党员联系党外委员机制试点工作，在政协全会、重要履职活动、集中培训中设立临时党组织56个，指导专委会分党组成立党员委员活动小组19个、300名党员委员按照所在界别、工作领域分别联系党外委员，不在部门任职的专委会分党组成员组织关系及时转入专委会党组织，党的组织更健全、党的活动更规范，党组织和党员委员引领作用更明显。三是干部队伍结构和素质明显优化。坚持党管干部原则和正确用人导向，协助做好6名省管干部和7名处级干部提拔重用、5名干部与省市直机关交流、公开遴选12名干部、晋升职级23名干部的相关工作，机关干部队伍结构不断优化。制订机关干部教育培训计划和年轻干部培养锻炼规划，选派9名干部驻村扶贫、4名干部到基层锻炼、2名干部到全国政协挂职锻炼、6名干部参与省委、省政府重点工作。做好党员干部参加全国政协培训、省委党校调训和网络培训，着力提升机关干部“七种能力”。制订实施《机关公务员平时考核实施方案（试行）》和《省政协机关职能工作类和重点任务类绩效考核目标》，7个处室、57人绩效考核被评为A等次，40人年度考核被评为优秀等次。印发关心关爱干部职工身心健康的通知，改进生日慰问、生病看望办法，精心做好离退休干部服务工作，关怀关爱干部、激励担当尽责的氛围日趋浓厚。四是干部作风纪律不断加强。认真落实中央八项规定精神，深入开展“四查四纠”和“紧盯当前党员干部作风纪律突出问题集中开展整治专项行动”，持续深化作风纪律专项整治。加强党风廉政教育，召开机关党建暨党风廉政建设工作会议，邀请省纪委监委负责同志作辅导讲座，组织集中观看警示教育片2次，指导各党支部开展政治性警示教育57次，开展法律、纪律、政德教育66次，认真开展谈心谈话、履责谈话和提醒谈话87次，增强干部职工法纪观念，筑牢拒腐防变的思想防线。签订廉政承诺书和家庭助廉倡议书，印发重要节点警示提醒函，切实做好个人事项报告和因私出国境审批、社团兼职、外出请假报备等，批评教育2人、党内警告处分1人。支持配合驻机关纪检监察组履职尽责，推动机关全面从严治党向纵深发展。五是保障巡视工作有序有力。贯彻落实党组、机关党组部署安排，成立机关配合保障工作领导小组及办公室，组建6个工作组，认真做好巡视组交办的近30项工作任务。起草向巡视组报告机关重要情况报告9个，提供文件资料5批516件，实事求是反映有关情况，主动查摆工作中的4个方面41个突出问题，对照巡视组指出的问题和不足，建立台账清单，立行立改、即知即改，推动机关各项工作再上新台阶。

总结办公厅一年来取得的新变化新成绩，有五点启示：一是必须坚持旗帜鲜明讲政治，把增强“四个意识”、坚定“四个自信”、做到“两个维护”贯彻机关工作各方面全过程，确保办公厅工作始终沿着正确方向推进。二是必须坚持服务中心大局，始终站位全局思考问题、谋划工作、狠抓落实，做到政协履职工作推进到哪里，服务、保障、落实就要跟进到哪里。三是必须坚持完善制度机制，坚持问题导向和结果导向，在办文、办会、办事的制度、规范和程序上不断改进提高，进一步提升办公厅工作科学化、精细化水平。四是必须坚持改革创新精神，立足新阶段，贯彻新理念，顺应新要求，改变陈旧观念，不断解放思想，创造性、创新性开展工作，激发内生动力，赢得发展新优势。五是必须坚持加强作风建设，着力形成“要我干”向“我要干”转变的风气，树立“干了什么”向“干出什么效果”转变的导向，积极营造以“三个一流”干事创业的良好氛围。

面对新时代赋予的新职责新使命，对照省政协党组和机关党组的要求，还存在一些不足和差距。主要是：理论学习不够系统深入和扎实有效，抓落实、抓推动的质量和效率有待再提高，服务能力和保障水平不平衡、不全面，机关干部的能力、素质、作风还不够过硬等，这些问题必须高度重视、认真研究，在今后的工作中有针对性地加以解决。

2021 年，办公厅工作的总体思路是：坚持不懈用习近平新时代中国特色社会主义思想武装头脑、指导实践、推动工作，深入贯彻落实中央、省委全会、政协工作会议精神和党组部署、机关党组要求，带头增强贯彻落实党的创新理论的思想自觉、政治自觉和行动自觉，提高政治判断力、政治领悟力、政治执行力，当好“火车头”，跑出“加速度”，抓重点、求突破，补短板、固优势，以政治过硬、能力过硬、作风过硬不断开创办公厅工作新局面。

一是在政治建设上下功夫，永葆政治机关鲜明本色。坚持把“两个维护”作为谋划和推动工作的出发点和落脚点，强化政治建设统领，加强思想政治引领，经常对标对表，及时校正偏差，切实把牢办公厅工作的正确政治方向。二是在学懂弄通做实上下功夫，提高创新理论运用能力。及时跟进学习贯彻习近平总书记重要讲话精神和中央、省委重要会议精神、党组要求，按照机关党组安排，不断加强理论武装，全面提升“七种能力”。三是在谋划落实上下功夫，全力推动提质增效。站在政治高度作谋划、想问题、干工作、抓落实，忠诚“国之大者”，服务“国之大者”，贯彻新发展理念，深化改革，激发动力，科学排兵布阵，层层压实责任，实现办公厅工作高质量发展。四是在制度建设上下功夫，全面提升工作规范化程序化水平。坚持建制度和抓执行并重，持续推进党的建设、政协履职、机关运行制度建设，建立健全制度执行的监督机制，加大监督力度，强化制度自觉，提高制度执行力。五是在巡视整改上下功夫，着力加强干部队伍作风建设。抓好巡视整改“后半篇文章”，推动机关全面从严治党向纵深拓展、向基层拓展，坚决清除一切影响先进性和纯洁性的因素，把好传统带进新征程，将好作风弘扬在新时代，为担当使命、履职尽责提供坚强保证。

2020 年，在省政协党组和机关党组正确领导下，在书增秘书长、树平副秘书长具体指导下，会议处认真学习学习贯彻习近平总书记重要讲话精神，贯彻落实中央、省委政协工作会议精神和省委有关会议精神，围绕改进会务工作、提高服务保障能力和提升干部综合素质，克服工作任务多、经验不足，处室人员少等困难，认真履行职责，积极探索创新，圆满完成了全年各项工作任务。

一、坚持党建统领，加强自身建设，促进工作提质增效

坚持以党建工作为统领，坚持党建工作和业务工作同谋划、同部署、同落实，充分发挥党支部战斗堡垒作用和党员先锋模范作用，以党建工作引领处室全面工作，以党建工作促进业务工作，以党建工作为统领，加强自身建设，促进处室工作全面提质增效。

（一）加强党支部建设。始终高度重视支部自身建设，通过抓党建强队伍，推动处室工作上水平，坚持全面从严治党，严格落实“一岗双责”，压实管党治党政治责任，做到思想上坚定自觉，行动上扎实有力，能力上不断提升，营造风清气正的良好处室文化和政治生态，党支部组织力、战斗力不断增强。

（二）坚持理论学习制度。把创建学习型党支部作为重中之重，不断改进学习方式方法，建立政治理论和业务知识“1＋1”学习制度，坚持星期四下午处室集体学习日，结合当前形势和工作任务，精选政治理论和业务知识篇目，实施领读领学、发言讨论、交流心得、知识竞赛等。通过形式多样的学习活动，强化了理论武装，提高了政治站位，自觉增强“四个意识”，坚定“四个自信”，做到“两个维护”。

（三）进一步规范政治生活。认真履行党建主体责任，切实加强党组织建设，为党支部建设不断增添新活力，全面加强党员干部作风建设。认真执行各项党建工作制度，严格落实“三会一课”制度，健全党组织生活。强化党员务实创新意识，在工作流程化、规范化、制度化管理上下功夫、求实效，及时规范记录党支部“AB”本，开展经常性地党员谈心交流，教育引导党员干部不断淬炼初心、践行使命，努力教育引导干部讲责任、重担当、提质效，干部队伍工作能力和水平得到进一步提升。

二、履职尽责，会务组织服务工作实现新突破

今年新冠肺炎疫情发生以来，会议处认真贯彻中央、国务院和省委、省政府及省政协党组和机关党组关于疫情防控工作要求，适应新形势、新要求，积极探索创新会议召开形式和会议组织方法等，结合学习全国政协办公厅和省委办公厅办会经验，进一步探索创新提高会务工作的措施和办法，组织办会能力得到全面提升。

（一）十二届三次全会组织服务圆满成功。认真履行牵头抓总、顶层设计、协调落实等职能，坚持抓早抓细抓实，圆满完成各项工作任务。具体工作中，一是认真细化大会运行方案。将全会期间38项会议和活动，分解为178项具体任务和衔接工作，将任务明确到组、时间精确到分，为大会顺畅衔接、高效运转提供了遵循。二是扎实做好会务组织工作。全会期间，共承担1次常委会议、3次主席会议、召集人会议等10多个会议的人员组织、会场布置等准备工作，各类会议的组织、衔接、召开等方面没有出现丝毫问题。三是统筹做好协调联络工作。与有关部门保持密切联系，第一时间掌握与会省领导行动安排并反馈有关组，演练三次全体会议主席台服务流程，确保50多位省领导出席开闭幕会、听取大会发言和下组讨论服务保障工作顺畅衔接、规范有序。十三届三次会议顺利完成各项任务，圆满成功，会后得到各位领导的高度评价于肯定。

（二）创新会议组织形式，已成功组织召开四次常委会会议。根据新冠疫情

发展情况，按照疫情防控工作要求，借鉴全国政协常委会会议办会形式成功组织召开了第十四、十五、十六、十七次常委会会议，目前正做好第十八次常委会会议各项筹备工作。一是学习全国政协做法，首次在第十四次常委会会议前召开了中共党员常委会议，通报了2019年度中共党员常委履职建言情况。下一步继续探索将此做法规范固定下来。二是前三次常委会会议均采取视频会议召开，压缩了会议规模和会议时间，各市设分会场，省主会场参会人员比以往减少了近50%；会议时间由原来的一天半压减为半天，会后举办常委集体学习讲座。既适应了疫情防控要求，又圆满高效的完成了会议各项任务，受到与会委员与领导的一致好评。十七次常委会会议因疫情防控要求，实行闭环管理，对会务组织管理提出了新要求，在时间紧、任务重情况下，周密细致地做好各个环节的筹备工作，开展流行病学史筛查、健康监测、核酸检测，严格落实疫情防控措施，做好会前集体报到，加强会中管理，会议取得圆满成功。三是常委会会议后，以视频会议形式成功举办了常委集体学习，整个全省政协系统全覆盖，取得较好学习效果。四是创新探索大会发言和表决事项形式。在十五、十六次常委会会议上，尝试大会发言和表决事项线上和线下同时进行的方式，收到良好效果。

（三）积极参与聚、防、促活动，组织召开动员会和总结会。按照省委要求和省政协部署，积极参与“聚力量、防疫情、促发展”活动，克服时间紧、工作人员少、会议规模大等因素，通过全处同志前期紧张、细致、有序的筹备工作和共同努力，4月28日，以视频会议形式，成功组织召开了全省政协开展“聚力量、防疫情、促发展”活动动员会，7月29日召开了全省政协开展“聚力量、防疫情、促发展”活动座谈会，10月28日召开全省政协开展“聚力量、防疫情、促发展”活动工作总结会，为省政协开展聚、防、促活动贡献了应有的力量。

（四）日常会务组织服务高质高效。坚持高标准、高质量、高效率，截至目前，已圆满完成25次党组会议（正在筹备第26次、27次党组会议）、8次主席会议、10次主席会议务虚会、6次秘书长会议、4次秘书长办公会议、5次秘书长会议务虚会。一是坚持日常会务服务流程化。对党组会议、主席会议、秘书长会议、秘书长办公会议等会务服务实行流程化管理，把整个会务分解为20项具体工作，做细做好做优每个环节，提高标准、减少纰漏。二是规范日常会议归档管理和总结工作。今年在坚持会后归档总结机制的前提下，着力在提高会议材料归档及时性和规范化上下功夫。做到从制订会议方案开始到会议结束全程留痕，不仅注重结果更注重过程，对会议每一个细节变化都做到明明白白，心中有数，为指导下一步更好地组织会议提供充足的依据和参考。另外，归档尽量采取电子版和纸质想结合的方式，更大地提高了工作效率和质量，会议归档和总结工作更加科学化、规范化。三是大力提升会议记录、纪要、报告等的质量和效率。着力提升全体干部的文字能力，提倡全员动手，会后第一时间形成会议记录、纪要及向省委的报告，尽可能坚持当日会当日报，会议记录、纪要、报送的报告等质量和报送的及时性得到较大提升，受到领导的肯定。

（五）做好省政协重要会议服务保障工作。截至目前，先后召开了党外委员座谈会、住冀全国政协委员座谈会、政协委员读书活动启动仪式、全省政协秘书长工作交流座谈会、京津冀政协主席联席会议第六次会议、参政议政人才库特聘专家聘书颁发仪式、河北省政协工作经验交流会、省人民政协理论研究会第四届理事会第二次会议和庆祝河北省政协成立70周年理论研讨会、省政协常委暨全省政协学习贯彻党的十九届五中全会精神辅导报告会等十几次重要会议，有效促进了政协履职。

三、提高服务保障能力和水平，做好领导调研等活动安排保障工作

截至目前，共服务保障叶冬松主席赴保定、承德、邯郸、衡水、秦皇岛、石家庄、唐山、张家口（4次）等地调研11次，赴石家庄、定州走访慰问退役军人2次，及时向省委沟通了解省委领导工作预安排，为领导统筹做好省政协工作安排提供借鉴和参考，并向省委报送省政协领导一周安排42期，圆满完成了领导调研等会议活动服务保障工作。

（一）提早谋划。根据省委领导工作预安排和领导指示要求，提早与相关地市与部门沟通，拟定大致调研时间与行程，坚持提早谋划，事情往前想、时间往前赶、工作往前做，尽早提出初步调研方案，为领导提供参考。

（二）多方协调。一是坚持对上多与全国政协、省委、省政府办公厅的沟通联系。及时掌握全国政协和省委领导调研的有关政策和信息。尤其是今年新冠肺炎疫情发生以来，再次敏感时期，更要注重掌握了解调研过程中有关疫情防控的政策和要求，为我们制订调研方案提供依据和参考。二是坚持对下多与省直相关部门、地市的沟通联系。根据领导调研内容，及时请省直相关部门提供相关背景材料。与地市反复沟通调研路线、调研点、行程安排等有关事宜，力争为领导制订最合理、高效、务实的调研安排。

（三）抓好细节。领导调研等活动涉及的部门、人员，环节多，是一项系统和复杂的工作。每一个环节和细节出现问题都有可能对整个调研产生影响。我们始终坚持抓细抓小抓实的工作作风，抓好调研中每一个环节点、每一个细节点、每一个衔接点，确保整个调研过程圆满顺利。上半年领导调研活动均圆满完成，未出现任何纰漏。

2021年，会议处党支部将按照省政协党组和机关党组安排，根据一要点四计划要求，统筹做好省政协会议计划和组织服务工作。一是加强支部建设，强化理论武装和党性教育，开展支部集中学习和读书活动，以规范有序、生动活泼的支部生活促进各项工作的开展。二是已经开始全力筹备十二届四次全会。拟定于1月20日至24日召开，目前已起草了全会建议方案，成立了筹备工作机构及各工作组，明确了各组职责，组织召开了筹备工作动员会，下一步细化方案，落实分工，严格疫情防控，加强与全国政协和省有关部门协调，做好各项筹备工作。三是按照“一要点、四计划”的安排，做好省政协常委会会议和其他重要会议的组织服务工作。四是做好党组会议、主席会议、主席会议务虚会、秘书长会议、秘书长办公会议、秘书长会议务虚会等日常会议的组织服务工作。五是继续做好领导调研等活动安排保障工作。六是加强处室学习。结合会议处工作实际进一步丰富内容，精选课题，开展主题党日等活动。七是加强探索创新。在会务顶层设计上还需要更高站位，不仅局限于提高参会人数、保证会场纪律等组织

层面,还要在注重创新会议形式、营造良好会议氛围、把握会议节奏、继续总结会议经验等方面下功夫。

机关人事工作

今年以来,在省政协党组和机关党组正确领导下,人事处坚持以新时代党的组织路线为指导,以打造一支忠诚干净担当的政协干部队伍为目标,认真落实中央和省委重要指示精神,学习贯彻省政协党组和机关党组各项工作部署,着力提升工作效能、创建一流处室,不断加强履职能力建设,较好完成了今年各项工作任务。

一、2020 年工作总结

(一)抓党建,促履职。始终把政治建设作为头等大事,提高政治站位,增强政治定力,永葆政治本色。一是强化政治意识。坚持旗帜鲜明讲政治,教育引导支部党员始终保持对党绝对忠诚,在思想上政治上行动上同以习近平同志为核心的党中央保持高度一致,牢固树立“四个意识”,坚定“四个自信”,坚决做到“两个维护”。及时传达贯彻中央和省委、省政协党组、机关党组重要会议精神和有关文件要求,坚决贯彻党的基本理论、基本路线、基本方略,坚决把党的各项决策部署在人事处支部得到贯彻落实。二是强化理论武装。始终将学习贯彻习近平新时代中国特色社会主义思想作为首要政治任务,认真落实机关党委每月理论学习安排,坚持每周五党支部集中学习制度,认真开展学习交流,深入进行工作研讨,认真撰写心得体会,努力在学出绝对忠诚、学出坚定自信、学出使命担当、学出能力水平上下功夫。三是强化规矩意识。坚持把纪律教育抓在经常、严在日常,把《关于新形势下党内政治生活的若干准则》《党内监督条例》《廉洁自律准则》《纪律处分条例》《问责条例》等党内法规,作为支部党员学习培训必修课,引导支部党员做“守纪律、懂规矩、敢担当、有作为”的模范。

(二)抓重点、促落实。紧盯重点任务分工,积极主动谋划、狠抓推进落实。一是慎终如始做好疫情防控工作。自疫情发生以来,人事处按照省委、省政协党组关于疫情防控要求和机关应对疫情工作领导小组安排部署,坚决压实疫情防控责任,认真履行工作职责。全面统计排查。自 2020 年 1 月 26 日起,建立了每日排查报告制度,对机关及所属事业单位 682 名干部职工(含离退休及临时聘用人员)及其配偶子女身体状况情况进行全面细致的排查,坚决做到不漏一人。加强防护指导。积极与省卫健委、省直机关工委等单位联系沟通,随时掌握有关防控要求,主动寻求政策指导,积极协调为 140 余人次干部职工进行核酸检测。动态调整措施。及时跟进掌握疫情发展变化,掌握国内高、中风险地区名单,根据风险等级灵活调整干部职工外出调研和出差事宜,并准备好必要防护物资,做好行前个人防护培训。落实干部职工外出报批报备制,确保人员流动轨迹精准可控。按时报告情况。每日编写《省政协机关疫情监测工作专报》,详细记录每日发热排查情况、进入机关人员体温检测登记情况及各部门在疫情期间履职活动的开展情况等,及时报领导阅知并发各工作组掌握。截至今日,已编发专报 260 期。二是夯实责任确保重点任务落实。认真建立台账。认真对照 2020 年省委重点工作、省政协党组和机关党组工作要点、落实中央和省委政协工作会议主要责任分工、党组会议、主席会议、机关党组会议议定事项、省政协重点工作制度建设任务和各项领导批示，建立人事处2020年重点工作台账，确保重点任务一项不落。明确责任分工。将每项重点任务明确责任人和完成时限，压实工作责任，确保落地落实，不出纰漏。定时调度推进。建立重点工作调度机制，每周一召开处务会，听取各负责人汇报重点工作开展情况。人事处今年承担的重点任务共七项，其中四项工作已完成，两项工作属长期推进，一项工作正在会同研究室起草报告中。

（三）抓日常，促规范。认真履行职责，严格规范工作，确保机关干部人事工作的科学化、制度化和规范化。一是加强干部队伍建设。严格执行《干部任用条例》和《公务员职务与职级并行制度》有关要求，有序开展县处级领导干部选任、公务员职级晋升、公务员调任、交流等有关工作。截至今年10月，先后提拔重用干部7人、晋升职级23人，还在机关与事业单位交流4人，与省、市直机关交流4人，为乡音杂志社招聘工作人员1名，优化干部队伍结构，激励干部担当作为。二是做好考核相关工作。为做好2020年机关年度综合考核工作，结合各项考核目标，明确了相应协调责任部门，负责主动加强与相关考核单位的联系沟通，及时报告工作，争取帮助指导，确保在明年的绩效考核中取得优异成绩。认真做好2019年度机关年度考核和绩效考核工作，对评选为优秀的处室和个人进行通报表彰，发挥考核正向激励作用。三是做好干部监督工作。根据中组部和省委组织部关于开展个人事项专项整治的安排部署，制订工作方案，按照时间节点，稳步推进各项整治工作。组织机关干部填报2019年度个人事项报告，开展随机抽查和重点查核工作，对未如实报告个人有关事项的干部进行处理。根据省委组织部通知要求，开展公务员从事或参与营利性活动专项整治工作。四是认真组织干部培训。根据省委组织部要求，组织开展省管干部和机关处级及以下干部党的十九届四中全会精神网络培训工作，做到厅级及以下干部全覆盖。根据全国政协、省委组织部通知要求，做好全国政协干部培训班和省委党校（河北行政学院）干部调训工作。总结梳理近三年机关贯彻落实《干部教育培训工作条例》和《2018—2022年全省干部教育培训规划》情况，做好中期评估迎检工作。五是扎实做好驻村帮扶工作。根据省委组织部关于深入推进扶贫脱贫驻村帮扶问题整改工作的通知要求，研究制订工作方案，积极组织协调做好扶贫脱贫机关驻村帮扶问题的整改落实。起草印发《关于进一步做好省政协机关扶贫脱贫驻村帮扶工作的通知》，督促抓好机关扶贫帮扶各项工作落实。深入了解驻村工作和驻村干部思想，协调解决实际问题，督促驻村工作队严守驻村纪律，扎实做好疫情防控和驻村帮扶全面工作。省政协机关和3个驻村工作队被省委组织部考评为2019年度“优秀”等次。七一前夕，机关获得省委表彰的全省扶贫脱贫先进工作队1个，优秀驻村工作队员1名。六是用心做好机关退役军人服务管理工作。研究制订省政协机关走访慰问退役军人工作方案，精心组织走访慰问活动，春节、“八一”期间共走访慰问退役军人430人，发放慰问金13.18万元，确保走访慰问全覆盖、无遗漏。注意加强与省退役军人事务厅等有关职能部门的联系沟通，及时了解机关退役军人合理诉求，帮助协调解决困难。七是认真做好工资福利工作。依据政策规定，认真做好工资福利工作。截至目前，核定审批年度考核晋升工资级别档次、职务职级晋升调整工资待遇、养老金调整、社会保险缴费基数调整等共计 2400 余人次；按时保质做好机关及所属事业单位 1500 余人次应休未休假补助、精神文明、平安建设、绩效考核奖金的申报审批；妥善做好疫情期间干部职工健康体检的组织工作，共计 342 名干部职工完成体检。

（四）抓队伍，促提升。开展“学理论、学业务、强党性、强作风”活动，大力培树处室干部能吃苦、肯吃亏、敢担当、不畏难的工作作风，努力打造政治品格过硬、职业操守过硬、专业能力过硬、作风形象过硬的干部队伍。一是搭建学习平台，实现自我加压。利用每周五支部学习会，积极开展理论和业务知识研讨，通过“轮流领学、共同研讨”的模式，每次会议分别安排两名干部进行领学，搭建处室干部自我学习、自我提高的学习平台，实现学习自我加压，工作自我加力。二是明确讲课内容，突出学习重点。将机关党委每月理论学习提示和干部任免、监督、考核、培训等相关组织人事业务知识作为学习内容，把结合自身体会和工作实际谈感受作为交流重点，切实处室干部理论水平和综合业务能力。三建立工作机制，固化学习成效。推行“每周一主题”文稿撰写制度，每次学习安排 1 名同志围绕主题撰写一篇文稿，推动形成“学思践悟”良好风气，切实巩固学习成效，达到以讲促学、以学促干的效果。

二、2021 年工作打算

2021 年人事处工作总体思路是：深入贯彻新时代党的组织路线和省委《关于深入贯彻落实新时代党的组织路线的若干意见》精神，按照省政协党组和机关党组部署要求，落实省政协机关《关于深入贯彻落实新时代党的组织路线的若干措施》，着力建立健全选拔任用机制、知事识人机制、素质培养机制、从严管理机制、正向激励机制，为省政协机关履职提供坚强组织保证。一是加强机关干部队伍建设。深入贯彻落实干部任用条例，健全党管干部、选贤任能制度，树立正确用人导向。坚持好干部标准，坚持事业为上，着力培养选拔忠诚干净担当的高素质干部队伍。认真落实省委关于选拔优秀年轻干部要求，对优秀年轻干部加强日常跟踪管理，建立年轻干部成长档案。二是完善干部考核评价机制。认真落实《公务员平时考核办法（试行）》《党政领导干部考核工作条例》及《河北省省管领导班子和领导干部年度考核办法（试行）》，把年度考核、平时考核、职能绩效考核、使用干部考核结合起来，建立完善的考核评价机制，为全面客观地考核评价干部奠定基础。三是抓好机关干部教育培训。把学习宣传党的十九届五中全会作为重要政治任务，认真机关处级及以下干部学习党的十九届五中全会集中培训。结合机关建设高水平专业化干部队伍需要，认真组织好干部参加调训、专题研修班和集中轮训，依托延安大学举办机关干部专题研修班，不断更新专业理论知识，拓宽思路眼界。四是严格干部日常管理监督。严格执行领导干部个人有关事项报告及抽查核实制度，从严从实从细做好 2021 年个人事项填报工作；进一步做好机关干部职工因私出国（境）审批、社会团体兼职、违法违纪处理、外出请假申请和报备等工作的组织实施；加强人事档案规范化建设，抓好干部人事档案工作条例贯彻落实，积极稳妥推进干部人事档案集中化、数字化。五是做好机关干部关怀激励。认真贯彻落实《关于激励干部新时代新担当新作为的实施意见》，建立崇尚实干、带动担当、加油鼓劲的正向激励体系，树立体现讲担当、重担当的鲜明导向，激励广大干部真抓实干。落实《关于进一步关心关爱干部职工的若干措施》和关心关爱干职工身心健康的有关要求，真情关爱干部，用心用情用力做好工作。六是妥善做好退役军人服务管理。加强与退役军人事务主管部门沟通联系，掌握政策界限，把握工作原则，强化责任意识，采取有效措施，扎实做好机关退役军人的服务管理。七是认真做好工资福利工作。及时落实干部职工工资、补贴、保险、职业年金及各项福利待遇的业务申报、审批、发放；做好离退休人员“中人”视同缴费年限认定、退休手续办理、待遇调整、困难补助等业务审批等工资福利方面的工作。八是加强处室自身建设。以“讲政治、重公道、业务精、作风好”活动为抓手，不断加强政治理论学习和业务培训，强化人事管理干部的担当意识，努力打造政治品格过硬、职业操守过硬、专业能力过硬、作风形象过硬的模范部门和组工队伍。

财务管理工作

2020年，在省政协党组和机关党组正确领导下，在机关各部门的大力支持下，财务处认真贯彻落实习近平新时代中国特色社会主义思想，按照党建统领、绩效导向、科学规范、善治有为的总体思路，强化责任意识、节俭意识和服务意识，扎实推进各项财务工作高效有序运行，圆满完成各项工作任务。

一、2020年工作开展情况

（一）加强党的建设，着力夯实思想作风。始终突出政治引领，增强守初心、担使命的责任感和使命感，以党的建设和作风建设之进持续深入推动各项财务工作健康有序、向上向好。一是坚持理论学习经常化。坚持中央和省委、省政协党组和机关党组重要会议精神紧跟学，党建工作部署经常学，《习近平谈治国理政》第三卷深入学，并利用学习强国、河北省干部网络学院等信息平台，拓宽党建理论学习广度深度，持续增强政治学习自觉、思想提升自觉、行动落实自觉。二是坚持组织生活严肃化。严格落实“三会一课”和民主生活会制度，以及处务会、碰头会制度，实现党建与业务工作同谋划、同部署、同落实。注重以组织生活仪式化和庄重性确保学习实效，及时参加机关党性教育活动，凝聚集体意识和思想共识，认真组织开展支部专题学习，认真规范填写党支部工作手册，做好党员学习笔记，切实夯实党支部战斗堡垒。三是坚持作风建设长效化。持之以恒认真执行中央“八项规定”，筑牢思想防线，明确纪律底线，在高标推进具体财务工作落实中纠“四风”强作风。深入学习人民政协理论和财务专业知识，树牢严的作风、铁的纪律观念，切实奠定维护政协荣誉利益、服务机关干部职工、服务委员履职的思想作风基础。

（二）强化财务业务能力，着力规范机关经费支出。认真贯彻执行有关财经法规制度，严格落实《省政协机关财务管理办法》，持续健全内控制度，促进财务支出绩效不断升级调优。一是严格预决算管理。按照预决算管理规范，圆满完成2020年部门预算批复及公开、2019年部门决算编制上报及公开。2020年省政协机关经费预算安排总额为11459.6万元，其中人员经费5276.24万元，日常公用经费1647.36万元，专项经费4187万元，其他支出349万元，按照省政协党组工作要点和年度经费预算安排，科学制订政协机关经费分配意见，经机关党组会议审议后落实。二是严格预算执行。围绕政协中心任务和重项活动，合理安排资金保障政协会议、调研、专题协商、政协委员读书活动等履职活动；加大经费支出进度调控监控管理，协调财政厅、发改委、以及机关各部门按支出成熟度从速有序支出，避免了上年结转指标被收回风险；在疫情影响支出进度偏低情况下，进一步对经费支出进行逐项分析和调整调度，避免不必要的资金结转和收回财政；严把经费报销关，坚持先审核后审批，严把经费开支范围、支出功能、支出结构、支出标准，保证经费开支合法合规合理。三是严格落实会计基础规范和内控制度。实行会计核算、会计审核、经费支付、银行账户、政府采购、差旅报销、固定资产和办公用品等业务操作和业务审核多人内控制度，有效防范资金管理和使用风险，按期完成《2019年度行政事业单位内部控制报告》和《2019年度地区（部门）行政事业单位内部控制报告》。四是全面实施绩效管理。完成2020年度预算绩效目标“回头看”，形成调整完善报告并在财政预算管理一体化信息系统中予以同步完善；开展预算绩效运行监控分析，形成监控报告和部门整体绩效目标完成情况双报告并完成信息系统同步操作；在对2019年度预算项目绩效自评全覆盖基础上，进一步完成“办公楼局部改造项目”和“2018—2020年度政协全体会议经费”重点绩效评价并提交高质量评价报告。五是全力做好2021年度部门预算编制工作。及时与预算政策调整变化、预算编报系统升级完善、预算编制业务培训等同频对接，与政协机关各单位密切协作，在研究政策、调研摸底基础上，认真梳理测算2021年政策性支出和新增预算需求，及时向省财政厅争取资金支持，2021年预算编制工作有序推进。

（三）注重协调协作，着力提升财务保障服务水平。按照“突出重点、统筹兼顾、注重绩效、厉行节约”原则，优化和改善支出结构，强化和整合资金管理，充分发挥经费服务保障功能。一是紧盯全局抓服务。为省政协党组“一要点、四计划”确定的各项重点工作任务提供充足有据经费保障，为业务部门、政协委员和专委会履职活动提供保障性经费倾斜，增加委员活动经费62万元。加大基础设施和信息化建设力度，增加办公楼局部改造资金850万元，网络议政及信息化建设经费979万元，安可设备购置费370万元。积极协调省财政增加政协全体会议经费82万元，为政协全体会议、常委会议等大型会议经费保障奠定了坚实的基础。二是紧盯细节抓服务。督导机关各部门编实编细年度经费预算，加大对预算经费支出进度的统筹管理和新增支出事项的预算调剂，及时向各部门反馈经费使用情况。对政府采购项目立足早计划早安排早实施，对重点经费使用实行全程监控，及时发现和纠正支出过程中存在的问题。此外，坚持常规服务悉心细心，对机关干部工资数据上报、调资和补贴发放、医疗保险、职业年金、个人所得税、住房公积金等各项业务办理做到及时准确无误。三是紧盯关键抓服务。紧跟重大关键活动持续用力，把聚、防、促活动同年度财务工作任务紧密结合，围绕省政协聚、防、促八个方面重点工作，合理安排经费保障，实化细化工作举措。在今年省财政年初预算调减日常公用经费 45.8 万元，执行中又进一步压减项目支出预算 128.2 万元情况下，通过谋划分析整合和认真研判，为省政协 70 周年系列活动提前谋划经费保障预案，有效保障了聚、防、促活动及机关重要会议活动健康平稳有序开展。四是紧盯领导交办抓服务，按照问题导向、于法周延、于事简便原则，围绕《文史精华》相关涉及财务事项遗留问题、事业单位离任审计诉求、工会经费保障事宜，落实采购贫困地区农产品政策等，认真咨询相关单位，研究有关政策，积极寻求解决路径和具体措施，较好地完成了领导交办的各项工作任务。

二、2021 年工作要点谋划

2021 年，我们将继续深入学习领会习近平新时代中国特色社会主义思想，认真贯彻落实省政协党组和机关党组决策部署，不断提高政治站位，强化政治责任、实化工作举措，全力推进各项财务工作严谨严实、规范有序开展，进一步发挥财务服务保障功能，为省政协机关工作运行发展高质量贡献力量。

一是进一步深化财政财务管理改革。推进预算管理、预算绩效管理、资产管理、政府采购管理、政府会计制度、差旅电子凭证网上报销等财政财务改革要求进一步落实落地、规范高效。二是健全完善制度体系机制。坚持问题导向、目标导向、绩效导向相结合，进一步建立完善政协机关财务管理、经费管理、资产管理、会计管理等制度体系，完善管理流程和操作规则，提升财务管理的制度化、规范化。三是严格经费预算管理。突出经费保障重点，强化服务保障功能；加强经费支出管理，合理分配经费，提高经费绩效管理水平和经费保障能力；严格“三公”经费和会议费、培训费支出管理；做好政协十二届四次全会、常委会议等大型会议及机关日常财务保障工作。四是全面完善固定资产账务管理。组织开展资产清查，摸清现有固定资产运行状况及损益程度，梳理在用、闲置资产，分类处置盘盈、盘亏资产，完善资产账，实现“一物一卡一条码”，实现固定资产从“入口”到“出口”的全生命周期动态管理，为资产管理与实物管理、资产管理与财务管理、资产管理与预算管理的有机融合奠定基础。五是强化财务处内部建设。加强政协理论和财务业务学习，提升业务素质和工作能力；梳理完善处内职能任务目标，明确责任分工和工作标准；建立健全内部控制制度，规范业务流程和工作程序，全面强化风险防控。

机关信息化建设

在省政协党组和机关党组正确领导下，2020 年办公厅信息处坚持疫情防控与履职工作双推进，统筹协调，讲规矩、守底线，打基础、补短板，抓关键、促应用，机关网络安全意识普遍加强，基础设施日臻完善，应用系统不断拓展提升，信息安全措施扎实稳固。今年申请信息化建设经费 2132 万元，将为机关增加各类软硬件设施设备 989 台，稳妥推进了安可替代工程、网络议政远程协商及智慧磐石两个信息化建设项目，机关信息化建设水平整体跃升，已迈进省直部门前列，呈现出“六个坚持”特色。

一、坚持创新引领，推进信息化工作协调发展

（一）加强理论武装，理清工作思路。

以习近平新时代中国特色社会主义思想为指导，认真学习习近平总书记关于网络强国的重要思想，按照实施数字中国战略的总体部署，围绕筑网络、搭平台、建系统、用数据、强服务，综合运用互联网技术和信息化手段服务政协履职、丰富履职形式，确保网络安全，着力提升省政协机关信息化和电子政务发展水平，以信息化推动政协履职现代化。

（二）强化整体设计，谋划发展规划。以补短板、抓关键、促应用为出发点，紧紧围绕省委、省政府信息化工作要求，充分结合机关工作实际，谋划“十四五”期间省政协信息化发展规划，体现数字化引领、前瞻性规划、整体式推进工作思路。提出了建设委员履职数字智库平台、智慧提案信息化平台、无纸化数字多媒体会议系统、交互式智能电子展示系统、数据资源共享平台、政协履职大数据应用、智能化文件管理系统、市县政协信息化融合发展等“十四五”信息化建设总规划，全面推进提升省政协机关政务网络支撑能力和信息化应用水平。

（三）严格招标程序，遵守纪律规矩。项目建设中，主动参照省委、省政府成熟做法，严格执行招标采购程序，严格执行纪律规定，项目之初就成立由机关纪委牵头的监督小组，接受全流程监督。积极与省公共资源交易中心进行工作对接，会同财务处依法依规扎实做好安可替代工程、网络议政远程协商及智慧磐石信息化项目大招标以及咨询设计、项目监理、等保测评等各项配套小招标工作。安可替代工程下达资金 1226 万元，比省人大高出一半金额（省人大 660 万元），中标金额 817.77 万元；网络议政远程协商及智慧磐石信息化项目下达资金 906 万元，中标金额 797.1250 万元，大百分比赢得中标金额，最大化为机关争取了利益。

二、坚持统筹推进，扎实推进信息化项目建设

（一）稳步推进省政协安可替代工程建设。按照《省政协安可替代工程实施方案》总体建设进度，项目分三年进行建设，为机关增加计算机 353 台（套）、打印机 218 台、正版软件 370 套，极大丰富和优化了机关办公用计算机信息化的质量和环境。实施过程，紧密结合机关办公实际和工作需求，组织机关安可替代工程领导小组会议，明确工作方向，摸清替代底数，制订替代计划，按照保密项目要求严格招标采购流程，会同财务处优质高效完成工程招标及项目资金财政审批工作。及时请示省安可办工作推进方向、方法和政策，严格保密制度，一周一调度，统筹软硬件采购、配备计划及安装调试工作，目前已完成 2020 年替代任务，采购计算机终端、打印机和服务器 105 台，完成机关档案管理系统开发适配及涉密计算机单机全部替代，进入验收阶段。

（二）快速推进网络议政远程协商及智慧磐石信息化项目。按照领导要求，高标准完成领导交办的资金申领任务，申领资金 906 万元。聘请全省一流信息化专家充分论证项目可行性和招标方式，制定切实可行的招标文件和流程，主动与省公共资源交易中心进行对接，规范和优化了招标流程，为高质量快速推进项目建设奠定前期基础。积极对接长城新媒体集团，全处人员分工负责，加班加点，放弃了节假日休息，仅用两个月时间，优质高效地完成了电子显示系统、网络安全系统拓展、内外网络线路改造、驻勤武警“智慧磐石”、委员履职系统优化

升级、门户网站(微信公众号)改版升级6个信息化项目建设任务。

(三)高质量高标准完成领导交办相关事项。按照领导要求,充分结合安可替代工程及发改委项目建设,按时完成了机关网络议政远程协商会议室的电子显示大屏、地毯、背景板、摄像头等布设安装调试,以及二楼北会议、五楼北会议室的电子显示大屏安装调试工作,为机关召开视频会议提供了充裕的会场基础。在七楼机关网络机房,安装部署了网络信息态势感知、备份一体机系统,为机关网络安全奠定了坚实的实时监控和数据安全基础。完成机关南楼内外网络线路改造,为在南楼办公的相关处室提供了良好的办公网络环境。通过以上项目实施,基本实现了打基础、补短板目标,有效提升了机关信息化建设水平。特别是态势感知设备的部署和备份一体机的安装部署,有效提升了信息网络安全系数,走在了省直部门前列。

三、坚持应用建设,持续拓展升级系统功能

(一)视频会议系统实现新跨越。在疫情防控常态化情况下,积极拓展网络视频会议渠道,针对不同参会人员和会议规模,多维度搭建了适应不同对象、不同层次的四个层级视频会议系统。一是对接市县政协,在常委会议室搭建了全省政协系统省、市、县三级视频会议系统;二是对接全国政协的网络议政远程协商视频会议,在二楼南会议室搭建了网络议政远程协商主、分会场视频会议系统;三是对接专委会调研会务工作,在委员履职系统搭建了委员远程协商视频会议软件系统;四是对接机关人员办公,在机关办公自动化中搭建了机关办公视频会议系统。同时,结合今年信息化项目的实施,在机关东楼会议中心全面实现音视频信号互联互通,方便了工作,减少了机关会议开支。

(二)委员履职系统功能实现新提升。努力打造"智慧政协"履职平台,在原有的委员履职系统的会议管理、委员履职信息统计、提案管理、社情民意、会议发言、扶贫管理、简报管理功能模块基础上,增设了网络主题议政、远程视频协商、书香政协、全会管理功能。对标全国政协,优化改进委员履职系统提案管理APP端功能模块,增加"优秀提案推荐""提案征集通知"模块,补齐功能短板。

(三)机关办公系统实现内容新拓展。借助安可替代工程软件适配工程建设契机,不断优化拓展系统功能,增设了督察督办、视频会议、资产管理、智慧党建、值班管理、会议管理、机关读书、信息直报等功能模块,有效丰富提升了办公自动化系统的应用功能。对接机关胶印室,实现了机关非涉密文件资料付印信息传输,全部通过办公自动化系统完成,改变了开放式信息传输方式,提升了机关信息传输安全度,以信息化建设助力机关建设。

(四)机关档案系统建设实现新突破。以机关安可工程建设为契机,全面推进机关电子档案系统建设,集中2个多月的时间完成机关60万页纸质版历史档案资料转化为电子信息版的储存、归档工作,摒弃机关使用了几十年的纸质化保存、管理档案的旧模式,使机关迈进档案电子化、数字化管理新时代,提前2年实现机关电子档案建设与机关政务电子化有序有效对接。

四、坚持服务至上,提升信息化服务水平

(一)创办信息服务周刊《河北政协

工作参考》。为学习借鉴全国政协和兄弟政协工作好经验、好做法,借"他山之石"改进工作、创新工作,创办《河北政协工作参考》周刊,从全国政协系统官方网络媒体筛选、编发政协工作“干货式”经验做法,每周印发,供机关各部门学习参考。截至目前,已印发35期。

(二)印发《河北省政协网络议政远程协商规程(试行)》。推进网络议政远程协商制度建设,同全国政协办公厅秘书局、信息中心多次沟通,对接浙江、江苏、湖北、湖南、广东、四川、安徽、重庆、河南、陕西、山西等省市,学习借鉴经验做法,结合机关工作实际,就规范有序组织开展网络议政远程协商活动,制定印发了《河北省政协网络议政远程协商工作规程(试行)》。

(三)全力做好各类音视频会议技术保障工作。高效精准保障政协全会、常委会、辅导报告会、远程协商会等各类视频会议20余次,从会前技术协调联络、到会中监控导播切换,均做到了周密筹划、精准对接、字幕转切、全场监控,有效保障了会场信号稳定顺畅。承接机关会议室音响技术保障工作任务后,对音响设备全面梳理,排查隐患,制订机关会议室音响服务保障方案,树立了一主一备保障理念,确保各类音视频会议圆满顺利召开。

(四)完善机关办公设备优化提升。按照安可替代工程计划,今年采购了安可办公设备台式机78台、笔记本27台、黑白打印机10台、彩色打印机1台、彩色复印机1台。采用省政协领导和重点处室优先保障原则,将办公设备分发给省政协领导、办公厅各处室及各专委会办公室,有效提升了机关硬件办公水平和国产软硬件使用水平。

(五)提供贴心优质通信服务保障。在主体经费不增加的情况下,多次与省移动公司沟通协商,于8月底完成了移动办公平台新套餐资费升级服务工作,确保了每人每月通话时长1000分钟,流量不限量,最大化地维护了机关职工的工作和生活利益。

(六)设备管理维护实现精细化。为提供高效优质的技术维护水平,信息处全体同志采取定期通知提醒,按需查杀病毒、安装系统、查找故障等措施,竭尽全力确保机关信息设备的正常运转。据不完全统计,今年以来共完成日常预检预修1500余项,计算机维护900余次,故障线路排除200余次,网络布线1100米,网线水晶头更换400余个,较圆满地完成了领导交办和同志们需要的各项信息服务工作。

五、坚持安全为先,强化网络安全技术管理

(一)组织开展网络安全宣传周活动。按照《2020年国家网络安全宣传周河北活动实施方案》要求,连续4年精心组织了以“网络安全为大家,网络安全靠大家”为主题的省政协机关网络安全宣传周活动,通过网站、微信、机关电子大屏等平台,运用图片、视频、动漫等多种新媒体形式,普及宣传网络安全知识,提升机关干部职工防护意识和技能,营造了“网络安全在我心”的浓厚氛围。

(二)强化网络安全技术支撑能力建设。根据国家信息安全等级保护2.0标准要求,对省政协机关年旧老化的网络设备、安全设备进行更新替换。对于关键节点和设备升级为双机部署方式,消除单点故障隐患。对门户网站、办公自动化、委员履职系统进行等保测评,确保各信息系统安全稳定运行。安装部署态势感知、备份一体机系统，对省政协全网流量进行分析，及时发现潜在安全隐患，提高信息安全防护能力。

（三）改造提升机关机房网络安全设施。对机关机房现有的网络、安全、服务器、存储设施等相关设备进行系统梳理，检查设备运行状态，对机房布局、结构设计、设备选型、老旧设备更换、电源供应系统及综合布线系统进行改造提升，优化机关网络安全环境。采购1台精密空调、部分新机柜、专用PDU模块、UPS机头等设施设备，确保机关网络安全稳定运行。对南办公楼配线间进行设备升级，对整个楼层进行综合网络布线，疏通电子政务外网。配线间盲区位置增加摄像头，提高安防和监控能力。

（四）加强网络舆情监控和网络安全防护。全力做好疫情防控、全国两会、省政协全会等重要敏感期间省政协网络舆情收集、研判和处置工作。优化网络配置，加大对服务器运行监测力度，充分运用技术手段对各类硬件防火墙、杀毒软件等防护措施进行信息安全检查，加强网络安全技术保障，启动网络与信息安全应急处置机制，加强机关网络值班值守，及时解决机关干部遇到的网络问题，保障了机关网络安全畅通运行。

六、坚持政协特色，网络宣传工作有声有色

（一）门户网站向专业综合智慧平台迈进。参照全国政协网站栏目设置，对门户网站进行了全新改版升级，并于今年3月正式上线运行，由长城新媒体集团托管运维。改版后网站以简洁、大气为主基调，涵盖省政协委员、机关各部门、党派团体、市县政协等各方面。完成新版门户网站域名备案和IPV6（互联网协议第6版）部署工作，版面质量得到提升，技术支撑得到强化。精心开设“夺取疫情防控和经济社会发展双胜利”“聚力量　防疫情　促发展”“庆祝河北省政协成立70周年”等专题专栏，展现了政协履职成果，展示了机关新作为。截至目前，共发布稿件4860条，网站IP访问量达450万次，PV点击量达710万次。

（二）微信公众号逐渐成为网络宣传主阵地。贯彻“移动优先”要求，立足“河北政协”微信公众号传播快优势，除了及时编辑转发人民政协报、河北日报等省政协重要新闻报道外，增加喜闻乐见充满正能量的国家重要活动报道、疫情防控、网络安全、重大节日宣传等各类知识类相关文章。内容编排上，精心采用网络语言编辑创新，每天版式不同，重点内容突出。搭建“特别关注”“特别推荐”“特别链接”矩阵栏目版块，充分发挥微信菜单栏推介政协工作作用。今年以来，截至11月底，微信共刊发文章876篇，阅读总量达397430人次，关注总人数为3665人，较去年新增749人，铿锵有力地传播了政协声音。

（三）机关大屏宣传效应互映衬叠。充分发挥机关电子大屏多角度、立体化宣传作用，配合重点新闻报道，精心设计制作原创性显示标语、图片新闻、工作简报、融媒体报道、视频报道、节日祝福等内容，全景式展现政协机关履职成果，营造良好的信息化新闻舆论宣传氛围，形成了不同平台互映衬叠加的宣传效应。

（四）推进融媒体电子宣传系统建设。在机关一楼大厅、南楼、食堂等显著位置，设置政协“通知公告”电子宣传设备，在电梯间设置智能投屏视频播放设备。运用大屏幕和多个显示屏互动技术手段，建设交互式智能电子展示系统，把短视频、H5、资料图片与语音字幕显示系统等融媒体技术充分互动融合，营造良好的信息化新闻舆论宣传氛围。目前，系统正在安装调试中，拟于12月上旬完成。

（五）录制《责任与担当》委员视频集锦。参照全国政协庆祝人民政协成立70周年委员视频集锦录制方式，制订录制《责任与担当》委员视频集锦工作方案。商委员联络工作室，明确录制委员名单。对报送的214个视频收集、整理、初审，编辑制作委员视频及《庆祝河北省政协成立70周年委员视频集锦》，分批在委员履职系统、门户网站、微信公众号等网络平台发布，产生良好的社会效果。

一年来，省政协机关信息化建设得到长足发展，但与省政协党组、机关党组的要求相比，机关信息化建设的质量和水平还存在一定差距。一是信息系统应用使用率还需进一步提升；二是信息化建设统筹协调还需进一步加强，还需机关各部门的大力支持配合；三是面对日益繁重的工作任务，信息技术力量凸显薄弱，急需补充技术力量保障；四是外出学习和培训工作不足，没有与时俱进地跟上信息化发展潮流。

2021年，我们将以习近平总书记关于网络强国的重要思想为指导，深入贯彻习近平总书记重要讲话精神和中央决策部署，紧紧围绕省委、省政府信息化工作要求，谋划推进“互联网＋政协”智慧政协建设及“智慧协商”“智慧履职”等重点项目建设，推动政协系统信息化建设实现新的跃升。拟主要做好以下工作：

一、全面推进安可替代工程2021年建设

按照《省政协安可替代工程实施方案》，在2020年安可替代工程建设基础上，结合机关办公实际和工作需求，商秘书处、人事处、财务处等相关处室，进一步细化机关2021年安可替代进度计划，形成具体工作方案，确保机关安可替代工程规范有序全面顺利实施。做好机关干部职工安可替代软硬件设备配备及使用培训工作。做好机关人事档案系统适配及机关办公自动化系统适配工作。

二、创新政协新媒体宣传阵地

按照中办《关于加快推进媒体深度融合发展的意见》及省委《关于加快推进媒体融合发展的若干措施》，坚持移动优先理念，根据机关需求，做优做强门户网站、微信公众号，进一步扩充栏目版块内容，创新内容形式，提升平台点击量和传播力，推进政务新媒体向综合宣传平台迈进。按照“常改常新”原则，对门户网站、微信公众号整体版面样式进行改版，拟于2021年1月1日全新亮相。持续优化一楼大屏发布宣传效果，及时生动准确发布省政协重大活动、建设成就、工作动态，图文并茂立体式展现政协履职成果和政协委员风采。

三、建设智能化文件管理系统

推进智能化档案库房建设，实现机关档案收集、整理、保管、转递、利用、统计、查询等电子化功能，提升机关档案管理系统数字化、规范化水平。建立涉密文件管理系统，追踪涉密文件运转流程，强化保密工作，提升涉密文件规范化管理水平。将机关智能化档案库房和涉密文件管理系统建设纳入2021年机关信息化项目，对接省发改委、网信办积极推进项目立项审批工作。

四、建设无纸化数字多媒体会议系统

在机关党组会议室实施电子阅文和智能语音会议翻译系统。利用无线通信信息技术手段，运用可升降式会议显示触摸电子屏、平板电脑等电子终端进行会议文件阅读，实现会议室实时转写字幕、会议语音录制、高清度语音文字转换、会议纪要编制等功能，提高会议工作效率。结合实施情况，适时在省政协党组会、主席会、常委会推广应用。

行政后勤工作

2020年，行政处党在省政协党组和机关党组的领导下，深入学习贯彻习近平新时代中国特色社会主义思想，增强“四个意识”，坚定“四个自信”，做到“两个维护”，践行“三个表率”，紧抓政治理论学习不放松，持续推进思想、作风、制度和廉政建设，全面履行各项职责，不断提升服务保障水平和能力。

一、加强理论学习，不断提升政治素质和能力

行政处始终把政治理论学习当作干事创业的先导，把政治能力建设摆在首要位置。我们按照省政协党组和机关党组的统一部署，根据疫情形势变化，灵活运用集中学习、网络自学以及微信群、学习强国会议功能学习讨论等形式，深入学习习近平总书记重要讲话和党的十九届四中、五中全会精神、《习近平谈治国理政》第三卷等内容，持续推进学习活动常态化、制度化。同志们在学习中坚持带着问题学、联系实际学，学思践悟，学以致用。

通过系列学习活动，同志们对习近平新时代中国特色社会主义思想和党的十九大精神有了更深层次的理解，对习近平总书记关于加强和改进人民政协工作的重要思想和人民政协工作的新方法、新使命有了更牢固的把握，切实增强了做好新时代政协工作的责任感、使命感，真正让学习成果在实际工作中落地见效，转化为谋划工作的思路、推进工作的动力。

二、强化责任意识，推动作风建设再上新台阶

行政处在工作中坚决落实党组决策部署，强化责任意识，不断加强干部队伍建设和党风廉政建设，始终把作风建设作为干好事业的动力之源。

一是深入开展作风纪律专项整治行动。根据《关于紧盯当前党员干部作风纪律突出问题集中开展整治专项行动的工作安排》的安排和机关作风纪律专项整治领导小组要求，行政处支部迅速行动，结合主题教育整改落实、结合“庸懒散松”专项整治、结合2019年机关作风评议反馈意见建议整改，紧盯当前党员干部作风纪律突出问题，深入开展作风纪律专项整治行动。再次深入学习《准则》《条例》和“八项规定”等文件精神，重点在学懂弄通、联系实际和学以致用上下功夫。召开专门会议，对支部工作及支部党员干部进行民主评议，深入查摆问题，对查摆出的问题逐一制定针对性强、可操作的整改措施，建立整改工作台账，制订问题清单、措施清单、责任清单、效果清单，将整改责任落实到具体人头，将整改措施细化到每个环节、将整改进度落实到具体日期、对整改效果提出清晰标准，确保整改工作扎实有序、取得实效。

二是坚持贯穿主体责任到全年工作的始终。以党章、《准则》《条例》和各项规章制度规范工作，结合工作实际提出“党员干部要接地气、懂规矩、敢担当；面对不正之风要以身作则、严于律已，坚持原则；要真抓、敢管、真管事、管真事；要严格执行办公用房标准和公务用车等管理规定”等方面的要求，把从严治党真正

落到实处。不断增强全体党员的规矩意识和责任意识,不断提高服务水平和履职能力,打造懂规矩、知敬畏、存戒惧、守底线的放心工作团队。

三是进一步强化主体责任标准。在抓落实上下功夫,健全细化考责评责机制,层层传导压力,每一项具体工作责任到人、细化到位。强化执纪监督力度和标准,及时发现解决工作和作风方面存在的苗头性、倾向性问题,推动各项工作规范有序开展。

三、聚集工作重点,实现机关防疫保障和行政履职工作双胜利

2020年,面对突如其来的疫情,行政处统一思想,凝聚力量,聚焦工作重点,坚持两手抓、双促进,思想意识不懈怠,压实责任不缺位,制度执行不松劲,细化工作方案,增强工作实效,力争夺取防疫和履职工作双胜利,促进各项履职工作再上台阶。

(一)积极做好机关防疫保障工作,确保机关防疫安全。一是落实机关防疫物资保障措施。疫情初期,从各方渠道共筹措各类防护口罩2万余只、防护手套200只、额温枪12支、莲花清瘟胶囊1800盒、洗手消毒液126瓶、75%医用酒精500斤、84消毒液近2吨,保障机关疫情防控工作需要。进入疫情常态化防控阶段后,建立防控物资储备清单,实行物资设备动态储备。根据满足30天以上防控需求的要求,针对秋冬季节性流感流行特点,及时增补各类防控用品。省政协领导公务出行及各类会议时,按需提供备用防护口罩。机关工作人员按每月每人10只的标准发放一次性口罩,保证日常办公防护需要。做好各种防控物资的管理工作,尤其是对酒精、84消毒液等易燃化学危险品,采取多次采购、少量储存的办法,妥善保管、规范使用,保证安全。二是严格人员车辆管控措施。实行联合值守制度,每天早7:30至18:00,由机关各部门轮流和行政处工作人员各一人,在机关大门口临时值班室内值班,查验管控出入人员车辆。严格执行“亮码通行”和测温登记制度,更换使用临时车辆通行证,非绿码、无证和体温异常的人员禁止进入机关。三是严格执行机关公共区域防控措施。早中晚三次对机关院区、楼道、会议室、食堂餐厅等公共区域喷洒消毒。机关各电梯口和轿厢内放置一次性纸巾,各楼层放置废旧口罩弃置专用垃圾桶。严格做好机关理发室各项防控工作,避免交叉感染。四是做好机关食堂防控措施。执行机关食堂临时管理制度。机关干部职工按部门分时间段分散领取盒餐,回办公室就餐;调剂菜品份量口味,提高就餐标准,保证同志们吃好吃饱。五是落实机关空调系统防控措施。安排专业技术人员定期对楼顶37台多联机组进行专业维保,定期对办公楼325台室内空调出风口和机关食堂、机关服务中心、机关车队、文史馆、配电室、传达室等部位单体空调机进行彻底清洁消毒,消灭病毒细菌滋生环境。六是进一步在机关深入开展爱国卫生运动。立足疫情防控,以清除卫生死角为重点,大力开展环境卫生综合整治。进一步完善机关环境卫生保洁制度,做好垃圾分类存放和及时清运。组织机关各部门、各办公室工作人员定期开展室内外环境大扫除,清理办公室、库房积存垃圾,清除卫生死角,做到室内外干净整洁。

(二)高度重视,高标准做好机关节能工作。继2019年被评为国家级“节约型公共机构示范单位”之后,我们再接再

厉，力争再创节能工作佳绩。一是按照省机关事务管理局《河北省节约型机关创建行动推进方案》的通知要求，起草《省政协节约型机关创建行动推进方案》并印发全机关，共同积极开展创建行动。二是积极开展“节能宣传周”系列活动。节能宣传周期间组织机关全体干部职工观看“云启动”“云直播”，参加“云竞答”，开展“生活垃圾分类进机关”主题宣传签名活动。7 月 2 日全国低碳日当天，开展能源紧缺体验活动，停开空调、部分电梯，关闭公共区域照明，倡导干部职工践行“135”低碳出行方式。通过各种形式的宣传活动，传播了节能理念，普及了节能知识，在机关形成更加浓厚的节能减排氛围。三是按照省机关事务管理局要求，积极参加全省公共机构节能征文和微视频征集活动。省政协机关参评微视频《践行节能减排—河北省政协人这样做》荣获一等奖，参评文章《践行绿色发展理念　深化节约型机关建设》荣获优秀奖。按照活动安排，获奖微视频作品在省机关事务管理局官方网站进行展播，获奖文章在《河北机关事务》刊发，向全省公共机构全面详实地宣传展现省政协机关的节能工作成绩。四是按照省机关事务管理局、省水利厅印发《河北省节水型机关建设实施方案》要求，制订方案，安装了机关雨水收集系统、三级计量水表改造等节水设施建设。五是顺利通过了国管局组织的省直党政机关节能数据考核工作，我们报送的机关水、电、油、气各项能源数据完整规范、翔实准确，得到了国管局检查组的高度评价。通过一系列行之有效的工作，2020 年节能工作再现新成效，相比 2019 年同期，节支水费 3.3 万元、节支电费 10.5 万元、节支燃油费 25.4 万元，能源节支率达到 30％以上。

（三）强化责任意识，做好各项履职服务工作。日常工作中，领导干部以上率下，抓作风、带队伍，夯实责任、担当作为，规范、精细、务实、高效地开展工作，高标准完成各项工作任务。一是根据机关会议工作需要，不断完善机关会议中心会议设施，提升会议室硬件水平；积极组织对会议服务人员进行业务培训、安全培训、保密培训，不断规范服务提高会议保障能力。二是配合省社会公益项目管理中心做好机关局部改造工作的审计验收工作，商财务处按照省财政厅资金下达计划和省社会公益项目管理中心资金拨付计划，圆满完成了后续 830 万元专项资金下达和拨付工作。三是结合省直机关办公用房检查，进一步规范机关办公用房工作。对机关办公楼、东楼、南楼、北楼所有办公用房进行了重新测量，对机关 20 间办公室进行了标准化改造，同时按省机关事务管理局要求提交机关办公用房相关数据及佐证材料，顺利通过检查验收。四是持续做好机关安全和风险防范工作。结合今年防疫工作特点，制订方案，及时调整安全保卫措施，加强监管，积极做好人员管控工作；及时修订防汛预案，购置更换机关防汛沙袋，检修缺水泵，做好各项防汛工作；主动查找安全隐患，积极协调相关职能部门解决历史遗留问题，做好机关各项消防工作。五是规范做好公务用车保障工作，邀请交管部门专家对全体司乘人员开展“细节关乎生命、安全文明出行”的安全教育培训，切实加强安全意识。以安全、高效、热情的服务，完成了省政协全会、常委会等各次会议以及机关领导和各部门的调研、会议、扶贫等各项工作用车保障任务，全年安全行驶 38.6 万公里安全无事故。六是扎实做好机关各项服务工作。工作中秉承务实为先、服务至上的后勤工作理念,从“小”处着眼,从“细”处着手,从“实”处着力,积极做好清洁卫生、水电暖维修保障和大院绿植养护等各项服务保障工作,为机关同志们提供了整洁有序的工作环境。

2021 年的工作中,我们将持续抓好作风建设,在提升服务质量和工作能力上下功夫,为政协机关和委员履职提供更加全面有力的服务和保障。

一是在提高政治能力上下功夫。坚持以党建工作统领工作全局,深入学习习近平新时代中国特色社会主义思想,切实增强“四个意识”,坚定“四个自信”,做到“两个维护”,践行“三个表率”,坚决落实省政协党组、机关党组的决策部署。持续推进思想、作风、制度和廉政建设,充分发挥支部战斗堡垒作用,全面履行各项职责,不断提升服务保障水平和能力。进一步强化主体责任,不断加强干部队伍建设和党风廉政建设,严格执行办公用房、公务用车、固定资产等方面的要求,把从严治党真正落到实处,打造懂规矩、知敬畏、存戒惧、守底线的放心工作团队。二是在提升管理水平上下功夫。加强对水暖电气、车辆、设施设备及相关人员的日常管理工作,创新服务保障模式,完善工作机制,不断深化机关后勤服务社会化程度,进一步降低行政运行成本,提高服务保障效能。聚焦疫情防控工作重点,坚持思想意识不懈怠,压实责任不缺位,制度执行不松劲,细化工作方案,增强工作实效,力争夺取防控和履职工作双胜利,促进管理工作再上台阶。三是在推进管理工作标准化、信息化上下功夫。严格按照国家及省机关事务管理工作标准开展办公用房、公务用车、固定资产等各项工作,坚持以标准指导工作、以标准规范工作。在按照省机关事务管理局要求用好“公务用车管理平台”“办公用房管理系统”“节能工作管理系统”的基础上,进一步推进机关管理信息化建设,依托驻勤武警“智慧磐石”工程、信息处网络视频会议室建设等项目,不断提升安全管理、会议等工作信息化水平。四是在完善机关后勤管理工作制度上下功夫。针对近 2 年来机关行政保障服务工作增加的机关会议中心使用管理、节能以及疫情防控等新的工作内容,制订出台相关工作制度和办法,并抓好落实。要让制度贯穿到保障和服务管理的全流程、各环节,确保各项工作有规可依、有矩可循,推动制度建设转化为治理效能。五是在建设节约型机关上下功夫。再接再厉,持续推进机关节能基础设施建设,营造浓厚节能氛围,以争创 2020 年度省直公共机构“节约型机关”活动为抓手,抓好各项工作落实,力争节能工作再上新台阶。六是在提升干部能力素质上下功夫。工作能力的提升是高标准完成行政工作的根本保障。要增强学习的紧迫感,做到能学习、会学习,确保学深悟透、融会贯通,做到学以致用,在工作中不断检验学习效果。要准确把握行政工作的特点、规律和基本知识,不断提高自身的理论水平、文字水平和管理能力、办事能力。要强化责任意识,切实转变作风,严格工作标准,遵守工作程序,把“马上就办、办就办好”作为基本工作准则,崇尚实干、实话、实劲、实效,做一个信得过、过得硬、有本事、靠得住的干部,扎实做好各项后勤管理和服务保障工作。

组织情况

一、省政协委员增补名单

（2020 年 1 月 3 日政协河北省第十二届委员会常务委员会第十二次会议通过）
（共 27 人，按姓氏笔画排序）

丁荣进、王金忠、王素文、田国良（满族）、田嘉宁、冯国林、吕素维（女）、刘永志、刘志华、刘宝岐、齐为民、闫勇、李俊岭、张向、张玉志（蒙古族）、陈中新、林泽昌、赵明远（蒙古族）、胡国辉、姜保康、柴宝良、徐锋、桑献凯、梁田庚、翟善清、戴泊生、魏东明

二、省政协委员请辞名单

（2020 年 1 月 4 日政协河北省第十二届委员会常务委员会第十二次会议通过）

么顺利、王新（满族）、王丙树、王庆国、王伟刚、王晓燕（女）、吕志农、刘仁杰、刘永红、刘新宇（满族）、孙佩卿、杜守军、李民、李明、李书峰、李雪峰（女）、陈振居、郝艳红（女）、常戈、韩学东、韩清榕（女）、訾小春、薛林

（2020 年 7 月 9 日政协河北省第十二届委员会常务委员会第十五次会议通过）

张立君（女）

三、省政协委员被撤销资格名单

（2020 年 7 月 9 日政协河北省第十二届委员会常务委员会第十五次会议通过）

徐宝军

（2020 年 11 月 20 日政协河北省第十二届委员会常务委员会第十七次会议通过）

王力

四、省政协委员去世名单

冯国林、崔树旺

五、省政协常务委员请辞名单

(2020 年 1 月 3 日政协河北省第十二届委员会常务委员会第十二次会议通过)

王伟刚

六、省政协副主席补选名单

(2020 年 1 月 10 日政协河北省第十二届委员会第三次会议选举通过)

梁田庚

七、省政协常务委员补选名单

(2020 年 1 月 10 日政协河北省第十二届委员会第三次会议选举通过)

齐为民、宋文玲(蒙古族)、宋立民

八、省政协副秘书长任免名单

(2020 年 9 月 14 日政协河北省第十二届委员会常务委员会第十六次会议通过)

赵建明同志任省政协副秘书长(正厅级,负责常务工作);
免去任会君同志省政协副秘书长职务。

九、省政协工作机构领导成员任免名单

(2020 年 8 月 20 日冀干字〔2020〕313 号通知)

省委决定:赵建明同志任省政协办公厅主任。

(2020 年 9 月 14 日政协河北省第十二届委员会常务委员会第十六次会议通过)

韩咏梅同志任省政协财政经济委员会主任，免去其省政协港澳台侨和外事委员会主任职务；

李红录同志任省政协社会和法制委员会主任，免去其省政协民族和宗教委员会主任职务；

李占良同志任省政协民族和宗教委员会主任；

安国富同志任省政协港澳台侨和外事委员会主任；

免去苏银增同志省政协财政经济委员会主任职务；

免去赵建明同志省政协社会和法制委员会主任职务。

（2020 年 11 月 20 日政协河北省第十二届委员会常务委员会第十七次会议通过）

免去王桂海同志省政协民族和宗教委员会副主任职务。

十、省政协党组成员任免名单

（2020 年 1 月 16 日冀干字〔2020〕9 号通知）

省委决定：梁田庚、冉万祥同志任省政协党组副书记。

（2020 年 3 月 7 日冀干字〔2020〕28 号通知）

省委决定：免去许宁、姜德果同志的省政协党组成员职务。

十一、省政协机关党组成员任免名单

(2020年8月20日冀干字〔2020〕314号通知)

省委决定:赵建明同志任省政协机关党组副书记。

(2020年8月20日冀组干字〔2020〕451号通知)

省委决定:免去任会君同志的省政协机关党组成员职务。

十二、省政协专门委员会分党组成员任免名单

(2020年9月1日冀协党〔2020〕57号通知)

省政协党组决定:韩咏梅同志任省政协财政经济委员会分党组书记,免去其省政协港澳台侨和外事委员会分党组书记职务;

李红录同志任省政协社会和法制委员会分党组书记,免去其省政协民族和宗教委员会分党组书记职务;

李占良同志任省政协民族和宗教委员会分党组书记;

安国富同志任省政协港澳台侨和外事委员会分党组书记;

免去苏银增同志省政协财政经济委员会分党组书记职务;

免去赵建明同志省政协社会和法制委员会分党组书记职务。

(2020年10月27日冀协党〔2020〕75号通知)

省政协党组决定:免去王桂海同志省政协民族和宗教委员会分党组成员职务。

(2020年10月27日冀协党〔2021〕22号通知)

省政协党组决定:免去李钧同志省政协农业和农村委员会分党组成员职务。

专题协商报告

关于编制我省“十四五”规划纲要的建议

综合省政协十二届十六次常委会议协商议政情况，梳理归纳对编制我省“十四五”规划纲要主要意见建议共10个方面44条：

一、以京津冀协同发展引领实施三件大事

1. 推动打造京津冀世界级城市群。沿高铁、高速等交通走廊、依托现有中小城市和特色小镇，布局规划建设一批定位明确、特色鲜明、职住合一、规模适度、专业化发展的“微中心”；推动廊坊“北三县”与北京通州区在统一规划、统一管控的基础上，尽快统一政策、统一标准；按照同城化理念，积极推动打通拓宽跨行政区对接路，加快建设京津到河北环京津市县的市郊铁路、城际铁路，加密跨行政区公交线路；推动产业分工协作，提升环京津中小城市人口集聚能力，加快京津非核心功能向周边中小城市疏解；推动京津优质教育、医疗资源与周边中小城市共建共享，提升中小城市人口吸引力，与京津协同打造以首都为核心的世界级城市群。

2. 推动京津冀区域“两新一重”项目优化布局。“两新一重”项目是推进新型城镇化建设和城乡融合发展的重要内容。一是共同规划建设京津冀数据中心，推进京津冀大数据综合试验区创新发展，根据三地的功能定位、自然条件、能源保障等因素，优化大数据中心的空间布局，统筹数据存储和算力调度，建设区域协同的大数据中心产业集群，逐步形成结构合理、供需匹配、技术先进、资源节约的大数据中心发展格局，有力支撑京津冀区域数字经济发展。二是探索组建京津冀综合交通联盟，科学分工定位、错位互补，加大协作联动力度，加快推进现代综合交通体系规划落实进度，提升省内机场、港口、铁路、公路运能运力及与京津交通设施的衔接与协同保障能力，实现“轨道上的京津冀”和京津与周边市县“半小时通勤圈”、京雄津保唐“1小时交通圈”。三是结合推进华北地区地下水超采综合治理、大运河保护和文化带建设，共同建议“十四五”期间国家加快实施南水北调东线二期、中线调蓄和配套工程及引江补汉工程，构建多源互补的引调水体系。

3. 协同推进京津冀区域生态环境治理修复。全面贯彻绿水青山就是金山银山的“两山”理念，一是与京津共同争取国家加大首都“两区”建设支持力度，设立首都“两区”专项建设资金，对张家口国家可再生能源示范区建设给予政策资金支持，并推动相关政策向承德延伸，共同构筑京津冀生态安全屏障。二是与京津共同推动从国家层面进一步完善生态补偿机制，持续加大对京津冀区域生态环境联建联防联治支持力度，加大财政转移支付，指导推动京津冀横向生态补偿机制制度化、长期化。

4. 加快雄安新区和张北地区“两翼”发展。聚焦绿色生态智慧、引领创新驱动、高点开放发展、率先示范新基建，高标准建设雄安新区，打造雄安高质量发展全国样板，为千年大计跑出五年加速度、干出五年新样子。抓住冬奥筹办机遇，高质量加快建设世界一流冬奥场馆和配套服务设施，高水平办好冬奥盛会，大力发展以冰雪产业为主体、文体游+康养等深度融合的冬奥特色经济，以“十四五”期间“两翼”振翅助力河北高质量发展实现新跃升。

5. 推动协同发展体制机制改革。加快探索一体化发展体制机制，一是紧紧扭住疏解北京非首都功能这个“牛鼻子”，推动从国家层面研究制定北京非首都功能疏解政策体系，进一步明确疏解目录，并同步出台我省承接配套政策，确保北京非首都功能有序疏解、高质高效发展。二是充分发挥京津冀区域改革开放新高地作用，争取国家在“十四五”期间将一些重大改革试点放在京津冀地区。三是共建重大项目评价和统筹落地联合审议机制，探索建立协调融合的国土空间规划体系。四是探索共建统一的要素市场，创新金融投资利益共享、合作平台跨区域财税分享等政策，建立健全新型合作平台载体跨省域共建共管的市场化开发机制，力争突破行政、执法、统计、生态及资质认证、资格互认和标准统一等方面制约协同发展的政策性障碍。

二、以科技创新催生新发展动能

6. 大力推进协同创新。以京津冀协同创新共同体建设为统领，高起点谋划推进功能衔接、优势互补、机制协同的区域性创新体系。一是聚焦打造雄安新区全球创新高地，加快建设中科院雄安创新研究院等高端研发机构，大力引进“国”字号研究院所，积极创建国家新一代人工智能创新发展试验区。二是推动创建环京津国家自主创新示范区，以京津周边我省高新区、自贸片区为主要载体，构建跨区域创新链、创新圈，带动创新型城市建设。三是推动京南国家科技成果转移转化示范区创新发展，高标准建设一批科技园区，提升京津科技成果转化集中承载能力，增强协同创新实效性。

7. 提高科研效率和科技支撑能力。坚持问题导向和需求导向，整合优化科研资源配置，改善科技创新生态，激发创新创造活力。一是加强产业链与创新链的衔接融合，紧紧围绕战略性新兴产业集群化发展，抓紧组织编制《产业技术路线图》，明确核心技术、“卡脖子”技术和基础前沿领域的攻坚方向和目标要求，实施产业升级急需的关键技术引进计划，常态化采用揭榜招标制等做法，支持重大科技专项攻坚，大力培养、引进和使用好国内外高端科研人才，聚集国内外优势资源攻克技术难题。二是尽快出台对中试基地的认定、管理和激励办法，加快中试基地、重点实验室、工程技术中心等技术创新平台建设，集中有限资源产出重大科技成果。

8. 拓宽科技创新投入来源。一是建立健全以财政资金为引导、企业投入为主体、社会资本广泛参与的多元化科技创新投入体系，设立科技成果转化引导基金，支持社会资本进行天使投资、风险投资，完善河北省创业投资风险补偿管理办法。支持金融和保险机构在科技成果转化中发挥更大作用，推出科技成果转化费用损失保险。二是通过落地奖励资金、场地租金补贴等方式支持金融机构在开发区、园区等产业创新平台设立科技支行和融资服务网点。

9. 加强科技成果价值评估和推介对接。一是通过第三方专业评价机构对科技成果的科学价值、技术价值、经济价值、社会价值进行客观、公正的评价。建立完善全省统一的科技成果转化公共交易服务平台，举办精准推介对接会，保障科技成果完成单位采用协议定价和以技术市场挂牌交易、拍卖等方式确定交易、作价入股等转让科技成果，对平台交易双方给予适当补助。二是注重培养技术经理人队伍，实行聘用制，加强业务培训，列入专业技术人员职称评审序列，享受科技成果转移转化的补助，合法参与科技成果转移转化收益的分配。三是推动研究开发机构、高等院校建立专业化技术转移机构。

三、强力推动重点产业转型升级

10. 全面贯彻新发展格局要求。以习近平总书记在经济社会领域专家座谈会上的重要讲话精神为指导，围绕推动形成以国内大循环为主体、国内国际双循环相互促进的新发展格局，坚定不移推进供给侧结构性改革，扭住扩大内需，抓住重大国家战略和国家大事实施带来的投资需求，谋划重大产业项目，更多依托国内市场统筹生产、分配、流通、消费各环节，支持企业增加高质量产品和服务供给，促进投资、消费和出口协调发力，提升产业层级，打造适应双循环的产业新优势和竞争力。

11. 着力提高制造业发展质量。聚焦构建特色突出的先进制造业体系，一是巩固提升传统优势产业地位，鼓励引导企业技术改造由设备更新为主向生产全过程和产品结构调整的整体改造转变，由生产制造环节改造向研发、设计等领域全流程改造转变。二是加快战略性新兴产业布局，大力发展信息智能、生物医药、新材料、新能源产业，谋划推进氢能、应急、冰雪、被动房等未来高潜产业。三是实施产业基础再造和产业链供应链升级计划，注重培养产业融合发展新模式新业态。四是加强以工业园区为主要载体的产业平台建设，推动各市间政策、产业、平台、服务共建共享，联动建设重大制造业项目，打造跨区域产业生态圈。

12. 发展壮大现代服务业。把建设现代流通体系作为重要战略任务，制定专项发展规划，加快完善现代综合运输体系、现代商贸流通体系、社会信用体系、应急物流体系。一是大力发展现代智慧物流，创新物流模式，建设省级多式联运公共信息平台，布局建设区域性物流枢纽，提升物流园区现代化水平，加快全国现代商贸物流重要基地建设。二是尽快编制和实施《河北省全域旅游总体规划》，科学规划和推进旅游与文化、康养休闲、医卫产业资源共享、互为支撑、错位发展。三是加快打造京津冀生产性服务业创新发展高地，放大京津冀消费市场辐射力，完善促进消费体制机制，培育满足现代城乡人民需求的生活性服务业新的消费增长点。

13. 加快发展数字经济。坚持把推动数字经济发展作为加快我省转型升级、提质增效的有效途径，一是加快理顺管理体制机制，制定《河北省数据应用条例》，明确个人数据、公共数据的权属，针对可要素化的数据资源，从制度层面加以保护和规范，并建立监管约束机制。二是强化政务数据顶层设计，完善数据共享的相关标准体系，建设信息资源开放平台，促进信息共享和业务协同，规范和引导商业化的大数据交易活动。三是制订政务数据创新应用计划，推动数据应用创新，盘活各级政府部门数据资源，释放政务数据社会价值。四是优化数字产业发展环境，强化数字经济发展资金、土地等要素保障，加强数字经济领域人才引进培养和关键共性技术研发创新，积极引导京津数字经济优秀科技成果在河北落地转化。五是用好中国国际数字经济博览会和雄安新区国家数字经济创新发展试验区两块“金字招牌”，打响河北数字经济品牌。

14. 以品牌建设助力质量强省。一是进一步完善名优品牌培育、评价体系，建立综合性的品牌管理平台。二是加大对企业质量、品牌建设扶持力度，对知名品牌创建重点企业在技术改造、科研立项、财政贴息、融资贷款等方面优先扶持。建立和完善质量信用管理体系，依法打击商标侵权、假冒伪劣等违法行为。三是发展壮大品牌管理专业服务机构，组建品牌资产管理服务集团，发挥好各类专业协会的作用，提升品牌建设专业中介服务水平。

四、加快重点区域可持续协调发展

15. 推进沿海经济带创新发展。把海洋经济作为“十四五”规划的重要内容，谋划海洋主导产业，一是推动开展沿海经济、海洋经济统计数据单列统计，争取建设国家海洋经济示范城市。二是进一步明确建设现代化环渤海港口群目标定位，推进全省港口资源统一规划、统一布局、统一配置，避免同质竞争，提升整体竞争力，追求最优整体效益。三是大力发展临港产业，充分利用好曹妃甸自贸试验片区、北戴河生命健康产业园等平台及政策，推进秦唐沧钢铁、跨境电商、健康产业、大宗商品交易等支柱性产业做大做强，研究推进港口后服务业等产业发展。四是创新沿海产业项目开放开发模式，合作引进一批高端化港口转型项目，提升品位，增强竞争力。

16. 做强做优省会经济。以石家庄都市圈建设为抓手提高省会资源组织能力，率先发展交通网络和通信信息网络，逐步实现空间一体化、同城化。加快建设契合国家战略的重大平台，利用石家庄独特的区位优势和良好的产业基础，打造全国现代商贸物流和消费中心城市，集中建设一批电子商务集聚区、自贸试验区联动创新区、内外贸融合示范区等商贸平台。支持石家庄打造区域创新创业中心，构建由省会城市引领的创新生态圈。

17. 加强冀中南协同发展。加大省级层面协调力度，省会石家庄牵头、其他各市积极参与，分阶段、分步骤推动建立冀中南经济协作机制。以谋划编制“十四五”规划为契机，各市主动对接，协同规划未来五年甚至十年的区域产业发展。探索推动跨区域平台载体集群式发展，开展“飞地型”平台建设，建设以国家级开发区、园区、示范区、基地为引领的冀中南产业发展平台载体集群，促进产业优势互补与联动发展，加快补上冀中南这一区域发展短板。

18. 推动县域特色产业集群跨越发展。结合“十四五”规划周期，一是加快推动县域特色产业规划，相关产业规划中应着重关注产业链的上下游延伸、强化以及空间布局、整合。二是对于发展基础好的产业集群可尝试突破行政区划限制，以产业为纽带，探索与其他产业集群之间或与周边地区同类型产业集群之间的资源共享、分工协作，如尝试共建示范园区、联合设立发展基金、设立区域企业发展联盟、联合实施重大项目等。三是利用现代网络信息技术探索发展虚拟产业集群模式，推动特色产业集群创新发展。四是充分发挥政府的协调、组织、引导作用，围绕特定的产业创新计划，建立产学研政交流合作网络，推动广泛深入而富有实效的共赢发展。

五、推动新型城镇化与乡村振兴统筹共进

19. 大力推进城乡协同发展。聚焦缩小城乡发展差距,着力完善产权制度和要素市场化配置改革。一是深化户籍制度改革,探索有利于城乡融合发展的户口迁移政策,建立健全农业人口市民化成本分担机制。二是深化土地制度改革,建立激励城市人才入乡、扶持使用乡村人才等机制,完善和落实支持多元化资金下乡、科技成果入乡转化务实举措。三是加快推进县域经济城市化转型和县城扩容提质,高质量推进特色小城镇建设。四是着力推进城乡基本公共服务均等化和城乡基础设施一体化,统筹城乡教育、医卫、文化资源均衡配置和社保、养老服务体系建设,推进城乡水电路气讯等设施建设、管护和利用一体规划、同步实施。

20. 注重乡村振兴与巩固脱贫成果有效衔接。一是突出产业和人才两个衔接重点,利用"农业+互联网"等创新经营模式推动农业产业的优化升级,大力实施农民生产力提升工程,培育新型职业农民。二是持续加大美丽乡村建设力度,全面推进人居环境整治,提升农村基础设施建设水平,建设一批宜居宜业宜游的示范村和乡村振兴样板片区。三是进一步加强农村基层组织建设,大力发展新型农业经营主体和社会化服务组织,推进农业适度规模经营,以专业合作社、村民公约、乡风建设等方式,加强对群众的统一管理与培训,提高村民组织化程度,夯实稳增收、防返贫工作基础,健全防贫纾困长效机制。

21. 加快农村产业融合发展。坚持以农业农村资源为依托,推广农业全产业链发展模式,加快农业与现代产业要素跨界配置,大力发展现代都市农业、优质高效农业,推进农业现代化。一是坚持创新驱动、绿色引领,创新发展机制和业态模式,完善农业科技服务体系,加强农业智能装备和技术研发,推进农业节水和化肥农药减量增效。二是大力发展现代农业科技园区,鼓励支持特色农业精品生产基地,培育绿色优质安全的"冀"字号农业品牌,提高品牌农产品溢价能力。三是加快培育农业龙头企业和加工集群,规划建设电商进农村示范县,支持农村电商项目融资,完善农村电商服务体系,降低农村物流服务成本,推动一二三产业深度融合发展,构建现代农业发展新格局,增强乡村经济竞争力。

六、坚定不移走生态优先、绿色发展之路

22. 持续打好大气污染防治攻坚战。一是深化大气污染联防联控联治,实施多种大气污染物协同控制,集中整治恶臭气体、农村散煤、工地扬尘等污染。二是巩固化解过剩产能成果,实施钢铁、化工、建材、玻璃、陶瓷等产业无组织排放治理和清洁化生产改造,稳妥推进重点污染企业退城搬迁、入园进区。三是优化运输结构,实施一批"公转铁"工程,开展"油、路、车"综合治理,严控尾气排放和道路扬尘。四是统筹推进山水林田湖草综合治理,倡导绿色生活方式,促进气候环境整体改善,切实扭转我省主要城市在全国空气质量排名落后局面。

23. 持续实施地下水超采与地面沉降综合治理。一是把水资源特别是地下水资源作为最大的刚性约束,在"十四五"规划中作出专项安排,"有多少水、泡多少馍",坚持以水定城、以水定地、以水定人、以水定产。搞好地下水超采治理行动方案和"十四五"规划的有机衔接,把地下水超采治理的重点放在压采地下水上,努力实现治理目

标。二是创造有利于地下水超采综合治理的政策环境，在第三次全国土地调查的基础上，对地下水严重超采区的永久基本农田作出适当调整，在保障国家粮食安全前提下，积极争取国家对小麦种植面积和产量考核指标作出相应核减。休耕轮作年度安排，集中向地下水严重超采区倾斜。继续搞好工业节水和产业结构调整。加大对无干扰地热系统的推广力度。三是发挥好财税、价格、市场的支持激励作用。积极争取国家进一步加大资金投入和支持力度，保障治理资金需求。有关节水项目和专项资金应重点向超采治理倾斜，形成资金安排与治理效果挂钩的投入激励机制。探索市场机制对水资源的配置作用。推进水价制度改革，全面实行定额累进加价制度。破解农村地下水取水计量和收费难题。四是依靠科技和法治推进节水型社会建设。强化科技攻关，推广节水技术。农村超采区要在发展适度规模经营的基础上，搞好以节水灌溉和节水品种为重点的高标准农田建设。加大海绵城市建设力度，修复城市水生态。严格执行水法、水污染防治法等现行法规，全面贯彻实施《河北省地下水管理条例》。

24. 推动能源事业高质量发展。把煤炭清洁高效发电作为长期能源发展战略，强推煤电提质增效。一是制定煤电从电量型电源向电力型电源功能转变的有关配套政策，构建更为完备的电力市场价格体系，加强现有煤电机组灵活性改造，提升燃煤电站产业链、供应链现代化水平。二是多种方式推动清洁供暖，积极推进城镇生活垃圾焚烧热电联产项目建设，加快高压输配电网、天然气供气管道等能源基础设施建设，提高落后地区气、电输送能力和新型清洁能源采暖比例。三是加大新能源项目政策支持力度，制定出台我省推进绿色氢能产业发展规划。注重可再生能源发展与使用，进一步优化新能源中不同能源的生产与开发比例结构，大力开发潮汐能、地热能、生物质能等新能源潜力，实现多元能源合理利用。

25. 加快重点领域绿色低碳循环化发展。一是推进低碳清洁生产，重点扶持绿色节能、高效用能、智慧用能和生态环保项目，鼓励建设花园式工厂和无污染生产车间。二是推进各类园区循环化改造，统一规划建设园区供能、环保工程和废弃物处理设施，打造资源与废弃物循环利用产业链。三是实施地质资源和环境保护工程，继续开展海岸带生态修复和典型滨海湿地生态修复，将矿区生态修复纳入国土空间规划。四是加强固废资源化领域标准生产体系建设，加快产废企业改造和利废企业转型升级，促进固废资源安全高效利用。

七、加大营商环境改革力度

26. 打造公平竞争的市场环境。稳健推进国企改革和混合所有制改革。进一步放开市场准入，加快完善以负面清单为主的市场准入制度，重点纠正在企业资质要求、财政资源配置、金融信贷支持、采购招投标等方面的歧视性政策，落实公平竞争审查制度。开展市场垄断行为专项治理，严厉查处垄断协议、滥用市场支配地位等经营垄断案件，促进各种所有制经济依法依规平等使用生产要素、同等受到法律保护。

27. 打造善制惠企的政策环境。系统梳理和修订完善涉企政策，细化分类政策体系，加强宣传推介，增强政策的叠加放大效应。加强对政策效果的论证评估，增强政策稳定性、协调性和延续性。建立健全市场主体、行业商协会参与涉企政策制定、咨询、评估机制，充分听取企业家、相关研究机构意见建议，增强政策的针对性、可操作性。

28. 打造规范有序的法治环境。结合新时代要求，加强地方立法，进一步完善相关保护市场主体和企业家合法权益的法律法规。持续开展政府组织及国有企业对所欠民营企业无分歧债务限期清零行动。严厉打击假冒伪劣产品和违法违规行为，全面推开“双随机、一公开”监管，始终保持打假治劣高压态势，增强法律震慑力。

29. 打造服务高效的政务环境。深入推进“放管服”改革，大力推广“一门式、一网式”政务服务，简化审批环节，优化审批流程，建设全程电子化登记系统，实行涉企经营许可事项清单管理，提升政务服务规范化智能化水平。完善政务诚信评价、评级、公开机制，健全社会各方对政府政务评价监督体系，严格落实举报和问责追责机制，确保监督及时精准、整改纠偏到位、市场主体满意。

30. 打造亲商重商的人文环境。认真贯彻习近平总书记在企业家座谈会上的重要讲话精神，激发市场主体活力，大力弘扬企业家精神，加强企业家队伍建设，切实提高爱国敬业企业家政治地位、社会地位，构建亲清新型政商关系。实施民营企业家培训工程，围绕民营经济发展需求，开展不同类型的培训活动，提高我省民营企业家的整体素质。

31. 打造降本减负的经营环境。围绕降低制度性交易成本，大力简政放权，确保在规定范围内取消或降低税额标准、降低企业社会保险成本等涉企优惠政策落地落实。深化垄断行业改革，降低生产要素价格。划设工业用地价格控制线，科学合理确定重点产业项目土地出让底价，鼓励工业用地弹性年期出让，降低企业用地成本。建立既有利于统一管理又适度竞争的交通运输市场格局，省属国有企业控股高速公路路段货车试行通行费折扣优惠，降低企业物流成本。加大省市财政对民营企业上市融资补助力度，支持中小微企业开展应收账款融资、股权出质融资、设备融资租赁，促进多层次资本市场健康发展，降低实体经济融资成本。

八、创新推进高水平对外开放

32. 高标准建设河北自贸试验区。一是大胆“移植嫁接”先进自贸试验区制度创新试点经验，成立省级自贸试验区研究智库，创造性推出河北特色制度创新成果，加强制度创新的整合提升和系统集成。二是紧扣片区功能定位，增加专项招商投入，组建专业招商团队，扩大海外招商，强化放权、留税等硬核扶持措施，大力引进产业发展高端要素，促进市场主体数量、实力快增双升。三是加快金融机构聚集，引进金融科技公司，创新多元化投融资平台建设和跨境金融服务，推进雄安新区金融“监管沙盒”试点工作。四是放开放活人才政策，设立人才创新基金，创新面向全球的人才延揽模式，推进薪酬制度改革。五是加快推动河北自由贸易试验区条例试行生效，建立健全涉外法律、商事纠纷化解、知识产权保护、海关监管等专业服务体系，强化综合保障能力。

33. 着力打造石家庄国际陆港。将石家庄国际陆港建设列入省“十四五”规划，推进配套产业园区建设发展，支持建设京津冀中欧班列集结中心，加大省级财政对中欧班列的补贴力度，支持做大做强多式联运枢纽，加大对海铁班列的补贴政策。成立专项工作小组，积极对接国家相关部门，共同申请铁路开放口岸，支持粮食、肉类、木材、整车进口等指定口岸申报和建设，推动国际陆港、国家铁路口岸列入国家“十四五”规划。将冀中南智能港纳入省级陆港园区土地空间规划，先行支持其享受自贸试验区政策，构建正定片区“一区两园”发展格局。

34. 扩大对外贸易投资合作。巩固拓展经贸合作伙伴关系，强化国际联络交往合作机制，持续优化经贸合作布局，拓展与“一带一路”国家经贸合作，促进双边产能与投资合作。加快培育贸易新模式新业态，推动互联网、物联网、大数据、人工智能、区块链与国际化贸易合作有机融合，积极促进跨境电子商务等业态发展，助力企业提升贸易数字化水平，引导行业龙头企业逐步融入全球供应链、产业链。持续提高贸易便利化水平，搭建“一站式”公共服务平台，为企业提供国际贸易信息和贸易促进服务。提高涉外法律服务水平，完善经贸摩擦预警机制，维护我省企业海外权益。

九、繁荣发展各项社会事业

35. 大力推进以发展促就业。实施“稳岗扩容”计划，加大对企业政策扶持力度，发展好就业带动能力强的产业项目。强化对高校毕业生、农民工、退役军人、困难人员等重点群体“分类帮扶”，织密织牢就业保障网。抓好技能培训为关键的“增技赋能”，破解就业结构性矛盾。精准有效加强就业服务保障，进一步完善公共就业信息网络平台，落实好应对疫情常态化的阶段性稳定和扩大就业政策举措。

36. 加快推进教育强省建设。进一步加大学前教育和义务教育投入，建立覆盖城乡的普惠性学前教育体系，实施中小学教育质量提升工程，将高中教育纳入义务教育阶段，扩大优质教育资源供给。大力发展以服务数字经济、高端智能制造、大健康医养等新产业、新业态为主的职业教育，提升人力资源素质。着力加强高等教育，全力推动设立“雄安大学”，积极推动京津高校外迁至我省或与省内现有高校专业合并重组。依托正定“华北大学”宝贵历史资源，推动所衍生京内高校在河北设立分校。整合省内高校优质资源，做大做强优势院校和特色学科。

37. 全面推进健康河北建设。深刻总结新冠肺炎疫情防治经验教训，完善突发性公共卫生事件预警防控机制，提高防控和诊治全链条设施装备水平和专业队伍能力。健全基层公共服务体系，加大转移支付力度，提高基层医务人员特别是艰苦边远地区村医待遇。推进“智慧医保”，建设完善智能监控平台。进一步提升医学学科、卫生健康人才培养规模和水平，提高在职人员岗位适应能力。促进全民健身与全民健康融合发展，加快建设体医融合的“全生命周期”管理机制。推进青少年体质提升工程，配足配齐体育基础设施，开足开好体育课程和有关赛事活动，推动体质达标测试合格率、优良率双提升。

38. 协调推进养老服务体系建设。充分把握未富先老、富而快老的突出特点，考虑老龄化进程与社会经济发展的相互联系，一是着重提高人口老龄化政策的系统性，统筹养老资源，深化养老服务供给侧改革，加快城市社区居家养老服务体系建设，推动现有养老机构向护理型机构转型，引入社会力量提供生活照料、医疗康复、中介服务等第三方服务，实现供给便利化。二是依托养老服务机构，加强医疗、护理、餐饮等相关服务队伍建设，鼓励失业人员在养老家政领域二次就业。三是完善有利于提升健康养老服务水平的医疗保险制度，探索将家庭医生为居家老人提供上门服务的项目纳入医疗保险支付范围。四是深入探索农村养老新模式，大力推广互助幸福院等创新经验，实现最广泛的社会化“老有所养”。

39. 统筹推进其他社会事业。加强妇女儿童工作的宣传引导，加大权益保障力度，推进落实“二孩”政策，促进人口均衡发展。推进青年发展规划落地见效，完善规划实施工作联席会议制度，健全规划实施情况监测评估机制。积极拓展社会公共服务，完善公共法律服务相关地方性法规、地方政府规章和规范性文件，将基本公共法律服务事项纳入政府购买服务指导性目录，建立公益性法律服务激励保障机制。大力发展慈善事业，加快培育慈善公益组织，建立健全统一的慈善信息公开平台和监督管理机制，打造公开透明的“阳光慈善”。

十、完善共建共治共享的社会治理

40. 以“城市大脑”建设推动城市治理能力现代化。将“城市大脑”建设作为提升城市治理体系和治理能力现代化的重要手段列入“十四五”发展规划。一是编制好“城市大脑”系统规划，推动平台建设和数据融合，高标准打造集城市管理、城市服务、辅助决策、应急指挥于一体的“城市大脑”中心。二是贯彻“全周期管理”理念，强化数据资源与城市治理、产业发展和民生服务深度结合、特色应用，实现城市精细化管理和精准服务，构建科学畅通治理体系，提升智慧城市管理水平，提高群众对城市治理的满意度。

41. 深化城市管理综合执法体制改革。一是制定出台专门地方性法规，完善执法标准和流程建设，明确相关机构职责权限，建立健全无缝衔接的协同机制。二是加强城市管理综合执法机构队伍建设，配备相关专业人才，合理设置年龄结构，扩大人员录用渠道，建立常态化培训机制，提高执法队伍整体素质。三是大力推行柔性执法，探索移动执法机制和执法信息与社会信用信息基础数据库联动机制，进一步提高执法效能，实现法律效果和社会效果相统一。

42. 加强和完善食品安全监管。完善食品生产、仓储及运输相关法规，明确监管部门，建立并严格执行食品领域市场准入制度。强化保障措施，引入保险资源，完善食品安全责任管理。转变营销模式，织密监管网络，创新监管手段，推进基地直达销售终端的食用农产品“去中间化”进程，健全完善线上食品经营监管体系，建立全链条全域食品安全追溯体系，严格进口食品管控。

43. 有效防范民间金融风险。从源头抓起，依法审批、规范准入各类民间借贷机构，依法界定和处理民间集资、借贷纠纷，依法从严查处非法集资行为。进一步放宽民间资本的市场准入，增强政策制定、执行的稳定性、持续性和可预见性，拓展投资理财渠道，适度引导民间资本的有序流动。有针对性强化宣传教育，增强居民投融资风险意识和法制意识，提升居民实业投资积极性。

44. 加强应急管理和安全生产。一是推动安全生产、防灾减灾救灾、应急救援等地方性法规规章体系建设，完善以强制性标准为主体、推荐性标准为补充的应急管理标准体系，建立完整配套的应急管理体系。二是推动城市、县城、重点镇和经济发达镇修订城乡消防规划，完善区域性应急救援中心规划建设，建立省、市、县三级自然灾害综合风险和综合减灾能力数据库，加强基层应急能力标准化和应急管理专家队伍建设，落实应急救援社会化有偿服务、征用补偿、人身保险等政策，加强应急管理和安全生产科技支撑，提高综合防灾减灾抗灾能力。三是强化安全生产企业主体责任、自然灾害防治政府主体责任落实机制，持续开展事故隐患大排查、整治攻坚等行动，实现安全隐患“动态清零”。

关于进一步深化我省农业供给侧结构性改革的建议

2020年7月，省政协十二届十五次常委会议围绕“深化农业供给侧结构性改革”议题协商议政。

与会常委和委员们认为：省委、省政府高度重视农业供给侧结构性改革，认真贯彻中央有关文件精神，强化顶层设计，出台《河北省农业供给侧结构性改革三年行动计划》等5个综合性文件，制订6个“分领域”、5个“分产业”、13个“分区域”专项实施方案，有力有序推进各项工作，取得显著成效。我省粮食总产连续7年稳定在700亿斤以上，蔬菜、水果、禽蛋、奶类、肉类等主要农产品位居全国前列。农业特色产业发展势头良好，农业特色产业集群，高端产品生产基地均形成一定规模，建成8个国家级特优区、95个省级特优区，位列全国第一梯队，特色优势农产品供给能力显著提升。以现代农业为方向，着力发展“四个农业”，农业科技支撑能力日益增强，农业绿色发展格局初步形成，品牌农产品竞争力明显提高，农产品质量安全更有保障。我省推进农业供给侧改革方向明确、路径清晰、规划科学、措施有力，成绩令人鼓舞。同时，与国内发达省份相比，还面临着优势产业带动作用不明显，一些短板和弱项亟待补齐；农产品加工业有待进一步提升，农业综合效益不高；农村一二三产业融合发展不够，乡村旅游休闲农业等新业态还有很大上升空间；一些领域扶持政策仍需进一步加强等问题。为此，综合常委会议发言情况，提出如下建议：

一、贯彻新发展理念，完善改革新思路

农业供给侧结构性改革是一项长期的任务，面对后疫情或疫情后，特别是从明年开始将进入“十四五”时期，我省应该怎样继续深化农业供给侧改革？这需要深入贯彻新发展理念，协调好重大关系，补齐存在的短板，进一步完善农业供给侧结构性改革的思路与举措。

（一）坚持规划引领。一是在认真总结以往农业供给侧结构性改革经验的基础上，就我省进一步深化农业供给侧改革，推动农业高质量发展制定“十四五”发展规划，明确改革思路、目标任务及政策措施；二是制订“大力发展都市农业”“加快发展种业”“积极发展智慧农业”和“高质量发展农产品加工业”等专项规划或推动方案，补齐相应领域的短板；三是对近期出台的规划及相关文件进行认真梳理、评估，分析利弊得失，找准有些政策落实难的症结所在，提出改进措施、形成合力推进格局，促进政策落地见效。

（二）处理好六个关系。我省农业供给侧结构性改革已进行三年，为下一阶段改革奠定了坚实的基础；同时，脱贫攻坚即将收官，乡村振兴战略稳步实施，疫情防控呈常态化趋势。今后的改革既要立足这些现实基础，也要考量国家发展战略和我省省情，处理好各种关系，谋划长远。一是与京津冀协同发展的关系。习近平总书记要求河北“在对接京津、服务京津中加快发展自己”，这是我省实施农业供给侧结构性改革的独特优势，应以京津4000多万市民的绿色农产品和旅游休闲康养需求为重点，着力发展绿色高效农业、都市农业和多功能农业。二是与推进统筹城乡发展的关系。推进农业供给侧结构性改革，应加快统筹城乡发展，推动把城市的资金、人才吸引到农村，发展规模化、集约化的现代农业，并与优先发展县城经济和特色小镇紧密结合。三是与确保国家粮食安全战略的关系。在确保国家粮食安全和农民收入稳定增长基础上，把农业政策目标从依靠资源消耗、满足数量增长为主转到数量、质量、生态并重上，通过优化产业结构、产品结构和区域布局，增加绿色农产品有效供给，确保粮食产能不降低。四是与环境容量及资源承载力的关系。考虑破解环境容量和水资源支撑力瓶颈性问题，全面落实好《河北省农业可持续发展规划（2016—2030年）》，并与"一减四增""四个农业"实施方案相衔接，推动生态农业健康发展。五是与实施健康中国战略的关系。农产品消费从生存保障需求向健康营养需求转型是必然趋势，新冠疫情暴露了农产品供应链的短板，我省农业供给侧改革应促进农产品供给从"生存型"向"营养型"转变，加强电子商务、冷链物流及现代市场体系等薄弱环节建设，进一步优化农产品供给体系。六是与农业多功能发展的关系。农业供给侧结构性改革应适应新趋势，积极拓展新功能、新业态，发挥满足休闲康养需求、促进社会进步、传承历史文化、协调经济发展等多重作用。

（三）扬长补短促提升。我省农业供给侧结构性改革虽已取得阶段性成效，但与实现农业高质量发展还存在一定的差距。如何使长板更长，短板尽快补齐，还需进一步加大农业供给侧改革力度，扬长补短、精准发力。

1. 进一步增强调结构的针对性。需求侧与供给侧是一个有机整体，不能脱离需求侧谈供给侧。一是在需求侧用心。当前百年未有之大变局对农业供给侧改革既是挑战更是机遇，必须冷静分析国内外市场动态，用心研究需求侧的变化对农产品供给带来的巨大影响，及早采取有力举措予以应对。二是在生产端发力。需进一步优化产业结构、产品结构、区域布局，促进融合发展、业态拓展，推动形成长期管用的农业生产力布局。三是在关键处突破。在大力提升农产品加工业上突破，切实增强引领带动作用；在全力打造鲜明特色上突破，合力铸就区域特色、产品特色、品牌特色；在积极培育产业集群上突破，以完善链条为核心，推动龙头企业由分散布局集聚发展，着力打造一批产业集群，提升我省农业整体质量效益和竞争力。

2. 进一步增强转方式的紧迫性。进入新时代，必须增强转变农业生产方式和经营方式紧迫性。一是通过土地托管、开展多种形式股份合作，发展适度规模经营，推动农业发展方式由分散粗放向集中集约转变；二是构建全程覆盖、综合配套、高效便捷的现代农业社会化服务体系，通过区块链、大数据等现代技术，为新型经营主体提供更有针对性的服务。

3. 进一步增强促改革的有效性。一是通过深化农村土地制度改革、集体产权制度改革，农村金融体系改革、规范农村产权流转交易行为，保障农民财产权益，发展壮大集体经济，促进农民增收致富；二是健全农村产权流转交易体系，搭建服务平台，活跃交易市场，激活农村生产要素，唤醒沉睡资源；三是积极推动制度创新、机制创新、措施创新，激发主体活力、要素活力、市场活力，多措并举为农业供给侧改革各项政策落地见效提供保障。通过促改革，使区域布局更加合理、产业布局更加科学、产品布局更有竞争力。

农业供给侧结构性改革是一个系统工程，调结构、转方式、促改革，三位一体，相互促进，缺一不可。应努力形成工作合力，整体推进，全力走出一条质量更高、效益更好、结构更优的改革新路子。

二、强化重点突破，带动整体提升

要以实施特色农产品优势区创建工程为抓手，吸收借鉴先进地区经验，加强分类指导、融合提升，进一步做优做强，力求通过重点突破，带动全省农业整体转型升级。

（一）促进畜牧业提质增效。一是优化产业布局。引导规模养殖企业向饲草饲料丰富、生态容量大的区域转移，建设优质畜禽产品基地。二是调优产品结构。加强猪牛羊冷鲜肉及深加工制品的发展，拓展乳制品品种和特色，推进蛋肉鸡制品向绿色有机生态转型。三是优化畜种结构。提高优良品种推广使用率，加强地方畜禽资源保护与开发利用，挖掘我省畜禽特色品种。四是走全产业链发展道路。加快饲草饲料本地化步伐，降低对进口依赖度，提高畜产品深加工能力。五是向智能化精细化管理要效益，通过深化股份制改革等降低成本提高效益。六是加强技术研发与推广，依托现代农业产业技术创新团队、农业科技创新驿站等，实现良种繁育、疫病防控等关键环节的技术突破与新技术落地。七是养猪产业应作为群众生活必需和市场供应保障的重中之重。省、市、县三级政府应统筹各种资源要素，合理均衡布局养猪产业，提倡专业化标准化规模化养殖，促进生猪养殖健康发展

（二）高质量发展绿色蔬菜产业。京津冀协同发展，决定了蔬菜在我省农业供给侧改革中的特殊地位，目前我省蔬菜在京津市场的占有份额近 50%，但质量不高，季节供应不平衡，可持续发展能力弱的问题依然存在。在供给侧改革中，一是应注重发展节水型蔬菜。我省蔬菜生产已成为仅次于粮食作物生产的灌溉耗水大户，必须控制规模提高质量，适当调减地下水超采区尤其是深层地下水严重超采区的蔬菜生产规模，推进农艺、工程、生物和管理节水措施，降低蔬菜灌溉用水定额。二是发展绿色蔬菜产业。以发展产品安全、资源高效节约、环境生态绿色的现代化蔬菜产业为目标，积极推广有机肥替代、高温闷棚、种子消毒、嫁接育苗、地膜覆盖、绿色防控、轻简化栽培、水肥一体化、蜜蜂授粉等蔬菜全产业链绿色综合生产技术，全力推进绿色蔬菜产业发展。三是实施净菜进城工程。净菜销售是蔬菜产业融合发展的基础，是形成品牌和质量追溯的前提。在我省蔬菜生产重点县区，应着力发展蔬菜采后清洗、整理、分级、预冷、包装等商品化处理和保鲜加工，提高蔬菜商品率。采取线下与线上相结合等多种销售模式，进一步提升我省蔬菜在京津等市场占有率。四是实施尾菜资源化利用工程。2019 年，我省蔬菜总产量 5480 万吨，产生尾菜 300 多万吨，成为农田和农村环境污染的重要部分。应构建政府推动、市场拉动、科技带动、示范促动、公众联动的尾菜治理工作机制，首先在全省蔬菜生产重点县区，大力实施尾菜资源化利用工程，加快推行尾菜资源化利用实用技术，建设配套生产设施，变废为宝，循环利用。

（三）发展壮大林果产业。一是规划建设一批现代果园。按照市场需求和发展趋势，规划建设一批品种优、设施新、技术高、管理精、效益好的现代化特色果园，特别是发展一批大棚果园和大田草地果园，鼓励引进名特稀优新品种。二是发展采摘观光

旅游和盆景鉴赏。进一步优化品种结构,大力发展公园式、游园式果品采摘观光园,培育果品采摘观光旅游市场。培育果树艺术盆景,供应高端消费市场。三是通过引、育、扶等多种措施,促进果品储藏、加工技术的发展,延长林果产业链条,打造名牌产品,创新宣传推介营销方式,扩大知名度,提升美誉度,促进果品向名优精品发展,创造林果业最大经济效益。

(四)着力振兴河北种业。我省种业发展面临着集中度低、育种缺乏原始创新、存在侵权、套牌现象等问题。建议遴选一批大型种子企业,在项目、资金、政策、税收等方面给予倾斜和支持,促其加快发展,提升整体竞争实力。在"十四五"期间,重点打造2—3家上市企业,示范带动全省种子企业综合实力的提升。行业主管部门出台政策,支持企业间强强联合、优势互补,把"小舢板"打造成"大航母"或"联合舰队"。鼓励种子企业加强科技研发,加强知识产权保护,严查假冒伪劣产品,依法惩处侵权单位,营造良性竞争的市场氛围。

(五)做优做强食品加工业。食品工业是农村一二三产业融合发展的纽带,是引领现代农业发展的龙头,应加快转型升级,加速向高质量迈进。一是优化产业布局。加速推进葡萄酒、乳制品、果蔬深加工三大优势产业基地规模化发展,粮油食品、酒饮料等九大食品产业基地特色化发展,培育壮大馆陶禽蛋等县域特色产业集群。二是优化产品结构。加大力度打造粮油精深加工产品等五大系列产品和乳制品、方便面等七个精品全产业链,加速推进食品工业向精深加工和高附加值产品转变。三是推进产业融合。加快创建和培育食品行业特色小镇步伐,布局建设城市中央厨房,提倡成品半成品入家庭,促进一二三产业融合发展。加快现代流通体系建设,有效打通田间地头到工厂车间各个环节,促进线上、线下融合发展。四是优化企业组织结构。加快培育壮大优势龙头企业,积极鼓励强强联合和行业重组,立足特色资源和产业基础,加速各类要素资源向龙头企业集聚,实现集约化、规模化发展。五是强化品牌战略。加大企业自主品牌培育力度,持续推动从农业原材料端打造区域公用品牌、地理标志保护产品,通过品牌效应汇聚要素资源、提升行业竞争力、品牌美誉度和市场占有率。

(六)加快发展中药材产业。一是大力发展短缺道地品种。新冠疫情发生以来,中医药在疫情防治中发挥了独特优势,国家和各省公布的防疫方剂中涉及中药材品种达到106个,其中北苍术、连翘,柴胡、黄芩、板蓝根等,是我省道地中药材品种,应成为我省中药材特色产业优势区建设的重点品种。同时,应根据市场需求,通过扩规模、提质量、保绿色、树品牌,发展市场短缺道地品种和"药食两用"品种,提升我省道地中药材在全国的影响力。二是推进中药材生态种植。加快推进标准化、规范化道地中药材生态种植、野生抚育和仿生栽培基地建设。特别是要发展野生资源丰富、市场需求量大、经济效益好的酸枣、连翘等中药材生态种植,扩大规模,逐步形成全国核心产区。三是加强中药材产业融合发展。以全产业链思维,引导中药材和非药用部位向饲料、中兽药、植物源农药、有机肥等方面发展,拓展中药材应用领域和范畴,提高资源利用率。引导药食同源类药材深加工利用,开发多样化、个性化、功能性食品、健康养生食品,对接大健康产业,满足人们对健康产品多样化需求。鼓励中医药康养旅游、康养产业园区建设,打造旅游观光养生基地,带动休闲农业和乡村旅游业发展。

(七)着力发展乡村旅游休闲业。乡村旅游融通三产、惠及三农、联动城乡,是促进农业供给侧结构性改革的有力抓手。“十四五”时期,建议围绕农业农村转型发展、高质量发展重点做好五方面工作。一是深化农旅融合,推动产业升级再提速。大力发展休闲农业、创意农业,打造一批农旅深度融合典范。发挥旅发大会平台作用,聚焦环首都、燕山—太行山等重点地区,建设城市周边和自然风景区周边乡村旅游休闲区,打造河北旅游样板。二是丰富多元业态,打造产品创新升级版。挖掘文化特色,打造长城、运河等乡村文化阵地,推动古村古镇创新开发,形成高品位乡村文化载体。依托特色种植基地,培育打造第六产业园区、国家农业公园等。三是完善基础设施配套,提升乡村旅游服务满意度。解决乡村旅游重点村镇垃圾污水处理问题,推动停车场、旅游厕所等建设,发展一批集体验化、产业化、风景化、生活化为一体的生态旅居小镇。四是培树示范标杆,扩大特色品牌影响力。突出特色化、差异化和多元化,开发培育“太行山水人家、长城文化老家、坝上草原牧家、湖泊湿地船家、华北田园农家、海滨海岛渔家”六大乡村旅游品牌。指导提升“冀忆乡居”休闲住宿品牌、“冀忆乡礼”乡村文创品牌,形成特色鲜明的乡村旅游品牌体系。五是强化统筹协调,构建合力推进新机制。构建政府引导、市场运作、公司经营、协会协调、多方受益的乡村旅游业发展新机制。

(八)大力发展都市农业。一是注重规划引领。对我省“十四五”现代都市型农业发展进行科学规划,明确将其作为农业转型升级的重要抓手,构建城乡协同发展新业态。同时纳入各级城市发展总体规划,力求与京津冀协同发展规划及京津现代都市型农业发展规划深度对接,实现各类要素资源在三地顺畅流通。二是科学合理布局。在环首都经济圈及各大城区和城市周边,大力发展生态农业、观光休闲农业等;在距离城市较远的各县(市、区),大力发展精品农业、设施农业和特色农业;在燕山、太行山山区,以发展特色农业、生态农业为主,强化林业资源建设和保护,适度发展观光旅游农业。三是完善体制机制。切实把城乡一体化发展理念贯彻到技术投入、资金扶持、要素配置各环节,确保现代都市型农业健康、持续、稳定发展。

三、加强政策支持,助力改革深化

(一)加大财政、金融支持。一是加大财政投入和资金整合力度,明确资金投向,确保农业生产财政投入总量持续增加,比重稳步提升。二是充分发挥农业补贴的激励作用。进一步对各类农业补贴进行集中整合,优化资金使用效率,重点向粮食主产区和新型农业经营主体倾斜。三是创新投融资机制,加快形成财政优先保障、金融重点支持、社会积极参与的多元化投资格局。四是创新金融产品和服务。针对我省实际,继续推进以“林权”为代表的新型抵押方式,积极稳妥推广农村承包土地的经营权抵押贷款业务,研发更多免抵押、免担保、低利率、可持续的特色涉农普惠金融产品。

(二)完善农业保险制度。一是拓宽农业保险保障范围。提高现有险种的保障水平,逐步从保物化成本向“保价格,保收入”转变,降低农户面临的自然灾害和市场波动双重风险。延展农业保险保障领域,以全省 7 大类 24 个特色优势农产品为重点,把农业保险“从田间向餐桌”整个产业链延伸,从传统种养业向生态农业、休闲农业、

“互联网＋”等新业态拓展。推进农业保险与信贷、担保、期权等金融工具联动，积极探索建立土地流转履约保证保险、食品安全责任险、环境污染责任保险等供给侧结构性改革急需险种。二是改善农业保险市场环境。探索建立以服务能力为导向的保险公司招投标和动态考评制度，清晰界定基层政府作为的边界，规范市场准入及退出机制；建立全省统一的农业保险服务标准和费用标准等，营造公开、公平、公正的保险市场环境。三是提高农业保险服务水平。鼓励保险公司通过卫星遥感、物联网、大数据、无人机等技术手段，提高承保理赔规范性、准确性、及时性和便利性；财政和银保监部门要重点关注保险公司的赔付率指标，要求保险公司按合同足额赔偿，消除惜赔行为，充分发挥农业保险的损失补偿功能。四是优化农业保险补贴制度。着力解决县级财政保费补贴能力不足问题，积极争取中央特色农业保险奖补试点，增加省级政策性农业保险品种，优化省级特色农业保险奖补政策，支持市县开展特色农业保险，突出农业供给侧结构性改革的绿色、生态和质量导向。

（三）实施人才强农战略。一是激发内生动力，加大乡土人才培育力度。加强基层党组织建设，在政治建设、人才储备、激励保障等方面综合施策，打造一支担当作为的农村“领头羊”队伍。加大新型职业农民培育力度，围绕特色优势产业，分类开展新型农业经营主体带头人轮训、现代青年农场主培养、脱贫带头人培育，培养一批产业带头人。构建培训信息化平台，提供在线学习、管理考核、跟踪指导等服务，建立多渠道、多层次、多形式的培训体系，增强培训实效。二是汇聚外部力量，引导科技人才下乡服务。鼓励大中专院校调整专业学科结构，定向培养乡村人才。建立完善高等院校、科研院所等单位专业技术人员到乡村和企业挂职、兼职和离岗创新创业制度，建立完善城市科技人员服务乡村机制，深入开展科技特派员精准帮扶项目，组织专家人才服务基层活动，为农业供给侧改革提供人才和技术支持。三是完善扶持政策，健全乡村人才评价激励机制。创新体制机制，创新人才支持政策，激励专业技术人才在农村施展才能。选拔专家向基层倾斜，向在乡村基层推广应用农业科技新技术、新成果且取得显著经济社会效益的高层次人才倾斜。对长期在基层一线和艰苦边远地区工作的人才，加大实际工作业绩和工作年限等评价权重，着力提升基层人才职业发展空间，激励人才扎根基层推广农业科技成果。四是搭建兴业平台，吸引返乡入乡人才向农村聚集。鼓励社会各类资本、人才、资源和创业项目参与新型农业经营主体事业发展。创造良好的政策环境和条件，促进“三支一扶”计划志愿者面向基层就业；实施新乡贤“回归工程”，把农村优秀基层干部、道德模范及身边好人等纳入新乡贤主体，壮大新乡贤队伍。整合有关政策，引导有志乡村振兴的返乡农民工、农技推广人员、退役军人返乡兴业，为大中专毕业生提供职前教育、技能培训、政策指导和岗位安置服务，到农村创办新型农业经营主体，为深化农业供给侧结构性改革服务。

关于推动社区街道居家养老、积极应对人口老龄化专题协商情况的报告

为深入贯彻习近平总书记关于老龄工作的重要指示精神，提升我省社区居家养老综合服务能力，省政协党组今年将"推动社区街道居家养老、积极应对人口老龄化"列为年度专题协商计划，由葛会波、苏银增副主席牵头，省政协人口资源环境委员会具体负责，并从3月起开始各项准备工作，组成专题调研组，走访省直相关部门，查阅有关资料，先后赴石家庄、秦皇岛、廊坊、邢台、邯郸、张家口等6个市、30余个县(区)，听取当地政府及相关部门的情况介绍，深入社区和居家养老服务中心、农村互助幸福院等养老服务场所，与部分养老服务企业、社会组织负责人和工作人员进行交流座谈。为借鉴外省(市)先进经验，分别赴上海市、江西省进行了学习考察。同时，委托石家庄市、唐山市政协开展了联合调研，为开好专题协商会打下了坚实的基础。

9月22日，省政协召开"推动社区街道居家养老、积极应对人口老龄化"专题协商会议，副主席葛会波、苏银增出席会议并讲话。部分省政协委员、有关民主党派人士，专家学者及康养企业代表和省直部门有关负责同志参加了会议。会上，委员们充分发表意见建议，厅局负责同志介绍了有关情况，省民政厅、省财政厅负责同志主动倡议政协委员积极参与我省养老服务市场建设，做大做强河北养老市场主体。通过充分协商交流，凝聚了共识，达到了预期效果。

大家一致认为，省委、省政府坚决贯彻落实习近平总书记对积极应对人口老龄化作出的重要指示批示精神，把解决老年人居家养老体系建设当作大事要事来抓，积极推进养老服务体系建设。王东峰书记、许勤省长亲自谋划部署社区和居家养老服务工作，连续三年将社区和居家养老设施建设写进政府工作报告、列入20项民心工程，制定了《河北省"十三五"老龄事业发展和养老体系建设规划》，先后出台了《河北省居家养老服务条例》《河北老年人权益保障条例》《关于加快发展养老服务业的实施意见》等法律和政策文件，构建起我省养老服务工作的四梁八柱。省级养老体系建设资金从每年2.6亿元增至每年3.6亿元；建成居家养老服务设施2358家，服务覆盖90%的城市街道；1500多家养老机构实现医疗服务全覆盖，初步满足了老年人社区和居家养老服务需求。

同时，在调研和协商的过程中，委员们也发现了一些有待解决的问题和短板：一是社区居家养老重视程度有待进一步提高。我省人口老龄化问题尤为突出，截至2019年底，全省60岁以上老年人达1518万人，占总人口比例的20%，高于全国平均1.9个百分点。据预测，到2035年老年人口占比将达到30%以上，进入重度老龄化社会，养老服务需求将会快速增长。社区居家养老作为养老服务中最为重要的方式，需引起各级各部门高度重视，并加大投入以满足老年人的社区居家养老需求。二是社区居家养老相关政策有待进一步完善。社会组织参与社区居家养老服务发展仍存

在一些体制和政策障碍,社会力量参与社区居家养老服务不足;社区居家养老服务监管薄弱,相关服务机构水平不高、服务不到位;大部分地方政府尚未制定专项养老服务设施建设规划,无法按照人均不低于0.1平方米规划标准将养老服务设施用地纳入国土空间规划,难以有效保障社区居家养老设施建设用地供给及相应政策落实。三是社区居家养老统筹协调体制不畅。社区居家养老保障工作涉及民政、卫健、人社、财政、消防、税务、市场监管等众多部门。各部门分头负责,规定众多、标准林立,有互为前提现象,对相关政策的理解、调整和落实也难以做到协调一致和同步推进。四是社区居家养老基础设施建设不足。我省绝大多数(约占96%)老年人选择居家和社区养老,极少部分(约占4%)老人选择入住养老机构。一直以来,项目、资金、补贴、政策等方面多侧重支持养老机构建设发展,用于社区和居家的很少,造成社区养老服务设施匮乏。随着人口老龄化进程的加快和群众生活水平的提高,社区居家养老服务供给不足矛盾更加突出。五是社区居家养老服务队伍有待进一步加强。社区居家养老护理人员缺乏是一大突出问题,特别是受福利待遇及职业发展前景制约,很难吸引到足够数量具备资质的专业医师和护士。同时,养老服务从业人员多为"4050"人员,缺乏专业培训和职业背景,整体服务水平不高,制约了社区居家养老服务业的健康快速发展。

委员们建议:在人口快速老龄化和养老需求急剧增长的形势下,建立以家庭为核心、以社区为依托、以专业化服务为依靠的社区居家养老,是最基本、最现实、最普遍、最为人民群众接受的养老方式,需要把推动社区街道居家养老,作为积极应对人口老龄化的重要途径和举措。

一、加强顶层设计,凝聚社区街道居家养老的整体合力

坚持顶层设计和实践创新相结合,立足当前、着眼长远,完善老龄工作体制、机制,促进社区街道居家养老事业可持续发展。一是强化组织领导。建议设立省社区居家养老服务工作领导小组,由省委、省政府领导同志牵头,办公室可设在省民政厅,各市相应建立养老工作协调机制,统筹研究解决存在问题,加强各责任单位的沟通协调。二是强化规划引领。加快编制养老服务设施建设专项规划,特别是各市应借助编制"十四五"规划契机,加快制定出台本地社区居家养老专项规划,以规划为引领,落实土地政策,深化"9073"养老服务格局,完善供给、保障、支撑、评估、监管体系建设。三是强化政府引导。突出政府在社区街道居家养老服务中的责任,发挥政府在规划指导、政策扶持、设施建设、资金投入、标准制定、监督管理等方面的引导作用,切实改善社区街道居家养老工作发展环境。

二、突出市场主体,激发社区街道居家养老的发展活力

加大对社会力量发展社区居家养老服务业的扶持力度,降低准入门槛,引导社会资本投资社区居家养老服务领域,推进社区居家养老服务社会化发展,实现从"政府为主"向"政府兜底"转变。一是壮大社区居家养老服务市场。全面放开养老服务市场,制定更加宽松、优惠的财政补贴、税费减免、土地使用等政策措施,支持和鼓励社会力量积极参与并创新拓展社区居家养老服务,充分发挥市场在资源配置中的决定性作用,逐步使社会力量成为社区居家养老服务供给主体,有效提高养老服务供给能力。二是壮大社区居家养老服务组织。全面统筹使用好各级财政养老资金，加强中小社区居家养老服务企业的培育、筛选和储备，特别是重点支持社区居家养老服务初创期企业，加大社区居家养老服务组织孵化力度。三是壮大社区居家养老龙头企业。养老服务市场的特点决定了小而散的企业无法长久生存，必须走品牌化、连锁化、规模化的发展路子。应支持社区居家养老服务企业通过兼并重组、连锁经营、承接政府购买服务等方式向规模化、专业化、连锁化、品牌化的方向发展，加快形成一批专业服务能力强、综合效益明显、可持续发展的知名品牌龙头企业。

三、加快社区改造，释放社区街道居家养老的发展潜力

以社区改造为载体，整合周边养老服务资源，通过资源、功能嵌入的方式，为老年人提供专业化、个性化、便利化的社区居家养老服务。一是推进社区适老设施建设改造。将老旧小区适老化改造及养老、医疗等设施建设纳入城镇老旧小区改造内容，通过购置、置换、租赁等方式完善养老服务设施；新建小区按要求配套建设社区养老服务设施，与住宅同步规划、同步建设、同步验收、同步交付使用。二是推进社区老年护理站建设。依托街道老年人日间照料中心或社区卫生服务中心，设立社区老年护理站，为居家失能老人、大病康复期的老年人开展上门照护服务，特别是探索将家庭医生为居家老年人提供上门服务纳入医疗保险支付范围，促进社区居家健康养老工作有序规范开展。三是推进社区老年助餐点建设。依托居家养老服务定点餐厅和社区周边现有餐馆，合理设置"老人中央厨房"，专门为辖区老年人提供方便可及、卫生营养的助餐送餐等服务。

四、坚持问题导向，提升社区街道居家养老的服务能力

坚持以老年人实际需求为导向，提升标准，拓展服务，强化管理，努力为老人提供优质高效、形式多样的社区和居家养老服务。一是推动社区居家养老服务管理标准化。深化社区居家养老标准化建设，对服务对象、服务标准、服务机构、服务人员等制定规范、明确要求，并完善服务评估和行业监督制度，对服务机构、内容、人员和质量等实施全过程监控，努力构建涵盖社区居家养老服务提供、服务质量控制、运行管理及服务评价与改进的标准体系。二是推动社区居家养老服务内容精准化。依托"互联网+"，促进社区居家养老服务与云计算、移动互联网、物联网和大数据等新技术的深度融合，探索建立覆盖省、市、区、街道、社区"五位一体"的社区居家养老服务信息平台，对老年人信息进行个性化追踪，为精准分类服务提供有效支撑。三是推动社区居家养老服务方式智能化。通过利用智能穿戴、智能家居、手机 APP 等，采集老人的安全与健康数据与服务需求数据，通过智慧养老平台的用户管理、服务派单、呼叫中心、定位服务、健康监测等功能，实现老人、子女、机构与服务的连接，形成紧密联动的社区居家养老服务生态圈。四是推动社区居家养老服务队伍专业化。通过招生、收费、基础设施建设等方面的扶持，鼓励相关院校设立养老管理与服务等专业，增加招生规模。建立健全社区街道居家养老服务人员培训制度，定期对现有社区街道居家服务人员进行技能培训，提高专业水平。加大社区街道居家养老服务的宣传力度，改善专职服务人员的工资待遇，增强职业的荣誉感和队伍的稳定性。

五、加大改革创新，增强社区街道居家养老的内生动力

坚持统筹社会各类资源，引导社区居家养老服务项目研发，推动社区居家养老服务模式创新，积极构建具有河北特色的多层次、多支撑、多主体社区居家养老服务体系。一是探索深化长期护理保险制度。通过共同缴费的方式筹集资金，为失能人员的生活照料以及相关的医疗护理提供费用保障，有效解决失能人员基本生活照料和医疗护理等所需费用问题。上海、山东及我省巨鹿县等地的实践表明，推进长期护理险不仅不会增加医保基金负担，反而能够节省医保基金，有利于推进分级诊疗、缓解医疗压力，更有利于解决群众看病难、看病贵难题。二是探索深化医养结合服务体系。依托社区卫生服务中心、护理站、护理院、门诊部等，向养老机构、社区托养机构和老人家庭提供基本医疗护理服务，建立机构护理、社区护理、居家护理相结合的老年医疗护理服务体系，使卫生医疗服务资源能在养老服务领域进一步拓展，满足老年人养老服务中的医疗需求。三是探索深化特殊困难老人养老服务制度。探索建立社区居家基本养老服务清单制度，对城乡特困老人以及经济困难的失能失智、高龄、重残、失独、空巢（留守）等老年人进行信息普查，开展康复护理、家政等养老服务，保障特殊困难老年人养老服务需求。

推动社区街道居家养老、积极应对人口老龄化工作，是一项庞大复杂的系统工程，需要克服许多困难、解决许多难题，更需要社会方方面面的共同努力。下一步，省政协将继续立足职能、双向发力，进一步为推动社区街道居家养老、积极应对人口老龄化工作凝聚智慧和力量。一是继续在搭建平台上下功夫。充分了解社会各界各方面特别是广大人民群众的心声和诉求，积极为社区街道居家养老工作搭建直接反映问题、表达诉求的平台，认真收集和梳理各方提出的真知灼见、意见建议。同时，通过专题报告、政协提案、社情民意等多种形式持续替他们发声，加强与党委政府有关部门的联系，推动意见建议转化落实。二是继续在建言资政上下功夫。进一步组织引导政协委员和党派团体，围绕我省社区街道居家养老工作中的困难和问题，深入基层、深入群众，开展调查研究、专题协商、民主监督，积极为我省社区街道居家养老工作建言献策。三是继续在凝聚共识上下功夫。充分发挥政协委员和党派团体代表性强、联系面广的优势，加强政策宣传，不断深化共识，充分调动社会各界参与社区街道居家养老工作的积极性，不断凝聚起工作的强大合力。

关于创新推动河北自贸试验区建设专题调研综合报告

2019年8月，中国（河北）自由贸易试验区（以下简称河北自贸试验区）获批挂牌。一年来，省委、省政府高度重视自贸试验区建设，大力推动自贸试验区建设高点起步、高标开局。省政协坚持围绕中心创新履职，将推动河北自贸试验区建设列为今年重点协商议题，成立曹素华、王宝山副主席牵头的专题调研组，研究制订专题调研协商方案，港澳台侨和外事委员会、石家庄、唐山、廊坊三市政协协同推进落实，部分省政协常委、委员、海外侨胞代表和专家学者积极参与。专题调研组克服疫情影响，先后赴省直有关部门和曹妃甸、正定、雄安、大兴机场廊坊区域4个片区，深入企业现场、项目工地看进度、摸情况，共议难点，共商对策，并函调兄弟省市自贸试验区经验做法，累计收到书面调研报告50余篇，收集意见建议1000余条。现将调研情况和有关意见建议汇总报告如下。

一、河北自贸试验区建设稳步推进

河北自贸试验区自挂牌以来，省委、省政府紧密结合京津冀协同发展战略和高标准高质量规划建设雄安新区要求，深入学习贯彻落实习近平总书记关于自由贸易试验区建设发展的一系列重要指示批示精神和党中央决策部署，聚焦落实《中国（河北）自由贸易试验区总体方案》（以下简称《总体方案》），紧紧围绕“国际商贸物流重要枢纽、新型工业化基地、全球创新高地和开放发展先行区”的战略定位，明确建设思路，组建工作机构，出台管理办法，协调推进试验任务，自贸试验区建设扎实起步，开局良好。

（一）制度创新初见成效。将《总体方案》细化分解为98项制度创新措施，梳理形成192项各片区共性制度创新清单和符合片区自身定位的个性制度创新清单，并建立工作台账，逐项明确责任分工、工作任务、时间节点、完成时限等。4个片区围绕自身功能定位和产业特色，成立生物医药、口岸建设、通关便利化等29个制度创新工作专班，开展专项攻坚。截至目前，共探索形成“基于区块链技术的建设资金管理新模式”“跨境融资＋跨境租赁”集成创新新模式等20项“最佳实践案例”面向全省复制推广。其中“大数据＋船舶海上智慧交通模式”的经验做法得到商务部、交通运输部的充分肯定，在《国务院自贸试验区工作部际联席会议简报》专版刊发。

（二）政策法制保障得力。加快研究出台相关法规制度和支持政策，《中国（河北）自由贸易试验区管理办法》已于2019年10月28日正式施行，《中国（河北）自贸试验区条例》已于2020年11月1日正式实施。省外汇管理局、省市场监管局、省广电局等部门相继出台优化经常项目外汇收支审核、企业简易注销登记等专项支持政策，石家庄市委、市政府，正定县委、县政府分别出台了40条和20条支持政策，唐山市委、市政府出台了支持片区高水平创新发展的意见和27条政策措施，廊坊市出台了支持片区高质量发展的若干意见。

（三）招商引资多点开花。坚持线上线下相结合，组织各片区开展形式多样的宣传推介和招商引资活动。线下先后到深圳、上海举办专题招商活动，借助数博会、世界自贸区(横琴)论坛等重大平台开展宣传推介 10 余场。线上主要通过开通自贸试验区官方网站和公众号、开展“云推介”“云洽谈”“云签约”“云招商”等活动，全方位宣传推介河北自贸试验区。其中，5 月 8 日至 9 日举办的河北自贸试验区云招商推介会，各片区以专场推介方式全面展示自贸试验区制度创新举措、产业发展特色和营商环境优势，发布了 25 个重点项目，达成了一批合作意向，得到省委、省政府领导的充分肯定。

(四)营商环境持续优化。在自贸试验区内实施“证照分离”改革全覆盖，对 540 项涉企经营许可事项实行清单管理，截至 8 月底，直接取消审批 14 项、审批改为备案 8 项、实行告知承诺 62 项、优化审批服务 456 项。向各片区管委会下放首批省级行政许可事项共 195 项。高标准推进政务服务中心建设，正定片区完成政务服务中心改扩建，实现 269 项服务事项“一门受理”；曹妃甸片区高标准打造政务服务大厅，设立 24 小时自助服务专区；雄安片区推行“极简审批”模式，实现高频民生事项“一网通办、掌上办、指尖办、全程网办”；大兴机场廊坊区域实行全领域全环节告知承诺、容缺审批，最大限度推行“即来即办、立等可取”，切实便利了企业经营，促进了企业发展，今年 1—6 月，4 个片区实现进出口总额 177.6 亿元，其中进口 77.6 亿元，出口 100 亿元。

(五)区域协作稳步推进。与北京市在大兴机场片区管理办法制定、制度创新清单梳理、招商推介等方面密切合作，共同聘请商务部研究院制订自贸试验区实施方案，推进共商共建共享。与天津自贸试验区签署《津冀自贸试验区战略合作框架协议》，在协同推进制度创新等八个方面开展深入合作。石家庄海关会同北京、天津海关签署了《支持河北雄安新区全面深化改革和扩大开放合作备忘录》，提出推进京津冀物流监管一体化等 10 个方面的政策措施。河北自贸试验区建设有效融入京津冀协同发展、雄安新区规划建设国家战略。

二、河北自贸试验区建设面临的主要困难问题

总体看，作为最新批准设立的自贸试验区，河北自贸试验区建设还处于起步阶段，尚有诸多亟待探索解决的难题和需要试闯改进的工作。主要表现在：一是思想认识有待提高。对自贸试验区建设这一顺应经济全球化、贸易自由化趋势而生的新生事物、战略举措，还存在认识上站位不够高、理解不够透、共识不够强的问题，个别地方和部门还停留在用以往园区和开发区建设的理念和思路来谋划、推进的层面，欠缺应有的国际视野、开放意识和创新思维。二是工作推进体系尚待完善。片区与省直部门、所在市县等，亟待进一步完善畅通有效的协调解决问题机制。片区工作机构有待健全、加强，有的挂职、借调人员居多，本领恐慌问题较为普遍，工作队伍不稳定、不适应现象比较突出，一定程度上影响大胆试大胆闯自主改的信心、力度和成效。三是政策效应亟待强化。总体方案确定的 98 项试点任务中有 83 项是中央事权，亟须与国家部委加紧对接细化、争取支持。省内有关部门应出台的具体实施细则多数尚未出台，与片区对政策支持的需求存在时间差问题应当高度重视。一些现有政策与先进自贸试验区差距明显，仅以片区和市场主体普遍关心的税收留成为例，福建、天津

等自贸试验区大多可以享受省、市两级税收留成返还，而我省自贸试验区目前只能享受部分市级税收留成返还。四是金融创新尚缺活力。金融服务体系有待加快完善，目前多以银行、保险等传统业态为主，证券、基金、信托、担保、风投等新型业态亟待大力引进。金融机构层级较低，涉外金融服务种类不多、便利化程度不高。以曹妃甸片区为例，区内只有中国银行和交通银行 2 家二级分行，其余均为一级支行、二级支行或者二级支公司，缺乏相应涉外业务审批权限和服务保障能力。五是产业发展任重道远。片区内产业集聚程度还不高，原有企业的数量不多、规模不大、层次偏低，适应开放发展的产业体系基础弱、链条短，自贸试验区理念下的招商引资工作刚刚起步，引进高端高新项目、培养外向型市场主体、构建开放型产业支撑任务艰巨、时不我待。尤其是雄安片区和大兴机场片区廊坊区域市场主体亟待加快引进、培养。六是专业人才严重匮乏。真正了解、熟悉自贸试验区建设、运营的干部和人才总量不足、结构不尽合理是四个片区面临的共同问题。国际贸易、国际金融、离岸服务业、涉外法律、航运物流等专业领域人才特别是高端化国际化复合型人才严重不足已成为制约自贸试验区建设发展的关键因素。七是专项支持力度不够。自贸试验区 4 个片区的功能定位各具特色，现实基础和面临的难题也不尽相同，需要在起步伊始不断强化专项研究、做到谋定而动，实施分类指导、落实专项支持，切实助力解决个性问题、推动特色产业做大做强。

三、创新推动河北自贸试验区建设的意见建议

坚持把推动河北自贸试验区建设作为我省新时代深化改革、扩大开放、创新发展的重要着力点，结合编制“十四五”规划，组织专题研究、深度谋划，进一步深化五年发展目标、重点和路径设计，增强对自贸片区建设发展的前瞻性、科学性指导。工作实践中要坚持敢闯敢试、先行先试、善改善成的创新精神，坚持干在实处、走在前列，扎实推动自贸试验区建设提速提质、高效疾进。

（一）提高思想政治站位，创新思维引领“试闯改”。深刻认识自贸试验区建设事关河北贯彻落实党中央决策部署和加快自身开放发展的双重重大意义，切实提高政治站位、增强思想行动自觉。一是增强服从服务国家战略的自觉。深入学习贯彻习近平总书记关于自由贸易试验区建设发展的一系列重要指示批示精神和党中央决策部署，始终牢记自贸试验区是国家的试验田，紧紧围绕融入和推进京津冀协同发展和雄安新区规划建设探索试验。始终牢记自贸试验区是制度创新的高地，坚持以制度创新为核心，放胆放手破旧立新。始终牢记自贸试验区是“种苗圃”，自觉在高起点上，务实精准为新时代改革开放耕育更多可复制、可推广的创新成果。二是增强对标对表国际规则的自觉。深刻领会自贸试验区建设科学内涵和目标要求，克服不敢、不会畏难意识，摒弃通常的园区、开发区思维模式，强化经济全球化视野下开放发展意识，放眼用好两个市场、两种资源，增强构建与国际投资、贸易通行规则相衔接的制度体系和监管模式的主动性、创造性。三是增强有形无形两手硬的自觉。正视我省自贸试验区序幕初起、涉及部门多层级多、创新难度较大的客观情况，引导各级各部门加快凝聚协同推进的共识和合力，增强政府有形之手责任担当。同时强化市场意识，尊重市场法则，激发主体活力，共同营造开放型、国际化经济环境，努力以更高水平开放带动全省经济高质量发展。

（二）加快推进制度创新，着力争取核心突破。坚持把制度创新作为自贸试验区建设的核心任务，协调推进拿来型、首创性、集成化相结合的探索实验。一是用好“拿来主义”。大胆复制、大胆推广国务院批准实施的六批相关改革试点经验，认真研究其他自贸试验区“最新实践案例”和最新创新成果，结合片区实际搞好“移植嫁接”，切实做到应推广尽推广、可复制全复制、别人能我也能。二是强化首创试验。整合专门研究资源，成立省级自贸试验区研究智库，汇聚片区、职能部门、研究机构“三位一体”创新力量，精准落实订单式、前瞻性制度创新任务，创造性推出一批符合河北自贸试验区产业特色、区域特点的制度创新成果，切实发挥好试验田作用。三是注重系统集成。坚持需求导向与目标导向有机结合，加强制度创新的整合提升和系统集成，及时将互相关联、互补互促的创新举措整合归类、优化升级，率先推动社会信用体系、政策运用体系、行政审批体系、数据平台体系、风险防范体系等方面的系统集成，增强制度创新的整体性、协同性。四是完善配套支撑。对涉及中央事权的专项支持政策，有关职能部门应主动与国家部委对接沟通，争取尽快出台落地。各部门承担的配套支持政策任务，应不等不靠、注重时效，切实争取早交卷、交好卷，避免只等压限交卷。

（三）广泛汇聚高端要素，做大做强产业支撑。牢牢把握自贸试验区开放型、外向型、国际化特质，大力引进产业发展高端要素，全力提速产业聚集。一是精准选商招商。紧扣片区功能定位，力戒急功近利的短视行为，聚焦打造高端高效可持续的产业链创新链，锚定国际视野行业标杆企业和前沿项目，增加专项招商投入，充分利用国际展会平台，全面宣介河北自贸试验区，尽快打开国际知名度。运用信息技术，广泛开展线上招商活动。组建专业团队，拓展海外招商、以商招商、链式招商，落实绩效考核、重奖激励，选准商、招好商，促进市场主体数量、实力快增双升。二是挖掘协同资源。借势京津冀协同发展，围绕打造北京非首都功能疏解和京津产业转移首选承接地，建立三地不同层级的工作联席会议制度，就产业转移和协同发展上的重大事项共同研究、统筹安排。重点与北京中关村、天津滨海新区深度合作，联合打造高端产业集群，与京津自贸试验区合作发展科技企业孵化器、众创空间、新型研发机构等，探索建立共建共享的产业发展载体。三是实施硬核扶持。以“特区”理念全方位开展优化营商环境专项行动，严格落实“证照分离”改革全覆盖，加快推进第二批省级管理权限下放。借鉴福建、天津等自贸试验区做法，扩大片区财权，深化税务制度改革，创新推进办税便利化，进一步优化税收留成比例，返还省级税收留成，用于支持片区建设、奖励市场主体，加快打造产业品牌，壮大片区产业基础。

（四）深化金融领域改革，拓展开放发展空间。牢牢把握金融创新这一核心变量，依规开放与高效监管并重，与时俱进优化金融资源配置，切实提高便利化水平。一是加快金融机构聚集。谋划实施专项“招行引资”计划，细化支持境内外金融机构在片区设立分支机构优惠政策，加快推进已确定入驻商业银行的落地，对新设的外资银行、金融公司、担保公司以及分支机构等给予一次性资金奖励。组建、发展片区金控平台，保障重点项目金融供给。二是创新跨境金融服务。积极向央行争取上线自由贸易账户，推进在跨境人民币贷款、跨境双向发债、跨境双向股权投资、跨境资产转让等领域先行先试，创新推进涉汇业务便利化。大力发展绿色金融，创新绿色信贷，设立绿色基金，拓宽绿色产业直接融资渠道，推动绿色保险覆盖面不断扩大。大力引进金融科技公司，以5G、区块链、人工智能等先进技术应用加快建设“智慧金融”。三是强化金融风险防控。加快建立省级金融风险监测防控平台，利用国家互联网金融风险防范技术，对片区内所有企业、金融机构和金融业态进行全天候风险实时监测。加强与国际金融监管组织的合作，探索建立国家（或地区）间的金融信息共享和风险联防机制，提高风险防控国际化水平。加快推进雄安新区金融“监管沙盒”试点工作，探索建立和实施新型金融监管模式。

（五）重视人才队伍建设，强化有效智力支撑。着眼自贸试验区加快建设和可持续发展，着力在引得来、留得住、用得好上下功夫，打造创新型“人才特区”。一是放开放活人才政策。给予片区充分的人才管理权限，在人才引进、评价激励、薪酬分配、服务保障等方面大胆突破，尽快出台具有比较优势的人才政策。允许片区自主开展有关职称评审工作。选派省直机关、中央驻冀单位、省属国有企业等业务骨干到自贸试验区交流任职、挂职锻炼，享受援疆援藏干部待遇。二是创新创优延揽模式。突破“面向省内”局限，面向全球招聘专业人才。充分利用目前少数发达国家打压华裔高端人才的契机，吸引相关高端人才回国回乡发展。借势京津人才高地，通过项目合作、科技咨询、短期聘用等柔性方式，探索实施“假日人才”计划。积极引进优质教育、医疗、文化、体育等资源，建好人才公寓，提供高品质生活服务保障，解决人才后顾之忧。三是用足用好激励机制。加快推进薪酬制度改革，对于专业性较强的公务员岗位可采用聘任制，探索实施年薪制、岗位绩效、项目工资等与贡献相匹配的薪酬政策。给予重点企业高管、科研骨干、技术能手及其他紧缺专业人才相应财政补贴。设立人才创新基金，对关键岗位贡献突出的关键人才，给予特殊待遇支持。

（六）构建专业服务体系，强化综合保障能力。聚焦市场主体需求，加强专业领域服务保障，全面提高自贸试验区国际化水准。一是健全法律服务体系。严格落实《中国（河北）自由贸易试验区条例》，及时配套出台试错容错纠错机制实施细则，实现先行先试与依法有据相统一。在条件成熟的片区，探索设立自贸试验区法庭，鼓励、引导国内外知名律所在片区设立分所或开展业务，逐步提高涉外法律服务供给。二是完善商事纠纷化解体系。对接国际贸易规则，逐步建立以仲裁和调解为主的商事纠纷解决机制，推进设立雄安国际仲裁中心，研究设立海事物流仲裁中心、金融仲裁中心等专业性仲裁机构的可行性，探索实施特定类型涉外纠纷诉前强制调解制度。依托部门信息共享，实施推进“智慧取证”“智慧公证”“智慧调解”工程。三是构建知识产权保护体系。多渠道搭建自贸片区知识产权公共服务平台，争取设立国家级知识产权原创认证中心河北分中心，推进设立知识产权综合管理机构、维权援助工作机构建设，探索建立快速维权机制。引进海内外知名知识产权认证、服务机构，探索建立公允的知识产权评估体系，逐步完善知识产权质押登记制度和质押融资风险分担机制，支持知识产权质押融资。四是创优海关监管体系。提速雄安片区和大兴机场片区综保区申报工作，指导现有综保区用足用好已有政策，精心谋划和推动特定进境商品指定口岸申报工作，加强海关特殊监管区域能力建设，提高通关一体化便利化水平。

（七）完善工作推进机制，加力落实建设任务。坚持“开局就是决战、起步就是冲刺”，切实协调各方，调动优势资源，加压加力领跑加速度、促进具象化。一是理顺体制机制。进一步理顺中央、地方、自贸试验区事权责任关系，加强与中央部委及驻冀单位的沟通协同，争取及时务实的指导和支持。完善片区与省市政府及职能机构紧密联系对接机制，深化片区与所在地新区、开发区的相融互促，提高协同推进效率。二是整合政策资源。统筹、梳理中央政策和我省《总体方案》《管理办法》《条例》、部门实施细则、市县片区支持政策及外地经验，集成和完善政策“红包”，组织学习培训，大力宣传推介，放大政策效应。三是强化专项支持。紧密结合各片区实际，更大力度指导、支持雄安新区加快建设基础设施与布局新兴产业、推进制度试点协同推进，正定片区加快推进铁路港、专业口岸建设和重点产业招商，曹妃甸片区加快做大做强国际大宗商品贸易平台、提速提质产业转型升级，廊坊区域加快现有资源高效配置并积极探索与大兴区域共商共建共管共享。四是创新督导考核。将自贸片区建设情况列入省委、省政府专项督导计划，列为对所在市年度考核重要内容，细化任务指标，增加考核权重，定期组织以协调解决矛盾、困难为重点的帮办式一线督导，合力推动自贸试验区建设走快走实、走稳走远。

关于加快我省数字经济发展专题协商会的情况报告

根据省政协党组年度工作安排，4—7月，省政协财经委组织部分省政协委员和有关民主党派负责同志，围绕“加快我省数字经济发展”协商议题，深入部分市、县的40余家企业进行了实地调研，与省直有关部门和部分企业相关同志进行了座谈，会同省统计局、省经济信息中心对设区市（含定州、辛集市）、145个县（市、区）的387家企业进行了问卷调查，了解各方面对发展数字经济的意见建议。同时，向浙江、广东、贵州、江苏等数字经济发展先进省份进行了书面调研。各市、县政协坚持协调联动，同步开展了相关调研并提交了调研报告。8月21日，省政协召开“加快我省数字经济发展”专题协商会。6位省政协委员、企业家代表作了口头发言，会议收集书面发言28篇、调研报告16篇。省政府办公厅、省委网信办、省发改委、省工信厅、省科技厅、省政务服务办等省直部门负责同志到会介绍情况，并就委员提出的问题和建议作了互动交流。通过协商，达到了凝聚共识和建言资政双向发力的目的。

一、进一步深化了对加快发展数字经济重要意义的认识

委员们认为，数字经济作为新的经济社会发展形态，既是推动经济发展质量变革、效率变革、动力变革的重要驱动力，也是全球新一轮产业竞争的制高点。近年来，尤其是今年新冠肺炎疫情发生以来，大数据、物联网、云计算、人工智能等信息技术与经济社会深度融合，以在线教育、远程医疗、共享经济、视频会议会展、电子商务为代表的新业态、新经济展现出巨大的生机活力，在疫情防控、复工复产、达产增效，以及做好“六稳”工作、落实“六保”任务等方面发挥了独特作用。当前，河北正处在历史性窗口期和战略性机遇期，经济社会发展处在新旧动能转换的重要关口，“三件大事”为河北提供了巨大发展势能和重大战略机遇，以数字经济助推高质量发展是顺应新一轮产业变革和科技革命趋势、抢抓发展先机的内在要求，是统筹推进常态化疫情防控和经济社会发展的现实选择，是加快河北转型升级、提质增效的有效途径，是补齐河北发展短板、缩小与京津差距的必由之路。特别是在国际经济环境复杂严峻、国内发展任务艰巨繁重、疫情防控常态化的特殊背景下，数字经济对于提振信心、恢复经济发展、扩大投资与市场需求、创造更多就业机会、增进民生福祉的重要作用进一步凸显。

委员们表示，要深入学习贯彻习近平总书记重要讲话精神和党中央、国务院及省委、省政府决策部署，深刻认识新形势下加快数字经济发展的重要意义，准确把握我省数字经济发展的总体要求、基本原则、重点任务，进一步提高政治站位，以强烈的使命感、责任感，为推动我省数字经济高质量发展，为新时代经济强省、美丽河北建设积极贡献政协智慧和力量。

二、充分肯定我省数字经济发展取得的成绩

委员们认为，省委、省政府认真贯彻落实习近平总书记重要指示精神和党中央、

国务院决策部署，强化组织领导、加强顶层设计、加大政策支持力度，数字经济呈现出良好发展势头，已成为我省经济高质量发展的重要支撑。一是顶层设计日臻完善。省委、省政府及时研究出台《关于加快发展数字经济的实施意见》，2020 年 4 月 19 日，省政府又制定了《河北省数字经济发展规划（2020—2025 年）》，为我省未来五年数字经济发展明确了目标任务和方向，按照责任分工，相关部门研究制订的 20 个专项行动具体实施方案正陆续发布，支持数字经济加快发展的政策逐步完善。问卷调查结果显示：认为我省数字经济相关政策"对企业发展有实质性作用、帮助很大"和"有一定作用、对企业有所帮助"的分别占 23.3%、59.2%。二是基础设施支撑能力不断增强。截至 2019 年底，全省互联网省际出口带宽、光缆线路总长度、移动电话基站、互联网宽带接入端口、固定宽带接入用户数均居全国第 7 位，IPTV 用户数居全国第 6 位，互联网普及率超过全国平均水平，全省行政村光纤宽带通达率、4G 信号覆盖率到达 99%以上。物联网应用快速推进，车载智能终端、医疗健康服务、智能城市建设等垂直领域的物联网终端用户数居全国第 10 位。省、市、县、乡四级农业信息服务体系基本建立，省级农业数据中心和"农业云"初步建成，物联网在高端蔬菜生产、禽畜养殖等方面逐步得到应用。雄安新区、石家庄、张家口崇礼以及京张高铁沿线等 4 个区域纳入 5G 试点范围，各市主城区 5G 网络建设有序推进。三是数字产业化稳步推进。张家口、廊坊、承德大数据示范区初步建成，张北云计算产业基地、怀来数据基地、承德县高新区入选国家新型工业化产业示范基地（大数据、数据中心类），在线运营服务器突破 150 万台。中移系统集成入围 2019 中国软件与信息技术服务百强，全省累计培育企业级、行业级工业互联网平台 54 家，阿里、腾讯、华为、浪潮等企业与河北的合作不断深入，全省大数据与物联网、信息技术制造、人工智能与智能装备等领域快速发展。四是产业数字化步伐加快。随着"互联网+"行动计划、工业诊所"百千万行动""企业上云"等深入实施，互联网与各行业、各领域加快融合，全省有 155 家企业成为两化融合管理体系贯标国家试点；中信戴卡、河钢集团、凌云工业等企业积极建设数字化车间，开展网络化协同、个性化定制等新模式。全省"两化"融合发展指数由 2012 年的 59 提高到 2018 年的 81。石家庄、邯郸加快建设国家电子商务示范城市，培育省级以上电子商务示范园区 17 个、示范企业 40 个，行业电商、农村电商、创新型电商、跨境电商等平台建设步伐加快，2019 年全省电子商务网络零售额同比增长 19.1%。五是社会数字化转型深入推进。全省政务信息系统整合共享成效初显，政务云实现了由单云平台向多云平台的迈进，已有 67 个部门的 439 多个应用系统实现云上部署，政府信息资源共享和"互联网+政务服务"水平明显提升。"冀时办"正式上线运行，全省社保查询缴费、医保查询缴费、水电暖气缴费等近 800 项高频应用实现"指尖办"。河北旅游大数据中心和应急指挥平台顺利运行，省、市及重点旅游县旅游数据纵向共享进程加快。京津冀综合交通信息服务平台、出行云建设初见成效。图书馆、博物馆等数字化改造快速推进，文化事业服务能力显著增强。

三、深入分析了存在的问题和短板弱项

委员们认为，虽然我省数字经济发展步伐进一步加快，但与先进省份对标对表，与数字经济快速发展的形势相比，还存在以下问题和短板弱项。

（一）对数字经济的认识需要进一步深化。从调研掌握的情况看，市、县部分同志包括身处党政领导岗位的同志对数字经济概念还不十分清楚，甚至粗浅地认为数字经济就是“互联网＋政务服务”和电子商务，对数字产业化、产业数字化、数字化治理、数据价值化“四化”缺乏全面系统认识，对推进数字经济发展的思路不清晰。很多企业尤其是中小企业管理者对数字经济的认知还远不到位，对数字经济发展规划和政策了解掌握不够，对数字技术手段了解不多或不了解，未将数字化改造纳入企业发展战略进行统筹谋划，部分管理者把数字化简单等同于办公流程的电子化。调查问卷显示，对我省数字经济相关规划和政策不了解或不太了解的超过 1/3，占 31.5％，非常了解的仅占 1％。

（二）制造业数字化水平较低。我省传统产业基础雄厚，但整体数字化水平不高，55.7％的受访企业认为我省产业数字化基础比较薄弱。服务业方面，也存在数字经济新业态规模小，缺乏共享经济、平台经济等新兴业态的大型龙头企业。根据最近统计数据显示，2018 年全省共有 3048 家企业参与工业化和信息化“两化”融合发展水平评估，参评企业两化融合发展水平平均指数为 35.96，比全国平均水平低 18.54 个百分点。具体分析，一是制造业企业对数据资源的利用率不足，不少工业企业对使用数字技术提高效率和促进转型的作用了解不够，应用路径尚不清晰，数字化转型往往仅覆盖财务、人力资源等管理业务，生产制造、研究开发等核心业务数字化、智能化程度较低；大部分中小企业受观念、资金、技术等因素制约，数字化网络化水平差距更为明显。二是工业互联网应用项目通常投入大、建设周期长，一般企业尤其是中小企业因资金短缺、项目长期效益不明确等原因，比较注重项目投入的短期回报，缺乏推动工业互联网应用的动力和能力。三是我省缺乏高水平的信息系统集成企业，核心工业软件、传感器基本依赖进口，一些信息技术企业对制造业企业业务流程和工艺流程掌握不够，缺乏有针对性的大数据产品、解决方案和典型应用场景，难以满足应用需求。

（三）数据孤岛现象和数字基础设施不平衡问题仍较突出。一是有些部门将数据视为内部资产，在推进数据整合共享中过于谨慎，同时政务数据开放共享的激励约束机制尚不健全，数据安全的相关法规缺失，政务信息化发展中“数据孤岛”现象依然存在，接入统一的地方数据共享平台存在某些障碍。二是政府和企业之间、企业和企业之间的数据资源共享与交易较少，数据流通活力不足，大数据统筹管理、效用开发、合理配置等方面相对滞后。调查问卷显示，37.6％的受访企业认为我省公共数据开放共享程度相对不足。三是在数字基础设施建设方面缺乏统筹规划，供需对接不畅，数据中心建设需要加强统筹规划和引导；部分数据中心利用效率偏低，节能与降本压力较大。根据省社科院、国网河北电力经研院提供的数据显示，2019 年新建的部分数据中心初期申请容量已达到投产负荷的 5—10 倍，走访的 3 家中小型数据中心由于空调耗电，PUE（评价数据中心能源效率的指标，是数据中心消耗的所有能源与 IT 负载消耗的能源的比值）均在 2 以上，与国际先进水平差距明显。四是能源互联网产业发展水平较低，产业链不完整且价值链整体处于中下游水平，在资产轻量化、产品数字化方面发展水平不高。统计数据显示，截至 2020 年 6 月底，我省与能源互联网相关的企业仅 693 家，不及广东的 5％、浙江的 33.7％。

(四)数字化产业和企业布局比较分散。调研走访中发现,许多市虽然有多个产业园区及众多数字化相关企业,但尚未形成协同联动的完整生态系统,也没有专门的软件产业园、信息产业园或数字经济产业园,大量中小微企业布局分散、各自为战,在硬件购买、平台软件、检验测试、人才培训等方面存在重复投资、重复建设现象,增加了企业成本,造成一定的浪费,相关产业园区在新基础设施建设、配套、资源对接、服务等方面还存在诸多短板,难以给企业提供整体、完善的配套服务。

(五)农业农村数字化转型步伐相对落后。数字经济在我省农业产业中所占比重依然偏低,智慧农业的发展路径还有待进一步深化,农村智能农机装备供给仍显不足,适用于农业生产经营的多功能、低成本、易推广、见实效的技术和设备短缺,转化吸收先进信息技术成果较弱,大数据、人工智能、物联网等数字技术与农业生产、经营、管理、服务等领域的融合不够充分。即使是发展较快的农产品电子商务,也存在物流资源利用水平低、成本高,农户缺乏有效的电商指导培训、农村电商服务站布局不尽合理等问题。

(六)数字经济核心技术和研发能力不足。近年来,虽然我省高度重视数字经济技术创新,科研投入逐年增加,但创新能力不足仍是制约我省数字经济发展的短板,2019 年,全省 R&D 投入强度 1.62%,居全国第 18 位;万人发明专利拥有量为 3.82 件,仅是全国的 28.7%。全省缺乏在全国领先的数字经济龙头企业,企业为主体、市场为导向、产学研相结合的技术创新体系有待进一步完善,在数字经济关键核心技术、关键共性技术和前沿引领技术的研发创新方面有待进一步加强。调查问卷显示,企业对促进数字经济核心技术攻关的呼声较高,达到 47.8%。

(七)发展数字经济方面人才严重短缺。在信息技术领域,全省缺少有较强影响力的研发机构和知名高等学校,高端人才聚集水平较低,本土人才严重不足。受发展空间、薪资待遇等条件限制,对相关领域的高端人才特别是精通信息化和产业制造的复合型人才缺乏吸引力,导致数字经济企业在研发、创新和管理等方面缺乏竞争力。调查问卷显示:66.9%的受访企业认为影响我省数字经济发展的主要因素是人才问题;53.6%的受访企业认为制约企业数字化转型升级的很大因素是缺乏专业的运营维护及管理人才,技术支撑能力不足。

四、提出的主要意见建议

针对存在的问题和短板弱项,委员们提出如下建议。

(一)加大培训宣传力度,增强数字经济发展的"源动力"。思想是行动的先导,只有认识到位,行动才会自觉。建议:一是将发展数字经济纳入党政领导干部专业能力培训计划,邀请知名专家学者和国家有关部委领导,分批分期对市县党政机关负责同志进行培训,进一步强化领导干部对发展数字经济重要性、紧迫性的认识,激发各地抢抓数字经济引领发展的时代机遇,增强工作的积极性、主动性。二是充分发挥数字经济联合会、行业协会组织作用,结合数字经济相关规划和行动计划实施方案,分层次对有关企业负责人进行轮训辅导,开放地方数字经济展厅,推介一批典型案例,进一步提高企业对数字经济规划和相关政策的了解掌握程度,增强企业发展数字经济和推进企业数字化、智能化转型的意识与信心决心。三是组织企业家分批次到浙江、广东参观学习，对标行业的龙头企业，学习数字化转型做法和经验。四是通过组织国内外行业领先的数字经济企业在我省举办新技术和解决方案研讨会，介绍行业内的新技术和新产品，引导企业拓宽视野，提升企业数字化转型的动力和效果。

（二）把推动制造业数字化转型作为重点，实现“换道超车”提升“竞争力”。云计算、大数据、物联网、移动联网、区块链等数字技术是新工业革命中创新最活跃、应用范围最广泛、影响程度最深的领域，这些技术的广泛应用与深度融合推动工业发展呈现绿色化、智能化等趋势，能够帮助企业提高生产效率，减少物料和能源消耗及污染物排放，有效缓解人力成本上涨压力，准确预测市场与匹配供需，提高生产的柔性化程度。应主动顺应工业发展环境变化和新工业革命趋势方向，结合我省产业现状，务实推动工业互联网平台建设落地，在钢铁、装备、食品等传统优势行业，培育一批企业级、行业级工业互联网平台；继续开展“制造业＋互联网”模式应用试点示范，带动和促进生产组织模式优化、资源高效配置和质量效率提升。加快开展智能制造试点示范，实施“设备换芯”“生产换线”“机器换工”，建设数字化车间，树立行业标杆，助力推动制造业数字化转型升级。

（三）加快推进数字转型试点示范，发挥重点龙头企业“带动力”。借鉴广东省经验，按照“政府政策＋龙头企业＋融资担保＋产业链中小企业”的模式，在全省范围内选择一些特色优势产业集群，加快开展数字转型试点示范，鼓励相关市推动特色优势产业集群数字化转型升级，建设数字产业园区，提高基础设施建设保障能力，引导数字经济企业集聚发展，推动人工智能、区块链、大数据、物联网、云计算、智能制造等新兴技术形成产业链，实现降本增效提质。在全省范围内，重点培育一批在全国有广泛市场和技术资源的省内高端软件和信息技术龙头企业，带动产业链和中小企业数字化水平提升。充分发挥国有企业规模大、产业集中度高、实力强的优势，由省国资委加强规划引导，推动省内国资企业积极投资数字产业，利用自身优势，成立数字公司或与行业龙头数字经济企业成立合资公司等多种形式，搭建行业工业互联网平台，带动产业数字化转型。同时，加快服务业数字化转型，推动“互联网＋医疗”“互联网＋教育”“互联网＋物流”、智慧旅游、智慧会展、智慧交通（高速公路）、智慧社区等新业态、新场景落地，精准匹配个性化需求，不断提升资源配置效率。

（四）加快新型基础设施建设，增强数字经济发展“支撑力”。用好国家“两新一重”支持政策，一是积极对接全国一体化大数据中心体系建设，加强与京津数据中心的对接合作，统筹空间布局、电力保障、网络传输等条件，引导各地大数据中心等数字基础设施建设，避免各地一窝蜂建设造成的资源浪费或因投入不足形成数字经济“洼地”。同时，通过加强运营商数据中心与市场对接、加快存算资源匹配等方式，提高数据中心的使用效率；选用合理的供能方式，引导效能水平较低的数据中心实施绿色节能改造和重组整合，实现数据中心绿色、高效发展。二是发挥雄安新区的窗口和示范带动效应，打造“源—网—荷—储—市”全场景国家级能源互联网创新示范区，争取成立能源互联网国家级实验室，快速形成我省在能源互联网产业方面的引领地位。依托我省可再生资源丰富的优势以及区位、产业条件，多手段、多维度、多方面推动电力系统源、网、荷灵活性提升，推动能源互联网产业相关软件及硬件发展，不断延展能源互联网产业链条，促进能源商业模式创新和新业态发展。三是加快城市基础设施数字化升级，推动传感器技术、地理信息技术、卫星定位与导航技术、新一代信息网络技术在智慧城市建设中的应用，实现公共服务和管理数字化、网络化。四是学习贵州、浙江等数字经济发达省份经验做法，按照技术融合、业务融合和跨地域、跨系统、跨业务协同管理和服务标准要求，建立数据标准与开放目录，开展数据融合治理，研究制定《河北省数据应用条例》，支撑政府治理和公共服务领域大数据应用，形成省内统一的数据汇聚、数据交换、数据管理和应用承载一体化大数据服务平台，推动政府数据共享开放和应用。

（五）完善政策强化要素保障，着力优化发展环境"吸引力"。加快完善支持我省数字经济发展的相关配套政策。一是加大土地储备和出让力度，对纳入数字产业重大项目库的项目、企业，强化用地、用能指标保障，把更多空间留给数字经济；鼓励以招拍挂方式取得科研教育用地（供地价格原则上不低于基准地价或土地取得成本），支持数字经济尤其是5G产业、总部基地、研发机构、创新创意产业、国际学校、营利性教育机构等低成本用地。二是发挥省级专项资金作用，集中支持大数据、物联网、信息制造、创新应用等领域重点项目建设。统筹河北产业投资基金、省战略性新兴产业创业投资引导基金、省科技创业投资和成果转化引导基金等政府投资基金，集中支持带科研团队、带技术研究成果或落户我省的重大数字经济项目、数字产业龙头企业、面向数字产业核心技术攻关的重点科研项目。鼓励和引导金融机构积极开发信息科技融资担保、知识产权质押融资等产品和服务，发挥省中小企业金融服务平台作用，为数字经济企业融资提供便利。三是在维护正常市场竞争秩序的前提下，通过同等条件下政府优先采购本地数字产品和服务等方式，扶持一批具有成长性的本地企业发展壮大。四是完善数字经济数据指标体系。从省级层面明确牵头部门，组织开展数字经济数据指标体系研究，在与国家有关部委沟通的基础上，明晰数字经济统计口径和监测方法，加快构建全省统一、反映数字经济发展全貌和动态变化的指标体系，纳入全省经济和社会发展统计范畴，并定期公布数据、开展测评分析，为考核和推进数字经济发展提供可靠依据。五是加强与工信部等国家部委的常态化沟通对接，用好中国国际数字经济博览会这一国家级展会平台和雄安新区国家数字经济创新发展试验区两块"金字招牌"，打响河北数字经济品牌。加大数字经济企业招商引资力度，做好招商专题推介，争取一批质量高、带动性强的数字经济企业在河北落地、设立总部，形成新的经济增长点。

（六）推动智慧农业、数字乡村建设，激发乡村振兴"驱动力"。加快构建农业农村数字资源体系，对耕地、种业、渔业等各类数据进行整合集成，推动数据标准化，指导服务农业生产经营。加快推广农业信息化新技术、新模式、新成果在农业生产经营管理中的运用，打造科技农业、智慧农业、品牌农业。以物联网、大数据、区块链等现代信息技术为依托，全面提升农机智能化智慧化水平，推动农机社会化服务、农机补贴等工作中农机与信息化融合，促进农业机械化、信息化、现代管理联合发展。结合电子商务进农村示范县建设，进一步调整优化农村电商布局，整合物流资源，加强农户培训，形成区域性网货供应链，切实发挥农村电商带动作用，打通优质农产品网上营销通道，逐步缩小城乡之间分享数字红利机会和能力的不平等，让信息技术革命更多、更公平地惠及农业、农村、农民。

（七）加强人才引进和培养，提升创新与管理“软实力”。着力培养和引进“数字工匠”，结合河北实际，一是进一步研究完善大数据、人工智能、物联网、区块链等领域人才引进和培养政策，完善人才激励和保障制度，对重点领域的优秀人才考虑适当提高奖励金额。二是深化校企合作、政企合作，通过建立企业大学、企业培训基地等方式，鼓励省内高校根据产业发展需要开设相应的培训课程，培养熟悉数字经济发展的创新人才和管理人才。三是加快建立数字经济人才库，公开征集入库专家，开展咨询服务，为全省数字经济发展建言献策。四是大力发展数字化领域的职业教育，积极培育应用型人才，推行数字化普及教育，提升全民“数字化”素养。四是加强关键共性技术研发与创新，瞄准产业重大技术需求，组织重点企业、行业协会、科研机构等开展关键共性技术研发，突出协同化、市场化、产业化和可持续发展，集中攻关和突破一批关键核心技术。深化与北京、天津的协同联动，加强创新协同和产业协同，积极对接京津数字经济相关产业，开展深度合作，主动承接京津软件外包等服务，引导京津数字经济优秀科技成果在河北落地转化。

关于推进农村基础设施管护工作远程协商情况的报告

农村公共基础设施主要包括农村水、路、电气、电信以及公共人居环境、公共管理、公共服务等设施。做好农村公共基础设施管护工作，事关农民群众切身利益和政府在基层的公信力，对于促进农村经济社会持续健康发展、推动乡村振兴战略顺利实施具有重大意义。今年，省政协党组将农村公共基础设施管护长效机制建设列入年度协商计划，由曹素华、王宝山两位副主席牵头，省政协农委联合省民盟组织实施，强化省、市、县三级政协联动，组织各级政协委员围绕推进农村公共基础设施管护工作开展深入调研。10月22日召开远程协商会，曹素华副主席出席会议并讲话，10名政协委员、专家学者围绕加强和推进农村基础设施管护工作与省发改委等省直相关部门进行了协商互动。与会委员和同志们畅所欲言、气氛融洽，达到了资政建言、凝聚共识的目的。委员们一致认为，省委、省政府认真落实党中央国务院决策部署，全省农村公共基础设施建设与管护工作取得显著成效，大部分基础设施能够正常运行和使用，发挥了应有的作用和效益。随着农村公共基础设施建设步伐不断加快，新竣工基础设施日渐增多，管护不到位的问题也越来越突出，主要表现为管护主体不明、管护机制不活、管护标准不清、管护经费不足等，这些问题应引起高度关注并研究解决。委员们认为，农村公共基础设施，建设是过程、管护是手段、服务是目的，在加快农村基础设施建设提档升级的同时，更要完善管护机制，提升服务质量和水平。委员们建议，由省发改委、省财政厅牵头，在细化国家发改委、财政部印发的《关于深化农村公共基础设施管护体制改革的指导意见》(以下简称《指导意见》)的基础上，强化顶层设计，尽快出台我省《关于深化农村基础设施管护体制改革的实施意见》，明确管护范围、管护标准、管护权属、管护投入、管护责任等，确保农村基础设施“有人管、有钱管、能管好”，全面提升我省农村基础设施管护质量和水平，切实增强农民群众的获得感、幸福感和安全感。

一、厘清管护思路，健全管护工作体系加强农村公共基础设施管护工作，应以推进城乡公共基础设施一体化管护为方向，构建起适应经济社会发展新阶段、符合农业农村特点的农村公共基础设施管护体系

(一)纳入城乡规划。将农村水、电、气、路等基础设施纳入城乡建设整体规划，通盘考虑运营维护，降低管护成本，提高管护质量和水平。具体规划编制任务由乡镇政府组织，住建部门负责技术服务和指导，共同推进我省村镇规划编制工作。县级政府要将村镇规划的编制经费纳入年度财政预算和绩效考核，年底进行检查考核。

(二)统筹城乡要素。以推进城乡基础设施一体化管护为方向，推动城市发展要素向农村延伸和覆盖，构建共建共管共享体系，促进管护提档升级。

(三)完善配套制度。一是健全产权管理制度。研究制定管理办法，推动设施确权登记颁证，明晰权属。二是建立建管同步落实制度。在项目规划设计阶段，明确管护主体、责任、方式、经费，项目验收时，同步验收管护机制到位情况。三是建立专业化管护制度。制定专业化企业有序参与设施管护的政策措施，保护主体合理收益，形成多元管护格局。

二、明晰管护责任，解决“有人管”的问题目前，农村公共基础设施产权关系复杂，涉及主体多元，存在管护责任主体不明确、权属关系不明晰，这是导致管护不到位的主要原因。因此，要厘清管护责任，建立管护机构，确保农村基础设施有人管、有机构管

（一）厘清管护责任。一是强化政府主导责任。明确各级政府职责县级是管护的责任主体，乡镇履行属地管理职责，市级为县级履责创造条件。二是压实部门监管责任。按照部门职责分工，制定各自监管的制度、标准和规范。三是明确村级管护责任。村级组织对所属设施承担管护责任，对委托代管的设施承担监督责任。四是履行企业主体责任。运营企业要加强对所属设施的管护，自觉接受政府部门、村级组织和村民的监督，确保所属设施稳定运行。五是落实受益主体责任。村民是农村公共基础设施的直接受益主体，增强村民参与管护的意识，自觉缴纳有偿服务费用。

（二）建立管护机构。成立县、乡、村三级管护机构，办公室分别设在县农业农村局、乡镇农业办和村委会，县、乡镇管护机构负责辖区内管护工作的统筹、协调、指导、监督和考核等工作，村委会负责具体组织实施和日常监督。通过建立县、乡、村三级管护机制，形成各级职能部门和村委会齐抓共管的局面，确保农村公共基础设施管护有机构管。

三、多方筹措资金，解决“有钱管”的问题农村基础设施大多属于公益性或半公益性，难以产生经营效益，在管护经费筹措上应坚持“县级投入为主、村级投入和收费为辅”的原则，将应由政府承担的费用纳入本级预算，并向集体经济薄弱的村倾斜。同时发挥市场作用，多渠道筹集资金

（一）强化政府投入。一是国家出台的《指导意见》明确提出“农村集体经营性建设用地入市收益，安排一定比例用于农村基础设施管护”，要用好这一政策。二是中央转移支付资金尽可能多地向农村公共基础设施管护倾斜。三是对今后新投资建设的农村基础设施工程项目，在资金计划中要安排5%—10%比例用于后期专项管护资金。

（二）盘活集体资产。村级要稳步推进农村集体产权制度改革，通过盘活农村集体资产，不断发展壮大农村集体经济，为农村基础设施管护工作提供更多资金保障。

（三）发挥市场作用。一是制定优惠政策，鼓励和引导社会资本以不同方式，参与农村基础设施的投资、运营和管护，探索多元化的投资管护模式，解决管护资金不足的问题。二是鼓励金融机构创新方式，支持农村公共基础设施建设与管护。三是完善使用者付费制度。通过引入竞争机制，逐步完善农村准经营性、经营性基础设施收费制度，或对经营性项目，通过转让经营特许权，拓宽管护资金来源。

（四）加强资金监管。设立资金监管组，负责对县、乡镇和村委会管护资金的落实、使用和管理情况进行监督检查，确保管护资金专款专用。

四、创新管护模式，解决“能管好”的问题针对农村公共基础设施产权关系复杂、责任主体多元的特点，因地制宜，创新管护模式，提高管护质量与效能，确保农村公共基础设施能管好

（一）公益类管护。对于没有收益的公益类基础设施管护，要按照权属关系，由基层政府或村级组织负责管护。比如，小广场、文化体育设施等，交给村级组织负责管护。

（二）市场化管护。对于非公益类设施，可采取市场化方式进行管护。一是建养一体化管护模式，由运营企业或委托第三方管护。比如，电力、燃气、饮水、通信等，推广“建养一体化”管护模式，由建设方负责运营管护。二是补贴＋市场管护模式，将农村基础设施与产业、园区、乡村旅游等统筹规划、建设、运营和管护，采取“财政补贴＋市场投入”模式，发挥政府和市场两只手的作用进行管护。三是市场化管护，对有一定收益、适合市场化经营的设施，如小型农田水利工程，采用“谁承包、谁管护、谁受益”管护模式。四是企业或个人根据产业发展需求，投资建设与当地产业相关的设施，在符合法律、法规及区域规划的前提下，要保障其所有权、经营权，由投资人自主管护、自负盈亏。

（三）其他方式管护。一是将田间道路、水渠、林网等，委托集体经济组织管理，明确奖惩责任，确保管护到位。二是成立管护协会，如环境整治协会、水利协会等，给予政策扶持和经费补贴，发挥行业协会作用，让村民实现自我管理。如元氏县水协会管护模式。

五、完善保障措施，确保管护工作扎实推进

（一）强化考核监督。一是健全综合考核体系，建立新的绩效评价标准，把农村基础设施管护工作纳入党委政府乡村振兴实绩考核。二是完善诚信管理体系，建立管护工作黑红名单制度和失信惩戒机制，引导社会资本投资健康有序发展。三是构建综合监管体系，打造信息监管一体化平台，建立政府依法监管、第三方专业监管、社会公众参与的综合监管体系。

（二）加强服务保障。一是提供技术培训。成立县乡技术服务组，向村民公布技术服务咨询电话，建立管护工作微信群，随时解决可能出现的技术问题；对管护人员开展管护技能培训，切实提高管护质量和水平。二是建立检查机制。成立县乡检查组，开展日常管护工作检查，对于发现的质量安全隐患、管护漏洞要及时排除。三是加强应急处置。组建县级应急处置队伍，负责处置突发应急问题。四是建立管护平台。探索建立信息化管护平台，对现有设施及运行情况全面排查登记造册，建立集报修、维修、审批、监督、反馈等于一体的在线管护系统，实现精准化、精细化管控，依靠智慧化管理，提升管护效率和服务水平。五是强化风险防范。县级行业主管部门要聘请专业的咨询机构加强风险管理，建立涵盖决策、投资、建设、运营和管护等全过程、多层次的农村基础设施项目综合评价体系。

（三）强化示范引领。牵头部门要研究制订方案，每个设区市可选择1—2个县开展试点，结合各地实际，探索总结出一套完整的农村基础设施管护标准和做法，在此基础上全省逐步推开。

（四）加强宣传引导。充分利用各种新媒体平台、广播、电视、报纸、农村文化墙、大喇叭等多种方式加强宣传引导，营造氛围，增强村民做好基础设施管护的意识。

关于推动近视大防控、合力减少小眼镜网络议政和远程协商情况的报告

根据省政协党组年度工作安排，5—9 月，在曹素华、王宝山两位副主席的指导下，省政协教科卫体委员会与省农工党联合，与唐山、张家口市政协和张北县政协协同，围绕"推动近视大防控、合力减少小眼镜"开展网络议政和远程协商。省政协组成综合调研组赴石家庄、唐山、衡水市进行实地调研，召开不同范围的专题访谈会、研讨会等，组织委员在履职平台上进行网络议政。唐山市、张家口市政协和张北县政协同步开展了协同调研和网络议政。9 月 28 日，召开远程协商会，10 位省、市、县政协委员分别在石家庄主会场和张家口、唐山、张北县分会场，以及通过手机视频连线方式，与省教育厅、卫健委等 6 个部门进行协商讨论。此次协商活动，共有省、市、县三级政协委员 160 人参加，访问教师、医生、学生家长等干部群众近 200 人，提出意见建议 610 条，取得了丰富的共识成果、建言成果。

委员们一致认为，党的十九大以来，省委、省政府认真贯彻落实习近平总书记关于学生近视问题的重要指示批示精神，积极做好儿童青少年近视防控工作。加强了顶层设计，建立领导小组，出台《综合防控儿童青少年近视实施方案》等系列文件；强化了政府责任，省政府授权省教育厅、卫健委与各市政府签订责任书，开展近视调查和"双随机"抽检等活动；重点推进了学校防控工作，各级学校认真落实近视防控各项措施，增加体育锻炼，减轻学业负担；组织学生常见病综合干预试点，遴选示范学校，防控效果得到提高；加大了宣传力度，积极开展主题宣传、教师培训、宣讲团、授课竞赛等活动，初步形成了全民关注、广泛参与的良好氛围。

尽管如此，委员们也看到，近视防控工作还只是开了头、起了步，中小学生近视形势依然严峻。2018 年，我省学生近视状况是小学生 36.48%，初中生 72.46%，高中生 87.77%。今年以来，疫情使中小学生近视问题雪上加霜。当前近视防控中还存在一些突出问题，主要是政府方面，部分市、县政府思想认识不够到位，对近视防控重视不够，财政投入严重不足；部门协调机制不够健全，有关职能部门配合意识不强，还未形成工作合力。医疗方面，科学防治的措施尚未普及，全省缺乏统一规范可查的视力电子档案，缺乏权威专家指导和严格规范的标准，中小学生近视状况底数还不够清晰，措施还需要改进。学校方面，学生课业负担、体育课程、硬件设施、校医和体育教师配备等与有关要求尚有距离。家庭方面，学生和家长对近视问题不够重视，课外辅导过多，加重了课业负担。社会方面，电子产品、眼镜制配、广告宣传等监管不够到位，视力保护的外部环境需要改善。大家一致认为，儿童青少年近视是一个长期以来困扰百姓的烦心事、揪心事，近年来低龄化、重度化趋势日益严重，已成为一个重大民生问题和关系国家和民族未来的战略问题。总书记对此高度重视，指出"全社会都要行动起来，共同呵护好孩子的眼睛，让他们拥有一个光明的未来"，为推动防控工作提供了

根本遵循。近视防控是一项系统工程,必须全民行动、系统治理、科学施策。当前,做好这项工作,前提是"管",基础在"防",关键是"控",核心是"精准",重点是"抓落实",努力形成政府主导、部门配合、专家指导、学校主动、家庭关注、社会参与的良好局面。要紧扣《综合防控儿童青少年近视实施方案》的落实,紧盯实现近视防控每年下降0.5%的目标,加大工作力度,完善工作措施,切实把儿童青少年近视问题管到位、防在前、控制住,努力让每个孩子都有一双明亮的眼睛和光明的未来。

针对近视防控中存在的问题,委员们提出如下建议。

一、加强组织领导,增强政府防控工作执行力

一是完善领导体制机制。提升目前省、市、县近视防控领导小组规格,建立以省、市、县政府分管领导为组长的领导小组,加强对各相关部门的统筹协调,推动各部门履行好自身职责,报告好工作情况。建立部门联席会议机制,定期对近视防控问题进行会商,推动解决有关问题。由省政府直接与各市政府签订责任状,市县政府逐级签订,压实地方政府责任。二是加强评议考核。认真落实教育部等三部委印发的《全国综合防控儿童青少年近视工作评议考核办法(试行)》,尽快出台实施我省的评议考核办法,以考核推动防控措施的落实。三是加大财政支持。各级政府对近视防控拨付专项资金,为学校教室采光、可调节桌椅等标准化设施配备,以及相关教育培训、科研、宣传等工作提供资金保障。对承担中小学生视力普查或干预任务的基地、干预中心、医院等给予适当补贴。四是加强督导检查。把儿童青少年近视防控纳入各级政府督查范围,每年组织督查活动。近视防控相关责任部门联合开展"双随机"抽查,督促学校、医院、企业和有关方面落实职责任务,保证近视防控效果。

二、实施精准防控,提高防控工作科学性。

一是建立全省视力健康数据库。依托全民健康信息平台,把中小学校、幼儿园近视信息纳入其中,实现信息共享,为做好近视防控工作提供科学依据。研发近视数据分析应用系统,对不同视力学生实行分类指导和管理。二是成立专家指导组。通过专家团队,制定近视防控科学标准和评价体系,做好宣传教育和培训指导等工作。三是发挥好公立医院作用。依托公立医院建设近视防控基地和干预中心,加强对其他机构建立的干预中心的指导,完善儿童青少年视觉筛查、科学预警、教育培训、科学矫治、效果评估等综合干预工作。加强省、市公立医院对基层眼科大夫的培训,提高基层视力验光、检查、矫正的专业能力。四是加强视力保护科技研究。围绕近视防控中的技术难题,组织专家、企业等开展联合攻关,共同研发保护视力的新产品、新技术,为青少年的视力健康保驾护航。

三、强化学校作用,建好近视防控主阵地

一是压实校长责任。把校长列为学校近视防控的第一责任人,切实抓好减轻课业负担、配套可调节桌椅、采光、坐姿矫正器和考试管理等防控措施的落实,把落实情况纳入学校和校长年度考核,考核结果作为衡量学校教育教学质量和校长评优评先的指标和依据。二是实行教师全员培训。对班主任、科任教师进行全覆盖培训,提高他们近视防控的意识和能力,推动他们切实把防控措施落实到教育教学全过程,引导孩子养成科学用眼的良好习惯。三是加强校医和体育教师"两支队伍"建设。落实国

家有关政策,逐步配齐配强各地学校特别是农村学校校医和体育教师队伍,完善校医和体育教师职称评定、职务晋升等相关待遇政策,调动他们的积极性。探索公立医院就近包联幼儿园和中小学校,有条件的地方可通过购买服务,请相关专业机构向中小学提供体育教育教学服务,缓解学校校医和体育师资不足问题。四是丰富体育和第二课堂活动。创新体育课内容,增加乒乓球、足球、游泳、健美操、冰雪运动等体育课程,鼓励传统体育项目进校园,激发孩子体育兴趣,切实让孩子们跑起来、动起来。积极开展体育兴趣小组、社团活动等,打造校园体育文化品牌,实现学校体育工作"一校一品""一校一特色"。五是改进学生管理方式。郑州市推行了中小学校学生午餐全部在校园,3 点半后学校开展体育、艺术、科创等社团活动的做法,延长了孩子校内时间,丰富了课外活动内容,一定程度减轻了孩子参加校外辅导班的负担,值得学习借鉴。

四、坚持关口前移,打好近视防控主动仗

抓住 0—6 岁儿童视力发育的关键期,坚持早发现、早干预、早控制。一是充分发挥各级 0—6 岁儿童近视防控干预指导中心作用。加强干预中心对本辖区内儿童近视的筛查、干预、追踪、咨询等工作。发挥好妇幼保健院的作用,婴儿一出生就要进行视力筛查检测,并建立相关档案,针对屈光异常的幼儿及时提供转诊服务并跟进干预。二是强化托幼机构的近视防控责任。建立幼儿园在近视防控中的第一道防线,让孩子从小树牢爱眼意识,养成良好习惯。幼儿园教育应去小学化,给孩子充足的室外活动时间,保障每天 2 小时以上户外活动。根据幼儿不同年龄段设计适宜的视力保护教育内容,合理安排游戏时间,科学进行营养配餐,打牢保护视力的扎实基础。三是强化家庭的重要责任。干预中心、医院、幼儿园、学校等应加强对家长的培训,通过家长会、微信群、专家讲座、知识竞赛等活动,广泛宣传爱眼护眼知识,引导家长改变观念,担起主责,当好孩子光明未来的守护人。

五、加强监督管理,筑牢视力保护防火墙

一是严格控制电子产品使用。中小学校要严格落实禁止手机、iPad 等电子产品进校园等要求,认真执行手机检查、代管等制度;减少多媒体教学时间,控制在手机上布置或提交作业。督促网络游戏运营商在电子游戏、视频播放时间上加强控制,增加适龄提示、年龄认证、强迫下线等特殊功能。鼓励企业研制防止电子辐射的产品,开发更有利身心健康的游戏产品,把孩子从对电子产品的依赖中解放出来。二是加强质量技术监管。对近视矫正、眼视光产品、医疗器械、广告宣传、网络环境等加强监管,对假冒伪劣产品和违规违法行为等加大惩罚力度,防止劣质产品、不良广告、错误治疗等对孩子们的视力造成更大伤害。三是加强对培训机构的监督检查。督促各培训机构同样执行《综合防控儿童青少年近视实施方案》,在教室采光、桌椅配备、课时设置、网络教学、眼保健操等方面落实好相关要求,营造有利眼睛的教学环境。

六、加强综合施策,唱好近视防控大合唱

一是推进立法。针对近视防控难度大、任务重的现状,应从法律层面做好视力保护工作。积极推动修订我国 1990 年出台的《学校卫生工作条例》,结合我省当前形势需要,制定配套的地方性法规,对中小学生学习时间、教学方式等进行限定,明确各方义务，使近视防控工作有法可依。二是加强宣传。加大省、市、县主流媒体参与公益宣传的力度，设立经常性公益广告、开辟专栏等，广泛宣传近视防控知识。利用好每年两次近视防控宣传月活动，积极组织开展专题讲座、眼保健知识咨询、专家义诊等，营造群防群治的浓厚氛围。创新近视防控宣传的科普平台，依托各类科技馆，深化近视防控的科普推广。三是完善社区功能。推动社区相关活动场馆向学生开放，有条件的社区建立孩子托管中心，鼓励志愿者参与托管服务，开展430社区体育课堂。完善社区篮球、足球、乒乓球、轮滑、象棋、围棋等体育场地设施，组织各种趣味体育项目，营造社区体育氛围，形成学校、家庭、社区等三位一体的近视防控体系。四是拓宽户外活动范围。加大市内体育场馆和城市周边旅游景点建设力度，免费向中小学生开放，通过小手拉大手，吸引更多的学生和家长参加户外活动，为孩子增强体育锻炼创造有利条件。五是积极应对疫情防控常态化挑战。建议有关部门深入研究疫情防控常态化下的对策措施，提出准确指导意见，遏制学生视力快速下降的势头。

关于推进物业管理和社区治理融合发展夯实常态化疫情防控基层基础调研协商工作的情况报告

为深入开展“聚力量、防疫情、促发展”活动，在省政协党组的坚强领导下，社会和法制委员会与省民盟联合成立工作专班，共同组织了“推进物业管理和社区治理融合发展，夯实常态化疫情防控基层基础”的调研协商活动。一是省领导带队开展实地调研。孙瑞彬副主席带领专题调研组深入石家庄市相关社区，详细了解物业管理、社区治理和疫情防控的有关情况，走访企业、群众和基层干部，开展座谈交流，听取意见建议。二是三级联动形成调研合力。专题调研组与有关单位建立了日常联系机制，加强沟通交流，研究分析问题。同时，积极指导市县政协对口部门和各级民盟组织开展相关工作，丰富调研形式，扩大调研范围，取得了多层面的调研成果。三是利用“网路”拓宽“言路”。为进一步增强调研的深度和广度，在政协系统门户网站和微信平台设立“网络议政专栏”，发布了 8 类 15 个方面的协商内容，充分利用各类社会资源特别是专委会所联系的界别委员交流讨论、出谋划策，有 36 位委员提出了意见建议 87 条。四是集中开展“面对面”专题协商。5 月 27 日，在省政协机关召开了“推进物业管理与社区治理融合发展、夯实常态化疫情防控基层基础”专题协商会，孙瑞彬副主席出席会议并讲话，邀请省政协委员、省民盟盟员、专家学者和省直有关部门负责同志、物业行业和基层干部群众代表等深入协商议政，积极建言献策，凝聚广泛共识。五是学习借鉴外地经验做法。积极开展“线”上调研，了解和吸收上海、杭州、广州等地在发挥党建引领、推动物管改革、打造“智慧物业”等方面的成功经验，对标先进做法，加强分析研究，结合实际为我所用，以更新的站位和更宽的视野，进一步充实完善调研成果。

在此基础上，我们对当前形势下，全省物业管理与社区治理融合发展现状、存在问题和有关建议进行总结和梳理，形成了情况报告，内容如下。

一、发展现状

在调研协商中，大家一致认为，近年来，省委、省政府认真贯彻落实习近平总书记的重要讲话精神和党中央、国务院的决策部署，坚决当好首都政治“护城河”，努力打造共建共治共享的社区治理新格局。一是强化政治担当，积极推进物业管理和社区治理融合发展的深化创新。王东峰书记、许勤省长高度重视、统筹安排、协调推进物业管理和社区治理工作，有关部门及时出台《关于加强和创新社会治理的实施意见》《关于理顺物业管理体制机制加强新时代城市社区治理的指导意见》等重要系列文件，有力推动了社会治理重心下移、力量下沉、政策下倾，特别是在新冠肺炎疫情发生以后，物业管理和社区治理工作共同构筑起了群防群治的严密防线，发挥了坚实的基础支撑作用。二是加强党的领导，为推动物业管理和社区治理的融合发展提供了根本政治保证。省委、省政府坚持以人民为中心的发展思想，把满足人民日益增长的美好生活需要作为出发点和落脚点，在物业管理和社区治理的融合发展中注重加强党建引领，兼顾各方利益，调动各方力量，党组织的号召力和凝聚力不断增强，党的政治优势转化为了治理效能和发展优势，基层党组织领导下的社区治理新格局逐步完善。三是物业企业积极参与社区治理和疫情防控，精细化服务和专业化管理优势不断显现。物业管理行业类型多样、初具规模，与社区居民建立了最直接、最广泛和最密切的联系，形成了社区治理和疫情防控的重要力量，发挥着越来越突出的作用，也成为党委政府解决最后一百米群众操心事、烦心事、揪心事的好帮手。四是老旧小区的改造提升取得重大进展，为解决管理难、治理难创造了条件。自 2018 年起，我省启动实施了老旧小区改造"三年行动计划"，不断加大各项投入，努力改善老旧小区的居住条件和生活环境，赢得了人民群众的广泛赞誉。实践证明，老旧小区改造不仅是一项建设工程、发展工程，更是名副其实的民心工程，推进了社区治理，夯实了基层基础。五是在加强常态化疫情防控工作中，基层社区作出了重大贡献。在省委、省政府的坚强领导下，全省基层党组织和广大社区工作者、志愿者主动作为、以命相搏，物业企业"零距离"投身抗疫一线、彰显社会责任，社区成为了常态化疫情防控的最前线和主战场，为有力、有序、有效拱卫首都安全、为全国"两会"胜利召开营造了良好环境。六是以"红色物业"为代表，全省涌现出一批物业管理和社区治理融合发展的先进典型。近年来，石家庄等地坚持公益属性与市场化运作相结合，设立专项奖励资金和补贴资金，积极培树"红色物业"，努力为群众提供满意、价廉的物业服务，把"红色物业"打造成为党的基层工作队伍和加强社区治理的重要载体，探索了将物业管理有效融入社区治理的新路子。

二、存在问题

委员们认为，在我省物业管理与社区治理取得长足进步的同时，仍然存在一些短板和弱项，应在加强常态化疫情防控工作中予以高度重视。主要是：

（一）物业服务行业发展不充分、不均衡问题相对突出。一是覆盖面不广。截至 2019 年底，全省共有物业企业 7325 家，从业人员近 30 万人，总的体量不大；全省城市住宅小区总数 29969 个，其中有物业管理的住宅小区有 13470 个，数量不到一半，还有很大的物管空白。二是整体实力偏弱。目前，我省的物业企业多以中小企业为主，大品牌、大企业不多，服务质量不高，专业化、信息化程度较低，抗风险能力差，影响了对社会治理的贡献率，与社区居民的期望值差距较大。三是支持激励的政策措施少。在疫情防控工作中，物业企业承担了很多防疫物资和人工成本支出，但没有享受到防疫补贴和税费减免的优惠政策，经营负担较重，物业收费难等问题也没有得到很好的解决。四是"建管不分"的情况比较严重。目前，社区的物业企业大多是原房地产开发商通过招投标或协议的方式选聘，社区的业主委员会和业主大会形同虚设，物业企业只有依托开发商才能进入市场，在运营管理上受到了限制，也影响了自身的发展壮大。

（二）物业管理和社区治理的融合发展机制还需完善。一是物业管理与社区治理的责任边界不明确。物业企业与街道、社区、业主委员会之间的关系需要进一步理顺,有的政府部门没有充分尊重企业的经营自主权,模糊了政企、社企、政社的界限,把自身的法定职责转嫁给物业企业承担。一些物业企业在参与社区治理的同时,要经常应对政府部门的大量检查、督查、评估等,被附着了浓重的行政化色彩。二是有关融合发展的政策法规不完备。目前,有关物业企业、社会组织、居民参与社区治理、履行社会责任、开展社会互助和志愿服务的制度设计不规范、不健全。新的《民法典》丰富了物业管理制度,明确了政府有关部门在物业领域的职责、物业企业的责任义务等等,突破了《物业管理条例》的相关内容,但面对现实中存在的诸多问题,需要加快相关联、相配套的法律法规制度建设。三是对物业企业的监管指导不到位。我省施行的《关于理顺物业管理体制机制加强新时代城市社区治理的指导意见》规定和细化了物业管理部门与有关方面的责任,但物业的监管主体还不明确、措施不够有力,具有管理权限的各部门职能相对分散,日常沟通和协调配合机制也不很完备。特别是在物业企业资质和物业管理师资格认定取消之后,"门外汉"跨界增多,物业企业呈现良莠不齐的现象。

(三)常态化疫情防控中的物业管理水平和社区治理效能亟须提升。一是社区应急管理机制还不健全。应对突发事件的缺人、缺物、缺预案、缺指导等现象在一些社区普遍存在,特别是老旧小区基础设施不完善、管理服务缺位、环境脏乱差等问题依然严重。物业企业缺少法定的公共管理权限,部分社区在落实疫情防控政策上还存在偏差和不足。二是矛盾纠纷的苗头隐患不容忽视。据统计,去年全省化解物业纠纷案件达到5691件,物业提供的基本公共服务不到位、随意改变小区共有部分用途、擅自提高物业费、房屋设施维修不及时、冬天暖气不热等矛盾纠纷仍呈易发态势。三是大数据、智能化等新兴技术手段应用不足。社区和物业工作人员的专业技能、文化程度普遍不高,"智慧社区"建设刚刚起步,在疫情追踪、风险评估和精准管理上科技含量低,大量的时间和人力用在了重复填表报资料中,影响了社区疫情防控的效果提升。

三、有关建议

委员们提出,推进物业管理和社区治理融合发展是一项综合性很强的系统工程,加强常态化疫情防控是重中之重。建议要坚持问题导向、目标导向、结果导向,加强以下三个方面的工作。

(一)进一步强化党的领导,引领推动物业管理和社区治理融合发展。一是构建以党组织为核心的"一核多元"社区治理体系。全面加强和改进基层党的建设,深入开展"基层党建质量提升年"活动。明确街镇、社区对物业属地管理主体责任,持续整顿软弱涣散基层党组织。探索建立基层党组织领导下的物业联动服务机制和协同议事机制,赋予物业企业参与社区治理工作的新角色、新功能,推进党的组织和党的工作全覆盖,以党的建设统筹协调各方、领导基层治理,筑牢防控疫情的坚强堡垒。二是总结推广石家庄等地推动融合发展的先进经验。牢牢把握融合发展的正确方向,积极打造"红色物业"。物业企业要建立完善的基层党组织,以"党建引领"为鲜明特质,彰显"红"的特色,体现"治"的功效。引导物业企业在开展管理服务的同时,积极传递党的声音、宣传党的主张,收集社情民意、调解矛盾纠纷、促进和谐稳定,不断突出物业管理的社会价值，把“红色物业”打造成为推动社区治理的重要载体。三是充分发挥党员的先锋模范作用。深入开展党员“亮身份、作表率、树形象”活动，把在职党员“双报到”、党员志愿服务、党员联系户等做法落到实处。社区要及时掌握在职党员干部的表现和发挥作用情况，组织人事部门在评优评先、提拔晋升时应参考社区的意见建议。合力调整下沉一线的党员干部力量，关心关爱社区工作人员，适当提高他们的工资及福利待遇。特别是在今年的《河北省社区工作者管理办法（试行）》实施中，要充分考虑目前社区工作者不同的人员构成，加强调研分析，不搞一刀切，防止在新的办法实施后，反而减低了一部分人的待遇和工资。广大党员干部带头遵守疫情防控各项规定，无条件服从服务社区治理和疫情防控工作需要，为加强常态化疫情防控提供有力保障。

（二）进一步促进企业成长，不断形成与社区治理相适应的行业发展新格局。一是在融合发展和疫情防控中明确定位。物业管理作为一个综合型的新兴服务行业，是坚守最前沿的民生工作，应不同于一般的盈利性企业，特别是在加强常态化疫情防控工作中，承担着光荣而特殊的使命，彰显出了更多的公共管理职责和社会管理职能。物业企业要在党的全面领导下，不断强化社区治理观念，在新形势新任务中找准位置、定好坐标，履行社会责任，彰显企业担当。二是在融合发展和疫情防控中发挥作用。将物业管理纳入社区治理体系和重大公共危机防控体系中，进一步厘清、理顺物业企业与其他社区治理主体的责任边界和协作关系。认真落实《民法典》的有关规定，明确物业企业的相关责任义务，赋予物业企业执行政府实施的应急处置管理权限。做好政策法规的衔接工作，推进我省物业管理立法，完善相关制度和配套措施，使物业管理有法可依、有章可循。加强对物业企业参与社区治理和疫情防控的政策、制度和资金支持，对必要的疫情防控支出进行财政补贴，特别是向老旧小区的物业企业给予更大的倾斜。利用市场化、社会化手段，建立正常的面向物业企业的政府购买服务制度，防止把政府应该承担的防控成本、公共服务成本简单地转移给物业单位。推进建立质价相符、优质优价、动态调整的物业服务收费制度，全面提高服务质量，发挥专业优势，长效助力疫情防控。三是在融合发展和疫情防控中做大做强。有关部门在加强对物业企业监管的同时，要充分尊重其经营自主权，不断优化营商环境。可优先将物业企业纳入生活服务企业范围，落实好减税降费的有关政策，让社区物业企业享受与家政服务、养老行业同样的低增值税率，帮助企业更好发展。完善社区物业激励机制，建立物业企业信用评价体系，对表现优秀的物业服务企业予以表彰奖励。物业企业要依托社区治理的大势和平台，善于借力和发力，找到新的增值发展方向，实现企业转型升级。物业管理部门及行业协会要积极探索高质量发展路径，制定高质量发展标准，持续提升物业服务品质。加快培育一批物业品牌企业，不断增强社会认知度、公信度和影响力，扩大投资，吸引人才，促进就业，在“六保”“六稳”中发挥更大作用，形成与现代社会治理相适应的行业发展新格局。

（三）进一步加大基层投入，巩固融合发展和疫情防控的基础。一是统筹谋划“新基建”和“老基建”。紧紧抓住当前特殊时期国家的政策机遇，聚焦城市基础建设、老旧小区改造、基本公共服务补短板、打造智慧城市等，加快推进一批重大项目，持续改善城乡人居环境，并与推动文明行为促进条例、卫生健康公约、生活垃圾分类规定等贯通起来，深化文明卫生习惯养成。发展“互联网＋物业”管理新模式，建立智慧物业服务管理平台，不断完善社区公共服务设施，推进物业管理向信息化、智能化转型，为开展常态化疫情防控提供好阵地保障。二是尽快提升社区防灾防疫专业化能力。有关部门应及时制定、修正社区卫生防疫分类防控标准，并给予经常性的指导帮助，规范物业管理关键岗位的工作程序、防护措施等，可编制业务指导手册，开展社区环境消毒、垃圾处理、疫情监测等方面的培训，指导物业企业在常态化防控中更好地发挥作用。继续推行“网格化”管理，加强常住人口、租住人口和流动人口管理。借助互联网、大数据、人工智能等技术，深化“雪亮工程”等系统应用，加快构建一体化、标准化、智能化的疫情防控信息共享平台，用数字科技筑起社区防御病毒的保护网。三是加强疫情防控和社区治理法治化建设。坚持和发展新时代“枫桥经验”，深入开展“三创四建”和“法律九进”活动，大力宣传《民法典》和疫情防控有关法律法规，对疫情防控的经验做法及时总结，上升固化为法律规范。在依法依规开展防控中，既要保持严格执法、依法打击的“力度”，也要体现宽严相济、文明执法的“温度”。广泛宣传物业管理和社区治理中涌现的先进人物、典型事迹，努力形成全社会重视、关心、推动融合发展的浓厚氛围，进一步夯实加强常态化疫情防控的社会基础。

关于加快我省民族教育发展专题协商情况的报告

根据2020年省政协党组工作要点和年度协商工作计划，省政协副主席卢晓光牵头，民族和宗教委员会联合省民革、省教育厅、省民委和承德市政协，共同围绕加快我省民族教育发展开展专题协商。在分析我省民族教育现状、查找存在主要问题和面临困难的基础上，提出了多措并举推动我省民族教育发展的意见建议。现将有关情况报告如下。

一、我省民族教育基本现状

民族教育是国民教育的重要组成部分，也是民族团结进步事业的重要内容。我省现有少数民族在校生84.73万人（占全省在校生的5.20%），其中高校少数民族在校生13.01万人，中小学（幼儿园）少数民族在校生68.85万人，中等职业学校少数民族在校生2.86万人。2019年全省学前三年毛入园率达到87.39%，九年义务教育巩固率达到97.60%，高中阶段毛入学率达到92.39%。近年来，在省委、省政府的正确领导下，我省持续加大对民族教育的支持力度，基本公共教育均等化目标逐步实现，民族教育得到快速发展。

（一）民族教育坚持优先发展。省委、省政府先后出台了《关于加快发展民族教育的实施意见》《关于全面深入持久开展民族团结进步创建工作　铸牢中华民族共同体意识的实施方案》等重要政策文件，明确提出了注重民族教育、提升办学水平、建立完善教师队伍建设长效机制、加大资金投入和保障力度等一系列强有力的具体举措，通过强化政策支撑有效助推民族教育的优先发展。

（二）民族教育主题主线鲜明清晰。扎实推进习近平新时代中国特色社会主义思想“三进”扎根工程，引导各民族学生增强中国特色社会主义道路自信。把推进中小学铸牢中华民族共同体意识教育作为全省民族团结进步事业的基础性工作，充分发挥学校的主阵地作用，营造了“中华民族一家亲，同心共筑中国梦”的浓厚氛围。

（三）民族地区办学条件有效改善。我省9个自治县、民族县共有中小学、幼儿园和中等职业学校1408所，在校生54万人，教职工4万人。省级财政在改善中小学办学条件相关专项资金的分配上，对自治县和民族县分别按照高于其他县的15%和10%安排补助资金，2020年共投入1.76亿元，有效提升了义务教育学校办学条件。

（四）民族地区教师队伍建设持续加强。我省在“特岗计划”实施上持续向民族地区倾斜，2016年至2020年为青龙、丰宁、宽城、围场、孟村5个自治县招聘义务教育阶段学校特岗教师3244人，为青龙、丰宁、宽城、围场、孟村、大厂等自治县培训中小学幼儿园教师超过7万人次，提高了民族地区教师队伍专业化水平。

（五）民族高等教育加快发展。组织实施“少数民族高层次骨干人才计划”，在民族地区和少数民族中优先招收硕士、博士研究生。重视加强与内蒙古、黑龙江、吉林、新疆、甘肃、青海等省区的协作，切实做好蒙汉双语对等交换招生工作。积极推动河北民族师范学院改善办学条件，提高教育质量。

（六）内地西藏班人才培养成效明显。依托河北师范大学附属民族学院、邢台现代职业学校、石家庄职教中心等3所学校开展内地西藏班培养，自1985年开始已累计培养了4000余名优秀毕业生。目前全省内地西藏高中班和中职班共有西藏籍少数民族学生1098人。河北师范大学附属民族学院作为我省承办重点单位，成立了西藏班国家通用语言能力提升工作组，累计培养高中毕业生1548名，高考升学率达到100%，本科录取率达到95%以上。

二、推进民族教育工作面临的困难及存在问题

（一）缺少民族教育工作专项资金支持。《国务院实施〈中华人民共和国民族区域自治法〉若干规定》第10条规定："国家设立各项专用资金，扶助民族自治地方发展经济和社会各项事业。"目前，省财政设有少数民族发展资金，但尚未设立少数民族社会事业专项资金；按照《河北省人民政府关于加快发展民族教育的实施意见》规定，在"十三五"期间，省级财政增加投入3亿元，重点支持自治县、民族县和民族乡改善幼儿园、中小学基本办学条件，提高教育教学信息化水平，但此项目资金只持续到2020年。

（二）教师结构性缺编问题较为突出。不同地区、不同学科，教师配备不平衡、编制调整不及时、人员流动不通畅。有的学校近几年未进新教师，师资来源尚未形成有效的保障机制，呈现出"结构短缺"的现象。有的学校虽然开设双语教学，但教师人员配备还不充足。部分民族学校优秀教师流失也较为严重，尤其是外语、音乐、体育、美术等学校的教师比较短缺，影响了正常教学的开展，如张家口桥西区民族幼儿园近60名教职员工，仅有15名在编，其余均为自聘。

（三）部分地区公办普惠教育资源短缺。我省少数民族中小学主要分布在少数民族聚居的民族区、乡、镇，办学条件参差不齐，边远乡镇民族学校教学硬件条件明显滞后，教学设备、食堂、宿舍等急需得到改善。有的民族自治县、民族县普遍存在县城公办普惠性学前教育资源不足、学前教师队伍建设滞后的问题，"入园难""入园贵"仍然是困扰老百姓的烦心事之一。以承德市为例，宽城县、平泉市、围场县、隆化县、滦平县县城中小学教育学位不足，大班额还没有完全消除，占比10%以上。

（四）少数民族留守儿童教育问题需要引起高度关注。受自然条件和历史原因的影响，我省少数民族地区文化教育基础比较薄弱，特别是农民工外出务工，留守儿童所占比例日益增加。这些留守儿童长期远离父母，缺少父母的关爱，在学习和心理上容易出现一些问题，有的对学习兴趣不足，成绩呈下降趋势；有的刚结束义务教育阶段后就选择进入社会，缺乏就业创业能力，社会竞争力明显不足。

（五）民族文化教育特色不突出。一些民族学校在弘扬优秀民族文化，深入发掘各民族团结奋斗、守望相助民族精神，增强民族情感联系、文化共性教育方面重视力度还不够，缺少民族特色教育品牌。少数民族学校的教育和教学对民族语言的学习相对重视，而对民族习俗（如饮食、服饰、民族节日和仪式等）和民俗文化的关注不够，多停留于表面，也说明教育理念上缺乏对优秀民族文化保护传承创新的意识。

此外，一些民族学校双语教学课件和教材大多由各学科教师自行开发，缺少统编教材，给正常的教学活动带来了一定困难；一些少数民族学生从民族聚居区到住宿制学校学习生活，容易产生文化反差和心理落差；等等。

三、做好民族教育工作的五点建议

（一）深入开展民族团结进步教育。一是大力加强民族团结教育，进一步铸牢中华民族共同体意识。弘扬社会主义核心价值观，宣传民族政策法规和民族基本常识、民族团结进步先进典型事迹、民族地区经济社会发展的巨大成就，创新方式方法、改进宣传载体，唱响民族团结进步主旋律，增强民族团结进步创建实效。二是大力推进以爱国主义为核心的民族精神和民族优秀文化进校园、进教材、进课堂。不断增强民族文化认同，将少数民族优秀传统文化融入民族教育发展之中，搭建促进民族团结的文化桥梁，鼓励各类民族学校探索如何以国家通用教育规范为核心，将中华优秀传统文化和劳动教育与其相融合的教学模式，从而规范民族自治县、民族县各类学校的少数民族文化教育，构建传承民族文化的课程体系和教材体系。三是建立民族传统文化项目基地。因校因需制宜，充分挖掘民族优秀传统文化资源，丰富民族文化传承内容。特别是将燕赵地区特色文化与民族地域文化相融合，打造我省特有文化产业名片。

（二）持续加大对民族教育投入力度。一是建立民族教育的稳定投入保障机制，在编制“十四五”发展规划时，把民族教育摆到更加突出位置，优先发展，重点保障，研究制订民族教育发展专项规划和计划，设立少数民族社会事业专项资金，用于各地推进少数民族教育发展，有效缩小边远、贫困少数民族地区教育发展差距。如加大对河北民族师范学院在专项资金、专业内涵建设、强化学校民族特色等方面的支持。二是逐步增大民族学校在改善办学条件、师资培训、教育科研、教材采购等方面的投入力度，确保民族地区基础教育优质均衡发展。三是探索政府投入为主、社会力量投入为辅的多元化民族教育发展模式，多渠道增加民族教育投入，为加快民族教育发展注入新的力量和活力。

（三）合理调整少数民族学校布局。根据当地的地理环境条件、人口分布及未来的人口增长趋势和教育发展规划，因地制宜，合理调整少数民族学校的网点布局，提高教育资源整合利用效率。对少数民族居住相对集中的地方，可开办以招收少数民族学生为主的学校，同时招收当地汉族子女入学，实行混合编班，以利互相学习，增进各民族交流交往交融。对民族农牧区和边远地区，加强寄宿制学校建设。对生活有特殊困难的学生减免费用，减少家庭就学压力。

（四）着力加强民族学校师资建设和教材编制工作。一是多渠道补充教师队伍来源。加强师资配套建设，充分利用我省高等师范类学校教育教学资源，定向培养各民族特色教师队伍，重点培养音体美书法教师，充实到民族学校一线。二是建立完善教师培训政策，完善培训帮扶计划。采取顶岗置换、网络研修、送教下乡、专家指导、校本研修等多种形式，利用远程教学、数字化课程等信息技术手段，实现多样化教师培训方式。三是加大对民族教师人文关怀力度。对长期留任民族乡镇任教的大学生，在评优选模、评聘职称时优先给予倾斜，做好乡村教师的保障工作；在寄宿制回族学校开设清真食堂、清真食品窗口等。四是加强双语教材编译质量和配套水平。结合民族团结教育和爱国主义教育教材，编译开发具有民族地方特色、贴近少数民族学生生活实际、有利于学习和弘扬优秀民族文化的教材、教具。切实做好教材审查工作，确保编译质量。

（五）探索建立京津冀民族教育合作交流机制。抓牢抓紧京津冀协同发展重大机遇，深入贯彻落实《京津冀协同发展规划纲要》，利用我省的区位优势，依托京津两地的优质教育资源，探索建立京津冀合作交流机制，学习借鉴京津开展民族教育工作的经验做法。探索和尝试“政府引导、企业参与、学校购买服务”模式，利用信息化手段破解民族乡村教育难题，推进优质资源共享，缩小差距，构建经济发达地区与民族地区之间多种形式的网络互动教学研帮体系。

关于强化民生保障、促进高校毕业生就业专题协商报告

根据省委在全省政协系统开展“聚力量、防疫情、促发展”活动要求和省政协党组工作部署，由省政协副主席卢晓光牵头，部分政协委员、专家学者、省直有关部门及高校负责同志参加，围绕强化民生保障、促进高校毕业生就业开展了专题协商。专题协商工作，紧盯高校毕业生就业政策措施落实、就业体制机制作用发挥、就业创业服务指导、就业探索新路径等主要问题，通过广泛深入调研和面对面协商座谈，在深化高校毕业生就业工作紧迫性重要性认识、破解影响高校毕业生就业“难点”“堵点”、发挥政协优势助力高校毕业生就业等方面达成共识。专题协商情况如下。

一、当前我省高校毕业生就业总体情况

就业是民生之本。高校毕业生就业是整个就业工作的重中之重，关系民生福祉、经济发展和社会稳定。省委、省政府高度重视，始终把高校毕业生就业工作摆在突出重要位置，各级各有关部门按照工作部署要求，创新工作思路、完善政策措施，精准施策、统筹推进，全力以赴促进高校毕业生就业。截至9月1日，我省40.9万高校毕业生已就业32.15万人，签约就业率78.40%，超出国定目标8.4个百分点。

一是就业优先政策支撑有力。省就业工作领导小组印发了《关于促进2020届河北省高校毕业生就业创业的若干政策措施》，推出的30项举措，内容符合实际、措施要求具体，资金渠道规范、责任主体明确，社会、学校、毕业生家庭反响积极强烈，广大高校毕业生从中获得了实实在在的利好。二是就业渠道多元化拓展。省有关部门强化协作、创新思路，准确把握就业需求、加强政策宣传覆盖、构建人才支撑平台、大力实施网络招聘，以深入推进“五扩三增三帮一延”为工作抓手，促就业举措应出尽出，拓岗位办法应用尽用，最大限度发挥了政策效应。三是就业指导服务能力有效提升。坚持市场引领与政府推动并重、就业创业与人才培养并举、普遍支持与特别帮扶并行，特别是为克服疫情不利影响，重点推动了完善“互联网＋就业”智慧平台、开设省级就业服务专栏、开展主题就业创业推进行动等指导、服务活动。据统计，疫情期间仅全省高校就举办网络招聘活动3479场，有效实现了求职毕业生与用人岗位精准匹配。四是注重特殊群体大学生兜底安置保障。把“建档立卡”贫困家庭、零就业家庭等特殊群体毕业生作为重点对象，实施“一对一”就业指导和帮扶，优先提供岗位、优先推荐录用。在求职过程中每人发放2000元求职补贴，惠及3.36万名大学生，补贴资金6730万元。对有就业意愿但求职困难的高校未就业毕业生，设置5000个临时公益性岗位进行兜底安置，为高校毕业生特别是贫困家庭高校毕业生送去温暖。五是高校主体作用发挥明显。各高校将毕业生就业工作纳入学校“一把手”工程，加强组织领导，逐一压实责任，形成学校领导抓总靠前指挥、一线教师分工协同推进的全员参与的工作机制，把工作落实落细到就业各个环节。

二、当前高校毕业生就业存在困难和问题

总体上看，在就业供给方面呈现“一增一减”：2020年全国普通高校毕业生达874万人，其中我省毕业生人数40.9万人，再创历史新高，总量压力持续增加；受疫情冲击和产业结构调整影响，部分地区、行业吸纳就业能力较往年总体减弱。在就业需求方面呈现“一降一升”：钢铁、煤炭、水泥、煤电等行业都进入去产能的关键阶段，岗位需求下降；“互联网＋”、信息通信、数字技术、人工智能、健康养老等新兴产业用人需求持续上升，相关专业高校毕业生需求旺盛，造成企业用工需求分化明显。具体表现如下。

（一）“人才虹吸”现象仍未改变。主要表现在我省高校毕业生、优秀人才向北上广深等政治经济文化优势显著地区流动非常明显，而且我省缺少相对的“优势政策”吸引外来人才，产生“人才虹吸效应”。以天津为例，在调研中了解到，其2018年开展“海河英才行动计划”后，对我省高校毕业生吸引力增强，毕业后选择到津就业创业意愿明显。就省内而言，我省中小城市和基层对人才吸引偏弱，地域、行业等多个方面均存在“就业难”和“用人荒”并存的结构性问题。我国经济发展已经进入转型升级关键阶段，谁能够在转型升级中抢占先机，很大程度上取决于其人才储备和人力资本积累。更好地保留人才、吸引人才，制定更加积极、主动的人才政策是当前一项紧迫而现实的重要工作。

（二）第三产业和新兴产业对高校毕业生就业的吸纳能力有待提升。主要表现在面对科技进步，特别是移动互联网技术运用、电子商务、现代物流等新产业、新业态发展迅猛，而基于我省产业调整与转型升级的现实需要，第三产业的发展空间很大，但由于缺少龙头企业的引领带动，吸引力明显不足，吸纳能力也较为有限。另外，医疗卫生、物流管理、环境工程、新媒体、化工科技等行业部门的用人需求及岗位数量有所增加，高校毕业生就业面临着岗位分配发生较大变化的挑战。

（三）高校专业设置与市场需求不能有效接轨。主要表现在高校学科专业调整滞后于全省经济社会发展和市场需求，贪大求全缺少特色。有的高校统筹考虑我省产业结构调整和新兴产业发展前景把握不精准，学科专业设置高度相似或重合，差异化不明显，没有凸显专业优势和鲜明特色。有的高校学科专业层次、数量、类别等结构上没有紧贴市场需求，动态调整不及时，影响了这些专业毕业生就业竞争力。

（四）“慢就业”“不就业”现象有逐渐增多的趋向。主要表现在受所学专业市场需求不足、传统就业观念影响、就业期望值过高等诸多因素，部分毕业生不急于就业，放缓求职步伐，“慢就业”“不就业”等新情况增多。这些“慢就业”“不就业”或者“二战”的毕业生在毕业后次年才能确定录用结果，加之其他形式的灵活就业不断涌现，高校没有得到此类就业形式佐证材料参考，从一定程度上也影响了就业率。在加强指导服务、提升就业能力、开展人文关怀和心理疏导等方面缺少细致周密的精准帮扶。

此外，还有一些情况不同程度的存在，如网络中海量招聘信息真假难辨，毕业生上当受骗现象时有发生；在建立毕业、就业手续一体化、便捷化办理流程方面，相关工作还有待于进一步改进；由于传统观念和客观因素，女大学生就业仍然是“难点”；等等。

三、关于做好高校毕业生就业工作的五点建议

（一）着力抓好就业优先政策。一是广泛宣传、全面解读各项政策措施，让高校毕业生了解政策、掌握政策、用好政策，最大限度发挥政策效应。二是充分利用"三支一扶""特岗教师""西部计划"等国家基层服务项目，落实好企业吸纳就业补贴、创业支持等政策，支持毕业生以灵活多样的方式实现多元化就业。三是制定积极人才政策，克服"人才虹吸效应"影响，为精英人才在河北工作、学习及发展营造优良的支持环境；设置基层人才引入、交流项目，鼓励、吸引高校毕业生到基层去，让高校毕业生在基层待得住、能干事、可发展。据了解，在这方面，广西做了有益的尝试，出台专门的实施办法，采取定向招聘、免试直接考核、降低贫困县乡镇事业单位招考比例等方式，扩大基层项目招募规模，促进基层就业"降槛扩面"；对到基层工作的高校毕业生，按本专科学生8000元/学年、研究生1.2万元/学年的标准给予学费补偿和助学贷款补偿；对乡镇机关事业单位的工作人员，按艰苦边远程度不同，给予每人每月400元、450元、500元3个档次的补贴。这些政策，吸引、吸纳了更多高校毕业生到基层就业。

（二）提供精准就业指导服务。一是进一步强化教育引导，让高校毕业生充分认识到我国经济长期向好的基本面没有改变，我国经济具有强大韧性，具有化危为机、稳就业、保就业的底气和信心，有效化解高校毕业生纠结、焦虑等情绪。二是进一步建立完善促进毕业生就业创业的责任体系和工作机制，将所有就业数据纳入高校就业管理系统，实施"一对一"、全方位精准服务。特别是针对贫困家庭毕业生、残疾人毕业生、少数民族毕业生等群体要给予重点就业帮扶，摸清底数、不漏一人，把优惠政策落实到每一个学生。三是加大加密就业服务招聘活动的力度和频次，持续开展高校毕业生网络招聘专项行动，开展职业指导"云课堂"、在线政策专栏等服务，举办"高校毕业生就业服务行动""大中城市联合招聘高校毕业生专场活动"等线上线下招聘活动，搭建供需对接平台。四是运用大数据等技术手段，做好人才需求规划，在重点区域、重大工程、重大项目、重要领域中加强人才供需对接，为高校毕业生精准推送政策、岗位和求职技能指导，引导他们合理调整就业预期、找准职业定位。五是深入实施职业技能提升行动，"以工代训""以训稳岗"，丰富个性化培训内容，推行线上线下相结合的培训模式。

（三）综合施策拓展就业渠道。一是围绕雄安新区规划建设、京津冀协同发展、冬奥会筹办等重大战略实施，主动研究分析、找准服务需求的切入点，培养急需紧缺人才。二是加快劳动力供给侧结构性改革，实现劳动力资源的充分利用，促进我省经济可持续、高效率发展，把扩大就业作为经济发展的优先目标，从根本上缓解就业持续高位承压的形势。三是激发中小企业发展活力，进一步推动各地特别是经济相对落后地区引才、留才激励政策落地落实落细，搭建平台，组织更多用人单位与高校开展供需对接。四是大力发展新兴产业，充分挖掘新兴产业的就业潜力，把互联网、大数据、人工智能与实体经济相融合，创造出更多的就业岗位。同时引导行业企业增强人才第一资源意识，进一步增强吸纳毕业生的能力。五是建立新就业形态扶持政策，鼓励支持新业态、新模式发展，创造更多新就业形态增长点，为新就业形态创造更大发

展空间。新冠肺炎疫情防控中，依托互联网平台的新就业形态展现了就业容量大、进出门槛低、灵活性和兼职性强的特征，创造了大量灵活就业岗位，成为吸纳就业的重要渠道，应给予更多关注。

（四）加强监管，切实维护高校毕业生就业合法权益。一是加强行政监管、规范企业用工，切实解决部分民营企业在招录高校毕业生时不签订就业协议或劳动合同、设置霸王条款等不规范、不合理问题，妥善做好劳动争议处理，保障高校毕业生就业权益。要逐步形成更加完备的就业创业网络服务平台，及时向高校毕业生推送“点对点”式的就业创业政策信息，有效解决政策发布与毕业生知晓政策不对称的问题。二是推行包容审慎监管，建立适应新产业、新业态、新模式的监管方式，完善公平竞争审查制度，消除高校毕业生就业歧视。

（五）深化高校专业设置改革。一是建立和完善专业预警、退出和动态调整机制，及时调减就业率持续较低的专业招生计划，使学科专业结构与市场需求主动适应，有效连接经济链、产业链和人才链，充分吸纳用人单位和毕业生对人才培养改革的意见建议，着力提高人才培养与国家战略、地方经济社会发展的有机融合。二是深化人才培养模式改革，以市场需求为导向培养社会急需的复合型高素质人才，从根本上解决人才供需的结构性矛盾。实时动态调整培养内容，加大技能型和应用型人才培养，改变高校教育重理论、轻实践现状，以适应时代发展和市场需求。

关于强化投资拉动推进项目建设专题协商报告

按照省委要求和省政协“聚力量、防疫情、促发展”活动安排，5月至10月，苏银增副主席带领省政协财经委，组织部分省政协委员，围绕“强化投资拉动，推进项目建设”协商议题，赴石家庄、保定、衡水、秦皇岛、邯郸、邢台、张家口等市，与市县政协协同联动，深入百余家工矿企业和项目工地开展调研，并两次组织省政协委员、民主党派有关同志与省直相关部门专题座谈。10月22日，又召开协商会，围绕主题进行专题协商。

委员们一致认为，今年以来，省委、省政府坚决贯彻落实习近平总书记重要讲话精神和党中央、国务院决策部署，统筹推进常态化疫情防控和经济社会发展，把扩大有效投资和加快重点项目建设作为做好“六稳”“六保”工作最直接、最有效的举措，超前部署、密集调度，深入推进“三创四建”“三包四帮六保五到位”和“重点项目建设落实年”等活动，抢抓政策机遇窗口期，突出重点产业和重点区域，全力以赴抓投资促项目，全省投资环境不断改善，基础设施建设持续加力，重点项目加快推进，固定资产投资增速稳步回升，为促进全省经济持续恢复发挥了重要作用。在前所未有的疫情冲击和外部环境发生重大变化的情况下，取得这样的成绩实属不易，需要倍加珍惜。同时，委员们针对当前投资领域存在的工业和技改投资持续下降、民间投资低迷、项目谋划储备不足、土地和金融要素保障仍需加强、投资环境和营商环境有待进一步改善等问题，提出了推进解决的意见和建议。

一、进一步激发市场主体活力，着力加强工业投资特别是工业技改投资

调研和座谈中，委员们普遍感到，各市县抓住国家扩大地方政府专项债券规模、发行抗疫特别国债等难得政策机遇，立足补短板强弱项，谋划实施了一批基础设施和民生工程，有效促进了投资增长。但由于受疫情冲击，国内外需求疲软、企业生产经营困难、盈利水平下降、市场预期不明朗、投资风险加大等因素影响，民间资本和企业在项目投资、扩能增产等方面意愿不强，导致工业投资尤其是技改投资下降幅度较大。1—9月，全省工业投资、技改投资增速分别为－4.3%和－8.3%。委员们建议，应正视为应对疫情冲击而增加的政府基础性投资客观上存在阶段性和不可持续性，推动高质量发展的关键是保护和激活市场主体活力，必须进一步加大政策扶持力度，助推企业扩大有效投资、增强自身“造血”功能。一是加强宏观引导。深入贯彻新发展理念，坚持把提升产业链供应链的稳定性和竞争力作为高质量发展的主线，作为一个地区，尤其是一个市、一个县，不再将GDP二产比重降低、三产比重上升作为评价经济结构优化的标志，破除“第三产业占比越高，产业结构就越合理”的片面认识，充分发挥自身比较优势，实施产业基础再造和产业链提升工程，加快推动产业数字化、智能化转型，在巩固钢铁、装备制造等产业优势，强化优势产业领先地位的同时，围绕布局战略性新兴产业、打造符合新发展格局要求的产业链供应链，谋划和推进项目建设。二是精准对接企业需求。在继续全面落实减税降费、减租降息等纾困惠企政策，确保“真金白银”的政策红利直接惠及广大市场主体的同时，坚持问题导向，完善政策落实评估机制，在提高政策的精准度和协同性上下功夫，为企业量身打造更有灵活性针对性配套性、更接地气的扶持政策。三是完善创新激励机制。鼓励引导企业更加重视技术研发和技术改造，瞄准产业数字化发展方向，实施“设备换芯、生产换线、机器换工”，培育更多具有竞争力的创新型市场主体。甄选一批具有自主知识产权的“独角兽”企业，进行重点培育孵化，积累示范经验，抢占同领域产业竞争高地。引导我省汽车、高端装备制造等优势产业，积极融入京津冀协同发展，广泛嵌入区域分工协作链和全球产业链、价值链，以全生命周期再造为重点，做精“链主”企业，做大“优势”集群，通过“强链补链延链”促进产业链上下游联合发展，支持上下游企业加强产业协同和技术合作攻关，提升产业链水平。

二、把“放管服”的重点放在强化服务和精准监管上，持续改善投资环境和营商环境

调研中，委员们切身感到，近年来各地大力精简下放行政审批事项、优化审批流程，推进企业网上办理和注册登记制度改革，审批时间大幅缩短，市场准入更加便捷，营商环境明显改善。但在强化服务和精准监管方面仍需加力提质。如部分企业和项目单位反映，有的政策信息发布渠道单一，企业知晓度不高；有的是“有政策无细则”，操作性不强，惠企政策不“解渴”；有的因账款不能及时结算回收，加剧了企业资金周转困难；有的因害怕环保“一刀切”而停工停产，存在不愿投、不敢投心理，这些都在一定程度上影响了企业投资积极性，甚至影响了京津产业项目和科研成果在我省落户，以致出现跳过河北投资落户南方的“蛙跳”现象。委员们建议，为更好地落实省政府印发的《关于进一步优化营商环境更好服务市场主体的若干措施》，应认真组织对全省投资环境和营商环境进行“回头看”，把深化“放管服”的重点放在提升服务质量和依法精准监管上，加快打造市场化、法治化、国际化投资环境和营商环境，更好推进投资和项目建设。一是建立投资环境和营商环境指标评价体系。参照山东省做法，从企业开办、获得信贷、不动产登记、办理施工许可、获得电力、办理纳税等方面确定投资环境和营商环境评价指标，组织第三方调查评价，提高投资环境和营商环境量化度，倒逼投资环境和营商环境改善。二是切实维护市场主体合法权益。加大民法典和相关法律法规宣传和实施力度，依法平等保护各类市场主体产权和自主经营权，严厉打击各类侵害产权和扰乱市场秩序行为，深入开展拖欠工程款和民营企业账款专项清欠行动。进一步强化对涉企检查和行政执法精准管控，严禁“一刀切”式施政执法对企业生产经营、项目建设带来干扰和影响。三是完善常态化项目推介机制。充分利用政务网站和省、市公共资源交易中心信息化平台，多元化创新企业可以便捷获悉涉企信息的渠道和方式，及时、广泛推介经济社会效益显著、民营企业参与意愿强烈的重点项目和有关支持措施，推动民间资本与优质项目对接，提高政府投资杠杆作用，带动更多的有效投资。四是主动帮助项目单位做好项目前期工作。市县两级抽调熟悉投资和项目建设的干部，采取一对一的方式，加强协调服务，落实项目建设手续，加快项目前期工作，为明年特别是一季度投资项目落地开工创造条件。

三、围绕推进高质量发展加强项目谋划储备，确保项目建设和投资不断档、可持续

今年以来，各地认真开展“项目建设落实年”活动，把推动项目开工作为项目建设的重中之重，倒逼项目审批、资金落实、工程用地等问题的解决，有效促进了全省项目开工建设。根据省统计局提供的数据显示，截至9月底，全省在建项目增长12.9%，其中新开工项目增长8.9%，省市重点计划开工的3629个项目已全部开工建设，有力支撑了全省投资增长。但后续储备项目不足，特别是随着高速公路、铁路、机场等重大基础设施项目大规模投资已过高峰期，后续重大项目不多，滚动接续投资面临断档和后劲不足的问题。委员们认为，扩大有效投资，当务之急是进一步加强重大项目的谋划储备工作。一是抢抓战略机遇。把握中央政策性资金投向，紧扣“三件大事”和“十四五”时期发展重点，统筹全省重大生产力布局、重大政策、重大改革举措，围绕京津冀协同发展产业疏解承接、“两新一重”、数字经济、传统产业转型升级、民生领域补短板等重点领域，兼顾投资的短期效应和长期效果，既谋划一批投入少、建设周期短、见效快的项目，又集中精力谋划一批拉动力强、利长远、增后劲的标志性重大建设项目，推动形成更多有效投资。二是积极争取国家支持。结合编制“十四五”规划，加强对口衔接，积极争取更多重大项目进入国家盘子，争取更多国家专项资金支持。借势京津冀协同发展，加强与京津协调，推动编制区域产业协同发展专项规划，明确三地产业定位和区域重点产业的产业链各环节分工，聚焦半导体、5G场景应用、人工智能、智能制造、生物医药、航空航天、新能源、新材料等领域，谋划并争取一批国家重大生产力布局项目落户河北，带动产业集群发展，打造战略性新兴产业发展新高地。三是完善项目评价标准。建议由省级层面出台投资项目评价指导意见和考核办法，引导各市、县坚持以高质量项目助力高质量发展，推动项目评价标准和招商引资条件由投资规模型向产出衡量型、补链延链型转变，结合本地产业特色和产业集群需要，适度提高产业项目准入门槛，强化政策精准扶持，推动形成以产业链为核心的招商和产业政策体系，重点引进投资强度大、亩均税收高、科技含量高的优质项目，加快新旧动能转换，带动投资向高技术产业、战略性新兴产业、现代服务业等领域集聚，逐步调整优化项目投资结构，以高质量投资项目推动高质量发展。

四、适应国家土地指标管理变革节约集约用好土地资源，聚焦破解融资难、融资贵拓宽筹融资渠道

调研协商中，大家反映出现项目用地难问题的原因主要是存量土地资源挖掘不够、土地计划指标执行进度偏慢、土地利用效率还不够高。同时，部分企业反映金融机构对新上项目信贷支持力度不够，适应企业需求的创新型金融产品不多、融资担保体系作用发挥不够充分。特别是知识产权质押标的价值评估标准不统一、变现难，导致银行对办理知识产权质押业务的积极性不高，一定程度上影响了以轻资产为主的高新技术企业项目融资。委员们建议，要聚焦市场主体关切，坚持“要素跟着项目走”，把资源要素集中用于支持高质量项目建设。在土地供给保障方面，适应国家土地计划指标管理方式变革，围绕“增存挂钩”新机制，以落实我省最近出台《促进土地节约集约利用的十条措施》为契机，加大存量建设用地处置力度，盘活利用存量土地。统筹安排新增建设用地计划指标，加快组卷报批和土地利用计划执行进度，优先保障报批条件成熟的项目用地。加大督导力度，全力促开工、保进度，确保用足用好计划指标。积极争取将更多项目纳入国家、省重大项目清单，由国家统筹保障用地指标。各地和有关部门要结合实际，建立健全激励机制，鼓励通过建设多层标准厂房、高层厂房，提高土地利用率。特别是要结合国土空间规划，加强对重点园区、开发区规划用地省级层面顶层设计，完善省级以上高新区、开发区布局，支持现有符合条件的省级高新区、开发区按程序扩区调区、整合升级，推进土地连片收储，解决"一区多园"建设中项目难落地的实际难题。在强化金融支持方面，完善常态化政银企保对接机制，坚持省、市、县三级联动、政银企保四方联手，加强各方面信息沟通，定期不定期推介优质企业和投资项目，引导金融机构加大信贷投放力度。鼓励金融机构大力发展普惠金融，改善金融供给，丰富金融市场层次和产品，积极推广运用知识产权质押、科技保险、股权质押等金融创新产品。鼓励各地设立信贷风险补偿资金池，引导信贷资金回流实体经济，健全授信尽职免责制度，建立"敢贷、愿贷、能贷"长效机制。加大培育和引进私募股权投资基金、天使投资基金、科技风险投资基金等，鼓励符合条件的企业开展直接融资。加快推进全省融资担保体系建设，扩大省融资担保基金规模，以再担保、股权投资、降费奖补、风险代偿等形式支持各类担保公司扩大担保能力；各县(市、区)均应建立政府性融资担保公司，并配套建立资本金补充等制度，完善小微企业融资担保服务体系，推动解决好企业尤其是民营中小微企业融资难、融资贵问题。

关于应对新冠肺炎疫情冲击和影响支持中小企业发展提案办理远程协商座谈会有关情况的报告

疫情发生以来，广大省政协委员认真学习贯彻习近平总书记在统筹推进新冠肺炎疫情防控和经济社会发展工作部署会议上的重要讲话精神，积极响应党中央、国务院和省委、省政府号召，自觉投身到疫情防控工作中，踊跃捐款捐物，企业家委员带头复工复产，还主动围绕应对疫情开展调查研究、提出提案，截至4月13日共收到相关提案92件。综合考虑疫情防控和提案建议的时效性，经严格审查，对涉及支持中小企业发展且符合立案条件的19件提案予以立案并交有关单位办理。这19件提案围绕中小企业复工复产和正常生产经营与发展中面临的困难和问题共提出意见建议93条。其他提案均以参阅件形式送有关部门。

为督促提案所提意见建议尽快落地见效，按照省政协党组工作安排，4月15日上午，省政协围绕"应对新冠肺炎疫情冲击和影响，支持中小企业发展"相关的19件提案召开提案办理远程协商座谈会，对提案进行打包督办。苏银增副主席出席会议并讲话，省政协提案委、省政府督查室、省工信厅、省商务厅、省文旅厅、省市场监督管理局负责同志在主会场参加会议，提案者、党派团体负责同志、中小企业代表、行业协会代表及各市(含定州、辛集市)政协提案委负责同志在分会场或通过视频连线方式参加会议。

4位省政协委员和党派团体负责同志、4位中小企业家和行业协会代表先后发言，大家一致认为，省委、省政府认真贯彻落实习近平总书记重要讲话和党中央、国务院重要会议精神，连续出台一系列惠企政策和措施；各职能部门主动担当作为，热情协调帮扶、狠抓落实，在助力中小企业渡过难关中发挥了积极有效作用。省政协通过提案办理协商等多种形式，推动解决中小企业复工复产，体现了围绕中心、服务大局的责任意识。

委员和企业家代表在发言中既反映了当前中小企业生产中面临的需求不旺、订单减少、产业链上下游各环节不顺畅等一些带有共性的问题，也重点反映了制约中小企业发展的五个焦点问题。

一是房租减免政策方面。由于出租房情况千差万别，出租方为国有企业的基本能够落实减免政策，但存在面积打折、期限打折、比例打折等问题；出租方为股份制企业、民营企业和个人的物业房租多数没有减免。建议有关部门对政策在适用对象、范围、减免方式上具体研究，出台细则，并加强对政策执行的监督监管，确保国家减免房租的政策落实到位。

二是货款清欠方面。目前，省内国有企业货款清欠工作已经完成。但一些政府部门和省外国有企业、中央企业仍有欠款，严重影响中小企业生存。建议将清欠工作纳入各级政府绩效考核评价体系，加大清欠工作力度，确保应清尽清。同时，充分发

挥省清欠办职能作用，加强与中央企业、兄弟省市的协调，研究相关措施，解决中小企业清欠难题。

三是“五险一金”优惠政策方面。国家在缴纳社保方面只对企业出台了优惠政策，对于低收入水平的企业职工和灵活就业人员没有减免政策，有的已出现无力缴纳的情况，同时，社保免缴期限和公积金缓交期限较短。建议有关部门具体研究制定低收入水平人员适当减免个人需承担社保部分的措施，并根据疫情防控情况适当延长社保的免缴期限，公积金缓交推迟至年底，以加强稳工力度。

四是税费减免方面。疫情期间，由于绝大多数生产厂家不愿给购货方开具增值税专用发票，而流通企业在销售时都要开具增值税发票，导致无票抵扣增值税。建议税务部门对因经营防疫物资无票抵扣增值税而增加经营负担的企业进行统计认定，会同财政部门研究出台相关政策措施。

五是金融支持方面。银行出于风险管控的要求，一般采取抵押方式贷款，导致中小企业贷款难的问题仍难以解决；商业承兑汇票满足了大型企业对资金的需求，但导致为其配套的广大中小企业现金紧张、利益受损。建议对商业银行研究出台相应的鼓励措施，对符合要求的中小微企业发放信用贷款。在目前复工复产阶段，大型企业暂停使用商业承兑汇票，鼓励大型企业与中小企业实现货款即时两清。

承办单位省工信厅、省商务厅、省文旅厅、省市场监管局负责同志分别汇报了提案办理情况，并对委员和企业家关切进行了积极回应、现场答复，表示将对委员和企业代表提出的意见建议认真研究。省政府督查室对各单位提案办理工作给予肯定，并要求尽快研究未答复、未解决问题的落实方案，近期将再召开调度会议督促提案意见建议进一步落实。

苏银增同志作了总结发言。他指出，在疫情防控的特殊时期，利用远程视频会议这一“无接触”的形式进行提案办理协商，是省政协参政议政的一次创新尝试。各位委员、企业家代表发言实事求是、开门见山、言之有物、讲得到位，各部门负责同志很好地回应了委员和企业家的关切和意见建议，体现了商以求同、协以成事的民主精神。要进一步提高政治站位，深刻认识疫情防控新形势下支持中小企业发展的重要意义。各部门要强化责任担当，因时因势调整工作着力点和应对措施，当好政策“宣传员”和发展“服务员”，持续加大对中小企业的帮扶和支持力度；广大省政协委员和各级政协组织要密切关注形势发展，研究新情况、展现新作为，以问题为导向，积极建言献策；提案委员会要特事特办，收到提案后尽快审查立案交办；各承办单位要加强协作、密切沟通协商，尽快办理答复，切实形成联合办理、协调高效的提案办理协商工作格局。

下一步，省政协提案委将按照省政协党组要求，会同省政府督查室持续跟踪19件提案办理情况，推动相关意见建议尽快落地落实。同时，对新收到符合立案条件的涉及疫情防控及中小企业发展的提案，第一时间进行交办并跟踪督办，切实发挥提案在推动疫情防控和服务经济社会发展中的重要作用。

关于督办省政协重点提案的情况报告

为做好省政协十二届三次会议第84号提案督办工作,6月15日至16日,文化文史和学习委员会组织提案人、省政府督查室、提案承办单位和部分省政协委员,围绕督办落实重点提案《关于长城河北段国家文化公园建设的建议》赴承德市滦平县进行调研,并召开督办座谈会。现将有关情况报告如下。

一、实地调研和督办座谈会有关情况

6月16日上午,省政协副主席边发吉率部分省政协委员和省政府办公厅、省政协提案委、省文化和旅游厅、省财政厅负责同志,赴承德市滦平县金山岭长城进行了实地调研。

下午,在滦平县召开提案督办座谈会。会上,承德市政府副市长崔万峰汇报了承德市长城国家文化公园建设情况,提案主办单位省文化和旅游厅、会办单位省财政厅分别汇报了提案办理情况;提案人省农工党参政议政部部长于欣对提案办理结果表示满意,对提案承办单位严谨科学的工作精神给予充分肯定;与会委员围绕推动长城河北段国家文化公园建设提出了意见建议。

边发吉对省文化和旅游厅、省财政厅、省编委办等提案主、会办单位积极推进提案办理取得的成效给予肯定。他强调,长城是中国悠久历史和灿烂文明的象征,凝聚了中华民族众志成城、坚韧不屈的爱国情怀。建设长城国家文化公园,对于进一步坚定文化自信,充分彰显中华优秀传统文化持久影响力、革命文化强大感召力、社会主义先进文化强大生命力,有着十分重大而又深远的历史和现实意义。要把规划建设好长城河北段国家文化公园作为义不容辞的政治任务和千载难逢的重大机遇,切实抓紧抓好。要深入贯彻落实习近平总书记关于加强和改进人民政协工作的重要思想,充分发挥专门协商机构作用,广泛凝聚智慧和力量,精准选题,把协商议题选择好;优化流程,把协商程序规范好;着力搭台,把协商活动服务好,强化协商民主优势,推动政协提案办理工作不断提质增效,助推长城河北段国家文化公园建设高质量开展,为新时代全面建设经济强省、美丽河北作出贡献政协智慧和力量。

二、督办工作情况

一是各相关单位工作认真负责,密切配合。边发吉副主席带领文化文史和学习委员会制订了重点提案督办工作方案,明确方法步骤、时间节点和相关要求。省文化和旅游厅高度重视、迅速行动,深入分析研究委员提出的相关建议,多次与我委和省农工党沟通协商,认真拟定了答复意见。省财政厅、省编委办也就提案所涉问题提出了中肯的意见。二是程序科学严谨。督办过程中,严格按照中央和全国政协的文件规定开展各项工作,程序、形式、内容、时限及成果转化等项内容严谨规范。尤其注重健全提案办理协商制度、跟踪督办和成果反馈机制,促进了提案督办工作的制度化、规范化和程序化。三是协商效果充分显现。督办座谈会讨论积极热烈、气氛团结民主,既是一次民主协商、平等协商的协商座谈会,又是一次凝心聚力、献计出力的工作部署会，充分展示了政协协商民主的重要平台作用。边发吉副主席的讲话，政治站位高，工作指导性强，与会同志一致表示要认真学习领会，在工作中抓好贯彻落实，有力有序推动长城河北段国家文化公园建设高质量开展。

三、下一步工作

提案督办座谈会召开以来，我委按照边发吉副主席的要求，对省农工党《关于长城河北段国家文化公园建设的建议》相关意见建议落实情况进行了持续跟踪。下一步，我委将继续保持同省农工党和提案主会办单位的密切联系，不断细化优化工作措施，确保相关建议落地生效，为长城河北段国家文化公园建设作出应有贡献。

专项监督报告

加强散煤治理专项民主监督报告

为深入贯彻习近平生态文明思想，推进省委、省政府重大决策部署更好地落实，充分发挥人民政协民主监督的独特优势和重要作用，按照省政协党组安排部署，由省政协副主席葛会波、苏银增牵头，人口资源环境委员会组织部分政协委员、专家学者和省直厅局有关人员组成专项民主监督调研组，与市县政协协调联动，在全省范围就“加强散煤治理”开展专项民主监督。从4月开始，调研组先后赴石家庄、邢台、保定、唐山、张家口等市，深入镇、村、户进行实地走访察看，并与省发改、住建(省双代办)、财政、市场监管等部门进行座谈交流，形成了共识，现将有关情况报告如下。

一、散煤治理工作成效显著

省委、省政府坚决贯彻习近平总书记重要讲话精神，统筹推进疫情防控、经济社会发展和生态环保工作，推动空气质量持续改善。今年1—9月，全省PM2.5平均浓度43微克/立方米，同比下降10.4%，其中4—9月全省PM2.5平均浓度均达到国家空气质量二级标准，实现了有监测记录以来历史最好水平。各级党委政府全力以赴，全面加强散煤全链条监管，不断提升散煤综合治理效能，为大气质量持续改善奠定坚实基础。一是持续有力，积极推进散煤替代工作。截至10月底，全省今年农村冬季清洁取暖气代煤电代煤工程正式任务和第一备选计划(气代煤40.00万户、电代煤0.95万户)已验收通气通电256.05万户，完成率达98.78%，其中保定市完成率为93%，其他市和雄安新区均已全部完成；第二备选计划(气代煤98.79万户、电代煤2.33万户)已完成户外工程建设98.98万户，完成率为97.89%，总体进展较为顺利。二是准备充分，确保气源和煤源落实。今年采暖季全省用气量约119亿立方米，目前共落实气源129.9亿立方米，各市和雄安新区均已全部足量签订合同。在煤源落实方面，省农业农村厅已确定洁净煤需求户数273.51万户，需配置洁净煤395.22万吨，新增型煤炉具需求14.4万台。省发改委在前期落实洁净煤资源量700万吨基础上，督促各市组织保供企业与煤炭生产企业深入对接，目前合同资源量已全部落实，能够满足全省洁净煤395.22万吨的需求。各市洁净炉具配送工作于10月底前全部完成。三是“型进散退”，持续提升散煤管控能力。完善散煤治理标准，为京津冀全区域依法开展煤炭市场治理整顿和洁净型煤质量监督提供了依据。加强散煤源头控制，主动与周边省(直辖市)合作，按照京津冀区域煤质管控要求，联动控制劣质煤生产。散煤流通监管机制不断健全。组织开展联合执法行动，严厉打击非法流动销售散煤行为；规范洁净型煤生产配送企业156家，做到每个县有配送中心，每个乡镇有配送站，每个村有1—2个配送点。通过采取“型进散退”等方式，逐步压减民用散煤供应规模。严格散煤末端使用，淘汰1.35蒸吨/小时以下燃煤锅炉49472台，完成35蒸吨/小时以上燃煤锅炉超低改造518台；在超低排放基础上，完成燃煤机组深度治理240台。四是多措并举，保证优质散煤稳定供应。建立洁净型煤推广机制，全省所有设区市（含辛集、定州市，雄安新区）均出台了洁净型煤保供补贴政策，明确了补贴标准。平均补贴标准在200—600元左右/吨。加强与神华、晋煤及榆林地区煤业集团等合作，形成比较稳定的三大优质煤源保供基地，满足全省洁净型煤推广需求。

二、治理工作面临的问题

虽然我省散煤治理取得了显著成效，但仍面临一些问题。一是群众认知程度还有待进一步提高。经过几年努力，广大群众对推广使用洁净型煤的认知度普遍提高，但仍有一些偏僻山村和坝上地区农村居民受经济条件、生活习惯和环保意识淡薄等因素影响，对推广使用洁净煤仍有一些抵触情绪，片面认为使用洁净煤价格高、不好烧。二是清洁能源利用还有待进一步开发。受天然气管道建设和电网扩容改造相对滞后，地热、风电、生物质、太阳能等清洁能源推广利用不足等因素影响，部分地区清洁取暖改造户数占需改造农户数的比例还有待进一步提高，特别是与2020年重点城市平原地区散煤“清零”目标仍有一定差距。三是补贴政策需要在实践中不断完善。一方面我省各级财力普遍较弱，既要补贴双代改造工程，又要补贴洁净型煤推广，各级财政面临补贴资金缺口；另一方面多数型煤生产配送企业反映补贴资金要等到采暖季结束后才能逐步结算，资金筹措压力较大。四是煤炭清洁利用技术还有待进一步创新。通过技术创新，创造更节能、更环保、更低廉、更安全、更方便的清洁能源和取暖方式，让性价比引领群众生活方式更新和改变，打破散煤治理的“天花板”，使散煤治理“不治自愈”。

三、有关意见建议

为实现全民共治、源头防治、标本兼治，综合运用经济、法律、技术和必要的行政手段，深入推进散煤治理工作，真正实现环境效益、经济效益和社会效益多赢局面，提出如下意见建议。

（一）加强散煤治理宣传工作。散煤治理工作量大面广，特别是涉及群众做饭取暖等日常和传统生活方式的改变，需要得到广大群众的理解和认同，需要公众的积极参与和支持。一是动员各市、县帮助群众算清“双代一清”的政治账、经济账，让群众心中有个明白账，消除群众对劣质散煤的依赖思想，自觉主动地使用电、气和清洁煤，从根本上净化散煤市场环境。二是通过网络、微信、媒体、张贴公告、标语、条幅、发放明白纸、村广播等多种渠道、多种方式，广泛宣传散煤治理政策要求、大气污染防治意义等，引导广大人民群众进一步认识到燃煤散烧的危害性和治理工作的紧迫性、必要性，提高人民群众对散煤管控的认同和支持，营造共同治煤氛围。三是大力宣传燃气设施、电力设施保护常识，安全用气、用电和洁净煤使用常识，增强群众安全防范意识，把好事办好，让群众切实感受到安全感、获得感、幸福。

（二）统筹推进散煤治理工作。一是坚持“宜气则气、宜电则电、宜热则热、宜煤则煤、宜新能源则新能源”的原则，结合资源条件、经济能力、采暖习惯等因素，因地制宜有序推进多种清洁取暖方式。特别是加强对接中石化、中石油等能源企业，拓展气源供应渠道，加快天然气管道建设和电网升级改造，强化气源、电源保障，加大地热、太阳能、风电、生物质能等多种清洁能源利用力度。二是积极推进既有住房节能改造，使用新型的环保技术，改善住房围护结构的保热性能，降低采暖能耗。三是积极推广洁净型煤＋高效环保炉具、生物质＋专用炉取暖模式，用多能互补方式支撑群众用得上、用得起、可持续、有质量的清洁能源。

（三）健全散煤治理工作机制。一是深化网格监管，按照属地管理、分级负责的原则，建立网格化监管体系，将清洁改造信息在线平台填报、散煤复烧巡查一并纳入监管，实现清洁化改造和散煤治理工作动态管理。二是严格治理标准，抓紧修订《河北省燃煤电厂大气污染物排放标准》，为深度治理提供法律支撑；严格执行《锅炉大气污染物排放标准(DB 13/5161—2020)》，2021 年 6 月 1 日起达不到标准要求的，依法处罚并责令改正或者限制生产、停产整治。三是强化部门联动，认真落实监管工作职责，通过上下联动、明查暗访、专项打击、突击检查等措施，依法对生产、储存、经营、使用劣质散煤及煤制品的行为进行打击处理，严防散煤复燃。

（四）进一步完善政策措施。一是深入开展清洁取暖运行补贴评估和到期后续政策研究，逐步完善气、电价格定价和补贴机制，建立居民用得起、财政补得起、企业能承受的气价、电价机制，保障群众清洁温暖过冬。二是制定出台地热、太阳能、风电、生物质能推广利用政策，合理确定供暖锅炉清洁改造运行补贴。三是建立清洁能源开发组织机构，制定清洁能源开发利用财税优惠和补贴政策，对开发清洁能源的企业和单位给予一定的补贴和税收优惠政策。研究建立清洁能源发展基金，将清洁能源开发纳入财政预算，用于清洁能源开发奖励和研发机构科研补贴，克服清洁能源资金“瓶颈”。

加强我省文物保护工作专项民主监督报告

今年初，省政协把“加强我省文物保护工作专项民主监督”列入党组 2020 年重点工作，制订了监督工作方案，成立了由省政协文化文史和学习委员会委员、省有关民主党派成员和专家学者参加的专题调研组，采取省、市、县政协三级联动的方式，就加强我省文物保护工作开展监督性调研，并在调研基础上召开了专项民主监督协商座谈会。现将有关情况报告如下。

一、监督工作基本情况

党的十八大以来，习近平总书记就文物保护利用和文化遗产保护传承在多个场合发表重要论述、对多个方面作出重要指示批示，系统回答了关于做好文物工作的一系列方向性、根本性、全局性问题，为文物事业发展提供了根本遵循、指明了前进方向。特别是从 2019 年 8 月 19 日在敦煌研究院座谈时发表重要讲话到今年 8 月中旬，习近平总书记对文物工作作出 30 余次重要批示、考察 8 省 11 处文物博物馆单位，进一步阐明了文物资源的特殊价值和重要意义，揭示了文物保护与利用、传承与发展的辩证关系，回答了为何保、为谁保、怎样保的时代课题，让我省各级政协组织、政协委员备受鼓舞、倍感振奋，进一步增强了围绕新时代文物工作“双向发力”的责任感和使命感。

河北是中华民族的重要发祥地之一，悠久的历史和特殊的区位，造就并传承下来了璀璨丰厚的文物遗产。我省共有不可移动文物 33943 处，其中世界文化遗产 4 项 6 处，全国重点文物保护单位 291 处(居全国第 3 位)，省级以上文物保护单位 963 处；拥有国家级、省级历史文化名城 12 座，历史文化名镇名村 90 个；建有博物馆、纪念馆 142 座，国有馆藏文物 1402448 件。丰富的文物家底，不仅奠定了河北文物大省的地位，也为我省实现创新发展、绿色发展、高质量发展提供了一张张“金色名片”，储备了独特的战略资源。

本次专项民主监督，由省政协副主席孙瑞彬、边发吉牵头负责，省政协文化文史和学习委员会扎实做好监督方案制订、实地调研、协商座谈等各环节工作，省文物保护工作领导小组各成员单位给予积极支持和配合，保证了监督活动规范有序开展。一是深入开展实地调研。5 月至 9 月，省政协调研组先后赴承德市、邯郸市、张家口市、保定市进行实地调研，并与承德市、邢台市、邯郸市政协联合开展专题调研，委托其他各市(含定州、辛集市)政协开展协同调研。多次召开专题座谈会，与各级政府及相关部门、基层文物工作者交流座谈，宣传党和国家关于文物保护的相关政策法规，广泛听取意见建议，达成了许多工作共识。二是广泛征求各方建议。充分发挥政协组织协同联动的独特优势，向山西省、陕西省、河南省、浙江省政协和我省各市政协(含定州、辛集)发函，学习借鉴有关加强文物保护工作方面的经验做法，就文物保护工作面临的问题征求意见建议，各单位及时给予了反馈，共征集加强文物保护工作建议 96 条。三是扎实组织座谈协商。9 月 25 日，省政协召开专项民主监督协商座谈会，6位省政协委员作了口头发言，12个省文物保护工作领导小组成员单位参会，其中省文物局、省委编办、省财政厅、省住房和城乡建设厅等4个部门作了工作汇报，省委统战部、省发改委、省公安厅、省司法厅、省自然资源厅、省生态环境厅、省市场监督管理局、石家庄海关等8个部门作了书面汇报。与会人员畅所欲言、各抒己见，为加强我省文物保护工作凝聚了共识、凝聚了智慧、凝聚了力量。

调研组在实地调研和座谈协商中，深切地感受到：省委、省政府和全省各级文物部门坚持以习近平新时代中国特色社会主义思想为指导，深入贯彻落实习近平总书记关于文物工作重要论述和指示批示精神，增强"四个意识"，坚定"四个自信"，做到"两个维护"，紧紧围绕推进京津冀协同发展、雄安新区规划建设、筹办北京冬奥会等重大中心任务，在宣传贯彻文物保护法、推动文物保护利用改革、服务经济社会发展大局、促进文物安全形势稳中向好、提高全民文化遗产保护意识等方面做了大量卓有成效的工作，河北悠久灿烂的历史文化不断得到创造性转化、创新性发展，文物保护成果更多惠及人民群众，全省文物事业发展上了一个新台阶，为新时代全面建设经济强省、美丽河北提供了强大精神动力和文化支撑。

二、需要关注的问题

调研组认为，我省文物保护工作虽然取得了显著成绩，但与文物工作的地位和作用相比，与新时代对文物工作的要求相比，仍面临着一些需要重点关注和解决的问题。

（一）文物保护重视程度仍需提高。一方面，一些地方党委政府对文物工作认识存在偏差，仍然存在着用眼前的经济利益衡量文物价值，重申报开发、轻保护管理的现象，文物保护政策法规以及"五纳入"原则还没有得到全面贯彻落实。另一方面，一些群众文物保护意识淡薄，片面地把文物保护工作理解为是政府和文物部门的事，与自己无关，一些地区尚未形成全社会共同自觉保护文物的良好氛围。

（二）文物保护队伍力量有待加强。当前，全省共有各类文物机构300余个，管理力量、专业技术人员、执法人员力量分布不均。省直单位科技保护力量不足，文物保护部门人员队伍结构不合理。基层文物保护机构出现萎缩趋势，市县文物保护专业人员严重缺乏。机构改革后，各市县相继取消了二级局，仅承德作为一级局保留，有的县甚至未设专门文保机构，文物行政管理职能由博物馆等事业单位代行，存在管理力量弱化的现象。随着文物事业发展，专业人才短缺问题日益凸显，已成为制约我省由文物大省迈向文物强省的重要薄弱环节。

（三）文物安全形势依旧不容乐观。我省文物分布点多、面广、线长，文物机构普遍存在缺乏专业科技人才、专业科技装备的现象，在文物防火、防盗、防破坏等技术防范方面投入不足，技防措施覆盖面不全，整体防范能力不强，科技的支撑作用尚未体现，科技在文物保护中的运用亟待加强。个别市、县文物保护责任没有落实到人，巡查防护流于形式，物防、技防措施有待完善和全覆盖，安全隐患突出。此外，由于相关政策不完善，文物隶属关系复杂、产权关系不明晰，在项目建设和旅游开发中破坏文物环境风貌的现象还时有发生。

（四）"让文物活起来"的举措还不够丰富。文博单位创新力有待加强，对文物所承载的文化内涵和时代价值挖掘不够，依托文物资源传播传承中华文化能力还存在短板，许多优质资源没有转化成产品、成产业。文物保护单位对社会开放力度不够，文物对外交流范围不宽、交流融合特色不鲜明，文创产品开发缺乏创意，优质产品匮乏，难以满足社会公众需求。文物展示传播渠道有待进一步拓宽，以博物馆为载体的文化遗产展示、以历史街区和城镇为载体的综合展示、以技术手段和主题空间为载体的创造性展示等基础设施和载体，还未形成一定规模和影响力。

（五）文物保护经费还比较紧张。文物保护工作是一项长期性、公益性事业，资金来源主要为财政拨款。我省各市县保护修缮的全国和部分省级文物保护单位争取到的资金较多，大部分都是以项目的形式申请国家和省级专项资金，列入市县级财政预算的文物保护经费也按项目绑定，而用于日常保护维修、临时抢险加固、执法巡查的资金不多，大多数省级以下文物保护单位和大量一般文物还没有得到及时维护。

三、加强我省文物保护工作的建议

调研组认为，做好新时代我省的文物保护工作，必须认真学习领会习近平总书记关于文物工作重要论述和指示批示精神，全面贯彻"保护为主、抢救第一、合理利用、加强管理"的工作方针，统筹文物保护与经济社会发展的关系，切实加大文物保护力度，推进文物合理适度利用，使文物保护成果更多惠及人民群众。建议如下。

（一）提高站位，将文物保护工作融入全省发展大局

保护文物功在当代、利在千秋。应从坚定文化自信、传承中华文明、实现中华民族伟大复兴中国梦的战略高度，提高对文物工作重要性的认识，增强责任感、使命感，扎实做好各项工作。

1. 加强对文物保护工作的领导。各级党委、政府应进一步增强对历史文物的敬畏之心，树立保护文物也是政绩的科学理念，深化文物保护利用体制机制改革，通过发挥我省文物保护工作领导小组机构作用，定期召开文物保护工作联席会议，统筹研究全省文物保护工作安排，审核重大文物保护项目规划方案，协调解决文物保护实施过程中遇到的重大问题，努力构建党委领导、政府负责、部门协同、社会参与的文物保护工作格局。

2. 深入贯彻"五纳入"责任要求。统筹考虑文物保护与其他各项重点工作关系，将文物保护与文化事业建设、旅游产业开发、生态环境保护、乡村振兴等紧密结合，实现文物保护与经济社会发展和谐共赢。切实将文物保护工作纳入地方政府考核范围，着力解决在工作中相互推诿、权利不清、责任不明等问题。在做好保护的前提下，建议将我省长城、大运河、雄安新区等文物保护规划与全省旅游业高质量发展规划、地方全域旅游规划相结合，使高品质的文物资源转化为文化旅游产品，形成在保护中发展、在发展中保护的良性循环。

3. 全面推进文物保护利用改革任务落地落实。坚持目标导向和结果导向，按照省委、省政府两办印发的《关于加强文物保护利用改革的实施意见》部署，在分解细化任务目标的基础上，明确各阶段工作重点，建立牵头单位统筹协调，相关职能部门各司其职、各负其责、相互配合、齐抓共管的联动机制，确保中央和省委重大改革部署落地生根、立见成效。

（二）科学保护，让宝贵遗产世代传承、焕发新的光彩

严格落实文物保护法相关规定，明确保护历史文化遗产的基本原则、标准，实施分类分级、精准精细管护。

1. 做优重点文物资源保护。突出抓好长城、承德避暑山庄及周围寺庙、清代皇家陵寝（清东陵、清西陵）、中国大运河四大世界文化遗产，以及正定古城、蔚县古建筑群、广府古城、张家口堡、宣化古城等国家重点文物建筑的修缮保护，强化防火、防雷等安防措施，常态化开展文物本体及周边环境风貌专项整治活动，以重点示范带动整体保护工作成效。

2. 高度重视革命文物保护工作。把革命文物保护工作摆到更加突出位置，摸清我省革命文物资源家底，建设革命文物数据库，进一步夯实革命文物工作基础。强化革命文物保护利用政策支持，推进革命文物集中成片保护利用工程，编制好《河北省革命文物总体保护利用规划》，启动编制晋冀鲁豫、晋察冀、西柏坡及华北人民政府旧址保护利用总体方案。

3. 深化重大遗址项目保护研究。着力抓好阳原泥河湾遗址、赵邯郸故城遗址、黄帝城遗址、张北元中都遗址、中山古城遗址、曲阳定窑遗址、临城邢窑遗址、临漳邺城遗址、易县燕下都遗址等的考古勘探，支持有条件的市、县建设考古遗址公园或考古遗址博物馆，让人民群众更方便、近距离接触这些重大遗址。

（三）合理利用，促进文物资源创造性转化、创新性发展

在确保文物安全的前提下，鼓励开展合理适度利用，努力实现文物利用社会效益与经济效益的双赢。

1. 实施“文物＋旅游”行动工程。深入挖掘文化遗址、革命旧址、传统古村落、民俗老宅等特色文物资源，以文化创意为核心，推动建设一批深度体验式文化名城名镇名村，开发一批特色景区景点、文博场馆，打造一批文化传承展示体验项目，培育一批文化旅游产业园区，全面提升文物资源的吸引力和影响力。充分发挥文物保护单位和各类博物馆在旅游发展中的独特作用，培育推介以文物保护单位、博物馆为支撑的研学旅行、体验旅游、休闲旅游项目和精品旅游线路。

2. 巩固拓展文物展示阵地。完善我省博物馆体系建设，发挥河北博物院的引领带动作用，推进市、县博物馆的建设与发展，扶持建设一批具有行业特征和地方文化特色的民办博物馆，形成以国有博物馆为主体，重点行业博物馆为骨干，非国有博物馆为补充的主体多元、结构优化、层级合理的博物馆体系。推进馆藏资源和陈列展览的共享与交流，提高藏品利用率，让文物“活”起来。

3. 促进文物保护与科技深度融合。落实“互联网＋中华文明”行动计划，运用互联网、大数据、云计算、人工智能等现代科技，推动文物保护的融合创新。策划实施一批标志性文物保护精品展示项目，建设虚拟体验平台，充分利用数字语音、全景影像、三维影像，以及虚拟现实、增强现实等技术手段，活化文物资源，深入研发河北智慧文物手机APP，打造一批智慧博物馆，让人民群众在文物保护与现代科技的交融中感受中华文明的独特魅力。

(四)强化保障,做好机制、政策、人才等相关工作

加强文物保护工作,除压实管理责任、营造良好社会氛围、汇聚工作合力外,各项保障措施也应及时跟进、给予支撑。

1. 健全文物保护管理机构。根据全省各地市文物分布和工作实际情况,以深化机构改革为契机,在机构设置与人员配备上实行分类管理。建议在文物大市与文物大县设立独立的文物局;在文物较多市与文物较多县设立二级局;文物较少市、其他文物县设立文物科、博物馆科或其他文物保护的专业科室;文物较少县应有专人管理。力求文物保护机构与资源量、工作量相匹配。

2. 强化文物保护队伍建设。建议选拔任用重点文物市、县文物部门领导干部时,要把具备本科以上学历、一定文物工作经历作为一项重要参考条件。在世界文化遗产和全国重点文物保护单位所在地、省级以上历史文化名城名镇名村所在地、不可移动文物和可移动文物点多量大的县(市、区),探索设立专门的文物保护执法队伍。有针对性地加大文保专业人才培训力度,强化业务岗位资质管理,根据文物机构岗位的业务、技术需求,逐步实现专业合规、人岗适配。在充实文保队伍上,还可通过制定特殊人才引进政策、高校定向招生、联合委培等方式,吸引和培养一批急需的文物保护专业人才。

3. 优化经费投入机制。积极争取国家有关文物保护项目资金支持,不折不扣地落实"五纳入"要求,将文物保护经费纳入全省各级政府财政预算,且随各级财政收入的增加而同比例增长。推动文物保护领域市、县财政事权和支出责任划分改革,落实市、县两级政府支出责任。完善文物保护资金使用和管理制度,设立市、县级重点文物保护单位的专项修缮资金,加大对文物资源密集区域的财政支持。继续增加对全省文物保护基础设施的投入,持续改善文物本体及其周边环境状况,为文物合理利用提供更好的硬件环境。借鉴山西、福建等省吸引社会力量参与文物保护工作经验,研究制定我省社会力量参与文物保护利用办法,探索建立文物认领、认养制度,出台文物领域政府购买公共服务指导性目录,鼓励社会组织和个人通过捐赠、资助、投资等方式参与文物保护工作,逐步健全政府主导、分级负担、群众参与、社会支持、多元筹集的文物保护投入机制。

推动易地扶贫搬迁后续工作落实专项民主监督报告

根据省政协党组2020年工作要点和省政协“聚力量、防疫情、促发展”活动要求，农业和农村委员会联合省民革、省民盟、省农工党、省九三学社，以及张家口、保定、承德市政协组成专题调研组，围绕易地扶贫搬迁后续工作落实开展专项民土监督。4月以来，调研组召开委员通报会，请省发改委、省扶贫办负责同志介绍有关情况；赴张北县、阜平县等地开展实地调研；组织有易地扶贫搬迁任务的相关市县开展“找准一个问题，提实一条建议”的活动；协调省有关民主党派结合自身优势开展调研活动。7月29日召开推动易地扶贫搬迁后续工作落实专项民主监督协商座谈会，省政协副主席曹素华出席会议并讲话。省有关民主党派、政协委员围绕易地扶贫搬迁后续扶持工作落实中存在的问题和建议进行了发言。省政府常务副秘书长王素文，省发改委、扶贫办、教育厅、财政厅、自然资源厅、住建厅、卫健委等部门负责同志参加会议并同各民主党派、委员们协商互动，交换意见。与会同志坦诚相见、畅所欲言，民主氛围浓厚，达到了广泛凝聚共识、凝聚智慧、凝聚力量的目的。

一、易地扶贫搬迁后续扶持工作成效显著

通过开展这次专项民主监督活动，大家认为，省委、省政府深入贯彻落实习近平总书记重要指示批示精神和党中央、国务院决策部署，全省上下突出工作重点，强化政策保障，易地扶贫搬迁后续扶持工作取得显著成效。一是“两区同建”强力推进。全省632个“两区同建”新规划项目全部建成，有113个集中安置区配建光伏发电项目，实现了集中安置区产业项目全覆盖。二是帮扶举措全面落实。全省有劳动能力的搬迁贫困户，实现了至少一人就业；13.6万建档立卡贫困人口全部落实后续帮扶举措，脱贫率100%；同步搬迁防贫对象3256人全部落实防贫举措，落实率100%。三是基础设施和公共服务配套设施逐步完善。集中安置区全部实现通水、通电、通路、通信，垃圾、污水处理等设施齐备，同步规划新建公共服务设施491所，有效满足了搬迁群众日常生活需求。一些地方如阜平县坚持统一规划、整村搬迁、分类安置，提高了基础设施和公共服务设施的使用效率。四是安置区管理水平不断提升。出台政策文件，加强基层组织建设，实现了集中安置区基层党组织和自治组织全覆盖，治理水平稳步提升。五是群众权益得到有效保障。及时为搬迁群众办理落户手续、适龄子女转学手续，有序推进“村改居”。全面落实各项参保补贴政策，及时为搬迁群众办理接续基本医疗保险、大病保险、养老保险以及特困、低保等社会保障，依托当地机构或配套养老住房安置特困老人。通过狠抓后续扶持工作落实，我省搬迁群众的幸福感、获得感、安全感得到显著提高。

二、当前后续扶持工作落实面临的一些问题

总体看，全省易地扶贫搬迁工作进展顺利、成效显著，但易地扶贫搬迁是一项复杂的系统工程，政策性强、覆盖面广、工作要求高，随着易地扶贫搬迁工作的深入推进，新的问题相伴而生，工作推动中仍存在一些困难和薄弱环节。

（一）产业扶贫的质量有待进一步提升。扶贫产业发展质量不够高，部分产业园区与龙头企业对接不够，农产品加工业及产品竞争力均有较大提升空间，带贫益贫机制有待进一步完善，搬迁群众增收的稳定性还需进一步增强。

（二）搬迁群众的就业质量和稳定性还需进一步提高。一是安置区群众的就业培训针对性不强、专业技能缺乏，有的过度依赖帮扶政策，内生动力不足；二是就业渠道不宽，岗位选择较为单一，支持就业的政策有待进一步完善；三是集体经济较为薄弱，助力就业脱贫的能力还需进一步提高。

（三）安置区社会治理能力有待进一步增强。全省330个集中安置区虽然实现了基层党组织和自治组织管理全覆盖，但部分基层组织编制不明确，特别是大型、特大型安置区多为临时机构管理，工作人员临时抽调，机制不健全；还有的基层组织是迁出地的原有组织，存在“两头跑两头管”的现象，应对新型安置社区，管理模式创新不足，搬迁群众自我参与意识不强。

（四）复垦复绿及节余指标交易仍需进一步加大力度。宅基地拆旧复垦复绿工作进展不快，全省计划复垦复绿6.4万亩，截至目前仅完成1.9万亩，完成率29.7%。新《土地法》实施后，受国家相关配套法律政策不明确的影响，节余指标交易不活跃，为偿还搬迁建设资金带来一定压力。

三、进一步做好后续扶持工作的对策建议

全省易地扶贫搬迁工作已经进入巩固搬迁成果阶段，要聚焦搬迁群众稳定脱贫增收目标，强化和完善后续帮扶措施，促进搬迁群众实现稳定就业、稳定增收、逐步致富。

（一）进一步推动扶贫产业高质量发展。围绕全面提升脱贫攻坚质量与成色，形成可持续发展的扶贫产业格局。一是在用好生态优势做优扶贫产业上着力。搬迁安置区多是发展生态绿色有机农产品的优势区，应大力支持农业产业化联合体，与搬迁产业园区深度对接，通过龙头企业引领全面推进标准化生产，积极开展地理标志与绿色有机认证，将扶贫产业园打造成优质健康农产品生产基地。二是在用好毗邻京津优势提升农产品市场竞争力上着力。统筹对接中央和国家机关定点帮扶，加强与京津高等学校、科研院所、医疗单位、民营企业和社会组织等的联系，优先定购搬迁区鲜活优质特色农产品，积极推进消费扶贫。同时，大力支持在京津设立搬迁区名优农产品专卖点，为我省搬迁区特色优质农产品进入京津中高端市场提供便利。三是在扶持农产品加工业增强带贫致富能力上着力。全力打造“全产业链”扶贫格局，因地制宜支持扶贫专业合作社或家庭农场，发展农产品产地初加工；引导农业产业化龙头企业与扶贫产业园合作，发展农产品精深加工，促进农产品就地增值，增强带贫致富效果。四是在促进扶贫产业可持续发展上着力。以县为单元做好产业扶贫项目中长期规划，培育特色鲜明、优势集聚、产业融合、带动能力强的扶贫主导产业，提高扶贫产业竞争力和抗风险能力，确保贫困群众依托产业持续稳定增收。用制度确保扶贫产业发展的连续性，对于适宜区域发展的扶贫产业，要一张蓝图干到底，不能人走戏散，换一任领导就换一个产业，既要确保当前脱贫，更要着眼长远发展，依据当地资源禀赋构建起具有乡土特色和资源优势的扶贫产业体系。积极支持乡村互联网建设，让农业大数据走进搬迁安置区，为完善精准扶贫、智慧扶贫搭建现代化服务平台。五是确保资金投入向搬迁区倾斜。统筹整合财政专项扶贫资金、涉农资金和社会各界帮扶资金，向搬迁安置区倾斜，重点用于易地扶贫搬迁后续产业扶持，将安置区产业项目优先纳入脱贫攻坚项目库，支持安置区后续产业持续发展，为搬迁群众稳得住提供有力支撑。六是进一步完善带贫益贫机制。多措并举推进产业扶贫项目进村入户，大力推广“公司＋合作社＋贫困户”扶贫模式，采取订单收购、保底收益、按股分红等形式，建立健全产业扶贫利益联结机制，使贫困群众稳定分享产业链增值收益。健全资产收益扶贫分配和联结机制，引导贫困户以土地、林地、草原、农宅等资源资产入股开展股份合作，开展扶贫资产确权登记，依法依约明确扶贫资产主体、保值增值责任，确保农户长期稳定受益。

（二）进一步提升搬迁群众就业质量。一是坚持扶志、扶智、扶技相结合，切实增强就业培训的针对性，让搬迁群众真正掌握能安生立命的一技之长。为此，要做实信息采集工作，准确掌握安置区贫困劳动力技能培训的真实需求，围绕需求开展针对性更强的培训；打造“基础教育＋职业教育”教育链，将新型职业农民培育作为贫困农村脱贫教育的着力点，重点加强职业教育，让贫困家庭子女都能接受有质量的就业教育，提升阻断贫困代际传递的实效。二是着力拓宽就业渠道。切实落实一次性吸纳就业补贴政策，引导安置区企业建设扶贫微工厂、扶贫车间等，尽可能多地吸纳就业。通过入户、微信、网络等多渠道推介岗位信息，确保每一位贫困劳动力至少获得3条以上有针对性的职业介绍、岗位推荐，有培训意愿的搬迁群众在1个月内获得培训信息。根据工作实际，完善养路、护林、护草、生态保护等公益性岗位政策措施，适当地提升工资标准、放开年龄限制。用足用好税费减免、贷款贴息、政策性补贴等优惠政策，支持搬迁群众自主创业和优秀人才返乡创业，为贫困群众拓宽就业门路。三是壮大集体经济助力就业脱贫。健全搬迁村集体资产财务管理制度，加强财务管理，实现集体资产保值增值，维护村集体组织成员利益；指导搬迁村盘活集体经营性资产，利用未承包到户的集体“四荒地”、果园、养殖水面等资源，集中开发、发展产业项目，壮大集体经济；充分利用闲置的各类房产设施、集体建设用地等，通过自主开发、合资合作等方式发展休闲农业和乡村旅游，促进集体经济增收；支持村集体依托安置区建设各类生产、生活资料市场和农家乐经营点、农家乐管理中心、车库泊位等物业服务业，增强集体经济实力；进而，促进搬迁群众就业增收，降低生活成本。

（三）进一步提升安置区社会治理效果。探索以基层党组织为核心，社区服务为纽带、居民自治为保障、文化建设为载体、经济组织为支撑的一体化管理模式和服务体系，逐步形成严密高效的组织管理体系。一是稳步提升社区管理服务能力。按照《关于加强易地扶贫搬迁安置社区组织建设的实施意见》，健全社区党建工作制度，完善社区党组织工作运行机制，选强配齐基层党支部领导班子，定期开展培训，提高基层党支部素质和领导水平；积极探索将安置区管委会纳入正式机构和编制，定编定岗定责，形成持续稳定的常态化管理格局。二是不断创新社区管理模式。构建社区党支部、居委会、业委会、物业服务企业、楼门长、综合服务站等“六位一体”的安置区治理体系。探索“网格＋”管理模式，建立健全社区网格化管理机制，在社区党组织领导下，将区域党建、社保、卫计、群团等工作纳入网格管理，打造一体化服务格局，形成横向到边，纵向到底的网格化管理社区。三是扎实开展社区宣传教育。开展社区群众感恩教育，强化村规民约制度建设，加强群众公共意识、文化素质和道德规范教育培养，移风易俗，摒弃陈规陋习，传承和保护好优秀传统文化，尊重少数民族风俗习惯和民族感情，增强搬迁群众的凝聚力和向心力，促进村（居）民融合，营造搬迁区融洽的社会关系和社区氛围。

（四）进一步促进复垦复绿及节余指标交易。借鉴我省大名县的经验做法，强化组织调动，完善激励机制，加强后续保障，积极推进旧房拆除腾退及复垦复绿；对于工程已完工的，要抓紧组织验收，确保各个环节高效快捷，环环相扣。自然资源部门要进一步拓宽增减挂钩节余指标使用空间和渠道，推进节余指标在省域范围内规范、有序流转；积极与自然资源部对接汇报，争取跨省调剂指标向搬迁区倾斜，助力搬迁资金偿还。

促进县域科技创新跃升专项民主监督情况报告

根据省政协党组年度工作安排，4—7月上旬，在曹素华和王宝山副主席的亲自部署和带领下，省政协教科卫体委员会会同省民进组成综合调研组，围绕“促进县域科技创新跃升”进行专项民主监督，促进省政府出台的《县域科技创新跃升计划(2019—2025)》(以下简称《跃升计划》)的贯彻落实。调研组先后赴辛集市、元氏县进行实地调研，并通过协商座谈、专题访谈、个别约谈、专家研讨等方式，广泛听取各方面意见和建议。廊坊市、承德市政协和大城县、平泉市政协同步开展协同调研，部分政协委员进行了自主调研，参与调研的省、市、县三级政协委员共38人，访问、座谈的基层干部群众、企业家等近150人。7月3日，省政协召开专项民主监督协商座谈会。10位省政协委员、民进会员和专家学者作了口头发言，8位委员作了书面发言。省委组织部、省委编办、省发改委、科技厅、财政厅、人社厅负责同志介绍情况，听取意见，并就委员提出的问题和建议作了互动交流。会议协商深入，气氛融洽，达到了预期目的。本次专项民主监督坚持问题导向和需求导向，把协商民主贯穿始终，坚持双向发力，既取得共识成果，也取得建言成果。

一、主要共识成果

(一)充分肯定《跃升计划》取得的明显成效。委员们认为，党的十九大以来，省委、省政府认真贯彻习近平新时代中国特色社会主义思想，高度重视科技创新工作。省政府出台的《跃升计划》，导向鲜明，目标明确，是抓好县域科技创新工作的创新之举，为县域科技创新干什么、怎么干提供了有力指导。《跃升计划》实施一年多来，省直有关部门积极组织推动，各市、县加大工作力度，县域科技创新工作取得了明显成效。从2019年评估结果看：创新投入不断增加。全省168个县(市、区)地方财政科技支出均值为2145.49万元，较上年提高385.08万元；创新主体持续扩大。县域高新技术企业和县域科技型中小企业较上年增加1712家、1.02万家，分别达到了4000家和5.89万家，占全省总量的78.45%和86.16%；创新条件明显改善。各县(市、区)建设重点实验室、工程研究中心、企业技术中心等1088家，建设高新区、省级以上农业科技园区148家，省级以上孵化器、众创空间、技术转移机构等1099家，为县域科技创新提供了有力支撑；自主知识产权数量大幅增长。发明专利总量增长3929件，113个县万人发明专利拥有量实现提升。从《跃升计划》监测评价结果看，共有26个县实现了级别跃升、59个县实现了5位以上位次提升，75个县获得专项资金奖励，奖励经费合计1.61亿元。全省县域创新能力总体实现提升，科技创新对县域经济高质量发展的支撑引领作用不断显现。

(二)《跃升计划》落实中还存在着亟待解决的问题。一是思想认识有待提高。部分县对科技创新和高质量发展重视不够，党政主要领导对科技创新工作抓得少，抓得不够有力，科技工作主要靠科技部门单打独斗。二是县域科技创新规划不够完善。部分县尚未出台科技创新规划，不少县的产业规划和科技创新规划与本地实际结合不够紧密，特色不突出，创新发展的目标和路径不清晰。三是县级科技部门职能弱化。在2018年启动的新一轮机构改革中，县级科技部门撤并问题比较突出，科技管理人员不足。全省168个县市区中，保留独立科技局的只有24个，许多科技部门只有2—3人从事日常工作，且知识结构和科学素养普遍偏低，难以适应科技创新工作需要。四是创新要素支撑能力不够强。各县(市、区)的财政科技投入普遍不足，用在企业科技创新上的资金占比较低。县域人才引不来、留不下，高素质的创新人才十分匮乏。创新平台和科技服务体系建设滞后，有40个县(市、区)还没有建立省级以上科技创新平台。五是企业主体作用发挥不够充分。许多企业科技创新意识不强，因怕风险而不愿意创新。有的企业不了解科技创新政策或嫌麻烦，对创建高科技企业或科技型中小企业积极性不高，创新投入不足。县域规上企业多数没有设立研发机构。全省超过三分之一的县高企数量不到10家。六是创新环境需要改善。科技创新政策宣传解读不够，落实不到位，许多县缺乏有效的配套政策支撑。产学研合作不够紧密，省内高校和科研机构作用发挥不充分。产业园区建设相对滞后，产业聚集度不高，政策环境亟待优化。

二、主要建言成果

通过调研走访和协商座谈，委员们提出如下建议。

(一)加强考核督导，解决好“指挥棒”问题。领导干部对科技创新工作不重视，从根源上说是新发展理念树得不够牢，仍然存在惯性思维和路径依赖。应充分发挥考核的指挥棒作用，加强对落实创新发展理念的考核和监督，倒逼各级领导干部提高思想认识，切实把创新作为引领发展的第一动力。建议：一是调整优化省、市对县(市、区)主要领导和领导班子年度科技创新考核指标，把落实《跃升计划》的评估监测结果纳入考核内容，与现有的科技创新指标相融合，以此引导各县(市、区)全面提升科技创新水平。二是加大对县域科技创新工作的督查力度，用好重点工作大督查平台，省、市政府加强常态化督查，深入明察暗访，落实奖惩措施，着力解决工作落实中的形式主义、官僚主义问题，以责任落实推动任务落实。

(二)加强顶层设计，解决好“路线图”问题。县域科技创新的根本目的是促进县域经济高质量发展。科技创新是否取得成效，关键在于其对经济发展的贡献率。应进一步加强顶层设计，厘清工作思路，促进科技创新与经济发展深度融合。建议：一是完善县域科技创新规划。由省直有关部门统筹，指导各县(市、区)根据区域功能定位和特色产业发展基础，抓住京津冀协同发展和雄安新区建设的历史机遇，结合“十四五”规划的制定，进一步完善科技创新规划，把科技创新融入本地的主导产业、特色产业、战略性新兴产业，明确各个产业的发展路径和具体举措，为县域经济高质量发展提供有力指引。二是完善产业链条。在省有关部门指导下，各县围绕本地确定的主导产业，以建链、强链、延链、补链为主攻方向，开展精准招商、产业链招商，力争每个具备条件的县引进一个世界或中国500强企业项目落地，加快培育一批关联性大、带动性强的产业链优势企业，推动传统产业向中高端跃升，带动各县经济真正走上创新驱动发展的路子。三是积极探索“危机中育新机”的方法和路径。各县(市、区)应认真研究疫情防控常态化对本地经济带来的挑战和机遇，坚定必胜信心，抢抓发展机遇，如疫情防控产品拓展、电商直播销售、互联网经济发展、区域农业产业链重塑等机遇，加大对相关企业的支持力度，加快推动产业转型升级，积极培育新产业新业态，增强县域经济抗风险能力。

（三）加强要素保障，解决好“支撑力”问题。资金、人才、平台等要素是推动科技创新的重要保障。应针对创新要素的瓶颈制约，加强改革创新，构建县域科技创新的有力支撑。建议：一是强化县级科技部门职能作用。采用编制总量内调剂方式配足配强适应科技创新工作需要的工作人员。下一轮机构改革时，充分考虑实际需要对科技部门进行合理设置。建立省、市、县三级融合的科技干部学习培训制度，提高干部科技素养和专业能力。探索通过聘请专业服务机构、政府购买服务等方式缓解人员不足问题。二是加大县级科技创新资金投入。加强对市、县科技经费使用情况的监管，推动科技经费使用信息公开，确保用于科技创新的经费得到真正落实。督促市、县两级政府逐年提高财政科技经费占地方财政支出的比重，力争更多市县达到1%的目标。加快推进科技创新链条与金融资本链条有机结合，多渠道解决融资难问题。三是创新人才引进培养的方式和途径。本着“不求所有、但求所用”的原则，采取星期日工程师、候鸟工程师、异地网络办公等方式引进高层次专业人才。建立科技特派员制度，支持普通高校、科研院所、职业学校和企业的科技人员等发挥职业专长，到县域开展科技指导和创业服务，推动科技成果转化运用，带动基层创新创业。注重本土人才培养培训，发挥省高等职业院校作用，大力培养适应产业发展需要的高级技术人才。四是加强园区建设。完善产业园区和农业科技园区的基础设施，鼓励有条件的园区建设多层标准厂房，创建科技创新园、企业孵化器、小微企业创业创新基地等，为入园企业提供低成本、一站式、全方位、专业化服务，引导产业向园区聚集，创新要素向园区集中，打造县域特色产业发展的新高地。

（四）发挥企业主体作用，解决好“源动力”问题。企业作为创新主体，愿不愿创新、会不会创新是决定创新发展的关键。应采取多种措施，激发企业内生动力。建议：一是着力打造一支高素质的企业家队伍。深入实施企业家培育工程，加强企业家培训和培养，通过学习、交流、考察、典型引导、政策激励等方式给企业家“洗脑”，锻造一支具有国际化视野和开拓创新精神的企业家队伍，促使企业由“要我创新”向“我要创新”转变。二是着力培育壮大龙头企业。实施好高企倍增计划，对科技型领军企业加大扶持力度，鼓励企业联合、兼并和股权改造，支持企业开展产品、技术、管理和商业模式等全方位创新，引导企业做大做强，提高产业集中度和竞争力，带动上下游产业协同发展。三是加大对科技型中小企业支持力度。加强对中小微企业技术研发投入的资金奖励，落实好研发费用加计扣除等减税降费政策，在科技成果奖励、研发平台建设等方面给予优先照顾，引导企业加大科技投入。简化中小微企业申请资金扶持的申报程序，降低申报门槛。鼓励中小企业上云，降低企业信息化建设和运行成本，让数据多跑路，让企业少跑腿，带动企业转型升级和商业模式创新。重点帮助中小微企业解决资金问题，积极组织银企对接会，帮助企业渡过难关、做大做强。

（五）营造良好创新环境，解决好“催化剂”问题。良好的创新环境是科技创新的重要土壤。应坚持多措并举，激发创新活力，让创新创业的源泉充分涌流。建议：一是加强政策引导。用足用好国家疫情防控常态化下的一系列政策红利，尤其要抓住国家政策窗口期，努力在创新上先行一步、赢得先机。制定具有较强针对性、精准性、前瞻性的优惠政策，提高政策的吸引力，由政策跟跑、并跑向领跑转变。加强政策管理，对各级各部门的创新政策进行梳理，通过检查、第三方评估、企业评价等形式，对政策客观评价，及时调整。加强对重大政策的宣传解读、跟踪问效和督查通报，切实解决政策落实最后一公里问题。二是完善服务体系。加强产学研用合作，支持高校、院所与企业共建研发机构、共建学科专业、实施合作项目，建立科研设施共享机制。强化各县（市、区）与高等学校、科研机构的深度合作，在合作政策、制度、模式上探索创新，积极构建协同创新共同体。加大省级“一院两中心”（河北省产业技术研究院、河北省科技成果展示与交易中心、河北工业设计创新中心）等省级创新平台的建设力度，给予特殊支持政策，使其做大做强，发挥好其服务县域科技创新的重要作用。加快发展研究开发、技术转移、科技金融、知识产权、信息咨询、中介服务等第三方服务，满足企业技术创新需求。三是优化营商环境。把企业满意度作为衡量营商环境质量的重要标准，努力营造公平竞争的市场环境、务实高效的政务环境。进一步深化“放管服”改革，围绕优化项目审批流程、整合“一窗通”网上服务平台、减费降税等与企业利益攸关的事项，加大改革推进力度。建立制度化常态化的政企沟通机制、规范有效的“双向评价”机制，构建亲清新型政商关系，防止对企业敬而远之的“清”而不“亲”。落实“三创四建”活动要求，按照“一企一策”制订精准帮扶方案，帮助企业解决生产经营中的具体困难和问题，努力提高企业获得感、幸福感。

调研、视察报告

关于振兴地方戏曲艺术、推进评剧事业发展专题调研报告

一、评剧基本情况

评剧起源于唐山，脱胎于蹦蹦戏，是由以成兆才为主的一批唐山艺人借鉴河北梆子艺术的有益成分对其进行全面改造而成，初名平腔梆子戏，后称唐山落子，因其评说古今、劝谏世人的特点，经吕海寰建议定名“评剧”。

评剧最早演出于唐山永盛茶园，后随冀商在东北的迅速崛起而兴盛于东北，进而流布于我国北方的大部分区域，成为继京剧之后的第二大剧种。从“永盛茶园”成长起来的第一、二、三代评剧名角更是蜚声大江南北。曾出现李金顺、刘翠霞、白玉霜、喜彩莲等流派及白玉霜、小白玉霜、新凤霞、魏荣元等著名评剧艺术家和演员。曾创作出《刘巧儿》《花为媒》《杨三姐告状》《秦香莲》《打金枝》《玉堂春》《窦娥冤》等众多脍炙人口的经典剧目。

近年来，尽管省委、省政府和唐山市委、市政府对评剧艺术发展非常重视，与文化部联合设立了评剧艺术节，出台各种政策鼓励剧目创作和人才培养，但评剧艺术日渐式微的情势没有得到根本改变。主要表现是：评剧演出逐渐减少，评剧创作渐趋萎缩，后继人才日益匮乏，评剧艺术生态失衡。评剧正在丧失其评说古今、品鉴世事、劝善惩恶、引领风尚的积极意义。

二、评剧发展存在的问题

（一）评剧面临时代性滞后的问题

评剧是农耕文化的产物，孕育时间长，与社会发展的相适度差，时代性滞后，需要进行现代化改造。随着社会的快速发展，艺术形式趋于多元化，加之外来文化艺术冲击以及文化断层造成的评剧欣赏高门槛等原因，使得评剧流行趋于冷淡化，受众群体趋于老龄化。此外，评剧节奏慢，程式化太强，造成传统戏曲艺术很难吸引年轻消费者的目光。一戏独大局面不再，多元艺术产品分流了大部分观众，戏曲沦为小众艺术。

（二）评剧院团面临生存危机问题

自评剧院团改制后，很多院团体制变为差额补贴事业单位，即由财政拨款养人变为养事，编内人员老人老办法，保留事业身份及待遇，市财政给予补贴；聘用人员新人新政策，按企业人员对待。近十年来，编内人员逐年减少，聘用人员大量增加，增人不

增资，各项保险费用大幅增加，用于事业发展的费用持续减少。导致硬件设施极度缺乏，演出服装、道具、灯光音响等设备破旧不堪，严重威胁评剧院团的生存。并且，院团在管理方面，存在布局结构性失衡等问题，造成评剧院团整体艺术水平降低，评剧艺术的原有魅力大打折扣。

（三）评剧人才面临后继无人问题

近年来，虽然各级政府对评剧发展给予了大力扶助和支持，但评剧依然面临人才缺乏，全剧种性的人才荒问题。1. 人才储备严重不足。以唐山市为例，目前市艺院招生方面没有灵活政策和待遇吸引，其现状为爱好者多、进校园普及率高，但真正从事评剧专业的少。评剧院团有影响力的领军人物年龄普遍在 50 岁以上，人才断档严重、演员队伍素质参差不齐。2. 队伍结构严重失衡。当前，评剧院团中真正熟悉市场，懂得经营的人才很少；编剧、导演等戏曲创作的基础性人才更为缺乏；评剧演出的角色严重匮乏，经常处于拆东墙补西墙的状况。3. 人才流失严重不止。由于受戏曲行业发展前景不乐观影响，市场萎缩，加之京津地区院团在人才引进方面提供优惠政策，河北省评剧院团骨干流失现象严重不止。

（四）评剧精品创作面临少而弱问题

文艺是时代和历史的折射，优秀的文艺作品不仅在当下具有激励作用，还构成了一代人的集体记忆。如《杨三姐告状》深刻揭露社会时弊，极具社会正能量，实现了对当时现实的影响，开启了评剧现代戏的先河；《刘巧儿》聚焦新婚姻法，影响了一代青年人的婚姻观，现实题材创作一直是评剧的传统和优势，反观近年来的评剧戏曲舞台，聚焦现实、关注生活的精品力作乏善可陈，“老演老戏、老戏老演”，贡品、赝品、伪品充斥评剧艺术生产。

除以上问题，当前评剧艺术发展还存在行业性不景气，限制了优秀人才的有序进入，造成人才断档；扶持政策连续性和制度性较差，文化事业因人而兴、因人而衰现象严重等。

三、新时代推进评剧事业发展的重要意义

评剧作为中华传统文化的重要组成部分，于其百年发展历程中，在推动社会文化发展、传承发扬中华传统文化、丰富民众生活等各方面都起到了重要作用。中国特色社会主义进入新时代，评剧依然具有重要意义。

（一）评剧艺术是“文化自信”的重要载体

评剧是中国优秀传统文化活态传承的重要载体，是社会主义先进文化的重要组成部分。评剧是人民的艺术，历史上曾起到化乡风、导民情、聚民气、铸民魂的重要作用，至今依然是我省的文化建设之根，文化自信之源。发展评剧艺术，不止是为了繁荣艺术，更是为保护传统文化之根。

（二）振兴评剧艺术是提高我省文化软实力的重要手段

评剧艺术在长时间发展过程中，已经渐变为一种文化基因代码，深深刻进人们的灵魂，潜移默化地影响着当地人的价值观、道德准则和生活方式。要建设文化软实力，就必须要增强地方文化、传统文化的号召力、感召力和凝聚力，在创造性发展、创新性转化中使其再次获得强大的生命力。

（三）振兴评剧艺术是丰富民众生活的重要形式

评剧是河北人民喜闻乐见的戏曲艺术形式，在河北、东北乃至全国都有着广泛影响。一直以来，评剧在宣传中华传统优秀道德观念、惩恶扬善、寓教于乐等方面起到了重要作用。在新时代新形势下，评剧在构建和谐社会，丰富民众生活，在贯彻宣传习近平新时代中国特色社会主义思想中依然可以发挥重要作用。

（四）振兴评剧艺术是激活城市文化底蕴的内动力

城市文化是城市全面发展的内动力，是城市的灵魂，是城市发展的软实力。现代城市是物质文明和精神文明相辅相成、协调发展的城市。河北在朝着构建京津冀一体化及环首都经济圈的宏伟目标大步迈进过程中，城市文化建设将是重点。评剧作为河北的重要文化资源，在推动河北城市文化建设中，将起到重要作用。

四、推进评剧事业发展的几点建议

（一）从顶层设计角度，加大对评剧的重视程度

评剧不仅是唐山宝贵的文化资源，更是河北由文化大省向文化强省转变的重要内涵。所以从顶层设计层面加大对评剧的重视，至关重要。建议成立由省委、省政府牵头的评剧振兴领导小组，制定评剧发展宏观规划、组织推动落实；市、县两级协调配合省领导小组工作，负责工作的具体落实和实施。将评剧振兴工程纳入“十四五”规划，把评剧传承发展振兴作为弘扬传统文化、建设文化强省、全面建成小康社会的重要任务。进一步健全完善演出团体的体制机制和戏曲创作激励机制，推动评剧艺术创作生产不断发展，大幅提升评剧艺术服务群众的综合能力和水平，培育有利于评剧活起来、传下去、出精品、出名家的良好环境，形成全社会重视评剧、关心支持评剧艺术发展的局面。

（二）从团体构建角度，继续深化评剧院团改革

调整结构，优化布局。按着抓重点、放一般的原则，建立完善的扶、放机制。对重点院团加大扶持力度，实施 6 个 1 工作计划：即制定一个保障有力的扶植制度，建设一支优秀团队，恢复创作一批剧目，建设一个好的演出场所，培养一批忠实观众，培植好一个评剧艺术院校（系）。对其他院团既要放宽市场准入制度，又要加强市场监管，特别是要建立院团有序退出制度，保证市场供需的一致性。

（三）从资金扶持角度，增加政府财政扶持投入

1. 加大政府购买服务力度。建立财政资金扶持机制，并保持每年适度增长。将戏曲演出纳入基本公共文化服务体系，持续增加政府购买国有剧团演出的场次，提高政府购买国有剧团惠民演出补贴标准。2. 设立评剧艺术发展专项基金。设立评剧生产、演出、人才培养、艺术研究的专项资金（基金）。建议成立省、市、县三级评剧艺术发展专项基金，用于促进各评剧院团精品剧目的生产，加强院团基础设施建设，奖励各类专业艺术人才的涌现等。出台社会支持评剧艺术发展的捐赠制度。3. 实施“静态保护”措施，重建“永盛茶园”。对评剧传艺口述史、艺术经验、剧本专著、声像资料、文化遗迹等内容实施“静态保护”，给予经费支持。特别建议恢复重建评剧老字号“永盛茶园”，擦亮“评剧故乡，评剧源头”的文化名片。

（四）从评剧创作及宣传角度，加大对评剧创作的引领支持

1. 用活创作形式。奖励优秀戏曲剧本创作，通过征集新创、整理改编、买断移植等形式，调动全社会戏曲剧本创作积极性、主动性，推出一批优秀戏曲剧本。2. 放三权，活机制。尊重艺术规律，减少对剧团艺术生产的干预，把剧目创排的决定权、剧团的人事权、角色安排决策权切实下方到剧团。在保证经费扶持的前提下，建立新的符合市场机制的优劳优酬分配机制。破除学历、身份、资历壁垒，建立合理的人才进出机制。3. 强化媒体宣传。建议全省相关县市电视台要开办形式多样的《评剧栏目》全面反映评剧在民间的活动情况。4. 积极融入现代媒介元素。鼓励评剧从业人员利用自媒体，如抖音、微信等，宣传评剧艺术；鼓励评剧与其他艺术形式，如歌舞等跨界有机融合。5. 建立评剧院团的评估机制。对院团建设、剧目生产、资产积累、人才培养、社会贡献等进行合理适度的评价评估，对重点院团实行动态管理，对一般院团进行市场化监管。

（五）从人才和受众角度，加强戏曲人才培养和观众培育

1. 拓宽人才培养和成长渠道。以河北省各艺校为核心，为各剧团量身定做培养评剧人才，剧团与艺校协商招聘计划，剧团招募学员向艺校推荐，艺校按剧团具体需求考核招收学生。实行专业院校培养和剧团名师教徒等多种方式并举的培养方式。2. 完善戏曲人才学历衔接机制。建议我省相关大专院校设立戏曲专业，完善与艺校（普遍为中专学历）戏曲人才的学历衔接，提高学识素养。3. 完善人才激励机制。出台优秀青年戏曲人才引进政策，建立优秀人才破格选拔制度，提高戏曲院团人才职称结构比例，畅通院团人才专业上升渠道。4. 着力培育受众群体。加大评剧教育进校园力度，加强戏曲通识教育；培植评剧票友队伍。壮大评剧民间班社数量，培育评剧受众。5. 完善建立评剧发展促进会。建议全省有条件的县级以上要成立评剧发展促进会，在资金和办公地点等方面予以支持，不断拓展评剧演出阵地，培植评剧票友队伍，壮大评剧民间班社数量，长期培育评剧受众。

关于促进我省农产品稳产保供工作调研协商情况的报告

习近平总书记强调,“越是面对风险挑战,越要稳住农业,越要确保粮食和重要副食品安全”。特别是新冠肺炎疫情发生以来,做好农产品稳产保供工作极端重要。王东峰书记、许勤省长对抓好粮食等重要农产品生产和供给工作高度重视,多次专题研究,多次深入基层调研指导,要求全省相关部门必须承担起政治责任,切实做好农业稳产保供工作。按照省委要求和省政协“聚力量、防疫情、促发展”活动安排,围绕“促进我省农产品稳产保供工作”专题,省政协副主席葛会波同志牵头,省政协人资环委具体负责,联合省九三学社、部分政协委员、专家学者和省直厅局有关人员组成联合调研组开展专题调研。从5月开始,联合调研组赴石家庄、邢台、邯郸、张家口等市县(区)进行了实地调研,并组织召开了不同层次的座谈会、协商会。同时,还与省发改委、省商务厅、省农业农村厅、省水利厅、省市场监督管理局等有关部门进行了广泛协商。现将有关情况汇报如下。

一、基本情况

通过调研和协商,大家一致认为省委、省政府深入学习贯彻习近平总书记重要指示精神和党中央、国务院决策部署,坚持把农产品稳产保供作为重大政治任务,迅速组织农业企业复工达产,切实保障“菜篮子”、粮食等产品有效供给,全力维护农业生产正常秩序,全省农业农村经济运行总体平稳、稳中向好,经受住了新冠肺炎疫情的冲击。一是粮食生产丰收在即。各级各有关部门坚持把稳定粮食生产作为“三农”工作头等大事,修订完善市、县粮食安全责任制考核指标,强化市、县政府粮食安全主体责任,大力落实涉农补贴,切实保障农资供应,鼓励和引导农民多种粮、种好粮。2020年全省粮食种植面积9583.2万亩,夏粮喜获丰收,总产量达290.8亿斤,连续8年保持在280亿斤之上,预计全年粮食总产量760.5亿斤,较2019年增长1.7%。二是蔬菜市场供应充足。各级各有关部门加强蔬菜市场分析研判,积极引导产销对接,着力扩大生产规模,不断提高产品品质,有效满足广大人民群众消费需求。6月,我省蔬菜总量330万吨,日供11万吨以上,供应充足、品种丰富,批发价格稳定。除满足省内需求量外,每天调出5万多吨支援京津等地,主要“菜篮子”产品北京市场占有率为39%。三是生猪产能日趋稳定。各级各有关部门认真落实生猪养殖扶持政策,把生猪扩能项目细化到场户、责任到人,加快推动生猪补栏,并实施养殖场“密罐式”管理,强化重大动物疫病防控,坚决守住不发生重大动物疫情的底线。截至三季度,生猪存栏达1679.8万头。四是奶业发展势头良好。各级各有关部门认真落实习近平总书记关于奶业振兴的系列重要指示精神,坚持“加工先行、养殖跟进、种植配套、利益共享,全产业链布局发展”的思路,制定政策措施,整合资源要素,统筹协调推进,我省奶业发展呈现良好势头。截至三季度,牛奶产量355.6万吨,同比增长10.9%。五是农业企业复工复产。各级各有关部门深入开展“抗疫情、解农困”行动,开通24小时解困电话,省级12316三农热线受理办结求助信息558条,各市受理办理7868条。实施省、市、县农业农村部门领导包联企业制度，将涉农企业全部纳入包联范围，一企一策、精准对接，帮助解决复工复产遇到的实际困难，6 月全省农业企业总体复工率已达 92.8%，产能基本恢复到去年同期水平。

二、存在问题

当前新冠肺炎疫情影响仍在延续，国内经济运行面临压力较大，内外部经济环境严峻复杂，我省农产品稳产保供工作面临极大考验，特别是农产品流通贸易等不确定性因素仍在增加，需要引起有关部门的高度重视。

（一）农业基础设施建设还有待加强。近年来，各级政府在农业基础设施建设方面投资不少，农业综合开发、土地复垦、退耕还林等项目的开工实施，使与农业生产息息相关的基础设施得到了极大改善，但高标准农田、农田水利、农业机械化等现代农业基础设施建设还难以满足农业生产的需求，农业的规模化产值和应对风险的能力还有待提高。特别是受自然和人为因素影响，以及过度使用化肥，农田耕地质量持续下降，影响耕地可持续生产能力。

（二）农业产业化水平还有待提升。农业行业协会、农民专业合作组织等市场竞争主体建设滞后，经营规模小，服务层次低，市场竞争力不强；全省农业龙头企业规模总量相对较小，缺乏生产规模大、产品档次高、营销能力强，辐射带动广的农业龙头企业；土地流转机制有待完善，缺乏有力的扶持政策，特别是随着农村劳动力大量外出打工和向非农产业转移，有田无人种和有人无田种的矛盾常有发生，土地流转难以向种养大户、种养能手转移。

（三）农产品销售流通还不够顺畅。目前我省农产品营销通常需要经过产地、产地中间商、批发市场、市场中间商或超市、消费者等流通环节，技术含量低、渠道复杂，产销对接还不够畅通。同时，由于冷链物流不完善，农产品贮藏及保鲜技术水平低，给生鲜农产品和反季节销售带来挑战；农产品销售的辐射半径相对较短，部分地区的农产品存在过剩现象和积压问题。

（四）农产品附加价值还不够高。大多数农产品是以初级产品的形态进入流通渠道，使得我省农产品流通环节的利润在很大程度上依赖于市场差价而非加工增值。市场经销的商品混装混卖、不分等级现象严重，不能体现优质优价，与发达地区存在较大的差距。同时，我省农产品在生产标准建立、品牌推广及宣传上不足。特别是蔬菜、果品类市场品牌保有量较低，同样的商品不能形成规模销售，没有价格优势，市场竞争力难以形成。例如，张家口生长出的蔬菜，需使用寿光的牌子才能进入北京超市。

（五）农产品消费需求不足。受疫情影响，京、津、冀三地的住宿、酒店、旅游等行业的市场需求有较大的萎缩，农产品的出口加工也受到影响，国际国内市场恢复正常尚需时日，农产品消费需求不足。例如棉花、花卉、经济林等价格比往年同期有不同程度降低，呈现出“需求不旺、有价无市”的情况；养殖业方面，集体消费下降，餐饮行业停业，导致生猪、肉牛、禽类、水产品等推迟出栏（塘），表现为存栏（塘）增加，出栏（塘）和产量下降。

三、意见建议

省委、省政府及时采取了一系列应对措施，有效应对疫情带来的不利影响，当前我省农产品稳产保供形势向好，农产品稳产保供取得了阶段性成效。但农业产业链相对比较长，从种养到加工，从加工到渠道，从渠道到零售，从零售到消费，众多环节、众多流程，牵一发而动全身，哪个环节、哪个流程出了问题，都会引起连锁反应。因此，为确保我省疫情防控常态化不放松、农产品生产供应持续有保障，现提出以下几点建议。

（一）以“生产发展”为基础，确保供应安全。坚持把“米袋子”“菜篮子”“肉盘子”产品稳产保供作为一项重要政治任务，严格责任，强化措施，切实为维护经济社会稳定提供有力支撑。一是强基础，改善农业设施。实施耕地质量保护提升行动，加大农田水利设施建设力度，将提升耕地质量等级、增加农田有效灌溉面积纳入年度经济和社会发展计划，作为约束性指标强化监督考核，推进高标准粮田建设，着力提升粮食综合生产能力。逐步扩大农机购置补贴，引导农民提升农机使用水平。二是扩产能，扩大产品供应。加强农村产权流转交易平台建设，推动土地向专业大户、合作农场和农业园区流转，促进农业规模经营。依托现代农业园区建设，推动优势产业向最适宜的区域集中发展，打造“一二三产业融合发展、园区建设和产业化经营协调联动”的特色农业产业集群，提升农业质量效益和竞争力。三是壮龙头，推进产业发展。围绕小麦、玉米、油料、乳品、肉类、果蔬等产值超千亿的优势产业，按照产销一体化经营的基本方向，通过政策倾斜、优化服务、资金扶持，推动全产业链经营，着力打造一批行业龙头企业、领军企业。四是树品牌，提高附加价值。依托各地地域文化、优势资源、特色产业，培育一批国家级和省级农产品品牌，提高市场知名度，提升产品价值，促进农民增收。

（二）以“物流运输”为重点，抓好产销衔接。坚持发挥流通先导性作用，引导农业按照市场需求生产适销对路产品，推动小生产与大市场对接，拓宽农产品销售渠道，解决农产品“卖难买贵”问题。一是健全信息网络，完善产销对接机制。依托“互联网＋”，建立信息共享机制，加强农产品市场运行形势研判，关注农产品价格波动和市场运行异动情况，引导农业生产按照市场需求调整、优化产业和产品结构，缓解产销对接过程中存在的信息不对称问题。二是搭建对接平台，畅通产销对接渠道。组织开展对接会、展览会、交易会、洽谈会、网上对接等各类形式的产销对接活动，搭建线上线下产销对接平台，组织农产品生产和流通主体交流衔接。三是强化物流配套，夯实产销对接基础。将原有的农产品批发市场进行改造升级，建立以批发市场为中心，以专业化经营者为主体，以超市或规范化的农贸市场为消费终端的现代化农产品流通渠道体系。特别是完善冷藏保鲜设施，从源头上解决冷链物流“最先一公里”问题，不断增强农产品生产供给的弹性和抗风险能力。四是加强协调配合，优化产销对接环境。积极协调有关部门，除必要的对司机快速体温检测外，对农产品和农用物资运输车辆落实不检查、不停车、不收费等优先便捷通行措施，畅通鲜活农产品运输和农民工返岗“绿色通道”，保障农产品和农用物资运输畅通。

（三）以“质量监管”为依托，狠抓产品安全。农产品稳产保供，不仅要充足，还要安全。围绕农业稳产保供的要求，坚持狠抓农产品质量安全监管，牢牢守住农产品质量安全底线，不断提升人民群众的获得感、幸福感、安全感。一是完善农产品质量标准体系。坚持以标准化示范园、示范场、示范基地的创建为抓手,从产地环境、生产设施设备、技术操作规范、质量安全、农产品包装运输等方面入手,努力打造“环境有监测、操作有规程、生产有记录、产品有检测、包装有标识、质量可追溯”的标准化生产模式,积极构建全要素、全链条、多层次的现代农业全产业链标准体系。二是完善农产品安全追溯体系。利用物联网、二维码、温度探测器等数据自动采集技术,以检疫证明、追溯卡环和追溯二维码为抓手,以入市索取追溯凭证为手段,建立倒逼机制,强化行政手段,推动追溯管理和市场准入相衔接,逐步建立“从田间到餐桌”的全过程可追溯体系。三是完善农产品疫病防控体系。加强动植物疫病防控,密切关注天气变化,做好极端天气防范应急预案,落实防灾减灾技术措施,特别是抓好非洲猪瘟、高致病性禽流感等重大动植物疫病监测,强化屠宰、运输、加工等关键环节监管,严防发生区域性高致病性禽流感等重大动物疫情。

(四)以“综合调控”为抓手,维护市场稳定。坚持运用市场这只“看不见的手”和政府这只“看得见的手”等多种手段进行综合调控,防止农产品价格暴涨暴跌,确保市场供应稳定。一是抓好物资储备。按照“政府委托、市场运作、责权明晰、自负盈亏、适当补偿”的原则,充分考虑各类商品的产销特点和市场调控的需要,在省级、市级骨干企业范围内通过招标、邀标等方式选择部分企业,专项承担规定范围内农产品的收购、加工、储运、销售和应急供应等特定调控任务,确保遇有特殊情况能够保障城乡居民重要农产品供给安全。二是抓好市场监测。加强对我省及周边地区的农产品市场监测,结合我省农产品库存、销售、加工数量情况,及时对农产品供求形势及变化趋势进行分析预测,密切关注农产品市场价格动态和供需状况,一旦发现市场异常波动特别是出现脱销、群众争购等情况,及时应对处置。三是抓好价格监管。统筹相关部门力量,强化市场监管,规范市场秩序,严厉打击囤积居奇、哄抬价格、以次充好等不法行为,确保我省农产品市场品种齐全、价格稳定、质量合格。

(五)以“优惠政策”为保障,加大支持力度。统筹用好涉农资金,精准创设优惠政策,加大财税支持力度,提升政府服务水平,为做好农产品稳产保供工作提供强力支撑和保障。一是从税费上,减轻农业企业负担。对因疫情影响遭受重大损失的农业企业,确有困难的,经税务机关核准,减征或者免征城镇土地使用税、房产税,不能按期缴纳税款的,经有权税务机关批准,可以延期缴纳。生产经营严重困难,确实无力足额缴纳社保费用的,按规定批准后可缓期缴纳,免收滞纳金。二是从信贷上,加大担保支持力度。加大对农业企业等主体的服务对接力度,提供优惠利率信贷支持,特别是开辟“绿色通道”,对疫情防控稳产保供重点新型农业经营主体适当降低担保准入门槛,优先受理,快速审批,协调银行等金融机构尽快放款。三是从保险上,强化保障服务能力。用足用好中央政策,紧密结合我省实际,进一步扩大农业保险覆盖面,实现应保尽保,特别是鼓励保险机构探索开展“保险+期货”“保险+金融”等,创新农业保险服务方式,推动农业保险由保成本向保价格、保收入转变。

关于开展促进消费潜力释放调研协商工作的情况报告

为深入贯彻落实习近平总书记重要讲话精神，省政协把开展“促进消费潜力释放”调研协商作为“聚合力、防疫情、促发展”活动的一项重要内容，深入基层、调查研究、听取意见、协商交流、提出建议，积极发挥专门协商机构的作用，努力为夺取常态化疫情防控和经济社会发展“双胜利”贡献智慧和力量。现将主要情况报告如下。

一、调研协商情况

一是加强组织领导。成立了边发吉同志任组长，社会和法制委员会、省民盟、有关省直部门负责同志和省政协委员、专家学者组成的工作专班，认真学习有关文件精神，精准把握政策要求，努力提高政治站位。社法委同省民盟、有关省直部门建立了联络互动机制，切实发挥牵头协调作用，主动做好沟通、联系和服务工作。有关党政部门和地市及时通报情况，认真研究解决问题，为政协委员知情明政和调研协商顺利开展创造了条件。二是强化协商理念。调研协商工作组先后赴衡水、沧州、保定等地，深入重点部门、行业企业、商业中心、文旅项目和群众中开展调研和协商，力争把情况摸清、问题看准、建议提实。7 月 28 日，在省政协机关召开了调研协商专题座谈会，邀请省政协委员、专家学者和省直有关部门负责同志、行业代表等深入协商议政，积极建言献策，凝聚广泛共识。三是提高工作实效。坚持问题导向和目标导向，积极开展“线”上调研，认真吸收借鉴浙江、湖南、四川等地的好经验、好做法。组织民建、社科、福利与保障三个界别的委员多角度、多层面开展“微”调研，召开了三场小型座谈会，收集界别群众的意见建议 80 余条，为形成有重点、有价值的协商成果奠定了基础。

二、消费现状分析

在调研协商中，大家一致认为，今年以来，省委、省政府认真贯彻落实习近平总书记的重要讲话精神和党中央、国务院的决策部署，综合施策，多措并举，推动了消费潜力不断释放、消费环境不断优化、消费态势不断向好。今年上半年，我省社会消费品零售总额加速回暖，实现零售总额 5487.4 亿元，同比下降 5.6%，降幅比一季度收窄 10.7%，好于全国 5.8 个百分点。

一是政策体系不断完善。省政府出台了《扩大消费十大专项行动实施方案》，从商品消费提档升级、文旅消费重振提质、信息消费提速、健康消费壮大、养老消费升级等十个方面进行了全方位部署。省商务厅、文旅厅等部门制定了推进商业消费释放回补扩容提质、支持文旅企业发展等文件，为促进消费潜力释放提供了良好的政策支撑。二是工作力度不断加强。成立了省防控疫情推进外资外贸商贸流通文旅业发展协调领导小组，加强分析调度、数据统计、入企帮扶、督导检查、政策宣传等工作，形成了上下联动的工作体系。省发改委聚焦重点领域，多方面推进消费市场平稳运行。

省文旅厅组织协调退还1034家旅行社质保金近1.7亿元，联合20家媒体免费为全省文旅企业开展了“亿元+公益广告大联播”宣传活动。三是新型消费不断壮大。省政府办公厅印发了《关于加快5G发展的意见》，谋划到2022年，5G示范应用场景将超过50个，5G产业主营业收入将突破1000亿元。省工信厅先后培育了20个省级信息消费体验中心，并安排专项资金1340万元，重点支持互联网智慧医疗和养老服务系统建设。省商务厅主办的“2020河北网购狂欢节”，线上交易额达47.5亿元。四是重点领域持续回暖。目前，全省431家A级景区已全部实现预约、限流、错峰开放；已有1256家旅行社复工，占旅行社总量的82.85%；已有349家星级饭店复工，占星级饭店总量的91.84%。河北“非遗”购物节销售总额达到4300余万元。省、市旅发大会重点项目举办了集中开工复工仪式，全省174个、总投资1684亿元的项目全面开工。五是政务环境不断优化。省政务服务办在全国率先恢复省级政务大厅，做到“线上系统不关网、线下服务不断档”；开发了全省政务服务事项标准化管理系统，1281个省级事项，8647个市级事项，98216个县级事项实现了网上可办；244项涉企经营许可事项进行了分类改革，我省成为全国第5个“证照分离”改革全域覆盖的省份。

三、存在困难问题

委员们认为，面对疫情影响，我省在促进消费增长方面还有不少困难和问题。主要是：

（一）企业经营和市场复苏不容乐观。便利店、百货、餐饮、住宿、汽车销售等行业客流明显不足，销售额偏低，且作为公众服务窗口单位，接触社会人员多，疫情防控任务重，企业加大投入带来了成本提升。疫情发生以来，我省已停业、注销文旅企业58家，另有722家企业存在停业、破产风险，占企业总数的17.7%。特别是，受北京6月初疫情反弹影响，文旅企业经营再次跌入困境，6月底，全省2385家复产文旅企业中，营收在去年同期30%以下的企业达到1861家，占企业总数78%；营收达到去年同期50%以上的企业仅86家，占复产企业总数3.5%。

（二）稳岗稳产和企业融资难度加大。企业在营业收入减少的同时，人工、水电、房租等固定成本支出增大，造成经营资金紧张，周转资金缺乏。企业关闭和裁员又直接导致就业岗位减少，影响了就业稳岗形势。特别是文旅企业经历了几个月的关停，复业后依然入不敷出，且该类企业多属于劳动密集型，人员工资占支出比例高；多以轻资产为主，缺少抵押物、担保不足，通过银行渠道融资程序多、门槛高、难度大；通过融资租赁和民间借贷，财务费用高，债务违约风险大。

（三）外贸企业面临严峻挑战。受全球疫情形势影响，上半年，虽然我省外贸进出口主要指标增幅均好于全国，但外贸企业普遍存在在手订单取消多、延期多、短单多、长单少等诸多困难。调研发现，有近八成企业在手合同较去年出现下降，有近七成企业存在客户要求延迟订单的情况，有近六成企业存在客户取消订单的情况，在手订单较去年增长的企业仅占7.3%，与去年相比持平的占15.2%，外贸企业的面临的困难十分突出。

（四）营商环境有待进一步改善。调研中，一些市场主体和群众反映，个别基层政府行政执法不规范，检查的频次过高，且自由裁量权过大，处罚的随意强，给企业正常的生产经营带来了较大影响。同时，个别领域的政务服务效率不高，比如，房产交易过户手续不能在行政大厅集中办理，手续涉及部门多、流程长，且没有做到公开透明，个人很难自行办理，往往要依靠中介、缴纳中介费，较高的时间成本和交易成本阻碍了市场要素的有效循环流动。

四、有关对策建议

委员们提出，促进消费潜力释放涉及层面广，系统性、政策性和关联性很强。在常态化疫情防控之下，必须要坚持供给侧结构性改革这个战略方向，扭住扩大内需这个战略基点，积极构建内循环为主体、国内国际双循环相互促进的新发展格局，切实发挥消费的基础性作用，促进我省经济平稳运行和高质量发展，应加强以下六个方面的工作。

（一）优化产品服务供给，推动消费“热”起来。一是加强科技创新和工业设计。立足新一轮全球科技竞赛和产业比拼，进一步强化关键环节、关键领域和关键产品保障能力，巩固传统产业优势，强化优势产业领先地位，提升产业基础高级化、产业链现代化水平。加快推进文化创意和设计服务与制造业融合发展，支持企业建立工业设计中心、创意设计园等平台，培养引进创意设计人才，引导企业围绕消费需求变化，加大时尚化、高端化、个性化产品研发力度，打造爆款产品，提高文化内涵和附加值，为消费市场提供更多选择。二是抓好品牌与标准体系建设。鼓励行业协会、企业、研究机构等加大品牌与标准体系研究，结合疫情常态化防控的需要，就产品的生产制造、工艺材料、维修维护等标准提出系统性的改进意见，掌握行业发展的主动权。利用品牌发展论坛、博览会和消费品体验活动等，进一步加强品牌创建，推进增品种、提品质、创品牌的“三品”战略，扩大我省品牌的影响力。三是丰富特色文化旅游产品。实施文创品牌提升工程，深度挖掘我省传统文化和红色文化资源，创排更多文艺精品力作。发挥省市旅发大会平台作用，开展全域旅游示范区、高等级景区、国家级旅游度假区创建工作，不断推动高品质文化旅游景区建设，积极打造集合文创商店、特色书店、小剧场、文化娱乐场所等消费集聚地。四是切实提高服务业质量。做好服务业供给侧结构性改革，推动原有的商业模式和行业治理模式转型，引导餐饮、家政、保险等服务企业在做好疫情防控的同时，下沉社区，为社区居民提供安全、便捷的生活服务。培育一批专业化、连锁化、品牌化养老服务企业，启动实施社区医养能力提升工程，大力发展医疗服务、健康管理等相关服务产业，不断满足居民日益增长的个性化、多样化消费需求。

（二）多方畅通消费渠道，推动消费“顺”起来。一是保障市场高效运转。深化要素市场化配置改革，打破地方保护，消除各类行政限制和非公平竞争，清理不合理收费，实现更大范围更宽领域的经济循环。在严控疫情和加快复产的同时，采取改善供给、调控需求、合理监管、引导预期等手段，促进物价稳定。严格控制居民生活必需品，特别是食品价格的过快上涨。加强市场巡查和监督检查，实时掌握市场价格动态，强化价格形势分析研判，及时预警预报，依法严厉打击利用疫情哄抬物价、囤积居奇等价格违法行为，确保市场稳定。二是打造区域消费中心。合理规划布局，积极打造各具特色的综合性消费城市，建设传统和新型相结合的规模化城乡消费商圈。进一步优化城乡商业网点布局，鼓励经营困难的传统百货店、大型体育场馆、老旧工业厂区等改造为商业综合体、消费体验中心、健身休闲娱乐中心等多功能、综合性新型消费载体，在城市规划调整、公共基础设施配套、改扩建用地保障等方面给予支持。推进品牌消费集聚区建设，加快推进成熟商圈上档升级，不断改进消费体验。三是加强流通供应链建设。着力培育综合物流中心、物流配送中心、物流示范企业，突出抓好物流设施设备标准化改造，搭建开放、共享、智能信息平台，构建高效集约、协同共享、融合开放、绿色低碳的城乡高效配送体系。改造提升农村流通基础设施，支持电商和物流企业向乡镇农村延伸，畅通农产品进城和工业品下行渠道，进一步打通供应链，延长产业链，提升价值链。对防疫物资及其原辅材料、生产设备等紧急物资，开辟物流“绿色通道”，保障防疫物资、生产设备和原辅材料运输顺畅。四是壮大在线销售消费。大力培育引进电商平台，建设区域电商直播网络流量基地、特色产业区域性电商直播基地，推广线上线下、直播电商、社区电商新零售等数字商务发展新模式。支持大型商业零售企业建立、完善网上销售体系，提升线上销售比例。推动大型农产品批发市场及餐饮行业、社区商店、菜市场，与电商零售平台合作，广泛开展送货上门、货到店取、智能自提等新兴业务。鼓励国家工作人员开展代言带货，引导电商企业举办产销对接会、“双品”购物节等网络促销活动，满足“宅经济”“云生活”等新消费需求。五是活跃发展夜间经济。大力发展城市夜经济，以大型购物中心、知名文化旅游场所、特色文体娱乐中心和热门美食区域为基础，鼓励主要商圈和特色商业街与文化、旅游、休闲等紧密结合，适当延长营业时间，开设深夜营业专区、24 小时便利店和“深夜食堂”等特色餐饮街区。有条件的地方可加大投入，打造夜间消费场景和集聚区，完善夜间交通、安全、环境等配套措施，提高夜间消费便利度和活跃度。

（三）实施消费促进活动，推动消费“火”起来。一是发挥消费券撬动作用。鼓励各级财政拿出部分资金、电子支付平台和电商平台投入适当资金设置消费券，商贸流通企业开展优惠让利销售，让消费券发放活动真正惠及消费者。在商贸流通、生活服务等领域设置提振消费行动主题，利用电子支付影响力大、覆盖消费人群广的优势，引入银行等金融单位和阿里、腾讯等电子支付平台，更加精准地分期分批分类，面向特定群体、特定商品、特定领域推出电子消费券。二是开展消费惠民行动。发放“文化惠民卡”，鼓励景区推行门票折扣优惠措施，国有文化场所和旅游景区严格落实对军人、未成年人、老年人、残疾人等特定群体门票减免政策，激发民众消费热情。安排专项资金，加大政府购买公共服务支持力度，支持省内文化场馆引进国内外优秀演出剧目并实行低票价，开展文化惠民“七进”演出，推动公共图书馆、博物馆、美术馆、文化馆和综合文化站免费开放，实施体育消费券补贴政策，降低运动成本，扩大健身人群规模。三是扩大节庆假日消费。依托“中秋节”“国庆节”等重大节日和众多旅游资源，以“幸福河北欢乐购”、旅游嘉年华、特色商品展、餐饮美食节等形式，组织大型商场超市、电商平台、餐饮企业、旅游景点和文化场所，开展消费促进活动。积极参加 2020 年全国“消费促进月”和知名电商举办的“双 11”“双 12”等网购节，挖掘网上展销、网络直播、网红带货等资源，最大限度激发消费热情，释放消费潜力。四是推动消费更新换代。进一步研究促进汽车、家具、家电等重点商品消费的政策，支持企业开展以旧换新活动，加快电冰箱、洗衣机、电视机、空调等家电产品和智能手机、个人计算机更新替代，扩大绿色产品销售规模。进一步落实取消二手车限迁政策，允许符合排放标准的二手车在全省交易流通，促进省内汽车报废更新和二手车销售，推动车辆消费升级，更好地引导消费预期。五是提升振兴农村消费。进一步抓好电商和产业扶贫，引导农产品流通企业与贫困地区开展长期稳定的产销合作。实施消费扶贫行动，鼓励各级群体和社会组织在开展活动时，优先将目的地安排在贫困地区，采购消化贫困地区产品。机关企事业单位应加大扶贫包联力度，积极参与农产品促销等活动。推动大型酒店、餐饮、商超等采取“以购代捐”“以买代帮”等方式采购贫困地区产品。

（四）拓展消费业态模式，推动消费“潮”起来。一是加快信息基础设施建设。支持通信企业优化提升网络供给质量，加快5G网络等信息基础设施建设和商用步伐，扩大5G网络覆盖，完善农村和偏远地区宽带网络，搭建高质量信息网络支撑体系。积极丰富5G技术应用场景，促进物联网、区块链、“5G＋4K”等新技术应用，在成熟商圈、旅游景区、街道社区等人流密集区域，开展信息消费体验中心建设，利用虚拟现实、超高清视频等手段，展示、销售信息消费产品和服务，不断丰富和改善消费体验，为消费潜力释放搭建快车道。二是拓展信息消费产品。加快研发可穿戴设备、移动智能终端、智能家居、4K视频终端、医疗电子、医疗机器人等智能化产品，提高消费电子产品供给创新。推动智能网联汽车产业以及虚拟/增强现实、消费类无人机、便携式健康监测设备、家庭服务机器人等产品发展。培育创建消费品个性化定制、纺织服装创意设计、康复辅助器具应用等试点示范项目，带动智能服务新消费，促进产业和消费“双升级”。三是延伸智能消费空间。以“互联网＋”为依托，推动5G在工业、农业、社会治理、教育、交通、医疗健康等领域融合应用，推动“智慧商店”“智慧街区”“智慧商圈”建设，拓宽智能消费和社会服务新空间。顺应“宅经济”“宅消费”及在线消费、非接触性服务消费发展趋势，支持线下经营实体向场景化、体验式、互动性、综合型消费场所转型，实现线上线下互动、商旅文体协同，营造新消费体验场景。四是构建新型商业模式。依托“新基建”，完善“互联网＋”消费生态体系，大力发展智慧商店、网上餐厅、网上超市等新模式，推动无人零售、智慧购物、数字营销、智慧商圈等创新发展。积极引导电商平台以数据赋能生产企业，培育定制消费、智能消费、信息消费、时尚消费等商业新模式。实施包容审慎监管，鼓励发展“互联网＋旧货”“互联网＋资源循环”，促进循环消费，推动流通新业态新模式健康有序发展。

（五）加大政策支持力度，推动消费“硬”起来。一是全面加快复工复产。加强摸排调度，优化防控措施，在确保安全的前提下撤除不必要的出行管控，指导督促疫情风险低、复工进度慢的地区抓紧组织商贸流通企业开门营业，协调解决用工、设备、原材料和资金等实际困难。对受疫情影响严重的重点企业，各级政府要“一对一”帮扶，认真解决企业面临的困难问题，研究推出一批有力度、可操作、能见效的实施细则，精准帮扶企业渡过难关。二是做好稳定就业工作。依托省公共就业服务平台、人才网等渠道，开展线上招聘服务，完善就业服务网络。健全劳动者自主择业、市场调节就业、政府促进就业相结合的机制，提高就业质量。完善税收减免、岗位补贴、培训补贴、社会保险补贴、技能鉴定补贴等政策，促进高校毕业生、农村转移劳动力、城镇就业困难人员就业，尤其做好低收入家庭的就业。严格落实创业帮扶政策，支持创新创业带动就业示范基地、创业孵化基地、农民工返乡创业园建设，千方百计扩大就业创业规模和形式。三是提高居民收入和生活保障水平。进一步落实好《关于努力增加城乡居民收入奋力实现全面建成小康社会目标的工作举措》，深化户籍制度和农村土地、集体产权制度改革，稳定工资性收入预期。开放和完善证券、金融市场，支持居民便利提取公积金，拓宽财产性收入渠道，提高城乡居民消费能力和水平。加大对民生工程的投资建设，健全城乡社区基本公共卫生服务网络，加大城市困难群体的医疗救助、再就业援助和特殊服务帮扶力度。落实人才购房优惠政策，吸引各类人才落户河北。四是强化财政和金融支持。研究制定有利于企业发展的税收减免、法律保护、政策扶持等政策，加大财政对受疫情冲击影响严重企业的补贴力度，对2020年新增贷款予以贴息，落实稳岗就业补贴。金融机构要通过适当降低利率、信贷展期、续贷、减免逾期利息等措施给予困难企业支持，推动商业银行落实贷款融资优惠政策。为重点企业搭建担保平台，加大专项债支持力度，将文旅体行业纳入小微企业融资债券重点支持范围。对困难企业的自用房产、土地酌情免征房产税和土地使用税、申请缓缴社会保险费、减免企业房租等。五是推动内外循环互促互进。充分发挥河北自由贸易试验区作用，不断探索制度创新。以“一带一路”建设为契机，促进内外市场和规则对接，创造“你中有我、我中有你”供应链生态。支持企业扩大出口，稳住外贸外资基本盘。加大对外贸企业内销的支持力度，实施内外销产品“同线同标同质”工程，引导企业提升产品质量和等级，增加面向国内外市场的优质商品供给量，以“内循环”支撑“外循环”，以“外循环”带动“内循环”。

（六）改善营商消费环境，推动消费“优”起来。一是进一步深化“放管服”改革。积极完善网上受理、网上审批、网上办理工作平台，为市场主体和人民群众提供高效便捷的服务。降低消费市场准入门槛和制度性交易成本。不动产交易审批要打破部门间的信息孤岛，简化流程，实现一网通办、一窗受理，探索将办理端口延伸至房地产开发企业、房地产经纪机构、金融机构，方便房屋交易主体就近办理、便捷办理。二是进一步规范执法监督。严格执行“双随机、一公开”，实行到企检查报告制度。行政执法部门要杜绝多头执法、重复执法，税务部门要尽量降低检查稽察频次，坚决杜绝摊派处罚指标、违规征税等，促进企业休养生息。开通群众监督和营商环境投诉热线，推进基层执法更加公开透明、规范有序。发挥好行业协会的作用，不断建立健全规章制度，推动市场主体加强自律，知法守法，依法经商，诚信经商，共同促进形成公平竞争的营商环境。三是进一步完善便民消费设施。充分利用开放性公共空间，建设一批人气旺、特色强、有文化底蕴的步行街，开设周末大集、休闲文体专区等常态化消费场所。大力发展便利店、社区菜店等“小店经济”，拓宽配送服务领域，积极改造或新建生鲜超市、菜市场、农贸市场等，加快社区便民商圈建设。四是进一步营造放心消费环境。推进消费领域信用体系建设，探索“互联网＋消费维权”新模式，用信息化手段打通消费纠纷快速解决路径。倡导企业实行无理由退货制度。对文旅市场实施靶向监管，建立常态化卫生防疫、食品安全、消费安全保障机制，打击欺客宰客、恶性竞争等违法违规行为。加强对海鲜品进口、冷链运输、储藏设备、空调通风、消毒设备等检测检验和更新换代，掐断传播疫情途径，多渠道营造卫生、洁净、让消费者放心的市场环境。

关于加快推进我省“互联网＋医疗健康”高质量发展的调研报告

为深入贯彻落实习近平总书记重要讲话精神，按照全省政协系统“聚力量、防疫情、促发展”活动安排，从5月开始，省政协围绕“加快推进我省‘互联网＋医疗健康’高质量发展”进行了专题调研。调研工作由王宝山副主席牵头，教科卫体委员会具体组织，部分政协委员、党派成员和专家学者组成调研组，赴唐山市、衡水市、省人民医院、省中医院进行实地调研，召开了界别协商座谈会和专题研讨会。通过多种形式，与省农工党、九三学社、有关职能部门、部分市县政协负责同志进行了深入交流。

委员们一致认为，“互联网＋医疗健康”是一种新型医疗服务载体，是构建优质高效的医疗卫生服务体系的重要支撑，对于更好地满足人民群众医疗健康服务需求，统筹推进疫情防控和经济社会发展具有重要意义。调研过程中，我们坚持双向发力，把协商民主贯穿始终，有关各方在“互联网＋医疗健康”的重要意义、工作成效、存在问题和发展思路等方面，达成许多共识。现将有关情况报告如下。

一、我省“互联网＋医疗健康”进展情况

（一）组织领导有力有序。一是党委政府高度重视。省委、省政府坚持以人民为中心的发展思想，大力推进健康河北建设，高度重视“互联网＋医疗健康”工作，出台《关于促进“互联网＋医疗健康”发展的实施意见》等政策文件，措施有力，成效明显。各地党委政府相应推出了具有本地特色的工作举措，为“互联网＋医疗健康”发展提供了有力组织保证。二是有关部门密切配合。省卫健委认真履行主管部门职责，积极构建平台建设、数据互通、业务整合、强化基层等基础工作。省医保局制定“互联网＋医疗服务”价格政策，推动将符合条件的服务费用纳入医保支付范围。省发改委协调对接腾讯等互联网公司，促成省政府与腾讯集团签署了“健康河北”项目合作协议。在有关部门的共同努力下，我省“互联网＋医疗健康”整体框架搭建工作基本完成。

（二）基础建设稳步推进。一是持续推进数据互通共享。截至2019年底，基本建成省级全民健康信息平台，石家庄、承德、秦皇岛、廊坊、唐山、邯郸6市基本建成市级全民健康信息平台。全省统一的基层医疗卫生机构管理信息系统基本建成，建档率约为89.6%。二级以上医院数据交换系统基本建成，覆盖447家二级以上医院。二是不断推出便民惠民举措。医疗机构全民健康信息化建设提速，全省普遍提供线上服务的二级以上医院约146个，占比32%。我省开发上线“河北智慧健康”公众服务号，实现线上预约挂号、电子健康码申领使用、医院导航等便民应用。推动医联体内实现“基层检查、上级诊断”，提高优质医疗资源可及性。

（三）在打赢“两场硬仗”中成效显著。一是为疫情防控提供了保障。疫情发生后，最快速度完成了“河北健康码”平台建设，手机APP上线运行，完成6000多万个健康码预制，公民凭“健康码”出行，全程留痕，卡住了疫情防控的出入口。大力推广预约诊疗、智能分诊、检验检查结果查询、移动支付等线上服务，有效降低了因人群聚集造成的感染风险，提高了防控能力，方便了群众就医。二是为促进健康脱贫提供了助力。2019 年底，河北省远程医疗中心实现了 62 个贫困县县医院的远程医疗覆盖，提供远程门诊、远程会诊等服务，使优质医疗资源不断下沉。全省统一部署基层医疗卫生机构管理信息系统，覆盖了 2736 家基层医疗卫生机构、38076 家村卫生室，提升基层卫生健康服务水平，提高了贫困地区群众的健康获得感和满意度。

二、存在的主要问题

（一）“施工图”不清晰。主要表现在建什么、怎么建、谁来建上。“互联网＋医疗健康”的建设和管理责任不够

清晰，存在各自为战的现象。部分医疗机构对互联网医疗建设标准不清、定位不准，被信息建设公司“牵着鼻子走”。有些医疗机构信息化建设贪求高大上、花哨好看，实用价值不高。投资主体不明确，各级医疗机构“互联网＋医疗健康”建设经费普遍不足。

（二）“互联网”不互联。电子健康码运用亟待完善，我省大部分三甲医院都实行了内部信息化管理，就诊“一院一卡、重复发卡、互不通用”，电子健康码与医保电子凭证无法融合使用，给群众看病带来极大不便。诊疗数据互通共享未实现，远程医疗在信息纵向流动上，无法充分实现与上级医疗机构的信息互通共享。在信息的横向流动上，信息化水平较高的三级医院分别拥有各自的信息系统，院际之间数据不兼容。

（三）“大合唱”不一致。政府管理存在缺失，已出台的针对远程医疗服务收费目录无定价，各医院开展远程医疗服务缺乏收费依据。远程医疗服务收费尚未纳入医疗保险制度，患者承担的费用较高，参与的意愿较低。缺乏针对相关医务人员的激励机制，医务人员参与“互联网＋医疗健康”积极性不高。服务体系不够完整，由于缺乏相关基础设施和资金支持，许多基层医疗机构不具备远程影像、心电、病理、超声、中医等条件，远程医疗开展缺乏深度，实现对基层医疗机构的全部覆盖任务较重。社会力量动力不足，支持、鼓励企业参与建设的政策和机制不健全，企业参与的积极性不足。我省缺少全国领先的大型互联网企业，互联网医疗领域创新活力不足。医疗机构的基础相比经济发达省份较薄弱，建设难度大。

（四）“安全阀”有隐患。信息安全方面，为患者提供便捷服务时，医院的内部业务网要和公共互联网联通，存在系统被攻击、信息被盗取、隐私泄露等信息安全隐患。在监管责任方面，我省未建立全程留痕，可查询、可追溯的监管平台，相关监管制度和责任区分也有待完善。在风险防控方面，随着智慧医疗的建设和健康码的推广使用，病人隐私安全、医生权益保障等涉法风险较多，有关法律法规亟待健全。

三、意见建议

（一）搞好顶层设计，明确“互联网＋医疗健康”的发展方向

一是完善政策体系。从政策体系入手，高位统筹推动“互联网＋医疗健康”工作，建立完善“互联网＋医疗服务、公共卫生、药品供应、医保结算、互通互联、疫情防控、行业监管”等重点领域的相关配套政策。通过政策引导，形成多方协同合力，持续推动发展的良好局面。二是坚持科学定位。由省级组织制订适度超前的省级规划方

案，持续推进互联网在医疗健康领域应用。各市结合自身信息产业、医疗卫生事业发展基础，同步制定落实办法。三是规范建设标准。建议尽快出台我省加快发展“互联网＋医疗健康”的标准体系，各级卫健主管部门尽快出台相关规定，加强此项工作的规范化管理。加快我省互联网医疗服务收费标准、医保支付、利益分配等相应配套政策出台。促进医疗资源与患者的合理有序流动，实现多方共赢。

（二）加强平台建设，夯实“互联网＋医疗健康”发展基础

一是拓宽投资渠道。明确政府投入领域和标准，特别是基层“互联网＋医疗健康”建设，政府应成为投资主体。宁夏、贵州等省份由省财政投入设立互联网医疗专项基金（2亿—3亿规模），发挥了财政投入示范引导和杠杆撬动作用，其经验值得研究借鉴。出台具体政策，鼓励探索风险投资、技术入股、产业融资等协作共赢机制的建立，吸引社会各方力量特别是企业参与“互联网＋医疗健康”建设。二是完善远程医疗服务体系建设。依托省远程医疗中心，进一步拓展与医疗机构的联通功能，完善远程会诊、远程影像诊断、远程心电图诊断等服务。当务之急是解决远程医疗上下级医疗机构信息系统不兼容的问题，实现病例信息共享，检查检验结果互认。三是打破行政壁垒。整合部门业务系统，推进远程医疗、互联网诊疗服务项目等纳入医保支付范围。加快推动省内电子健康码、医保电子凭证整合，实现互联网医疗服务费用便捷支付及报销，推动我省互联网医疗服务的实质性进展。四是发展互联网医院。鼓励依托软、硬件条件过硬的实体医院，借助互联网企业的资金和技术优势，创新合作模式，实现高质量融合发展。

（三）完善服务方式，提高“互联网＋医疗健康”服务质量

一是创新运行机制，调动各方积极性。创新“远程医疗”组织准入、业务流程、质量控制等管理运行机制，明确互联网医疗收费结算、绩效激励、评估考核等经济运行机制，充分调动基层医疗机构、上级医院以及广大医务人员、患者群众等各相关方参与积极性。二是加大医保政策支持，减少费用支出。出台远程医疗服务收费标准，明确远程会诊、查房、诊断等远程医疗收费标准。将远程会诊和诊疗费纳入医保报销，保证患者直接就医负担和差旅误工间接经济负担“双下降”。三是方便群众就医，提高服务质量。加速推进全省居民电子健康码“一码通”，在居民授权下，对居民在线开放健康档案查询。探索网上复诊开药、线上医保支付、药品配送上门等可行性服务。为患者在线提供随访和远程指导，以及医院内就诊诊间结算、脱卡支付，逐步实现让百姓少跑腿、数据多跑路，患者不出家门就能享受优质高效的居家康复服务。四是积极对接京津优质资源。鼓励各级机构抓住京津冀协同发展战略机遇，科学制定规划，用足政策优势，积极对接京津地区优质医疗资源，开展互利合作，引进先进医疗技术，补强薄弱环节，提升整体实力。

（四）强化安全保障，促进“互联网＋医疗健康”稳步运行

一是注重培养复合型人才。支持省内高校设立“互联网＋医疗健康”亟须学科专业（即懂医疗又懂信息化）。创新人才继续教育形式，推进网络医学教育资源开放共享和在线互动、远程培训、远程手术示教、学习成效评估等应用，提升行业管理者和从业人员的医疗信息化、数字化认知水平。二是加大宣传力度。大力宣传发展互联网

医疗的政策措施及成效，提高群众知晓度和参与度，营造加快互联网医疗发展的良好环境和社会氛围。注重宣传互联网医疗服务的先进典型，增强职业荣誉感。三是加强医疗质量监管。建立健全“事前、事中、事后”的质量监管制度，保证互联网诊疗活动全程留痕。加快全省互联网医疗服务监管平台建设，对互联网医院的人员、处方、诊疗行为、患者隐私保护和信息安全等实施监管。将互联网医院纳入医疗质量控制体系，开展线上线下一体化监管，确保医疗质量和就医安全。四是保障数据信息安全。完善信息安全管理措施，落实信息系统安全等级保护制度，严格执行医疗数据保密规定。加强互联网医疗服务信息系统、关键基础设施防护。完善安全防护评估机制，定期开展隐患排查、监管和预警。对非法买卖、泄露信息行为依法依规予以惩处。

关于长城河北段国家文化公园建设的调研报告

根据省政协重点课题调研工作安排，结合新冠肺炎疫情防控要求，带领省政协文化文史和学习委员会制订调研工作方案，组建专题调研组，在赴承德市进行实地考察调研的同时，与秦皇岛市、张家口市、承德市、滦平县政协等市县政协开展联合调研，委托长城沿途市县政协开展协同调研，深入了解我省长城国家文化公园建设推进情况，广泛征集意见建议。调研过程中，坚持目标导向和问题导向，组织召开不同层次的线上线下座谈会、讨论会和协商会，就相关问题进行了深入探讨和广泛协商。在此基础上，形成了调研报告。

一、基本情况

长城是中华民族的精神象征，是中华文化的重要标志。我省现存有从战国到明代等不同时期的长城2498.5千米，分布于9市1区的59个县(市、区)，资源认定总量位居长城沿途15个省(区、市)中第二位，但从现存规模、时间跨度、资源数量、空间布局和建筑型制来讲，在长城沿线居于首位；其中明代砖体长城保存程度最好，长度达1338.6千米，建筑形制丰富多样，墙体、关堡、敌台、烽火台、马面等建筑类型均有呈现。2019年7月，习近平总书记主持召开中央全面深化改革委员会第九次会议，审议通过了《长城、大运河、长征国家文化公园建设方案》。9月，中办、国办印发《长城、大运河、长征国家文化公园建设方案》，明确将河北作为长城国家文化公园重点建设区，要求于2021年完成建设任务，为全国作出标杆示范。为此，省委、省政府高度重视，省委、省政府主要领导先后多次作出重要批示，提出明确要求，把规划建设好河北段长城国家文化公园，作为义不容辞的政治任务和千载难逢的重大机遇。在省委宣传部的高位谋划、统筹推进下，省文化和旅游厅强化使命担当，积极主动作为，长城河北段国家文化公园建设正在有力有序推进。

(一)高标准启动长城国家文化公园建设工作。在全国率先成立省级国家文化公园建设工作领导小组、工作专班和专家咨询委员会，以省两办名义印发《长城、大运河(河北段)国家文化公园建设工作推进方案(2019—2023年)》，统筹推进长城国家文化公园建设工作。今年3月11日，组织召开了全省长城国家文化公园项目推进工作视频会议，安排部署长城国家文化公园(河北段)首期重点项目优化推进工作，明确2020年长城国家文化公园建设十大重点工作任务，为今年长城国家文化公园建设工作指明了方向。

(二)高质量编制长城国家文化公园建设规划。对标中办、国办《建设方案》要求，以规划编制为统领，国家、省、市文化和旅游部门联动协作、多方会商，高质量完成《长城国家文化公园河北段建设保护规划》的编制工作，经数次广泛征求意见，形成规划送审稿报经省委、省政府同意，已呈报国家文化和旅游部审核。同时，还同步制订了《长城国家文化公园(河北段)建设实施方案(建议稿)》。

(三)谋划实施了一批长城国家文化公园重点支撑项目。在梳理提炼各类文化文物旅游资源的基础上，本着突出重点、优化结构、确保可行的原则，按照轻重缓急和项目重要性，紧扣长城河北段重点建设区任务时限，梳理形成长城国家文化公园(河北段)省级项目库，优选确定了 45 个项目，投资额 287.4 亿元。截至 6 月中旬，长城国家文化公园(河北段)已有 15 个项目开工建设，9 个项目即将开工。

（四）创新推动长城国家文化公园建设高质量开展。一是加快推进《河北省长城保护条例》修订工作，预计将于 9 月提交省政府常务会议审议。二是推动可阅读长城数字云平台项目建设，在山海关、大境门等长城重要点段实现“一部手机游长城”。三是大力宣传长城国家文化公园，通过全媒体方式聚焦长城旅游，讲好长城故事，弘扬长城精神，打造长城文化品牌。四是积极开展长城主题文艺创作。通过举办“长城两边是故乡——河北长城摄影图片展”等，进一步展现长城魅力。五是依托秦皇岛长城旅游公路、唐山长城旅游路、承德国家一号风景道、张家口草原天路等，推动打造系列高标准的融交通、文化、体验、旅游于一体的复合廊道。六是强化长城主题社科研究支持力度，形成一批重大科研成果，为我省长城国家文化公园建设提供理论支撑和智力支持。

二、存在问题

长城河北段国家文化公园建设时空跨度大，地域面积广，所涉地区情况复杂多样，而且长城文化遗产作为一个具有整体性的线性遗产，具有价值上跨领域、空间上跨区域、管理上跨系统的多元属性，决定了建设长城国家文化公园将是一项创新性、复杂性、系统性工程；同时，中办、国办《建设方案》明确国家文化公园要重点建设“管控保护区”“主题展示区”“文旅融合区”“传统利用区”4 类主体功能区，大力实施“保护传承工程”“研究发掘工程”“环境配套工程”“文旅融合工程”“数字再现工程”5 大工程。因此，长城河北段国家文化公园建设面临着如下问题和挑战：一是长城保护还存在一些亟待解决的问题。如受水土流失、风力侵蚀等影响，境内长城有的已经自然消失；个别地段因开矿、修路、电力、通信设施、建设工程、旅游开发等原因，长城线性墙体和烽火台被人为切断、铲平、取土破坏；地方性法律法规不健全；长城保护管理力量薄弱、经费短缺等。二是长城国家文化公园建设任务重且资金缺口大。根据《建设方案》要求，我省筛选确定的 45 个国家长城文化公园建设项目，投资额约 287.4 亿元，仅 2020 年计划完成投资近 70 亿元。目前，国家层面目前尚未出台针对国家文化公园的资金支持政策，我省作为先行先试的重点建设区急需国家层面加大倾斜和支持力度。三是国家文化公园建设没有以往经验和路径可循，河北重点建设区急需国家层面的培训、指导和社会各界的关注支持，帮助解决技术上、管理上的难题，尽快搭建形成区域化国家线性遗产的保护架构。四是国家文化公园作为一项跨省域、跨部门的系统工程，需要实现跨区域、跨部门的协同，打破传统封闭的行政管理格局。但目前长城沿线存在的多头管理、交叉重叠问题较为突出，公园化建设保护管理协调非常困难。五是河北段长城处于燕山—太行山国家集中连片贫困区，曾有 28 个国家级贫困县，整体经济发展水平相对落后，产业及财政基础薄弱，交通、文化旅游等公共服务设施配套薄弱，长城文化公园建设亟须对现有资源进行系统性整合。

三、意见建议

建设长城河北段国家文化公园，是深入学习习近平总书记关于历史文化遗产保护传承利用的一系列重要论述，贯彻落实党中央、国务院和省委、省政府部署要求的一项重大举措。为切实做好此项工作，建议如下。

（一）强化统筹协调，推动长城国家文化公园建设高质量开展。一是进一步完善政策规划体系。强化顶层设计，进一步完善《长城国家文化公园（河北段）建设保护规划》，推动各市编制当地建设保护规划。在省级项目库的基础上，指导长城沿途市、县尽快建立分类、分级、分期的长城国家文化公园项目库，规划建设一批具有地域特色的标志性、支撑性项目。二是加快推进建设保护规划落地实施。发挥好省领导小组办公室统筹协调作用，强化工作进度，协调省直有关部门加大对口中央部委的协调争取力度，制定相关鼓励政策；利用人大建议案、政协提案和民主党派"党派直通车"等渠道，推动重点建设项目纳入国家、省"十四五"规划，争取国家、省政策和资金支持；统筹利用省级各类专项资金，聚力推进长城国家文化公园建设。三是着力抓好督促落实。对标中央及我省规划及实施方案要求，细化分解任务，明确工作责任。建立定期会商、定期通报等工作机制，协调解决项目实施中面临的困难和问题。将长城国家文化公园建设纳入省委、省政府考核、督查工作内容，强化绩效评价和日常监测，切实推动长城国家文化公园建设各项任务落地见效。

（二）加强长城保护，为国家文化公园建设奠定坚实基础。坚持保护优先，以利用促进保护。一是健全长城保护政策法规机制。在如期完成《河北省长城保护条例》修订工作基础上，尽快出台长城沿途有关市长城保护条例，让长城保护更接地气；严格执行长城保护督察制度，及时发现和解决存在问题；加强商业利用决策前的研判工作，对长城利用的前期调研、论证和评估进行制度化、科学化管理。二是严格落实长城保护责任。按照属地管理的原则，以县区为单位，落实"五纳入"，建立完备的县、乡、村长城保护网络，将长城保护责任分解到沿线乡镇政府和村民委员会。建立文物、公安、旅游、自然资源等多部门联合工作机制，强化长城保护执法，严厉打击破坏长城的违法行为。三是建立长城资源动态管理体系。在现有普查成果的基础上，进一步加大实地勘验力度，准确掌握现存长城文化遗产、遗址遗迹、文化资源的数量、分布、特征及毁损和保护情况，周边自然和人文环境情况；收集、整理长城各类文物和文化资源数据，建立完善分级分类名录和档案，动态更新我省长城存续现状；谋划实施重大长城修缮保护项目，对濒危损毁段进行抢救性保护，对重点段进行预防性保护；完善集中连片保护措施，加大管控力度，严防不恰当开发和过度商业化。四是加大投入力度。配强长城保护力量，适当增加所属地文物保护部门的机构编制；动员社会力量参与长城保护，探索设立长城保护员公益岗位，鼓励志愿者、社会团体参与长城公益服务；明确长城保护工作中地方财政事权及支出责任；强化政策引导，坚持政府主导、多元投入，鼓励社会各界参与实施长城国家文化公园建设项目。

（三）坚定文化自信，积极推进长城文化精神内涵研究和传播。一是组建长城研究院，深入挖掘河北段长城所荷载的重大事件、重要人物，用专业的眼光、历史的视觉还原每一段长城的历史背景、历史事件和历史故事，呈现一个完整的河北长城文化体系。深入研究长城文化、长城精神价值，认识和理解长城精神所包含的团结统一、众志成城的爱国精神，坚韧不屈、自强不息的民族精神，守望和平、开放包容的时代精神。二是开展系列长城文化主题活动，开展学术交流，不断完善对河北段长城研究的新认识、新成果；组织具有长城特色的传统节庆活动，开发多样化的主题演艺项目；鼓励和扶持长城文艺作品的创作、创新，为广大人民群众提供更加丰富多样的长城文化消费产品。三是积极推进文化文物单位文化创意产品开发试点工作，鼓励支持高等院校、科研单位和文化传媒企业开展长城文化创意战略合作，开展品牌规划、知识产权保护等宏观层面的研究，探索形成文化创意策略及产品开发识别系统，打造“文创中国”网络平台品牌概念。四是组织开展长城文化全媒体传播精品（新媒体）推介活动。依托长城新媒体集团等全媒体平台，创作推出全景展示、云直播、短视频、H5 等活泼新颖、生动有趣的文博传播作品，探索形成多样态、多渠道、多元素的长城文化全媒体传播样态，宣传推介河北段长城的文化内涵和精神品质。

（四）强化科技支撑，推动长城国家文化公园监控、管理、展示和体验全方位提升。一是在全面普查和实地勘验的基础上，推动实施“长城数字化项目”，把长城的历史和现实风貌用数据留住，用数据分析开展预防性保护研究，如模拟评估长城修复方案、模拟地震等自然灾害对长城的损坏等。二是充分利用遥感、大数据、互联网、移动互联网等技术，加强对长城各主要点段的实时监控，构建完善的监控—预警—行动体系，实现对长城的全方位、动态化监管。三是应用数字、AR、VR、AI、全息等多种技术，创造性地再现长城的历史和发展现状，以及长城在不同历史时期、不同文化背景、不同空间地域的建筑形态及周围环境，提高长城展示、阐释的深度和广度。四是开发长城沉浸式互动、体验项目和内容，提升对长城的感知体验。加快长城数字云平台建设，在金山岭、来远堡长城文化博物馆建设中广泛应用数字化技术，更好地满足公众个性化、多元化、高品质赏读需求。

（五）文旅深度融合，以河北段长城美誉度新提升助推文旅产业新发展。一是更加突出文化内涵。长城国家文化公园不同于一般的旅游景区，应更加注重发掘和彰显长城文化价值和精神内涵，更加注重文化传承使命感和公众的文化体验感，以此提升项目的经济效益和社会效益。二是活化利用长城资源，打造长城旅游精品。对接我省优质文化旅游资源，推进一体化开发。协调长城文化与地域文化的相互关系，充分体现长城各区段的文化内涵和资源特色，通过长城的连点、成线，发展特色文化旅游产业，形成文旅融合典范；深入挖掘长城沿线特色民俗、农产品、工艺品等，推出具有长城特色和显著标识的特色文化旅游商品，打造“长城礼物”，拓展文化旅游消费空间；结合实施乡村振兴战略，分批分段对长城沿线的古城堡、古镇、古村落进行保护利用，以旅游带动群众增收致富。三是推出经典旅游线路，打造京津冀长城参观游览联程联运经典线路，开展整体品牌塑造和营销推介。特别是要依托、利用近年来我省长城沿途生态防护工程建设成果，打造长城生态观光体验区。同时，有计划地解决长城保护范围内的违建、耕种等问题，全面改善长城环境风貌。

报刊社论、重要报道

凝心聚力谋发展 和衷共济谱新篇

——热烈祝贺省政协十二届三次会议开幕

伴随着新年的喜悦，省政协十二届三次会议今天在石家庄开幕。来自社会各界的政协委员齐聚省城，同商发展大计、共谋强省良策。这是全面建成小康社会和“十三五”规划收官之年召开的一次重要会议，我们对大会的召开表示热烈祝贺！

2019 年，是人民政协事业发展进程中极不平凡的一年。这一年，我们迎来了新中国成立 70 周年和人民政协成立 70 周年，中共中央在党的历史上首次召开政协工作会议，习近平总书记发表重要讲话，深刻阐述了新时代人民政协工作的使命任务、总体要求、着力重点，为新时代人民政协事业发展指明了方向，提供了根本遵循；中共中央印发《关于新时代加强和改进人民政协工作的意见》，为做好新时代政协工作提供了行动纲领；中共十九届四中全会从坚持和完善中国特色社会主义制度、推进国家治理体系和治理能力现代化的高度，对坚持社会主义协商民主的独特优势作出战略部署。中共十九届四中全会和中央政协工作会议精神为新时代人民政协工作指引方向、定性赋能，开辟了人民政协事业发展新的广阔天地。

2019 年，是我省政协各项事业发展取得新成绩的一年。这一年，中共河北省委认真贯彻落实习近平总书记重要讲话和中央政协工作会议精神，召开省委政协工作会议，对全省政协工作作出新部署。省政协坚持以习近平新时代中国特色社会主义思想为指导，立足时代要求，把握政治方向，认真学习贯彻中共十九届四中全会和中央政协工作会议精神；把握目标任务，认真开展“不忘初心、牢记使命”主题教育；把握政协特色，认真举办庆祝新中国成立 70 周年和人民政协成立 70 周年系列活动。一年间，省政协以扎实举措全面推进各项工作，强化政治站位，把党对政协的全面领导落实到工作各方面、全过程；强化服务大局，聚焦省委、省政府中心工作，聚焦“三六八九”工作思路，出实招、建真言；强化履职为民，着力为人民群众解难题、办实事；强化主责主业，推动专门协商机构作用更有为、更有效；强化思想引领，为推动改革发展聚合力、增共识；强化自身建设，锤炼履职尽责真本领、好作风，为新时代全面建设经济强省、美丽河北作出了积极贡献。

2020 年是具有里程碑意义的一年。我们将全面建成小康社会，实现第一个百年奋斗目标。2020 年也是脱贫攻坚决战决胜之年。决战决胜的冲锋号已经吹响，千百年来困扰中华民族的绝对贫困问题即将历史性地画上句号。新的形势和任务对政协工作提出了新的更高的要求，也提供了更加广阔的舞台。

新的一年，全省各级政协组织要把学习党的创新理论作为重大政治任务，在学思践悟、融会贯通上下功夫，推动思想认识实现新的全面提升。要把坚持党的全面领导作为根本政治原则，增强“四个意识”、坚定“四个自信”、做到“两个维护”，推动政协党建得到新加强；要把服务大局、服务人民作为工作出发点和落脚点，推动履职工作取得新成效；要把开展协商作为主责主业，以协商工作制度化、协商格局多层化、协商活动精细化，推动政协协商水平得到新提升；要把加强思想政治引领、广泛凝聚共识作为履职中心环节，在打造“重要阵地、重要平台、重要渠道”上展现新作为；要把强化委员责任担当作为开展工作的动力源，树立新时代委员新形象；要把完善制度作为加强改进政协工作的重要保障，不断提高政协工作制度化规范化水平，推动制度建设迈上新台阶。

凝心聚力谋发展，和衷共济谱新篇。紧密团结在以习近平同志为核心的中共中央周围，坚持以习近平新时代中国特色社会主义思想为指导，在中共河北省委坚强领导下，勠力同心、开拓奋进，我们就一定能够不断开创新时代全省政协工作新局面，为全面建成小康社会、实现第一个百年奋斗目标，为新时代全面建设经济强省、美丽河北作出新的更大贡献。

预祝大会圆满成功！

（《河北日报》2020 年 1 月 6 日）

在全面建成小康社会伟大征程上交出优异河北答卷

——热烈祝贺省十三届人大三次会议、省政协十二届三次会议胜利闭幕

经过全体人大代表、政协委员的共同努力，省政协十二届三次会议、省十三届人大三次会议圆满完成各项议程，相继胜利闭幕了。我们对省“两会”的成功表示热烈祝贺！

今年的省“两会”是在全面建成小康社会、打赢脱贫攻坚战及“十三五”规划收官之年召开的重要会议。大会以习近平新时代中国特色社会主义思想为指导，深入贯彻党的十九届四中全会精神，全面落实省委九届九次、十次全会决策部署，系统总结去年全省经济社会发展工作，围绕决战决胜脱贫攻坚、全面建成小康社会、推动河北高质量发展等重点任务作出安排部署，审议通过省政府工作报告和其他重要报告、决议、地方法规，顺利完成人事选举任务，进一步统一了全省人民的思想和意志，汇集了各方面的智慧和力量，彰显了河北政治生态不断优化净化的成效和作用。大会热烈隆重，圆满成功，是一次风清气正、凝心聚力的大会，是一次开拓进取、务实创新的大会，必将有力动员全省人民万众一心、决战决胜全面建成小康社会，奋力谱写新时代全面建设经济强省、美丽河北新篇章。

2020年是具有里程碑意义的一年。我们将全面建成小康社会，实现第一个百年奋斗目标。当前，河北正面临着历史性窗口期和战略性机遇期，我们要以省“两会”为新的契机，更加广泛地动员和组织全省广大干部群众凝心聚力、拼搏奋进，确保如期实现京津冀协同发展中期目标，确保高质量完成脱贫攻坚任务，确保全面建成小康社会，确保“十三五”规划圆满收官，确保人民生活水平持续提升和社会大局安全稳定，在全面建成小康社会伟大征程上交出优异河北答卷。

交出优异河北答卷，要坚持以习近平新时代中国特色社会主义思想为统领和指导，自觉增强“四个意识”、坚定“四个自信”、做到“两个维护”，坚决同以习近平同志为核心的党中央保持高度一致。要强化创新理论武装，把握正确政治方向；强化思想政治引领，打牢团结奋斗的共同思想基础；强化政治纪律和政治规矩，确保党中央政令畅通，扎实推进习近平总书记对河北工作的重要指示批示和党中央决策部署落地落实，坚决当好首都政治“护城河”。

交出优异河北答卷，要坚持举全省之力办好“三件大事”，抓住用好重大机遇，坚定不移推进重大国家战略和国家大事加快实施，以新的更大成效服从服务国家大局。要聚焦目标，不懈努力，坚持决战决胜打好三大攻坚战，确保全面建成小康社会经得起历史和人民检验。要坚持全面贯彻落实新发展理念，坚持稳中求进，全面落实“八字方针”和“六稳”要求，优化营商环境，加快建设现代化经济体系，扎实推进创新发展

绿色发展高质量发展。要坚持以人民为中心的发展思想不动摇，不断满足人民群众日益增长的美好生活需要，让人民群众在共建共享中得到更多实惠，不断提升获得感、幸福感和安全感。要坚持加强和创新社会治理，坚定不移坚持和加强党的领导及党的建设，推进全面从严治党向纵深发展，切实巩固和提升全省社会大局和谐稳定的良好局面。

重要的时间节点是我们的工作坐标。确保全面建成小康社会圆满收官，乘势而上开启全面建设社会主义现代化国家新征程，向第二个百年奋斗目标进军，这是历史赋予我们的光荣使命和时代重任。我们要将“不忘初心、牢记使命”主题教育焕发的热情转化为推动改革发展稳定的强大动力和实际成效，万众一心加油干，越是艰险越向前，坚定必胜的信心、鼓足昂扬的斗志，以只争朝夕的劲头、坚韧不拔的毅力，锐意进取、真抓实干，尽锐出战、攻坚克难，用汗水浇灌收获，以实干笃定前行。

宏伟的目标，激发奋勇前行的磅礴力量；伟大的时代，提供建功立业的广阔舞台。让我们紧密团结在以习近平同志为核心的党中央周围，坚持以习近平新时代中国特色社会主义思想为指导，全面落实习近平总书记对河北工的作重要指示批示和党中央决策部署，不忘初心、牢记使命，忠诚担当、拼搏竞进，不断开创新时代全面建设经济强省、美丽河北新局面，为实现“两个一百年”奋斗目标、实现中华民族伟大复兴中国梦作出新的更大贡献。

（《河北日报》2020 年 1 月 12 日）

稳舵奋楫　风雨同行

——写在省政协十二届四次会议召开之际

2020年,极不平凡、充满挑战。

这一年,贯彻落实中央和省委政协工作会议精神开局起步,省政协党组深化党的创新理论武装,把坚持党的领导贯穿政协工作全过程,在学思践悟中提升政治能力,自觉从政治上考量、在大局下行动,沿着习近平总书记指引的方向坚定前行。

这一年,疫情突然来袭,在省委书记王东峰的谋划部署下,省政协组织开展"聚力量、防疫情、促发展"活动,全省政协团结一心、联动履职、同向发力,开展重点履职1475项、形成报告805篇、提交提案5188件、反映社情民意信息2517篇,在大战大考中展现了专门协商机构的责任担当。

这一年,省委、省政府团结带领全省上下齐心协力、攻坚克难,顺利实现"三个圆满收官"。省政协、省委统战部首次联合组织开展党外人士考察活动,看进展、看成就、看变化,为奋斗"十四五"、奋进新征程凝聚共识和力量。

把稳把牢政协工作方向盘,沿着总书记指引的方向坚定前行

巍巍太行,滔滔滹沱,见证了中国共产党领导的多党合作和政治协商制度在燕赵大地的萌发生长。

2020年,省政协迎来70岁华诞。走过70载奋斗历程,如何在新征程中传承红色基因,续写新的篇章?

2020年11月20日,省政协机关会议中心6楼会议室内座无虚席。

台上,国家发展和改革委员会国际合作中心副主任刘建兴应邀作《贯彻党的十九届五中全会精神,谋篇"十四五"时期高质量发展》专题辅导报告。

台下,省政协领导班子成员和机关全体干部认真听、仔细记。与此同时,各市县政协领导班子成员、机关干部和全省各级政协委员分别在181个分会场同步收听收看。

把党的创新理论传递到政协系统的"神经末梢",努力使思想、能力、水平跟上中央和省委的要求、跟上时代前进的步伐、跟上事业发展的需要。如今,在省政协的组织推动下,覆盖三级政协组织、四级政协委员和党派团体的联动学习成为常态。

只有理论上清醒才能有政治上清醒,只有理论上坚定才能有政治上坚定。

学习要往深里走,学出坚定的政治方向——

省政协召开8次党组理论学习中心组学习会,增开2次学习性常委会会议,举办16次习近平新时代中国特色社会主义思想学习座谈会、5次全省政协视频学习会、6场委员宣讲,及时跟进学习习近平总书记重要讲话精神,增进对中央精神和省委部署的理解把握,紧扣中心工作谋划履职,确保政协事业发展沿着总书记指引的方向前行。

学习要往心里走，学出高度的政治意识——

省政协坚持用党的创新理论分析解决工作中遇到的新情况、新问题，积极探索加强政协党建工作的新思路、新举措，修订机关党组、专门委员会分党组工作规则，建立19个党员委员活动小组，落实党员委员联系党外委员、党员委员参加双重组织生活制度，开展具有政协特色的党建活动，推动党的组织和党的工作纵向到底、横向到边。

学习要往实里走，学出强烈的政治担当——

省政协领导班子成员深入11个市政协、80多个县政协调研，推动解决“两个薄弱”问题。省政协办公厅细化分解中央和省委政协工作会议部署的重要任务和“一要点、四计划”等重点工作，事事有时间表、层层有任务书，549项分解任务如期完成，推动中央精神和省委部署在政协落地落实。

“人民政协在学习中走到今天，更要在学习中走向未来。”

这一年，省政协把学习贯彻习近平总书记重要讲话和中央、省委政协工作会议精神贯穿始终，在一次次形式丰富的理论学习中校准履职方向，在一场场交流研讨中凝聚思想共识，引领带动全省政协组织和政协委员当好政协制度参与者、实践者、推动者。

“专”出专门协商机构新样子，答好服务大局服务人民的联考卷

时间的年轮里，镌刻了一幕幕令人难忘的记忆。

面对严峻的国内外环境，在以习近平同志为核心的党中央坚强领导下，省委、省政府团结带领全省人民迎难而上、众志成城，顺利实现“三个圆满收官”。

统筹推进疫情防控和经济社会发展的关键时刻，在省委书记王东峰的谋划部署下，省政协组织开展了“聚力量、防疫情、促发展”活动。

常态化疫情防控的背景下，如何推进基层治理创新？省政协与民盟省委联合开展“推进物业管理和社区治理融合发展，夯实常态化疫情防控基层基础”调研协商，寻找破解问题的“金钥匙”。

着眼促进企业复工复产，省政协组织开展民主监督，围绕国家和我省出台的政策措施落实情况，实地了解困难问题、提出监督建议。

……

这是一次协同联动擦亮专门协商机构牌子的创新实践。首次统一主题、统一组织、统一动员、统一目标，首次明确以协商为主要方式，首次由全省政协上下联动、三级政协组织和四级政协委员共同参与，把力量紧紧拧成一股绳。

这一年，“省委有要求、政协有行动、落实见成效”的工作基调愈加鲜明。

党委想什么，政协就议什么。

聚焦我省“十四五”规划编制召开专题议政性常委会会议、专题座谈会，开展我为“十四五”献一计活动。会同京津政协，就加强“十四五”规划战略协同深入协商，为省委科学决策提供参考。

政府做什么，政协就帮什么。

围绕促进消费潜力释放、强化投资拉动、加快数字经济发展、农产品稳产保供、河北自由贸易试验区建设等开展协商，就加强散煤治理、县域科技创新跃升、加强文物保护、易地扶贫搬迁后续工作开展民主监督，一些意见建议转化为政策措施。

群众关心的热点是什么，政协就反映什么。

针对高校毕业生就业、社区街道居家养老、少数民族地区教育发展、中小学生近视防控等群众关切组织专题协商。开展教育科技文化卫生下基层活动，动员委员为贫困地区引项目、捐资金，帮助贫困群众解难题、做实事。

有事多商量、有事好商量、有事会商量。省政协克服疫情影响，聚焦协商主责主业，努力“专”出专门协商机构的新样子。

“专”出专门协商机构的新样子，就要“专”出特色——

健全协商格局，探索开展应对疫情影响、支持中小企业发展远程协商，创新开展促进“互联网＋医疗”界别协商，协商方式更加丰富。

“专”出专门协商机构的新样子，就要“专”出质量——

向省委、省政府报送专题报告 21 篇，得到肯定性批示 83 人次。全年审查立案 825 件提案全部办复，35 件重点提案全部办结。向全国政协和省委、省政府报送社情民意信息 402 篇，助推解决一系列重、点难点问题。

“专”出专门协商机构的新样子，就要“专”出水平——

制订年度协商计划和监督、调研、视察计划，完善协商议政质量评价工作办法，修订专门委员会通则，协商制度化、规范化、程序化水平不断提升。

这一年，省政协扛起专门协商机构的责任，提升“商”的水平，提高“言”的质量，交出了服务大局、服务人民的联考卷。

坚守圆心拉长共识的半径，凝心聚力画好团结奋斗的同心圆

举全省之力办好“三件大事”、坚定不移打好三大攻坚战、扎实推进创新发展绿色发展高质量发展……

燕赵大地处处传递着聚力攻坚的激情，涌动着高质量发展的热潮。

在疾驰的复兴号上，细数京津冀协同发展的新进展，省政协常委、民建省委专职副主委范社岭感受到省委、省政府贯彻落实中共中央决策部署的坚定有力：“在对接京津、服务京津中加快发展自己，河北形成了独特发展优势、收获了许多协同红利，推动京津冀协同发展向广度深度拓展的脚步也越来越扎实。”

起重机巨臂高擎、工程车辆穿梭忙碌、建设者埋头奋战……雄安新区每天都在拔节生长。省政协常委、民革省委专职副主委梁立敏掏出手机拍照留念：“每一次来雄安，都能看到新进展。”

参观冬奥规划展馆，考察冰雪运动装备产业园，省政协委员、民进省委副主委张运凯对 2022 年北京冬奥会充满期待：“因势发展奥运经济，张家口大有可为！”

静谧的元宝山下，张家口崇礼区上窝铺村脱贫奔小康的奋斗故事，让保定市副市长、农工党保定市委主委杨伟坤为之动容：“全省上下同心协力，我们一定能战胜各种艰难险阻。”

昔日的“工业疮疤”变身生态公园。省政协常委、九三学社省委专职副主委王建民参观迁安市金岭铁矿矿山公园时，对我省生态环境治理取得的成效连连称赞：“‘十三五’时期，人民群众的幸福感大幅提升，其中一个很重要的方面在于，省委、省政府把解决突出生态环境问题作为改善民生的优先选项。”

为深入学习宣传贯彻党的十九届五中全会和省委九届十一次全会精神，2020 年 12 月，按照省委要求，省政协和省委统战部首次联合组织开展党外人士考察活动。

看变化、增认同，看发展、强信心！这一年，省政协组织开展 14 次视察考察活动，在扩大凝聚共识半径、增强凝聚共识效果上深化实践探索。

政治引领聚人心。制定加强和促进凝聚共识工作的意见、省政协党建工作联系办法，完善党组成员联系专委会分党组、分党组联系界别党员委员、党员委员联系党外委员工作机制。省政协领导全年开展谈心谈话 574 人次，走访看望委员 882 人次，把更多的人团结在党的周围。

思想引领聚共识。开展“守初心、担使命、展风采”主题活动，举行委员讲堂宣讲，编纂出版《河北省政协七十年记述》史料图书，举办省政协成立 70 周年陈列展、京津冀政协委员书画摄影作品展，回顾政协发展历程，宣传河北成就，讲好政协故事。

团结合作聚合力。重要协商会议安排党派发言，协商、监督活动与党派共同开展，督办党派提案 170 件。加强与民族宗教界委员联系，定期走访港澳委员，扩大政协工作的“朋友圈”。

心往一处想，劲儿才能往一处使。这一年，立足新时代新要求，省政协坚守政治圆心，把加强思想政治引领、广泛凝聚共识作为中心环节，着力打造“重要阵地、重要平台、重要渠道”，凝心聚力画好团结奋斗的同心圆。

强管理优服务搭建新平台，让委员在政协的舞台上唱好主角

秉持初心，他们的故事格外动人。

对辖区的密切接触者开展流调，完成 500 人的隔离任务……今年年初，石家庄疫情来袭，省政协委员、石家庄市裕华区政协副主席马振清舍小家为大家，坚守防控一线，为辖区居民筑起了一道安全屏障。

居家隔离，就医不便。省政协委员、省中医院党委书记孙士江组织医院各级政协委员开展远程心电、远程影像、远程门诊、远程查房等服务，开通互联网医院，为居家群众解决看病难的问题。

医用防护服紧缺！省政协委员、壹名服装服饰装备科技集团董事长杨壹名克服人手紧张、设备故障等困难，紧急调配人手连夜组织生产，第一时间把 2 万套一次性医用防护服送到疫情防控一线。

省政协常委、省政协农业和农村委员会主任杨玉成发挥专业特长，深入调查研究，提交了《在新型冠状病毒疫情防控工作中发挥农业院校动物医学专业师生作用的建议》《健全法律法规体系　提升源头防控实效》等提案和社情民意，为疫情防控献计出力。

政协工作的优势在委员、活力在委员。省政协把强化委员责任担当作为开展工作的动力源，打出制度严控、量化考核、管理模式创新一系列组合拳，引导政协委员从“荣誉委员”向“责任委员”转变。

这一年，委员履职有了“硬杠杠”——

开会无故缺席、不积极参加履职活动的“任性”委员将被“劝退”。省政协出台关于强化政协委员责任担当的意见，对委员提高履职本领、联系界别群众、履职服务管理等工作作出了明确规范。

这一年，委员活动有了新阵地——

建立22个“委员之家”，帮助委员解决履职中的困难和问题，为委员发挥作用创造条件。完善“智慧政协”履职平台，让委员履职更便捷、更高效。

这一年，委员作业有了尺子“量”——

出台协商议政质量评价办法，开展年度优秀调研成果、好提案和优秀调研报告、优秀社情民意评选，首次在省政协党员常委会议和常委会会议上通报党员常委和常委履职情况，引导委员勤于履职、勇于履职、善于履职。

这一年，展示委员形象有了新窗口——

举办委员讲堂，开展委员读书活动，为委员联系团结界别群众、面向社会正面发声、凝聚和传播共识提供了新窗口，让委员唱好主角。

委员有担当，政协有活力。数据是最好的证明：2020年以来，委员履职活动参加率达到99.3%。

击鼓催征稳驭舟，奋楫扬帆新时代。在中共河北省委坚强领导下，省政协将牢记初心使命，携手拼搏奋进，为新时代全面建设经济强省、美丽河北作出新的更大贡献。

（《河北日报》2020年1月18日）

2020年大事记

1月

1月2日(星期四)

省政协主席叶冬松出席全省农村工作会议暨扶贫脱贫工作会议。

同日　省政协主席叶冬松,省政协副主席沈小平出席省委全面深化改革委员会第七次会议。

同日　省政协秘书长陈书增出席省政协十二届三次会议新闻宣传工作协调会。

1月3日(星期五)

政协河北省第十二届委员会常务委员会第十二次会议在石家庄召开,会期1天半。省政协主席叶冬松,省政协副主席沈小平、孙瑞彬、曹素华、葛会波、卢晓光、边发吉、苏银增、王宝山,省政协秘书长陈书增出席会议。

会议传达学习省委九届十次全会精神,省长许勤应邀出席并通报2019年全省经济社会发展情况,听取省政协十二届三次会议有关事项说明,省委常委、统战部部长冉万祥作十二届省政协委员调整增补意见的说明,听取省政府有关同志作的关于省政府系统办理省政协十二届二次会议提案工作情况的报告,听取关于省政协常委会工作报告及报告人名单(草案)、提案工作情况报告及报告人名单(草案)的说明。会后,北京大学区块链研究中心主任陈钟,作"区块链技术赋能政务服务与监管科技创新"专题讲座。

1月4日(星期六)

政协河北省第十二届委员会常务委员会第十二次会议在石家庄闭幕。省政协主席叶冬松,省政协副主席沈小平、孙瑞彬、曹素华、葛会波、边发吉、卢晓光、苏银增、王宝山,省政协秘书长陈书增出席会议。会议审议通过了关于召开省政协十二届三次会议的决定、议程(草案)和日程,省政协常委会工作报告及报告人名单、提案工作情况报告及报告人名单,省政协十二届三次会议秘书长、副秘书长名单,表决通过有关人事事项。

同日　省政协秘书长陈书增主持召开十二届三次全会大会秘书处全体工作人员会议。

1月5日(星期日)

省政协主席叶冬松,省政协副主席沈小平、孙瑞彬、曹素华、卢晓光、边发吉、苏银增、王宝山,省政协秘书长陈书增出席省委选人用人"一报告两评议"会议。

同日　省政协主席叶冬松出席全省基层党建工作述职评议会议。

同日　省政协主席叶冬松,省政协副主席沈小平、孙瑞彬、曹素华、苏银增,省政协秘书长陈书增出席省"两会"中共代表、委员负责人会议和省政协十二届三次全会临时党委(扩大)会议。

同日　省政协副主席孙瑞彬出席省政协十二届三次会议各组召集人会议。省政协秘书长陈书增主持会议。

同日　省政协副主席葛会波出席九三学社省委全会和常委会议。

同日　省政协副主席苏银增看望慰问出席省政协十二届三次全会的委员。

1 月 6 日(星期一)

政协河北省第十二届委员会第三次会议在河北会堂开幕。省政协主席叶冬松,副主席沈小平、孙瑞彬、曹素华、葛会波、卢晓光、边发吉、苏银增、王宝山,省政协党组成员姜德果,秘书长陈书增出席省政协十二届三次会议第一次全体会议。省委书记王东峰作讲话,省政协主席叶冬松向大会作政协河北省第十二届委员会常务委员会工作报告,省政协副主席苏银增向大会报告省政协十二届二次会议以来的提案工作情况。

同日　省政协主席叶冬松,副主席沈小平、曹素华、王宝山,秘书长陈书增会见参加省政协十二届三次会议的港澳委员和海外侨胞代表。

1 月 7 日(星期二)

省政协主席叶冬松出席省十三届人大三次会议第二次全体会议。省政协副主席沈小平、孙瑞彬、曹素华、葛会波、卢晓光、边发吉、苏银增、王宝山,省政协党组成员姜德果,省政协秘书长陈书增列席会议。

同日　省政协主席叶冬松,秘书长陈书增参加经济一组和文化艺术、体育组联组会议。

1 月 8 日(星期三)

省政协主席叶冬松,省政协副主席沈小平、孙瑞彬、曹素华、葛会波、卢晓光、边发吉、苏银增、王宝山,省政协党组成员姜德果,省政协秘书长陈书增出席省政协十二届三次会议第二次全体会议,12 名省政协委员和海外侨胞代表作大会发言。

同日　省政协主席叶冬松主持召开省政协十二届十三次常委会会议。省委副书记赵一德出席并作有关人事事项说明。会议审议了政协河北省第十二届委员会补选副主席、常务委员候选人名单(草案),政协河北省第十二届委员会第三次会议选举办法(草案),政协河北省第十二届委员会第三次会议总监票人、监票人建议名单,政协河北省第十二届委员会第三次会议关于常务委员会工作报告的决议(草案),政协河北省第十二届委员会提案委员会关于十二届三次会议提案审查情况的报告(草案),政协河北省第十二届委员会第三次会议政治决议(草案)。副主席沈小平、孙瑞彬、曹素华、葛会波、卢晓光、苏银增、王宝山,秘书长陈书增出席会议。

同日　省政协主席叶冬松,副主席沈小平、孙瑞彬、曹素华、葛会波、卢晓光、边发吉、苏银增、王宝山,秘书长陈书增在省委集体收看“不忘初心、牢记使命”主题教育总结大会。

同日　省政协主席叶冬松,秘书长陈书增列席省委常委会会议。

1 月 9 日(星期四)

省政协主席叶冬松出席省十三届人大三次会议第二次全体会议。省政协副主席沈小平、孙瑞彬、曹素华、葛会波、卢晓光、边发吉、苏银增、王宝山,省政协党组成员姜德果,省政协秘书长陈书增列席会议。

同日　省政协主席叶冬松,省政协副主席沈小平、孙瑞彬、曹素华、葛会波、卢晓光、边发吉、苏银增、王宝山,省政协秘书长陈书增出席全省“不忘初心、牢记使命”主题教育总结大会。

同日　省政协主席叶冬松主持召开主席会议,省政协副主席沈小平、孙瑞彬、曹素华、葛会波、卢晓光、边发吉、苏银增、王宝山，省政协秘书长陈书增出席会议。会议听取了各委员小组酝酿讨论补选副主席、常务委员候选人名单（草案）的情况，确定了正式候选人；听取了审议政协河北省第十二届委员会第三次会议选举办法（草案）、总监票人和监票人名单（草案）的情况，决定提请第三次全体会议审议；听取了各委员小组审议政协河北省第十二届委员会第三次会议关于常务委员会工作报告的决议（草案）、政协河北省第十二届委员会提案委员会关于十二届三次会议提案审查情况的报告（草案）、政协河北省第十二届委员会第三次会议政治决议（草案）的情况，决定提请第四次全体会议审议。

1月10日（星期五）

省政协主席叶冬松，省政协副主席沈小平、孙瑞彬、曹素华、葛会波、卢晓光、边发吉、苏银增、王宝山，省政协党组成员姜德果，省政协秘书长陈书增出席省政协十二届三次会议第三次全体会议。采取无记名投票方式补选政协河北省第十二届委员会副主席和常务委员。

同日　省政协主席叶冬松，省政协副主席沈小平、孙瑞彬、曹素华、葛会波、卢晓光、边发吉、苏银增、王宝山，省政协党组成员姜德果，省政协秘书长陈书增出席省政协十二届三次会议第四次全体会议。宣布了省政协十二届三次会议第三次全体会议的选举结果：梁田庚同志当选政协河北省第十二届委员会副主席，齐为民、宋文玲、宋立民同志当选政协河北省第十二届委员会常务委员，审议通过了政协河北省第十二届委员会第三次会议关于常务委员会工作报告的决议，政协河北省第十二届委员会提案委员会关于十二届三次会议提案审查情况的报告，政协河北省第十二届委员会第三次会议政治决议。

同日　省政协主席叶冬松主持召开省政协第59次党组扩大会议暨理论学习中心组学习会，学习贯彻习近平总书记在中央政治局“不忘初心、牢记使命”专题民主生活会和主题教育总结大会上的重要讲话精神，传达学习全省“不忘初心、牢记使命”主题教育总结大会精神，研究贯彻落实措施，研究《省政协关于力戒形式主义提高调查研究质量的措施》，研究成立河北省关注森林活动组委会事宜。省政协党组成员沈小平、孙瑞彬、姜德果、曹素华、苏银增、陈书增出席会议，省政协副主席葛会波、卢晓光、边发吉、王宝山列席会议。

同日　省政协副主席曹素华率参加十二届三次会议的港澳委员和海外侨胞代表在雄安新区视察，至11日。

1月11日（星期六）

省政协主席叶冬松出席省十三届人大三次会议闭幕会。省政协副主席沈小平、孙瑞彬、曹素华、葛会波、卢晓光、边发吉、苏银增、王宝山，省政协党组成员姜德果，省政协秘书长陈书增列席会议。

1月12日（星期日）

省政协秘书长陈书增主持召开省政协机关党组理论学习中心组学习会，传达学习习近平总书记在中央政治局“不忘初心、牢记使命”专题民主生活会和主题教育总结大会上的重要讲话精神、省“不忘初心、牢记使命”主题教育总结大会和省政协党组第59次党组（扩大）会议暨理论学习中心组学习会精神。

1月13日（星期一）

省政协主席叶冬松，省政协副主席沈小平、孙瑞彬、曹素华、葛会波、卢晓光、边发吉、苏银增、王宝山，省政协党组成员姜德果在省委收听收看习近平总书记在十九届中央纪委第四次全体会议上的重要讲话。

同日　省政协秘书长陈书增主持召开秘书长碰头会。

1 月 14 日(星期二)

省政协主席叶冬松陪同全国政协领导在张家口调研。

1 月 16 日(星期四)

省政协主席叶冬松在雄安出席全省雄安工作会议。

同日　省政协主席叶冬松,省政协副主席沈小平、曹素华、葛会波、边发吉、苏银增、王宝山,省政协秘书长陈书增列席省委常委会会议。

1 月 17 日(星期五)

省政协主席叶冬松,省政协副主席沈小平、孙瑞彬、曹素华、葛会波、卢晓光、边发吉、苏银增、王宝山,省政协秘书长陈书增列席省纪委九届五次全会第一次全体会议。

同日　省政协主席叶冬松主持召开省政协第 60 次党组(扩大)会议暨理论学习中心组学习会。传达学习习近平总书记在十九届中央纪委四次全会上的重要讲话精神,学习王东峰书记在省纪委九届五次全会上的讲话精神,研究贯彻落实意见;传达学习中央政治局审议《中央政治局常委会听取和研究全国人大常委会、国务院、全国政协、最高人民法院、最高人民检察院党组工作汇报和中央书记处工作报告的综合情况报告》的会议精神,学习省委常委会听取省人大常委会、省政府、省政协、省法院、省检察院党组工作汇报的会议精神,研究贯彻落实意见;研究《河北省政协重要工作制度建设任务落实方案》。省政协党组成员沈小平、曹素华、苏银增、陈书增出席会议,省政协副主席葛会波、卢晓光、边发吉、王宝山列席会议。

同日　省政协秘书长陈书增主持召开第 54 次机关党组(扩大)会议暨理论学习中心组学习会。

1 月 18 日(星期六)

省政协主席叶冬松,省政协秘书长陈书增在雄安新区开展春节走访慰问活动。

同日　省政协副主席沈小平、曹素华、葛会波、卢晓光、边发吉、苏银增、王宝山分别到邢台、承德、衡水、秦皇岛、石家庄、唐山、张家口市开展春节前走访慰问活动,至 21 日。

同日　省政协秘书长陈书增看望慰问驻省政协机关武警官兵。

1 月 19 日(星期日)

省政协主席叶冬松,省政协副主席沈小平、葛会波、卢晓光、苏银增,省政协秘书长陈书增走访慰问省级老同志,至 20 日。

同日　省政协秘书长陈书增看望慰问机关服务人员。

1 月 20 日(星期一)

省政协主席叶冬松,省政协副主席曹素华列席省委常委会会议。

同日　省政协秘书长陈书增看望慰问省政协部分正厅级退休干部。

1 月 21 日(星期二)

省政协秘书长陈书增主持召开秘书长碰头会。

1 月 22 日(星期三)

省政协主席叶冬松,省政协副主席沈小平、曹素华、葛会波、边发吉、苏银增、王宝山,省政协党组成员姜德果,省政协秘书长陈书增出席省委、省政府 2020 年春节团拜会。

同日　省政协主席叶冬松参加老干

部情况通报会。

1月25日(星期六)

省政协副主席卢晓光参加省委专题会议。

1月27日(星期一)

省政协主席叶冬松主持召开省政协第61次党组(扩大)会议,传达学习中央政治局常委会议和省委专题会议精神,研究省政协机关关于新冠肺炎疫情防控工作的贯彻落实意见。省政协党组成员曹素华、苏银增、陈书增出席会议,省政协副主席葛会波、卢晓光、边发吉、王宝山列席会议。

1月28日(星期二)

省政协主席叶冬松列席省委常委会会议。

同日 省政协秘书长陈书增主持召开省政协机关应对新冠肺炎疫情工作领导小组办公室第一次会议,传达学习中央政治局常委会议、省委专题会议和省政协党组(扩大)会议精神,通报机关新冠肺炎疫情防控工作情况。

1月29日(星期三)

省政协主席叶冬松主持召开省政协第62次党组(扩大)会议,传达学习习近平总书记重要批示精神,李克强总理批示要求和中央应对新冠肺炎疫情工作领导小组第一次全体会议精神,传达省委常委(扩大)会议精神,研究贯彻落实意见;研究《关于成立省政协机关应对新冠肺炎疫情工作领导小组的通知》《关于坚决做好机关新冠肺炎疫情防控工作的通知》。省政协党组成员曹素华、苏银增、陈书增出席会议,省政协副主席葛会波、卢晓光、边发吉、王宝山列席会议。

2月

2月3日(星期一)

省政协主席叶冬松,省政协秘书长陈书增在主会场出席全省疫情防控工作会议。省政协副主席沈小平、孙瑞彬、曹素华、卢晓光、边发吉、苏银增、王宝山在省政协机关分会场参加。

同日 省政协主席叶冬松主持召开省政协党组第63次(扩大)会议暨省政协机关应对新冠肺炎疫情工作领导小组会议,传达学习全省疫情防控工作会议和河北省应对新冠肺炎疫情工作领导小组会议精神,研究贯彻落实意见;研究《省政协党组2020年工作要点》和《省政协2020年协商工作计划》《省政协2020年民主监督工作计划》《省政协2020年视察考察工作计划》《省政协2020年调研工作计划》;传达省委外事工作委员会第三次会议精神,研究贯彻落实意见。省政协党组成员沈小平、孙瑞彬、曹素华、苏银增、陈书增出席会议,省政协副主席卢晓光、边发吉、王宝山列席会议。

同日 省政协主席叶冬松主持召开主席会议务虚会。

同日 省政协秘书长陈书增主持召开省政协机关党组(扩大)会议暨机关应对新冠肺炎疫情工作领导小组办公室第二次会议,传达学习全省疫情防控工作会议,学习省政协党组(扩大)会议暨省政协机关应对新冠肺炎疫情工作领导小组会议精神,研究贯彻落实意见。

2月4日(星期二)

省政协主席叶冬松列席省委常委会会议。

2月5日(星期三)

省政协主席叶冬松主持召开省政协

第 64 次党组(扩大)会议暨新冠肺炎疫情工作领导小组会议,传达学习习近平总书记在中共中央政治局常务委员会会议研究加强新冠肺炎疫情防控工作时的重要讲话精神,传达省委常委(扩大)会议精神,研究贯彻落实意见。省政协党组成员沈小平、孙瑞彬、曹素华、苏银增、陈书增出席会议,省政协副主席卢晓光、边发吉、王宝山列席会议。

2 月 10 日(星期一)

省政协主席叶冬松,省政协秘书长陈书增到机关值班室、大门收发室、武警门岗、食堂、司机班、印刷厂和中山宾馆进行疫情防控工作实地检查。

2 月 13 日(星期四)

省政协主席叶冬松,省政协秘书长陈书增列席省委常委会会议。

同日　省政协主席叶冬松主持召开省政协第 65 次党组(扩大)会议暨机关应对新冠肺炎疫情工作领导小组会议,传达学习习近平总书记在北京调研指导新冠肺炎疫情防控工作时的重要讲话精神和在中共中央政治局常务委员会会议上的重要讲话精神,学习中央和省应对新冠肺炎疫情工作领导小组会议精神,传达省委常委(扩大)会议精神,研究贯彻落实意见。省政协党组成员沈小平、孙瑞彬、曹素华、苏银增、陈书增出席会议,省政协副主席卢晓光、边发吉、王宝山列席会议。

2 月 17 日(星期一)

省政协副主席王宝山在河北分会场出席农工党中央以网络视频会议形式召开的新冠肺炎疫情防控工作专题会议。

2 月 18 日(星期二)

省政协秘书长陈书增以网络视频会议形式主持召开秘书长办公会议,专题研究加强和改进机关值班管理及保障工作。

2 月 21 日(星期五)

省政协秘书长陈书增以网络视频会议形式主持召开省政协机关应对新冠肺炎疫情工作领导小组办公室工作会议,听取各工作组近期工作情况汇报,研究下一步工作安排。

2 月 23 日(星期日)

省政协主席叶冬松在省委收听收看中央统筹推进新冠肺炎感染疫情防控和经济社会发展工作部署会议。

2 月 24 日(星期一)

省政协主席叶冬松列席省委常委会(扩大)会议。

2 月 25 日(星期二)

省政协主席叶冬松出席全省统筹推进新冠肺炎疫情防控和经济社会发展工作部署会议。

同日　省政协主席叶冬松主持召开省政协第 66 次党组(扩大)会议,传达学习贯彻中共中央政治局会议精神及习近平总书记在统筹推进新冠肺炎疫情防控和经济社会发展工作部署会议上的重要讲话精神,传达学习省委常委(扩大)会议、全省统筹推进新冠肺炎疫情防控和经济社会发展工作部署会议精神,研究贯彻落实意见。省政协党组成员沈小平、孙瑞彬、曹素华、苏银增、陈书增出席会议,省政协副主席卢晓光、边发吉、王宝山列席会议。

同日　省政协主席叶冬松主持召开省政协第 26 次主席会议,研究省政协 2019 年度优秀调研报告评选工作、省政协 2019 年度好提案评选工作、省政协 2020 年度重点提案遴选和督办工作,听取关于 2019 年省政协委员履职情况的报告。省政协副主席沈小平、孙瑞彬、曹素华、卢晓光、边发吉、苏银增、王宝山,省政协秘书长陈书增出席会议。

2月27日(星期四)

省政协主席叶冬松列席省委常委会(扩大)会议。

同日　省政协秘书长陈书增主持召开第56次机关党组(扩大)会议暨机关应对新冠肺炎疫情工作领导小组办公室第四次会议,传达学习贯彻习近平总书记重要讲话精神,传达学习中央、全省统筹推进新冠肺炎疫情防控和经济社会发展工作部署会议,以及省政协党组(扩大)会议精神,研究贯彻落实意见;审议《中共政协河北省委员会机关党组工作规则》《中共政协河北省委员会机关党组2020年工作要点》,研究2020年度机关党组理论学习中心组学习计划。

2月28日(星期五)

省政协主席叶冬松列席省委全面深化改革委员会第八次会议。省政协副主席沈小平出席会议。

3月

3月2日(星期一)

省政协秘书长陈书增主持召开第47次秘书长碰头会。

3月5日(星期四)

省政协秘书长陈书增主持召开第57次机关党组(扩大)会议,传达学习中央组织部、省委组织部有关文件,安排部署机关2020年度领导干部报告个人有关事项工作;传达学习省纪委监委有关通知,对机关开展政治性警示教育作出安排;传达学习全省组织部长会议精神,研究贯彻落实意见。

3月6日(星期五)

省政协秘书长陈书增参加省四大班子秘书长联席会议。

3月7日(星期六)

省政协主席叶冬松,省政协秘书长陈书增列席省委常委会(扩大)会议。

3月8日(星期日)

省政协主席叶冬松主持召开省政协第67次党组(扩大)会议,传达学习贯彻习近平总书记在中共中央政治局常务委员会会议、决战决胜脱贫攻坚座谈会上的重要讲话精神和中央应对新冠肺炎疫情工作领导小组会议精神,传达3月7日省委常委会(扩大)会议精神,研究贯彻落实意见;研究关于加强改进省政协专门委员会工作和制度建设的意见;研究开展贯彻落实中央和省委政协工作会议精神调研工作方案、2020年省政协领导班子成员重点调研课题及责任分工;研究落实中央、省委政协工作会议主要任务分工方案和省委重点工作任务分工方案;研究庆祝河北省政协成立70周年活动方案。省政协党组成员沈小平、孙瑞彬、曹素华、苏银增、陈书增出席会议,省政协副主席葛会波、卢晓光、边发吉、王宝山列席会议。

同日　省政协主席叶冬松主持召开第27次主席会议,通报省政协党组2020年工作要点及责任分工,研究省政协2020年协商、民主监督、视察考察、调研工作计划(审议稿)。省政协副主席沈小平、孙瑞彬、曹素华、葛会波、卢晓光、边发吉、苏银增、王宝山,省政协秘书长陈书增出席会议。

同日　省政协主席叶冬松主持召开第19次主席会议务虚会,安排3月重点工作,省政协副主席沈小平、孙瑞彬、曹素华、葛会波、卢晓光、边发吉、苏银增、王宝山,省政协秘书长陈书增出席会议。

3月9日(星期一)

省政协主席叶冬松代表省四大班子

参加省政协老领导遗体送别。

同日　省政协副主席曹素华出席全省决战决胜脱贫攻坚暨春季农业生产工作会议。

3月12日(星期四)

省政协秘书长陈书增到石家庄市维明办事处党工委开展“双报到”活动,并就省政协机关与维明街道办事处携手做好疫情防控工作进行交流。

3月13日(星期五)

省政协副主席沈小平列席省委常委会(扩大)会议。

3月19日(星期四)

省政协主席叶冬松列席省委常委会(扩大)会议。

同日　省政协副主席葛会波、卢晓光、边发吉、王宝山出席省各民主党派无党派人士座谈会。

3月20日(星期五)

省政协主席叶冬松在包联贫困县张家口蔚县调研,至22日。

同日　省政协秘书长陈书增主持召开机关应对新冠肺炎疫情工作领导小组办公室负责人视频会议,研究部署下一步工作。

3月23日(星期一)

省政协主席叶冬松,省政协秘书长陈书增在西柏坡出席省委理论学习中心组学习会议。

3月24日(星期二)

省政协主席叶冬松主持召开省政协第68次党组(扩大)会议暨理论学习中心组学习会,传达学习贯彻习近平总书记在中共中央政治局常务委员会会议上的重要讲话精神;传达学习中央应对新冠肺炎疫情工作领导小组会议精神;传达学习3月19日省委常委(扩大)会议和3月23日省委理论学习中心组学习会精神;听取机关疫情防控和履职工作情况及贯彻落实意见的汇报。省政协党组成员沈小平、孙瑞彬、曹素华、苏银增、陈书增出席会议,副主席葛会波、卢晓光、边发吉、王宝山列席会议。

同日　省政协主席叶冬松,省政协秘书长陈书增赴保定市调研,并与部分县区政协主席座谈交流,至25日。

3月27日(星期五)

省政协秘书长陈书增先后主持召开第58次机关党组(扩大)会议和第3次机关党组理论学习中心组(扩大)学习会,传达学习习近平总书记在决战决胜脱贫攻坚座谈会、中共中央政治局常务委员会上的重要讲话精神、中央应对新冠肺炎疫情工作领导小组会议精神,以及近期省委、省政协党组有关会议精神,研究贯彻落实意见;听取全省政协系统开展助力脱贫攻坚行动和机关驻村帮扶工作情况及下一步安排的汇报。传达省委理论学习中心组学习会和省政协党组理论学习中心组学习会精神,并进行学习讨论。

3月28日(星期六)

省政协主席叶冬松,省政协副主席曹素华,省政协秘书长陈书增列席省委第201次常委会(扩大)会议。

3月30日(星期一)

省政协副主席曹素华出席习近平新时代中国特色社会主义思想第三学习座谈小组第一季度学习座谈会。

同日　省政协秘书长陈书增主持召开秘书长碰头会,安排一周重点工作。

3月31日(星期二)

省政协主席叶冬松赴张家口市调研包联企业项目,至4月2日。

同日　省政协副主席沈小平、卢晓光出席习近平新时代中国特色社会主义思想第一学习座谈小组第一季度学习座谈会。

同日　省政协副主席孙瑞彬、边发吉出席习近平新时代中国特色社会主义思想第二学习座谈小组第一季度学习座谈会。

同日　省政协副主席边发吉主持召开民盟河北省委 2020 年工作部署会议。

同日　省政协副主席苏银增出席习近平新时代中国特色社会主义思想第四学习座谈小组第一季度学习座谈会。

同日　省政协副主席苏银增出席财政经济委员会分党组会议暨理论中心组学习会。

同日　省政协副主席王宝山列席河北医科大学党委会。

4 月

4 月 2 日(星期四)

省政协副主席边发吉出席民盟河北省 2020 年工作会议。

同日　省政协秘书长陈书增出席省委统一战线工作领导小组会议。

4 月 3 日(星期五)

省政协主席叶冬松出席全省脱贫攻坚成效考核和专项巡视“回头看”发现问题整改暨统筹疫情防控和经济社会发展推进会议。

同日　省政协副主席曹素华出席省政协十二届十五次常委会会议大会发言组织动员会。

4 月 4 日(星期六)

省政协主席叶冬松，省政协副主席沈小平、孙瑞彬、曹素华、葛会波、卢晓光、边发吉、苏银增、王宝山，省政协秘书长陈书增出席向抗击新冠肺炎疫情斗争牺牲烈士和逝世同胞哀悼活动。

4 月 6 日(星期一)

省政协秘书长陈书增参加省四大班子秘书长联席会议。

4 月 7 日(星期二)

省政协主席叶冬松，省政协副主席沈小平，省政协秘书长陈书增列席省委第 202 次常委会(扩人)会议。

同日　省政协秘书长陈书增先后主持召开第 59 次机关党组(扩大)会议和秘书长碰头会，研究提交省政协党组会议审议的有关文件和机关党组理论学习中心组专题学习安排，听取机关 2019 年经费预算执行情况、2020 年经费预算安排情况的汇报，研究 2020 年经费分配意见，安排一周重点工作。

4 月 8 日(星期三)

省政协主席叶冬松主持召开省政协第 69 次党组(扩大)会议，传达学习贯彻习近平总书记在浙江考察时的重要讲话和中共中央政治局会议、中央应对新冠肺炎疫情工作领导小组会议精神，传达学习全省脱贫攻坚成效考核和专项巡视“回头看”发现问题整改暨统筹疫情防控和经济社会发展推进会议、省委常委会(扩大)会议有关精神，研究贯彻落实意见；传达学习贯彻中央纪委文件；审议《2020 年省政协党组理论学习中心组专题学习安排》《2019 年度省政协中共党员常委履职建言情况通报》，研究《省政协党员常委履职点评工作办法》，安排 4 月重点工作。省政协党组成员沈小平、孙瑞彬、曹素华、苏银增、陈书增出席会议，省政协副主席葛会波、卢晓光、边发吉、王宝山列席会议。

同日　省政协主席叶冬松主持召开主席会议务虚会，安排 4 月重点工作，省政协副主席沈小平、孙瑞彬、曹素华、葛会波、卢晓光、边发吉、苏银增、王宝山，省政协秘书长陈书增出席会议。

同日 省政协主席叶冬松，省政协副主席沈小平、孙瑞彬、曹素华、苏银增出席省委党的十九届五中全会重点研究问题征求意见会议。

4 月 9 日(星期四)

省政协主席叶冬松，省政协秘书长陈书增在石家庄市高邑县、元氏县调研，并与部分县区政协主席座谈交流。

4 月 10 日(星期五)

省政协副主席苏银增出席全省各市政协财政经济委员会工作会议，总结 2019 年度工作，通报 2020 年度工作安排。

同日 省政协秘书长陈书增主持召开第 60 次机关党组(扩大)会议，传达学习贯彻习近平总书记在浙江考察时的重要讲话和中央、省委、省政协党组有关会议精神，研究贯彻落实意见；传达学习贯彻中央纪委文件；听取机关 2019 年度作风建设满意度测评结果及反馈意见汇报，研究整改措施；通报机关 2019 年度考核结果，研究加强和改进考核工作意见。

4 月 13 日(星期一)

省政协秘书长陈书增主持召开秘书长碰头会，安排一周重点工作。

4 月 14 日(星期二)

省政协主席叶冬松赴衡水市安平县、深州市、枣强县调研，到枣强县政协看望机关干部职工，并与部分县区政协主席座谈交流，至 16 日。

同日 省政协秘书长陈书增先后主持召开机关党组会议和庆祝河北省政协成立 70 周年活动协调推进会。

4 月 15 日(星期三)

省政协副主席葛会波出席以视频会议形式召开的九三学社中央第十四届中央常务委员会第九次会议。

同日 省政协副主席苏银增出席“省政协应对新冠肺炎疫情冲击和影响，支持中小企业发展”提案办理远程协商座谈会。

4 月 16 日(星期四)

省政协副主席孙瑞彬就推进物业管理与社区治理融合发展在石家庄市调研。

同日 省政协副主席苏银增就包联重点企业在邢台市调研。

同日 省政协秘书长陈书增主持召开 2020 年第一季度机关理论学习交流会。

4 月 17 日(星期五)

省政协副主席曹素华出席深化我省农业供给侧结构性改革专家座谈会。

同日 省政协副主席王宝山就推动河北自由贸易试验区建设在正定新区调研。

4 月 20 日(星期一)

省政协主席叶冬松列席省委第 203 次常委会(扩大)会议。

4 月 22 日(星期三)

省政协主席叶冬松，省政协秘书长陈书增出席全省常态化疫情防控和经济工作推进会。

4 月 23 日(星期四)

省政协主席叶冬松主持召开主席专题会，研究围绕常态化疫情防控和经济社会发展开展履职工作。省政协副主席沈小平、孙瑞彬、曹素华、卢晓光、苏银增，省政协秘书长陈书增出席会议。

4 月 24 日(星期五)

省政协主席叶冬松主持召开省政协党外委员座谈会。省政协秘书长陈书增出席会议。

同日　省政协副主席曹素华就《河北省县域科技创新跃升计划（2019—2025 年）》落实情况，在辛集市开展监督性专题调研。

4 月 26 日(星期日)

省政协副主席葛会波列席以视频会议形式召开的全国人大十三届十七次常委会会议。

同日　省政协秘书长陈书增主持召开第 51 次秘书长碰头会，安排一周重点工作。

同日　省政协秘书长陈书增主持召开第 19 次秘书长会议，研究提交主席会议审议的有关议题和《办公厅 2020 年工作要点》《网络议政远程协商工作规程》。

4 月 27 日(星期一)

省政协主席叶冬松主持召开第 28 次主席会议，传达学习贯彻中共中央政治局常务委员会会议、中共中央政治局会议和中央应对新冠肺炎疫情工作领导小组会议精神，传达学习省委常委会（扩大）会议、全省常态化疫情防控和经济工作推进会精神，研究贯彻落实意见；听取全省政协系统参加疫情防控和履职工作情况汇报，研究《关于在全省政协系统开展"聚力量、防疫情、促发展"活动的通知》和《2019 年省政协常委履职情况报告》。省政协副主席沈小平、孙瑞彬、曹素华、葛会波、卢晓光、边发吉、苏银增、王宝山，省政协秘书长陈书增出席会议。

同日　省政协副主席卢晓光出席包联重点企业复工复产协调推进会。

4 月 28 日(星期二)

省政协主席叶冬松出席以视频形式召开的全省政协系统开展"聚力量、防疫情、促发展"活动动员大会并讲话。副主席沈小平主持，副主席孙瑞彬、曹素华、葛会波、卢晓光、苏银增、王宝山，秘书长陈书增出席。

同日　省政协副主席边发吉出席北京冬奥会开幕式张家口赛区活动电视电话会。

同日　省政协副主席苏银增出席财政经济委员会分党组暨财政经济委员会全体委员网络视频会议，传达学习全省政协系统"聚力量、防疫情、促发展"动员会议精神。

同日　省政协秘书长陈书增参加省政协机关 2019 年度档案工作观摩展评会并进行现场点评。

4 月 29 日(星期三)

省政协主席叶冬松主持召开省政协第 70 次党组（扩大）会议暨理论学习中心组学习会，传达学习中央办公厅《党委（党组）落实全面从严治党主体责任规定》和省委办公厅《关于贯彻〈党委（党组）落实全面从严治党主体责任规定〉的若干措施》，研究省政协党组《关于落实全面从严治党主体责任的实施意见》及有关责任清单，省政协党组成员沈小平、孙瑞彬、曹素华、苏银增、陈书增出席会议，省政协副主席葛会波、卢晓光、边发吉、王宝山列席会议。

同日　省政协主席叶冬松主持召开省政协主席会议务虚会，安排 5 月重点工作，省政协副主席沈小平、孙瑞彬、曹素华、葛会波、卢晓光、边发吉、苏银增、王宝山，省政协秘书长陈书增出席会议。

同日　省政协副主席曹素华出席共青团河北省十五届四次全会暨河北省纪念五四运动 101 周年表彰座谈会。

同日　省政协副主席王宝山在省中医院出席卫生下基层首期活动。

同日　省政协秘书长陈书增主持召开第 63 次机关党组（扩大）会议，传达学习中办、省委有关文件和会议精神，研究

《关于建立健全机关党建制度机制推进机关治理和事业发展的实施意见》《涉密会议保密管理办法》《关于进一步加强督办落实工作办法》等。

4 月 30 日(星期四)

省政协主席叶冬松列席省委常委会(扩大)会议。

同日　省政协主席叶冬松出席省委理论学习中心组学习会。

同日　省政协副主席王宝山就包联重点企业在石家庄调研。

同日　省政协秘书长陈书增主持召开第 4 次机关党组理论学习中心组(扩大)学习会,围绕学习贯彻《党委(党组)落实全面从严治党主体责任规定》(以下简称《规定》)和我省贯彻《规定》若干措施,进行学习研讨。

5 月

5 月 1 日(星期五)

省政协秘书长陈书增参加全国“两会”疫情防控工作电视电话会议。

5 月 4 日(星期一)

省政协主席叶冬松主持召开专题会议,研究住冀全国政协委员出席全国政协十三届三次会议准备工作。省政协秘书长陈书增出席会议。

5 月 5 日(星期二)

省政协主席叶冬松出席省委专题会议。省政协秘书长陈书增参加会议。

5 月 6 日(星期三)

省政协主席叶冬松,省政协副主席沈小平出席省委全面深化改革委员会第九次会议。

同日　省政协副主席卢晓光就包联重点企业在邯郸市调研。

5 月 7 日(星期四)

省政协副主席沈小平主持召开专题会,研究“促进企业复工复产”民主监督有关工作。

同日　省政协秘书长陈书增主持召开住冀全国政协委员参加全国“两会”工作协调会和第 52 次秘书长碰头会。

同日　省政协秘书长陈书增主持召开机关党组会议,研究有关人事事项。

5 月 8 日(星期五)

省政协主席叶冬松列席省委常委会(扩大)会议。

同日　省政协副主席苏银增就“强化投资拉动,推进项目建设”和“加快数字经济发展”在石家庄市鹿泉区调研。

同日　省政协秘书长陈书增主持召开河北省人民政协理论研究会第四届第二次会长会议。

5 月 9 日(星期六)

省政协主席叶冬松主持召开省政协第 71 次党组(扩大)会议暨理论学习中心组学习会,传达学习贯彻习近平总书记在中共中央政治局常务委员会会议上的重要讲话和中央应对新冠肺炎疫情工作领导小组会议精神,传达学习省委常委会(扩大)会议有关精神,研究贯彻落实意见;传达学习 5 月 5 日省委专题会议精神,研究组织住冀全国政协委员参加全国“两会”有关准备工作。省政协党组成员沈小平、孙瑞彬、曹素华、苏银增、陈书增出席会议,省政协副主席葛会波、卢晓光、边发吉列席会议。

同日　省政协主席叶冬松,省政协秘书长陈书增出席以“绽放战疫青春、坚定制度自信”为主题的机关五四诵读会活动。

同日　省政协副主席王宝山主持召开农工党省委十六届九次中常会。

同日　省政协副主席王宝山在元氏县就县域科技创新情况开展专项民主监督。

5月11日(星期一)

省政协秘书长陈书增参加全国政协安排部署全国政协十三届三次会议有关筹备组织工作视频会议。

5月12日(星期二)

省政协副主席苏银增就“强化投资拉动,推进项目建设”和“加快数字经济发展”在石家庄市调研。

5月13日(星期三)

省政协副主席葛会波出席包联重点企业协调调度会。

同日　省政协副主席王宝山在石家庄市省政协港澳委员企业调研。

同日　省政协秘书长陈书增在长城新媒体集团出席“聚力量、防疫情、促发展”委员讲堂。

5月14日(星期四)

省政协主席叶冬松,省政协秘书长陈书增出席全省重点工作推进落实暨作风纪律整顿会议。

同日　省政协副主席曹素华出席省易地扶贫搬迁后续工作落实委员情况通报会。

5月15日(星期五)

省政协主席叶冬松,省政协秘书长陈书增出席河北省科学技术奖励大会。

同日　省政协主席叶冬松,省政协副主席沈小平、葛会波、苏银增、王宝山列席省委常委会(扩大)会议。

同日　省政协副主席曹素华带队赴唐山市就“推动近视大防控,合力减少小眼镜”和包联重点企业调研,至20日。

同日　省政协副主席卢晓光、边发吉在京出席全国政协十三届常委会第十次会议,至19日。

同日　省政协副主席苏银增出席财经委分党组暨理论中心组学习会,传达学习中央、省委和省政协党组有关会议精神,并进行交流发言。

同日　省政协副主席王宝山在望都县调研指导脱贫攻坚工作。

5月18日(星期一)

省政协副主席曹素华在唐山出席“推动近视大防控、合力减少小眼镜”远程协商调研座谈会。

同日　省政协秘书长陈书增召开秘书长碰头会,研究本周机关重点工作。

5月19日(星期二)

省政协主席叶冬松主持召开住冀全国政协委员座谈会,深入学习贯彻习近平总书记重要指示精神,认真落实全国政协部署和王东峰书记要求,交流履职体会,听取意见建议,为即将召开的全国政协十三届三次会议凝心聚力。省政协副主席王宝山出席会议。

同日　省政协副主席曹素华在唐山调研包联企业。

同日　省政协秘书长陈书增参加全省党委秘书长工作会议。

同日　省政协秘书长陈书增主持召开做好全国“两会”期间机关工作协调会。

同日　省政协秘书长陈书增主持召开机关党组会议。

5月20日(星期三)

省政协主席叶冬松,省政协副主席卢晓光、边发吉、王宝山与其他住冀全国政协委员,赴京出席全国政协十三届三次会议,至27日。

同日　省政协副主席曹素华带队到张家口张北县就推动易地扶贫搬迁后续工作落实情况进行调研,至21日。

同日　省政协副主席葛会波赴京出

席十三届全国人大三次会议。

同日　省政协副主席苏银增就“强化投资拉动，推进项目建设”和“加快数字经济发展”在保定市调研，至22日。

同日　省政协秘书长陈书增到隆化县3个包联贫困村调研、看望机关驻村干部，至22日。

5月22日(星期五)

省政协副主席葛会波在京出席十三届全国人大三次会议，至28日。

5月25日(星期一)

省政协副主席沈小平率调研组就贯彻落实中央和省委政协工作会议精神、包联重点企业发展等情况，在唐山市考察调研，至27日。

5月26日(星期二)

省政协副主席曹素华率调研组就推动“聚力量、防疫情、促发展”活动开展，到石家庄市相关委员企业调研。

5月27日(星期三)

省政协副主席孙瑞彬出席省政协“推进物业管理与社区治理融合发展，夯实社区常态化疫情防控基础”专题协商座谈会。

同日　省政协副主席苏银增就“强化投资拉动，推进项目建设”和“加快数字经济发展”在衡水市相关企业调研，并到枣强县政协机关走访慰问，至28日。

同日　省政协秘书长陈书增主持召开省政协“聚力量、防疫情、促发展”活动推进会。

同日　省政协秘书长陈书增参加省政协机关集中收看全国政协十三届三次会议闭幕会直播活动。

5月28日(星期四)

省政协副主席孙瑞彬就文艺院团在常态化疫情防控中如何提供高质量文化产品到省话剧院调研。

同日　省政协副主席边发吉在京出席中国杂技家协会会议，至29日。

5月29日(星期五)

省政协副主席葛会波在省科协出席省政协2020年科技下基层活动首次活动并讲话。

同日　省政协秘书长陈书增主持召开省政协十二届十四次常委会会议筹备工作协调会。

同日　省政协秘书长陈书增主持召开机关党组会议、秘书长会议，研究拟提交省政协党组会议、主席会议审议事项。

5月30日(星期六)

省政协主席叶冬松，省政协副主席沈小平、曹素华、葛会波、卢晓光、边发吉、苏银增、王宝山，省政协秘书长陈书增列席省委常委会(扩大)会议。

5月31日(星期日)

省政协主席叶冬松，省政协秘书长陈书增出席河北省传达学习全国“两会”精神领导干部会议。

6月

6月1日(星期一)

省政协主席叶冬松主持召开第72次党组(扩大)会议，传达学习全国“两会”和省委有关会议精神，研究贯彻落实意见；研究有关人事事项。省政协党组成员沈小平、孙瑞彬、曹素华、苏银增、陈书增出席会议，省政协副主席葛会波、卢晓光、边发吉、王宝山列席会议。

同日　省政协主席叶冬松主持召开第29次主席会议，审议政协河北省第十二届委员会常务委员会第十四次会议有关事项：审议通过《关于召开政协河北省第十二届委员会常务委员会第十四次会议的决定》《政协河北省第十二届委员会常务委员会第十四次会议议程(草案)》《政协河北省第十二届委员会常务委员会第十四次会议日程》;研究《政协河北省第十二届委员会常务委员会第十四次会议方案(审议稿)》;听取政协河北省第十二届委员会常务委员会第十四次会议筹备情况的汇报;听取全省政协系统开展"聚力量、防疫情、促发展"活动进展情况的汇报;审议《政协河北省委员会重点提案遴选与督办办法(修订草案)》。省政协副主席沈小平、孙瑞彬、曹素华、葛会波、卢晓光、边发吉、苏银增、王宝山,省政协秘书长陈书增出席会议。

同日　省政协主席叶冬松主持召开主席会议务虚会,研究部署6月重点工作。省政协副主席沈小平、孙瑞彬、曹素华、葛会波、卢晓光、边发吉、苏银增、王宝山,省政协秘书长陈书增出席会议。

6月2日(星期二)

省政协副主席卢晓光出席"强化民生保障"专题协商推进会并讲话。

同日　省政协副主席苏银增主持召开"加快数字经济发展"座谈会。

同日　省政协秘书长陈书增主持召开秘书长会议务虚会。

6月3日(星期三)

政协河北省第十二届委员会常务委员会第十四次会议以视频会议形式召开。省政协主席叶冬松,省政协副主席沈小平、孙瑞彬、曹素华、葛会波、卢晓光、边发吉、苏银增、王宝山,省政协秘书长陈书增出席会议。

会议传达学习贯彻习近平总书记重要讲话和全国"两会"精神,通报全省政协系统开展"聚力量、防疫情、促发展"活动进展情况,审议省政协2020年协商、民主监督、视察考察、调研工作计划,通报2019年度省政协常委履职情况,通报省政协2019年度优秀调研报告和好提案评选结果。

同日　省政协主席叶冬松主持召开中共党员常委会议。省政协党组成员沈小平、孙瑞彬、曹素华、苏银增、陈书增出席会议。

同日　河北省政协以视频会议形式举办常委会集体学习讲座暨全省政协系统学习贯彻全国政协十三届三次会议精神专题辅导报告会,由全国政协办公厅研究室副主任胡衡庐作辅导报告。省政协主席叶冬松,省政协副主席沈小平、孙瑞彬、曹素华、葛会波、卢晓光、边发吉、苏银增、王宝山,省政协秘书长陈书增出席会议。

6月4日(星期四)

省政协秘书长陈书增主持召开机关党组(扩大)会议。

6月5日(星期五)

省政协副主席王宝山在省人民医院围绕"互联网+医疗健康"开展调研。

6月6日(星期六)

省政协主席叶冬松参加省委理论学习中心组集体学习会。

6月8日(星期一)

省政协主席叶冬松列席省委常委会会议。

同日　省政协副主席边发吉在衡水市就包联重点企业和促进消费潜力释放进行调研,至9日。

6月9日(星期二)

省政协副主席曹素华、王宝山出席省政协习近平新时代中国特色社会主义思想学习座谈小组第三组2020年第二季度学习座谈会。

同日　省政协副主席卢晓光在临城县围绕学习贯彻习近平总书记重要讲话和全国"两会"精神情况、贯彻落实中央和省委政协工作会议精神情况以及“聚、防、促”活动开展情况进行调研。

同日　省政协副主席苏银增在秦皇岛围绕学习贯彻全国“两会”精神、“市县政协贯彻落实中央和省委政协工作会议精神情况”“强化投资拉动、推进项目建设”以及“加快数字经济发展”调研，至11日。

同日　省政协秘书长陈书增主持召开秘书长碰头会。

6月10日(星期三)

省政协主席叶冬松主持召开省政协党组理论学习中心组(扩大)学习会。省政协党组成员沈小平、孙瑞彬、曹素华、陈书增出席会议，省政协副主席边发吉列席会议。

同日　省政协主席叶冬松，省政协秘书长陈书增赴张家口市就包联贫困县、投资项目建设和重点企业进行调研，至13日。

同日　省政协副主席孙瑞彬出席省政协习近平新时代中国特色社会主义思想学习座谈小组第二组2020年第二季度学习座谈会。

同日　省政协副主席葛会波在邢台就学习贯彻全省“两会”精神和中央、省委政协工作会议精神学习贯彻落实情况及推动社区和居家养老调研，至11日。

同日　省政协副主席边发吉在沧州吴桥就包联重点企业和促进消费潜力释放进行调研。

同日　省政协副主席边发吉赴唐山就民盟省委年度重点调研课题《加快文化产业园区建设推动文化产业转型升级》进行调研，至12日。

6月11日(星期四)

省政协副主席沈小平、卢晓光出席省政协习近平新时代中国特色社会主义思想学习座谈小组第一组2020年第二季度学习座谈会。

同日　省政协副主席孙瑞彬在邯郸市就贯彻落实中央和省委政协工作会议精神，推进“聚、防、促”活动情况开展调研并召开座谈会。

6月15日(星期一)

省政协副主席边发吉赴承德围绕承德市长城国家文化公园建设情况开展调研，并召开重点提案督办座谈会，至16日。

同日　省政协秘书长陈书增主持召开秘书长碰头会。

6月16日(星期二)

省政协主席叶冬松列席省委常委会(扩大)会议。秘书长陈书增参加会议。

同日　省政协副主席葛会波、苏银增参加省政协习近平新时代中国特色社会主义思想学习座谈小组第四组2020年度第二次学习座谈会。

同日　省政协秘书长陈书增主持召开机关党组(扩大)会议。

6月17日(星期三)

省政协主席叶冬松，副主席沈小平、孙瑞彬、曹素华、葛会波、卢晓光、边发吉、苏银增、王宝山，秘书长陈书增参加2019省委、省政府领导班子和领导干部年度考核测评会议。

同日　省政协主席叶冬松，省政协秘书长陈书增赴唐山市围绕学习贯彻习近平总书记重要讲话和全国“两会”精神，贯彻落实中央、省委政协工作会议精神及复工复产、海洋经济、乡村振兴等情况开展调研，至20日。

同日　省政协副主席葛会波赴沧州就包联重点企业调研，至18日。

同日　省政协秘书长陈书增出席全省经济运行暨防汛工作推进会议。

6月18日(星期四)

省政协副主席苏银增出席成立河北省关注森林组委会座谈会。

同日　省政协副主席王宝山在定州市、辛集市调研。

6月19日(星期五)

省政协副主席葛会波在衡水市调研并出席省科学院与武邑县政府科技合作仪式。

同日　省政协副主席苏银增在张家口市怀安县调研扶贫工作。

6月20日(星期六)

省政协主席叶冬松,省政协副主席沈小平、葛会波、卢晓光、边发吉、苏银增、王宝山列席省委常委会(扩大)会议。

同日　省政协主席叶冬松主持召开机关应对工作领导小组会议。省政协副主席沈小平,秘书长陈书增参加会议。

6月21日(星期日)

省政协副主席边发吉出席民盟第十二届中央常务委员会第十一次会议。

6月22日(星期一)

省政协主席叶冬松,省政协副主席卢晓光、边发吉在北京参加全国政协十三届十二次常委会会议,至24日。

6月23日(星期二)

省政协副主席苏银增在石家庄市视察督办省政协第391号重点提案。

同日　省政协秘书长陈书增主持召开2020年第二季度机关理论学习交流会和庆祝省政协成立70周年活动协调调度会。

6月24日(星期三)

省政协秘书长陈书增出席2020年省政协机关党建工作暨党风廉政建设工作会。

6月28日(星期日)

省政协秘书长陈书增主持召开秘书长碰头会。

6月29日(星期一)

省政协主席叶冬松,省政协副主席沈小平、曹素华、葛会波、卢晓光、边发吉、苏银增、王宝山,省政协秘书长陈书增列席省委常委会(扩大)会议。

同日　省政协副主席曹素华出席省政协十二届十五次常委会会议大会发言组织工作调度会。

6月30日(星期二)

省政协主席叶冬松出席河北省庆祝中国共产党成立99周年座谈会。

同日　省政协副主席苏银增出席省政协十二届十六次常委会议动员会。

同日　省政协秘书长陈书增主持召开第70次机关党组扩大会议和省政协十二届十五次常委会议筹备工作调度会。

7月

7月1日(星期三)

省政协主席叶冬松主持召开第73次党组会议,达学习贯彻习近平总书记在中央政治局第二十一次集体学习时的重要讲话精神,研究贯彻落实意见;传达学习河北省纪念中国共产党成立99周年座谈会精神,研究贯彻落实意见;听取机关党组(办公厅)、各专委会分党组(专委会)2020年上半年党建和履职工作总结及下半年工作安排的汇报;研究党组2020年上半年党建工作总结和下半年工作安排;研究党组2020年上半年落实全面从严治党主体责任情况和下半年工作安排;研究有关人事事项。省政协党组成员沈小平、孙瑞彬、曹素华、苏银增、陈书增出席会议,省政协副主席葛会波、卢晓光、边发吉、王宝山列席会议。

同日　省政协秘书长陈书增主持召开第 21 次秘书长会议。

7 月 2 日(星期四)

省政协主席叶冬松主持召开主席会议,传达学习全国政协十三届十二次常委会会议精神;审议政协河北省第十二届委员会常务委员会第十五次会议有关事项;研究省政协 2020 年上半年工作总结和下半年工作安排;研究《省政协委员读书活动方案(试行)》。省政协副主席沈小平、孙瑞彬、曹素华、葛会波、卢晓光、边发吉、苏银增、王宝山,省政协秘书长陈书增出席会议。

同日　省政协主席叶冬松主持召开主席会议务虚会,安排部署 7 月重点工作。省政协副主席沈小平、孙瑞彬、曹素华、葛会波、卢晓光、边发吉、苏银增、王宝山,省政协秘书长陈书增出席会议。

7 月 3 日(星期五)

省政协副主席孙瑞彬,省政协秘书长陈书增出席省政协委员读书活动指导组第一次工作会议。

同日　省政协副主席曹素华、王宝山出席“促进县域科技创新跃升”专项民主监督协商座谈会。

7 月 4 日(星期六)

省政协主席叶冬松列席省委常委会(扩大)会议。

同日　省政协副主席曹素华出席河北省扶贫开发和脱贫工作领导小组(扩大)会议。

7 月 6 日(星期一)

省政协主席叶冬松,省政协副主席孙瑞彬列席省委全面深化改革委员会第十次会议。

7 月 7 日(星期二)

省政协副主席孙瑞彬在石家庄市围绕“深化医养结合”重点提案调研。

同日　省政协副主席葛会波在张家口市赤城县就脱贫攻坚工作调研,至 8 日。

同日　省政协秘书长陈书增分别主持召开秘书长会议务虚会和秘书长专题办公会。

7 月 8 日(星期三)

省政协副主席边发吉出席民盟省委十一届七次常委会议(视频会议)。

同日　省政协副主席王宝山出席农工党中央十六届十次常委会会议(视频会议)。

7 月 9 日(星期四)

省政协主席叶冬松主持召开主席会议,审议有关人事事项。省政协副主席沈小平、孙瑞彬、曹素华、葛会波、卢晓光、苏银增、王宝山,省政协秘书长陈书增出席会议。

同日　政协河北省第十二届委员会常务委员会第十五次会议以视频会议形式召开。省政协主席叶冬松,省政协副主席沈小平、孙瑞彬、曹素华、葛会波、卢晓光、苏银增、王宝山,省政协秘书长陈书增出席会议。

同日　省政协主席叶冬松,省政协副主席孙瑞彬、苏银增出席省政协委员读书活动启动仪式。

同日　省政协主席叶冬松参加省委理论学习中心组学习会。

同日　省政协副主席边发吉在张家口市陪同北京冬奥委领导和开幕式总导演实地调研并就演出筹备工作进行磋商,至 11 日。

同日　省政协秘书长陈书增主持召开秘书长会议,审议有关人事事项。

7 月 10 日(星期五)

省政协主席叶冬松出席全省新型城镇化和城乡融合发展专题培训班开

班式。

同日　省政协秘书长陈书增主持召开机关党组(扩大)会议和机关党组理论学习中心组学习会。

7月13日(星期一)

省政协主席叶冬松列席省委常委会会议。

同日　省政协副主席边发吉在邯郸市开展文旅产业、舞台艺术精品创作调研,至14日。

同日　省政协秘书长陈书增主持召开秘书长碰头会。

7月14日(星期二)

省政协主席叶冬松列席省委常委会会议。

同日　省政协副主席王宝山参加省临床医学中心评审答辩。

同日　省政协秘书长陈书增赴宁夏银川出席全国地方政协秘书长工作交流座谈会,至16日。

7月15日(星期三)

省政协副主席葛会波、苏银增出席全国政协"十四五"华北地下水超采及地面沉降治理规划与实施网络视频调研会议。

同日　省政协副主席苏银增、王宝山出席发展"互联网＋医疗"助推我省卫生健康事业快速发展界别协商座谈会。

7月16日(星期四)

省政协副主席边发吉在保定市围绕"促进消费潜力释放"进行调研。

同日　省政协副主席苏银增在石家庄市赞皇县围绕"强化投资拉动,推进项目建设"和"加快数字经济发展"进行调研。

同日　省政协副主席王宝山在衡水市围绕"互联网＋医疗健康"进行专题调研。

7月17日(星期五)

省政协副主席苏银增在石家庄市高邑县围绕"强化投资拉动,推进项目建设"和"加快数字经济发展"进行调研。

7月20日(星期一)

省政协主席叶冬松列席省委常委会会议。

同日　省政协副主席曹素华出席全省乡村振兴工作领导小组会议。

同日　省政协副主席边发吉出席民盟河北省青年工作委员会2020年工作会议。

7月21日(星期二)

省政协主席叶冬松出席省委理论学习中心组学习会。秘书长陈书增参加会议。

同日　省政协副主席曹素华参加省乡村振兴工作领导小组会议。

同日　省政协秘书长陈书增主持召开秘书长碰头会。

7月22日(星期三)

省政协主席叶冬松主持召开省政协党组理论学习中心组(扩大)学习会,省政协党组成员沈小平、孙瑞彬、曹素华、苏银增、陈书增出席,省政协副主席葛会波、卢晓光、边发吉、王宝山列席。

7月23日(星期四)

省政协秘书长陈书增主持召开机关党组理论学习中心组学习会和机关党组会议。

7月24日(星期五)

省政协主席叶冬松主持召开省政协党组会议,研究省政协学习《习近平谈治国理政》第三卷工作安排;听取全省政协系统学习贯彻中央和省委政协工作会议精神情况的汇报,研究省政协党组《关于深入贯彻落实省委政协工作会议精神的意见》;听取全省政协系统学习贯彻中央办公厅《关于加强新时代人民政协党的建设工作的若干意见》(中办发〔2018〕48号)和省委办公厅《关于加强新时代人民政协党的建设工作的实施意见》(冀办发〔2018〕43 号)文件精神情况的汇报，研究省政协党组《关于进一步加强和改进政协党建工作的意见》；研究省政协党组《关于落实意识形态工作责任制的若干措施》；听取全国地方政协秘书长工作交流座谈会会议精神汇报，研究贯彻落实意见。省政协党组成员沈小平、孙瑞彬、曹素华、苏银增、陈书增出席会议，省政协副主席葛会波、卢晓光、边发吉、王宝山列席会议。

同日　省政协主席叶冬松，省政协秘书长陈书增赴石家庄市新华区、藁城区走访慰问包联退役军人。

7 月 25 日(星期六)

省政协主席叶冬松列席省委常委会会议。

7 月 27 日(星期一)

省政协主席叶冬松在唐山市参加认真贯彻落实习近平总书记对河北工作重要指示批示精神全面推进创新发展绿色发展高质量发展座谈会。

同日　省政协秘书长陈书增主持召开秘书长碰头会。

同日　省政协秘书长陈书增出席河北省新时代人民政协理论研究基地揭牌仪式。

7 月 28 日(星期二)

省政协主席叶冬松在唐山市调研。

同日　省政协副主席沈小平赴石家庄市长安区走访慰问包联退役军人。

7 月 29 日(星期三)

省政协主席叶冬松在廊坊市固安县主持召开全省政协系统开展“聚力量、防疫情、促发展”活动座谈会，省政协秘书长陈书增出席会议。

同日　省政协副主席孙瑞彬赴邯郸市大名县走访慰问包联退役军人。

同日　省政协副主席曹素华出席易地扶贫搬迁后续工作落实情况专项民主监督座谈会。

同日　省政协副主席葛会波在邯郸市就农产品稳产保供、居家养老服务等进行调研，至 30 日。

同日　省政协秘书长陈书增主持召开全省政协秘书长工作交流座谈会。

7 月 30 日(星期四)

省政协主席叶冬松赴定州市走访慰问包联退役军人。

同日　省政协副主席孙瑞彬出席省政协习近平新时代中国特色社会主义思想第二学习小组第三季度学习座谈会暨社法委委员履职党支部第一次专题学习会。

同日　省政协副主席曹素华赴衡水市走访慰问包联退役军人。

同日　省政协副主席苏银增赴邯郸市走访慰问包联退役军人。

同日　省政协副主席王宝山在石家庄市就“关于推动全省家政服务业健康发展的建议”重点提案督办进行视察并召开座谈会。

7 月 31 日(星期五)

省政协主席叶冬松，省政协副主席苏银增在机关会见天津市政协副主席尚斌义一行。

同日　省政协副主席曹素华、王宝山出席省政协“创新推动河北自贸试验区建设”专题协商会。

同日　省政协副主席边发吉在邯郸市走访慰问包联退役军人。

同日　省政协副主席苏银增出席天津市政协“加强‘十四五’规划战略协同，

促进京津冀协同发展”调研座谈会。

同日　省政协秘书长陈书增出席省政协办公厅与长城新媒体集团联合主办的“政协委员讲堂”第二期活动。

同日　省政协秘书长陈书增走访慰问驻机关武警中队官兵。

8月

8月3日(星期一)

省政协主席叶冬松列席省委常委会(扩大)会议。

同日　省政协主席叶冬松，省政协副主席葛会波、边发吉、王宝山出席党外人士座谈会。

同日　省政协副主席卢晓光在张家口市陪同民革中央领导同志调研，至7日。

同日　省政协秘书长陈书增主持召开秘书长碰头会。

8月4日(星期二)

省政协主席叶冬松出席全省经济工作推进会暨防汛工作会议。省政协秘书长陈书增参加会议。

同日　省政协副主席葛会波、苏银增参加习近平新时代中国特色社会主义思想学习座谈小组第四组第三季度学习座谈会。

8月5日(星期三)

省政协主席叶冬松，省政协秘书长陈书增在承德市围绕贯彻落实中央、省委政协工作会议精神，开展“聚力量、防疫情、促发展”活动和脱贫攻坚、生态文明建设等情况进行调研，至8日。

8月6日(星期四)

省政协副主席苏银增出席“强化投资拉动，推进项目建设”座谈会。

8月7日(星期五)

省政协副主席葛会波赴京列席十三届全国人大常委会第二十一次会议，至11日。

8月10日(星期一)

省政协副主席卢晓光、苏银增在石家庄出席《关于复建华北大学的建议》重点提案督办活动。

同日　省政协副主席边发吉在山东省济南市出席杂技精品剧目创作研讨会。

同日　省政协秘书长陈书增主持召开秘书长碰头会。

8月11日(星期二)

省政协副主席苏银增出席“强化投资拉动，推进项目建设”调研座谈会。

8月12日(星期三)

省政协副主席沈小平、卢晓光出席省政协习近平新时代中国特色社会主义思想学习座谈小组第一组2020年第三次学习座谈会。

同日　省政协副主席苏银增出席编制河北省“十四五”规划纲要协商议政座谈会。

8月13日(星期四)

省政协副主席卢晓光、苏银增出席省政协建言献策“十四五”规划纲要专题座谈会第二次会议。

同日　省政协秘书长陈书增参加秘书处党支部集体学习。

8月14日(星期五)

省政协副主席曹素华在张家口市涿鹿县就扶贫产业仅进行调研，至15日。

同日　省政协秘书长陈书增主持召开机关党组会议。

8月17日(星期一)

省政协主席叶冬松，省政协副主席孙瑞彬出席省政协委员读书活动情况汇报会。

同日　省政协副主席曹素华、王宝山出席省政协习近平新时代中国特色社会主义思想学习座谈小组第三组 2020 年第三次学习座谈会。

同日　省政协秘书长陈书增主持召开秘书长碰头会。

8 月 18 日(星期二)

省政协主席叶冬松，省政协秘书长陈书增在邯郸市围绕贯彻落实中央、省委政协工作会议精神，开展“聚、防、促”活动进展等情况进行调研，至 19 日。

同日　省政协副主席孙瑞彬在唐山市围绕包联企业和项目进行调研，至 20 日。

8 月 20 日(星期四)

省政协主席叶冬松主持召开省政协党组会议，研究人事事项，省政协党组成员沈小平、曹素华、苏银增、陈书增出席会议。

同日　省政协主席叶冬松，省政协秘书长陈书增列席列席省委常委会(扩大)会议。

同日　省政协副主席边发吉赴西安调研指导杂技精品剧目演出创作和杂技产业发展工作，至 22 日。

同日　省政协秘书长陈书增主持召开机关党组会议，研究有关人事事项。

8 月 21 日(星期五)

省政协主席叶冬松，省政协秘书长陈书增参加省政协原副主席张润身同志遗体告别仪式。

同日　省政协副主席苏银增出席“加快我省数字经济发展”专题协商座谈会。

同日　省政协副主席王宝山参加中华医学会第十七次全国耳鼻喉头颈外科手术(视频)会议。

8 月 22 日(星期六)

省政协主席叶冬松，省政协副主席沈小平、孙瑞彬、曹素华、苏银增参加中央有关文件征求意见会议。

同日　省政协副主席曹素华参加省扶贫开发和脱贫工作领导小组(扩大)会议。

同日　省政协秘书长陈书增陪同省委常委、秘书长高志立走访慰问省政协原副主席张润身同志遗属。

8 月 23 日(星期日)

省政协主席叶冬松赴京参加全国地方政协工作经验交流会和全国政协十三届十三次常委会会议，至 28 日。

同日　省政协副主席苏银增出席全省生态文明建设会议。

同日　省政协秘书长陈书增赴京参加全国地方政协工作经验交流会，至 24 日。

同日　省政协秘书长陈书增参加省委常委会会议。

8 月 24 日(星期一)

省政协副主席曹素华在承德市就“推动中药材产业高质量发展”进行重点提案督办，至 27 日。

同日　省政协副主席卢晓光、边发吉赴京参加全国政协十三届十三次常委会会议，至 27 日。

8 月 25 日(星期二)

省政协副主席孙瑞彬在邢台市围绕“社区和居家养老工程”开展党外委员专题视察。

8 月 26 日(星期三)

省政协秘书长陈书增主持召开省政协工作经验交流会和第十六次常委会议筹备工作调度会。

8 月 27 日(星期四)

省政协副主席孙瑞彬，省政协秘书

长陈书增出席省政协委员读书活动指导组第二次工作会议。

同日 省政协副主席卢晓光在京参加民革中央十三届十一次常委会会议。

8月28日(星期五)

省政协副主席卢晓光在保定市参加少数民族特色村镇建设视察活动。

同日 省政协副主席边发吉陪同民盟中央领导在邢台广宗县参加扶贫捐赠活动。

同日 省政协秘书长陈书增主持秘书长会议和省政协机关2020年度第三季度机关理论学习交流会。

8月31日(星期一)

省政协主席叶冬松,省政协副主席沈小平、孙瑞彬、曹素华、苏银增列席省委常委会(扩大)会议。

同日 省政协主席叶冬松主持召开第32次主席会议,传达学习全国政协十三届十三次常委会会议精神,研究贯彻落实意见;传达学习全国地方政协工作经验交流会精神,研究贯彻落实意见;审议政协河北省第十二届委员会常务委员会第十六次会议有关事项;研究《政协河北省委员会协商议政质量评价工作办法(试行)》《政协河北省委员会建设参政议政人才库工作方案》和参政议政人才库管理办法(试行)、十二届省政协参政议政人才库人选名单。省政协副主席沈小平、孙瑞彬、曹素华、葛会波、卢晓光、边发吉、苏银增、王宝山,省政协秘书长陈书增出席。

同日 省政协秘书长陈书增主持召开机关党组会议。

9月

9月1日(星期二)

省政协主席叶冬松,省政协副主席孙瑞彬陪同全国政协副主席刘奇葆一行,到张家口市就"推进长城国家文化公园建设"专题开展监督性调研,至2日。

同日 省政协主席叶冬松主持召开第78次党组会议,传达学习贯彻习近平总书记在中央第七次西藏工作座谈会上的重要讲话、在经济社会领域专家座谈会上的重要讲话、在企业家座谈会上的重要讲话精神和对制止餐饮浪费行为作出的重要指示,传达学习8月20日省委常委会会议有关精神和省委、省政府有关部署要求,传达学习全省生态文明建设工作会议精神,研究《河北省政协专门委员会党员委员履职党支部工作办法(试行)》《河北省政协党建工作联系办法(试行)》,研究有关人事事项。省政协党组成员冉万祥、孙瑞彬、曹素华、苏银增、陈书增出席,省政协副主席卢晓光、王宝山列席。

同日 省政协主席叶冬松主持召开主席会议务虚会,研究部署9月重点工作。省政协副主席孙瑞彬、曹素华、卢晓光、苏银增、王宝山,省政协秘书长陈书增出席会议。

9月2日(星期三)

省政协副主席苏银增在张家口出席第五届河北省旅游产业发展大会开幕式及有关活动,至3日。

9月3日(星期四)

省政协主席叶冬松出席河北省纪念中国人民抗日战争暨世界反法西斯战争胜利75周年座谈会。

同日 省政协主席叶冬松列席省委

常委会(扩大)会议。

同日　省政协副主席沈小平参加向华北军区烈士敬献花篮仪式。

同日　省政协副主席葛会波、卢晓光、苏银增在廊坊市参加“加快北京大兴机场临空经济区规划建设和自贸区建设”党外委员专题视察活动,至 4 日。

同日　省政协秘书长陈书增主持召开秘书长会议务虚会,研究 9 月重点工作,安排一周重点工作。

9 月 4 日(星期五)

省政协主席叶冬松出席全省重点项目建设暨经济运行调度视频会议。

9 月 5 日(星期六)

省政协副主席边发吉出席民进河北省委成立 40 周年纪念大会。

9 月 7 日(星期一)

省政协秘书长陈书增主持召开第 63 次秘书长碰头会,安排一周重点工作。

同日　省政协秘书长陈书增主持召开机关党组会议,传达学习《中国共产党基层组织选举工作条例》和省委《通知》,研究《省政协机关关于开展公务员违规从事或参与营利性活动专项整治工作方案》《关于认真做好关心关爱机关干部职工身心健康工作的通知》,听取机关 2020 年上半年绩效目标评估情况的汇报、研究整改措施。

9 月 8 日(星期二)

省政协主席叶冬松,省政协副主席苏银增,省政协秘书长陈书增在天津出席京津冀政协主席联席会议第六次会议,至 9 日。

同日　省政协副主席曹素华就“加强农业基础设施管护机制建设”在保定市调研。

9 月 9 日(星期三)

省政协主席叶冬松,省政协副主席葛会波,省政协秘书长陈书增陪同全国政协领导到张家口市围绕“永定河流域文化建设”开展党外委员专题视察。

同日　省政协副主席沈小平列席省委常委会(扩大)会议。

同日　省政协副主席卢晓光陪同全国政协副主席汪永清在北戴河出席全国政协第 129 期培训班开班式。

同日　省政协副主席卢晓光在北戴河参加全国政协第 129 期培训班,至 19 日。

9 月 11 日(星期五)

省政协主席叶冬松,省政协副主席梁田庚、沈小平、孙瑞彬、曹素华、边发吉、苏银增、王宝山,省政协秘书长陈书增出席河北省政协参政议政人才库特聘专家聘书颁发仪式。

同日　省政协主席叶冬松参加省委理论学习中心组学习会议。省政协秘书长陈书增列席会议。

9 月 13 日(星期日)

省政协副主席曹素华陪同全国政协原副主席李海峰在唐山市出席第七届中国国际物流发展大会,至 16 日。

9 月 14 日(星期一)

省政协主席叶冬松,省政协副主席沈小平、孙瑞彬、葛会波、边发吉、王宝山,省政协秘书长陈书增出席河北省政协工作经验交流会。

同日　省政协召开十二届第十六次常委会会议。传达学习全国政协十三届十三次常委会会议精神;围绕编制我省“十四五”规划纲要专题协商议政;听取河北省人民政府常务副省长袁桐利作的关于编制我省“十四五”规划纲要情况的报告;审议通过人事事项。省政协主席叶冬松，省政协副主席沈小平、孙瑞彬、葛会波、边发吉、苏银增、王宝山，省政协秘书长陈书增出席。

9 月 15 日(星期二)

省政协主席叶冬松参加河北省援藏工作考察团在西藏的考察活动，至 18 日。

同日　省政协举办第十三次常委集体学习，邀请全国政协常委、全国政协经济委员会副主任杨伟民围绕我国中长期发展的若干问题作专题辅导报告。省政协副主席沈小平、孙瑞彬、葛会波、边发吉、苏银增、王宝山，省政协秘书长陈书增出席。

同日　省政协秘书长陈书增分别主持召开财政经济委员会、社会和法制委员会、民族和宗教委员会、港澳台侨和外事委员会全体工作人员会议，宣布省委、省政协常务委员会和省政协党组关于部分专委会主任、分党组书记的任免决定，并就做好工作交接、提升专委会工作水平提出要求。

9 月 16 日(星期三)

省政协副主席葛会波在秦皇岛市出席省科学院与燕山大学合作签约仪式，至 17 日。

同日　省政协副主席边发吉在山东蓬莱市出席中杂协理事会会议，至 19 日。

同日　省政协副主席苏银增就“强化投资拉动，推进项目建设”和编制“十四五”规划纲要在邯郸市进行调研，至 18 日。

9 月 17 日(星期四)

省政协副主席孙瑞彬出席省政协“振兴地方戏曲艺术　推进评剧事业发展”专题调研座谈会。

9 月 18 日(星期五)

省政协秘书长陈书增主持召开机关党组理论学习中心组学习会，传达学习习近平总书记在全国抗击新冠肺炎疫情表彰大会上的重要讲话精神和 9 月 9 日省委常委会(扩大)会议有关精神。

同日　省政协秘书长陈书增参加机关党委党支部集体学习。

9 月 20 日(星期日)

省政协副主席葛会波、边发吉、王宝山出席省委统战部调研协商座谈会。

9 月 21 日(星期一)

省政协主席叶冬松列席省委常委会(扩大)会议。

同日　省政协副主席沈小平出席全省信访稳定暨秋季疫情防控工作会议。

同日　省政协副主席卢晓光在山西晋城市参加山西康养大会开幕式。

同日　省政协秘书长陈书增主持召开第 64 次秘书长碰头会，安排一周重点工作。

9 月 22 日(星期二)

省政协主席叶冬松陪同全国政协领导到张家口市，就“十四五”规划编制和可再生能源产业发展进行调研。

同日　省政协副主席曹素华在张家口市出席 2020 年全国科普日河北省主场系列活动启动仪式。

同日　省政协副主席葛会波、苏银增出席省政协“推动社区街道居家养老，积极应对人口老龄化”专题协商会。

同日　省政协副主席王宝山在内蒙古就农村基础设施管护情况进行调研，至 24 日。

9 月 23 日(星期三)

省政协主席叶冬松，省政协秘书长陈书增参加省委理论学习中心组学习会议。

同日　省政协副主席葛会波出席河北省区块链联盟成立启动仪式。

9 月 24 日(星期四)

省政协副主席沈小平出席省政协“建立遏制返贫长效机制、巩固脱贫攻坚成果”重点提案督办会议。

同日　省政协副主席孙瑞彬率部分党外委员,就保护传承中华优秀传统文化和做好革命文物保护工作,在保定市安国市、清苑区开展以自我教育为主旨的党外委员专题视察活动。

同日　省政协副主席曹素华、苏银增在石家庄市调研城市馆和滹沱河生态修复工程。

同日　省政协副主席葛会波在唐山市参加清洁能源基础设施建设党外委员视察活动。

9 月 25 日(星期五)

省政协主席叶冬松,省政协副主席沈小平、孙瑞彬、曹素华、卢晓光、边发吉、苏银增,省政协秘书长陈书增出席庆祝河北省政协成立 70 周年理论研讨会。

同日　省政协副主席边发吉出席省政协加强文物保护工作专项民主监督协商座谈会。

同日　省政协副主席王宝山在山东济南市参加山东省重大科技创新工程项目结题验收会议。

同日　省政协秘书长陈书增出席省人民政协理论研究会第四届第二次理事会议并讲话。

9 月 27 日(星期日)

省政协主席叶冬松,省政协副主席卢晓光陪同全国政协领导到张家口市就“推进康养产业和冰雪产业建设”进行调研。

同日　省政协主席叶冬松,省政协秘书长陈书增在安国市出席全省中医药传承创新发展大会。

9 月 28 日(星期一)

省政协主席叶冬松,省政协副主席沈小平、孙瑞彬、曹素华、葛会波、边发吉、苏银增、王宝山参加省委全委扩大会议。

同日　省政协副主席曹素华、王宝山出席省政协“推动近视大防控、合力减少小眼镜”远程协商会。

同日　省政协副主席边发吉在京参加全国政协京昆室主任会议。

同日　省政协副主席边发吉在雄安新区陪同民盟中央调研组调研,至 29 日。

同日　省政协副主席苏银增出席河北省数字经济发展大会,省政协秘书长陈书增参加会议。

同日　省政协秘书长陈书增主持召开第 81 次机关党组会议,传达学习贯彻习近平总书记近期重要讲话精神和省委有关会议、文件精神,研究省政协秘书长、驻会副秘书长工作分工调整意见。

9 月 29 日(星期二)

省政协主席叶冬松,副主席曹素华、苏银增列席省委常委会(扩大)会议。

同日　省政协主席叶冬松主持召开第 79 次党组会议,传达学习习近平总书记在全国抗击新冠肺炎疫情表彰大会上的重要讲话精神和全省信访稳定暨秋冬季疫情防控工作会议精神,研究贯彻落实意见;传达学习习近平总书记在第三次中央新疆工作座谈会上的重要讲话精神和省委常委会会议有关精神,研究贯彻落实意见;传达学习习近平总书记在科学家座谈会、基层代表座谈会、教育文化卫生体育领域专家代表座谈会上的重要讲话精神和省委常委会会议有关精神,研究贯彻落实意见;审议《中共政协河北省委员会专门委员会分党组工作规则》《河北省政协党员委员组织关系一方隶属参加双重组织生活实施方案》;听取修订有关党建工作制度情况的汇报。省政协党组成员沈小平、孙瑞彬、曹素华、苏银增、陈书增出席会议,省政协副主席葛会波、卢晓光、王宝山列席会议。

同日 省政协主席叶冬松主持召开主席会议务虚会,研究部署10月重点工作。省政协副主席沈小平、孙瑞彬、曹素华、葛会波、卢晓光、苏银增、王宝山,省政协秘书长陈书增出席会议。

9月30日(星期三)

省政协主席叶冬松,省政协副主席沈小平、孙瑞彬、曹素华、葛会波、卢晓光、边发吉、苏银增、王宝山,省政协秘书长陈书增参加烈士纪念日——向华北军区烈士敬献花篮仪式。

同日 省政协秘书长陈书增走访慰问驻省政协机关武警官兵。

10月

10月6日(星期二)

省政协副主席边发吉在苏州、上海参加2020年度国家舞台艺术精品扶持项目杂技剧《战上海》演出及专家研讨会,至8日。

10月9日(星期五)

省政协副主席王宝山在兰州市参加农工党中央主办的"中国节水论坛",至10日。

同日 省政协秘书长陈书增主持召开第4次秘书长会议务虚会,研究10月重点工作、安排一周重点工作。

10月10日(星期六)

省政协主席叶冬松陪同全国政协农业和农村委员会副主任马中平调研检查乡村公共文化服务体系建设情况。

同日 省政协副主席曹素华陪同全国政协农业和农村委员会副主任马中平调研检查乡村公共文化服务体系建设情况,至13日。

10月11日(星期日)

省政协副主席边发吉在黑龙江哈尔滨市参加第三届杂技理论高级研修班并授课,至14日。

10月12日(星期一)

省政协主席叶冬松出席全省"三创四建"活动推进会议。

同日 省政协秘书长陈书增主持召开第65次秘书长碰头会,安排一周重点工作。

10月13日(星期二)

省政协副主席葛会波在京列席十三届全国人大常委会第二十二次会议,至17日。

同日 省政协副主席卢晓光出席省政协"强化民生保障 促进高校毕业生就业"专题协商会。

同日 省政协副主席苏银增在邢台市就包联企业和"强化投资拉动,推进项目建设"进行调研,并就"加强散煤治理"开展专项监督,至15日。

同日 省政协秘书长陈书增召集省政协发展历程历史资料陈列筹展办工作人员,研究布展工作。

10月14日(星期三)

省政协主席叶冬松,省政协副主席沈小平、孙瑞彬、卢晓光、苏银增在省委集体收听收看深圳经济特区建立40周年庆祝大会。

同日 省政协秘书长陈书增主持召开庆祝河北省政协成立70周年工作调度会,参加机关收听收看深圳经济特区建立40周年庆祝大会活动。

10月15日(星期四)

省政协主席叶冬松列席省委常委会(扩大)会议。

同日　省政协秘书长陈书增主持召开省政协重要制度建设调度会。

10月16日(星期五)

省政协主席叶冬松,省政协副主席沈小平、孙瑞彬、曹素华、卢晓光、边发吉、苏银增、王宝山,省政协秘书长陈书增出席全省抗击新冠肺炎疫情表彰大会。

同日　省政协秘书长陈书增参加省四大班子秘书长联席会议。

10月17日(星期六)

省政协主席叶冬松参加河北省援疆工作考察团到新疆的学习考察活动,至19日。

同日　省政协副主席曹素华(应邀)到省博物馆参观河北省脱贫攻坚成果展。

同日　省政协副主席边发吉出席中国数学会2020年学术年会开幕式。

10月18日(星期日)

省政协副主席边发吉在保定市出席民盟河北省社会服务工作会议。

同日　省政协副主席边发吉在保定阜平县城南庄出席民盟中央教育基地挂牌仪式。

10月19日(星期一)

省政协主席叶冬松参加与全国脱贫攻坚先进事迹巡回报告团工作座谈。

同日　省政协副主席边发吉陪同全国人大常委、民盟中央副主席龙庄伟到保定阜平县就“产业助力乡村振兴”进行调研。

同日　省政协副主席苏银增在京参加全国政协“完善永定河流域生态补偿机制”重点提案督办会。

同日　省政协秘书长陈书增主持召开京津冀政协委员书画摄影展开幕式工作协调会和机关配合保障省委巡视工作领导小组办公室全体人员会议。

10月20日(星期二)

省政协主席叶冬松,省政协秘书长陈书增在秦皇岛市调研,实地考察山海关区孟姜镇北营子村,山海关区政协第四委员工作室,走访看望基层政协委员,到秦皇岛市政协看望机关干部职工并与部分市县政协主席座谈交流,至21日。

同日　省政协副主席曹素华出席2020年全国脱贫攻坚先进事迹巡回报告会。

同日　省政协副主席卢晓光参加我省全国双拥模范城(县)代表和全国双拥模范会见。

同日　省政协副主席卢晓光出席全省民族团结进步表彰大会。

同日　省政协副主席苏银增陪同全国政协调研组在张家口市就“完善永定河流域生态补偿机制”进行调研。

同日　省政协副主席苏银增在张家口市就“加强散煤治理”和“创建国家森林城市”进行调研。

10月22日(星期四)

省政协主席叶冬松列席省委常委会(扩大)会议。

同日　省政协副主席曹素华出席省政协“加强农村基础设施管护机制建设”网络远程协商会。

同日　省政协副主席苏银增出席省政协“强化投资拉动,推进项目建设”专题协商会。

同日　省政协副主席王宝山在吉林长春市参加中国医师协会相关会议活动,至24日。

同日　省政协秘书长陈书增参加全

省民营经济统战工作会议。

10 月 23 日(星期五)

省政协主席叶冬松，省政协秘书长陈书增在省委集体收听收看纪念中国人民志愿军抗美援朝出国作战 70 周年大会，并参加省委理论学习中心组会议。

同日　省政协副主席苏银增出席全省经济工作暨安全稳定工作推进会议。

同日　省政协秘书长陈书增参加省四大班子秘书长联席会议。

10 月 24 日(星期六)

省政协副主席卢晓光、边发吉、王宝山在平山李家庄参加各民主党派省委政治理论双月联合学习会，至 25 日。

10 月 25 日(星期日)

省政协副主席卢晓光主持召开民革省委主委会。

同日　省政协副主席苏银增陪同天津市调研组在石家庄市调研。

10 月 26 日(星期一)

省政协主席叶冬松，省政协副主席沈小平、孙瑞彬、葛会波、卢晓光、边发吉、苏银增、王宝山，省政协秘书长陈书增出席京津冀政协委员书画摄影展开幕式并参观展览。

同日　省政协副主席曹素华在沧州市走访调研海外侨胞代表企业。

同日　省政协秘书长陈书增主持召开第 82 次机关党组会议，传达学习贯彻习近平总书记近期重要讲话精神和省委有关会议精神，研究《关于深入贯彻落实新时代党的组织路线的若干措施》《省政协机关公务员平时考核实施方案》。

10 月 27 日(星期二)

省政协主席叶冬松主持召开第 80 次省政协党组会议，传达学习贯彻习近平总书记在中央党校(国家行政学院)中青年干部培训班开班式、深圳经济特区建立 40 周年庆祝大会、纪念中国人民志愿军抗美援朝出国作战 70 周年大会上的重要讲话，以及省委有关会议精神，研究贯彻落实意见。省政协党组成员沈小平、孙瑞彬、曹素华、苏银增、陈书增同志出席会议，省政协副主席葛会波、卢晓光、边发吉、王宝山同志列席会议。

同日　省政协秘书长陈书增主持召开第 83 次机关党组会议，专题学习中央和省委关于巡视有关文件，传达学习省政协党组会议精神，研究做好省委巡视配合保障工作。

10 月 28 日(星期三)

省政协主席叶冬松，省政协副主席沈小平、孙瑞彬、曹素华、葛会波、卢晓光、边发吉、苏银增，省政协秘书长陈书增出席全省政协“聚力量、防疫情、促发展”活动总结会。

同日　省政协秘书长陈书增出席机关年轻干部理论学习交流会，并以“不负时代，无悔韶华，争做忠诚干净担当的优秀政协干部”为题，讲作风建设专题党课。

10 月 29 日(星期四)

省政协副主席曹素华带领部分党外委员围绕“林下经济发展情况”到邯郸市丛台区、肥乡区视察。

同日　省政协副主席卢晓光带领部分省政协民革、少数民族界和宗教界委员赴正定开展委员读书活动。

同日　省政协秘书长陈书增主持召开省委第三巡视组巡视省政协机关党组工作动员会，并作表态发言。

10 月 30 日(星期五)

省政协副主席王宝山在正定参加省政协港澳台侨和外事委员会第一期委员读书活动线下交流会。

同日　省政协秘书长陈书增主持召

开配合保障省委巡视工作领导小组办公室会议，听取各组汇报，安排下一步工作。

11 月

11 月 1 日(星期日)

省政协主席叶冬松，省政协副主席沈小平、孙瑞彬、曹素华、苏银增，省政协秘书长陈书增同志列席省委常委会(扩大)会议。

11 月 2 日(星期一)

省政协主席叶冬松主持召开第 81 次党组会议，传达学习贯彻中国共产党第十九届中央委员会第五次全体会议精神，传达学习 11 月 1 日省委常委会会议有关精神，研究贯彻落实意见。省政协党组成员沈小平、孙瑞彬、曹素华、苏银增、陈书增出席会议，省政协副主席葛会波、卢晓光、边发吉、王宝山列席会议。

同日　省政协主席叶冬松，省政协副主席葛会波、卢晓光、边发吉、王宝山出席党外人士座谈会。

同日　省政协主席叶冬松主持召开主席会议务虚会，研究部署 11 月重点工作。省政协副主席沈小平、孙瑞彬、曹素华、葛会波、卢晓光、边发吉、苏银增、王宝山，省政协秘书长陈书增出席会议。

同日　省政协副主席边发吉出席民盟省委机关专题会议。

同日　省政协秘书长陈书增主持召开第 84 次机关党组会议，传达学习贯彻中国共产党第十九届中央委员会第五次全体会议精神，传达学习省委常委会会议和省政协党组会议有关精神，研究贯彻落实意见。

11 月 5 日(星期四)

省政协主席叶冬松主持召开专题会议，研究《关于组织省民主党派、工商联和无党派人士开展专题参观考察的工作方案》。省政协副主席沈小平，省政协秘书长陈书增出席会议。

同日　省政协主席叶冬松，省政协副主席沈小平参加省委深改委第十二次会议。

同日　省政协副主席沈小平，省政协秘书长陈书增现场研究调度河北省政协成立 70 周年历史资料陈列。

11 月 6 日(星期五)

省政协主席叶冬松列席省委常委会(扩大)会议。

同日　省政协秘书长陈书增主持召开庆祝河北省政协成立 70 周年座谈会筹备工作协调会。

11 月 7 日(星期六)

省政协主席叶冬松，省政协副主席沈小平、孙瑞彬、曹素华、葛会波、苏银增、王宝山参加省委九届十一次全会，至 8 日。

同日　省政协主席叶冬松列席省委常委会会议。

11 月 8 日(星期日)

庆祝河北省政协成立 70 周年座谈会在石家庄召开，省委书记王东峰、省长许勤出席，省委书记王东峰讲话，省政协主席叶冬松主持。省领导冉万祥、高志立、廉毅敏、范照兵，九届省政协主席赵金铎、十届政协主席刘德旺，省政协副主席沈小平、孙瑞彬、曹素华、葛会波、卢晓光、苏银增、王宝山，十一届省政协副主席段惠军，省政协秘书长陈书增，住石全国政协委员和本届、往届省政协委员代表，各市(含定州、辛集市)政协主要负责人，省政协副秘书长、研究室和各专委会主要负责同志参加。

11月9日(星期一)

省政协主席叶冬松,省政协副主席卢晓光、边发吉在京参加全国政协十三届常委会第十四次会议,至11日。

同日　省政协副主席葛会波在京列席第十三届全国人大常委会第二十三次会议。

11月10日(星期二)

省政协秘书长陈书增先后主持召开秘书长会议务虚会和省政协十二届十七次常委会会议筹备工作调度会,对机关11月重点工作和十七次常委会议筹备工作进行安排部署。

11月11日(星期三)

省政协副主席沈小平、孙瑞彬、曹素华、苏银增、王宝山,省政协秘书长陈书增参加学习贯彻党的十九届五中全会精神中央宣讲团报告会。

同日　省政协副主席卢晓光在京参加民革中央十三届十二次中常会。

同日　省政协副主席边发吉在京参加全国政协领导谈心谈话活动。

同日　省政协秘书长陈书增列席省委理论学习中心组学习会。

11月12日(星期四)

省政协秘书长陈书增主持召开第24次秘书长会议,研究提交主席会议审议有关文件和事项,研究部署近期工作。

11月13日(星期五)

省政协主席叶冬松主持召开第33次主席会议,传达学习贯彻全国政协十三届十四次常委会会议、省委九届十一次全会以及王东峰同志在庆祝河北省政协成立70周年座谈会上的讲话精神,审议政协河北省第十二届委员会常务委员会第十七次会议有关事项,审议《关于强化政协委员责任担当的意见》《关于加强和促进人民政协凝聚共识工作的意见》和《专门委员会通则》。省政协副主席沈小平、孙瑞彬、葛会波、卢晓光、边发吉、苏银增、王宝山,省政协秘书长陈书增同志出席。

同日　省政协主席叶冬松主持召开党组理论学习中心组(扩大)学习会,围绕习近平总书记重要讲话和党的十九届五中全会精神、省委九届十一次全会和省委理论学习中心组学习会精神进行集体学习,并结合工作实际交流发言。省政协党组成员沈小平、孙瑞彬、苏银增、陈书增出席会议,省政协副主席葛会波、卢晓光、边发吉、王宝山列席会议。

同日　省政协副主席曹素华同志陪同全国政协副主席、民建中央常务副主席辜胜阻一行在张家口调研,至14日。

11月14日(星期六)

省政协主席叶冬松同志率党外人士考察团赴廊坊、秦皇岛、唐山考察。实地考察廊坊临空经济区项目建设、秦皇岛生态文明建设和生命健康产业、唐山智能智造产业、迁安市规划和生态建设,并与党外人士座谈,宣讲党的十九届五中全会精神。省政协副主席葛会波,省政协秘书长陈书增参加,至17日。

同日　省政协副主席卢晓光、王宝山参加省委统战部党外人士参观考察团在张家口专题参观考察。

同日　省政协副主席边发吉在河南省就杂技产业发展和精品创作进行调研,至15日。

11月16日(星期一)

省政协副主席曹素华陪同全国政协副主席、台盟中央主席苏辉率全国政协台盟台联侨联界党外委员视察团一行,就推进京津冀协同发展工作到雄安新区、保定市视察,至18日。

同日　省政协副主席边发吉在安徽临泉县出席第五届安徽省民间杂技艺术节开幕式并参加“杂技名家看安徽——临泉站”调研活动，至 18 日。

同日　省政协副主席苏银增在四川成都市参加全国暨地方政协人口资源环境委员会工作座谈会，至 19 日。

11 月 17 日(星期二)

省政协主席叶冬松在唐山调研并宣讲党的十九届五中全会精神，实地考察中信重工开诚智能装备有限公司、唐山达创传导科技有限公司和唐山市政协文史馆，并到唐山市政协机关宣讲党的十九届五中全会精神。省政协副主席葛会波，省政协秘书长陈书增参加。

同日　省政协副主席卢晓光、王宝山参加省委统战部党外人士专题座谈会。

同日　省政协副主席王宝山到沧州任丘市、保定望都县、石家庄市调研指导包联项目、包联贫困县和部分包联企业，至 18 日。

11 月 18 日(星期三)

省政协秘书长陈书增先后主持召开第 85 次机关党组(扩大)会议和机关党组理论学习中心组(扩大)学习会，传达学习贯彻省委九届十一次全会精神和王东峰书记在庆祝河北省政协成立 70 周年座谈会上的讲话精神，研究《省政协机关党组工作汇报》，传达学习省委理论学习中心组学习会、省政协党组理论学习中心组学习会精神。

11 月 19 日(星期四)

省政协召开十二届第十七次常委会会议。传达学习中共十九届五中全会精神、全国政协十三届十四次常委会会议和省委九届十一次全会精神；审议通过《政协河北省委员会关于强化政协委员责任担当的意见》《政协河北省委员会专门委员会通则》；审议通过人事事项。省政协主席叶冬松，省政协副主席孙瑞彬、曹素华、葛会波、卢晓光、边发吉、王宝山，省政协秘书长陈书增出席会议。

同日　省政协副主席沈小平参加河北省党政代表团到北京、天津市学习考察，至 20 日。

11 月 20 日(星期五)

省政协举办常委暨全省政协学习贯彻党的十九届五中全会精神辅导报告会，邀请国家发展和改革委员会国际合作中心副主任刘建兴围绕贯彻党的十九届五中全会精神，谋篇“十四五”时期高质量发展作辅导报告。省政协主席叶冬松，省政协副主席孙瑞彬、曹素华、葛会波、卢晓光、苏银增、王宝山，省政协秘书长出席会议。

同日　省政协副主席边发吉在广东出席首届粤港澳大湾区(广东)杂技艺术周活动并到有关杂技艺术生产单位调研，至 23 日。

同日　省政协秘书长陈书增参加省四大班子秘书长联席会议。

11 月 21 日(星期六)

省政协主席叶冬松，省政协副主席沈小平、曹素华、苏银增列席省委常委会(扩大)会议。

同日　省政协副主席葛会波在张家口市赤城县就扶贫工作进行调研，至 22 日。

同日　省政协秘书长陈书增主持召开省政协机关党组工作汇报会。

11 月 22 日(星期日)

省政协副主席葛会波在沧州市就包联重点项目和企业调研，至 23 日。

11 月 23 日(星期一)

省政协主席叶冬松出席省委理论学

习中心组学习会议。

同日　省政协副主席沈小平在承德市承德县调研扶贫脱贫工作并宣讲党的十九届五中全会精神，至24日。

同日　省政协副主席苏银增在邢台市南和县、隆尧县调研包联企业，并宣讲党的十九届五中全会精神。

同日　省政协秘书长陈书增主持召开第66次秘书长碰头会，安排一周重点工作。

11月24日(星期二)

省政协主席叶冬松到张家口市调研包联县、包联项目、重点企业，宣讲党的十九届五中全会精神。实地走访包联项目和企业，查看项目建设进展、特色产业发展、扶贫车间运营、基层党建等情况，听取脱贫攻坚进展情况汇报，并向县乡村干部宣讲，至25日。

同日　省政协副主席孙瑞彬在赞皇县围绕脱贫攻坚工作进行调研并宣讲党的十九届五中全会精神。

同日　省政协副主席曹素华在张家口市张北县就包联贫困县调研，并宣讲党的十九届五中全会精神，至25日。

同日　省政协副主席葛会波、卢晓光参加民主党派脱贫攻坚民主监督座谈会。

同日　省政协副主席卢晓光在邢台市临城县就脱贫攻坚工作调研。

同日　省政协副主席苏银增在张家口市怀安县就扶贫脱贫工作调研，并宣讲党的十九届五中全会精神，至25日。

同日　省政协副主席王宝山在京出席中国农工民主党第十六届中央常务委员会第十一次会议、第十六届中央委员会第四次全体会议，至25日。

同日　省政协秘书长陈书增主持召开秘书长专题会议，研究省政协十二届四次全会驻地调整有关事宜。

同日　省政协秘书长陈书增实地查看全会备选酒店。

11月25日(星期三)

省政协副主席卢晓光在邯郸市就包联企业调研。

同日　省政协副主席边发吉在衡水市就包联重点企业进行调研。

同日　省政协秘书长陈书增主持召开省政协十二届四次全会筹备工作协调会，研究部署全会筹备工作分工等。

同日　省政协秘书长陈书增为机关党员干部宣讲党的十九届五中全会精神和省委九届十一次全会精神。

11月26日(星期四)

省政协主席叶冬松列席省委常委会(扩大)会议。

同日　省政协副主席边发吉在保定市曲阳县调研脱贫攻坚工作。

同日　省政协副主席苏银增陪同水利部领导在雄安新区调研水资源调度和水土保持工作，至27日。

11月27日(星期五)

省政协秘书长陈书增主持召开省政协十二届四次会议大会发言工作动员协调会。

同日　省政协秘书长陈书增参加省四大班子秘书长联席会议。

11月28日(星期六)

省政协主席叶冬松，省政协副主席沈小平、孙瑞彬、曹素华、葛会波、卢晓光、边发吉、苏银增、王宝山，省政协秘书长陈书增出席全省领导干部政治性警示教育大会。

同日　省政协主席叶冬松出席河北省学习贯彻全国劳动模范和先进工作者表彰大会精神座谈会。

同日　省政协副主席葛会波赴承德

围场县调研省科学院驻村帮扶情况，至 29 日。

11 月 30 日(星期一)

省政协主席叶冬松出席省委理论学习中心组学习会议。省政协秘书长陈书增列席。

同日　省政协主席叶冬松主持召开第 82 次党组会议暨理论学习中心组学习会，学习贯彻习近平法治思想和中央全面依法治国工作会议精神，传达学习 11 月 30 日省委理论学习中心组学习会议精神，研究贯彻落实意见。省政协党组成员梁田庚、沈小平、孙瑞彬、苏银增、陈书增出席会议，省政协副主席卢晓光、边发吉、王宝山列席会议。

同日　省政协主席叶冬松主持召开第 27 次主席会议务虚会。省政协副主席梁田庚、沈小平、孙瑞彬、卢晓光、边发吉、苏银增、王宝山，省政协秘书长陈书增出席。

同日　省政协副主席曹素华在唐山市就包联重点项目和企业调研，至 12 月 2 日。

同日　省政协副主席葛会波在承德市陪同九三学社中央领导出席九三学社现代农业科学研究院揭牌仪式。

同日　省政协副主席边发吉参加吴桥杂技节创新与发展座谈会。

12 月

12 月 1 日(星期二)

省政协副主席边发吉在江西参加全国政协京昆室“戏曲创作和演出要坚持与时代同步伐、以人民为中心”专题考察活动，至 3 日。

同日　省政协秘书长陈书增主持召开第 67 次秘书长碰头会和秘书长办公会。

12 月 2 日(星期三)

省政协主席叶冬松，省政协秘书长陈书增出席全省深化事业单位改革试点动员部署会议。

同日　省政协主席叶冬松主持召开专题会议，研究省政协十二届四次全会有关问题。省政协副主席梁田庚、曹素华，省政协秘书长陈书增参加。

12 月 3 日(星期四)

省政协主席叶冬松主持召开第 83 次党组会，传达学习贯彻习近平总书记重要讲话精神和中央、省委有关会议精神，听取省政协全面从严治党工作情况汇报，交流 2020 年省级领导干部重点调研课题调研情况。省政协党组成员梁田庚、沈小平、孙瑞彬、曹素华、苏银增、陈书增出席会议，省政协副主席葛会波、卢晓光、王宝山列席会议。

同日　省政协副主席王宝山在承德市参加农工党河北省 2020 年参政议政工作会暨参政议政骨干培训班，至 5 日。

同日　省政协秘书长陈书增主持召开机关 2020 年度综合考核工作协调会，就做好机关 2020 年度综合考核工作提出要求。

12 月 4 日(星期五)

省政协主席叶冬松陪同全国政协领导在承德市丰宁满族自治县开展巩固脱贫攻坚成果调研。

同日　省政协副主席葛会波主持召开河北省自然科学研究职称评审会议。

同日　省政协副主席边发吉在江苏省杂技团调研指导杂技报告诗剧《芦苇青青菜花黄》，至 5 日。

同日　省政协秘书长陈书增先后主持召开第 86 次机关党组(扩大)会和第 9 次机关党组理论学习中心组(扩大)学习

会，传达学习中央、省委和省政协党组有关会议、文件精神，机关领导班子成员交流2020年重点调研课题调研情况，并围绕深入学习贯彻习近平法治思想进行研讨交流。

12月5日(星期六)

省政协主席叶冬松，省政协副主席葛会波陪同全国政协领导在张家口市出席北京大学·崇礼冰雪运动医学峰会开幕式。

12月6日(星期日)

省政协秘书长陈书增参加省四大班子秘书长联席会。

12月7日(星期一)

省政协主席叶冬松列席省委常委会会议。

同日　省政协副主席孙瑞彬、边发吉出席省政协习近平新时代中国特色社会主义思想第二学习座谈小组第四季度学习座谈会。

同日　省政协副主席葛会波在京出席中国人民政协理论研究会第三届理事会第二次会议。

同日　省政协副主席卢晓光在京出席民革第十三届中央委员会第四次全体会议，至10日。

12月8日(星期二)

省政协主席叶冬松出席全面依法治省工作会议。

同日　省政协副主席梁田庚出席省政协十二届四次会议筹备工作动员会、贯彻落实中央和省委政协工作会议精神情况专项督查工作培训动员会，省政协秘书长陈书增主持。

同日　省政协副主席葛会波在京参加九三学社第十四届中央委员会第四次全体会议，至12日。

同日　省政协副主席边发吉在京参加民盟第十二届中央委员会第四次全体会议，至10日。

同日　省政协秘书长陈书增参加省委统一战线工作领导小组会议。

12月9日(星期三)

省政协主席叶冬松出席省委理论学习中心组学习会议，省政协秘书长陈书增列席。

同日　省政协副主席梁田庚、沈小平、孙瑞彬、曹素华、苏银增分别带领督查组，赴保定市和望都县、清苑区、涞源县、涞水县，石家庄市和藁城区，邢台市和隆尧县，衡水市和枣强县、武邑县，唐山市和路北区、丰南区、滦州市，就市、县党委和政协党组贯彻落实中央和省委政协工作会议精神情况开展专项督查和实地抽查核查，至11日。

12月10日(星期四)

省政协主席叶冬松，省政协秘书长陈书增出席全省民营经济发展大会。

同日　省政协副主席边发吉到任丘市调研政协工作，并出席文化文史和学习委员会联合省话剧院、省心连心艺术团、省杂技团举办的文化下基层活动，至11日。

同日　省政协副主席王宝山在京参加国家耳鼻咽喉疾病临床医学研究中心年会，至13日。

12月12日(星期六)

省政协主席叶冬松陪同天津市党政代表团到我省参观考察。

12月13日(星期日)

省政协副主席边发吉在京出席中杂协第八次全国代表大会，至16日。

12月14日(星期一)

省政协主席叶冬松，省政协秘书长陈书增列席省委常委会(扩大)会议。

12 月 15 日(星期二)

省政协主席叶冬松主持召开政协委员座谈会,听取住冀全国政协委员、省政协常委、委员代表对加强和改进政协工作及省政协常委会工作报告的意见建议。

同日 省政协副主席苏银增出席省政协习近平新时代中国特色社会主义思想第四学习座谈小组第四季度学习座谈会。

同日 省政协秘书长陈书增主持召开第 68 次秘书长碰头会,安排一周重点工作。

同日 省政协秘书长陈书增主持召开省各民主党派、工商联负责人座谈会,听取对加强和改进政协工作及省政协常委会工作报告的意见建议。

12 月 16 日(星期三)

省政协主席叶冬松,省政协秘书长陈书增赴沧州市调研,考察沧州市工商联企业家直通车办公室和有关企业,并召开部分市政协主席座谈会,听取对加强和改进政协工作及省政协常委会工作报告的意见建议,至 17 日。

同日 省政协副主席苏银增到省政务服务办公室,就"深化'放管服'改革、优化营商环境"进行调研。

12 月 17 日(星期四)

省政协副主席沈小平、卢晓光出席省政协习近平新时代中国特色社会主义思想第一学习座谈小组第四季度学习座谈会。

同日 省政协副主席葛会波陪同全国政协副主席、九三学社中央常务副主席一行,督导九三学社河北省委工作。

12 月 18 日(星期五)

省政协主席叶冬松主持召开第 84 次党组会议,传达学习贯彻习近平总书记在党外人士座谈会和中央政治局第二十六次集体学习时的重要讲话精神,以及中央和省委有关会议精神;听取机关党组、各专委会分党组 2020 年工作总结和 2021 年工作打算的汇报,研究省政协党组 2020 年工作总结和 2021 年工作安排;听取 2020 年省政协意识形态工作情况汇报,研究安排明年意识形态工作。省政协党组成员梁田庚、沈小平、孙瑞彬、曹素华、苏银增、陈书增出席会议,省政协副主席卢晓光、王宝山列席会议。

同日 省政协副主席边发吉在上海参加第五届上海国际杂技教育委员会工作会议,至 19 日。

同日 省政协副主席王宝山出席河北省京剧艺术研究院"庆祝建院 75 周年名家名段演唱晚会"。

12 月 19 日(星期六)

省政协副主席葛会波、卢晓光、边发吉、王宝山在邯郸涉县参加省委统战部民主党派联合学习,至 20 日。

同日 省政协副主席苏银增在保定市出席"30 • 60"新时代能源电力创新发展大会。

12 月 20 日(星期日)

省政协主席叶冬松,省政协副主席梁田庚、沈小平、孙瑞彬、曹素华、苏银增,省政协秘书长陈书增列席省委常委会(扩大)会议。

同日 省政协秘书长陈书增参加省四大班子秘书长联席会。

12 月 21 日(星期一)

省政协主席叶冬松赴张家口市出席河北省第二届冰雪运动会开幕式。

同日 省政协副主席葛会波在京列席全国人大十三届二十四次常委会会议,至 26 日。

同日 省政协副主席边发吉出席民

盟省委十一届四次全委会。

同日　省政协副主席边发吉主持召开民盟省委领导班子民主生活会。

同日　省政协秘书长陈书增主持召开第69次秘书长碰头会。

同日　省政协秘书长陈书增主持召开第87次机关党组（扩大）会议，传达学习贯彻习近平总书记近期重要讲话精神，以及中央、省委、省政协党组有关会议精神，听取机关各党支部（总支）2020年工作总结和2021年工作打算汇报，研究机关党组2020年工作总结和2021年工作安排，听取2020年机关意识形态工作报告和2021年工作安排汇报。

12月22日（星期二）

省政协副主席曹素华、王宝山出席省政协习近平新时代中国特色社会主义思想第三学习座谈小组第四季度学习座谈会。

同日　省政协副主席边发吉在崇礼县参加省委专题会议。

12月23日（星期三）

省政协主席叶冬松，省政协副主席梁田庚、沈小平、孙瑞彬、曹素华、卢晓光、边发吉、苏银增、王宝山参加省委全委扩大会议。

同日　省政协主席叶冬松，省政协副主席卢晓光、边发吉、王宝山出席中共河北省委党外人士座谈会。

同日　省政协秘书长陈书增主持召开省政协十二届四次全会筹备工作调度会。

12月24日（星期四）

省政协副主席梁田庚在崇礼县陪同全国政协原副主席廖晖一行考察。

同日　省政协副主席边发吉在京参加文化部中国杂技艺术创新工作重点扶持作品指导工作会议。

12月25日（星期五）

省政协主席叶冬松，省政协副主席梁田庚、沈小平、孙瑞彬、曹素华、卢晓光、苏银增、王宝山，省政协秘书长陈书增参加省委九届十二次全会，至26日。

同日　省政协副主席边发吉在京参加中杂协培训工作研讨会，至26日。

12月26日（星期六）

省政协主席叶冬松出席全省基层党建工作述职评议会议。

12月27日（星期日）

省政协副主席梁田庚，省政协秘书长陈书增列席省委常委会（扩大）会议。

12月28日（星期一）

省政协主席叶冬松主持召开第85次党组会议，学习贯彻习近平总书记在中共中央政治局民主生活会上的重要讲话和中央经济工作会议、中央政治局民主生活会精神，传达学习省委九届十二次全会和省委常委会会议精神，研究贯彻落实意见。省政协党组成员梁田庚、沈小平、孙瑞彬、曹素华、苏银增、陈书增出席会议，省政协副主席葛会波、卢晓光、边发吉列席会议。

同日　省政协主席叶冬松主持召开主席会议务虚会，研究部署2021年1月重点工作。省政协副主席梁田庚、沈小平、孙瑞彬、曹素华、葛会波、卢晓光、边发吉、苏银增，省政协秘书长陈书增出席会议。

同日　省政协副主席王宝山出席农工党中央抗疫表彰视频会。

同日　省政协副主席王宝山出席河北医科大学护理学院年度总结表彰大会。

同日　省政协秘书长陈书增参加省四大班子秘书长联席会。

同日　省政协秘书长陈书增主持召

开第 70 次秘书长碰头会。

12 月 29 日(星期二)

省政协主席叶冬松出席省委理论学习中心组学习会议。省政协秘书长陈书增列席。

同日　省政协副主席王宝山在河南省参加第四届“健康中原论坛”及相关调研活动,至 31 日。

同日　省政协秘书长陈书增主持召开第 6 次秘书长会议务虚会。

同日　省政协秘书长陈书增主持召开第 88 次机关党组(扩大)会议,传达学习习近平总书记近期重要讲话精神,以及中央和省委、省政协党组有关会议精神,研究贯彻落实意见。

12 月 30 日(星期三)

省政协主席叶冬松列席省委常委会(扩大)会议。

同日　省政协副主席曹素华出席全省精神文明建设工作会议暨表彰大会和河北省对口支援西藏新疆工作领导小组会议。

同日　省政协秘书长陈书增主持召开省政协机关领导班子和省管干部 2020 年度民主测评会。

12 月 31 日(星期四)

省政协副主席葛会波在邢台市巨鹿县出席院县科技合作协议签约仪式。

同日　省政协副主席苏银增出席省政协《白洋淀生态环境治理和保护条例》立法协商座谈会。

同日　省政协秘书长陈书增主持召开机关应对新冠肺炎疫情工作领导小组办公室会议。

设区市、直管市
政 协 工 作

政协石家庄市委员会

【全体委员会议】

十三届四次会议 1月14日至17日在石家庄市举行。会议应出席委员635人,实到612人。省委常委、市委书记邢国辉作重要讲话,刘明轩主席作政协石家庄市第十三届委员会常务委员会工作报告,郭斌副主席主持开幕会。中共石家庄市委、市人大常委会、市政府、市警备区、市中级人民法院、市人民检察院领导、曾担任过市主要领导职务的同志、历届市政协主席、十三届市政协副主席、其他副市级领导等出席了开幕和闭幕会议。会议审议通过了刘明轩主席代表政协石家庄市第十三届委员会常务委员会所作的工作报告、葛瑞芳副主席代表政协石家庄市第十三届委员会常务委员会所作的关于十三届三次会议以来提案工作情况的报告。与会委员学习并讨论了邢国辉书记的重要讲话,听取并审议通过了政协石家庄市第十三届委员会常务委员会工作报告、提案工作情况的报告和有关决议,列席了市十四届人大五次会议,听取并讨论了政府工作报告及其他报告。会议还审议通过了政协石家庄市第十三届委员会第四次会议政治决议、政协石家庄市第十三届委员会第四次会议常务委员会工作报告的决议、政协石家庄市第十三届委员会提案委员会关于十三届四次会议提案审查情况的报告。刘明轩主席主持闭幕会并讲话。

【常务委员会会议】

第十五次会议 1月3日在石家庄市召开。会议应出席115人,实到103人。市委副书记、市长到会通报我市2019年经济社会发展情况。会议审议通过了市政协十三届四次会议有关文件和事项,决定1月14日至17日召开市政协十三届四次会议。市民宗局负责同志到会通报了我市宗教工作情况。

第十六次会议 1月16日在石家庄市召开。会议应出席115人,实到103人。市委常委、组织部部长出席会议并作有关人事事项说明。会议审议通过了政协石家庄市第十三届委员会补选常务委员候选人名单(草案),政协石家庄市第十三届委员会第四次会议选举办法(草案)和总监票人、监票人建议名单。审议通过了政协石家庄市第十三届委员会第四次会议常务委员会工作报告的决议(草案)、政协石家庄市第十三届委员会提案委员会关于十三届四次会议提案审查情况的报告(草案)、政协石家庄市第十三届委员会第四次会议政治决议(草案),并决定将以上事项提交各委员小组进行讨论。

第十七次会议 6月11日在石家庄市召开。会议应出席122人,实到101人。会议围绕"建立健全全市疫情防控长效机制"主题开展专题协商议政,传达学习了习近平总书记在全国"两会"期间的重要讲话和全国"两会"精神,通报了全市政协系统开展"聚力量、防疫情、促发展"活动进展情况,观看了全市政协系统抗疫情促发展工作纪实资料片,听取了市政府关于全市疫情防控情况通报,审议通过了有关制度及人事事项。本次会议共收到大会发言材料47篇,其中7位常委、委员围绕"建立健全全市疫情防控长效机制"提出意见建议作了口头发言,其他发言材料整理形成了40余篇书面发言。

第十八次会议 7月28日在石家庄市召开。会议应出席119人,实到113人。会议围绕科学编制"十四五"规划纲要开展专题议政性建言。会议传达学习了全国政协十三届十二次常委会会议精神,听取了市政府相关部门关于我市“十四五”规划纲要编制情况汇报。本次会议共收到大会发言材料49篇,其中8名常委、委员围绕“我市‘十四五’规划纲要编制”从不同角度、不同侧面提出意见建议,作了口头发言,其他发言材料整理形成了40余篇书面发言。

第十九次会议 10月14日在石家庄市召开。会议应出席119人,实到101人。会议传达学习了全国政协十三届十三次常委会会议精神,审议通过了有关人事事项,听取了市政府关于我市推进城乡融合高质量发展情况通报。本次会议共收到大会发言材料49篇,其中7位常委、委员就“推进城乡融合高质量发展”议政建言,作了口头发言。

第二十次会议 11月24日在石家庄市召开。会议应出席118人,实到100人。会议传达学习了中央、省委、市委全会精神和全国政协十三届十四次常委会议精神,审议通过了有关人事事项,部分常委、委员围绕“学习贯彻中央和省委、市委全会精神”作了交流发言。

【专门委员会工作】

提案委员会

2020年,提案委坚持“围绕中心、服务大局、提高质量、讲求实效”的提案工作方针,以建言资政和凝聚共识双向发力为提案工作的重要任务,以提案质量为导向,以办理协商为抓手,以提质增效为目标,不断提升提案工作整体质量,积极发挥提案在助推我市经济发展、民生改善、社会治理中的作用。一年来,共收到委员提案583件,经审查立案473件。各承办单位认真落实市委、市政府对提案办理的部署要求,把提案办理与促进工作相结合,加大提案办理落实力度,截至12月底,审查立案的提案已全部办结。(一)以提案质量为导向,努力在提高提案质量上下功夫。一是注重学习培训,召开提案工作学习培训暨经验交流座谈会。二是注重知情明政,编发提案参考题目,引导委员增强提案调研和选题的针对性。三是注重示范引领,评选年度优秀提案并通报表扬,在“智慧政协”平台发布当年重点提案、上年度优秀提案。四是注重民主党派集体提案。五是注重提案转化,拓宽高质量提案的来源渠道。六是注重规范化制度化,制定提案质量评价标准。(二)以提案办理协商为抓手,努力在建言资政和凝聚共识双向发力上下功夫。一是探索开展提案办理网络协商新形式。利用“智慧政协”平台,就疫情防控期间的热点提案,组织委员开展网络协商、主题议政。二是依托线上、线下界别工作站,开展提案办理界别协商。三是搭建提办双方交流平台。围绕重点提案,组织召开提办双方座谈会,增进委员对政策的理解和部门工作的了解,形成最大共识。(三)以重点提案督办为关键环节,努力在增强办理实效上下功夫。一是完善重点提案督办制度。明确市政府主要负责同志牵头督办重点提案。二是创新督办方式。首次联合其他专委会,走访提案承办单位进行现场调研和督办。三是开展个案跟踪督办。对关注度较高又一时难以解决的提案,连续跟踪督办,促进相关问题得到落实和改进。四是加强提案办理社会监督。在《石家庄日报》刊登重点提案及办理成效;利用石家庄电视台《提案追踪》和《提案回音壁》栏目,播放提案及办理情况,使社会监督成为常态。

人口资源环境委员会

(一)围绕重点工作开展调研。围绕大气质量改善、创建国家卫生城市等问题，就“城市生活垃圾分类和无害化处理”“热定电”等问题进行深入调研，召开协商座谈会。其中9位常委、委员和专家先后发言，寻求破解垃圾分类工作难点堵点的“金点子”、分析热电厂分时段发电供热情况，提出30余条意见建议，供市委决策参考。（二）聚焦民生关注开展监督。宋学恭副主席带领部分常委、委员围绕城区路网规划建设、公共交通运营管理等方面开展民主监督，形成监督报告。向上问计省政协人资环委领导，就我市“十四五”规划特别是城市规划和城市精细化管理等方面寻求意见建议。（三）完成好其他各项工作。一是根据市政协党组安排，联合农业委一起组织了市政协十三届四次大会发言工作，整理出11篇委员提交的发言材料作口头发言，并就发言提出的意见建议向市委作了书面汇报，领导给予肯定。二是为应对新冠疫情防控，组织联系界别政协委员献计出力。委员积极响应，提出针对疫情防控的意见建议30多条、捐款捐物30余万元。三是配合省政协在我市组织开展“推动社区和居家养老、积极应对人口老龄化”“促进农产品稳产保供”专题调研，并收集提供“加强散煤治理”的民主监督活动材料。

文化文史和学习委员会

（一）组织学习培训、交流协商活动。一是围绕“区块链技术应用与挑战”“十九届四中全会精神解读”“苦难与辉煌（视频课）”“民法典主要内容”“当前国际国内热点问题分析”等主题举办五次“政协大讲堂”。二是启动委员读书活动并向27个界别工作站赠送图书，在界别委员中成立读书群组，开展读书、荐书、讲书、评书等活动。三是开展界别交流、协商活动，组织文化艺术界委员前往元氏县开展界别交流活动，宣传石家庄历史文化，为市第六届旅发大会助力；组织部分委员以“传统文化进校园”为主题开展界别协商座谈活动，推动民营教育事业发展，助力地方特色文化建设。四是根据市政协党组统一安排，在正定县委党校举办了两期全市政协系统提高政治素质和履职能力培训班。（二）大力推进文史资料编辑工作，基本完成文史馆筹建工作。完成《石家庄文史资料全书》和《石家庄市文史资料合辑》的出版发行。经过多次组织专家学者对《石家庄城市史》中部分内容进行论证、完善，完成此书的清样校审并报河北人民出版社审读。完成《人民政协初创路》系列丛书的文献资料、三亲史料、西柏坡时期新政协筹备纪实部分的编辑工作，并送审河北人民出版社。完成《人民政协从西柏坡起航》专题资料片拍摄制作，进一步扩大了“人民政协与西柏坡”研究的影响。2020年根据专家学者的意见和建议，对文史馆布展效果图多次进行修改，各项改陈工作全面开展，至12月底已基本完成布展任务，为2021年“五一”正式开馆奠定了基础。

财政经济委员会

（一）聚焦中心工作，开展议政建言。一是在十三届十八次常委会议期间，围绕编制“十四五”规划纲要主题，走访政协参加单位和有关政协委员，召开座谈会、开展实地调研，征集了18个方面的发言材料52篇，将43篇材料辑印成册。会后，汇总整理意见建议97条，撰写《关于市政协十三届十八次常委会议专题议政建言情况的报告》报送市委决策参考，部分建议被吸纳。二是围绕加快自贸试验区正定片区建设开展专题协商。在实地调研正定片区发展建设情况的基础上，9 月 1 日组织召开了座谈协商会，听取市直部门支持片区建设的情况汇报，委员、专家、学者共同为加快自贸试验区正定片区建设建言献策。会后梳理协商成果，撰写了《关于加快自贸区正定片区建设座谈会情况报告》，市主要领导批示：政协组织人才荟萃，智慧密集，为我们提供了很多新思路和好建议，一定要充分借鉴，体现在政策上，落实在举措上，确保自贸区建设提档升级。（二）创新活动形式，提升调研水平。组织委员围绕加快河北自贸试验区正定片区建设、第六届市旅发大会筹备工作、冀中南公铁联运智能港建设、强化投资拉动推进项目建设、加快推进我市医疗器械产业发展、培育我市消费增长点六个主题，通过开展主席集体视察、界别活动、联合调研，形成了《关于自贸试验区正定片区建设情况的调研报告》《创新推动河北自贸试验区正定片区建设进一步提高省会改革开放水平》的省政协双月协商会口头发言材料、《关于大力推进冀中南智能港项目建设的建议》的社情民意、《加快释放消费潜力 10 条意见建议》，供市委、市政府决策参考。（三）发挥政协作用，助力疫情防控。积极响应号召，一方面汇总疫情期间国家、省、市制定的支持企业发展优惠政策八十四条，通过“智慧政协”平台发布信息，帮助委员企业解难纾困。另一方面组织经济界委员，通过多种渠道捐款捐物，为抗击疫情贡献自己的力量。

农业和农村委员会

（一）组织协商议政。一是组织常委会议专题协商。围绕“推进城乡融合高质量发展”主题，组织了市政协十三届十九次常委会议大会发言工作。组织常委、委员深入开展专题调研，征集 49 篇常委、委员个人建言材料，提出了 5 大项、18 个方面、59 条建议，报市委政府提供决策参考。二是开展农村基础设施管护网络远程协商。积极参加省政协组织的网络远程协商，围绕农村基础设施管护机制建设，作了《关于构建农村人居环境长效机制的建议》口头发言。（二）开展民主监督。一是对农村人居环境整治工作开展民主监督。成立 5 个调研小组，组织市、县两级政协委员深入 9 个县（市、区），开展了为期一个多月的专项监督性调研，提出了 6 个方面 17 条建议。二是对易地扶贫搬迁后续工作开展民主监督。开展了“找准一个问题，提实一条建议”的活动，组织部分常委、委员到行唐县进行视察，召开协商座谈会，委员们提出 3 个方面 10 条建议，梳理汇总协商情况报市政府，领导给予肯定并交市发改委专题研究整改落实。（三）深入专题调研。一是围绕“金丰公社”模式开展联合调研。与研究室联合，组织常委、委员多次深入到行唐县开展调研，详细了解“金丰公社”模式运行情况，并借助网络平台，向有关人员征集意见建议、借智问计。撰写《托管服务促落实，助力农村供给侧结构性改革见实效》的调研报告，并作为省政协十二届十五次常委会议大会口头发言材料。二是围绕我市农产品稳产保供情况专题调研。组织部分常委、委员，深入到藁城区农业科学研究所、农业高科技园区、小麦绿色高质高效创建万亩核心示范区、马庄小米加工市场和栾城区河北臻豆食品有限公司开展专题调研，提出了 4 个方面 12 条建议。（四）丰富界别活动。围绕“加强读书学习、发展智慧气象、感受乡村魅力、城乡融合发展、扶残助残爱残”主题，组织农业界别委员看发展、话成就，为我市经济社会高质量发展、全方位提升凝聚共识、汇聚力量。

教科卫体委员会

（一）围绕大局、助力抗疫，开展专题议政。一是组织委员在市政协十三届十七次常委会议上围绕“建立健全全市疫情防控长效机制”主题进行专题议政建言，筛选出52篇质量高、有实质性建议的材料进行整理汇总，形成《关于市政协十三届十七次常委会议专题议政情况的报告》《关于建立健全全市疫情防控长效机制的建议》，分别报市委、市政府。二是新冠疫情发生以来，及时收集、整理、报送委员防疫情促发展的经验做法和典型事迹。（二）关注民生、凝聚共识，组织集体视察。为助推我市民生事业高质量发展，组织市政协主席集体视察我市教育卫生事业发展情况，针对传统文化进校园、打造名师名医、提升高职院校办学水平、加强师德医德教育等方面提出意见建议。（三）发挥优势、突出重点，做好协商调研。组织部分市政协委员、市民革成员以及市卫健委有关负责同志，先后赴赞皇县、鹿泉区、深泽县、裕华区等县（区），调查了解县级医疗卫生机构运行情况，形成《关于深化基层医疗体制机制改革的调研报告》。（四）持续发力、助推创卫，加大民主监督。围绕创建国家卫生城市进行了专项民主监督。形成《市政协关于创建国家卫生城市专项民主监督情况的报告》，得到市委、市政府主要领导的肯定。（五）服务基层、上下联动，丰富界别活动。一是深入开展“三下乡”扶贫活动。组织省、市、县“卫生下基层，提高基层常态化疫情防控能力”、书法家赴平山县上三汲乡访驾庄村，现场为村民书写、赠送春联等活动。二是做好与省政协的联系和配合。协助省政协完成了就《河北省县域科技创新跃升计划（2019—2025年）》落实情况到元氏县进行监督性专题调研、党外委员专题视察、“推动近视大防控，合力减少小眼镜”座谈会、接待广西壮族自治区政协“落实民办学校优惠政策，加快民办教育高质量发展”考察团来石考察。三是支持界别小组多种形式开展活动。与省政协教科卫体委员会联合组织省委、市政协委员开展学习考察活动，依托界别工作站，组织委员开展学习座谈、交流联谊活动。

社会和法制委员会（民族和宗教委员会）

（一）积极开展民主监督。一是推进物业管理和社区治理融合发展民主监督。组织委员深入宁安社区、棉三社区等地详细了解物业管理和社区治理有关情况，并与市民政局、市住建局、物业服务公司和基层组织代表座谈协商，形成《市政协开展“推进物业管理和社区治理融合发展”民主监督工作的情况报告》。二是立案登记制改革民主监督。组织委员与市中级人民法院、市司法局有关负责人进行专题协商，围绕破解人案矛盾难题、做好诉调对接等方面提出意见建议，形成《政协石家庄市委员会关于开展“立案登记制”民主监督工作的情况报告》。（二）认真组织主席集体视察。一是围绕我市妇女儿童事业发展情况集体视察。市政协主席、副主席和部分委员视察了长安区北翟营社区妇女之家、市检察院青少年普法教育基地、市儿童医院等地，就加大妇女健康筛查、预防新生儿出生缺陷等方面提出意见建议，形成《市政协主席集体视察我市妇女儿童事业发展情况的报告》。二是围绕2020年利民惠民10件实事进展情况集体视察。

主席们对街旁特色游园、主城区断头路、普惠性幼儿园、便民市场、老旧小区改造等民生实事建设进展情况进行了集体视察，并提出意见建议。（三）围绕省市政协重点工作开展调研视察。一是组织部分少数民族宗教界委员到新乐市彭家庄回族乡对少数民族经济发展情况进行视察。二是对河北跃迪集团开发便民服务舱项目进行调研，形成《政协石家庄市委员会关于在主城区推广使用便民服务舱的建议》。三是组织委员到共青团青联界别工作站调研，并开展委员读书活动。四是围绕高校毕业生、退役军人和困难群体就业问题开展调研，撰写《关于我市稳定高校毕业生、退役军人、困难群体人员就业工作的调研报告》报送省政协。五是围绕省政协“促进企业复工复产”专项民主监督进行调研，对我市 20 家不同类别和规模的代表性企业发放问卷调查表，了解企业复工复产、达产达效基本情况，征询意见建议。（四）扎实开展立法协商。先后组织委员参加《西柏坡红色旅游区保护与管理条例》和《石家庄市城市市容和环境卫生管理条例（修订草案）》立法协商座谈会，委员所提意见建议受到市人大法制委的充分肯定。

港澳台侨和外事委员会

（一）强化理论武装，深化学思践悟。以专门委员会为依托，创新开展以自我教育自我提高为主旨的委员学习座谈会，建立委员学习制度，制订学习计划，辑印资料，定期组织委员深入学习领会习近平新时代中国特色社会主义思想，尤其把学习落实习近平新时代中国特色社会主义思想与习近平总书记关于加强和改进人民政协工作的重要思想结合，联系实际学、融会贯通学，做到学思用贯通、知信行合一。（二）围绕加快推行老年助餐、提高城市幸福指数进行专题协商。由闫纯锴副主席带领调研组，围绕加快推行老年助餐先后深入到街道、养老机构、助餐企业等进行了调研，组织召开了社区老年人、老年助餐企业、养老社会组织、市直有关部门参加的座谈会，又分赴外地进行了考察学习。根据学习考察、座谈调研情况形成专题协商报告，在提高城市幸福指数添砖加瓦等四个方面提出了科学合理、切实可行的 12 条意见建议。市政府主要领导批示相关部门认真研究借鉴。（三）围绕侨属企业发展情况开展专题调研。由闫纯锴副主席带领部分委员视察了腾讯河北生态区域中心石家庄杰泰特动力能源公司、食草堂文化产业园、正和养老中心等侨属企业。使委员们对市委、市政府认真贯彻中央、省委决策部署，防疫情促发展有效措施落地有了亲身体会。委员们从进一步加强组织领导、加大人才培养引进、加强资金政策扶持、加快产业融合发展、优化发展环境等方面提出意见建议。（四）开展界别活动。组织我委界别委员调研视察元氏县河北阔华农业、万花山片区建设、槐河南岸绿化、河北联兴佳垚农业科技、石家庄薯大朗农业有限公司等企业；组织侨台界别委员深入到藁城区岗上镇杜村、岗上村等实地查看乡村治理情况并召开座谈会，听取基层治理经验介绍，感受乡村振兴带来的变化；3 月、11 月分别组织台侨界政协委员与侨联、台联一起参加“统一林”植树活动。

【重要会议、活动】

召开全市政协工作经验交流会

10 月 29 日，市政协召开全市政协工作经验交流会暨县（市、区）政协主席座谈会，共同交流探讨工作举措、实践成果和经验体会，并就进一步推动全市政协工作创新发展作出部署。会议传达学习了全国地方政协工作经验交流会精神，部分县(市、区)政协主席作了交流发言。会议指出，要把凝聚共识作为政协工作的重要职责，在思想引领中深化共识，在协商民主中增进共识，在联系群众中广聚共识，汇聚起助推经济社会高质量发展的社会合力。要把加强自身建设作为提高履职能力的基础性工作，进一步完善工作制度，加强学习培训，强化服务管理，推动全市政协工作提质增效、创新发展。

【重要报告】

常务委员会工作报告(2020年1月14日)(摘要)

一、2019年工作回顾

(一)加强思想引领，广泛凝聚共识，团结奋斗的共同思想政治基础更加坚实牢固。通过党组理论学习中心组引领学、主席会议专题学、常委会议集体学、政协讲堂辅导学、建立学习座谈会制度全覆盖学等多种形式，深刻领悟习近平新时代中国特色社会主义思想的科学内涵、核心要义。一年来，共组织开展理论学习192次，召开委员学习座谈会116次，努力把党的创新理论学懂弄通、学深悟透。全年安排民主党派大会发言42次，督办民主党派提案125件，注重发挥好新型政党制度的优势和作用；加强了与少数民族和宗教界人士、港澳台侨人士、非公有制经济人士、新的社会阶层人士的联系。以庆祝新中国和人民政协成立70周年为契机，举办书法美术摄影展，展出作品388幅；编纂了《人民政协与西柏坡史料选编》《党中央在西柏坡时期大事图文纪实》，以文化人、以史资政，进一步夯实了团结奋斗的共同思想政治基础。(二)提高政治站位，加强党的建设，落实党对政协工作全面领导更加坚定坚决。坚持以政治建设为统领，固守性质定位，提高政治站位，教育引导广大委员和机关干部进一步增强“四个意识”、坚定“四个自信”、做到“两个维护”，始终同以习近平同志为核心的中共中央保持高度一致。坚持以组织建设为基础，充分发挥政协党组把方向、管大局、保落实的重要作用，严格执行重大事项报告制度，全年共向市委请示报告51次，做到了一切重要工作在党的领导下开展，一切重要安排在市委批准后实施，始终把牢正确的政治方向；着力加强政协组织党的建设，建立了22个界别功能型党小组，健全了党组成员联系党员委员、党员委员联系党外委员等制度，实现了党的组织对党员委员全覆盖、党的工作对政协委员全覆盖。坚持以深入开展“不忘初心、牢记使命”主题教育为契机，抓深理论学习、抓实调查研究、抓准检视问题、抓牢落实整改，确保理论学习有收获、思想政治受洗礼、干事创业敢担当、为民服务解难题、清正廉洁作表率。活动中，各级党组织共征求意见建议96条，检视发现问题36个，全力抓好整改，取得了阶段性成效。(三)聚焦中心任务，主动服务大局，助推经济社会高质量发展更加富有成效。围绕“4+4”现代产业发展，创建国家卫生城，重点企业、重点项目、信访维稳等，组织委员深入调研视察，广泛协商监督，提出改进意见建议。一年来，组织调研视察36次、各类协商活动85次、开展“双问计”142次，报送调研视察协商报告、社情民意信息49份，提出意见建议1450条，推动了相关工作的开展，发挥了政协的优势和作用。(四)坚持改革创新，激活内生动力，推动政协工作更加提质增效。创新履职理念，坚持用新视野观察问题，用新理念谋划工作，用新机制推动发展。创新履职方式，坚持把“微创新”体现在学习培训、协商建言、提案办理等履职全过程和各领域。倾力打造“政协讲堂”特色品牌，建立习近平新时代中国特色社会主义思想学习座谈会制度，促进委员广泛知情明政、提升履职本领；探索提案选题交流协商新形式，建立提案“清单式”管理新机制；推进座谈协商向制度化、规范化、精准化发展，做到真协商、真成事。建设“远程协商、微协商”等智慧政协网络议政新平台。新平台上线以来，做到了即提即办、及时回复反馈，促进了委员“全天候”、便捷化、高效化履职。拓展履职新渠道，建设线上线下界别工作站。（五）加强自身建设，提升履职本领，促进两支队伍更加担当作为。举办五次政协讲堂、参加三次省政协专题辅导，健全委员履职档案，建立跨界别委员学习小组，修订完善《常务委员会工作规则》《专门委员会通则》《提案工作条例》等制度30多项，促进履职工作和机关管理更加规范、高效。

二、2020年工作部署

一是强化理论武装，在提高思想认识上实现新提升。二是聚焦任务目标，在助推高质量发展中作出新贡献。三是聚焦主责主业，在发挥专门协商机构作用上取得新进展。四是广泛凝聚共识，在汇聚各方力量上展现新作为。五是坚持强基固本，在强化自身建设上取得新成效。

【组织概况】

市政协主席、副主席、秘书长名单及变动情况

主　席

刘明轩

副主席

武义青

范振增

葛瑞芳（女）

郭　斌

张运凯

孟胜林

闫纯锴

宋学恭

秘书长

赵　磊（2020年11月辞）

县（市、区）政协主席名单及变动情况

晋州市

主　席　　王增占

新乐市

主　席　　陶国田

正定县

主　席　　钟亚辉（女）

井陉县

主　席　　毕元明

无极县

主　席　　马孟军

深泽县

主　席　　郭立辉

行唐县

主　席　　陈树旗

灵寿县

主　席　　白东风

平山县

主　席　　郭双全

赵　县

主　席　　张清华

元氏县

主　席　　白兰怀

高邑县

主　席　　宋英华

赞皇县

主　席　胡建忠

井陉矿区

主　席　李进朝

长安区

主　席　鲁志强

桥西区

主　席　蒲建伟(2017年2月至2021年7月任桥西区政协主席,2021年7月25日任桥西区第十七届人大常委会主任。2024年7月17日,桥西区第十七届人大常委会第二十九次会议决定罢免蒲建伟的石家庄市第十五届人民代表大会代表职务)

新华区

主　席　张彩珍(女)

裕华区

主　席　纪英超

藁城区

主　席　张银侠

鹿泉区

主　席　刘　建

栾城区

主　席　岳云霞(女)

石家庄市各级政协组织和委员人数

市级政协1个,县(市、区)政协21个,合计22个;市级政协委员628名,县(市、区)政协委员4274名,合计4902名。(截至2020年底)

政协张家口市委员会

【全体委员会议】

十二届四次会议 1月14日至17日，市政协十二届四次会议在张家口市举行。会议应出席委员414名，实际出席委员386名。开幕会由市政协常务副主席褚国儒主持，闭幕会由市政协主席刘宝岐主持。中共张家口市委、市人大常委会、市政府、军分区、市中级人民法院、市人民检察院的领导同志，上届市委的领导，担任过正市级领导职务的老领导以及省委第三督查组副组长应邀出席会议。市各民主党派、工商联负责人、住张省政协委员以及市直单位和中直、省直驻张单位主要负责同志应邀列席会议。会议听取和讨论了市委副书记、市长武卫东受市委书记回建委托代表中共张家口市委在大会开幕时所作的重要讲话、武卫东市长所作的政府工作报告及其他报告，听取和审议了刘宝岐主席代表政协张家口市第十二届委员会常务委员会所作的工作报告和韩立友副主席代表政协张家口市第十二届委员会常务委员会所作的提案工作情况报告，对以上报告表示赞同并给予高度评价。会议通过了《政协张家口市第十二届委员会第四次会议关于常务委员会工作报告的决议》《政协张家口市第十二届委员会提案委员会关于第四次会议提案审查情况的报告》《政协张家口市第十二届委员会第四次会议政治决议》。市政协主席刘宝岐在闭幕会上发表了讲话，会议圆满完成了各项任务。

【常务委员会会议】

第十二次会议 1月2日，市政协召开十二届十二次常委会议。会议听取了市委组织部有关人事事项的说明，审议通过了有关人事事项。会议听取了市政府关于市政协十二届三次会议提案办理情况的通报，审议通过了关于召开市政协十二届四次会议的决定，市政协十二届四次会议议程(草案)和日程，市政协常委会工作报告及报告人名单，市政协常委会关于十二届三次会议以来提案工作情况的报告及报告人名单，市政协十二届四次会议提案截止时间，市政协十二届四次会议秘书长、常务副秘书长和副秘书长名单，市政协十二届四次会议分组名单、小组召集人名单和列席人员名单，书面审议通过了市政协各专门委员会2019年工作总结和市政协2020年工作要点。会议决定于1月14日召开市政协十二届四次会议。市政协常务副主席褚国儒主持会议，副主席韩立友、张辉、李品军、侯有龙、申全民，秘书长甄桂星及市政协十二届常委出席会议。

第十三次会议 1月16日，市政协召开十二届十三次常委会议。会议听取了各组讨论情况汇报，审议了政协张家口市第十二届委员会第四次会议关于常务委员会工作报告的决议(草案)，政协张家口市第十二届委员会提案委员会关于十二届四次会议提案审查情况的报告(草案)，政协张家口市第十二届委员会第四次会议政治决议(草案)。会议决定将以上事项提交市政协十二届四次会议第三次全体会议通过。市政协主席刘宝岐主持会议，副主席韩立友、祁万利、何兰、张辉、李品军、赵满柱、侯有龙、申全民，秘书长甄桂星和市政协十二届常委出席会议。

第十四次会议 6月29日，市政协召开十二届十四次常委会议。会议集体学习了汪洋主席在全国政协十三届三次会议上所作的政协常委会工作报告。会议审议通过有关人事事项。会议围绕“以坝上草原公园和国家示范牧场建设为载体，推动'首都两区'建设取得新成效"议题进行协商议政。市政府副市长李宏通报全市坝上草原公园和国家示范牧场建设情况，6 名委员作大会发言，22 个单位或个人作书面发言。市政协主席刘宝岐出席会议并讲话，常务副主席褚国儒，副主席韩立友、何兰、张辉、李品军、赵满柱、侯有龙、申全民，秘书长甄桂星及市政协十二届常委出席会议。韩立友副主席主持会议。

第十五次会议 12 月 29 日，市政协召开十二届十五次常委会议。会议集体学习了中央经济工作会议精神、习近平总书记在中央政治局第二十六次集体学习时的重要讲话以及习近平总书记在中共中央政治局民主生活会上的重要讲话精神，书面学习了全国政协《关于加强和促进人民政协凝聚共识工作的意见》、省委九届十二次全会精神，3 位常委交流了学习体会。会议围绕"打造崇礼、赤城示范区，引领全市旅居康养产业加快发展"议题协商议政。市政府副市长李宏通报旅居康养产业发展情况，7 名同志围绕全市旅居康养产业发展作大会发言，28 个单位或个人作书面交流。市政协主席刘宝岐出席会议并讲话，常务副主席褚国儒，副主席韩立友、张辉、李品军、赵满柱、侯有龙，秘书长甄桂星及市政协十二届常委出席会议。李品军副主席主持会议。

【专门委员会工作】

提案委员会

一是提升提案质量。制定《政协张家口市委员会提案委员会关于提高提案质量的意见》，围绕"七大主导产业"和"五城建设"，整理筛选 100 个提案题目供委员参考撰写提案。严把提案入口关，通过提案审查工作人员分类初审、提案委员会委员分组复审、提案委员会主任会议再审、提案委员会全体委员会定审，2020 年收到提案 449 件，经审查立案 440 件，立案率 98.0%。二是加大提案督办力度。制订市级领导领衔重点提案督办活动方案，围绕《关于发展数字经济产业，助推高质量发展的建议》《关于完善"三个体系"，巩固易地扶贫搬迁的建议》等重点提案进行调研视察督办。开展提案办理"回头看"活动，对市政协十二届三次会议以来列入计划逐步解决和因条件所限暂时不能解决的《关于维护快递员合法权益的建议》《关于根治白色污染的建议》等提案进行督办落实。遴选《关于加强和改进精准扶贫工作的建议》等开展监督性提案督办。截至 2020 年 12 月，市政协十二届四次会议立案的 440 件提案全部办结，其中，所提意见和建议全部解决或基本解决的 232 件，占 52.7%；正在解决或列入计划拟解决的 181 件，占 41.2%；因条件限制暂时难以采纳落实的 27 件，占 6.1%。三是助力疫情防控和复工复产双胜利。发挥姜培军委员民营经济工作室作用，紧扣"疫情防控常态化下推动我市民营经济发展"课题深入 16 家企业单位开展调研协商，发动市政协委员和政协各参加单位围绕疫情防控撰写提案，审查立案 6 件提案转送市政府提案处办理。参加省政协"应对新冠肺炎疫情冲击和影响，支持中小企业发展"远程协商会议并作口头发言。四是开展专题调研。围绕"乡风文明建设"议题到蔚县涌泉庄乡苑庄村、怀来县沙城镇良田屯村等地进行实地调研，围绕"加快特色小镇发展"议题到涿鹿县黄帝城文旅小镇、桥东区飞行小镇和康养小镇进行实地调研，分别撰写形成调研报告。五是加强活动阵地建设。强化临时党支部建设，健全完善学习制度，开展“革命传统教育、重温入党誓词、重温入党经历、重温入党初心”活动，引导委员增强“四个意识”、坚定“四个自信”、做到“两个维护”。

人口资源环境委员会

一是强化服务管理，夯实履职担当基础。组织召开委员会第一次全体会议，印发《市政协人口资源环境委员会委员履职工作手册》，组织委员集中学习《张家口首都水源涵养功能区和生态环境支撑区建设规划（2019—2035）》《河北省张家口市可再生能源示范区发展规划》《打好污染防治攻坚战—我是行动者生态环境保护百问》，提高建言献策的针对性和实效性。二是深入调查研究，提升建言献策水平。围绕“加强我市矿山生态修复和综合治理”议题开展对口协商，组织调研组对怀来县东八里乡北部矿山立面修复工程综合治理、北山建材有限公司矿山有序退出，赤城县明玉矿业有限公司矿山退出、三岔口责任主体灭失矿山修复，崇礼区鑫源矿业有限公司盆底坑变粒岩矿有序退出、高岭土外围矿山生态修复和综合治理等情况进行实地调研，组织召开协商座谈会，撰写形成《加强我市矿山生态修复和综合治理情况的报告》。三是搭建履职平台，发挥委员主体作用。在市地质博物馆设立“临时党支部活动室”和“委员活动室”定期开展活动。加强“段高旺委员可再生能源工作室”“辛才委员‘两区’建设工作室”建设，针对张家口地区风电制氢站用电机制和电价问题、地下水超采综合治理、节水创建等重点工作，开展调查研究并形成专项调研报告。组织委员参加社会公益活动，资助特优特困学生，慰问困难家庭，开展教育、科技、医疗下乡活动。组织委员提交提案12件，反映社情民意15条，参加各类调研协商活动74人次，提出意见建议39条。

文化文史和学习委员会

一是强化学习，提升委员履职能力。邀请专家以视频会议的形式，组织开展委员履职能力提升专题培训。制订印发《市政协委员读书活动实施方案》，以各专委会和住县（区）的市政协委员活动小组为单位，依托“市政协委员履职服务平台”手机APP，开设25个线上读书群组，依托临时党支部、委员工作室等平台，开设线下委员读书园地和委员大讲堂，广泛开展读书学习活动，坚定文化自信，传播社会正能量。二是深入调研，提升协商议政水平。围绕“以长城国家文化公园建设为契机，推动我市长城保护与利用”议题开展专题协商，组织委员深入桥西区、万全区实地调研，撰写调研报告和专题协商报告报市委、市政府决策参考。围绕“助力冬奥会，推进崇礼区太子城西院落遗址展示馆建设”议题开展对口协商，赴崇礼区太舞滑雪小镇、太子城西院落遗址展示馆实地调研，对存在问题提出意见和建议。围绕“传承红色基因，做好红色文化遗址遗迹的保护与利用”议题开展界别协商，赴怀安县水闸屯日军碉堡遗址和武士敏烈士纪念馆开展调研，协商提出意见建议。三是创新渠道，做好文史资料征编增阅工作。编辑出版《张家口文史·脱贫攻坚专辑》，分设政协扶贫纪事、亲历扶贫回顾、记述扶贫经历、记录扶贫足迹、省直扶贫印迹、县区扶贫辑录6个栏目，选用文章69篇、照片近100幅，共计26万余字。开展文史资料赠阅交流工作，面向社会各界赠阅《张家口文史》第54辑等图书资料800余册。围绕庆祝省政协成立70周年纪念活动，征集书法、美术、摄影作品 6 幅，记述文章 19 篇。开展抗击新冠肺炎疫情文史资料征集工作，征集稿件 5 篇。

财政经济委员会

一是紧扣全市中心工作建言献策。围绕发展高铁经济协商议政，组织调研组分赴高铁沿线县区实地调研，视察 18 个重点项目、11 个园区、4 个高铁站点，撰写《借助京张高铁机遇，加快打造京张协同发展创新平台》专题报告报送市委、市政府。围绕发展氢能产业开展调研协商，组织委员实地视察海珀尔制氢、亿华通氢燃料电池等氢能产业项目，远赴广东省学习考察，参加“中国城市燃气氢能发展创新联盟成立大会暨第一届氢能学术会议”，撰写《加快氢能产业发展，建设氢能示范城市》调研报告报市委、市政府决策参考，撰写《加快我省氢能产业发展的建议》提交省政协十二届四次会议大会发言材料。围绕发展实体企业开展调研协商，向 107 名企业委员发放调查表，实地视察崇礼爱度生物科技、怀来大数据园区等 7 家委员企业，与企业一起协商降低疫情影响共渡难关的办法。组织经济界、农林届委员深入宣化骞海鼓风机公司、宏达冶金机械公司等企业进行实地调研协商，撰写形成专项调研报告。二是坚持统筹兼顾推进各项工作落实。加强委员工作室建设，指导“陈建晔委员城市公共服务工作室”开展工作，围绕城市氢能、燃气服务等课题开展调研活动。密切联系委员，开展党员委员走访党外委员和委员互访活动，全年走访互访委员 130 多人次。加强临时党支部建设，修改完善学习培训、视察调研等工作制度，定期召开支部会议，开展主题党日活动。加强社情民意反馈工作，收集报送 6 条社情民意信息。

农业和农村委员会

一是围绕全市中心工作开展调研协商。围绕“以坝上草原公园和国家示范牧场建设为载体，推动‘首都两区’建设取得新成效”议题，组织召开议政性常委会议协商议政，组织调研组深入坝上县区 20 多个点位进行实地调研，召开 6 次座谈会，收集调研成果 28 篇，其中民盟、民建、九三学社等 6 个单位作大会发言，22 个单位和委员个人作书面发言，会后撰写形成专题报告报送市委、市政府决策参考。围绕“实施草原‘三化’治理，加快草原生态修复”议题开展界别协商，组织农林界委员深入张北县庙东营村休耕种草示范区、公会村草原“三化”治理工程区实地调研，协商提出加强规划指导、加大投入力度、提升管护水平、强化科技合作等建议。围绕“建设现代农业园区，巩固脱贫防贫成果”议题开展对口协商，组织部分市政协委员和市农业农村局深入宣化区深井镇省级现代农业园区、江家屯乡古树营村国家现代农业产业园等地调研，协商提出增强规划引领作用、建立完善投融资体系、加强人才队伍建设、提高园区服务水平等建议。围绕“采取有效措施，防止因疫返贫致贫”议题，组织委员深入康保县道北村、凯阔食品有限公司等地开展专题调研，提出 4 条协商建议。二是完成省政协部署交办的任务。学习研究《河北省奶业振兴纲要》《张家口市奶业振兴行动计划》，调研撰写《关于进一步振兴河北奶业的建议》提交省政协常委会议大会发言材料。配合省政协围绕“推动易地扶贫搬迁后续工作落实”议题开展专项民主监督，围绕“解决农产品销售难”议题开展联合调研，协助举行捐资助困活动，共为宣化区 10 名贫困大学生和 10 户贫困家庭捐资

60000元。三是激活委员履职活力。加强临时党支部建设,落实党员委员联系党外委员、"三会一课"等制度,开展"缅怀先烈、追寻初心"主题党日活动。指导委员提交提案11份,反馈社情民意34条,联系贫困家庭50户,救助困难学生39名,参加公益活动60次,办实事好事22件。

教科卫体委员会

一是围绕中心协商议政。围绕"推进文明城市创建,提升奥运城市形象"议题开展协商式监督,组织调研组深入桥东区、桥西区、经开区和宣化区实地调研,视察15个创城点位,协商提出4个方面的建议,撰写形成专题报告报送市委、市政府决策参考。围绕"加强食品安全监督管理,确保校园食品安全"议题开展协商式监督,组织教育界委员深入宣化区、桥东区、桥西区等地重点学校实地调研,协商提出8个方面的建议,撰写形成专题报告报送市委、市政府。二是着眼大局开展调研视察。关注"五城"建设,组织委员深入桥东区、桥西区、经开区等地视察社区健身设施建设,针对社区健身设施建设供给不充分、不平衡等问题提出4个方面的意见建议。开展校企合作调研,组织委员深入市职教中心、市职业技术学院、宣化职教中心、怀安职教中心进行调研,协商提出建立科学评估机构和评价体系、完善部门协调机制、实行税费优惠政策等意见建议。聚焦常态化疫情防控能力,围绕补齐公共卫生服务短板,深入市疾控中心、张北县医院等地调研视察,协商提出加强公共卫生服务体系、提高应急处置能力建设等6个方面的意见建议。三是搭建履职平台增强工作实效。完善临时党支部学习制度,组织开展线上线下读书学习活动。发挥"兰志辉委员青少年近视防控工作室"作用,为市主城区在校学生进行免费体检,广泛宣传儿童、青少年近视防控知识。四是积极落实省政协交办任务。配合省政协开展"卫生下基层,提高基层常态化疫情防控能力"调研活动,组织18家县级医院、49家乡镇卫生院、36家村卫生室参加调研。协助省政协完成"开展科技帮扶,助力夺取疫情防控和脱贫攻坚双胜利"调研活动,开展专题讲座培训15次。

社会法制民族宗教委员会

一是深入开展协商议政工作。围绕"创新易地扶贫搬迁安置社区管理、完善新型农村社区治理模式"议题开展协商式监督,组织调研组深入蔚县、康保县、阳原县等易地扶贫搬迁安置社区进行实地调研,撰写形成专题报告报送市委市政府。围绕"大力发展特色产业,推进少数民族乡村振兴工作"议题开展对口协商,组织委员赴沽源县长梁乡大石砬村进行调研,针对少数民族乡村发展内生动力不足、特色产业覆盖面不广等问题,提出夯实乡村振兴的组织基础、培育少数民族乡村特色产业、挖掘保护传承民族文化等意见建议。围绕"适应新时代宗教发展要求,深入推进'双创四进'工作"议题开展界别协商,组织宗教界委员赴桥西区云泉禅寺和宣化区天主教堂、基督教堂实地察看寺庙教堂建设情况,广泛交流意见建议。二是围绕常态化疫情防控开展专题调研协商。紧扣疫情期间如何做好大学生就业工作,组织委员和市人社局等有关部门,深入宣化区瀚泰大学生创业园和宣化科技职业学院实地调研,协商提出对策建议。三是做好广泛凝聚共识工作。加强临时党支部建设,开展庆祝建党99周年重温入党誓词活动，组织委员深入市儿童福利院开展“加强联系、汇聚力量、奉献爱心”主题党日活动，为孤残儿童捐助价值3000余元的食品。推进委员工作室建设，聚焦社会热点、难点问题开展调研活动，撰写的“防疫情、抓扶贫，确保脱贫攻坚取得全面胜利”社情民意信息被民建中央综合采用。开展委员读书活动，建立学习群组引导委员多读书、读好书。扎实开展“大好河山张家口·我爱我家慈善公益”助学活动，救助贫困家庭残疾学生861名，实施定向救助项目17个，累计发放资金372.5万元。

港澳台侨和外事委员会

一是强化思想政治引领。加强临时党支部建设，开展委员读书活动，围绕学习贯彻习近平总书记重要讲话精神、全国“两会”精神、党的十九届五中全会精神以及省委、市委全会精神等，组织开展“每周3题”理论测试。开展“委员看发展成就”活动，组织委员深入亿华通动力科技有限公司、张家口沃尔沃发动机制造有限公司等企业实地调研，感受张家口的发展变化和取得的成就。开展“委员走近委员”活动，组织委员到张家口百大投资管理有限公司参观王桂伟、刘飞龙、康杰3名市政协委员参与建设城市智能公交站情况，让委员了解委员，增进委员间的团结协作能力。二是开展专题协商议政活动。围绕“打造崇礼、赤城示范区，引领全市旅居康养产业加快发展”议题开展专题协商，组织调研组深入12个县区部门30多个点位进行专题调研，协商提出6个方面的意见建议，专题报告市委、市政府参考。围绕“京张高铁沿线生态环境建设”议题开展对口协商，组织委员到宣化区、下花园区、怀来县等京张高铁沿线区域对生态环境进行实地调研考察。围绕“参与‘一带一路’建设，推进纳米比亚鲸湾港园区项目建设”议题开展界别协商，邀请省政协常委、港区省政协委员以及海外委员考察张家口中非国际投资有限公司，全面推介纳米比亚鲸湾港区项目。围绕“疫情防控常态化对电商产业的机遇和挑战”课题，组织委员深入万全区、沽源县、张北县开展专题调研协商，与9家企业协商座谈、交流意见建议。三是积极发挥专委会基础性作用。指导“刘飞龙委员冬奥外语普及工作室”建设，通过互联网对500名冬奥小志愿者进行实时培训，对团市委遴选的200名冬奥志愿者进行英语口语培训。加强同省政协港澳台侨委的联络联系，争取海外同胞慈善基金会70万元项目资金，新建蔚县南杨庄乡宜兴社区居家养老服务中心。

【重要会议、活动】

组织开展“聚力量、防疫情、促发展”主题活动。市、县（区）政协认真贯彻落实全国政协和省政协有关工作部署要求，从5月初开始，围绕统筹推进疫情防控和经济社会发展，统一主题、统一目标，深入开展“聚力量、防疫情、促发展”活动。市政协活动于9月中旬结束，县（区）政协活动于7月底结束。主题活动以调研协商为主要方式，围绕做好“六稳”工作、落实“六保”任务建言资政、凝聚共识。市政协选择“加强委员学习、发展民营经济、强化项目投资、推动脱贫攻坚、做好就业创业、提升公共卫生服务水平、发展电商产业”7个专题深入开展调研协商，提出可行性意见建议60多条。16个县（区）政协围绕主题活动开展重点履职工作89项，提出意见建议367条。

【重要报告】

常务委员会工作报告(2020年1月14日)(摘要)

2019年主要工作

一、坚持党的领导,坚定正确政治方向

坚持把理论武装作为首要政治任务。完善市政协党组、机关党组理论学习中心组制度,建立政协常委会议集体学习制度,出台加强和改进市政协委员学习工作方案,制订年度学习计划,扎扎实实读原著、学原文、悟原理,深入学习贯彻党的十九大和十九届四中全会,省委九届九次、十次全会,市委十一届五次全会精神,学习贯彻中央和省委、市委政协工作会议精神,跟进学习习近平总书记最新重要讲话精神,着力学懂弄通做实。坚持集中学习与个人自学相结合、“走出去学”与“请进来讲”相结合、理论辅导与研讨交流相结合,组织市县政协理论骨干、部分政协委员先后到重庆、延安和市内红色教育基地接受专题培训,分两期举办市政协委员学习习近平总书记关于加强和改进人民政协工作的重要思想研讨座谈会。全年共培训政协委员、机关干部2700余人次。

坚持党对政协工作的全面领导。坚决服从市委安排,及时汇报重要工作,及时请示重要事项,及时报告重要活动,始终把牢正确政治方向,推动市委决策部署在政协系统贯彻到底、落实到位。一年来,以市政协党组的名义向市委呈报各类请示报告42个。全面贯彻落实中央、省委政协工作会议精神,围绕做好新时代政协工作,组织开展两轮调研,总结工作成效、发现存在问题、提出改进措施,组织专班协助市委及早谋划、认真准备,于12月6日召开政协工作会议,就做好新时代政协工作作出全面部署,并出台《中共张家口市委关于新时代加强和改进人民政协工作的实施意见》,提出一系列新思路、新机制,受到省政协的高度肯定,在省政协专题会议上作典型发言,在《政协工作通报》刊发。发挥政协党组领导核心作用,不断加强政协系统党的建设,制定《关于推进政协党建工作全覆盖的实施意见》,依托各专委会、住县(区)委员活动小组成立23个临时党支部,探索党员委员组织关系一方隶属、参加多重组织生活的办法,建立起党组成员联系界别党员委员、党员委员联系党外委员,党组成员包临时党支部,促进凝聚思想政治共识、促进提高建言资政质量的“两联一包双促进”党建工作机制,有效实现党的组织对党员委员全覆盖、党的工作对政协委员全覆盖。

扎实开展“不忘初心、牢记使命”主题教育。坚持市政协党组、机关党组、机关党委、党支部“四级联动”,高标准、严要求推进主题教育。组织开展学习研讨52次,形成调研报告38篇,6名党组成员为机关干部和联系点党员群众讲党课、宣讲党的十九届四中全会精神;征求各方面意见建议282条,梳理思想、政治、能力、作风、廉政建设5个方面17个问题;对标对表中央和省委、市委要求,高标准召开市政协党组、机关党组专题民主生活会和党支部专题组织生活会,盘点收获,检视问题,深刻剖析,明确整改方向和措施。围绕十个专项整治任务对号入座,制订专项整治方案,细化整治措施,明确落实责任,狠抓推进落实。通过主题教育,广大干部深刻理解习近平新时代中国特色社会主义思想的核心要义、精神实质、丰富内涵、实践要求,锤炼了忠诚干净担当的政治品格,增强了新时代加强和改进人民政协工作的使命感和责任感。

二、聚焦全市中心工作，贡献政协智慧力量

聚焦大事协商议政，为经济社会发展建言献策。落实市委印发的年度政协协商计划，围绕脱贫攻坚以及建设坝上草原公园和国家示范牧场、推进“首都两区”建设议题召开常委会议进行协商；围绕抢抓筹办冬奥会契机、推进京张体育文化旅游带发展以及“空心村”治理等议题召开主席会议进行协商；各专委会围绕发展零度以下经济、建立永定河流域文化遗产保护利用体系、加强坝上地区水资源利用和保护、推进河长制工作落实、推进冰雪运动进社区、加强农村宗教事务管理、推动冬奥外语普及等方面工作，组织委员与相关部门开展对口协商、界别协商。全年共开展各类协商活动30余次，收到提案422件，立案412件，办复率100%，有效形成以全体会议为龙头，以专题协商会、协商座谈会和协商式监督等为重点，以对口协商、界别协商、提案办理协商为常态的政协协商议政格局。市委、市政府领导多次对协商议政专题报告作出肯定性批示，协商议政意见建议被市直相关部门采纳。积极与市督查办沟通，将主要领导对协商议政成果的批示纳入督查事项，有效促进了协商成果的转化落实。

抓住重点精准发力，坚决打好打赢脱贫攻坚战。市政协主席、副主席按照市委要求主动抓扶贫，各专委会积极参与推进扶贫。围绕健康扶贫、电商扶贫和抓双基、强产业、促脱贫议题进行专题协商，所提建议转化为推动脱贫攻坚的具体举措。各位主席深入包联县、联系点、机关帮扶村，帮助基层跑资金、抓项目、强基础、促产业，向基层干部教方法，为贫困群众谋富路，着力将联系点打造成示范村、样板村。组织发动广大政协委员充分发挥界别特色和专业特长，开展科技下乡、送医送教、产业扶持等活动。以推动召开第二届京津冀（张家口）农餐对接会、助力开展“百企帮百村”等活动为抓手，引导企业家委员采取“公司＋基地＋农户”“专业合作社＋电商＋贫困户”等多种模式参与扶贫，拓宽农民增收渠道，在推动全市打好打赢脱贫攻坚战中担当社会责任、发挥积极作用。

开展协商式监督，促进全市重点工作的落实。坚持在协商中监督、在监督中协商，实现民主监督与协商议政的紧密衔接、互促共进。市政协领导班子成员列席市委全会、市委常委会，结合分管领域列席市政府常务会，积极参加讨论，掌握市委、市政府重大决策部署，为围绕决策落实开展协商式监督奠定基础。围绕草原天路建设召开主席会议开展协商监督，积极协调解决问题，为加快建设进度、提高建设质量起到了有效的督促作用。围绕创建文明城市，组织委员随机抽查创建点位，实地进行调研视察，形成的意见建议被相关县区和市直部门采纳。以开展“三深化、三提升”活动为契机，围绕改善营商环境，组织市直相关部门同志与政协委员共同深入到企业现场宣传政策、答疑释惑，针对减轻企业负担、降低企业成本、解决融资难融资贵等问题提出意见建议，为进一步改善营商环境贡献智慧力量。畅通社情民意信息渠道，及时准确反映群众诉求，全年共收集社情民意信息285条，及时反馈到有关县区和部门，促进了群众切身利益问题的解决。

三、紧扣团结民主主题，广泛凝聚各界共识

突出统战属性，致力寻求最大公约数、画好最大同心圆。深入贯彻落实《中共中央关于加强中国特色社会主义参政党建设的意见》，加强同各民主党派和无党派人士合作共事，坚持定期走访各民主党派和人民团体，积极征求意见建议，共同研讨政协工作中的重要事项。在政协党组召开会议、开展组织生活时，邀请非中共副主席、民主党派负责人列席会议；在召开主席会议、常委会议、全体会议协商议政时，注重安排民主党派进行大会发言，提出建议；在政协围绕重大事项开展调研、制定出台重要文件、安排部署重要活动时，注重广泛征集民主党派的意见，吸收民主党派成员参与；在市委制定出台重大决策部署时，政协第一时间组织各党派团体、各界别委员学习研究，形成共识，第一时间组织开展调研，建言献策，着力引导参加政协的各党派团体、各族各界人士不断增进对中国共产党和中国特色社会主义的政治认同、思想认同、理论认同、情感认同，夯实团结奋斗的共同思想政治基础。

注重以史鉴今，在感受新成就、领会新思想中增进共识和认同。抓住中华人民共和国成立 70 周年和人民政协成立 70 周年契机，突出政协特色，深入开展系列庆祝活动。在市展览馆举办庆祝人民政协成立 70 周年历程回顾图片展·书画摄影作品展，展出人民政协不同时期的各类图片 800 余张，以及书法、美术、摄影等作品 170 件，观展人员达 2000 余人次。编辑出版《张家口文史——张家口市政协成立 70 周年专辑》。《张家口文史》也由原来的内部资料改为公开出版。在《张家口日报》“壮丽 70 年·奋斗新时代”专栏开设政协专题。组织部分老干部到北京参观中华人民共和国成立 70 周年展览，现场组织重温入党誓词活动。通过回顾光辉历程，感悟伟大成就，引导党员增强守初心、担使命的政治自觉、思想自觉和行动自觉，坚定各界人士听党话、跟党走的信心和决心。

强化宣传引导，着力把党的主张转化为社会各界的共识。坚持把推动“首都两区”建设作为贯彻落实市委决策部署、提升政协履职成效的重要内容，围绕推动“首都两区”建设规划落实，召开常委会议开展专题协商。两名副主席牵头开展专题宣讲 55 场次，着力引导全市上下把思想和行动统一到中央的要求和省委、市委的部署上来。号召全市 3000 名各级政协委员争做“首都两区”建设的宣传者、参与者、推动者。积极对外宣传全市发展思路和重点工作成效，市政协门户网站、微信公众号发布信息 354 条，《人民政协报》报道了市政协围绕“首都两区”建设协商议政，围绕健康扶贫、电商扶贫建言献策等做法。深入开展市政协委员“提交一件提案、反映一条社情民意、联系一户贫困家庭、救助一名困难学生、参加一次公益活动、办成一件实事”的“六个一”活动，共结对帮扶贫困家庭 486 户，帮助困难学生 425 名，参加公益活动 384 次，办实事好事 676 件，着力做好暖民心、得民心的工作。广大政协委员积极发挥联系界别群众的作用，深入到村、到户，围绕群众思想的困惑点、利益关系的交织点、现实矛盾的易发点，做好理顺情绪、化解矛盾、促进团结的工作，努力让群众对政协更加了解，对党委政府更加信任。

四、加强政协自身建设，推动工作提质增效

发挥委员主体作用。理顺委员履职机制，搭建委员履职平台。围绕拓宽知情明政渠道，邀请党政部门负责同志和有关专家学者，及时向委员通报经济社会发展情况，传达中央大政方针和省委、市委决策部署。组建10个政协委员工作室，涵盖"首都两区"建设、可再生能源示范区建设、民主法治建设、民营经济发展等领域，集中智慧、整合力量、联合攻关、破解难题。开发"智慧政协"手机APP，为委员理论学习、履行职责、联络交流以及开展远程协商、网络议政创造条件。开发政协委员履职评价管理系统软件，制定完善相应的管理办法，对委员参加会议及学习培训、提交提案和反映社情民意信息、大会发言、参与政协专题活动、社会公益活动及常委履职报告等情况实行综合评估，对51名优秀政协委员和39件年度好提案进行通报表彰，有效激发委员履职积极性。

加强规章制度建设。建立健全覆盖政协党的建设、履职工作、组织管理、内部运行等各方面的制度，形成权责清晰、程序规范、关系顺畅、运行有效的制度体系。修改完善《政协全体会议工作规则》，健全政协全体会议的全链条程序规范；完善《党组议事规则》《机关党组工作规则》等制度，优化工作流程；完善机关公文运转、公务接待、财务管理等制度，推动机关工作规范化运行；制发《关于提高提案质量的通知》，实现提案提交、审查、交办、督办、答复和通报全流程标准化管理；会同市委办、市政府办、市督查办，出台《关于加强协商议政成果落实的通知》，构建起协商成果报送、批办、交办、督办和反馈机制。通过在坚持中发展、在巩固中完善，着力发挥人民政协制度优势，在推进国家治理体系和治理能力现代化中作出积极贡献。

强化政协机关建设。以开展主题教育为契机，全面加强机关干部队伍思想建设、政治建设、能力建设、作风建设、廉政建设，打造学习型、服务型、创新型机关，有效提高政协机关服务协商质量、调查研究质量、信息化建设质量和办文办会质量。在市委支持下，强化专委会职能，优化专委会设置，配齐配强工作人员，推进政协干部年轻化。开展政治性警示教育，支持驻政协机关纪检监察组工作，加强作风纪律专项整治，教育机关干部守纪律、存戒惧、知敬畏，机关呈现出奋发向上、风清气正的浓厚氛围。

2020年工作安排

一是深化理论武装，筑牢共同思想政治基础。坚持把加强思想政治引领、广泛凝聚共识作为中心环节，巩固"不忘初心、牢记使命"主题教育成果，建立习近平新时代中国特色社会主义思想学习座谈会制度，开展多形式、全覆盖的学习培训，引领政协各参加单位、广大委员和机关干部在树牢"四个意识"、坚定"四个自信"、做到"两个维护"上旗帜更加鲜明、行动更加自觉。牢牢守住政治底线，建立与各党派团体谈心谈话、走访看望委员制度，开展委员学习座谈和党外委员专题视察，完善委员讲堂、重大专项工作委员宣讲团和委员工作室等工作机制，做好统一思想、理顺情绪、化解矛盾、促进团结的工作，增进各党派团体、各族各界人士对中央大政方针和省委、市委决策部署的共识，凝聚起完成三大历史任务、交出两份优异答卷的强大合力。

二是加强党建工作，确保党的领导始终贯穿政协工作全过程。充分发挥政协党组把方向、管大局、保落实的重要作用,认真贯彻市委政协工作会议精神,全面落实《中共张家口市委关于新时代加强和改进人民政协工作的实施意见》,分项制定具体办法,明确责任、落实到人,确保市委决策部署在政协系统得到不折不扣贯彻执行。推动县区政协在专委会以及符合条件的住乡镇委员活动小组中建立党支部。健全党员委员联系党外委员制度,建立党员委员参加双重组织生活、党员常委履职建言点评制度,充分发挥党员委员的模范带头作用和委员的主体作用,全面落实党建工作各项任务。

三是紧扣全市大局,充分发挥专门协商机构作用。聚焦建成“首都两区”、打造“河北一翼”的战略定位,重点围绕冬奥会筹办、脱贫攻坚、京津冀协同发展、可再生能源示范区建设等重大事项以及发展壮大“七大主导产业”积极贡献政协智慧和力量。坚持把提质增效贯穿政协履职全过程,按照市委办印发的《市政协2020年协商工作计划》中确定的协商议题,紧盯大事要事开展常委会议、主席会议专题协商,聚焦民生实事开展对口协商、界别协商、提案办理协商,加大协商式监督力度,实现多形式、深层次、高质量协商。把调查研究作为基本工作方法,坚持问题导向,统筹运用综合调研、蹲点调研、平行调研,深入基层一线,选好样本“解剖麻雀”,抓住关键集中攻关,着力把问题找准、把原因理清、把建议提实。重要协商成果纳入市委督查事项,政协做好跟踪落实。

四是发挥主体作用,强化政协委员责任担当。引导委员坚持为国履职、为民尽责的情怀,切实把事业放在心上,把责任扛在肩上。加大对委员的学习培训力度,组织委员广泛学习各方面知识,提高建言质量,提升履职本领,有效参与政协各项活动。积极运用政协网站、微信公众号、“智慧政协”手机APP等媒介,搭建委员知情明政平台。组织委员列席政府常务会以及研究重要事项专题会,为党委政府作出重大决策、制定重要法规规章提供建议意见,针对一些重要政策、重大规划和重点事项执行落实情况开展民主监督。依托政协委员履职评价管理系统,强化委员服务管理,激发委员履职活力,引导委员严格遵守宪法法律和政协章程,模范遵守社会公德、职业道德、家庭美德,切实交好委员作业、树立委员形象、展示委员风采。

五是完善履职制度,进一步推进政协工作提质增效。落实党委会同政府、政协制订年度协商计划制度,对明确规定需要政协协商的事项,必须经协商后提交决策实施。完善协商成果转化落实机制,推动协商成果落地见效。搞好政协委员建议反映、承接批转、交办督办、落实反馈等环节的制度性设计,完善委员联系界别群众制度,探索建立委员任期综合评价制度。完善政协系统联系指导工作制度,探索建立协同调研、联动协商、联合监督机制;从工作需要出发,推动解决县区政协基础工作薄弱、人员力量薄弱的问题,更好发挥县区政协作用。完善政协党建各项制度,加强政协机关效能建设,严格执行中央八项规定及实施细则要求,提高政协机关服务保障水平,努力建设让党放心、让人民群众满意的模范机关。

【组织概况】

市政协主席、副主席、秘书长名单及变动情况

主　席

刘宝岐

副主席

褚国儒

韩立友

祁万利（2020 年 6 月，市政协十二届十四次常委会会议通过其辞去副主席职务）

何　兰

张　辉

李品军

赵满柱

侯有龙

申全民

秘书长

甄桂星

县（市、区）政协主席名单及变动情况

桥东区

主　席　闫克俭

桥西区

主　席　裴国忠

宣化区

主　席　李贵宝

下花园区

主　席　孙建平

万全区

主　席　邹彦明

崇礼区

主　席　于有斌

怀来县

主　席　杨聚庭

赤城县

主　席　王新慧（2020 年 1 月，县政协十届四次会议当选）

涿鹿县

主　席　安　树

蔚　县

主　席　杜瑞明

阳原县

主　席　刘　锋

怀安县

主　席　武永祥

张北县

主　席　侯永龙

尚义县

主　席　史如江

沽源县

主　席　陈青山

康保县

主　席　胡启荣（2020 年 2 月，县政协十届四次会议当选）

张家口市各级政协组织和委员人数

市级政协 1 个，县（区）政协 16 个，合计 17 个；市级政协委员 412 名，县（区）政协委员 2681 名，合计 3093 中名。（截至 2020 年底）

政协承德市委员会

【全体委员会议】

十四届四次会议 2020年1月14日至1月16日，政协承德市第十四届委员会举行第四次全体会议，应出席会议委员370名，因事因病请假38名，实际出席332名，列席人员100名。会议的主要任务是：(1)听取和审议政协承德市第十四届委员会常务委员会工作报告；(2)听取和审议政协承德市第十四届委员会常务委员会关于十四届三次会议以来提案工作情况的报告；(3)列席承德市第十四届人民代表大会第五次会议，听取并讨论政府工作报告和其他报告；(4)审议通过政协承德市第十四届委员会第四次会议政治决议；(5)审议通过政协承德市第十四届委员会第四次会议关于常务委员会工作报告的决议；(6)审议通过政协承德市第十四届委员会提案委员会关于市政协十四届四次会议提案审查情况的报告；(7)选举事项。

【常务委员会会议】

第十八次会议 1月3日，政协承德市第十四届委员会常务委员会召开第十八次会议，会议应出席73人，实到56人。市政协主席刘文勤主持会议。会议的主要议题是：(1)听取市政府关于2019年提案办理工作情况的汇报；(2)听取组织部关于委员辞去和增补的情况汇报，协商通过辞去和增补委员名单；(3)审议通过关于召开市政协十四届四次会议的决定(草案)；(4)审议通过市政协十四届四次会议议程(草案)、日程(草案)；(5)审议通过政协承德市十四届委员会常务委员会工作报告(草案)；(6)审议通过政协承德市第十四届委员会常务委员会关于十四届三次会议以来提案工作情况的报告(草案)；(7)审议通过市政协主席会议工作情况的报告(草案)(书面)；(8)审议通过市政协专门委员会工作报告(草案)(书面)；(9)审议通过市政协十四届四次会议常委会工作报告报告人名单(草案)、提案工作报告报告人名单(草案)；(10)审议通过市政协十四届四次会议大会执行主席名单(草案)、各次全体会议主持人名单(草案)；(11)审议通过市政协十四届四次会议大会秘书长、副秘书长名单(草案)；(12)审议通过市政协十四届四次会议小组召集人名单(草案)；(13)审议通过市政协十四届四次会议列席人员名单(草案)；(14)审议通过市政协十四届四次会议分组名单(草案)；(15)审议通过《政协承德市委员会委员管理办法(试行)(草案)；(16)刘文勤主席讲话。

第十九次会议 1月15日，政协承德市第十四届委员会常务委员会召开第十九次会议，会议应出席73人，实到59人。市政协主席刘文勤主持会议。会议的主要议题是：(1)听取各组讨论情况汇报；(2)听取市委组织部关于辞去和增补选政协承德市第十四届委员会副主席有关情况的说明；(3)通过接受柴山同志辞去政协承德市第十四届委员会副主席职务申请的决定，并审议副主席候选人名单(草案)；(4)审议政协承德市第十四届委员会第四次会议选举办法(草案)；(5)审议总监票人、监票人名单(草案)；(6)审议政协承德市第十四届委员会第四次会议关于常务委员会工作报告的决议(草案)；(7)审议政协承德市第十四届委员会第四次会议政治决议(草案)；(8)人事事项。

第二十次会议 1月16日，政协承德市第十四届委员会常务委员会召开第二十次会议，会议应出席73人，实到62人。市政协主席刘文勤主持会议。会议的主要议题是:(1)听取各组讨论情况汇报;(2)通过政协承德市第十四届委员会副主席候选人名单(草案);(3)通过政协承德市第十四届委员会第四次会议选举办法(草案);(4)通过总监票人、监票人名单(草案);(5)通过政协承德市第十四届委员会第四次会议关于常务委员会工作报告的决议(草案);(6)通过政协承德市第十四届委员会关于政协承德市第十四届委员会第四次会议提案审查情况的报告(草案);(7)通过政协承德市第十四届委员会第四次会议政治决议(草案)。

第二十一次会议 1月16日,政协承德市第十四届委员会常务委员会召开第二十一次会议,会议应出席73人,实到62人。市政协主席刘文勤主持会议。会议的主要议题是:听取选举结果。

第二十二次会议 9月3日,政协承德市第十四届委员会常务委员会召开第二十二次会议,会议应出席74人,实到56人。市政协主席刘文勤主持会议。会议的主要议题是:(1)市社会信用体系办公室通报我市信用体系建设工作开展情况;(2)市政协社法委主任高纪辉就《加强诚信体系建设,进一步优化营商环境的建设(草案)》作调研和建议主要内容的说明;(3)大会发言;(4)审议《加强诚信体系建设,进一步优化营商环境的建设(草案)》;(5)市政府领导讲话;(6)市政协主席刘文勤讲话;(7)人事事项。

【专门委员会工作】

提案工作委员会

2020年,提案委共征集提案439件,经审查立案373件,立案率85%。其中,委员提案336件,集体提案37件。从提案内容看,经济建设方面的74件,政治建设方面的19件,文化建设方面的52件,社会建设方面的196件,生态文明建设方面的32件。政协提案得到市委、市政府的高度重视,市委书记周仲明、市长常丽虹同志亲自批办、领办重点提案,其他市级党政领导签批重点提案25件次。截至2020年11月底,提案已全部办复。其中,所提问题已经解决和部分解决的205件,占办复总数的55%;正在解决和列入规划逐步解决的136件,占办复总数的36.4%;因政策、体制和条件所限暂时难以解决的32件,占办复总数的8.6%。提案中的许多意见建议已被吸纳并落实到党政相关决策、发展规划或部门工作之中。总的来看,市政协十四届四次会议以来的提案质量较高,很多提案经过有关部门认真办理产生良好果,为推动我市经济社会科学发展发挥了积极作用。

继续实行1+2+2+N提案工作体系。将《关于以建设国家可持续发展议程创新示范区为契机,推动全市创新驱动发展的建议》作为2020年“1号提案”,由市政协主席会议重点督办。将《关于银企有效对接、服务实体经济的建议》等26件重点提案和《关于老旧小区改善提升》等25件民生实事提案报市政府领导阅批,交有关部门重点办理,通过以“1号提案”为引领,重点提案和民生实事提案为示范,带动了提案办理质量的全面提升。

加强协商督办,促进热点、难点问题的解决。围绕城市建设与管理,交通环境改善、小区物业管理等民生问题,由分管领导带领市政府办公室、市规划局、市公安局等十几个相关部门以及个民主党派、部分政协委员召开专题座谈会,共商良策,促进了热点难点问题解决。加强对口协商,将提案提出,督办落实与政协履职紧密结合。分别将《加快钒钛基地建设》《加快发展我市医疗康养产业》等多件重要提案列入市政协相关专委会调研、视察课题，采取专题议政、座谈研讨、大会发言、季度协商、对口协商等形式从更深层次上提出意见建议，推动工作落实。努力提高服务水平。加强与市委、市政府"两办"的联系，共同组织督办检查，协调解决办理中的问题；加强与承办单位的联系，协助组织开门办案、现场办案、协商办案，及时通报办理情况，为深化提案协商办理搭建平台；加强与提案者的联系，主动征求意见建议，转达提、办双方信息，发挥了桥梁纽带作用。

参加了省政协提案委组织的全省提案工作经验交流暨业务培训会；联合市政府办公室对全市提案承办工作人员进行业务培训，"承德市政协提案工作信息化平台"正式运行，初步实现了提案征集、办理、反馈、查询、统计等全部网上运行，对优秀提案和优秀承办单位进行了表彰，印发了《提案工作动态》内刊，深入开展"五携手""四引四帮"主题实践活动。利用委员之家、党员之家开展学习培训，组织委员履职活动。专委会全体委员积极投身精准扶贫脱贫工作，各尽所能、各尽所长，发挥优势，在招商引资、引进人才、扶持贫困村产业发展等方面发挥了应有作用。动员和组织委员开展新冠疫情防控工作，积极运用提案献计献策，深入社区帮助建立健全各项疫情防控制度和工作职责，站岗执勤，宣讲防疫知识，做好稳定民心、化解矛盾的各项工作。全年累计集资(物)5 万元捐资助学、帮扶困难家庭和疫情防控。

财政经济委员会

2020 年，市政协财经委按照市政协 2020 年工作要点，积极开展"深入学习贯彻党的十九届五中全会精神，共谋高铁时代高质量发展"大讨论活动，尽己所能投身疫情防控工作，据不完全统计，财经委委员在疫情期间捐款捐物累计达 240 余万元。围绕科学编制"十四五"规划、清洁能源产业发展、高铁发展等重点课题开展常委会协商议政和季度协商议政。针对我市民营企业在疫情防控过程中所面临的生产经营难题，组织召开非公经济、商协会代表圆桌会暨银企对接会，组织各银行与非公企业、商协会代表现场对接洽谈，共议合作，共商发展。继续开展"四引四帮"主题实践活动。在"十四五"规划编制、清洁能源产业发展、高铁发展等重点课题调研前，主动征求相关部门的意见，密切与经济、工商联、党派群团等界别委员联系，加强与省政协财经委的纵向联系和各县市区政协财经委横向联系。

农业和农村委员会

2020 年，市政协农业和农村委员会推动委员为统筹新冠疫情防控和经济社会发展贡献智慧和力量。农委委员为疫情防控捐款捐物价值 200 余万元。委员企业深入贯彻落实"六稳""六保"任务要求，严格执行疫情防控措施，带头有序复工复产，支持恢复生产生活秩序。提交具有针对性、可操作性、有价值的意见建议 26 件，达到了人均一件。

围绕推进食用菌强市建设，开展专题调研，形成《关于推进食用菌强市建设的建议》调研报告。围绕"加强现代农业园区建设"，组织开展专项视察。组织开展"十四五"规划建议调研，提交推进乡村产业振兴和深化农村金融改革 2 项建议。

推动践行"四引四帮"主题实践活动。农委委员全年共引进绿色项目 27 个、落实资金 8.7 亿元，引进发展资金

80.0亿元，引进人才303人、科技成果64项，帮建脱贫项目53个，帮办惠民实事107件，帮扶特困家庭453户、帮扶资金617.5万元，帮扶困难学生63名、帮扶资金16.5万元。联系督促平泉政协承接市政协“乡镇(街道)协商议政会”试点工作，取得阶段性成果。

注重加强与省政协的密切配合，认真完成省政协交办任务，按时提交调研报告《承德市易地扶贫搬迁后续工作存在主要问题及下步工作举措》、省政协十二届第十五次常委会会议大会发言材料《农村金融创新存在问题与对策建议》、省政协成立70周年征文《使命与荣誉·政协伴我砥砺前行——市政协委员李俊峰》。注重加强与省内外政协的工作交流，先后协助接待了天津市政协“天津市帮扶承德工作”和安徽省六安市政协“现代林业经济发展”、内蒙古赤峰市政协“农业特色产业发展”考察团，建立委员通讯录，及时完善委员联络信息；建立和完善委员微信群，搭建学习工作沟通平台；注重构建协商平台，为委员知情明政创造条件；建立健全委员履职档案，适时开展委员履职情况提示，完善委员履职考核管理；注重委员履职典型宣传，培树正能量；农委委员提交大会发言材料15篇，履职积极性显著提升。

人口资源环境委员会

2020年，市政协人口资源环境委员会共组织委员提出提案27件，开展专题调研5次，委员视察1次，民主监督1次，专题座谈会4次，较好地完成了各项工作任务。

面对我市疫情防控初期医用耗材告急、防护用品紧俏、防控物资短缺等问题，组织动员委员捐赠医用防护服、医用手套、口罩、消防液等疫情防控物资及现金，合计35.06万元。组织委员认真反映新冠肺炎疫情期间的社情民意，围绕疫情防控和复工复产撰写提案，就后疫情时期如何堵漏洞补短板强弱项提出意见建议，共提出意见建议8条、提案5份。围绕全市“十四五”规划编制开展专题调研，围绕推进我市天然矿泉水和山泉水产业高质量发展进行专题调研，形成了《关于推进承德天然矿泉水和山泉水产业发展的建议》，提出了做靓“京津水源·承德矿泉”，打响“承德山水”区域高端特色饮用水品牌的六点建议，报送市委、市政府。围绕“加强城市管理综合执法，提升城市管理水平”组织开展民主监督活动，就如何推进我市“加强城市管理综合执法，提升城市管理水平”与市城管局面对面进行商讨，形成了《关于开展“加强城市管理综合执法，提升城市管理水平”民主监督视察的报告》，报市委、市政府。组织开展“推动老旧小区改造和既有住宅加装电梯”专题视察，形成了《关于对“老旧小区改造和既有住宅加装电梯情况”开展专题视察的报告》，报送市委、市政府。协同配合省政协组织开展3项重点专项调研，形成《关于新时代地质工作如何全面服务承德经济社会高质量发展的建议》，报承德市委、市政府。承德市委、市政府主要领导分别作出重要批示。另外，还组织市政协全会大会发言6篇，其中口头发言1篇。结合专委会开展的调研视察活动，组织相关委员学习资源、环保、城建等方面的政策法规及相关知识。通过多种方式引导界别委员以所在界别名义书写提案24件，邀请参加专委会开展的调研视察活动和专题协商会、座谈会5次，组织参加政府有关部门组织的座谈会2次，极大地促进了政协委员履职尽责。

一年来共组织专委会功能性党支部活动2次，组织委员到“委员之家”集中学习2次，使这里真正成为政协委员学习交流、联系群众、履行职责、沟通联谊的重要平台。持续推动“四引四帮”活动。专委会委员提供帮扶资金2400元，结对帮扶31户贫困户，产业帮扶1人，就业帮扶1人；捐款2200元资助贫困户学生上学，解决贫困学生的学习和生活问题。加强与省政协人口资源环境委员会的联系，加强与民主党派、工商联的联系与合作，加强与相关部门、单位的联系与协调合作，形成互相联动，互相配合，互相支持的和谐氛围。

教科卫体委员会

2020年，教科卫体委员会共组织专题调研2次，专题视察1次，形成调研、视察报告5份，社情民意2份，大会发言材料5份，集体提案1件。撰写《发挥好专委会在凝聚共识中的作用》，参加全市政协系统理论学习研讨会暨工作经验交流会。积极应对新冠肺炎疫情，组织部分医药卫生界委员，聚焦公共卫生体系建设开展民主监督，结合在疫情防控中发现的问题，提出意见建议。9月中旬形成《进一步加强公共卫生体系建设提升重大疫情防控能力》的报告报送省政协。动员医药卫生界政协委员积极投入抗疫一线，专委会驻会同志作为志愿者，深入安定里社区入户排查、站岗执勤。搭建双向发力新载体，召开市政协党外知识分子代表人士“为创建全国文明城市建言献策”恳谈会。聚焦中心大局，为“十四五”规划编制中教育、科技、卫生健康和体育事业方面重点问题建言资政。紧盯民生热点，举办庆祝第36个教师节征求意见座谈会，围绕民办学前教育发展和规范提升进行监督式专题视察。

做好“1号提案”和重点提案、实事提案的督办落实工作，会同提案委员会全力做好《以建设国家可持续发展议程创新示范区为契机，推动全市创新驱动发展》“1号提案”的督办落实工作。对《关于推动我市民办幼儿园健康发展的建议》等3件重点提案、实事提案进行了督办。继续组织和引导委员开展“四引、八帮、五送”活动。发挥委员和对口联系部门的优势，为贫困村和困难群众送科技、送智力、送健康。继续与市妇联联合组织“你的小心愿、我帮你实现”活动，50名委员共捐款5000元，为兴隆县实验小学贫困和留守儿童送去米面油，购置棉校服，发放救助款。充分发挥“党员(委员)之家”平台作用，开展了2次“党员(委员)之家”活动。配合省政协对口委员会协同开展相关活动，加强与县区政协对口专委会的联系。

社会和法制委员会

2020年，市政协社法委认真落实市政协党组党建工作全覆盖的实施意见，认真落实绿色、高质量发展理念，紧紧围绕“三区一城”发展定位、“12345”总体目标，广泛凝聚各界共识，把力量汇聚到市委、市政府决策部署上来。充分发挥“党员(委员)之家”平台作用，不断提升委员的政治素养和履职能力，并在“全市政协系统党建工作暨开展“四引四帮”主题实践活动推进会”上，就《如何用好“党员(委员)之家”，开展党员教育和委员履职活动情况》做了典型发言。聚焦基层政权建设，组织调研组开展了专题调研，形成了《加快乡镇和街道改革，提升基层社会治理能力的建议》组织委员深入市直及8县4区开展专题调研，完成了《关于加强社会诚信体系建设进一步优化营商环境的建议》，经政协承德市第十四届委员会常务委员会第二十二次会议审议通过后呈报市委、市政府，省人大副主任、市委书记周仲明给予高度评价。

持续推进民主监督，推动“一次不用跑”改革。通过几轮次深入市、县两级政务服务中心，认真查找影响和制约我市“一次不用跑”改革方面的突出问题，建立监督问题清单及整改落实台账进行监督，较好助推了改革工作开展。对于此项工作，根据工作实际，总结出《创新工作方式、强化民主监督》经验材料，并在全市政协系统经验交流会暨理论研讨会上做了大会发言。

组织新社会组织代表人士在隆化县围绕“进一步做好‘八五’普法工作，助力法治承德建设”议题召开圆桌会进行协商沟通交流。会上代表们踊跃发言，提出了许多建设性意见。会后认真梳理代表建议，并形成书面材料报送市委统战部，为今后更好开展工作提供参考。围绕法治承德建设，代表市政协机关对市检察院、团市委进行“七五”普法验收，为我市顺利通过全省普法验收增光添彩。制发了《关于成立法律咨询服务小组的实施意见》，并牵头成立了市政协法律咨询服务小组。按照市委《关于推进市域社会治理现代化的实施意见》和市委政法委有关通知要求，结合本单位实际，按照“四千四有五个事”要求，围绕我市《市域社会治理现代化建设任务清单》中承担的相关工作任务，成立政协承德市委员会推进市域社会治理现代化工作领导小组，制订工作方案。组织委员旁听了双桥区法院审理“某广告公司诉高新区管委会的行政赔偿案件”的审理；参与中院执行局就“非法强占已拍卖房屋”案司法执行，使长达三年之久的执行积案终于在2020年10月14日顺利执结。

调动委员力量，积极开展疫情防控。委员们克服重重困难，尽己所能，捐款、捐物总价值211.7万多元，有力地支持了防控工作。发挥委员特长，积极开展律师送法进社区、乡村、学校、工厂活动。助力脱贫攻坚，专委会人员深入所包扶贫困户，共谋脱贫致富良策，确保彻底脱贫；自筹3500元为25户贫困户送去了现金和米、面、油；王利华副主席为所包扶的贫困村：协调修建水泥路2.5公里，解决了果园种植户运输难问题；协调健身器材两套、篮球架一副，丰富了村民业余文化生活；协调市妇联捐赠200件环保洗衣液，引导村民逐步培养注重个人卫生的良好习惯。另外，还组织委员捐款13000元捐助了41户贫困户；苗立田委员为围场贫困村捐赠物资，折合人民币6000余元；杨滨委员捐资16000多元及时为画山村蔬菜大棚购买了所需电缆，确保了扶贫项目顺利施工。

积极组织委员围绕百姓关心关注的热点难点问题，认真调研，不断提高提案质量。全年专委会及专委会委员共撰写提案41件，其中委员所提7件提案被确定为重点提案，协助分管主席承接的10件重点提案办结满意率100%。圆满完成市政协分配的“十四五”规划编制意见征求工作，联合市民政局就“养老民心工程”建设情况，组织委员开展视察。

港澳台侨联络委员会、民族宗教委员会

2020年，市政协港澳台侨联络委员会、民族宗教委员会抓好党建引领，发挥专委会功能性党支部的作用，通过“委员之家、党员之家”开展学习宣讲活动，先后组织学习民族宗教政策法规、宣讲党的十九届五中全会精神等活动。

召开市政协民族宗教代表人士恳谈

会，围绕“促进企业复工复产”开展专项民主监督，按照省政协办公厅《关于协助开展加快少数民族教育发展专题协商活动的函》的要求，围绕我市少数民族教育发展情况进行调研，形成《关于加快少数民族教育发展的建议》的调研报告，上报省政协。围绕“新侨工作站”建设情况进行调研，围绕“充分利用侨力资源，助力承德开放发展”开展对口协商，围绕科学编制我市“十四五”规划，积极建言献策，动员委员撰写提案，参与提案督办，提高办理实效。

发动海外侨胞代表捐助支持我市的抗击疫情工作。特别是在了解到一线医护人员急需防护装备时，专委会与省海外同胞慈善基金会沟通，为我市一线医护人员捐赠了标准医用防护服200套，护目镜300副。据不完全统计，疫情期间专委会委员通过各种渠道为疫情防控捐款捐物累计230余万元。持续深入开展“四引四帮”主题实践活动和“同心携手助力脱贫攻坚”行动，在省政协港澳台侨和外事委员会的积极协调及我委的密切配合下，香港仁善扶贫基金会继续通过资金扶持隆化县郭家屯镇两家养牛合作社，带动50户贫困户每年分红3000元。与社法委联合组织委员到贫困村画山村开展了“中秋送慰问活动”，为57户建档立卡贫困户送去价值近万元的米、面等生活物资。服务领导包联工作，做好机关结对帮扶。

发挥“五携手”工作机制的优势，加强与各级政协对口专委会的联系，加强与市直对口部门和联系党派的联系，认真组织好海外侨胞代表列席市政协全会，注重与宗教团体的联系。

文化文史和学习委员会

2020年，文化文史和学习委组织征集“众志成城——战疫情”主题文化作品。征集诗歌200多首，散文、小小说30余篇，漫画、书法美术作品100余幅，音乐作品20余首，摄影作品200余件，非遗作品50余件，与市文联袂携手以“众志成城——战疫情”为主题举办疫情防控文化作品展。

组织筹建民族和清文化研究中心（承德政协文史馆）。一是向市政府常务副市长起草报送了政协承德市委员会办公室《关于支持筹建承德政协文史馆的请示》；二是向省发改委起草编制报送了政协承德市委员会《关于审批承民族和清文化研究中心（承德政协文史馆）用房维修改造项目概算及下达投资计划的请示》；三是优选委托具有甲级资质的设计单位编制《承德市政协民族和清文化研究中心（承德政协文史馆）》建设方案；四是公开公平选调选聘承德市政协民族和清文化研究中心（承德政协文史馆）主任（馆长）1名，管理人员6名，后勤服务人员1名，为承德市政协民族和清文化研究中心（承德政协文史馆）建设奠定了坚实基础。

组织举办全市政协文史资料工作现场交流会。省政协文化文史和学习委员会办公室主任王大鹏到会指导。各县（市、区）政协从不同角度展现了近年来文史资料工作所取得的丰硕成果。组织委员开展读书培训。向全市各政协组织、全体委员发出广泛开展读书活动的倡议，召开全市政协系委员读书经验交流会，协助办公室组织举办了两批“不忘初心、牢记使命”主题教育暨政协委员履职能力提升培训班。委员们在培训中既受到了教育又学到了知识，既开阔了眼界又提升了能力，受益匪浅。

围绕协商计划，精心组织“历史文化

名城保护利用”专题季度协商，为加强我市历史文化名城的保护利用工作建言献策提供了重要参考和理论依据；联合港澳台侨民族宗教委就编制“十四五“规划时统筹考虑特色小镇建设进行了专题调研。先后组织召开了不同层次的座谈会和协商会，就相关问题进行了深入研究与探讨提出了意见建议，供市委、市政府编制“十四五“规划时统筹考虑。组织“长城文化遗产保护与利用”专题调研，在此基础上，形成调研建议。组织打造热河文化旅游区繁荣夜经济专题调研，就城市核心区的产业龙头地位、区域旅游集散地的功能作用欠缺，夜经济发展滞后，文化旅游消费的动力和活力不足，影响和制约着我市文化旅游产业快速健康发展等问题提出了意见建议，供市委、市政府决策参考。

扎实做好文史资料征编。一是完成《和合承德》编辑印刷出版工作；二是推进《热河记述》《海外承德历史读本》编译工作；三是编辑完成《书香自芬芳》的印刷工作；四是编辑完成“众志成城战疫情”书法美术摄影集、诗歌散文集的印刷工作；五是征编疫情防控文史资料20余万字，漫画书法美术、音乐、摄影、非遗等作品600余幅。

协助省政协做好征编与重点提案督办。一是协助省政协疫情防控“三亲”文史资料征编工作；二是协助省政协副主席边发吉一行来承德督办“关于长城河北段国家文化公园建设的建议”提案暨调研文物保护工作；三是报送省政协“凝心聚力谋发展，与时俱进谱新篇”承德市政协履职纪实材料被省政协成立70周年专刊刊发。扎实推进“四引四帮”主题实践活动。引进发展意向资金1500万元，到位资金598万元，引进高端人才14人，帮建脱贫项目5个，帮办惠民实事84件，帮特困家庭108户，93400元，帮困难学生8名，8300元，体现了新时代政协委员的为民情怀和责任担当。认真做好对外交流交往。主动对接中国文史出版社、省政协文化文史和学习委，认真做好省政协领导来承视察调研及交办工作，加强与省内设区市政协对口委员会的沟通交流，积极开展与外地政协的工作交流，拓展与四川成都、广元、南充、泸州，江苏宜兴等市、县区政协的协同合作，宽领域、多层面、立体化宣传推介承德。注重加强对县（市、区）政协文化文史和学习工作指导和协调联动，依托县（市、区）政协文化文史和学习委员会联合开展调研视察，发挥政协整体优势，提升履职整体效能。

【重要会议、活动】

1月3日，政协承德市第十四届委员会召开第三十四次主席会议，市政协主席刘文勤主持。会议的主要议题是：(1)听取组织部关于辞去和增补委员的汇报；(2)协商通过辞去和增补委员名单；(3)刘文勤主席讲话。

1月3日，政协承德市第十四届委员会召开第三十五次主席会议，市政协主席刘文勤主持。会议的主要议题是：(1)听取各讨论组汇报；(2)刘文勤主席讲话。

1月15日，政协承德市第十四届委员会召开第三十六次主席会议，市政协主席刘文勤主持。会议的主要议题是：(1)听取各组讨论情况汇报；(2)听取市委关于辞去和增补选政协承德市第十四届委员会副主席有关情况的说明；(3)通过接受柴山同志辞去政协承德市第十四届委员会副主席职务申请的决定，并审议副主席候选人名单（草案）；(4)审议政协承德市第十四届委员会第四次会议选举办法(草案);(5)审议总监票人、监票人名单(草案);(6)审议政协承德市第十四届委员会第四次会议关于常务委员会工作报告的决议(草案);(7)审议政协承德市委员会第四次会议政治决议(草案);(8)人事事项。

1月16日,政协承德市第十四届委员会召开第三十七次主席会议,市政协主席刘文勤主持。会议的主要议题是:(1)听取各组讨论情况汇报;(2)通过政协承德市第十四届委员会副主席候选人名单(草案);(3)通过政协承德市第十四届委员会第四次会议选举办法(草案);(4)通过总监票人、监票人名单(草案);(5)通过政协承德市第十四届委员会第四次会议关于常务委员会工作报告的决议(草案);(6)通过政协承德市第十四届委员会提案委员会关于政协承德市第十四届委员会第四次会议提案审查情况的报告(草案);(7)通过政协承德市第十四届委员会第四次会议政治决议(草案)。

1月16日,政协承德市第十四届委员会召开第三十八次主席会议,市政协主席刘文勤主持。会议的主要议题是:听取大会选举结果的汇报。

4月17日,政协承德市第十四届委员会召开第三十九次主席会议,市政协主席刘文勤主持。会议的主要议题是:(1)传达学习《中共中央办公厅关于持续解决困扰基层的形式主义问题为决胜全面建成小康社会提供坚强作风保证的通知;(2)讨论市政协党组《关于进一步做好向市委请示报告工作的实施意见》;(3)讨论《关于落实在乡(镇)街道设立委员服务召集人(联络员)制度的实施意见》;(4)讨论《关于2020年党组理论学习中心组学习活动的安排意见》;(5)研究人才库建设相关事宜;(6)研究确定“双20”提案。

6月9日,政协承德市第十四届委员会召开第四十次主席会议,市政协主席刘文勤主持。会议的主要议题是:(1)市直有关部门汇报“1号提案”办理情况;(2)座谈交流;(3)市政府副市长郭士刚讲话;(4)市政协主席刘文勤讲话。

7月2日,政协承德市第十四届委员会召开第四十一次主席会议,市政协主席刘文勤主持。会议的主要议题是:(1)讨论《关于建立“政协履职人才库”实施意见》;(2)讨论《关于建立非公经济及商协会代表人士圆桌会、新社会组织代表人士圆桌会、党外知识分子代表人士恳谈会、民族宗教界代表人士恳谈会制度落实双向发力的暂行办法》;(3)讨论《提案内容公开办法(试行)》《提案审查工作细则》《关于提高提案质量的意见》《重点提案遴选与督办办法》。

8月31日,政协承德市第十四届委员会召开第四十二次主席会议,市政协主席刘文勤主持。会议的主要议题是:(1)学习全国地方政协工作经验交流会精神;(2)通报违反中央八项规定精神典型案例;(3)讨论《市政协常委会专题议政方案(草案)》和《关于加强社会诚信体系建设进一步优化营商环境的建议(草案)。

9月27日,政协承德市第十四届委员会召开第四十三次主席会议,市政协主席刘文勤主持。会议的主要议题是:(1)传达学习习近平总书记在教育文化卫生体育领域专家代表座谈会、基层代表座谈会上的讲话精神;(2)传达学习习近平总书记在科学家座谈会、中央财经委员会第八次会议、纪念中国人民抗日战争暨世界反法西斯战争胜利75周年座谈会、中央全面深化改革委员会第十五次会议、中共中央政治局会议和省政协第十六次常委会会议精神；(3)传达学习全国政协、省政协工作经验交流会精神；(4)传达学习庆祝省政协成立70周年理论研讨会精神；(5)讨论《关于加强和改进政协专门委员会工作和制度建设的意见》；(6)讨论市政协《成立政协法律咨询小组的实施意见》；(7)讨论市政协系统理论学习研讨会暨政协工作经验交流会方案；(8)研究2020年度经费预算情况。

10月19日，政协承德市第十四届委员会召开第四十四次主席会议，市政协主席刘文勤主持。会议的主要议题是：(1)讨论《关于科学编制我市“十四五”规划的建议(草案)》；(2)讨论全市政协系统党建工作会议暨开展“四引四帮”主题实践活动推进会方案；(3)通报井冈山学习培训情况。

12月24日，政协承德市第十四届委员会召开第四十五次主席会议，市政协主席刘文勤主持。会议的主要议题是：(1)传达学习习近平总书记在中央经济工作会议上的讲话精神；(2)各委办主任述职；(3)听取“四引四帮”工作情况和表彰意见及委员履职考核情况；(4)听取优秀提案、优秀承办单位和十四届政协以来优秀提案表彰意见；(5)讨论2020年市政协工作总结；(6)讨论市政协《协商议政质量评价工作办法(试行)》《协商成果转化落实督办工作暂行办法》和《常委提交年度履职报告工作办法(试行)》；(7)听取市政协十四届五次会议准备工作情况的汇报。

【重要报告】

常务委员会工作报告(2020年1月16日)(摘要)

2019年，是新中国成立70周年和人民政协成立70周年，是人民政协事业发展进程中极不平凡的一年。中共中央在党的历史上首次召开政协工作会议，习近平总书记发表重要讲话，科学回答了人民政协事业的一系列重大理论和实践问题，为新时代人民政协定性赋能、指引航向，开辟了人民政协事业发展的新境界。在市委领导下，市政协常委会坚持以习近平新时代中国特色社会主义思想为指导，深入学习贯彻中共十九大和十九届二中、三中、四中全会及中央政协工作会议精神，贯彻落实省委九届九次十次全会、市委十四届六次七次全会和省委、市委政协工作会议部署要求，准确把握新时代人民政协新方位新使命，坚持“四有”目标导向，团结和动员全市政协组织、参加单位和广大政协委员，全面履行政治协商、民主监督、参政议政职能，更好凝聚共识，为推动新时代全面建设生态强市、魅力承德作出了新贡献。

(一)强化政治担当，突出抓好三项重点工作。把握政治方向，认真学习贯彻中共十九届四中全会和中央政协工作会议精神。坚持抓学习，着力深化思想认识。市政协党组带头学，常委会集体学，组织政协系统全员学，认真组织参加省政协专题视频会议，进一步用习近平总书记重要讲话精神统一思想和行动。常委会第17次会议专题学习贯彻中共十九届四中全会、中央政协工作会议和省委九届九次全会、市委十四届六次全会精神，进行专题辅导，开展研讨交流，并作出《决议》，推动兴起学习热潮。坚持抓贯彻，着力落实上级要求。市委认真贯彻中央、省委政协工作会议精神，及时召开政协工作会议，覆盖市县党委、人大、政府、政协班子成员和有关部门负责同志，政协机关全体干部和市县政协委员。各县(市、区)政协积极行动,迅速形成贯彻落实热潮。坚持抓推进,着力加强改进工作。开展市县政协工作大调研,召开工作经验交流会,将市委《实施意见》细化分解为 60 项具体任务,落实目标责任,推动工作落地。

把握目标要求,认真开展“不忘初心、牢记使命”主题教育。提前预热升温,认识部署到位。深刻学习领会习近平总书记重要讲话精神,增强思想行动自觉。提前订购学习资料,开展革命传统教育,举办塞罕坝精神辅导报告会,营造氛围、打牢基础。按照市委部署要求,加强领导,成立组织,制订方案,迅速启动,扎实推进。筑牢信仰信念,学习教育到位。坚持原原本本学、联系实际学、深入思考学,党组理论学习中心组进行了 5 天集中学习研讨,班子成员带头讲党课;坚持机关干部与政协委员统筹推进,组织集体学习 12 次,开展革命传统教育和政治性警示教育 7 次,依托“党员(委员)之家”开展学习教育 16 次。通过学习教育,进一步坚定了信仰信念,增强了使命担当。广泛听取意见,检视问题到位。坚持敞开大门,突出问题导向,把学习教育、调查研究与检视问题、整改落实融合贯通。召开各类别、各层次座谈会 17 场次,征集各方面意见建议 159 条。认真开展谈心谈话,高质量召开检视问题专题会和专题民主生活会、组织生活会,全面查找分析存在的差距和问题。坚持即知即改,整改落实到位。针对查摆出的 6 个方面 22 个问题,制定问题清单、整改方案,明确责任领导和完成时限。市政协主题教育得到省政协领导的充分肯定。

把握政协特色,认真组织庆祝新中国成立 70 周年和人民政协成立 70 周年系列活动。注重以学习研讨增进“四个认同”。组织收看新中国成立 70 周年庆祝大会直播,学习研讨习近平总书记重要讲话,在学习中感悟伟大成就,在研讨中锚定使命任务。召开各族各界代表人士庆祝“双 70”座谈会,回顾履职实践,展望光明前景,坚定不移跟党走,同心共筑中国梦。注重把握节点弘扬承德形象。抓住习近平总书记对塞罕坝林场建设者感人事迹作出重要指示两周年契机,携手京、津、冀文联共同举办“走进生态文明新时代书法美术作品展”,面向全国 20 个省、市、区的 40 多个生态文明建设示范市(区),精选 320 余幅作品展出,深刻感悟习近平生态文明思想,弘扬塞罕坝精神,展示承德“两区”建设成就。深入挖掘承德历史文化积淀,与北京外国语大学合作研究编译 10 卷套《热河/承德历史文集译丛》,展示承德的独特魅力。注重特色活动讲好政协故事。举办“庆祝人民政协成立 70 周年履职巡礼展”,编撰《正道沧桑——承德政协 70 年掠影》,编印《我和我们的政协》征文专辑,回顾政协辉煌历程,展示委员履职风采。

(二)以扎实举措,全面推进各项工作。强化政治站位,全面落实党的领导。常委会组成人员始终牢记人民政协是政治组织,把党的领导作为政协工作的“生命线”,筑牢“四个意识”、坚定“四个自信”、做到“两个维护”。着力打牢思想根基,自觉坚持党的领导,推进组织工作全面覆盖。

强化服务大局,聚焦中心建真言献良策。牢固树立“发展是第一要务”的思想,紧扣创新发展、绿色发展、高质量发展根本要求,组织召开 2 次常委会专题议政、4 次季度协商议政、6 次对口协商及界别协商，向市委、市政府报送专题建议16件，大部分建议成果转化为决策参考和工作举措。助力绿色农业高质量发展建言，助推钒钛新材料产业绿色化高端化发展献计，紧盯民营经济发展短板谋策，聚焦优化营商环境发力。

强化履职为民，聚焦民生解难题办实事。常委会把人民群众对美好生活的向往作为履职尽责的出发点和落脚点，努力做到人民政协为人民。围绕“两区”建设用真劲，紧盯社会建设出实招，紧扣民生福祉建真言，聚焦法治建设促公平，聚力脱贫攻坚拓成效。

强化主责主业，发挥专门协商机构作用。常委会立足新方位，把握新使命，推动政协协商“专”出水平、“专”出优势、“专”出成效。规范协商程序，丰富协商形式，注重协商效果。

强化双向发力，广泛凝聚共识合力。常委会坚持把加强思想政治引领、广泛凝聚共识作为履职中心环节，增强政治引领责任，完善凝聚共识机制，广聚发展共识力量。加强教育引导增共识，加强党派合作聚合力，加强联络联谊促和谐，加强整体优势提效能。

强化自身建设，锤炼履职尽责真本领。常委会着眼新时代新要求，树立鲜明履职导向，强基固本，多措并举，提升履职能力水平。践行一线作为，加强制度建设，发挥委员主体作用，严格正风肃纪。

对照新时代人民政协使命任务，工作中还存在一些差距和不足。理论武装还需进一步提升，党建工作基础还需进一步夯实，思想政治引领和凝聚共识工作还需进一步强化，协商质量和水平还需进一步提高，履职能力建设还需进一步加强，县（市、区）政协基础工作薄弱、人员力量薄弱等问题亟待加强和改进。

2020年主要任务

2020年是具有里程碑意义的一年，是全面建成小康社会和“十三五”规划收官之年。市政协及其常委会工作要坚持以习近平新时代中国特色社会主义思想为指导，认真贯彻落实中共十九大和十九届二中、三中、四中全会及中央经济工作会议、政协工作会议精神，全面贯彻落实省委九届九次十次全会、省政协十二届三次全会、市委十四届六次七次全会部署要求，坚持“四有”目标导向，聚焦主轴主线，着力加强创新理论学习，着力强化党的建设，着力服务全市大局，着力推进协商民主，着力凝聚共识合力，着力完善制度机制，切实担负起把党中央和省委、市委决策部署落实下去、把各方面智慧力量凝聚起来的政治责任，努力把人民政协制度优势转化为社会治理效能，为加快新时代全面建设生态强市、魅力承德作出新的更大贡献。

加强政治引领，推动思想认识实现新提高。要坚定政治自觉，引导各参加单位和政协委员时刻把政治纪律和政治规矩挺在前面，更加坚定地践行“四个意识”，增强“四个自信”，做到“两个维护”。要强化理论武装，坚持党组理论学习中心组和常委会带头学习，强化政协大讲堂学习覆盖，推进主题教育制度化常态化。要广聚共识力量，认真学习习近平总书记对河北工作的重要指示批示精神，引导各党派团体、各族各界人士把思想和行动切实统一到中央和省委、市委决策部署上来，把智慧和力量凝聚到经济社会发展总体要求上来。

坚持党的领导，推动政协党建实现新加强。要强化责任担当，政协党组要充分发挥把方向、管大局、保落实的领导核心作用，严格落实请示报告制度，紧紧围绕中央精神和省委、市委部署研究谋划工作，确保方向不偏、重点不移。要做实做细党建工作，坚持把党建工作融入日常、抓在经常，认真落实“三会一课”“五个一”和“三带”等制度机制，落实党员委员双重组织生活制度、常委年度履职报告制度和党员常委资政建言点评制度，用好“党员(委员)之家”平台，切实发挥专委会和界别功能性党支部作用，让党建工作真正“实起来”“活起来”，组织召开政协党建工作现场推进会，提升政协党建整体水平。

聚力中心大局，推动履职工作取得新成效。议政向大事要事聚焦，紧扣“三区一城”发展定位和“12345”总体目标思路，聚焦“两区”建设，瞄定事关全局的“三件大事”“三大攻坚战”“八项重点任务”和“五大工程”，把准努力方向，发挥更大作用。建言向重点难点发力，紧紧围绕“十三五”收官和“十四五”规划编制、国家可持续发展议程创新示范区建设、加快科技创新、巩固脱贫攻坚成果、推动乡村振兴、构建“3＋3”现代产业体系、加强生态文明建设、优化企业服务和营商环境等事关全局和群众切身利益问题。调研向优质精品提升，坚持把调研作为政协工作“压舱石”，坚持目标导向，重心前移、问题前置，切实改进调研组织形式，做到在深入调研中发现问题。引帮向发展民生着力，深入推进“四引四帮”和“同心携手助力脱贫攻坚”行动，紧紧抓住协同发展向纵深推进、国家可持续发展议程创新示范区启动建设、京沈高铁即将全线贯通等重大机遇。

突出主责主业，推动政协协商提升新水平。认真落实中央《意见》和省委、市委《实施意见》，凸显政协独特优势，打造“专门协商机构”鲜明形象。推进协商工作更规范，科学制订年度协商计划，认真落实《政协协商工作规程》，完善情况通报制度，健全协商内容、参加范围、讨论原则、基本程序、交流互动等制度机制。推进提案协商更扎实，认真落实《提案工作条例》和《实施细则》，坚持提高提案质量和办理落实质量双向发力。健全完善“1＋2＋2＋N”提案协商工作体系，聚焦发展重点、改革难点、民生热点、社会冷点建言。推进政协监督更有效，深入落实《关于加强和改进民主监督工作的实施办法》，健全会议协商监督、委员视察监督、提案办理监督、专项监督以及其他形式监督，灵活有效开展多层次宽领域的民主监督工作，切实增强监督实效。

突出双向发力，激发委员履职展现新作为。紧紧扭住加强思想政治引领、广泛凝聚共识履职中心环节，坚持增强团结与发扬民主相互贯通、建言资政与凝聚共识双向发力，着力打造“重要阵地、重要平台、重要渠道”。要加强学习引领深化共识，落实习近平新时代中国特色社会主义思想理论学习研讨制度，深入开展以自我教育自我提高为主旨的委员学习座谈，建立完善委员讲堂、重大专项工作委员宣讲团等工作机制。要创新载体平台广聚合力，重点关注“两新”组织、商协会组织和党外知识分子三个重要群体，探索建立新经济组织、商协会、新社会组织代表人士圆桌会机制，搭建党外知识分子代表人士恳谈会平台，做好增进团结、凝聚人心、凝聚共识工作。要密切团结合作凝聚人心，加强与各党派团体的联系沟通机制和工作联动机制，认真听取和反映诉求，积极搭建学习培训、考察交流平台，加强重要课题联合调研、重点提案联动督办、重大活动通力合作。

坚持强基固本，推进履职服务能力

新提升。要强化奋发作为，教育和引导委员旗帜鲜明讲政治，守纪律、讲规矩、重品行，切实珍惜荣誉和政治身份，增强为国履职、为民尽责情怀，强化责任担当，树立一线思维，展现一线作为。要加强履职能力建设，强化理论学习，锤炼道德品行，制订实施年度培训计划，深化履职经验交流互鉴，优化知情明政供给，多渠道多方式增强履职本领，着力提高“四种能力”，切实做到“五个过硬”。要优化委员服务管理，落实好委员履职工作规则和履职考核评价机制，研究制定对不履行职责委员进行提醒或相应处理办法，激励委员在本职岗位上施展才干、在政协舞台上施展才华。要密切政协系统联系交往，主动对接全国政协和省政协工作，认真做好省政协领导来承视察调研及交办工作。加强与省内外政协的工作交流，拓展与京津区县政协的协同合作。要营造良好履职生态，巩固提升主题教育成果，确保整改任务落实到位。严防“四风”问题隐形变异和反弹回潮，营造务实重干、事争一流、担当作为、风清气正的氛围。

【组织概况】

市政协主席、副主席、秘书长名单及变动情况

主　席

刘文勤

副主席

李建华（不驻会）

关继高（满族）

张富民（满族，不驻会）

王利华（女）

信　祥（满族）

白宝君（满族，不驻会）

郭靖涛（不驻会）

刘众民

董旭明

柴　山（2020 年 1 月 16 日，经市政协十四届十九次常委会会议审议通过，同意辞去十四届市政协副主席职务，报第十四届第四次全体会议备案）

秘书长

单化军　（满族）

（2020 年 1 月，市政协十四届四次会议当选）

县（市、区）政协主席名单及变动情况

双桥区

主　席　刘敏儒

双滦区

主　席　刘凤宇

鹰手营子矿区

主　席　张　杰

围场满族蒙古族自治县

主　席　马玉文

丰宁满族自治县

主　席　郭　锐

隆化县

主　席　刘殿民

平泉市

主　席　李　勇

滦平县

主　席　王海隆

宽城满族自治县

主　席　王玉荣

兴隆县

主　席　马建权

承德县

主　席　李文水

承德市各级政协组织和委员人数

市级政协 1 个，县（市、区）政协 11 个，合计 12 个；市级政协委员 370 名，县（市、区）政协委员 2003 名，合计 2373 名。（截至 2020 年底）

政协秦皇岛市委员会

【全体委员会议】

十三届四次会议 2020年1月12日至15日，政协秦皇岛市第十三届委员会第四次会议召开。会议应出席委员329名，实际出席委员310名。市委书记朱政学代表中共秦皇岛市委作重要讲话。会议听取和审议市政协主席郝占敏所作的《政协秦皇岛市第十三届委员会常务委员会工作报告》，听取和审议市政协副主席赵景阳所作的《政协秦皇岛市第十三届委员会常务委员会第三次会议以来提案工作情况的报告》；列席市十四届人大五次会议开幕会，听取和讨论市政府工作报告及其他各项报告。会议听取12份口头发言、35份书面发言，围绕全市经济社会发展、产业规划布局、社会民生保障、文化旅游建设、生态环境建设等诸多领域提出意见建议，凝聚着我市各级政协组织、党派团体和广大政协委员的智慧和汗水，承载着人民群众的殷切期望，为加快建设沿海强市、美丽港城和国际化城市建言献策。会议选举岳会仁、李彪、王建文为政协秦皇岛市第十三届委员会副主席，刘爱秀为政协秦皇岛市第十三届委员会常务委员。审议通过了《政协秦皇岛市第十三届委员会第四次会议关于常务委员会工作报告的决议》《政协秦皇岛市第十三届委员会提案委员会关于第四次会议提案审查情况的报告》《政协秦皇岛市第十三届委员会第四次会议政治决议》。会议期间，市政协十三届四次会议秘书处共收到提案406件，审查立案371件，占收到提案总数的91.38%。

【常务委员会会议】

第十三次会议 1月4日，市政协召开十三届十三次常委会会议。会议应出席60人，实际出席59人。市政协主席郝占敏出席会议并讲话，市政协副主席王桂鹏主持会议，市政协副主席赵方、王桂鹏、裴晓鹏、赵景阳、郑泉出席会议。会议传达学习了市委十二届四次全会精神。会议审议通过《关于召开政协秦皇岛市第十三届委员会第四次会议的决定》。会议决定，市政协十三届四次会议于1月12日举行。会议审议通过市政协十三届四次会议议程、日程；审议通过《市政协常委会工作报告(草案)》及报告人和《市政协常委会关于十三届三次会议以来提案工作情况的报告(草案)》及报告人；审议通过常务委员会成员主持各次全体会议名单和秘书长、副秘书长名单、小组召集人名单；审议通过列席单位、人员名单；审议通过《选举办法(草案)》和总监票人、监票人建议名单。审议通过调整、增补委员的决定，接受李增文同志请辞市政协十三届委员会常务委员、接受田宏等7名同志请辞市政协十三届委员会委员，报市政协十三届四次会议备案；同意增补孙岩等6名同志为市政协十三届委员会委员，目前市政协十三届委员会现有委员330名；审议通过市政协十三届四次会议增补选举市政协副主席、常务委员候选人建议名单。会议审议通过人事任免事项。会议审议通过《市政协各委、办、室2019年工作总结及2020年工作要点》(书面)。听取《市委办公室关于市政协十三届三次会议提案办理情况的报告》(书面)、《市政府办公室关于市政协十三届三次会议提案办理工作情况的报告》(书面)。

第十四次会议 1月14日，市政协召开十三届十四次常委会会议。会议应出席60人，实际出席59人。市政协主席郝占敏主持会议，市政协副主席赵方、王桂鹏、裴晓鹏、赵景阳、郑泉、孙立军出席会议。会议听取各组讨论情况汇报，审议通过政协秦皇岛市第十三届委员会第四次会议关于常务委员会工作报告的决议(草案)，政协秦皇岛市第十三届委员会第四次会议政治决议(草案)，政协秦皇岛市第十三届委员会提案委员会关于十三届四次会议提案审查情况的报告(草案)，政协秦皇岛市第十三届委员会第四次会议选举办法(草案)，政协秦皇岛市第十三届委员会第四次会议总监票人、监票人建议名单，政协秦皇岛市第十三届委员会副主席候选人、常务委员候选人建议名单。会议决定，将以上审议通过的事项提请市政协十三届四次会议通过。

第十五次会议 6月19日，市政协召开十三届十五次常委会会议，围绕“进一步加强大气污染治理，打赢污染防治攻坚战”开展专题协商议政。会议应出席60人，实际出席50人。市政协主席郝占敏出席会议并讲话。市政府副市长孙国胜应邀出席会议，介绍我市大气污染综合治理工作开展情况及下一步工作部署。市政协副主席赵方、王桂鹏、裴晓鹏、赵景阳、郑泉、孙立军、岳会仁、李彪、王建文出席会议。各县(区)政协主席和市直有关部门负责同志列席会议。会议传达学习习近平总书记重要讲话精神、全国政协十三届三次会议精神和市委政协工作会议精神；通报2019年度市政协委员履职考核情况，评选出“十佳政协委员”；通报市政协委员响应市政协倡议开展抗击疫情捐款捐物情况；审议通过有关人事任免事项。会议围绕“进一步加强大气污染治理，打赢污染防治攻坚战”开展专题协商议政。各县区政协、政协参加单位、政协委员共提交调研报告17篇，8位常委、委员作大会发言，并与市生态环境局等市直部门互动交流。市政协副主席赵方作主旨发言。会后，市政协向市委、市政府提交协商议政情况的专题报告。市委书记朱政学、市长张瑞书等领导作出重要批示。

第十六次会议 10月16日，市政协召开十三届十六次常委会会议。会议应出席60人，实际出席51人。市政协主席郝占敏出席会议并讲话。市政府副市长冯志永应邀出席会议。市政协副主席赵方、王桂鹏、裴晓鹏、郑泉、孙立军、岳会仁、李彪、王建文出席会议。市政协党组成员梁长久和各县区政协主席，秦皇岛经济技术开发区、市发改委、市工信局等单位负责同志列席会议。会议分两个阶段进行。第一阶段传达学习习近平总书记在科学家座谈会上的重要讲话精神，传达省政协工作经验交流会精神，审议通过市政协有关人事任免事项，听取市发改委通报全市1月至9月经济运行情况。第二阶段围绕“完善产业链条、打造企业集群，促进全市经济高质量发展”开展专题协商议政，市政协常委刘长春等7位同志围绕中心议题进行大会发言，审议通过《政协秦皇岛市委员会关于完善产业链条、打造企业集群，促进全市经济高质量发展的建议案》。市委书记朱政学、市长张瑞书等领导作出重要批示。

【专门委员会工作】

提案委员会

一年来，共收到委员提案451件，经审查立案交有关单位办理405件，办结率100%。一是多措并举，在提高提案质量上下功夫。广泛征集提案，严格审查立案，加强典型宣传，表彰优秀提案。评选表彰十三届市政协以来的100件优秀提案。二是争取支持，加大提案办理工作力度。市政府首次将提案工作列入常务会议题，张瑞书市长要求，提高政治站位、突出质量导向、健全办理机制。三是以点带面，推动提案办理落实。遴选31件重点提案，分别由市政协各位副主席牵头进行跟踪督办。四是完善机制，畅通多层协商渠道。与各民主党派、有关人民团体开展提案选题以及重点、优秀提案遴选评选协商，与市委、市政府提案部门开展提案交办、评先选优、宣传典型等协商，与承办单位开展提案办理协商。五是广泛征集，为全国政协、省政协献计献策。《支持国家区域医疗中心试点建设》《支持北戴河生命健康产业创新示范区建设》《支持秦皇岛北戴河机场改扩建项目》等得到省政协采纳。六是防控疫情，推动“聚、防、促”活动开展。七是提升能力，加强自身建设与服务水平。

文化文史和学习委员会

一是围绕中心做好史料征编工作。完成《秦皇岛文史资料》第十六辑的征编，继续做好《秦皇岛历史名校》《秦皇岛野生植物图鉴》编印。二是深入细致开展协商视察活动。组织召开市政协季度协商座谈会，围绕“推进我市长城国家文化公园建设”议题开展季度协商，提交15篇调研报告与1篇专题报告。对“我市境内长城保护和利用情况”进行深入考察，提出建设性意见。三是充分发挥文史馆整体功能。继续做好图书资料的收集和交流工作，开展图书捐赠活动，依托文史馆资源广泛开展联谊活动。四是积极组织开展委员读书活动。以专委会为单位建立委员读书群，开展线上线下读书活动。五是认真负责做好相关的各项工作。积极参加市全会筹备、新冠疫情防控等工作，协助有关领导做好信访包案、帮扶等工作，完成省政协交办的各项工作。在河北省政协成立70周年征文活动中，共组织报送相关文章30多篇；为京津冀三地政协共同主办的《翰墨丹青颂辉煌、协调发展共筑梦——政协委员书画摄影展》推荐的7件作品全部入围参展；努力配合省政协做好抗击新冠疫情“三亲”史料的征集工作。

财政经济委员会

一是围绕全市经济发展，搞好专题协商议政。在市政协十三届十六次常委会议上，组织委员围绕“完善产业链条、打造企业集群，促进全市经济高质量发展”开展专题协商议政。制订工作方案，开展调查研究，准备会议发言，撰写建议案。19篇调研报告列入常委会议发言，其中7篇作口头发言。市委书记朱政学同志对《建议案》作重要批示，所提意见建议被纳入市“十四五”规划。二是支持企业复工复产。实地走访企业，积极帮助企业解决复工问题。撰写《关于加大对我市企业复工复产支持力度的调查报告》，报市委、市政府。围绕“优化民营企业发展环境”议题，与市工信局开展对口协商。三是持续助推生命健康产业发展。组织委员调研北戴河生命健康产业创新示范区建设，提出加大宣传、争取上级支持、完善机制等意见建议。四是协助省政协开展深入调研。认真做好省政协“强化投资拉动，推进项目建设”“加快数字经济发展”“促进企业复工复产”等课题在秦的调研工作。《关于加大对企业复工复产支持力度的调查和建议》报省政协。在全市政协系统开展“我为十四五规划献一计”活动。完成市政协全会、外地来秦考察接待、委员学习、领导交办等各项工作。

教科卫体委员会

一是围绕中心，开展履职工作。积

极投身疫情防控，汇聚各方面智慧和力量，助力疫情防控。围绕“推进高校科研成果转化、促进我市高质量发展”协商议政。组织召开“推动高校科研成果转化”季度协商座谈会，12 位政协委员、高校负责人和企业家代表交流发言，24 篇调研报告提交。形成的协商议政专题报告得到市领导的充分肯定，朱政学书记、丁伟副书记作出批示。开展“多措并举，确保城镇小区配套幼儿园如期移交”对口协商，聚焦小区配套幼儿园建设、移交、办园等问题建言献策。开展创建国家卫生城视察，针对较为突出的餐厨垃圾、废品站、城乡结合部垃圾旱厕问题提出意见。开展“构建公共卫生应急管理体系”视察，以持续强化全市疫情防控体制机制建设和公共卫生应急管理体系建设。二是注重自身建设，履职意识不断增强。三是做好省市政协交办工作。做好省政协“卫生下基层，提高基层常态化疫情防控能力”活动。协助包联重点企业和包联项目。扎实做好市政协交办的提案督办。推动做好全市“药”的文章，协助市药学会复建，组织博士专家团队指导青龙中草药种植病虫害防治等。

社会法制和民族宗教委员会　一是围绕“增强‘五进’服务功能，完善居家养老服务体系”开展季度协商。为扎实推动政务服务、活动场所、公共卫生服务、公共食堂、便民菜店等保障居家老人生活的最基本服务设施进社区，解决居家养老中的现实问题，8 月召开市政协季度协商座谈会，围绕居家养老服务体系建设协商议政。会后形成《关于增强“五进”服务，完善居家养老体系建设的建议》。二是积极开展新冠肺炎疫情防控工作。三是围绕残疾人权益法律法规执行情况开展对口协商活动，对推进残疾人权益保障工作提出可操作性的意见建议。四是就《宗教事务条例》执行情况视察。五是深入开展视察监督活动。对乡镇和街道改革及民生项目落实等工作中遇到的问题提出具体的意见建言。六是加强沟通联系，汇聚智慧力量。不定期走访委员，听取委员的意见、呼声和建议。协调社会各方面帮助宗教界解决涉及社会事务的诸多问题。参加全市行政应诉工作会议、重点包联企业调研、走访慰问退役军人、全市“七五”普法大督导大检查活动等工作。

人口资源环境委员会

一是加强学习，不断提高履职能力和服务水平。二是形成合力，共同抗击新冠肺炎疫情。三是协商议政，全力做好常委会议中心议题工作。市政协常委会议以“进一步加强大气污染治理，打赢污染防治攻坚战”为中心议题开展专题协商议政，由人资环委负责开展调研活动。在调研基础上，筛选 17 篇报告作为大会发言，其中 7 篇进行口头发言。会后提交的《关于围绕“进一步加强大气污染治理，打赢污染防治攻坚战”开展专题协商议政情况的报告》得到市委、市政府领导高度重视，张瑞书市长作重要批示。四是聚焦热点，搞好对口协商和视察、考察。开展清洁能源发展对口协商工作，组织委员与抚宁区等相关领导共同探讨清洁能源发展的有关情况和前景，并提出相关意见建议。视察市重点项目建设和城市交通建设。组织委员参观市大气污染防治平台，听取情况汇报。接待上级和兄弟政协来秦考察，省政协调研社区和居家养老，陕西省咸阳市政协考察城市规划与生态治理等都认真组织、精心安排。此外，积极完成领导交办的临时性工作。

港澳台侨和外事委员会

一是突出特色、主动作为，聚焦省、市政协“聚力量、防疫情、促发展”活动安排，困难时期努力发挥侨界委员和海外特邀人士作用。发出倡议，协调物资，疫情期间全市侨界通过各种渠道累计捐款捐物折合人民币634万元。走进一线，帮扶解困，以侨企需求为导向，开展精准服务。二是围绕中心、服务大局，按照市委“讲政治、勇担当、抓落实、促发展”的工作要求，实施年度民主协商、视察监督、专题调研等重点工作，助力高质量发展。深入调查研究，为有效协商打好基础。注重前期准备，协商成果获得领导肯定。“发挥行业协会商会作用，促进我市经济高质量发展”季度协商议政凝聚了广泛共识，提出了意见建议。形成的专题报告得到朱政学书记批示。瞄准前瞻课题，围绕培育壮大全市人工智能产业，提升人工智能对创新驱动发展、经济转型升级和社会精细化治理引领带动效能组织视察调研。三是广泛团结、深入联系，发挥海外华侨华人独特优势和人才资源宝库作用，推动海外华侨华人来秦创新创业，为我市经济建设和社会发展服务。同时，探索对归侨侨眷保姆式、家庭医生式的服务。

农业和农村委员会

一是强化学习培训，提升委员素质。二是完成林业有害生物防控对口协商工作。针对国内外和全市周边森林有害生物发展现状和潜在危害，提出深化认识、突出重点，强化联动、创新机制、提高效率、加大投入、稳定队伍等意见建议，以《意见与建议》形式报送市委、市政府。三是开展重振我市葡萄酒产业调研活动。组织委员到昌黎县和卢龙县的葡萄酒生产企业、酒葡萄种植户实地走访调研，并召开座谈会，形成《关于重振我市葡萄酒产业的建议》。四是开展系列视察监督活动。为巩固国家级森林城市建设成果，开展森林城市建设工作视察。组织委员赴海港区实地走访查看村容村貌建设情况，开展美丽乡村建设视察。开展防返贫机制建立视察，深入贫困村、户走访和座谈，提出工作建议。五是完成全国政协和省政协交办的工作任务。认真落实全国政协赴秦开展的乡村文化体系建设调研任务；完成省政协常委会大会发言材料《抓好农产品深加工，培育知名品牌》的撰写，向省政协整理报送《青龙县易地搬迁后续工作落实情况》等材料；组织住秦省政协委员赴衡水市考察农业产业化项目，并起草专题考察报告报送省政协。

全市政协系统开展“聚力量、防疫情、促发展”活动。根据省政协的统一部署，在全市政协系统开展“聚力量、防疫情、促发展”活动，充分发挥政协优势，积极主动作为，为全市疫情防控取得重大成果注入了政协力量。倡导和组织全员投身抗疫斗争，广大委员积极参与一线医疗救治、踊跃捐款捐物、帮助从境外采购防护物资、主动减免商户租金、成立抗击疫情法律服务志愿团、创作艺术作品等，以实际行动助力打赢疫情防控的人民战争、总体战、阻击战。助力解决复工复产问题，走访慰问、调查研究、视察监督各类活动130多次。汇聚社会各界力量，市政协委员累计捐赠款物3200多万元，有效发挥了汇聚众智、凝聚共识、集聚众力的职能作用。

推动民主协商向基层延伸。积极探索委员参与基层社会治理新路径，为委员深入基层了解实情搭建协商平台，协助基层党委、政府解决老百姓的实际困难。在山海关区政协探索建立“政协委员工作室”，推动政协工作不断向基层延伸、往农村和社区拓展，推动政协工作提质增效。这一成功做法被市委深改委确定为全市第一批集中复制推广的改革创新经验，《人民政协报》作了长篇报道。

【重要报告】

常务委员会工作报告(2020年1月12日)(摘要)

2019年工作回顾

2019年，在中共秦皇岛市委坚强领导下，市政协及其常委会坚决贯彻落实中央决策部署和省委、市委工作要求，深入贯彻新发展理念，攻坚克难，砥砺奋进。持之以恒抓学习，思想理论武装提到了新高度；增强定力把方向，党建引领作用取得新成效；发挥作用求实效，履职工作质量得到了新提升。常委会聚焦全市中心任务，紧扣团结和民主两大主题履行职能，聚焦中心、服务大局，以助推开发区建设和生命健康产业为切入点，促进经济转型发展；把握市情、拓展优势，以打好污染防治攻坚战和发展旅游业为抓手，助推生态文明建设；双向发力、正确引领，以学习贯彻市委重要决策部署为着力点，凝聚社会广泛共识和汇聚强大力量；牢记宗旨、履职为民，以助推保障和改善民生为重点，认真贯彻“人民政协为人民”理念；强化责任、牢记使命，以新时代的新担当为己任，进一步加强“两支队伍”建设。

2020年工作安排

一是适应加强党的统一领导的新要求，努力在深化政治理论学习和坚持正确政治方向上下功夫。二是适应对新方位新使命的新论断，努力在发挥人民政协专门协商机构作用上下功夫。三是适应性质定位的新内涵，努力在彰显人民政协制度独特优势上下功夫。四是适应对职能任务的新部署，努力在广泛凝聚共识上下功夫。五是适应全面建成小康社会的新目标，努力在助推高质量发展上下功夫。六是适应人民群众的新期待，努力在助力民生改善和社会发展上下功夫。七是适应对自身建设的新要求，努力在完善制度和强化委员使命担当上下功夫。

【组织概况】

市政协主席、副主席、秘书长名单及变动情况

主　席

郝占敏

副主席

赵方

王桂鹏

裴晓鹏

赵景阳(2020年8月退休)

郑　泉

孙立军

岳会仁(2020年1月15日，市政协十三届四次会议当选)

李　彪(2020年1月15日，市政协十三届四次会议当选)

王建文(2020年1月15日，市政协十三届四次会议当选)

县(市、区)政协主席名单及变动情况

海港区

主　席　　郭占鑫

北戴河区

主　席　　李韶云

山海关区

主　席　　张洪顺(2020年12月25日，区政协九届十三次常委会会议辞)

抚宁区

主　席　　张　岐

卢龙县

主　席　方世宽

青龙县

主　席　邵海庭

昌黎县

主　席　曹连波（2020 年 1 月 13 日，县政协十五届十八次常委会会议辞）

秦皇岛市各级政协组织和委员人数

市级政协 1 个，县（区）政协 7 个，合计 8 个；市级政协委员 329 名，县（区）政协委员 1373 名，合计 1702 名。（截至 2020 年底）

政协唐山市委员会

【全体委员会议】

十二届四次会议 2020年6月3—6日，唐山市政协十二届四次会议召开。会议应出席委员516名，实到455名。市政协党组副书记、副主席白春明主持开幕会和闭幕会，省委常委、中共唐山市委书记张古江在开幕会上讲话，市政协党组书记、主席在闭幕会上讲话。会议期间，委员们听取并讨论了省委常委、市委书记张古江同志的讲话；列席了唐山市第十五届人民代表大会第五次会议，听取并讨论了丁绣峰同志所作的政府工作报告；听取并审议了政协唐山市第十二届委员会常务委员会工作报告和政协唐山市第十二届委员会常务委员会提案工作报告。大会期间，联组讨论和大会发言的20篇意见建议得到张古江书记、丁绣峰市长等省、市领导肯定性批示51人次；大会秘书处共收到提案456件，审查立案451件，立案率98.9%；《人民政协报》等媒体刊载专访，累计发稿100余条(次)，在主会场开展“致敬逆行身影，礼赞履职作业”抗疫工作汇报展，提升了社会影响力，更广泛凝聚了共识。会议补选了市政协十二届委员会副主席和部分常委，圆满完成各项议程。

【常务委员会会议】

第十二次会议 6月2日，唐山市政协召开十二届十二次常委会议，唐山市政协主席主持会议。唐山市政协领导王连灵、胡万宁、白春明、杨永山、崔武成、李长春、张会春、王福燕，唐山市政协秘书长李长远及常委73人出席会议。会议听取了关于唐山市政协十二届四次会议筹备情况的汇报。审议通过了政协唐山市第十二届委员会常务委员会工作报告，并推举了报告人；审议通过了政协唐山市第十二届委员会常务委员会关于十二届三次会议以来提案工作情况的报告，并推举了报告人；审议通过了关于调整十二届唐山市政协委员事项；表决通过有关机构和人事事项；审议了唐山市政协十二届四次会议有关文件；审议了唐山市委办公室、市政府办公室关于唐山市政协十二届三次会议以来提案办理情况的通报。

第十三次会议 6月5日，市政协召开十二届十三次常委会会议，市政协主席主持会议。市委常委、组织部长、统战部长、市政协党组副书记陈学民出席并作有关人事事项说明。市政协领导王连灵、胡万宁、白春明、杨永山、崔武成、李长春、张会春、王福燕，市政协秘书长李长远及常委73人出席会议。会议审议了政协唐山市第十二届委员会常务委员会选举办法(草案)；审议了总监票人、监票人名单(草案)；听取了关于补选市政协十二届委员会副主席、常委有关情况的说明；审议了补选市政协十二届委员会副主席、常委候选人建议名单(草案)；审议了市政协十二届四次会议政治决议(草案)；审议了市政协十二届四次会议关于常务委员会工作报告的决议(草案)；审议了市政协十二届四次会议期间关于委员提案审查情况的报告(草案)。会前，召开了市政协十二届十六次主席会议，听取了有关人事事项说明，审议通过了提交本次常委会会议的各项文件草案。

第十四次会议 8月11日，市政协召开十二届十四次常委会会议。市政协主席出席并讲话。市委常委、常务副市长付振波应邀出席会议，通报了我市“新基建”工作情况。市政协领导胡万宁、白春明、杨永山、崔武成、张会春、甄德恩，市政协秘书长李长远及常委69人在主会场出席会议。张会春主持会议。会议以视频形式召开，市政协机关各部门同志在市政协二楼会议室列席会议，各县(市、区)政协主席在县区分会场列席会议。与会市政协委员、议政咨询委员、专家学者、企业家代表就“抢抓‘新基建’机遇，加快数字化转型”交流发言，会议创新了协商的形式和方法，创新开展了远程协商、创新了发言形式、增加了委员培训环节，有效地凝聚了发展“新基建”的共识，形成了发展“新基建”七个方面资政建言成果。

第十五次会议 10 月 21 日，市政协召开十二届十五次常委会会议。市政协主席出席会议并讲话。市政协领导王连灵、胡万宁、白春明、杨永山、崔武成、张会春、甄德恩，秘书长李长远及常委 70 人在主会场出席会议。胡万宁主持会议。市直单位有关同志和市政协相关同志列席会议。会议以视频形式召开，各县(市、区)政协领导和机关干部在分会场列席会议。与会市政协常委、委员、专家学者就“关于进一步完善我市食品安全监督管理机制，助力创建国家卫生城市”交流发言，从不同角度、不同方面，提出了许多有现实针对性和重要参考价值的意见建议。

【专门委员会工作】

提案委员会

市政协十二届四次会议以来，广大政协委员、政协各参加单位以提案的形式提出意见建议 492 件，经审查立案 486 件，不予立案 6 件，立案率为 98.78%。在立案提案中：各民主党派、人民团体等集体提案 103 件，委员个人或联名提案 383 件。在 486 件立案提案中：经济建设方面提案 115 件，政治建设方面 46 件，文化建设方面 66 件，社会建设方面 187 件，生态文明建设方面 72 件。截至 11 月底，486 件立案提案已全部答复办理完毕。其中，被采纳提案 398 件，部分采纳 52 件，因条件所限后续完成办理 36 件。提案者对提案办理的反馈意见满意度 100%。在重点提案的遴选方面，广泛听取各民主党派、委员代表、政协各专委会的建议，最终将《关于加快理顺我市物业管理体制机制，提高社区治理现代化水平的建议》确定为“1 号提案”，《关于推动我市国际产能合作实现重大项目和科技创新新突破的建议》等 10 件提案作为重点提案。在“1 号提案”和重点提案督办工作方面，由主席和各位副主席领衔督办，专门成立了政协督办小组，组织召开座谈会议 13 次，开展现场视察调研 16 次，研究解决存在问题 20 多件，有力保障了提案办理工作的顺利推进。在提案宣传和表彰工作方面，充分利用各种学习、座谈、调研、督办等活动积极进行提案宣传与培训工作，录制《政协委员关注》节目 24 期，政协常委、委员、各承办单位参与录播 150 多人次。按照选题精准、建议针对性强、发展规划有重要参考价值的评判原则，表彰优秀提案 50 件，优秀提案单位 7 个，提案承办先进单位 15 个，优秀提案工作者 24 名。

文化文史和学习委员会

一是完成文化领域调研工作。围绕市委点题的城市“源点”研究课题，召开 4 次协商座谈会，形成 2 篇专题报告，提出意见建议 14 条，得到市委、市政府主要领导肯定性批示 4 次，相关观点和建议纳入城市原点历史文化街区规划。围绕省政协“推进评剧事业发展”调研课题，开展“振兴地方戏曲艺术，推进评剧事业发展”专题调研，组织专题座谈会 10 余次，形成 1 篇调研报告。开展了以

“打造唐山生态廊道，助力唐山城市转型升级”为议题的专委会对口协商，组织委员视察1次，形成调研报告1篇。开展以“唐山美食的挖掘与推介”“挖掘交大历史，传承唐山历史文脉”为议题的界别协商2次，其中美食挖掘的成果纳入今年编撰的《唐山名胜名食》。二是高质量完成文史馆布展及日常应用。文史馆展厅划分为：协商建国、光辉历程、多党合作和委员风采四个展区，集中展示唐山市政协组织沿革和70年来唐山发展成就及政协在其中的历史贡献。自开馆以来，已开展委员讲堂·冀东抗战知多少界别活动、界别委员读书活动等10余次。三是高标准组织委员学习和委员读书活动。开展“读好书·强素质”活动3次，组织“新基建”常委会专题培训等3次，举办专题辅导报告会2次。四是继续做好文史资料工作。做好《唐山文史》期刊发行工作，2020年出版《唐山文史》刊物4期。为纪念抗美援朝出国作战70周年，大力弘扬伟大的抗美援朝精神和民族精神，制作抗美援朝专题片，并在唐山电视台播出。编辑出版《唐山名胜名食》，助力打造“唐山周末”旅游品牌。

经济建设委员会

一是高效率高质量组织开展常委会协商。围绕“抢抓‘新基建’机遇，加快数字化转型”常委会协商议题，召开调度会、座谈会、会商会12次，广泛征求意见建议近100人次，赴移动公司、唐钢微尔、华为唐山等公司和站西片区实地调研11次。形成的市政协十二届十四次常委会议协商报告得到了省委常委、市委书记张古江同志重要批示，协商成果被纳入市委、市政府新型基础设施建设行动方案。二是为我市“十四五”规划献计献策。组织调研组围绕“十四五”时期坚定不移向海发展问题，赴曹妃甸区、乐亭县和唐山国际旅游岛等沿海县区开展调研，并组织市政府相关部门、各民主党派、工商联，以及相关企业家和专家学者进行专题协商。组织撰写的《关于“十四五”时期坚定不移向海发展调研协商情况的报告》，得到了省委常委、市委书记张古江同志批示，相关建议纳入沿海经济发展意见稿中。三是不断提升界别协商水平。围绕“打造美食之城，繁荣城市经济”议题开展界别协商，形成协商报告和建议案，为市委、市政府提供决策参考。四是有效推动委员视察监督工作。由张会春、甄德恩副主席带队，分别围绕我市会展经济发展情况，全市老旧居民小区综合改造、市政管网改造等民生工程，大气污染防治等开展了专项监督视察，并围绕“促进楼宇经济发展”开展视察调研活动，对2019年协商议政大会成果落实情况进行“回头看”。五是在“聚力发展、不负韶华”全民建言活动中取得优异成绩。组织市政协委员、华北理工大学经济学院教授李南撰写的《关于将唐山港打造成世界一流综合贸易大港的建议》，民建会员、报春电子商务有限责任公司董事长晏希会撰写的《聚力发展“新基建”加快钢铁数字化转型》，省市政协委员、唐山成联电子商务有限公司总裁赵冬莲撰写的《关于加快我市工业互联网发展的建议》，均被市委、市政府评为“最佳建议”。

人口资源环境委员会

一是围绕市委、市政府中心工作积极协商议政。按照省委常委、市委书记张古江对省第五督查组关于“进一步打好大气污染防治攻坚战有关工作提示”的重要批示要求及市政协党组安排部署，围绕大气污染防治攻坚战，开展“进一步打好大气污染防治攻坚战监督和调研视察”活动。在多次视察督导、掌握大量翔实材料的基础上，11 月 12 日召开“市县联动大气污染防治专题民主监督协商会议”，会议以视频形式召开，主会场设在市政协文史馆议政厅，分会场设在各县(市、区)政协。会议议题是分管副市长通报我市大气污染防治情况。调研组 4 名市政协委员在主会场发言，4 名县(市、区)政协委员在分会场发言；会后市政协主席讲话。会后，形成了《大气污染防治专题民主监督协商报告》。组织委员赴迁安、路南、路北、丰南等县(市、区)就“双代一清”和散煤治理开展视察，以推行企业节能减排、能源高效利用和农村散煤替代、农作物秸秆综合利用等为重点召开了座谈会，委员们根据企业不同情况就节能减排和环境污染等存在的问题现状开展讨论和交流，形成了《唐山市政协关于加强散煤治理的调研报告》，并报省政协。二是搞好对口协商。邀请部分市政协常委、委员、专家学者及市政府有关部门负责同志组成调研组，在白春明副主席带领下，开展以“巩固提升森林城市建设水平”为议题的调研工作。通过座谈交流，问卷调查及现场调研等形式，广泛了解我市创森情况，形成《唐山市政协关于巩固和提升森林城市建设水平的调查和建议》的调研报告，为我市在取得了“国家森林城市”称号后，如何巩固和提高创建水平，提出了可行性的意见和建议。三是围绕民心工程进行视察调研。分别就老旧小区供水泵房改造，解决城市供水“最后一公里”水质安全问题；城市生活垃圾分类，改善人居环境，推进循环经济，助力生态唐山建设；新能源公交车和火车站公交枢纽运行情况，积极推进城市公交发展，提倡绿色低碳出行；市政排水管网雨污分流改造项目，进一步完善城市排水功能；问题开展视察调研，提出 38 条意见和建议，形成《市政协关于组织政协委员视察调研市城市管理综合行政执法局 2020 年民心工程的情况报告》。开展“加强水资源的保护与利用，助力‘清水润城’工程”专题视察工作，并提出意见建议。

教科卫体委员会

一是深入开展协商议政。围绕“实施创新驱动发展战略，培育壮大科技型中小企业”协商议政大会议题，实地考察了曹妃甸、丰南、路北、路南、高新等 7 个县(区)所属的产业园区，深入走访了汇中仪表、华发教育、元升科技等 20 余家科技型企业，与部分企业家和科技人员代表进行了广泛深入交流座谈，组织召开了由政府主管部门、部分企业、相关院校以及科研机构代表参加的专题座谈会，广泛征求意见建议，形成的协商调研报告，得到了省委常委、市委书记张古江重要批示，要求在“政协调研、提出提出很好建议的基础上，组工作专班，起草我市《实施创新驱动发展战略，培育壮大科技型中小企业三年行动计划(若干措施)》，市政府常务会审议后市委常委会审议”。二是扎实开展“聚力量、防疫情、促发展”活动。围绕“进一步完善我市公共卫生防控体系，推进‘健康唐山’建设”专委会协商议题，与农工唐山市委联合组织开展调研活动，先后视察了市疾控中心、传染病医院、工人医院福乐园社区卫生服务中心，组织召开了专题座谈交流会议，听取了市卫健委负责同志的情况汇报，形成了协商成果专题报告。积极配合省政协“推动近视大防控，合力减少小眼镜”协商议题，开展网络议政和远程协商活动，2 名市政协委员在全省的远程协商会议上作了专题发言，并结合全市青少年近视防控的实际情况，开展了“合力推动儿童青少年近视防控，保护儿童青少年健康成长”专项协商活动，形成的协商成果专题报告，被省委常委、市委书记张古江批示要求“由市政府根据意见建议，制定政策措施并抓好实施，结果报告”。三是积极搭建履职平台。围绕全市20项民心工程的“百所中小学、幼儿园提升工程”“孕妇无创产前基因筛查”“新建市中医医院、市第二医院骨科大楼建设”进行督导调研，为进一步了解掌握三项民心工程进展情况，形成了专题报告。组织医务界政协委员、农工党员赴滦南县胡各庄镇西胡各庄村开展“情系百姓、服务基层”送医下乡活动，得到了当地群众的普遍欢迎和一致好评。

社会法制委员会

一是聚焦“三创四建”工作开展协商议政。围绕“进一步完善我市食品安全监督管理机制”常委会议协商议题组建工作专班，深入开展调查研究，形成1篇主报告、8篇子报告的调研成果，从不同层面和角度为常委会议“进一步完善唐山市食品安全监督管理机制，助力创建国家卫生城”协商议政奠定基础。市政协十二届十五次常委会召开后形成的《协商情况报告》得到市委主要领导的充分肯定。调研成果经《人民政协报》《唐山劳动日报》等多家媒体刊载报道，浓厚了社会各界参与食品安全共建共治共享氛围。二是发挥民主监督作用拓展协商议政渠道。围绕“加快理顺我市物业管理体制机制，提高社区治理现代化水平”开展前期工作调研视察，并邀请市住建局、民政局的负责同志召开提案督办协商座谈会议，推动1号提案落地落实。以“市政协十二届十次常委会议‘关于加强我市养老体系建设的建议案’落实情况”为主题，采取线上调查、书面调研、电话资政、实地调研、座谈交流等多种方式，了解养老政策的落实情况。由胡万宁副主席、杨永山副书记分别带队，深入古冶区、开平区、丰南区、丰润区开展大气污染防治专项监督视察。三是助力城市社区治理与服务。围绕“加强常态化疫情防控”，就加强城市社区治理与服务，补齐短板、强化基础、完善制度等方面，深入滦州市、路南区、滦南县部分基层社区开展调研。采用连屏直播、远程议政、现场座谈、基层协商相结合的方式，组织政协委员、基层社区工作人员、市政府相关部门负责同志，开展议政协商。市民政局、人社局、住建局、公安局、司法局等部门负责同志介绍了我市坚持以党建为引领，推进“六位一体”社区治理体系建设的相关情况；路南区学院南路街道办事处、梁家屯路街道尚信社区，路北区机场路街道祥富里社区，滦南县友谊街道办事处等负责同志结合自身工作实践，介绍了社区治理与服务工作中好的做法和感悟。

港澳台侨和民族宗教委员会

一是坚持把思想政治引领放在首位。为克服疫情影响，在线上举办了民族、宗教、侨务政策及时事政治知识培训，并通过委员微信群，适时开展习近平总书记关于宗教工作的重要论述和去年在全国民族团结进步表彰大会上的重要讲话精神、《侨法》、中央十九届五中全会和市委十届十次和十一次全会精神、疫情防控知识等学习心得交流分享，提高政协委员对党和国家民族宗教及侨务政策知识的认识和把握。二是不断提高建言资政水平。围绕“铸牢中华民族共同体意识”“加强与归侨、侨眷和海外华侨华人联系联谊”“推进河北自贸区曹妃甸片区建设”等专题开展了调研视察和协商议政活动，形成调研协商报告3篇。三是不断提升服务大局观念。按照市政协“聚力量、防疫情、促发展”活动安排部署，开展了疫情防控形势下全市企业复工复产、达产达效调研视察和民主监督工作。通过发放调查问卷、实地调研、召开座谈会等多种形式，全面了解掌握国家、省、市出台的支持企业复工复产、达产达效政策措施落实情况及企业存在的主要困难，据此形成了调研报告，提出了意见建议，为推动企业复工复产贡献了智慧和力量。围绕2020年市委、市政府20项民心工程中的“实施贫困残疾人服务工程，提升贫困残疾人社会保障和公共服务水平”“全面实施积极的就业创业政策，突出做好高校毕业生、就业困难人员、退役军人等重点群体就业”进行视察调研，形成调研报告2篇。与提案委员会密切配合，完成了“关于加快推进我市创建国家生态园林城市的建议”“关于进一步加强我市严重精神障碍患者服务管理工作的建议”2项重点提案的督办工作，提案者对答复意见表示满意。组织侨界委员心系海内外同胞，积极捐款29万元，为防控疫情贡献力量。

农业和农村委员会

一是围绕中心，积极协商议政。为推进“四好农村路”高标准建设，组织部分政协委员和专家，深入全市各县(市、区)调查研究，形成了《推进“四好农村路”高标准建设，为乡村振兴提供更好保障》专委会协商报告，为市委决策提供了参考。围绕唐山乡村发展布局开展了界别协商活动，形成了《科学规划乡村发展布局，推动我市乡村地区高质量发展》的界别协商报告，为科学规划乡村发展布局提供了依据。由分管副主席王连灵、白春明带队，围绕“实施农村饮水工程维修养护，保障农村群众饮水安全”开展了视察调研，形成了《关于我市“实施农村饮水工程维修养护 保障农村群众饮水安全”情况》的视察调研报告。二是协调联动，助力打赢疫情防控阻击战。按照市政协党组部署安排，将“深化农村人居环境整治，巩固脱贫攻坚成果，全面推进乡村振兴战略实施”作为“聚力量、防疫情、促发展”活动自选调研课题，围绕近年来“三农”工作取得的主要成绩和经验、存在的短板和不足，形成了《深化农村人居环境整治，巩固脱贫攻坚成果，全面推进乡村振兴战略实施》调研报告，为全市农业农村工作提出意见建议。积极参加“聚力发展、不负韶华”活动，组织农业界别委员围绕10个方面积极开展调研，并上报建言材料。三是加强监督，履职尽责重民生。组织相关委员对我市乡村发展进行了视察，委员们对我市人居环境整治，乡村地区高质量发展，乡村振兴战略深入实施等发表了各自观点，并为我市乡村发展规划提出意见和建议。精心组织市政协全会大会发言，组织市政协委员陈川撰写的《关于进一步强化食品安全，保障人民健康的几点建议》，得到了省委常委、市委书记张古江对此发言给予充分肯定，并批示相关部门结合自身实际抓好落实。

【重要会议、活动】

深入开展“聚力量、防疫情、促发展”活动

一是聚合力。围绕创新驱动这个市委“一号战略”，谋划开展“培育壮大科技型中小企业，推动战略性新兴产业加快发展”为议题的议政大会协商，助力高质量发展。主动承担市委主要领导亲自交办的"新基建带来的机遇和挑战"等课题，召开协商座谈会6次，征集意见建议40多条。二是建真言。围绕推动省委提出的"三创四建"活动，安排"完善食品安全监督管理机制，助力创建国家卫生城市"为议题的常委会协商，助推民生福祉改善。聚焦物业管理、就业、公共服务均等化、公园布局调整等热点、难点问题，安排专委会协商和对口协商16次。三是显担当。市政协班子成员带头深入包联单位、防控一线，宣传政策、督导检查、指导工作，积极为企业和重点项目纾难解困，先后召开专题座谈会20余次，帮助企业协调解决员工返岗、物流运输、金融信贷等方面问题60余件；组织开展"进一步打好大气污染防治攻坚战开展重点监督和专项调研视察"活动，确定工业企业减排、扬尘污染管控、车油路污染治理、臭氧污染管控等4项监督重点，助力打赢大气污染防治攻坚战；在全省率先发出倡议书，动员全市各级政协组织、政协各参加单位、广大政协委员和全体机关干部，积极有序参与防控工作。全体委员积极响应"五个带头"号召，立足职能优势，积极投身疫情防控主战场，累计捐款捐物6200余万元，编印发放《防控新冠肺炎疫情心理自助手册》3300余册，为群众提供免费心理服务100余人次，收到社会各界提交社情民意信息300余篇，整理上报90余期，5篇得到许勤省长等省领导批示，16篇得到市领导批示，为打赢防控阻击战广泛凝聚了智慧和力量。

创新开展"一线协商

3月19日，围绕"夺取疫情防控和经济社会发展双胜利"，开展了社情民意专题"一线协商"活动。邀请政协委员、政府相关部门、各界代表和基层群众四方代表150余人开展线上协商互动。市防控办、市疾控中心、市红十字会介绍了疫情防控相关工作情况，与会同志围绕协商主题从不同视角谈体会、话民生、提建议，共提交社情民意信息90余篇，提出意见建议300余条。

7月15日，市政协联合路北区政协在唐山市第一职业中等专业学校举行"稳就业、保民生，加强职业教育"专题"一线协商"活动，邀请政府有关部门负责人与市、县两级政协委员、职业学校负责人、企业经理、学生代表面对面协商座谈，现场沟通解决职校扩建、师资力量不足、校企合作招生就业政策壁垒等问题7个。

【重要报告】

常务委员会工作报告(2020年6月3日)(摘要)

一、2019年工作回顾

市政协及其常委会在中共唐山市委的坚强领导下，以习近平新时代中国特色社会主义思想为指导，深入学习贯彻习近平总书记关于加强和改进人民政协工作的重要思想和中央、省委、市委政协工作会议精神，围绕中心、服务大局，认真履行职能，统筹推进各项工作。我们始终坚持正确的政治方向。开展习近平新时代中国特色社会主义思想学习座谈，中共十九届四中全会、中央政协工作会议精神宣讲，党组织书记讲党课等活动100余次，开展广泛多层的学习活动200余次，组织"不忘初心、牢记使命"专题学习交流10余次，切实增进对中国共产党领导的政治优势和中国特色社会主义制度优势的理解和把握，巩固共同思想政治基础。落实中央和省委政协工作会议精神，对64项重点任务进行责任分工，健全完善28项履职制度，为新时代加强和改进人民政协工作打好基础。对标新定位、新使命、新要求，进一步明确“3345”总体工作思路，通过开展思想理论、作风和履职能力“三项建设活动”，组织开展“加快发展楼宇经济”等“三个重点协商”，搭建风采展示、界别活动、知情明政、社情民意“四个履职平台”，将工作过程转化为深入学习贯彻习近平总书记关于加强和改进人民政协工作的重要思想的过程。始终坚持聚焦高质量发展双向发力。全年组织议政大会协商1次，常委会协商2次，对口协商9次，协商报告得到市委、市政府主要领导肯定性批示4次，实现政协工作由从“做了什么”“做了多少”向“做出了什么效果”的历史性转变。在协商过程中创新采取互动交流方式，实现由自问自答的资政建言转向思想引领、政策宣传、释疑增信。开展“政协委员走进曹妃甸”、强化律师队伍建设、加快会展业高质量发展等专题视察活动25次，提出有针对性建议100余条，实现视察考察、建言资政与思想收获一体设计、一体落实，视察监督、专题调研与广泛凝聚共识的有机统一。由主席、副主席亲自督办“十项重点提案”，年初立案的493件提案采纳372件，部分采纳87件，丁绣峰市长在《重点提案督办落实情况专报》上作出肯定性批示，实现提案工作由量向质的跨越提升。我们始终坚持以人民为中心的发展思想。围绕物业行业乱象问题、中学教育发展等民生热点问题，开展提案协商、对口协商，大量意见建议转化为市委、市政府惠及民生的实际举措。围绕助力脱贫攻坚，积极捐资助学、扶危济困等公益活动，九三学社唐山市委、民建唐山市委举办大型义诊、助学捐赠等活动75次，筹集扶贫资金近100万元。围绕收集民情、反映民意、汇聚民智，做实社情民意“直通车”，上报《社情民意》信息70期，12篇被全国政协、省政协采用，在全国政协和省政协工作座谈会上介绍经验。民进唐山市委上报社情民意信息得到国务委员王勇批示；农工党唐山市委、民革唐山市委报送的100余篇次信息被市级以上媒体采用。创新开办直报市委、市政府主要领导的《社情民意专报》，2篇信息得到市政府主要领导肯定性批示。我们始终坚持以改革创新精神加强自身建设。强化党建引领，探索党组成员联系党员委员、党员委员联系党外委员机制，健全完善机关党组议事规则、党建工作责任制等，初步实现“两个全覆盖”。强化统战功能，积极创造条件支持民主党派、工商联、无党派人士开展各项履职活动，民盟唐山市委开展的“纪念新中国成立及多党合作制度确立70周年系列活动”影响广泛。强化委员担当，分批次组织集中培训，修订实施委员履职工作规则，探索建立委员履职档案、常委提交履职报告制度，评选年度优秀调研报告、提案并进行通报表扬，推动全体委员做好“年度作业”。强化机关建设，优化专委会设置和干部队伍结构，开展警示教育，组织主题演讲比赛和专题读书研讨活动，修订完善14项机关管理制度，着力营造风清气正的政治生态。我们始终坚持在重大考验面前体现政治担当。面对突如其来的疫情，在全省率先发出“五个带头”号召，全市各级政协组织和广大政协委员积极投身疫情防控主战场，累计捐款捐物6200余万元。在全省率先开通线上疫情心理咨询热线，为群众提供免费心理服务100余人次，编印发放《防控新冠肺炎疫情心理自助手册》3300余册，整理上报社情民意信息300余篇，5篇得到许勤省长等省领导批示，16篇得到市领导批示。探索开展"夺取疫情防控和经济社会发展双胜利"社情民意专题"一线协商",搭建网络微平台,邀请政协委员、政府相关部门、各界代表和基层群众 150 余人"屏对屏"线上协商互动,实现了协商有效向基层延伸。

二、2020 年工作意见

以习近平新时代中国特色社会主义思想为指导,深入学习贯彻中共十九大和十九届二中、三中、四中全会,中央、省委、市委政协工作会议和省委、市委全会精神,坚持把助力市委、市政府中心工作作为履职主线,坚持建言资政与凝聚共识双向发力,坚持"跟得紧、贴得近、承得重、落得实"原则,坚持问题导向、创新导向、质量导向、规矩导向,着力提升选题贴近度、建言精准度、成果转化度,抓实资政建言、凝聚共识、协商式监督、制度创新、工作创新、队伍建设,聚焦加强常态化疫情防控、促进企业复工复产等十项履职重点,为加快实现"三个努力建成"和"两个率先"目标作出新贡献。一是强化思想理论武装,把牢忠诚履职的"方向盘"。二是履行专门机构职能,搭建履职尽责的"大平台"。三是广泛汇聚发展合力,画好凝聚共识的"同心圆"。四是强化体制机制创新,筑牢发挥优势的"奠基石"。五是加强履职能力建设,锤炼担当作为的"基本功"。

【组织概况】

市政协主席、副主席、秘书长名单及变动情况

主　席

胡国辉(2022 年 6 月 9 日,因严重违纪违法,经政协唐山市第十三届常务委员会第六次会议决定,免去其市政协主席职务)

副主席

王连灵(女)
胡万宁
白春明
崔武成
李长春
张会春
王福燕(女)
甄德恩(2020 年 6 月 6 日,政协唐山市第十二届委员会第四次会议当选)

秘书长

李长远

县(市、区)政协主席名单及变动情况

路南区
主　席　贾向东

路北区
主　席　李季莲

开平区
主　席　褚兆利

古冶区
主　席　王俊和

丰润区
主　席　杨爱民

丰南区
主　席　才文举

遵化市
主　席　崔　明

迁安市
主　席　李维林

玉田县
主　席　王跃飞

迁西县
主　席　王　芳

滦州市
主　席　孙太和

滦南县
主　席　谢雪生

乐亭县

主　席　　张国勇

曹妃甸区

主　席　　母树宏

唐山市各级政协组织和委员人数

市级政协 1 个，县（市、区）政协 14 个，合计 15 个；市级政协委员 514 名，县（市、区）政协委员 2832 名，合计 3346 名。（截至 2020 年底）

政协廊坊市委员会

【全体委员会议】

七届四次会议 于1月17日至19日召开，会议应出席委员364人，实到341人。市党政领导出席开幕和闭幕会议，分别参加专题会议，听取大会发言。会议期间，收到委员提案279件，经审查立案251件。与会委员围绕廊坊市重点工作通过撰写提案、大会发言、分组讨论等形式进行协商议政。会议听取和学习讨论市委书记冯韶慧代表中共廊坊市委在大会开幕会上的讲话，听取并讨论代市长赵革所作的政府工作报告，讨论中级人民法院、人民检察院工作报告，听取并审议批准市政协主席李波代表政协廊坊市第七届委员会常务委员会所作的工作报告和副主席周廷生代表政协廊坊市第七届委员会常务委员会所作的提案工作情况的报告。会议拥护冯韶慧代表中共廊坊市委在大会开幕会上的讲话，赞同赵革所作的政府工作报告，同意李波所作的市政协第七届委员会常务委员会工作报告和周廷生所作的提案工作情况的报告。会议审议通过市政协七届四次会议决议。会议补选政协廊坊市第七届委员会常务委员2名。

【常务委员会会议】

第十三次会议 于1月14日召开，会议应出席常委65人，实到46人。会议学习传达省政协十二届三次会议精神；审议通过有关人事事项；审议通过关于召开政协廊坊市七届四次会议的决定（草案）；审议通过市政协第七届委员会常务委员会工作报告（草案），推举报告人；审议通过市政协第七届委员会常务委员会提案工作情况的报告（草案），推举报告人；审议通过政协廊坊市七届四次会议议程、日程、秘书长、副秘书长名单、编组办法、各组召集人名单、编组名单、列席单位名单（草案）；审议通过各专委会2019年度工作总结（书面）。

第十四次会议 于1月19日召开，会议应出席常委65人，实到60人。会议听取各组召集人关于市委书记讲话和市政协两个报告、廊坊市人民政府工作报告、国民经济和社会发展计划报告（书面）、市本级及市总预算报告（书面）、廊坊市民生实事候选项目形成情况的报告（书面）、市法院工作报告（书面）、市检察院工作报告（书面）讨论情况的汇报；听取讨论大会各项决议（草案）和提案委员会关于市政协七届四次会议提案审查情况报告（草案）情况的汇报；审议人事事项；审议补选常委候选人名单（草案）；审议大会选举办法（草案）；审议总监票人、监票人名单（草案）；审议大会各项决议（草案）；审议提案审查情况的报告（草案）。

第十五次会议 于7月3日召开，会议应出席常委64人，实到48人。会议听取市政府副市长、临空经济区党工委书记、管委会主任张海川通报廊坊临空经济区建设情况；围绕“临空经济区建设”进行协商议政；传达学习习近平总书记在全国“两会”期间重要讲话精神、全国“两会”精神及省政协十二届十四次常委会议精神；通报全市政协系统开展“聚力量、防疫情、促发展”活动工作进展情况；围绕“六稳”“六保”“十四五”规划组织建言献策活动进行部署；通报《中共政协廊坊市委员会党组2020年工作要点》、市政协2020年协商、民主监督、视察考察、调研工作计划（书面）；通报2019年度市政协常委履职情况（书面）；审议通过人事事项和市政协机构设置。

第十六次会议 于11月11日召开，会议应出席常委64人，实到45人。会议听取市政协副主席布泽文通报全市政协系统“聚力量、防疫情、促发展”活动情况；听取市政府副秘书长马立东通报市政协七届四次会议以来提案办理情况；审议市政协提案委员会《关于市政协七届四次会议以来提案工作的说明》；听取副市长王凯军通报全市“十四五”规划编制情况。听取市卫健委主管领导、市计生协秘书长任立新通报全市基层医疗体系建设情况；围绕加强“十四五”期间基层医疗体系进行协商议政。

【专门委员会工作】

提案委员会

一、注重实效，积极做好提案征集和立案、办理工作。广大政协委员、政协参加单位和政协各专门委员会，紧紧围绕影响和制约我市改革发展的主要矛盾、关键领域和薄弱环节，就京津冀协同发展、供给侧结构性改革、产业结构调整、城市管理、人居环境整治建设、民生保障等重大问题，尤其是今年新冠肺炎疫情发生以来，紧密结合“聚力量、防疫情、促发展”活动，深入调查研究，积极建言献策，使提案更加具有针对性和建设性。七届四次会议以来，共收到提案279件，经审查立案251件，交64个单位和部门办理，均已按时办结。二、创新性开展工作，推动提案办理协商落到实处。一是加强征集引导，提高提案质量。七届四次全会召开前夕，提案委紧紧围绕市委、市政府全年工作重点，整理提案撰写参考题目百余条，积极引导委员紧扣改革发展主题和民生诉求选好题，深入调查研究，积极撰写高质量的提案。特别是去年疫情发生以后，紧密围绕影响和制约我市改革发展的主要矛盾、关键领域和薄弱环节，积极建言献策，使提案更加有针对性和时代特色。二是加强办理协商，提升协商成效。首次将提案办理协商纳入政协全年协商计划，从委员提案中精选《关于促进我市中小微企业健康发展的建议》等10件关乎全市经济增长、稳定就业、保持社会稳定的重点提案作为年度协商议题，把协商贯穿于提案办理协商工作的各个环节，努力把委员的诤言良策转化为部门工作效能。通过专题座谈、走访调研等多种形式，认真开展提案办理协商工作，集思广益，充分展示集体的智慧和力量。提案办理协商成果以专题报告的形式上报市委，均引起市委、市政府高度重视和采纳，收到了良好效果。三是加强督查督办，促进成果转化。七届四次会议闭幕后，在广泛征求各方面意见的基础上，遴选确定了《关于加快推进康养产业发展的建议》等10件重点提案，由市政协主席、副主席领衔督办，市政协办公室、各专委会牵头重点督办，采取座谈交流、调研视察、登门走访、电话沟通等形式，认真开展提案重点督办活动，有效促进和带动了提案的办理与落实。三、发挥主体作用，积极为廊坊高质量发展献计出力。就全市现代农业和都市型现代农业发展课题，组织部分政协委员到香河、大厂开展视察、调研活动，实地参观、视察了香河县万刘宋万亩荷塘、大厂县伊乡森林公园、热带百果园，听取了相关部门关于全市都市型现代农业发展情况的汇报。从充分发挥毗邻京津的区位优势，坚持面向市场、服务城市的现代农业发展定位，调整和优化农业产业结构，大力发展特色农业、休闲观光农业，建设名特优新农产品生产基地，着力打造环京津现代都市农业引领区，实现农业增效、农民增收、农村繁荣等方面提出建议，向市委提交了调研报告，市委和市政府主要领导同志都作出重要批示，引起相关部门的重视与采纳。

文化文史和学习委员会

一、立足本职，做好文史资料征编工作。完成了《风雨同舟现彩虹——民主党派简史》下册的编辑出版工作。每个党派内容分为概述、发展历程、组织机构、代表人物、大事记几个版块，共征集文字20多万字，200余幅图片，全书400多页，经过多次认真修改，完成图文整理、发排、编辑、审稿等基础性工作，并广泛征求意见，已由中国文史出版社于2020年10月正式出版。按照省政协安排布署，广泛征集抗击新冠病毒先进事迹。向各县(市、区)政协、市直各部门、市政协各参加单位、市政协各专委会、全体市政协委员印发通知，动员全市各界人士聚焦抗击新冠肺炎疫情，深入宣传医护人员，科研人员等群体的先进事迹，讲好廊坊故事，截止到11月底，已报送省政协九篇。二、精心谋划，认真开展调研视察活动。认真开展大运河文化带建设专题调研，组织部分委员成立了调研组，面对新冠疫情带来的困难，调研组创新方式、方法，通过网络办公，对我市大运河建设的基本情况、目前存在的问题和困难进行了详细调研，疫情好转后，调研组一行又亲临运河沿线，从南到北实地考察，掌握第一手情况，经过充分酝酿，广泛征求意见，几易其稿，完成了调研报告，从加强统筹推进，理顺各种关系、多渠道解决资金制约、挖掘历史文化资源、完善合作机制等5个方面提出意见建议，并得到了市委主要领导的批示肯定。组织部分市政协委员和有关部门，赴永清县视察我市乡村旅游资源整合情况。视察组一行先后考察了永清核雕文化园、后奕镇东义和村艳阳村舍、土楼胜利村休闲旅游观光产业项目，并听取了相关情况介绍。在了解全市乡村旅游整体情况后，委员们首先对全市乡村旅游工作取得的成绩给予了充分肯定，同时对今后全市乡村旅游如何发展提出了意见建议。三、彰显特色，扎实推进委员学习培训工作。举办网络培训班，受新冠疫情影响，依托河北干部网络学院学习平台，以“专题网班+个人自学”方式对全体市政协委员进行了集中培训。编印《学习资料》，共编辑4期委员学习资料，内容涵盖中央、省、市会议精神、政协工作精神、廊坊经济及社会发展各方面情况，使广大委员们在思想观念、理论素养、知识水平和工作能力紧跟时代步伐，有效地提高了自身的履职能力。举办委员读书活动，向全体市政协委员发出读书活动倡议书，成立市政协委员读书活动指导组，制订专门方案，建立了全体委员读书群、读史知天下、统战同心等七个读书群，各群推举领读人，为参加读书委员提供图书，组织开展线上线下读书活动，组织召开了市政协委员读书活动座谈交流会。

财政经济委员会

一、为“打造国际一流航空城”谋思路。创新工作方式方法，组织省、市政协委员围绕廊坊临空经济区建设开展视察、调研和协商议政等一系列履职活动。组织部分住廊省政协委员、市政协常委、委员赴廊坊临空经济区进行了实地视察，并召开座谈会，会后，起草了《关于开展“推进廊坊临空经济区建设”调研视察和协商议政活动的情况报告》，得到市委主要领导批示。在视察的基础上，经市政协领导研究，将“打造国际一流航空城”列为调研课题，组织住廊省政协委员、市政协常委围绕调研内容深入开展调研活动。同时，发动各县(市、区)政协、市各民主党派、工商联等部门联合开展调研活动，召开专题协商议政座谈会，综合委员意见建议，借鉴国际、国内航空城建设经验和京津冀协同发展战略规划，起草了《关于打造廊坊航空城的战略思考》专题报告，作为市政协七届十五次常委会主题发言。市政协召开七届十五次常委会会议，财经委负责“打造国际一流航空城”专题协商议政的组稿和组织工作，共征集常委会发言33篇，5名委员分别从不同角度进行了口头发言，会后，起草了《关于“全力打造国际一流航空城”调研和协商议政情况的报告》，得到市委主要领导批示。为落实市政协七届十五次常委会协商议政情况，财经委继续跟踪临空经济发展情况，市临空办针对常委会的报告起草了《关于贯彻落实市政协全力打造国际一流航空城调研的报告》，提出了“六个坚定不移”贯彻落实举措。市委和市政协主要领导高度肯定了临空经济区贯彻落实举措。起草了《关于开展“推进临空经济区建设”专题视察调研和协商议政情况的通报》，将视察、调研、协商议政、领导批示和落实情况及时反馈给全体市政协委员，调动委员参政议政积极性，发动委员继续关心关注临空经济区建设，为打造世界一流航空城贡献政协智慧和力量。二、为“率先实现农业现代化”献良策。采取上下联动方式，发动各县（市、区）政协开展专题调研。组织部分政协常委、委员调研了霸州市农业发展情况，并召开专题协商议政会，与市农业农村局围绕“如何率先实现农业现代化”进行了专题协商议政，起草了《关于“加快发展现代农业 率先实现农业现代化”调研情况的报告》，得到市委、市政府领导批示。三、为“加快重点项目建设”出实招。市政协将“加快重点项目建设”列为“聚力量、防疫情、促发展”活动重点课题，发动各县（市、区）政协上下联动开展调研活动。实地视察了文安县重点项目建设情况，听取了相关部门和各县（市、区）的情况汇报，并组织委员进行了协商议政。起草了《关于加快重点项目建设调研视察情况的报告》，得到市委主要领导批示。四、为“十四五”规划建净言。向全体市政协委员发出通知，倡议广大政协委员积极为我市“十四五”规划编制工作献一计。在各县（市、区）政协的大力配合下，财经委共征集梳理经济发展、城市建设、教育医疗等17个方面的委员意见建议86条。

教科卫体委员会

一、加强委员会自身建设，提升履职能力。党的十九届五中全会是我们党站在“两个一百年”历史交汇点上，对开启全面建设社会主义现代化国家新征程作出战略决策的一次重要会议，习近平总书记在党的十九届五中全会上的重要讲话和全会精神是指导全局工作的纲领性文献。按照省委、市委统一部署，专委会把学习贯彻五中全会精神作为重要政治任务深入学习领会，武装头脑、指导实践、推动工作，有效提升了专委会的整体素质和履职水平。二、服务社会发展、经济建设，开展专题调研活动。一是围绕“加强我市农村基层医疗卫生体系建设”开展调研，形成调研报告后，以市政协党组文件形式报送市委，得到市委、市政府主要领导的肯定；二是参与省政协教科卫体委牵头组织的“促进县域科技创新跃升”专项民主监督活动，撰写报告并作为省政协《促进县域科技创新跃升专项民主监督情况报告》的组成部分，受到省委、省政府主要领导的充分肯定，省政协致信予以感谢。三、搞好视察督导工作。

分别围绕“我市县域科技创新发展情况”“公共卫生防疫和重大传染病防治情况”“农村基层医疗卫生体系建设情况”“高中教育发展情况”等内容进行视察督导。四、发动委员建言献策。一是撰写提案及反映社情民意30余件；二是主办市政协七届十六次常委会议，会议收辑成册书面发言25篇，提交常委会议发言5篇。五、组织疫情防控活动。按照省政协科教卫体委的统一部署，联合香河县、固安县政协组织香河县中医医院、固安县医院、多个乡镇卫生院和村卫生室的医务人员，针对疫情防控需要和贫困地区群众需求，利用“互联网＋”，提高基层常态化疫情防控能力，提升贫困群众获得感，扩大政协组织影响力，为夺取疫情防控和脱贫攻坚双胜利贡献政协智慧和力量。六、开展创城志愿服务。落实全市争创全国文明城市动员大会精神，推动志愿服务活动常态化，助力创建全国文明城市。按照市政协统一部署，多次到银河路至新华路（路南）分包路段，清扫人行道及道路两侧的垃圾，摆放自行车、电动车，捡拾烟头，以实际行动维护城市环境。到三五三四社区与社区工作人员深入座谈，共同研究、探讨小区管理中存在的问题及解决方案，明确小区文明创建工作的具体任务和措施，促进了社区文明创建工作的开展。七、提高政治站位，开展扶贫活动。按照市委统一安排，陪同市政协副主席王世强多次深入到香河县入户走访扶贫对象，为他们解决实际问题并送去慰问品。八、主动联系沟通，密切交流协作。一是配合省政协教科卫体委开展“科技帮扶助力夺取疫情防控和脱贫攻坚双胜利”主题活动；二是接待山东省淄博市政协，赴三河市燕达国际健康城和梦东方未来世界航天主题乐园就“医养结合”“文旅发展”等方面学习考察，密切了联系，促进了工作。

社会法制民族宗教委员会

一、组织委员围绕社区疫情常态化防控进行专题视察。组织部分市政协委员围绕社区疫情常态化防控开展专题视察。在听取市直有关部门和安次区、广阳区负责同志关于社区疫情常态化防控情况介绍的基础上，实地察看了安次区盛德花园小区、豪邸坊小区和广阳区都市花园小区、锦绣花苑小区疫情防控工作，广大政协委员如何围绕“聚力量、防疫情、促发展”活动主动担当作为，以务实之策为全市社区疫情常态化防控贡献政协力量。二、围绕“促进稳定就业”组织专题协商议政。召开座谈会，围绕“促进稳定就业”进行专题协商议政。市直有关部门汇报了提案办理和政策落实情况；小微企业代表对我市在稳就业、扶持小微企业方面出台的政策、采取的措施给予了充分肯定，并就当前企业面临的困难和挑战以及在保险、融资、营商环境等方面的诉求与有关部门进行了面对面沟通；委员们从加强政策宣传推介、强化金融支持力度、促进“新就业形态”发展等方面提出了意见建议。会后形成专题报告报送市委、市政府，市委主要领导给予充分肯定并作出批示。三、围绕“社区治理机制创新”开展专题调研。利用4个月时间围绕这一课题深入开展调研，搜集整理全国各地创新社区治理机制方面的成功经验，与市直有关部门和部分县（市、区）街道、社区负责同志座谈，进一步摸清全市社区治理机制情况，发现社区治理中存在的问题，提出了意见建议，形成《关于社区治理机制创新调研情况的报告》，呈报市委，供决策参考。四、围绕“便民市场建设和管理工作”开展专题视察。组织部分委员先后深入到市区儿童乐园市场、八大街市场、亿扩隆市场，实地察看便民市场建设和管理工作情况。委员们对近年来我市便民市场建设和管理工作取得的成效给予充分肯定，并从进一步优化市场布局、完善基础设施、加大资金投入等方面提出了意见建议。周廷生副主席从“便民、利民、惠民”、推动标准化建设、加强规范化管理等方面讲了具体意见。五、围绕校园法治化建设召开专题座谈会。组织市直相关部门和部分市政协委员召开校园法治化建设工作座谈会，市教育局、市司法局、廊坊师范学院、廊坊市电子信息工程学校、廊坊市第十五中学、廊坊市第十五小学的负责同志分别进行了汇报，并重点围绕我市校园法治化的现状、存在的主要问题，与文化教育、法律等界别的委员进行了深入交流探讨，提出了许多有针对性的意见建议。

人口环境资源委员会

一、围绕我市城市生活垃圾分类开展专题调研。组织部分市政协常委、委员深入广阳区、安次区和廊坊开发区部分机关、社区及爱民东道垃圾压缩转运站、安次区落垡镇焚烧发电厂等开展调研。在随后召开的座谈会上，市及三区住建部门汇报了今年以来的生活垃圾分类处理工作进展情况，委员们围绕如何加快完善、提升、顺利推进，进行了深入交流探讨。之后我们又几次走访有关单位，并查阅了其他城市的相关资料，起草了《关于城市生活垃圾分类处理的调研报告》，报市委。市委主要领导作出批示。二、围绕全国文明城市创建组织委员视察。为助力我市文明城市创建，起草了《争创全国文明城市　从我做起——致全市广大政协委员的倡议书》，全市各级政协组织、广大政协委员积极响应，为文明城市创建增添了政协力量。与创城办沟通协调，多次对接、商谈，研究制订出完善的视察方案。组织省、市、区部分政协委员实地察看了广阳区锦盛园小区、安次区电缆厂宿舍老旧小区改造，九州镇、杨税务乡有关村街基础设施建设、沿路绿化，廊万路背街小巷环境治理等。视察过程中，委员们认真听取情况介绍，与市、区有关负责同志充分沟通交流。视察结束后，结合委员视察中提出的建议形成专题视察报告上报市委。三、围绕永定河生态补水情况组织委员视察。组织部分市政协委员和水务等市直相关部门负责同志，先后到北京段的石景山区、大兴区考察学习，并对流经我市的固安县、永清县实地踏勘，对安次区、广阳区有关情况进行了了解。对永定河常态化生态补水和河道治理及生态、文化建设等提出了意见建议。视察结束后，结合委员视察中提出的建议形成专题视察报告上报市委。

民族宗教港澳台侨委员会

一、围绕“宗教领域基层社会治理”开展专题调研。组织部分政协常委、委员，围绕这一课题开展深入调研，到安次区、霸州市、永清县等地宗教活动场所实地走访察看。组织有关部门召开专题界别协商座谈会，进一步摸清我市宗教领域基层社会治理情况，分析宗教治理工作中存在的工作进展不均衡、治理力量较为薄弱、全社会共治机制不够健全等突出问题，探讨解决措施，从加强安全形势研判、提升依法管理能力、加强自身体制机制建设、完善全社会共治体系等方面提出建议，形成《关于我市宗教领域社会治理工作调研情况的报告》，报送市委，供决策参考。二、围绕“助力我市脱贫攻坚”开展民主监督。组织部分市政协常委、委员，赴永清县实地视察了恒都美业现代农业园区、远村现代农业园区，详细了解了园区的疫情防控、复工复产情况，并就企业在产业就业脱贫方面的工作进行了深入交流。随后召开了专题座谈会，听取市、县扶贫办工作介绍。进一步摸清了我市脱贫攻坚工作进展情况，剖析产业扶贫形式单一、缺乏造血机制建设等问题，并从进一步加强“扶助”“救助”“保障”三个体系建设方面，提出意见和建议，形成《关于助力我市脱贫攻坚健全稳定脱贫长效机制视察情况的报告》，报送市委，供决策参考。三、围绕“全市港澳台侨资企业发展情况”开展视察。组织部分市政协常委、委员，赴经济技术开发区，视察我市港澳台侨资企业双循环发展情况。委员们一行先后视察了维特根(中国)机械有限公司、廊坊科森电器有限公司、卢卡斯伟利达廊重制动器有限公司、东纶科技实业有限公司和廊坊万纬冷链物流有限公司等企业，并与企业负责人就当前“双循环”发展新格局下，企业如何转型升级，谋求全新发展空间等方面，进行了深入交流探讨。从挖掘国内市场潜力、拓展海外市场需求、大力发展跨境电商、打造数字化发展新模式等方面对企业发展提出建议。四、开展重点提案办理协商工作。按照《政协廊坊市委员会 2020 年协商计划》通知要求，为确保《关于全面深化“放管服”改革、持续改善营商环境的建议》重点提案办理协商有效执行，民宗委组织提案人及部分市政协常委、委员赴市行政审批局实地参观调研，召开协商座谈会，与提办双方共同把脉问题所在，探讨解决办法和措施，切实增强了重点提案办理工作实效，推动了协商成果有效转化。

【重要会议、活动】

召开“不忘初心、牢记使命”主题教育总结会议 1 月 21 日，市政协召开“不忘初心、牢记使命”主题教育总结会议，深入学习贯彻中央和省、市“不忘初心、牢记使命”主题教育总结大会精神，对市政协党组和机关党组主题教育进行全面总结，进一步巩固拓展主题教育成果，奋力开创全市政协工作新局面，为新时代加快建设经济强市、美丽廊坊作出新贡献。市政协党组书记、主席李波出席会议并讲话。市政协党组副书记、副主席布泽文，党组成员、副主席周廷生、高树民、李玉宝，党组成员、机关党组书记、秘书长徐长茂出席会议。市政协副主席王世强、张纬东、李艳军，机关全体党员干部参加会议。会议学习传达习近平总书记在中央“不忘初心、牢记使命”主题教育总结大会上的重要讲话和省委、市委主题教育总结大会精神，总结通报市政协主题教育开展情况。会议强调，要深化学思践悟，着力加强思想建设。把主题教育的成功经验巩固运用好，在学思用上下功夫，在知信行上见成效，切实把主题教育激发的工作热情和奋斗精神转化为推动新时代政协工作的强大动力。要把牢政治方向，坚持党的领导，坚定不移做到“两个维护”；加强政治引领，打牢共同思想政治基础；净化政治生态，营造风清气正良好环境，推动政协全面从严治党不断向纵深发展。要践行初心使命，着力推动工作发展。紧扣市委确定的“三大任务”“三篇大文章”“三个建设年”“三大攻坚战”“三创四建”“六稳”“六保”工作以及加快建设现代化经济体系开展协商，为廊坊实现高质量发展贡献政协力量。围绕群众关切、民生关注的热点难点问题，深入开展调研、调查、视察和协商议政活动，出实招、献良策。全面加强制度机制建设，推动人民政协制度在坚持中发展、在巩固中完善，把政协制度优势转化为治理效能。要勇于自我革命，在不断斗争中实现自我净化，在持续整改中实现自我完善，在开拓进取中实现自我革新，在增强本领中实现自我提高。要以习近平新时代中国特色社会主义思想为指导，推动主题教育常态化、长效化、制度化，推动政协工作新发展、新进步，为加快建设经济强市、美丽廊坊作出新的更大贡献。

【重要报告】

常务委员会工作报告(2020 年 1 月 17 日)(摘要)

2019 年工作回顾

一、强化党的领导，深化理论武装，政协党的建设得到新加强。把旗帜鲜明讲政治摆在首要位置。以理论学习为抓手，健全并坚持常委会、专委会和政协委员、机关干部学习制度，认真学习习近平新时代中国特色社会主义思想，跟进学习习近平总书记最新重要讲话精神，贯彻落实中央和省委、市委决策部署，深化习近平总书记关于加强和改进人民政协工作的重要思想学习研讨活动，切实把思想和行动统一到中央和省委、市委对政协工作的要求上来，确保在政治立场、政治方向、政治原则、政治道路上始终与党中央保持高度一致，与省委、市委同向同行。以中央和省委、市委政协工作会议精神为统揽。及时传达会议精神，召开学习交流会，在全市政协系统迅速掀起学习贯彻热潮。市政协组织深入调研，提出意见建议，市委充分吸纳并出台《关于新时代加强和改进人民政协工作的实施意见》，政协积极协助市委筹备召开政协工作会议，对政协工作进行安排部署。市政协细化为 5 个方面 19 项具体工作，明确责任部门和完成时限，确保把会议精神落到实处。增强接受党的领导的政治自觉。坚持在市委的领导下主动负责、协调一致开展工作。坚持向市委请示报告制度，重要事项及时报告，重要议题充分沟通，重要活动邀请市委政府领导参加。政协年度工作要点及专项协商监督计划主动报请市委同意后组织实施，确保履职方向不偏、中心不离。及时传达学习市委重要会议精神，把市委决策转化为全体委员、党派团体的思想共识和行动自觉，确保落地落实。驰而不息加强政协系统党的建设。深入贯彻中央和省委、市委加强新时代政协党的建设的意见，制定深入落实全面从严治党政治责任的实施意见，领导班子成员联系界别、指导县(市、区)政协党建工作和党员委员联系党外委员制度，保证了党的组织对党员委员全覆盖、党的工作对政协委员全覆盖。推动 10 个县(市、区)政协全部成立了机关党组，政协党的组织体系进一步完善。

二、健全制度机制，丰富形式内容，政协协商工作达到新水平。制度机制更完善。把调研视察前组织委员学习培训、全社会广集提案线索等行之有效的经验做法上升为制度机制，固化为履行职能的必要程序，健全完善了规范协商、监督、调研、提案等工作的一系列制度机制。根据新任务新要求，出台年度协商计划的制定办法，形成了协商计划的提出、审定、实施、督导等一整套规范化流程，由市委办、政府办、政协办联合印发并实施。协商形式更多样。构建以全体会议为龙头，多层次、制度化协商为重点的协商议政格局，突出会议协商、对口协商、界别协商和提案办理协商。全年共组织专题议政性常委会议 2 次、专题协商会 10 次、协商座谈会 25 次。在面向社会征集提案线索、组织撰写高质量提案的基础上，以解决 20 件重点提案为抓手，邀请相关部门召开提案办理协商座谈会，强化部门与委员互动，提高办理落实效果。拓宽协商渠道，建设了视频会议系统，为远程协商议政提供硬件支撑。协商内容更丰富。积极发挥界别优势和委员主体作用，紧紧围绕市委工作思路和任务目标，立足推动廊坊发展和增进人民福祉，聚焦重大问题和民生关切广泛开展协商活动，内容涉及协同发展、转型升级、现代农业、文化产业、生态环保、医疗卫生、社会治理等多领域、多方面，促进了相关工作开展。

三、强化思想引领，汇集发展合力，广泛凝聚共识发挥新作用。在协商履职中凝聚委员共识。注重把凝聚委员共识融入调研、视察、考察、协商、监督等各项履职活动，与建言成果、思想收获一体谋划、一体推动。注重发挥专委会“四梁八柱”作用，加强与委员的联系，邀请市委、市政府和相关部门领导参加调研视察、列席协商会议、参加小组讨论，通报情况、听取意见、共商举措。在联系联合中凝聚党派共识。落实联系走访党派制度，注重联合党派团体共同组织履职活动，注重安排党派、团体在政协会议上发言。征编各党派历史资料，支持民主党派扎实开展“不忘合作初心，继续携手前进”主题教育。在扩大宣传中凝聚社会共识。宣传党的政策，宣传人民政协新理论，宣传政协工作新经验，宣传委员履职新典型，在市级以上媒体发稿 900 多篇次，利用廊坊政协网、《廊坊政协》内刊、宣传橱窗等阵地讲好政协故事，扩大社会影响，把市委部署转化为全市人民的自觉行动。编辑出版《廊坊历史文化村落撷英》一书，较好发挥了存史、资政、团结、育人作用。

四、聚焦使命任务，服务中心大局，助推廊坊发展取得新成果。为建设经济强市出实招。聚焦市委“四区一城”“七个加快”和“1333”工作思路，围绕推进康养产业、乡村旅游产业发展进行常委会议专题协商，针对发展外向型经济、现代服务业和农业规模化经营专题调研，许多意见建议被市委、市政府采纳。为建设美丽廊坊献良策。围绕农村人居环境整治、社区环境建设与管理、加强和创新社会治理，形成调研报告，许多意见建议转化为党政部门的具体措施。为推动决策落实强监督。聚焦市委、市政府重大决策落实，围绕乡村振兴、重点项目建设、进出口企业发展、文化基础设施建设、应用人脸识别技术加强社会治理、传统工业企业转型升级、智慧平安社区建设等开展监督视察，有效推动了各项工作措施落地见效。为促进协同发展作贡献。围绕临空经济发展、北三县与通州区一体化发展、借势雄安新区力促南三县发展，通过委员提案、大会发言、小组讨论积极建言。市政协还与静海、沧州政协举办庆祝新中国成立 70 周年书画联展，与通州、武清政协开展文化交流活动，共推大运河文化带建设，促进了联谊联动。一年来，市政协共组织重点调研视察活动 26 次，报送建议案、协商情况报告、调研报告 10 篇，交办提案 277 件，征集大会发言 138 篇。市委、市政府领导给予高度重视，逐一作出批示。

五、强化履职为民，促进民生改善，

增进人民福祉展现新作为。着力为民建言，市政协全年编报社情民意信息25期，就提升城市管理水平、老旧小区改造、农村环境治理、学前教育等开展调研视察，提出26条意见建议，其中在办理解决市区停车难提案中，召开专题协商座谈会，委员们提出意见建议，政府部门积极采纳，研究措施，迅速行动，得到有效缓解。尽力为民解困，全市政协系统深入推进“发挥政协优势，助力脱贫攻坚”行动，市、县两级政协委员直接提供就业岗位2200多个，引导政协委员投身“千企帮千村”活动，推动各民主党派开展脱贫攻坚民主监督。努力为民出力，市政协领导班子成员扎实做好包联工作，实地走访，现场办公，协调解决实际困难，包联的20户贫困户全部脱贫。市政协机关驻大厂县太平庄、沙岗子村工作组，持续加大扶贫力度，帮扶对象生活状况大为改善。市政协领导班子成员和机关干部深入社区指导、开展“星期六志愿服务”，联合相关部门和党派开展“义诊进校园”活动等，积极参与文明城市创建。

六、夯实履职基础，提高履职水平，政协自身建设呈现新气象。委员队伍建设明显加强。制定了委员履职规则，实行了常委提交年度工作报告、委员填报履职情况统计表等制度，加强了委员服务管理。市政协通过在重庆大学举办“政协委员履职能力提高班”，组织召开形势通报会、理论宣讲、参观新中国成立70周年展览、编印学习资料、建立委员微信群等形式，强化素质培养，使委员政治站位得到新提升，履职能力得到新增强，精神风貌呈现新状态。“两个薄弱”问题明显改善。在市委和各县（市、区）委重视支持下，以机构改革为契机，市政协增设人口资源环境和民族宗教港澳台侨2个专门委员会，增加编制8名，县级政协普遍增加到“一办四委”或“一办五委”，人员力量明显加强，此项建设成果得到了省政协的充分肯定。机关作风明显优化。扎实开展“不忘初心、牢记使命”主题教育，把学习教育、调查研究、检视问题、整改落实贯穿始终，并与做好当前工作紧密结合，加强作风纪律专项整治，营造了奋发有为、风清气正的机关环境。整体效能明显提升。主动接受上级政协指导，协调配合省政协来廊调研视察活动，并及时反馈宣传展示廊坊。做好嘉兴、菏泽、泰州、唐山、保定等地政协来廊考察协调工作，交流工作、广交朋友。组织住廊省政协委员参观市博物馆，围绕“提升开发区能级水平，培育特色园区和产业集群”赴沧州考察，推荐参加省政协脱贫攻坚事迹评选，录制人民政协成立70周年祝福视频，推动联合履职。强化对县级政协的指导，建立领导班子成员联系县（市、区）政协和调研走访制度，形成上下贯通、左右联动、更为紧密的工作格局。

2020年工作安排

以习近平新时代中国特色社会主义思想为指导，深入学习贯彻中央和省委、市委政协工作会议精神，全面落实市委决策部署，聚焦主轴主线主题，围绕主责主业，坚持发扬民主和增进团结相互贯通、建言资政和凝聚共识双向发力，加强党的建设，深化理论学习，服务全市大局，推进协商民主，凝聚发展合力，完善制度机制，强化素质提升，担负起把党中央决策部署和省委、市委要求落实下去，把各方面智慧力量凝聚起来的政治责任，为新时代加快建设经济强市、美丽廊坊作出新贡献。

【组织概况】

市政协主席、副主席、秘书长名单及变动情况

主　席

李　波

副主席

布泽文

王世强

王学求

张纬东

周廷生

高树民

李玉宝

李艳军(女)

耿建明

秘书长

徐长茂

县(市、区)政协主席名单及变动情况

三河市

主　席　　张晓明

大厂县

主　席　　冯　幸

香河县

主　席　　马文龙

广阳区

主　席　　张宝兴

安次区

主　席　　马崇浩

永清县

主　席　　王玉柱

固安县

主　席　　刘　军

霸州市

主　席　　牛双秋

文安县

主　席　　张国校

大城县

主　席　　张宝华

廊坊市各级政协组织和委员人数

市级政协1个,县(市、区)政协10个,合计11个;市级政协委员364名,县(市、区)政协委员1946名,合计2310名。(截至2020年底)

政协保定市委员会

【全体委员会议】

十三届四次会议 1月15日至17日在保定市举行。会议应到委员598人，实到572人。市委书记聂瑞平作重要讲话，受政协保定市第十三届委员会常务委员会委托，市政协副主席赤光明作政协保定市第十三届委员会常务委员会工作报告。中共保定市委、市人大常委会、市政府、市军分区、市中级人民法院、市人民检察院领导、市政协原主席、十三届市政协副主席、其他副市级领导等出席了开幕和闭幕会议。有关市直部门、驻保高校、大型企业的负责同志也应邀列席会议。会议审议通过了赤光明副主席代表政协保定市第十三届委员会常务委员会所作的工作报告、闫立英副主席代表政协保定市第十三届委员会常务委员会所作的关于十三届三次会议以来提案工作情况的报告。与会委员学习并讨论了聂瑞平书记的重要讲话，听取和审议通过了政协保定市第十三届委员会常务委员会工作告、提案工作情况的报告。会议还审议通过了政协保定市第十三届委员会第四次会议提案委员会关于提案审查情况的报告、政协保定市第十三届委员会第四次会议政治决议。李俊岭当选为政协保定市第十三届委员会主席，李自贤当选为副主席，任明远当选为常务委员。李俊岭主席在闭幕会上讲话。

【常务委员会会议】

第十五次会议 1月11日在保定召开。会议审议通过关于召开十三届四次会议的决定，十三届四次会议议程，十三届四次会议日程；审议通过十三届委员会常务委员会工作报告(草案)，十三届委员会常务委员会关于十三届三次会议以来提案工作情况的报告(草案)；审议通过关于委托赤光明向十三届四次会议作常务委员会工作报告的决定，关于委托闫立英向十三届四次会议作提案工作报告的决定；审议通过十三届四次会议委员编组办法、小组召集人名单；审议通过人事事项。会议决定，市政协十三届四次会议第十五次会议1月15日召开，会期3天。

第十六次会议 1月16日在保定召开。会议听取了大会秘书处关于委员小组会议讨论情况的综合汇报，市委常委、组织部部长李双喜作关于人事事项情况的说明；审议通过了政协保定市第十三届委员会第四次会议选举办法(草案)，政协保定市第十三届委员会第四次会议总监票人、监票人名单(草案)，政协保定市第十三届委员会第四次会议关于常务委员会工作报告的决议(草案)，政协保定市第十三届委员会第四次会议关于十三届三次会议以来提案工作情况报告的决议(草案)，政协保定市第十三届委员会第四次会议提案委员会关于提案审查情况的报告（草案)；审议通过了政协保定市第十三届委员会第四次会议政治决议(草案)。

第十七次会议 6月18日在保定召开。会议以视频会议形式召开。会议学习习近平总书记在参加全国政协经济界委员联组会上的重要讲话精神和全国政协十三届三次全会精神；学习市委政协工作会议精神；传达学习全市开展思想作风纪律整顿工作会议精神；通报全市政协系统开展“聚力量、防疫情、促发展”活动进展情况。

第十八次会议 9月24日在保定召开。会上，市委常委、常务副市长李国勇应邀出席并作编制保定市“十四五”规划纲要情况的报告。8名政协常委、委员作发言，围绕编制“十四五”规划纲要专题协商议政。市政协副主席闫立英传达省政协十二届十六次常委会会议精神；市政协副主席朱子强对《以“三个三”为抓手，推动市政协落实市委“招商引资”工作办法》作说明；市政协副主席崔坤军总结全市政协系统“聚力量、防疫情、促发展”活动开展情况；审议通过《关于“科学防控、人才支撑、提高应对突发重大公共卫生事件能力和水平”的建议案》；审议通过人事事项。

【专门委员会工作】

财政经济委员会

一、专委会建设进一步加强。一是强化政治理论学习。通过集中学习和微信群发布两种方式，组织委员深入学习。坚持集中学习与个人自学相结合。二是强化协商履职实践。把委员走访、建立财经委和对口部门联系制度与调研视察紧密结合起来。先后组织委员围绕“企业复工复产”“强化投资拉动、推进项目建设”“加快数字经济发展”“推动电子商务创新发展”“行政审批运行情况”等专题开展调研视察。据此与发改、商务、工信、行政审批及电商协会等部门建立日常联系机制，与委员企业保持联系、交流，随时掌握企业经营情况。共组织参观走访、调研视察、座谈交流等活动 10 余次，涉及委员 16 名。二、联合履职成效显著。一是积极协助参加省政协调研。先后参与了省政协财经委主持的“强化投资拉动、推进项目建设”和“加快数字经济发展”调研，到涞源河北玖兴农牧、河北雄源服装科技、涞水电商大厦、中电科技园、定兴嘉旭福美数字产业基地、百度云计算中心、浩天制药等参观考察。二是组织县级政协开展联合调研。与市民盟合作，先后与涞水、定兴、高碑店政协一起，联合住县市政协委员，围绕“应对疫情影响，推动电商创新发展”“行政审批运行情况”专题，开展调研活动，创新履职方式，扩大协商范围，提高调研实效。三、调研成果颇丰。先后向省政协财经委提交了《关于保定市企业复工复产情况的调研报告》《关于保定市强化投资拉动、推进项目建设情况的调研报告》和《关于保定市加快数字经济发展情况的调研报告》；按照《2020 年市政协工作要点》和“聚、防、促”活动方案，完成了由财经委承担的两大调研课题的前期调研工作和报告起草。完成《关于新形势下我市电子商务创新发展，促进消费潜力释放的建议》并上报市委、市政府，市委、市政府主要领导先后作出批示，对报告给予充分肯定，认为建议很有价值，要求有关部门研究落实，在全市电商“十四五”规划编制中充分借鉴吸收。完成《关于进一步提升行政审批运行实效的建议》。

宣传和委员联络委员会

一、认真学习，深入贯彻落实有关会议精神，在保定政协网站开设专栏、专题，刊发文章，积极宣传、认真贯彻中共中央、省委、市委重要指示精神，把工作做实，营造良好舆论氛围、加强思想政治引领、凝聚共识。二、圆满完成全会宣传报道任务，完成政协党组会议、主席会议、常委会议、各县区主席会议、上级政协领导来保调研、市政协专题议政和视察调研活动等重点工作的宣传报道。并就常委会围绕十四五规划专题建言在保定日报刊发议政建言专版。三、做好抗击疫情、开展“聚、防、促”活动的重点专项宣传报道。在媒体刊发致全市各级政协组织、各民主党派、工商联和广大政协委员的倡议书，号召在党中央和各级政府领导下，积极为抗击疫情作贡献。在河北新闻网、省政协《乡音》杂志刊发文章，宣传我市开展聚、防、促活动情况。在保定日报刊发政协专版，宣传政协委员抗疫典型事迹。编发《保定政协战疫录》，收录委员事迹170篇，约17万字。该书还实现了电子书阅读方式。在保定广播电台开设“战疫有我”——保定政协在行动专栏，宣传政协委员抗击疫情事迹46篇。四、在“保定政协”网站开设专题栏目，全方位宣传政协委员抗击疫情事迹，开展聚、防、促活动情况。五、做好政协委员读书活动专项重点宣传。六、以宣传政协委员抗击疫情先进事迹为切入点，在保定日报、保定广播电台、保定政协网站、“在保定”手机APP、电子书阅读方式等多种形式，大力宣传、充分展示我市政协委员的良好精神风貌，展示政协委员风采。七、为省政协成立70周年组织开展征文活动。撰写文章、上报文稿40余篇。八、办好保定政协网站，根据实际需要，注重良好效果，重新谋划网站栏目设计，及时更新栏目内容，服务政协委员，全面反映我市政协事业发展新面貌。按照国家网络安全相关规定，认真做好网站网络安全工作。九、保定广播电视台“在保定”手机APP开设《保定政协》专题栏目。十、注重自身建设，抓好学习，不断提高自身素质，高标准、严要求，切实增强做好新时代人民政协工作的政治自觉、思想自觉、行动自觉，努力适应新时代对政协工作者的新要求。

提案委员会

一、以创新机制为抓手，推动提案工作制度化建设。对历年来采取的行之有效的尝试和一些做法进行归纳总结，在实践中固化为制度。一是首次通过提案在线办理系统完成网上审核交办工作。二是实现重点提案全覆盖督办。以政协办红头形式印发了《关于做好重点提案督办工作的通知》，建立了专委会督办台账，按照时间节点及时提醒帮助各专委会督办重点提案。三是运用提案平台助力“聚、防、促”活动。二、以交流协商为核心，增强提案办理成效。始终把交流协商作为提案办理的硬核环节，注重发挥提案委纽带桥梁作用，为提、办、督三方搭建各种协商平台。一是“走下去”，对重点提案进行现场督办。二是“请上来”，对难点提案进行集中督办。三是实地督导1号提案办理情况。三、以强化服务为保障，提高提案工作水平。坚持把强化服务贯穿于提案工作的始终，积极加强与各方的协作和配合，不断改进工作方式，提升服务水平，增强提案工作合力。一是做好选题指导。在坚持面向社会公开征集提案选题基础上，做好专题征集，市委十一届九次全会召开后，我们针对如何贯彻落实市委全会精神，重点是民生关注的热点、难点问题，向政协各参加单位进行靶向征集。二是开展年度“三好”提案评选工作。为调动政协各参加单位和广大政协委员的积极性，进一步提高“三个质量”，今年我们开展年度政协“三好”提案评选工作，评选出“三好”提案拟在全会期间进行通报表扬。三是联合市委办、政府办为提办双方做好服务。今年提案工作有两个显著特点，一是前期因疫情不便走访，二是会后件多，针对此情况，我们联合市委办、政府办在搞好前期网络远程协商的基础上，下半年加大协商力度，积极搭建平台，协助部分单位进行集中走访，邀请提、办双方开展集中面复会，推动提案办理按时限高质量完成。

教科卫体委员会

一、加强理论学习,不断提高履职能力。一年来,专委会把加强理论学习,作为履行职能的第一要务。一是深入加强网络学习。在超额完成了河北干部网络学院学习任务的同时,每天坚持手机APP“学习强国”学习,认真学习新思想、时政要闻、党建知识、传统文化等相关知识。二是开展读书活动。二、围绕中心工作,履职尽责建言献策。一是组织委员对我市科技型企业高质量发展进行了专题调研,形成了《关于对我市科技型民营企业高质量发展的调研报告》,并报送市政府。二是组织委员围绕“开展科学防控、人才支撑,提高应对突发公共卫生事件能力和水平”建议案进行调研。形成了《建议案》(草案),经市政协十三届三十三次主席会议讨论,十三届十八次常委会议审议通过,形成了“科学防控,人才支撑,提高应对突发重大公共卫生事件能力和水平”的建议案。并报送了市委、市政府,市委书记、市长分别作出重要批示。三是组织开展“互联网+医疗”和科技下基层活动。三、发挥专委会优势,助推我市经济社会发展。一是开展招商引资活动。二是开展横向交流活动。一年来,配合省政协教科卫体委围绕科技扶贫、中医药产业发展情况等课题进行调研,促进保定市经济社会事业发展。三是助力脱贫攻坚工作。充分发挥界别委员的作用,并发动各县(市、区)教科委,积极开展了教育、科技、卫生、体育方面的扶贫工作。四、创新工作方式,充分发挥委员主体作用。一是不断提高委员履职实效。二是充分发挥专委会组织者的作用。三是充分发挥专委会专业性的作用。同时,与专委会之间加强协作与配合,发挥整体作用,圆满完成了市政协安排的年度工作任务。

社会法制和民族宗教委员会

一、抓学习。在疫情防控形势下,我们采用网上推送、复印发放学习资料、微信群交流等形式组织学习;参加省政协、市政协组织的习近平新时代中国特色社会主义思想和十九大、十九届四中全会精神,以及中央和省委、市委政协工作会议精神学习。二、抓能力。狠抓常委参会率,年内参加本级常委会2次、省政协理论辅导3次,参会率100%;倡导“以老带新”结对,鼓励新委员多参加活动、多写提案、多反映社情民意;参加公检法司公开日、执法监督、公诉案件审判等,提供更多学习提升机会。三、抓创新。立足专委会职能,依托“委员工作室”的“八个一”寻求履职实效有突破。调研方式“上下联动”,调研内容“化整为零”,组织形式“各自为战”。5月省政协社法、民宗委召开的视频会议,充分肯定了我委创办“委员工作室”和创新调研方式等做法,并做典型发言。四、抓主业。一是全力围绕专题议政常委会做准备。二是主动参加“聚、防、促”活动,完成了残疾人就业调研。三是积极配合省政协社法委、民宗委调研,就我市促进复工复产、促进消费潜力释放、促进创业就业、加强委员管理服务,以及贯彻落实中央、省委政协工作会议精神等方面,整理上报5篇调研文章,2次陪同省政协领导到满城、曲阳调研。四是就“城中村改造”进行调研,调研成果以市政协党组名义上报市委。五是民族宗教界委员充分发挥自身优势和作用,在“双创四进”活动中取得了不小成绩。

文化文史和学习委员会

一、完成省政协赋予的任务。1. 完成了省政协赋予的“京津冀政协委员书画摄影展”作品征集任务。2. 完成了省政协赋予的《河北省政协七十年记述》征稿任务。3. 完成了省政协赋予的抗击新冠肺炎疫情文史资料征编任务。二、完成本级安排的工作。1. 编辑出版了《保定文史资料选辑》第22辑。2. 组织了“关于加快推进我市长城国家文化公园规划建设”的专题调研,形成了《关于推进我市长城国家文化公园规划建设的调研报告》,并报送了市政府。3. 组织了市政协委员读书活动。制订下发了市政协委员读书活动方案和工作计划;建立了读书活动群组负责人和联络协调人微信群,督导各群组认真组织读书学习和体会交流;协调研究室和宣联委对读书学习情况跟进宣传报道。为随时了解掌握各群组的读书学习情况,我们通过微信群进行联络协调和督导,要求各群组制订并上交读书学习工作计划;每次活动之后在微信群内发布学习的文字情况及学习图片,以便各群组相互学习和借鉴;体会交流之后上交体会文章。各群组积极创新读书方式,在室内组织学习的同时,安国、唐县、望都、阜平还组织政协委员到爱国主义教育基地参观学习,涿州在十一前夕举办了配乐诗朗诵《那是我的祖国》等等,内容丰富多彩,形式多种多样,收到了比较好的读书学习效果。目前各群组共组织活动40多次,提交体会文章50多篇,跟进报道20多次。

港澳台侨和外事委员会

一、认真学习,开展集中读书活动。二、深入调研,积极建言献策。组织专题调研组,对白沟新城市场采购贸易出口情况开展调研,为夺取我市疫情防控和经济社会发展“双胜利”建言资政、凝聚共识。形成了《精心培育,立足长远　积极稳妥推进市场采购贸易出口的健康发展——白沟市场采购贸易出口情况调研报告》,市政府主要领导作出了重要批示,要求市商务局认真研究并提出落实意见,进一步加强工作措施,创新工作局面。三、加强配合,完善港澳台侨胞信息台账,并与各县(市、区)政协联系,下发《市政协办公室关于征集保定籍华侨华人及港澳台胞信息的函》。四、广泛沟通,加强与港澳台侨胞的联系。一是疫情期间向有关侨胞发出温馨提示函,联系沟通做好防范疫情、复工复产等工作。二是按照中央关于港澳台侨和外事工作的要求,发挥政协优势,积极开展各方面的联系,凝聚各方力量,做实做好政协工作。五、做好单位安排的招商引资工作。一是组织好专班活动。二是建立招商引资台账。三是组织相关见面会。四是加强与相关企业的联络。六、团结协作,高标准完成其他各项工作任务。一是圆满完成了全会的各项工作任务。二是参加全省政协港澳台侨和外事委员会工作视频座谈会,总结交流经验,探讨工作思路。三是完成了庆祝河北省政协成立70周年的征文工作。四是疫情期间协助省政协完成河北省海外同胞慈善基金会来我市落实捐赠事宜。五是完成了省政协来保调研的对口接待工作。

人口资源环境委员会

一、坚持学习,统一思想。二、围绕统筹矿山修复与绿色建材产业发展进行专题调研。成立了专题调研组,经实地调研、走访、座谈,在广泛征询建议意见的基础上,形成调研报告,报告得到了市委、市政府领导的重视与批示。三、按照省政协人口资源环境委员会通知要求,积极响应全国政协《〈革除滥食野生动物的陋习从我做起〉倡议书》,迅速制订部署落实倡议行动方案。广泛与政协委员联系沟通,号召大家积极开展示范引领,带领广大群众自觉同各种破坏野生动物的行为作斗争。四、积极参与疫情防控。3月,按照单位统一安排,积极参加下沉基层和进驻社区任务,工作期间没有发生任何疫情,圆满完成了下沉工作任务。五、认真完成单位交代的重点提案督办任务。六、配合省政协相关工作。4月,参加了省政协人口资源环境委员会网络培训,并就如何做好2020年度人口、资源、环境工作交流座谈。配合省政协开展"加强散煤治理"专项民主监督协同调研,撰写调研报告1篇。七、加强与部门互动协作协商。5月,应邀参加自然资源和规划局京昆高速沿线(保定段)矿山治理方案比选。9月,应邀参加市检察院举行的竞秀公园水体污染行政公益诉讼案件诉前圆桌会议,提出相关意见建议。八、与兄弟政协密切联系。

农业和农村委员会

一、加强学习,不断提高履职尽责能力。一是加强政治理论学习。二是学习政协工作业务知识。二、加强联络,积极保障,全力配合省政协开展工作。加强与省政协农业委员会联络沟通,经常汇报,及时掌握上级工作要求及相关动态信息。6月,陪同省政协农业委员会一行就易地扶贫搬迁后续工作落实情况进行专题调研。9月,陪同省政协领导在清苑区西林水村调研农村基础设施管护工作并召开座谈会,按省政协要求组织调研,形成调研报告,上报省政协。10月,陪同全国政协农业和农村委员会一行调研乡村文化公共服务体系建设。组织参加省政协农村基础设施管护工作远程协商座谈会。三、围绕深化和拓展太行山农业创新驿站开展专题调研。7月2日,由市政协领导带队,组织部分市政协常委、委员和有关市直部门人员进行实地调研,撰写完成了《关于深化和拓展太行山农业创新驿站的调研报告》。四、围绕打赢我市脱贫攻坚战组织开展专项视察。由市政协领导分别带队,组织部分市政协常委、委员,实地走访,专题座谈,并撰写完成了《关于对全市脱贫攻坚工作开展专项视察的报告》。五、认真落实,积极传达,全力推动调研和视察成果转化。我委完成的《关于深化和拓展太行山农业创新驿站的调研报告》和《关于对全市脱贫攻坚工作开展专项视察的报告》得到了市政府的高度重视,市政府主要领导均作出了重要批示。其中《关于对全市脱贫攻坚工作开展专项视察的报告》得到了市扶贫办具体贯彻落实意见。

【重要会议、活动】

中共保定市委政协工作会议 6月9日,中共保定市委政协工作会议召开,深入学习贯彻习近平总书记关于加强和改进人民政协工作的重要思想,传达学习中央、省委政协工作会议精神,认真落实全国两会精神,就新时代加强党对政协工作的领导,加强和改进新时代人民政协工作进行安排部署。市委书记党晓龙出席会议并讲话。

党晓龙代表中共保定市委,向全市各级政协组织、广大政协委员和政协机关干部,向各民主党派、工商联、无党派人士和各人民团体,向所有关心支持保定政协事业、支持保定改革发展的社会各界朋友,表示衷心感谢和诚挚敬意。他指出,近年来特别是党的十八大以来,市委认真贯彻落实党中央和省委决策部署,坚持把政协纳入党委全局工作一同研究、一同部署、一同落实,全力支持保障人民政协依章履职。市政协始终牢牢把握团结和民主两大主题，认真履行政治协商、民主监督、参政议政职能，与市委、市政府同心同向、同力同行，为保定改革事业发展作出重要贡献。

党晓龙强调，要把牢大方向，深入学习贯彻习近平总书记关于加强和改进人民政协工作的重要思想。深刻认识和把握人民政协这一中国特色制度安排的重要地位和作用、党中央对人民政协提出的新要求、人民政协在思想政治引领和广泛凝聚共识中的重要职责和使命，推动人民政协事业再创新佳绩。

党晓龙强调，要唱响主旋律，聚焦党委中心工作和全市发展大局履职尽责，推动新时代人民政协事业高质量发展。要站位世界百年未有之大变局和中华民族伟大复兴的战略全局认识和看待政协工作，增强资政建言的前瞻性、精准性，提升凝聚共识的针对性、有效性，为决战决胜脱贫攻坚、全面建成小康社会，做好“六稳”工作、落实“六保”任务，谋划“十四五”时期发展等，广泛汇聚人心和力量。各级政协组织要始终接受和拥护党对人民政协的全面领导，始终紧扣发挥专门协商机构作用履职尽责，始终围绕全市中心工作献计出力，始终把凝聚共识作为重要任务，始终聚焦责任担当增强履职本领，在推进高质量发展中展现政协担当，在坚持人民政协为人民中展现民生情怀，在积极建言献策中展现智库作为。

党晓龙强调，要做好压舱石，在加强党的领导中为新时代人民政协工作提供坚强保障。各级党委要在政治上高度重视人民政协工作，在工作上坚决支持政协履职，在队伍上加强政协干部建设，在氛围上凝聚强大合力，确保政治有地位、建言有机会、出力有舞台，形成全社会支持人民政协工作的强大合力。

市委副书记闫继红主持会议并就中共保定市委《关于加强和改进人民政协工作的若干措施》作说明。市政协主席李俊岭传达中央、省委政协工作会议精神。

会议以视频会议形式召开。市级老领导贾瑞增、王庆明，市人大常委会主任马誉峰，市委常委，市人大常委会、市政府党外副职，市政协领导班子成员，市法检两长，市委秘书长，市直有关部门、市各民主党派、工商联负责同志在市委会议室主会场参加。市政府玉兰会堂、各县（市、区）设分会场。

全市政协工作经验交流会

9 月 24 日，全市政协工作经验交流会召开，深入贯彻落实中央和省委、市委政协工作会议精神，学习传达全国、全省政协系统工作交流会议精神，总结部署工作。市政协主席李俊岭主持会议。

李俊岭指出，3 个多月以来，全市政协系统坚持以习近平新时代中国特色社会主义思想为指导，聚焦中央和省委、市委政协工作会议精神抓落实，理论学习更深入，服务大局更有力，协商工作更规范。特别是各县（市、区）政协主动争取当地党委重视和支持，着力推动解决“两个薄弱”问题，自身建设得到有效加强。

李俊岭要求，要统一思想认识，深入贯彻落实全国、全省政协工作经验交流会议精神，推动中央及省委、市委政协工作会议精神在保定落到实处。要坚持问题导向，以解决“人员力量薄弱”为突破口，夯实政协履职基础。夯实政协系统党建工作的根本基础，以实际行动坚持落实好党对政协的全面领导；夯实机构设置和人员编制的力量基础，每个县争取在全市甚至全省拿出有亮点的特色品牌；夯实政协乡镇（街道）联络站的基层基础，加大对乡镇（街道）政协工作联络员培训力度，加快“委员之家”“委员工作室”建设，推动政协工作向基层延伸。要聚焦主责主业，以解决“工作力量薄弱”为突破口，开创政协事业新局面。紧紧围绕市委十一届九次全会确定的“11258”总体工作思路，深刻把握政协性质定位，做好协商议政主业，担好凝聚共识主责，为推动保定创新发展、绿色发展、高质量发展贡献政协智慧和力量。

市政协副主席赤光明对各县（市、区）政协落实中央和省委、市委政协工作会议精神情况进行通报点评。

市政协副主席闫立英、朱子强、崔坤军、李自贤，秘书长贾凤聚参加会议。

【重要报告】

常务委员会工作报告（2020 年 1 月 15 日）（摘要）

一、2019 年工作回顾

——突出政治站位，深入开展党的十九届四中全会、中央政协工作会议精神学习贯彻落实活动。坚持把学习贯彻党的十九届四中全会、中央和省委政协工作会议精神作为重大政治任务，全面系统学原文悟原理，坚定不移抓落实。

——突出能力建设，扎实开展“不忘初心、牢记使命”主题教育。按照市委统一安排部署，集中精力，深入开展了“不忘初心、牢记使命”主题教育。紧紧围绕根本任务和总要求，高站位谋划、高标准推进、高质量落实。

——突出未来发展，积极开展新中国和人民政协成立 70 周年系列庆祝活动。组织开展了庆祝 70 周年座谈会、历程回顾展、书画作品展、专题征文、编印图书《历程》等形式多样、主题鲜明的系列庆祝活动。

在抓好上述三项重要工作的同时，市政协常委会主动融入全市发展大局，统筹推动各项工作有效开展。

（一）强化责任担当，在服务大局上展现新作为

围绕高质量发展建言。确定将如何立足区位优势，抢抓机遇，加速推进我市经济转型升级高质量发展作为 2019 年“建议案”的主题。以“推动我市民营企业税费扶持政策落地落实”和“加强白洋淀上游流域生态环境治理和保护”为内容，开展了两次专题议政。围绕“规范主城区便民市场”，针对占道经营、马路市场、卫生环境差等突出问题开展专题协商；围绕“促进我市学前教育健康发展”，针对普惠率较低、基础设施陈旧、师资力量薄弱等问题开展专题协商。通过两期“保定政协·民生论坛”，汇聚了民智，表达了民意，达成了共识。与市九三学社、市民盟联合，围绕农村人居环境改善、中药产业发展开展专题调研，形成了《关于改善农村人居环境、助力保定乡村振兴工作的调研报告》和《延续历史传承，推动协同发展——安国市中药产业发展情况调研报告》。

（二）强化创新意识，在履职能力上实现新提升

在加强党的建设上积极探索。积极探索通过加强党的建设，推动工作开展和水平提高。坚持把党建工作与履职工作一同部署、一同谋划。在政协重大会议、重要履职活动中建立临时党组织。在搭建协商平台上积极完善。“保定政协·民生论坛”成为我市政协专题协商的一大品牌，得到了省政协主要领导的充分肯定。在拓展协商渠道上积极创新。积极响应省政协的联动，不断加强与县政协的互动，进一步完善联合调研、联合协商、联合监督等机制，实现了与省政协和县（市、区）政协履职资源共享、活动联办。

（三）强化团结联谊，在凝聚共识上

彰显新优势

推进合作共事。坚持主席会议成员联系走访民主党派、工商联制度。进一步加强与各民主党派的工作衔接，不断完善专题调研联合开展、专题视察邀请参与、集体提案重点督办、专题议政优先安排大会发言等工作机制。密切联络联谊。圆满完成了北马其顿议长访问我市重大涉外任务。全力配合全国政协、省政协以及其他省市政协来我市开展的专题调研视察等活动。加强文史宣传。编辑出版了《保定文史资料选辑》第21辑。

（四）强化自身建设，在固本培元上提升新境界

加强委员队伍建设。加大政协委员学习培训力度，组织部分委员赴厦门大学集中学习。改进提升委员联络服务方式，加强对基层政协工作的指导。注重委员履职服务管理，促进了委员更好在政协工作中履职尽责、在界别群众中示范引领、在本职岗位上建功立业。加强机关队伍建设。坚持全面从严治党，带头开展政治性警示教育，严格落实“主体责任”、履行“一岗双责”，带头执行中央“八项规定”和反对“四风”，支持派驻政协机关纪检监察组履行职责。

二、2020年工作安排

（一）在思想政治引领上持续发力

一是强化党的领导。把坚持党的领导作为开展一切工作的“生命线”，不断增强“四个意识”，坚定“四个自信”，做到“两个维护”。二是强化理论学习。把学习贯彻党的十九届四中全会、中央和省委政协工作会议精神作为工作主线，积极构建以党组理论学习中心组学习为引领的学习制度体系。

（二）在协商民主建设上持续发力

紧扣市委十一届七次、八次全会提出的各项任务目标以及市政府2020年重点工作任务，着力聚焦决胜全面建成小康社会和“十三五”规划收官，“打赢三大攻坚战”，做好“六稳”“三创四建”等全局性工作，多做一些前瞻性、探索性的调查研究，组织开展好两次专题议政性常委会，努力提出更多切实可行的方案和建议供市委、市政府决策参考。

（三）在履职规范化上持续发力

将2020年打造成全面推进中央《意见》和省委《实施意见》的落地生根年，积极配合市委起草好《关于新时代加强和改进人民政协工作实施意见》，配合市委筹备好市委政协工作会议。建立对接工作机制，促进市政协履职重点与市委市政府中心工作、民生重大事项有效衔接。

（四）在广泛凝聚共识上持续发力

在落实“重要阵地”要求上，充分发挥党组把方向、管大局、保落实作用，持续推进“两个全覆盖”。在落实“重要平台”要求上，组织党外委员开展专题视察考察，看成就、看变化，增进政治认同、思想认同。在落实“重要渠道”要求上，组织开展更加广泛多层制度化的座谈协商。

（五）在自身建设上持续发力

强化委员责任担当，最大限度激发委员履职活力和热情。组织引导委员加强理论学习，自觉投身凝心聚力、决策咨询、协商民主、国家治理第一线。探索推广“委员之家”“委员工作室”“界别活动室”，积极搭建信息服务、知情明政、专题协商、民主监督履职平台。

【组织概况】

市政协主席、副主席、秘书长名单及变动情况

主　席

李俊岭（2020年1月，政协保定市十三届四次会议当选）

副主席

赤光明
闫立英(女)
许　皞(不驻会)
李金善(不驻会)
朱子强
崔坤军
葛长青(不驻会)
王印松(不驻会)
李自贤(2020 年 1 月,政协保定市十三届四次会议当选)

秘书长

贾凤聚

县(市、区)政协主席名单及变动情况

莲池区
主　席　李丽萍(女)
竞秀区
主　席　姚红玉
满城区
主　席　贾玉兰(女)
清苑区
主　席　王振起
徐水区
主　席　田国清
顺平县
主　席　王若辉
安国市
主　席　刘子仁
望都县
主　席　何任道
高阳县
主　席　刘新桥
定兴县
主　席　傅　勤
涞水县
主　席　刘喜宗
涞源县
主　席　任生桥
涿州市
主　席　王金浦
容城县
主　席　刘文中
阜平县
主　席　杨文淇(2020 年 1 月,政协阜平县九届四次会议当选)
唐　县
主　席　杨马银
易　县
主　席　王占平
安新县
主　席　王景权
高碑店
主　席　王瑞坡
蠡　县
主　席　王艳宾
博野县
主　席　郭杏来
曲阳县
主　席　芮兰军
雄　县
主　席　董贺群

保定市各级政协组织和委员人数

市级政协 1 个,县(市、区)政协 23 个,合计 24 个;市级政协委员 577 名,县(市、区)政协委员 4668 名,合计 5245 名。(截至 2020 年底)

政协沧州市委员会

【全体委员会议】

十一届四次会议 1月15日至18日，政协沧州市第十一届委员会第四次会议在沧州国际会议中心举行，会议应出席委员488人，实到465人。开幕会由市政协副主席刘兆印主持，闭幕会由市政协主席宋有洪主持。市四套班子领导和法、检两院主要负责同志出席了开幕和闭幕会议，党政领导同志分别参加专题会议，听取大会发言。市委书记杨慧同志代表中共沧州市委在开幕会上作了重要讲话。会议听取并审议了宋有洪同志代表政协沧州市第十一届委员会常务委员会所作的工作报告和梁振刚同志代表政协沧州市第十一届委员会常务委员会所作的提案工作情况报告；与会委员列席了市十四届人大五次会议，听取并讨论市政府工作报告及其他报告。大会共收到43份发言材料，8名市政协委员作了大会口头发言。闭幕会上，审议通过了政协沧州市第十一届委员会第四次会议关于常务委员会工作报告的决议、政协沧州市第十一届委员会第四次会议关于常务委员会十一届三次会议以来提案工作情况报告的决议、政协沧州市第十一届委员会第四次会议政治决议、政协沧州市第十一届委员会提案委员会关于第四次会议提案审查情况的报告。

【常务委员会会议】

第十四次会议 第一次全体会议，1月16日在沧州召开。会议应出席87人，实到82人。市政协副主席刘兆印主持会议，市政协主席、副主席、秘书长出席会议。会议听取各讨论组关于市委领导讲话、市政协“两个报告”和市政府“三个”报告等各项讨论情况的汇报。审议提出政协沧州市第十一届委员会第四次会议关于常务委员会工作报告的决议（草案）；审议提出政协沧州市第十一届委员会提案委员会关于十一届四次会议提案审查情况的报告（草案）；审议提出政协沧州市第十一届委员会第四次会议政治决议（草案）。决定将有关报告、决议草案提交分组会议审议。

十一届第十四次会议第二次全体会议，1月17日在沧州召开。会议应出席87人，实到83人。市政协副主席薛泽通主持会议，市政协主席、副主席、秘书长出席会议。会议听取各讨论组关于市法检两院工作报告，市政协“两个”决议和提案审查情况的报告（草案）等各项讨论情况的汇报。审议通过政协沧州市第十一届委员会第四次会议关于常务委员会工作报告的决议（草案）；审议通过政协沧州市第十一届委员会提案委员会关于十一届四次会议提案审查情况的报告（草案）；审议通过政协沧州市第十一届委员会第四次会议政治决议（草案）。决定将有关报告、决议草案提交全体会议通过。

第十五次会议 6月11日在沧州渤海新区召开。会议应出席87人，实到63人。市政协主席、副主席、秘书长出席会议。市政协主席宋有洪传达学习习近平总书记在出席全国“两会”政协经济界联组会上的重要讲话精神，市发改委有关负责同志就今年以来中央、省出台的支持重点项目建设相关政策进行专题解读。市委常委、市政府党组副书记和春军通报今年全市重点项目建设情况，渤海新区负责同志介绍新区港产城高质量融合发展情况，6名市政协常委、委员代表围绕“推进重点项目建设，推动经济高质量发展”交流发言。审议通过有关人事事项。

第十六次会议 9月22日在沧州召开。会议应出席87人，实到64人。市政协副主席薛泽通主持会议，市政协主席、副主席、秘书长出席会议。会议集体学习了习近平总书记在经济社会领域专家座谈会、纪念中国人民抗日战争暨反法西斯战争胜利75周年座谈会、全国抗击新冠肺炎疫情表彰大会上的重要讲话和对制止餐饮浪费行为作出的重要指示，王东峰书记来沧调研检查讲话，省政协工作经验交流会议，大运河文化带建设市委专题会议精神。市政府副秘书长、大运河办主任张建亭介绍今年大运河文化带建设情况，部分市政协常委、委员，住沧省政协委员代表围绕“加快推进大运河文化带建设”交流发言。

【专门委员会工作】

提案委员会

加强政治理论和政协知识学习。以习近平新时代中国特色社会主义思想为指引，深入学习贯彻中共十九届五中全会和市九届十次全会精神，深入学习党章党规，学习习近平总书记关于加强和改进人民政协工作的重要思想和关于提案工作的重要指示精神，提高提案质量。积极参加市政协机关“严细深实快”活动，不断改进作风，提高工作效率。开展提案网上交办活动。服从疫情防控的大局，建立和完善网上提案交办的运行机制，十一届四次全会立案的504件提案全部进行网上交办，实现了由面对面交办到网上交办的转变。开展优秀提案评选活动。充分发挥各专委会、市政协委员驻各县(市、区)活动组、各民主党派和工商联，以及各承办单位的力量，通过多个层次的推荐，突出民主与集中性，评选出20件优秀提案。开展专题协商活动。开展“加快渤海新区高质量发展，打造河海相济、动能强劲新增长极”专题协商，组织委员到渤海新区参观企业生产经营情况，向市委提出合理化建议。开展调研和专题视察活动。围绕“发展我市沿海经济”的课题，通过查阅文件资料，函询福州市、汕头市和珠海市等先进城市，全面深入了解沿海经济发展情况，并到渤海新区进行实地调查，召开专题座谈会，征求市发改委、市海洋局等相关部门的意见，最终形成专题调研报告。做好提案日常处理工作。对不予立案的提案，逐一与提案者及时沟通协商并书面告知，根据具体情况以意见和建议等形式转送有关部门参阅。对提案办理过程中出现的问题及时与市委督查室和市政府提案科协调解决，实现提案者和承办单位共同满意。

财政经济委员会

坚持以习近平新时代中国特色社会主义思想为指导，深入学习贯彻党的十九大和十九届二中、三中、四中、五中全会精神，认真落实市政协党组工作部署，统筹常态化疫情防控和履职工作，扎实开展“聚、防、促”活动，自觉围绕年初确定的各项工作任务，调动专委会和所属委员积极性，较好完成了各项工作任务。坚持政治理论学习。认真学习《习近平谈治国理政》第三卷，自觉用习近平新时代中国特色社会主义思想武装头脑、指导实践、推动工作。及时学习全国政协和省政协会议精神，增强做好政协工作的自觉性和主动性。积极参加市委“严细深实快”作风教育活动，按时完成各种规定要求。积极开展协商建言。聚焦全市经济发展热点、难点问题，精心选题、精细调研、精准建言，建言成果多次得到市委领导同志的批示及肯定，为促进全市经济发展发挥了参谋作用。及时反映社情民意。分别就疫情防控、加快复工复产、减轻农民负担等问题提出建议，其中关于“延长公园游园时间”的建议得到市委主要领导的批示，全市各公园随即落实，满足了市民的游园需求。积极组织委员开展活动。通过发送文件、微信、召开会议等多种形式，及时向委员传达全国政协、省政协重要会议精神，传达市政协常委会精神，传递政协重要工作开展情况。动员委员参加市政协“聚、防、促”活动。组织委员参加学习读书活动。做好省政协交办工作。按照省政协财经委的工作要求，紧紧围绕“强化投资拉动，推进项目建设”和“加快数字经济发展”开展专题协商和专项调研工作，及时向省政协财经委上报专题文字材料，为助推全省经济工作贡献沧州智慧和力量。

人口资源环境委员会

加强学习，提升履职水平。坚持以习近平新时代中国特色社会主义思想为指导，深入学习贯彻习近平总书记重要讲话和党的十九届五中全会精神，不断深化认识，把握核心要义、精神实质、实践要求；认真学习贯彻《人民政协章程》；组织委员开展读书学习活动，认真学习《习近平谈治国理政》第三卷，扎实开展“严细深实快”作风教育，进一步解放思想，改进作风，增强担当意识、创新意识和服务意识，以更高标准、更严要求推动工作上新的台阶。聚焦重点，深入开展专题调研。明确目标任务。先后与市农业农村局、发改委、科技局、财政局等部门研究交流，掌握了整体情况，找准了我市现代农业发展调研的重点和难点，在此基础上制订工作方案。成立调研组，就现代农业园区、果品加工、奶制品产业发展等情况进行深入细致调研，通过网络学习借鉴外地先进经验做法，获取了大量的第一手资料，形成了《关于我市现代农业发展情况的调研报告》。关注民生，积极建言献策。根据省政协“聚力量、防疫情、促发展”活动安排和市政协制订的相应工作方案，就我市粮食生产工作开展专题视察。实地入户考察了农村“气代煤、电代煤”工作和农厕改造项目，并就进一步做好农村人居环境工作积极建言献策。全力配合省政协开展专题活动。按照省政协人资环委开展“散煤治理”专项民主监督活动要求，积极与相关部门讨论研究，了解我市散煤治理工作现状及存在的问题，充分吸收来自各部门的意见，认真撰写调研报告并及时上报。根据《省政协十二届第十五次常委会大会发言征稿的通知》要求，围绕加快推进高标准农田建设开展调研，详细了解开展高标准农田建设的具体情况、取得的成果和经验、采取的措施和方法，结合疫情对粮食安全的影响，提出加快推进高标准农田建设的意见和建议，圆满完成了大会发言材料上报工作。

文化文史和学习委员会

加强政治理论学习，不断提升履职水平。委员会专职干部积极参加机关组织的各项学习活动，运用河北干部网络学院和学习强国等网络平台，不断强化自主学习，深化理论武装。通过微信平台，积极引导本委委员深入学习习近平新时代中国特色社会主义思想、党的十九大精神以及习近平加强和改进人民政协工作的重要思想，切实增强履职意识、提升履职水平。按照市政协“严细深实快”作风教育要求，把学习作为发现问题、思考问题、解决问题的过程，把学习成效体现到增强党性、提高能力、改进作风、推动工作上，始终保持工作热情和奋斗精神。组织开展重点调研，建言全域旅游发展。根据市政协2020年主要工作安排，认真开展加快推进沧州全域旅游发展专题调研。成立调研组，深入河间等地调查研究，通过实地考察、座谈交流和线上调研等方式，全面了解我市全域旅游工作情况，分析研究问题，学习借鉴先进地区经验做法，撰写了《关于加快推进沧州全域旅游发展的调研报告》，提出五个方面建议，呈报市委供领导决策参考。组织开展专题协商，助力大运河文化带建设。结合"对接运河国家文化公园建设方案，高质量推进大运河文化带建设"月协商活动，组织部分常委、委员，实地调研市区段大运河文化带建设情况，掌握第一手资料，撰写建言材料，形成了27份发言材料。精心编纂文史资料，传承弘扬历史文化。组织编纂《沧州红色记忆》资料丛书。认真履行主体责任，切实加强组织协调，严把政治关、史实关、文字关。多次与市委党史研究室联合召开编审工作会议，研讨各分卷编审工作；补充征集重要事件、重要人物、红色文化遗址等有关资料。经过全体编校人员团结协作合力攻坚，市、县两级协调联动密切配合，加班加点赶进度，精益求精保质量，最终形成14卷520余万字的送审稿。出版《沧州历代名人传》。为深入挖掘沧州历史文化，彰显名人效应，激发广大群众热爱沧州、奉献社会的热情，立足我市优秀历史文化的挖掘、继承、弘扬和传播，由河北人民出版社出版了《沧州历代名人传》一书，共收录沧州历代名人315位，计70万字，引起较好的社会反响。组织开展委员读书活动，提升能力凝聚共识。根据市政协党组(扩大)会议部署，在全体政协委员中开展了读书活动。起草了《市政协委员读书活动实施方案》及《推进意见》，建立了24个委员读书群组，实现全体委员读书活动全覆盖，并统一购置《梁家河》《长征》《新时代人民政协理论和实践研究》《习近平谈治国理政》第三卷，发放到每位委员手中。在读书活动中，委员们充分利用"政协委员之家"等平台进行集中学习或自学，坚持理论与实践相结合，读书与履职相结合，以读书提升履职能力、促进凝聚共识，并结合自身实际，学思践悟，撰写读书心得。搭建履职平台，积极建言献策。引导和推动本委委员，用好政协协商建言平台，充分履行职能、发挥作用。市政协十一届四次会议期间，委员们认真参加分组讨论，撰写提案34份，撰写《高质量推进大运河文化带建设》等大会发言3篇，就推动沧州经济社会发展提出意见建议。利用微信平台，发动委员围绕市委、市政府中心工作和群众关注的热点、难点问题，积极反映社情民意，其中《关于调整西部新城区道路名称的建议》被有关部门采纳，受到社会各界广泛赞誉。

教科卫体委员会

强化理论武装，保持正确政治方向。加强专委会干部学习。按照机关学习安排和要求，通过集体学习和个人自学相结合的方式，利用学习强国、河北干部网络学院等平台，认真学习习近平新时代中国特色社会主义思想，及时跟进学习习近平总书记最新重要讲话，进一步用党的创新理论武装头脑、指导实践、推动工作。扎实开展作风教育。按照市政协党组部署和要求，积极投身"严细深实快"作风教育，把握作风教育的总体要求、目标任务、具体步骤，强化理论学习、深入检视问题、切实剖析整改。广泛组织委员学习。结合开展调研、协商座谈等活动，编发委员学习材料，组织委员学习相关文件，增强委员建言献策的针对性和实效性。发挥政协优势，助力疫情防控工作。新冠疫情发生后，号召在不同战线工作的委员，立足本职岗位、勇于担当作为，为抗击疫情积极献计出力。按照机关统一安排，专委会一名干部与机关其他同志一道，历时两个月时间，深入到机关包联社区防控点做好疫情摸排、宣传引导、体温监测等工作，圆满完成了任务。聚焦主责主业，围绕大局协商议政。围绕“提升乡镇卫生院综合服务能力”开展专题调研。成立调研组，听取相关部门的情况汇报，实地走访，并通过网络学习福建福州、厦门、莆田、三明和山东临沂等地区的经验做法。在此基础上进行广泛协商讨论和研究，形成了调研报告，报送市委、市政府，供决策参考。围绕“加强体医融合，推进健康沧州建设”开展专题协商，形成《专题协商情况专报》报送市委、市政府，供决策参考。加强联系交流，汇聚履职工作合力。加强与省政协相关专委会的联系。配合省政协教科卫体委通过线上开展“卫生下基层，提高基层常态化疫情防控能力”活动和“科技下基层”活动，做好与我市各县(市、区)政协的沟通协调和督促工作。配合省政协在沧举办全省政协系统宣讲党的十九届五中全会和省委九届十一次全会中部片区专题会议，积极与省政协教科卫体委沟通，做好有关接待服务工作。加强与外地政协的联系。协调有关部门拟定学习考察路线、提供相关书面材料，做好有关服务工作。加强与市直部门联系。制订年度工作计划时主动征求相关部门的意见建议，请他们结合本单位工作，研究提出参考议题。

社会法制委员会

夯实理论基础，加强思想政治引领。巩固深化主题教育成果。把学习贯彻习近平新时代中国特色社会主义思想作为根本任务，持续强化理论武装往深里走、往心里走、往实里走。充分利用学习强国、干部网络学院等阵地，深入学习《习近平谈治国理政》第三卷等重要论述，努力掌握习近平新时代中国特色社会主义思想的核心要义、精神实质、丰富内涵和实践要求，不断提升理论素养，增强“四个意识”、坚定“四个自信”、做到“两个维护”。深入开展“严细深实快”作风教育。严格按照市政协的统一部署，深入学习相关资料，认真撰写学习笔记和学习心得，深入剖析存在的问题，如实填写个人检视问题清单。坚持把“严细深实快”贯穿工作全过程，工作精益求精，确保各项工作的圆满完成。积极议政建言，服务全市中心工作。聚焦民生实事开展督导视察。开展两区创城、老旧小区改造、中心城区垃圾分类等督导视察工作，积极履职尽责，为社会发展献计出力，让人民共享发展成果。开展“加快推进我市社区和居家养老工程”的调研和“聚力量、防疫情、促发展”活动。召开“气代煤、电代煤”专题协商会。从不同角度建言献策，形成协商成果，以市政协党组名义报市委。开展普法宣传，助推社会法制建设。利用电子屏、微信群及印发宣传资料等形式，组织政协机关干部和广大政协委员深入学习习近平总书记关于全面依法治国新理念新思想新战略和坚持总体国家安全观的重要论述。组织赴青县验收“七五”普法工作；邀请市司法局有关专家为政协机关干部进行宪法法律知识讲座；组织部分政协委员参加省“七五普法验收”座谈会；参加市检察院“群众信访件件有回复”座谈会等一系列普法相关工作。开展“民法典”宣传学习活动。把“民法典”纳入政协机关干部学习必修课，将学好、用好、宣传好“民法典”融入履职尽责的全过程。邀请市委党校有关专家在市政协党组（扩大）会议上为副处级以上党员干部做专题辅导。同时依托微博、微信、手机客户端等现代传播平台，通过文字、图片、视频等形式，在委员群开展灵活生动的宣传，大力营造尊法、学法、守法、用法的浓厚氛围，掀起学习“民法典”的热潮。参与市域社会现代化治理。积极参加市域社会治理座谈会，就如何在市域社会治理方面发挥政协委员作用进行深入探讨。结合政协系统职能定位，紧紧围绕试点创建，对照指标体系和工作指引，制订了《市政协办公室关于推进市域社会治理现代化试点工作的实施方案》，建立健全政协系统推进试点工作的组织架构。进一步完善平行、互动、多样的委员参与平台，组织引导广大政协委员就改革发展稳定重大问题，特别是事关人民群众切身利益的问题进行广泛协商，为提高市域社会治理系统化、社会化、精细化、法治化、智能化水平贡献政协力量。

民族宗教港澳台侨委员会

持续强化思想理论武装。始终坚持把强化理论武装，提高政治站位，作为增强“四个意识”、坚定“四个自信”、做到“两个维护”的中心环节，摆在更加突出的位置。围绕学习贯彻党中央和省委、市委重要会议精神，积极参加省政协常委会辅导讲座和市政协党组、机关党组、机关党委、机关党支部等组织开展的一系列集中性学习教育活动，切实把思想行动统一到党中央和省委、市委部署要求上来。不断强化自我修炼，利用“学习强国”平台、河北干部网络学院等，联系自身思想和工作实际，对党的创新理论，开展经常性、自主式学习教育。围绕市委部署开展的“严细深实快”作风教育，着力在“讲政治、守纪律、强本领、善履职”上下功夫，在锤炼“严细深实快”良好工作作风上求实效。努力抓好委员队伍的思想政治引领。按照省市政协部署要求，认真组织委员参加委员读书活动，发放推荐学习书目和学习资料，撰写读书体会。通过委员微信工作群，组织引导委员深入学习党的创新理论和习近平总书记关于加强和改进人民政协工作的重要思想。积极组织委员参加省政协成立70周年征文和市政协“我为‘十四五’规划献一计”活动。认真开展“严细深实快”作风教育。积极参加市政协党组、机关党组，机关党委、二楼党支部组织开展的相关教育活动，全力完成好部署安排的各项工作任务。坚持高标准高质量地完成调研任务，坚持从严从实检视整改问题，努力做到作风教育与解决思想政治问题相结合，与转变工作作风、提升履职能力相结合，与加强和改进委员会各项工作相结合，切实把作风教育成效转化为履职尽责、担当作为的工作激情和思想动力，转化为推动履职工作务实创新、提质增效的具体行动和实践成果。着重抓好重点课题调研。按照市政协主席会议年度重点课题调研工作安排，承担“创优人才政策措施，服务民企高质量跨越式发展”的重点课题调研，成立了专题调研组，开展了一系列扎实深入的调研活动，形成了《关于创优人才政策措施，服务民企高质量跨越式发展的调研报告》，经主席会议审议后，报市委、市政府。精心组织专题性协商议政。根据协商计划安排，围绕“建设文明乡风，助推乡村振兴”开展专题协商。形成情况报告，经市政协领导同意后报市委。中心城区老旧小区改造提升工作是市委、市政府实施的一项重大民生工程。宋有洪主席亲自带队视察监督，走进施工现场，查看工程建设，并与城管局等相关部门单位负责同志进行座谈交流。就如期完成改造任务、巩固拓展老旧小区改造成果提出意见建议。积极为解决群众操心事、烦心事、揪心事建言献策。积极动员委员为疫情防控尽责出力。新冠疫情发生以来，组织动员本委委员在做好自身疫情防控的前提下，积极投身疫情防控阻击战。疫情期间，共捐款 2.7 万元，捐赠物资折合人民币 7100 元。在战“疫”中彰显了委员的责任和担当，树立了委员的良好形象。

【重要会议、活动】

召开主题教育总结会议 1 月 19 日，市政协召开“不忘初心、牢记使命”主题教育总结会议，全面总结市政协主题教育开展以来取得的成效和经验，对巩固和拓展主题教育成果、落实全面从严治党要求进行再部署。主席宋有洪主持会议并讲话，副主席王彦珍、闫书林、薛泽通、郑新平、侯四清、王荣、梁振刚，秘书长姚洪纯出席会议。

【重要报告】

常务委员会工作报告(2020 年 1 月 15 日)(摘要)

2019 年工作回顾

坚持思想政治引领，在夯实共同思想政治基础上得到新加强。将开展好“不忘初心、牢记使命”主题教育作为重大政治任务，组织全市政协系统机关党员干部和部分政协委员到福建古田、贵州遵义开展“不忘初心、牢记使命”学习培训，为主题教育正式开展做好预热升温。成立由党组书记任组长的主题教育领导小组，制订实施方案，召开领导小组会议、部署动员会议等 11 次，研究推进措施，做到高标准部署、高质量推进。严格落实“学习教育、调查研究、检视问题、整改落实”贯穿始终要求，深入学习习近平新时代中国特色社会主义思想，认真组织学习规定篇目。开展问题检视整改，广泛听取建议，认真查找不足。对征求到的意见建议进行全面梳理，围绕 5 个方面 10 条具体问题，制订整改落实方案，召开主题教育专题民主生活会，建立清单台账，由党组成员对号入座认领，做到不折不扣、全面彻底整改到位。参加政协的各民主党派分别开展“不忘合作初心，继续携手前进”主题教育，通过组织集中学习研讨、专题讲座培训、理想信念教育等活动，进一步增强多党合作政治共识。认真学习贯彻中共十九届四中全会和中央政协工作会议精神。及时组织全市政协系统收听收看，召开党组会议、主席会议、常委会议、机关干部会议等 10 余次进行传达贯彻。召开政协党组理论学习中心组学习研讨会，政协党组带头学习重要讲话、学全会《决定》、学中央《意见》和省委《实施意见》，党组成员分别作专题辅导和研讨交流，以上率下做好表率。对照中央《意见》和省委《实施意见》，立足突出沧州特色，组织起草《关于新时代加强和改进人民政协工作的实施意见》。加强政协党的建设。把党的领导贯穿政协全部工作之中，自觉接受市委领导，严格执行市委各项决定，落实重大问题请示报告制度，做到重大事项主动报告、重点工作积极请示、重要事情及时反映，确保中央大政方针和省委、市委决策部署不折不扣贯彻落实。

坚持围绕中心履职，在发挥专门协商机构作用上取得新突破。科学谋划全年协商计划，将协商活动寓于履职工作各环节，整体形成以全体会议为龙头，以专题议政性常委会议、专题协商会议为重点，以月协商会为常态的协商议政格局。全年共开展各类协商议政活动60余次，协商已经逐渐成为沧州政协履职“主旋律”。更加注重调研协商。围绕全市中心工作研究确定8篇重点调研课题，并实行主席牵头负责制，每位班子成员认领一个调研课题，成立专题调研组，制订调研方案，带头深入基层一线摸实情，奔赴先进地区学经验，形成加快科技型中小企业发展、优化主城区教育资源配置、美丽乡村长效机制建设、推进城市生活垃圾分类、加快高标准农田建设、临港产业高质量发展等多篇有价值、有分量的调研报告，提出意见建议160余条。

坚持履职为民宗旨，在推动民生改善上彰显新担当。紧紧围绕市委、市政府确定的16件民生实事，认真开展水系生态修复、医疗便民、老旧小区改造提升等7项专题监督视察活动，发挥协商式民主监督优势，综合运用多种监督形式，积极引导委员深入基层、深入群众开展调研，提出意见建议40余条，着力解决群众的操心事、烦心事、揪心事，协助破解了一大批民生难题。积极为群众办实事。倾心助力脱贫攻坚，多次召开主席会议研究扶贫工作，每位主席分别深入到县、乡和包联扶贫村进行调研指导，协调解决产业发展、民生保障等方面问题。市政协机关精心选派优秀干部驻村帮扶，宣传扶贫政策，制订帮扶计划，协调帮扶资金，解决村民生产生活难题，帮助贫困户全部实现稳定脱贫。深入开展同心携手助力扶贫攻坚行动，民革、民盟、民建、民进、农工、九三学社以及工商联深入基层开展法律援助、免费义诊、博爱牵手等活动，向贫困群众捐赠生产生活物资，受惠群众达3万余人。市政协助力脱贫攻坚的典型做法在《人民政协报》头版头条予以刊登。围绕办好主城区学前教育、小区消防通道整治、加强电动汽车管理等方面，组织政协委员深入基层实际了解民意，积极反映群众诉求。全年共征集社情民意信息300余条，经归纳整理向市委、市政府报送40期，提出了一系列接地气、顺民意的对策建议。

坚持广泛凝聚共识，在汇聚智慧力量上展现新作为。认真开展系列庆祝活动。组织各界别委员收听收看庆祝新中国成立70周年大会和文艺晚会，开展对中国共产党历史、统一战线历史、人民政协历史的学习研讨，夯实团结奋斗的共同思想政治基础。举办“永远跟党走，共筑中国梦”书法篆刻美术摄影作品展，展出书法、美术、摄影等作品185件。营造合作共事良好氛围。实行党组成员联系民主党派、工商联和党外代表人士制度，将政协党组理论学习中心组学习扩大到党外副主席。加强与党外知识分子、非公有制经济人士、新的社会阶层人士的联系，认真落实党组成员包联宗教知名人士制度，编印《政协宗教工作手册》，及时关注民族宗教界人士呼声。积极开展内外联系交流。协助全国政协调研组深入大运河沧州段开展调研视察。配合省政协主席叶冬松等同志围绕做好新形势下政协工作进行调研，市政协许多亮点特色工作得到高度评价。做好文史资料征编工作，认真开展《沧州红色记忆》资料丛书分卷编纂，即将出版《沧州历代名人传》，有效发挥文史工作“存史、资政、团结、育人”重要作用。

坚持抓好自身建设，在提高政协履职水平上迈出新步伐。带头抓好理论武装，不断完善学习制度，依托常委会会议和履职活动抓好经常性学习，开展集中学习培训，进一步打牢做好新时代政协工作的思想理论基础。带头围绕中心履职，坚持一线作为，聚焦全市重点工作，精准选题、精心调研、精彩建言，踊跃参加各类协商履职活动，在沧州经济社会发展的第一线献计出力。对现有制度进行全面梳理，修订完善《常务委员会工作规则》《关于加强和改进市政协委员学习工作的实施意见》《视察工作条例》等15项制度，制定出台《全体会议工作规则》《提案开门办案实施意见》等7项制度，并对发文、办会、调研、接待等各项工作程序进一步规范。强化委员学习培训，教育委员进一步明确新时代人民政协是什么、干什么、怎么干，不断提高政治素质和协商民主专业能力。推广"政协委员之家"经验做法，更好发挥委员团结引领界别群众作用，让委员履职尽责有平台、联系群众有渠道、宣传政策有阵地。着力打造模范机关。深入开展主题教育和"三深化、三提升"活动，结合政协工作实际，积极主动参加文明城市创建、清理荒草优环境等全市开展的各项活动，推动政协履职在服务全市工作大局中发挥重要作用，以活动开展的实际成效树立政协良好形象。扎实推进"两学一做"学习教育常态化制度化，深化机关作风纪律专项整治，严格执行中央八项规定和实施细则，落实好日清日结、考勤打卡等制度，组织机关干部到沧州监狱开展现场警示教育，支持市纪委监委派驻纪检组履行监督职责，力戒形式主义和官僚主义，以一流作风、一流标准、一流业绩，努力打造学习型、服务型、效能型、和谐型、廉洁型模范机关。

2020年着力做好五个方面工作

一是牢牢把握好正确的政治方向。二是充分发挥好专门协商机构作用。三是广泛凝聚好团结奋进的人心力量。四是持续完善好政协履职制度。五是着力强化好委员的责任担当。

【组织概况】

市政协主席、副主席、秘书长名单及变动情况

主　席

宋有洪

副主席

刘兆印

王彦珍(女，回族)

闫书林

薛泽通

郑新平

侯四清

王　荣(女)

梁振刚

秘书长

姚洪纯

县(市、区)政协主席名单及变化情况

任丘市

主　席　　冯好乾

河间市

主　席　　叶连智

泊头市

主　席　　马德华

黄骅市

主　席　　贾兆德

肃宁县

主　席　　魏建岭

献　县

主　席　　刘国清

吴桥县

主　席　　张清辉

东光县

主　席　　李翔业

南皮县

主　席　　李树东

青　县

主　席　　陈建中

沧　县

主　席　　董永盛

孟村回族自治县

主　席　　刘国法(回族)

盐山县

主　席　　吴忠孝

海兴县

主　席　　刘国生

运河区

主　席　　陈　宽

新华区

主　席　　徐建伟

沧州市各级政协组织和委员人数

市级政协1个,县(市、区)政协16个,合计17个;市级政协委员488名,县(市、区)政协委员3258名,合计3746名。(截至2020年底)

政协衡水市委员会

【全体委员会议】

六届四次会议 中国人民政治协商会议衡水市第六届委员会第四次会议，于2020年1月16日至18日在衡水市举行。市政协六届四次会议应出席委员393名，实际出席委员379名。会议听取和讨论了市委书记王景武代表中共衡水市委在大会开幕时所作的重要讲话。会议审议并批准李洪林主席代表政协衡水市第六届委员会常务委员会所作的工作报告，审议并批准牟景山副主席代表政协衡水市第六届委员会常务委员会所作的提案工作报告；听取并赞同吴晓华市长所作的政府工作报告，赞同衡水市中级人民法院工作报告、衡水市人民检察院工作报告以及其他报告。

【常务委员会会议】

第十七次会议 于2020年6月30日召开。会议议题5项：一是传达学习了传达学习全国“两会”精神及有关会议精神；二是审议通过《政协衡水市委员会有关专门委员会更名的决定》；三是审议通过了有关人事事项；四是审议通过了《关于加快推进我市重点项目建设情况的调研报告》；五是市政协主席李洪林讲话。

第十八次会议 于2020年9月28日召开。会议议题：一是市委常委、市政府常务副市长王伟通报了2020年以来全市经济运行情况；二是协商通过了市政协教科卫体委员会《关于我市职业教育发展情况的调研报告》；三是协商通过了市政协人口资源环境委员会《关于我市农村生活水源置换情况的调研报告》；四是传达学习了全国地方政协工作经验交流会、河北省政协工作经验交流会精神；五是协商通过了有关人事事项；六是市政协主席李洪林讲话。

【专门委员会工作】

提案委员会

一、夯实工作基础，提高提案质量。加强选题引导。印发《致全体市政协委员、政协各参加单位的一封信》和《提案参考题目》寄发给政协各参加单位及全体市政协委员，引导委员精准调研，明确撰写提案方向。加强示范引领。把民主党派提案作为征集重点，积极发动民主党派参与提案撰写，全会召开前下发《关于做好市政协六届四次会议集体提案征集工作的通知》，协调各民主党派“早谋划、早部署、早调研、早落实”。加强立案审查。健全完善全会期间初审、复审、终审制度，从源头上确保了提案质量。及时进行交办。会同市委、市政府办公室及时对提案进行交办，印发关于做好政协六届四次会议提案办理工作的函，对承办单位提出明确要求。严格审阅把关。按照要求，提案主办件、会办件已按规定时限办理完毕，对办复的提案答复件随到随审，并将其中一些不符合办理要求的，及时退回原承办单位责成其进一步重新办理答复。

二、强化办理协商，提升办理实效。(一)市政协领导领办重点提案。依据《重点提案遴选与督办办法》，筛选出10件事关全局的提案做为重点提案，由主席、副主席、秘书长分别牵头进行督办。(二)各专门委员会归口督办提案。印发《关于做好2020年提案督办工作的意见》，将立案的376提案按照分口协商原则分解到各委室负责督办。(三)开展提案督办协商。《关于拓宽改造主城区丰泽街(南段)的建议》(38号)重点提案的落实到桃城区进行现场督办、协商。(四)政协常委会听取提案承办重点单位汇报成为常态。为推进提案办理协商，促进提案的有效落实，市政协六届十九次常委会议，将听取市发改委和市城管执法局两个提案承办重点单位对六届四次会议以来在提案办理过程中，完善工作机制、明确办理程序、注重办案实效等方面工作汇报。（五）开展优秀提案、先进承办单位和先进承办个人评选工作。筛选出了 20 件优秀提案、10 个先进承办单位和 20 名先进承办个人，印发了《关于表彰 2019 年度优秀提案、先进承办单位和先进承办个人的决定》（衡协发〔2020〕1 号），为提升提案质量和办理质量树立了鲜明导向。

三、创新方式方法，提升提案工作治理能力。一是针对新冠病毒疫情给社会带来的重大影响，先后下发《关于疫情防控期间征集企业复工复产提案的通知》和《关于在"聚力量、防疫情、促发展"活动中做好政协提案征集工作的通知》，征集到相关优秀提案 18 件。二是为争取国家对衡水发展新政策，组织编写《关于疫情防控常态化背景下加大对相关基础设施投资支持力度的建议》《关于支持衡水滨湖新区建设承接非首都功能疏解"微中心"的建议》《关于支持衡水打造京津冀区域交通物流枢纽的建议》等 8 件提交省政协报国家提案。三是研究开发"衡水市政协提案掌上通"手机 APP，大大提升了政协提案办理质量和办理速度。

四、加强自身建设，提升服务水平。一是建立健全提案工作规范化、标准化运转机制。从提案内容、编写格式、审核立案、交办程序、承办制度、协商方法、督办方式、答复形式等 8 个方面建立规范文本；从提案征集、审查、交办、督办、协商等 5 个环节建立标准流程，畅通提案协商体系和机制。二是深入到枣强、故城、冀州、桃城等县区，就在新形势下如何做好提案工作，实现提案质量、办理质量和服务质量"三提升"和疫情防控常态情况下如何开展提案工作云办公等进行交流和学习。三是创新改版《衡水日报》"委员议发展，承办重落实"专栏，对影响较大的优秀提案和承办单位办理提案的好做法、好经验，进行重点宣传报道，刊登优秀提案 10 篇，并报送省政协提案委员会在《河北提案工作》刊发。

财经委员会

一、开展"关于加快推进我市重点项目建设情况"重点课题的专题调研。听取政协委员、相关部门、项目责任人意见建议，认真了解我市重点项目建设的现状、存在的问题，并通过网络手段，学习先进地区经验做法，在充分调研、认真分析的基础上，形成了《关于加快推进我市重点项目建设情况的建议案》的报告，报送市委市政府后，市委市政府主要领导和分管领导都作出了明确具体的批示。

二、组织"十四五"规划专题协商。组织政协常委委员和政协参加单位分别进行调研，开展"我为'十四五'规划编制献一计"活动。35 位常委委员和政协参加单位提交了高质量的调研成果，提出了有价值的意见建议 176 条。召开"十四五"规划专题协商议政会议，邀请市委常委、常务副市长王伟同志出席会议并作指导报告，同时，市发改委、市工信局、市科技局、市商务局、市行政审批局等相关部门负责同志到会听取意见建议。会后形成专题报告，市委市政府主要领导和分管领导都作出了明确具体的批示。

三、积极开展委员视察活动。组织部分市政协常委、委员和市直有关部门负责同志，就加快项目建设、推动经济社会高质量发展到故城县进行专题视察。

详细了解项目概况、项目建设进度以及项目建成后的经济和社会效益等情况，并提出意见建议。

四、凝聚共识，双向发力。积极对接格局商学衡水分院，携手人民教育开展“委员讲堂”抗疫助企线上培训活动。在疫情防控期间，通过委员微信群进行课程推送，为政协委员企业送政策、送技术、送管理，引导委员利用疫情防控期间充裕的时间，学习政策理论知识，强化自身素质、提升履职能力。共推送视频课程、直播课程百余节，省、市、县三级政协委员1600多人次参与培训，并带动企业及企业管理人员7000多人次参与学习，进一步增强了广大政协委员的凝聚力，向心力和工作活力，为推动我市经济社会高质量发展汇聚了智慧和力量。

五、积极开展提案督办协商工作。就“加快重点项目建设推进衡水经济高质量发展”及“深安饶”协作发展的建议提案，到安平县、深州市、故城县、枣强县调研并分别召开了座谈会，深入了解了各企业和部门在重点项目建设上遇到的困难和问题。提案委员和承办单位面对面进行协商，提案者对提案办理情况表示满意，收到了良好的效果。

教科卫体委员会

一、就衡水市职业教育发展情况进行专题调研。先后深入到饶阳县、深州市、武邑县、枣强县和衡水职业技术学院、衡水科技工程学校、衡水卫校进行实地调研；赴江苏省盐城市、淮安市、连云港市和山东省临沂市进行了学习考察，学习借鉴外地先进经验。并组织召开了由市教育、发展改革、人社等部门，部分县市和部分职业技术院校参加的专题协商座谈会。调研报告经市政协六届十八次常委会议协商通过，形成《关于我市职业教育发展情况的建议案》报送市委市政府，市委市政府主要领导给予重要批示，部分意见建议被有关部门采纳。

二、就京衡中医药协同发展“名片”工程落实情况进行专题协商。实地察看了市中医医院和市第二中医医院，并与市政府主管部门进行了专题协商座谈。通过协商达成许多共识，并提出了一些建设性意见建议。市卫健委负责同志表示将认真研究吸纳本次专题协商座谈会提出的意见建议，全力推动京衡中医药协同发展“名片”工程合作项目落地实施，把京衡中医药合作做好、做大、做强，真正实现优质医疗资源共享。

三、聚焦民生热点问题，开展监督性视察。就全民健身活动开展情况进行监督性视察。实地了解全民健身工作开展情况，并听取了市体育局关于我市全民健身工作情况的汇报。市体育局有关负责同志听取委员意见建议，表示将在下一步工作中认真研究和落实。

四、以活动为载体，为夺取疫情防控和经济社会发展双胜利贡献政协力量。一是拟定了《市政协促进“互联网＋医疗”协同调研工作方案》《市政协教科卫体委员会发展教育卫生健康事业调研协商工作方案》，成立了市政协促进“互联网＋医疗”协同调研工作小组和专题调研组，积极推进“聚防促”活动开展。二是扎实推进“三送一解一增一促”活动深入开展，助力复工复产，对包联的7家市直委员企业和7家住桃城区市政协委员企业进行了走访座谈，并详细了解企业的生产经营情况及需协调解决的困难问题。三是发挥优势为疫情防控献计出力，通过政协履职平台和所在部门单位等途径建言献策、捐款捐物、筹集募捐急需的防疫器械和各类物资等，为医疗战线和广大人民群众提供了各种形式的帮助。18名医疗界委员，积极发挥自身优势，主动请缨，带头投身疫情防控主战场。

五、加强联系密切配合，交流互通相互促进。配合省政协开展“互联网＋医疗健康”专题调研和卫生下基层、科技下基层活动。

六、就“加强慢性病防控助力健康衡水”开展提案办理协商。

七、弘扬中华优秀传统文化，拟编纂出版《中华名翰——侯店毛笔》一书。制定该书编纂出版方案，成立编委会，商定写作框架，明确任务分工，预计明年6月可正式出版。

八、积极开展科技卫生医疗下乡活动。与市科技局、市科协、市卫健委、市体育局等相关部门协调联系，为市政协帮扶村阜城县阎庄村、北孟村申请卫生、科技科普资料5000余份，充实农村书屋图书1000余册，健身活动用品30余套，受到了广大群众的欢迎。

社会法制民族宗教委员会

一、深入调查研究，认真组织开展好专题协商。就主城区城市规划建设及《中华人民共和国城乡规划法》贯彻落实情况开展专题协商，邀请市直7个相关部门和部分县市区负责同志召开专题协商会，并结合疫情防控开展了微信组织发动、网络调研考察、线上线下学习交流、电话信函沟通联络、学习《城乡规划法》、撰写发言材料等一系列工作，带领部分委员和相关部门负责人深入到桃城、冀州等四区进行了实地调查研究、召开座谈会，掌握大量第一手材料，收集意见建议12条，形成《关于主城区城市规划建设及〈中华人民共和国城乡规划法〉贯彻落实专题协商情况专报》。《专报》呈报市委市政府后，引起市委、市政府高度重视，主要领导和分管领导均作出了重要批示。

二、开展专项视察，促进工作落实。就我市“雪亮工程”建设情况进行专项视察。视察组认真听取市公安局“雪亮工程”建设工作汇报，实地察看了“雪亮工程”中有关视频监控、智能预警、定位导航等建设网点。政协委员们对我市“雪亮工程”建设取得的成效给予充分肯定，同时建议：一是充分发挥作用，加大整合和共享资源的力度，促进智慧城市建设；二是纵深推进，努力实现治安防控“全覆盖、无死角”。三是做精做细，要做好短、长期规划，建立严格的监督管理运用机制和后期管理维护评估使用长效机制，确保以高质量、强技术、好手段做好防控系统建设，使“雪亮工程”智慧平台发挥最大效益。

三、加大提案督办力度，提高提案办理质量。就“加强小区消防通道管理，保障人民群众生命财产安全”和《关于解决市区交通拥堵问题的几点建议》进行协商督办，围绕群众反映强烈的交通拥堵、社区建设、小区消防通道、养老设施建设等热点、难点问题重点督办，组织提案人和承办、会办单位实地视察、召开座谈会，共同研究分析，积极探索提案办理协商新思路，促进政府相关部门提高了提案办理质量。共督办提案62件，涉及公安、人社、民政、城管、民族宗教等十几个部门，提案办结率和满意度均达到100％。

四、加强同民族宗教部门的联系，积极开展相关工作。一是加强与市直对口单位联系，及时了解全市民族和宗教工作的基本情况，掌握民族宗教工作的新动态、新发展。二是积极组织民族宗教界委员参与调研、视察等活动，加强政治理论和民族宗教政策条例的学习引导，提高他们的政治意识、大局意识。三是积极探索开展民族宗教工作的新思路、新方法，为促进民族和睦、宗教和顺、社会和谐献计出力。

五、与企业届委员加强联系，共促经济发展。对包联的7家市直委员企业和9家驻景县市政协委员企业进行对接，及时宣传国家和省、市出台的支持企业复工复产、达产达效主要支持政策措施，对企业在疫情防控、复工复产和达产达效方面存在的问题及时帮助解决和工作指导。包联的16家委员企业已全部复工复产，基本实现达产达效。

六、积极配合省政协开展调研、视察等工作。积极协助省政协社法委完成了“促进企业复工复产”、“促进消费潜力释放”在我市的专题调研课题，整理上报调研材料2份，调研走访企业22家，发放调查问卷22份。

文化文史和学习委员会

一、扎实开展“聚、防、促”活动、“三送一解一增一促”分包联系委员企业活动和“走万企、帮千家、保民生、促发展”活动。实地走访企业，了解企业困难，为企业送政策想办法，助力企业复工复产。积极与政协委员联络，通过微信等方式推送抗疫倡议书、疫情防控相关知识，并征集上报委员支援抗疫先进事迹，共向省政协报送征集抗疫事迹材料73篇。积极响应市委、市政府号召，组织政协委员参与“民营企业赶大集”活动。本专委会委员、衡水学院董子学院院长魏彦红立足自身文化优势，组建了阵容强大的专家服务团队，以传统国学文化为企业提振士气，为中小企业的复工复产提供文化的支持，助力民企顺利度过难关。

二、于9月19日至20日，成功举办2020中国·衡水董仲舒与儒家思想国际学术研讨会暨第三届“董子杯”全国书法大展。

三、编辑出版《衡水记忆》画册。

四、委员学习培训工作平稳推进。认真谋划制定《关于加强委员读书 建设“书香政协”活动的实施意见(试行)》、《政协委员学习培训工作意见》，从指导思想、总体目标、培训内容、培训形式、任务分工、工作要求等6个方面，对委员学习培训工作进行了细化，使委员学习培训工作有了较为具体的实施方案。

五、积极参加京津冀政协委员书画摄影展。组织文化文史界委员积极参加由省政协联合北京市、天津市政协共同举办的京津冀政协委员书画摄影展，作品质量上乘，得到省政协肯定和表扬。

六、研究谋划建设文史馆。为挖掘保护好衡水历史文化资源，进一步发挥政协存史、资政、育人作用，拟筹建衡水市政协文史馆。为高标准建设好文史馆，先后赴山东滨州、东营等地考察学习文史馆建设先进经验和做法。

人口资源环境委员会

一、开展双月协商活动。就我市主城区排水系统综合整治工作开展双月协商，深入到市区前进街迎宾河、人民路中心街路口、和平路排水改造现场，实地察看了施工现场沟槽开挖、施工围挡、路面恢复等情况。召开专题协商座谈会，观看《衡水市区黑臭水体治理工作纪实》专题片，听取了市城管综合行政执法局、市水利局负责同志相关工作开展情况的介绍。委员们发言踊跃、气氛热烈，并提出了许多有价值的意见建议，协商成果丰硕，会后形成关于《我市主城区排水系统综合整治工作专题协商》的专报，报送市委、市政府，得到党政领导高度重视，并作出批示。此次协商活动，5 月 12 日被人民政协网作为经验给予了报道。

二、开展视察活动。一是组织部分市政协常委、委员和市水利局、市农业农村局、衡水水文水资源勘测局等相关部门负责同志，就我市地下水超采综合治理工作到武邑县进行视察，形成《关于对我市地下水超采综合治理工作视察情况的报告》。二是就《衡水湖湿地保护与发展的建议案》办理落实情况开展视察。视察组一行实地察看了位于湖区的顺民庄拆迁点、北八里拆迁点、衡水湖南关入水口、王口闸入湖口，详细了解市政协建议案中提出的“建立科学补水机制、推进湖区村庄生态搬迁、加强湿地保护与监测研究”等 8 项建议的办理落实情况。在随后召开的专题座谈会上，认真听取了滨湖新区管委会等相关部门负责同志的情况介绍，并就《建议案》中的有关问题落实情况进行了协商。形成《关于〈衡水湖湿地保护与发展的建议案〉办理落实情况的视察报告》。三是就土壤污染防治和危险废物管理工作开展情况进行视察，听取了企业负责人关于危险废物环境管理情况的汇报，详细了解危废产生、收集、运输、处置等管理要点及申报登记情况。并形成了视察报告。

三、开展专题调研活动。一是就衡水市农村生活水源置换开展专题调研，先后深入深州市和景县，实地察看深州市深州水厂和景县王谦寺水厂、桑德水厂，并与市水利局和县(市)政府的有关负责同志进行协商座谈，达成了很好的协商意见，取得了积极的协商成果，形成《关于我市农村生活水源置换情况的建议案》。二是协助省政协围绕“国家和省加强散煤污染整治工作部署落实情况”等三个方面的主要内容开展调研，形成《关于我市“加强散煤治理”工作开展情况的调研报告》。

四、对包联委员企业开展“三送、一解、一增、一促”活动。到市政协常委张中满的河北纳森空调有限公司，实地察看了企业产品展厅和生产车间，详细了解企业的生产经营情况以及发展中遇到的困难和问题，并与住枣强的 5 名企业界市政协委员进行座谈交流。

五、对学习宣传贯彻全国“两会”精神和“聚、防、促”活动开展情况进行督导调研。到阜城县，就学习贯彻全国“两会”精神、落实中央和省委、市委政协工作会议精神、“聚、防、促”活动和“三送一解一增一促”活动开展情况以及叶冬松主席关于解决县(市、区)政协“两个薄弱问题”讲话精神和市委常委会提出的具体要求落实情况，进行督导调研，实地查看了河北阜航玻璃制品有限公司、河北双荣食品有限公司、河北润新包装制品有限公司、阜城县前进汽车灯具有限公司、恒通制衣有限责任公司、华兴服装有限公司等 6 家企业并召开了座谈会，询问了企业的经营发展情况，面临的困境和难题，共同商讨应对措施。

农业和港澳台侨外事委员会

一、认真开展“法治乡村建设”重点课题的专题调研。调研分三个步骤进行：(一)成立法治乡村建设调研组，学习研究有关政策，提高参与调查研究的能力，提升建言献策水平，为搞好这次专题调研夯实理论基础。制定了调研方案，确立了调研内容、调研重点、调研方式、调研范围、调研顺序以及调研对象等详细内容。(二)到阜城县、饶阳县开展实地调研，摸清我市法治乡村建设现状。11 月 16—21 日组织调研组成员赴浙江省学习先进地市法治乡村建设经验做法，对标先进，取长补短，扎实推进我市法治乡村建设。（三）召开座谈会。组织调研组成员和部分乡、村干部，村民代表召开座谈会，在掌握一手资料的基础上，围绕调研课题开展互动交流，通过探讨、协商，认真分析情况，查找出存在问题。通过座谈深化认识，凝聚共识，建言献策，提出切实可行的对策和建议。

二、认真组织外资企业发展情况专题协商。为有效应对疫情冲击，助力我市经济实现高质量发展，组织部分市政协常委、委员，和市发改委、商务局等有关部门就当前疫情常态下外资企业发展情况，深入中粮生化能源（衡水）有限公司、河北凯德生物材料公司，桃城区衡美纱线有限公司、衡水恒星体育用品公司等4家外资企业调研并召开座谈会，对各相关部门在疫情期间支持企业复工达产工作等情况开展专题协商。

三、积极开展委员视察活动。就脱贫攻坚工作到武强县、深州市视察，为破解脱贫攻坚难题出实招献良策，贡献出政协力量。

四、圆满完成省政协交办的各项工作任务。配合省政协就“现代都市型农业发展”“提高农作物秸秆和畜禽养殖废弃物资源化利用率”和海外侨胞代表在衡企业复工复产情况开展调研考察。

五、积极开展提案督办协商工作。围绕“加快推进老旧小区改造”主题，深入开展调研，找准短板，精准建言。创新提案督办模式，采用与基层、群众面对面的形式，邀请市政府及有关部门与市政协委员、群众代表等共商共议，提出可行性意见建议，加快推进老旧小区改造，提高老百姓幸福指数。

【重要会议、活动】

2020年，除召开的全会、常委会议外，在市委的正确领导和市政府的大力支持下，于2020年9月19日至20日，成功举办了“2020中国·衡水董仲舒与儒家思想国际学术研讨会”和第三届“董子杯”全国书法大展（简称“一会一展”）。

研讨会由政协衡水市委员会、中华孔子学会董仲舒研究委员会、中国实学研究会以及河北省董仲舒研究会共同主办，衡水学院承办。9月19日上午举行会议开幕式，市委书记赵革出席会议并致辞。来自全国各地从事董仲舒及儒学研究的知名专家学者共计40余人参加会议，围绕“董仲舒儒家思想的现代转化与文化衡水建设”主题进行了研讨。本次国际学术研讨会共收到论文96篇，并辑印成册。根据论文主题安排了两场主旨演讲、8场分组讨论，现场发言40多人。

9月20日，由河北省书法家协会和政协衡水市委员会主办，衡水市书画院、衡水市书法家协会承办，衡水中国书画博物馆、衡水董子学院协办的第三届“董子杯”全国书法大展在衡水中国书画博物馆隆重开幕。市长吴晓华宣布展览开幕。河北省政协副秘书长马誉辉，中书协副主席、河北省书协主席刘金凯，市政协主席李洪林，中书协理事、河北省文联副主席、河北省书协驻会副主席兼秘书长刘月卯，以及来自全国各地从事董仲舒及儒学研究的知名专家学者出席开幕式。展览面向全国征稿，征稿启事自2020年5月6日发布以来，共收到来自全国30个省、自治区、直辖市和台湾省、澳门特别行政区，以及新加坡、马来西亚、加拿大等国家和地区的作品共计5129件。收稿数量较往届大幅提高，且居今年以来面向全国征稿的同类书法展首位。

【重要报告】

常务委员会工作报告(2020 年 1 月 16 日)(摘要)

2019 年工作回顾

一、深化理论学习,团结奋斗的共同思想政治基础更加牢固

常委会把加强学习作为思想政治建设的基础性工作来抓,建立完善以市政协党组理论学习中心组为引领,主席会议、常委会议集体学,专家专题报告辅导学和委员集中培训学相配套的制度体系,组织政协委员和机关干部认真学习习近平新时代中国特色社会主义思想,学习中共十九大、十九届二中三中四中全会精神,学习中央和省委、市委政协工作会议精神。在学习中,提倡“三个结合”,即:把加强理论学习与恪守理想信念、坚定政治立场紧密结合;把学习基本理论与学习政协业务和履职专业知识紧密结合;把钻研理论知识与探索新形势下出现的新情况、新问题紧密结合,使委员的工作思路、工作方式与新的时代要求相适应。全年共组织举办专题讲座、学习研讨、委员培训等各类形式的学习活动 100 余次,参加学习培训人员达 9000 人次,实现了学习教育的规范化、常态化、全覆盖。通过系统学习,学出了坚定信念、学出了履职担当、学出了创新活力,为做好新时代政协工作奠定了坚实的思想政治基础。

二、坚持党的领导,政协党的建设全面加强

认真贯彻落实市委政协工作会议精神和《中共衡水市委关于加强新时代人民政协党的建设的实施意见》,始终坚持在市委的领导下开展工作。注重发挥政协党组把方向、管大局、保落实的重要作用,着力加强政协党的基层组织建设。成立机关党组,加强机关党委和专委会党组织建设,形成上下贯通的组织体系,强化政治功能,推动实现党的组织对党员委员的全覆盖、党的工作对政协委员的全覆盖。认真落实党组全面从严治党主体责任,全力支持市纪委派驻政协机关纪检监察组工作,不断推进全面从严治党向纵深开展,努力营造风清气正的良好政治生态。

扎实开展“不忘初心、牢记使命”主题教育。按照“守初心、担使命、找差距、抓落实”的总要求,把学习教育、调查研究、检视问题、整改落实贯穿始终,实现了理论学习有收获、思想政治受洗礼、干事创业敢担当、为民服务解难题、清正廉洁作表率的具体目标。

三、服务发展大局,协商议政质量显著提升

常委会认真贯彻新发展理念,聚焦市委、市政府“一三五十”总体部署,坚持把推进衡水市经济社会高质量发展作为资政建言的主线,从政协的优势和特点出发,围绕优化营商环境、加大科技创新和招商引资力度、服务和承接雄安新区产业转移、推进现代都市农业等 15 个方面的调研视察和协商课题,以常委会议、主席会议、专题协商会议为平台,开展各类协商议政活动 60 余次,形成常委会建议案或专项报告 20 件,提出意见建议 120 余条,为党政决策提供了科学依据。

聚焦推进我市民营经济高质量发展,我们成立专题调研组,注重发挥“专家、专业、专长”的优势,先后深入到深州、景县、故城等 6 个县市区 30 余家企业进行调研,并赴福建泉州、宁德和浙江温州、台州等先进地区学习考察,就发挥骨干龙头企业产业带动作用、提升科技

创新能力、破解要素瓶颈制约、企业家队伍建设等6个方面，组织召开专题协商座谈会10次，提出26条有针对性的意见建议，经市政协六届十三次常委会议审议报送市委市政府。

贯彻市委市政府关于举全市之力抓好衡水湖保护与发展的总体要求，我们组织精干力量，先后多次深入到衡水湖湖区进行调研，围绕理顺管理体制机制、生态补水缺口、湖区村庄搬迁等一系列问题，组织相关部门召开座谈会，并赴内蒙古呼伦湖国家级自然保护区进行学习考察，查找突出问题20条，提出意见建议13条，经市政协六届十四次常委会议审议，形成建议案报送市委市政府。市长吴晓华同志批示：此份建议案很有价值。请市委市政府分管领导和桃城、冀州、滨湖新区的负责同志认真学习借鉴，推动市委这一重大决策部署的落实。

同时，配合全国政协和省政协，分别就加强基层社会治理、加快社会诚信体系建设、地下水超采综合治理、促进农村学前教育普惠健康发展等12个课题开展调研，组织召开座谈会30余次，征求意见建议近百条，使一些事关衡水长远发展的问题得到省领导的重视和支持。市政协领导班子成员积极参加全市重点项目建设、乡村振兴发展、衡水湖生态文明国际交流会、世界冀商大会等重大活动，强化担当，积极作为，帮助协调解决具体问题，有效助推了全市重点工作的开展。

四、加强思想引领，社会各界智慧力量进一步凝聚

常委会坚持把加强思想政治引领、广泛凝聚共识作为履职工作的中心环节，充分发挥人民政协协调关系、汇集力量的优势，着力做好团结各界、凝聚人心的工作。一是在学习教育引领中凝聚共识。组织政协各参加单位和政协委员收听收看新中国成立70周年庆祝大会实况，赴延安接受革命传统教育，开展“恪守政协初心、立足岗位履职”主题征文活动，参加全市庆祝新中国成立70周年歌咏大会，完成“河北省政协70年记述”在我市的组稿任务，回顾光辉历程，宣传履职实践，激发委员热爱祖国、热爱政协事业的情怀。二是在履职实践中凝聚共识。以协商会议为平台、调研视察为载体、界别活动为纽带，加强与各党派团体的协作配合。党派团体的意见建议重点跟踪、提出的提案重点督办，努力营造团结民主、和谐共事的良好氛围。一年来，各民主党派、工商联和无党派人士共提交提案184件，参加各种会议和活动120余次，在履行职能中发挥了不可替代的重要作用。三是在团结合作中凝聚共识。重视加强与党外知识分子、非公有制经济人士、新的社会阶层人士的联系；及时了解全市民族宗教工作情况，积极探索做好民族宗教工作的新思路、新方法；加强与港澳台同胞和海外侨胞的交流交往，讲好衡水故事，扩大对外开放。四是在存史资政中凝聚共识。结合庆祝新中国成立70周年和人民政协成立70周年，于2019年6月再次成功举办了“中国·衡水董仲舒与儒家思想国际学术研讨会”暨第二届“董子杯”全国书法大展。研讨会“言必儒学”，书法展“书即董子”。“一会一展”共收到论文92篇、书法作品3589件。期间，共有112家新闻媒体进行了全方位、多角度的关注和报道，光明日报还专门举办了“构建人类命运共同体董仲舒专场”，使“儒家思想由孔子出发、从董子走来，衡水是大儒之乡、是儒学复兴之地”得到了社会各界的

广泛认同，有力地支撑了衡水的历史悠久、文化灿烂。此外，完成《衡水记忆》画册的编辑出版工作，全面反映了近百年来衡水历史发展的沧桑巨变。《中华名翰——侯店毛笔》一书的征编工作基本完成，近期即将出版。

五、坚持履职为民，促进保障和改善民生取得实效

常委会秉持履职为民理念，自觉把保障和改善民生贯穿于政协工作的各个方面。围绕民生热点开展调研、视察。就我市远程医疗服务情况、城区中小学幼儿园新建改扩建情况、城市管理治乱攻坚、老旧小区改造等群众关心的问题，组织政协委员、专家学者，深入到县市区、学校、企业、农村，并到上海、甘肃、新疆等地学习考察，召开相关座谈会30多次，形成调研考察专报6份，收集整理意见建议近百条，多项建议被有关部门吸收采纳，促进了相关工作的开展。此外，还就解决主城区中小学大班额问题、促进主城区社区建设、农村清洁取暖等民生实事落实情况，持续跟踪视察，推动调研成果进一步转化落实。

对事关民生问题的提案进行重点督办。六届三次会议以来，共征集提案354件，经审查立案347件，其中关系民生问题的提案占到70%以上。我们将中小学生心理健康教育、规范市区静态停车等民生提案，列入提案办理协商计划。市政协各委室主动与承办单位、提案者建立三方协商机制，紧紧抓住办前协商、办中参与、办后监督等三个环节，对承办过程实施全程参与、全程督办，使群众普遍关注、社会反映强烈的问题得到重视和解决。

坚持把助力脱贫攻坚作为履职重点。市、县两级政协组织围绕脱贫攻坚开展调研40余次，形成调研报告28篇，征集扶贫提案200余件，引进发展项目18个，提供就业岗位1166个。市政协领导班子成员认真落实领导包联制度，带头深入分包乡镇、贫困村、贫困户调研，组织召开座谈会、协商会和推进会，帮助扶贫联系点制定发展规划，解决实际问题。广大政协委员响应“同心携手助力脱贫攻坚”倡议，积极开展扶贫帮困、捐资助学、公益慈善等活动，累计捐款500余万元。市政协机关帮扶工作队，持续对阜城县的北孟、闫庄两个村进行重点帮扶。积极开展科技、文化、卫生“三下乡”活动，在脱贫攻坚主战场彰显了政协作为、贡献了政协力量。

六、加强自身建设，新时代人民政协新形象逐步展现

常委会持之以恒践行严实要求，夯实履职根基，增强履职合力，为推进政协事业发展提供有力保障。

制度建设进一步加强。对照新修订的《政协章程》，先后修改、完善了《政协全体会议工作规则》、《专门委员会工作规则》和《委员履职工作规则》等规范性文件，构成了较为完备的制度体系。对调研、视察、专题议政等履职工作流程进行了重新规范，有效提升了政协履职的制度化、规范化水平。

委员服务管理进一步规范。认真落实委员学习培训制度，在中国政法大学青岛培训基地举办政协常委专题培训班；邀请部分委员分批次列席市政协常委会议；组织住衡省政协委员到秦皇岛科技创新领先企业、冀鲁豫边区省委党校展览馆、马本斋纪念馆等地进行学习考察。健全完善委员履职考核考评机制，落实政协常委履职述职制度，完善委员履职档案，有效激发了委员的履职动

力和工作热情。

专委会作用进一步发挥。各专委会紧密结合各自的职能特点，扎实开展“三项突破性工作”(精心谋划组织系列履职活动，在有效解决“年委员、季常委”问题上求突破；加强专委会党组织建设，在确保实现政协党的组织对党员委员全覆盖和政协党的工作对政协委员全覆盖上求突破；探索推进协商民主工作，在确保建言资政与凝聚共识“双向发力”上求突破)。通过建立微信工作群，组织委员参加报告会、培训会、座谈会等多种形式，把委员的常态化履职融入到专委会的调研视察和日常工作当中，促进了专委会工作优势与委员主体作用的有效发挥。在去年7月召开的全省政协工作经验交流会上，我市政协以“注重四个强化，不断推动政协专委会工作实现新突破”为题作了典型发言，得到了省政协领导的充分肯定。

机关工作作风进一步转变。以推进学习型、服务型、创新型、廉洁型“四型”机关建设为抓手，树立担当作为的鲜明导向，大力弘扬脚踏实地、求真务实、锐意进取、团结协作的工作作风，机关履职能力和服务水平得到显著提升，呈现出奋发作为、干事创业的良好风貌。

2020年工作安排

一是把学习党的创新理论、加强党的领导作为政协履职的铸魂工程。二是把助力全面建成小康社会作为政协履职的主攻方向。三是把增进民生福祉作为政协履职的根本目的。四是把加强思想政治引领、广泛凝聚共识作为政协履职的中心环节。五是把发挥专门协商机构作用作为政协履职的主责主业。六是把加强自身建设作为政协履职的根本保证。

【组织概况】

市政协主席、副主席、秘书长名单及变动情况

主　席

李洪林

副主席

牟景山

马　卫

平荣振

姚会亭

韩克俭

苏振武

贾超绪

孙云霞　(2020年1月18日，市政协六届四次会议当选)

秘书长

刘世栋

县(市、区)政协主席名单及变动情况

桃城区

主　席　张稳坐

冀州市

主　席　李爱国(2020年5月，区政协一届四次会议当选)

枣强县

主　席　张　英

武邑县

主　席　蔡保林

深州市

主　席　刘振江(2020年1月，在市政协六届四次会议当选)

武强县

主　席　于兰山

饶阳县

主　席　付占坡

安平县

主　席　　刘　伟

故城县

主　席　　史立朝

景　县

主　席　　高文亮

阜城县

主　席　　张向阳

衡水市各级政协组织和委员人数

市级政协组织 1 个，县(市、区)政协组织 11 个，合计 12 个。市级政协委员 385 名，县(市、区)政协委员共 2079 名，合计 2464 名。(截至 2020 年底)

政协邢台市委员会

【全体委员会议】

十三届四次会议 1月13日至15日在邢台市召开。会议应出席委员499名,实际出席委员487名。市委书记钱三雄出席会议并讲话。会议听取并审议通过了邱文双所作政协邢台市第十三届委员会常务委员会工作报告;杨孟勋所作政协邢台市第十三届委员会常务委员会关于十三届三次会议以来提案工作情况的报告;列席邢台市第十五届人民代表大会第五次会议,听取和讨论邢台市人民政府工作报告及其他报告;审议通过了政协邢台市第十三届委员会第四次会议政治决议,政协邢台市第十三届委员会第四次会议关于常务委员会工作报告的决议,政协邢台市第十三届委员会第四次会议关于常务委员会十三届三次会议以来提案工作情况报告的决议,政协邢台市第十三届委员会提案委员会关于第四次会议提案审查情况的报告。会上60位市政协委员作口头或书面大会发言,表彰了2019年度在政协履职活动中作出突出成绩的72名优秀政协委员、10件优秀政协提案以及20件市政协成立以来有重大影响力的提案。

【常务委员会会议】

第十四次会议 1月4日在邢台市召开。市政协主席邱文双出席会议并讲话。市委常委、常务副市长张强通报市政府关于政协邢台市第十三届委员会第三次会议以来提案办理情况。市政协副主席刘勇、李国印、李中华、杨孟勋、郭和平,秘书长许振吉出席会议。会议传达学习了市委九届七次全会精神,听取了市政府关于政协邢台市第十三届委员会第三次会议以来提案办理情况的通报,市文化广电和旅游局、市农业农村局关于政协提案办理情况的汇报,审议通过了关于召开政协邢台市第十三届委员会第四次会议的决定、议程和日程,政协邢台市第十三届委员会常务委员会工作报告及报告人名单,政协邢台市第十三届委员会常务委员会关于十三届三次会议以来提案工作情况报告及报告人名单,审议通过了政协邢台市第十三届委员会第四次会议秘书长、副秘书长名单,政协邢台市第十三届委员会第四次会议小组召集人名单,政协邢台市第十三届委员会第四次会议列席人员名单,审议通过了关于接受常委、委员请辞的决定及撤销常委、委员资格的决定,审议通过了关于表彰优秀市政协委员的决定及优秀市政协委员名单,关于表彰市政协成立以来有影响力重要提案及2019年度优秀提案的决定,审议通过了关于授权主席会议审议政协邢台市第十三届常务委员会第十四次会议未尽事宜的决定,听取了关于政协邢台市第十三届委员会常务委员会工作报告(草案)起草情况和十三届三次会议以来提案工作情况报告(草案)起草情况的说明以及办公室及专委会工作情况的汇报(书面)。会议宣读了关于助力脱贫攻坚表现突出市政协委员和集体的通报,并进行表彰。

第十五次会议 1月13日在邢台市召开。会议由市政协主席邱文双主持。市政协副主席刘勇、部乃君、李国印、李中华、杨孟勋、郭和平,秘书长许振吉出席会议。会议传达学习了省政协十二届三次会议精神。会议审议了政协邢台市第十三届委员会第四次会议关于常务委员会工作报告的决议(草案),政协邢台市第十三届委员会第四次会议关于常务委员会十三届三次会议以来提案工作情况报告的决议(草案),政协邢台市第十三届委员会第四次会议政治决议

(草案),政协邢台市第十三届委员会提案委员会关于第四次会议提案审查情况的报告(草案)。

第十六次会议 5月28日在邢台市召开。围绕打造全省最优政务环境议政建言。市政协主席邱文双出席会议并讲话。市委常委、常务副市长张强就我市打造最优政务环境的进展情况作了通报。市政协党组副书记王素平,副主席刘勇、部乃君、李国印、李中华、杨孟勋、郭和平,秘书长许振吉出席会议。会上,30位委员围绕打造全省最优政务环境做了口头或书面发言。

第十七次会议 8月4日在邢台市召开。围绕精准施策、打好污染防治攻坚战议政建言。市政协主席邱文双出席会议并讲话。副市长张志峰就我市精准施策,打好污染防治攻坚战工作情况作了通报。市政协副主席刘勇、部乃君、李国印、李中华、杨孟勋、郭和平,秘书长许振吉出席会议。会上,30位委员就促进我市精准施策、打好污染防治攻坚战做了口头和书面发言。会议还审议通过了相关人事事项。

第十八次会议 11月12日在邢台市以视频形式召开。市政协主席邱文双主持会议并讲话。市政协党组副书记王素平,副主席刘勇、部乃君、李中华、杨孟勋、郭和平,秘书长许振吉出席会议。会议邀请中央统战部原副秘书长张献生作了题为《进一步深入贯彻党的十九届五中全会精神,做好新时代政协工作》的专题辅导报告,全面、系统、深刻地解读了党的十九届五中全会精神,并围绕如何做好新时代政协工作、为"十四五"期间经济社会发展贡献政协智慧和力量进行了深入浅出的讲解。

【专门委员会工作】

提案委员会

一年来,共征集提案830件。其中,集体提案366件,委员提案共有547人次参与。经审查立案交有关单位办理的798件,占提案总数的96%;未予立案,作为意见建议或以其他方式处理的32件,占提案总数的4%。在已立案提案中,集体提案354件,委员提案444件。到2020年底,提案已全部办复。一、创新服务方式,提升提案质量。一是注重选题引导。广泛征求意见,拟定了近百个提案参考题目,引导委员开展调研,有针对性地撰写提案。二是做好重点指导。各民主党派提早谋划,周密部署,精心调研,会议期间提交了一批"有情况、有分析、有建议"的高质量提案。三是严格立案审查。坚持"质量优先、质量与数量并重"原则,对无具体建议和建议针对性不强等不符合立案标准的提案,通过与提案者沟通,作撤案、补充或委员来信处理。四是加大表彰力度。连续三年组织评选年度优秀提案,在全会上予以通报表彰,激发提案者运用高质量提案议政建言的积极性。二、创新督办形式,提升办理实效。一是创新主席会议督办提案形式。在主席会议上听取承办单位关于市政协领导分包督办的重点提案办理情况汇报,实行主席会议督办提案办理工作,提升了提案落实效果。二是实行重点督办。筛选确定36件重点督办提案,作为市政协领导和各专委会督办件。三是实行协商办理。积极组织协调提案者和承办单位相互沟通协商,增进办理共识,使一些多次提出的提案,得到有效解决。四是加大考核力度。按照市委要求,研究制定了《邢台市政协提案办理工作考核办法》,对40多个承办提案的市直部门进行考核。三、创新运行机制，拓宽工作渠道。一是增强质量意识。制定出台了提案质量评价标准，从五个方面对提交的提案进行评价，每年对每一件提案进行评价，分出优秀、较好和一般等次。二是创新改进提案面复会方式。实行集体面复，组织承办政协提案较多的6个单位与各民主党派集中召开面复会。三是加强制度保障。为深入落实中央、省委、市委政协工作会议精神，制定了《关于新时代加强和改进提案工作的意见》。四是加强信息化建设。提案工作管理信息平台进入运行阶段，为今后提案工作信息化奠定了基础。

人口资源环境委员会

一、高规格开展专题调研。全面贯彻市委“2020年PM2.5平均浓度力争退出全国后10位”的目标，在全市“两会”后，成立了由邱文双主席任组长，5位副主席任副组长的大气污染防治视察小组，共走访10余家重点工业企业，召开6场座谈会，形成的《邢台市政协关于开展大气污染防治专项监督视察有关情况的报告》得到市委主要领导充分肯定。环保部门对报告中相关建议（如提高环保在线监测设备覆盖率等）进行充分吸纳落实。二、精心组织专题议政协商会。围绕“打好污染防治攻坚战”议题进行常委会协商。会后形成的《关于“精准施策，打好污染防治攻坚战”的建议案》受到多位市级领导的批示，其中的多条建议被吸纳到《邢台市空气质量“退后十”方案》中予以落实。三、持续开展污染防治民主监督。根据市政协“4＋1”民主监督活动统一安排，牵头对全市污染防治工作进行专项监督，共开展集中监督和暗访监督170余次，发现各类问题1396条，向市委报送专报29期、典型问题419条。四、开展“十大专项行动”专项民主监督。按照市委《全市“十大专项行动”督导方案》安排，成立了“PM2.5退倒十”和“消灭Ⅴ类水体攻坚”两个专项监督工作小组，赴内丘县、任泽区开展专项监督，着力推动相关问题的解决。五、围绕“十四五”规划进行“面对面”协商。围绕“为‘十四五’规划和2035年远景目标及国土空间规划编制工作建言献策”进行“面对面”协商议政，会后，市发改委对建议案中相关建议进行了充分吸纳。

文史资料委员会

一、突出特色，抓好文史资料汇编工作。一是出版《妇井传》（连环画）。二是出版《邢台商周文化研究选集》。牵头组织文史专家讨论座谈，组织出版《邢台商周文化研究选集》一书。该书采取收集、筛选、走访、撰写、回忆、编辑的方式，对已经存在的和正在进行的邢台商、周文化研究成果汇编成册，作为历史资料留于后世，为推动我市的历史文化名城建设创造基础条件。三是进一步打造文史工作平台，扩大了文史馆馆藏，对场馆进行了布置挂牌、添置了必要的文化用品，使市政协文史馆以全新的面貌为我市文化建设提供服务。二、深入调研，形成调研报告积极建言献策。一是按照“大走访大调研大服务”专项活动要求，3月，围绕“打造邢台旅游文化品牌”进行实地调研，4月底完成“打造邢台旅游品牌”调研报告。二是围绕“全市文物保护工作现状”开展调研活动，并于6月形成“关于加强全市文物保护管理工作的建议”调研报告。三、开展“市政协委员读书活动”。7月，印发了《关于开展市政协委员读书活动的通知》，成立指导组，并赴各县（市、区）对各组活动开展情况进行督导，召开调度、交流、谈学习体会等形式会议4次，共收到委员心得体会文章58篇、活动建议16条。四、围绕“我市文化产业园建设情况”开展视察活动。组织部分委员赴沙河玻璃文化馆、红石沟休闲生态农场，对我市文化产业园区建设情况进行实地视察，委员们围绕产业园区的基本情况、经济运行、发展趋势、存在问题和当前的困难等提出意见建议。五、围绕“创建全国文明城市”积极开展民主监督活动。动员组织广大政协委员广泛参与视察督导工作，充分发挥政协委员的作用，并带领部分市政协常委、委员先后六次赴襄都区进行民主监督活动，疏理意见建议85条，为扎实推进全国文明城市创建献计出力。六、紧密联系，积极配合省政协工作。一是协助省政协完成“七十周年书画展”书画征集工作，共征集提交书画、摄影作品10幅。二是协助省政协完成委员抗击新冠肺炎疫情文史资料征编工作，面向各县(市、区)政协及全市政协委员共征集有关文章116篇。

财政经济委员会

全年开展各类活动11次，上报建议案1篇、专报25期、调研报告1篇。一是召开财政经济委员会第四次全体会议，向委员们通报了2020年市政协工作要点，动员部署2020年委员会的具体工作和即将召开的市政协十三届十六次常委会议的相关事宜。二是围绕“项目建设、亩均税收、安全生产”开展民主监督。对接市直相关部门，广泛动员有关委员组成10支民主监督活动督查小分队，定期实地视察监督，针对存在的突出问题，提出指导性意见，每周汇总形成专题报告。推进开展各类形式监督20余次，收集梳理问题线索400余条，上报专报25期、问题83条，针对上报问题提出意见建议85条。三是围绕“做大做强食品工业，促进特色产业集群发展”主题，召开我市第一次市委书记与政协委员“面对面”协商座谈会。市委书记钱三雄对这次活动给予充分肯定，要求通过开门纳谏听建议、开门协商解难题，共同发力把邢台建设得更加美好。四是围绕“强化重点要素保障，优化我市政务环境”开展深入调研，形成相关调研报告报市“大走访大调研”活动办公室，为相关政策文件的出台提供决策参考。五是围绕“全面营造优质高效的政务环境”，组织召开市政协十三届十六次常委会议协商议政。会后市委主要领导就《邢台市政协关于全面营造优质高效政务环境的建议案》作出重要批示。六是对全市“五未”土地处置工作情况进行调研摸底，形成《关于我市“五未”土地处置进展情况的调研报告》报市政府有关领导审阅。七是重点开展视察式监督。围绕推进项目“双进双产”、支持民营企业发展28条措施落实情况、重点项目建设工作开展情况、中心城区楼宇经济发展情况等组织部分市政协委员，会同相关职能部门，赴沙河市、信都区、襄都区、南和区开展视察式监督。八是做好市政协系统大气污染治理交叉监督督导工作。督导相关县(市、区)政协开展好交叉监督工作，按时向市委市政府反馈督导情况。九是做好“十大专项行动”督导检查工作。围绕项目“双进双产”行动、亩均论英雄行动、打造万亩千亿大平台行动、打造最优营商环境行动，赴邢东新区、内丘县、信都区、任泽区、隆尧县进行督导监督。十是协助省政协围绕“强化投资拉动，推进项目建设”和围绕“加快数字经济发展”开展专题协商调研活动。同时协调20余家市直部门协助省政协做好“促进企业复工复产”专项民主监督相关工作，向 30 余家企业发放调查问卷，对企业复工复产情况进行摸底，最终形成了我市落实复工复产政策情况的汇报及调查问卷等报省政协。

科教卫体委员会

全年开展各类活动 8 次，以市委、市政府两办名义印发通知 1 则，上报调研报告 1 篇、专报 10 期。一是召开“推进学前教育普惠安全优质健康发展”市委书记与政协委员面对面协商会议，以市委、市政府两办名义印发《邢台市推进学前教育普惠优质健康发展问题清单及责任分工》通知，各县(市、区)、市各职能部门按照问题清单和责任分工狠抓落实，积极推进，解决了 20 多项阻碍学前教育发展的实际问题，助推邢台学前教育工作实现了历史性突破。二是协助分管副主席做好包联工作。协助分管副主席带头做到“九必访”，走访了巨鹿县部分企业、广宗县核桃园镇核桃园村，形成问题清单、责任清单和落实清单，报送市委市政府领导小组办公室，全面推进各项工作任务的落实。三是开展“4＋1”民主监督活动。根据市政协“4＋1”民主监督活动安排，组织市政协委员组成 20 个督导小分队对全市范围内的街道办事处、城市社区(小区、行政村)、主次干道、主要商业大街、公共广场、公园等 27 个固定点位、13 个随机点位和 7 个特殊场所进行视察督导，报送了专报 10 期，市委、市政府主要领导高度重视，分别作出重要批示，要求有关部门进行整改完善提升。四是开展“加快创建国家卫生城市专题调研”，形成《加快创建国家卫生城市调研报告》报送市委、市政府，为全市创建活动建言献策。五是开展“乡村医疗健康一体化管理”视察监督活动。全面了解乡村卫生八个统一改革情况，深入了解群众所思所想所盼所忧，下功夫干好民生实事项目，切实改善民生医疗，提高群众生活质量。六是开展“科技成果转化政策体系建设”视察监督活动。了解企业在科技转化过程中存在的问题，加大科技投入，挖掘企业发展潜力，促进生产要素从低效领域向优质高效领域集中，促进优质企业高质量发展。七是开展“全市公共体育设施建设情况”视察活动，推进邢台公共体育设施正常运转，提高全市人民身体健康水平。八是做好全市政协系统大气污染治理交叉互查工作。督导相关县(市、区)政协做好交叉互查工作，按时向市委、市政府反映情况。

社会法制民族宗教委员会

全年开展各类活动 13 次，上报专报、调研报告、建议案 3 篇，召开“面对面”协商座谈会 1 次，专题调研 2 次，进行对口协商视察 2 次，民主监督视察 8 次。一、组织召开第一次市长与政协委员“面对面”协商座谈会。6 月 29 日，围绕“理顺物业管理体制机制，提升新时代城市社区治理能力”开展“面对面”协商。市委副书记、市长董晓宇与部分政协委员、基层代表、物业公司代表进行了协商座谈。会后，形成了专报，报送市委、市政府。二、认真开展视察活动。3 月就“法治政府”建设、“无证明”城市建设、律师队伍建设进行对口协商视察，《河北法制报》以“积极建言献策帮助解决问题”为题进行了报道。11 月就青少年普法工作进行了对口协商视察。三、深入开展专题调研活动。3 至 4 月，围绕“加强信用体系建设”进行专题调研。到市中院、市行政审批局等部门和南宫、清河等 5 个县(市、区)进行了调研，并多次召开协商座谈会。同时，函询了深圳市、湖州市等7个地市经验做法。在此基础上，形成了《关于加强社会信用体系建设建议案》，得到了市委主要领导肯定性批示。8月，围绕“构建多元解纷新机制”，先后到市直有关部门、柏乡县进行专题调研，并多次召开座谈会，形成《关于推进平安邢台建设构建多元解纷新机制的建议》，得到市委、市政府有关领导批示。四、全力开展民主监督活动。一是完成新冠肺炎疫情督导工作。组织部分委员对平乡、临西等4个县的疫情防控工作进行多次督导，共深入56个村镇和小区、12个防控卡口、36家企业，交办问题50余个。二是完成复工复产督导工作。先后深入到任泽区、临城县等4个县(市、区)的32家企业就发现的问题，提出意见和建议，并及时反馈给当地政府。三是完成文明城市创建民主监督工作。组织部分委员认真做好开发区文明城市创建督导，每周对监督情况汇总上报，并提出意见建议，得到了市委主要领导的肯定。四是完成人才集聚行动监督视察工作。先后到南和、隆尧等6个县(市、区)就人才集聚行动进展情况进行监督视察，并提出意见建议。五是完成“市政府20件民心实事之一的‘提升养老服务质量’”“消防通道治理”“发挥妇女作用，培育优良家风”“民族团结”等视察监督工作。

港澳台侨和外事委员会

一、聚焦中心大局，协商监督展作为。一是围绕“外贸企业发展情况”精准调研。由主管副主席牵头，成立了专题调研小组，先后赴隆尧、临西等5个县(市、区)的13家外贸进出口企业实地调研，召开不同类型、不同规模的座谈会6次，形成的《关于我市外贸企业发展情况的调研报告》得到市领导肯定性批示。二是围绕“强化城市发展定位”深入调研。组织成立了6个专题调研小组，深入有关市直单位和县(市、区)实地调研，召开各类座谈会10余次，提出合理化建议40余条，形成的《强化城市发展定位调研报告》被相关部门采纳吸收。三是围绕“污染防治”做实监督。组建了20支民主监督小分队，相应设立微信群，每周指导督促，累计收集问题线索150余条。先后开展“两轮”专项监督，对临城、柏乡等11个县(市、区)60余家企业明察暗访，共反馈问题线索50余条。二、加强联络联谊，凝聚共识富成效。一是扩大团结暖人心。9月，会同市侨联组织部分市政协委员，走访慰问10余户侨届知名人士和归侨侨眷，认真倾听诉求，协调解决困难，进一步增强了侨胞侨眷的爱国爱乡情怀。借助互联网、微信群等信息手段，建立长效联络机制，全面加强与海外侨胞的联系交往，持续涵养海外人脉资源。二是专项视察助统一。8月，会同市台办组织部分市政协委员赴广宗、巨鹿，视察国家对台“26条措施”和省对台“53条措施”的宣传落实情况。先后深入天王车业、万达轮胎等涉台企业实地参观，并就两地经贸合作、社会文化交流及对台工作开展情况座谈交流，有力地推动了我市惠台政策落实落细。三是发挥作用聚人才。充分发挥欧美同学会中界别委员作用，吸纳一批国外访问学者成为会员，壮大了我市海外人才队伍，也拓宽了专委会海外交往渠道。三、发挥优势作用，服务大局出实招。一是助力疫情防控和复工复产。积极号召委员提高政治站位，强化责任担当，委员们纷纷响应，累计捐款捐物20余万元。同时赴柏乡、临城等5个县(市、区)的19

个点位督导疫情防控和复工复产情况，提出意见建议21条，有效地助力了疫情防控和复工复产双胜利。二是助力招商选资。持续加强与台湾"一带一路"贸促会的联系沟通，加大其生物降解塑料、节能保温材料等项目的跑办、服务和协调力度。三是助力"十大专项行动"。分别研究制订了"中心城市成长"和"双进双产"行动民主监督工作方案，并组织部分政协委员深入邢东新区、内丘县实地视察监督，上报问题7条、意见建议11条，为助推"十大专项行动"有效落实作出了积极贡献。

农业和农村委员会

一、开展邢台市野生药材分布情况调研。根据市委领导指示要求，组织有关部门和部分政协委员进行了专题调研，形成《邢台市野生药材分布情况调研报告》，得到市委、市政府领导高度评价和重要批示。二、开展农副产品稳产包供调研。一是围绕农副产品稳产包供等开展调查研究，形成《关于解决农副产品卖难的几点建议》报送市委、市政府领导，为市委、市政府决策提供参考。二是围绕"做大做强农业特色产业，加快乡村振兴步伐"开展专题调研。将专题调研分成培育新型经营主体、实施品牌战略、一二三产业融合发展、农特产品精深加工、农特产品产销衔接5个课题小组开展深入细致的调研，为加快我市农业特色产业发展提出有深度、有力度、有价值、有水平且切实可行的意见建议。三、开展农村基础设施管护调研，形成了《关于加强农村基础设施管护的调研报告》。在10月22日召开的省政协农村基础设施管护网络远程协商会上，我市政协作为分会场，市政协委员、市农业农村局副局长李彩霞做了《如何建立完善县乡村管护机构解决农村基础设施"谁来管"问题的建议》的口头发言，连同分会场宁晋县政协和威县政协的发言均得到了与会省领导的肯定。四、突出特色，积极开展专项视察。先后围绕我市河长制运行、产业扶贫、农村食品安全、浅山丘陵区酸枣产业发展和空心村治理情况开展了系列视察。五、深入基层，有效开展民主监督。组织部分委员，先后深入到任泽区、威县、广宗县、隆尧县等县（市、区）重点企业，就项目建设和亩均税收达标情况进行民主监督，同时把问题和建议汇总形成专题报告报送市委、市政府领导，促进了问题的有效解决。六、固本强基，不断提高履职能力。及时召开专委会会议，加强委员管理考核，建立农业农村委员会工作微信群，畅通专委会与委员联系渠道，充分调动了委员履行职责的积极性。七、积极做好分管领导联系基层协调服务工作。认真完成了分管副主席包联县新冠肺炎疫情防控、重点项目"双进双产"、定点扶贫村调研慰问、防汛备汛、村"两委"班子换届等工作，并顺利完成了河南漯河政协来邢的考察工作。

【重要会议、活动】

投身疫情防控在全市政协系统深入开展"聚力量、强监督、防疫情、促发展"活动 第一时间发出倡议书，市、县两级政协组织和省、市、县三级政协委员积极响应，累计捐款捐物约1.45亿元。围绕疫情防控和复工复产工作，对全市20个县（市、区）开展9轮全覆盖式督导检查，明察暗访乡村、社区、企业、医院等300多个点位，梳理出各类问题220余条，提出合理化建议300余条，形成督导情况12篇，市委、市政府主要领导高度重视，给予肯定性批示。《人民政协报》和《河北日报》分别以《"疫"不容辞一起战

"疫"》《以行动彰显政协担当》为题，对我市政协系统抗疫工作进行了专题报道。

【重要报告】

常务委员会工作报告(2020年1月13日)(摘要)

2019年工作回顾

一、立足主轴主线，加强思想理论武装求实效。

一是开展主题教育守初心。扎实开展"不忘初心、牢记使命"主题教育活动，共形成调研成果57个，先后9次召开座谈会，征集意见建议286条，制定专项整治等3份清单，夯实了坚守初心使命的思想根基。二是强化思想武装筑根基。全年共组织理论中心组学习会议13次，党性教育14次，集中研讨交流12次，进一步筑牢了团结奋斗的共同思想政治基础。三是坚持党委领导强担当。及时学习贯彻中央和省委、市委重要会议精神，认真完成市委、市政府交办的协商、监督等课题，认真做好市委安排的扶贫包联、安全生产、信访稳定等工作。四是深入理论研究准定位。深入开展理论研讨，形成《加强履职能力建设，推动人民政协事业高质量发展》等8篇理论文章，《守正创新、提质增效，以机关工作新作为推动政协工作新进步》等10篇经验材料，先后12次在省政协作典型发言，《河北日报》予以刊发，理论研究走在全省前列。

二、突出主责主业，展现专门协商特色出绩效。

全年共召开专题议政性常委会议3次，专题协商座谈会3次，组织调研视察40余次，形成有分量的建议案、调研报告、专题报告等49篇，《政协专报》24期。一是紧扣中心工作议政建言。围绕民营经济高质量发展、加强职业教育、古村落开发利用等召开常委会议、专题协商座谈会协商议政，形成2篇建议案、1篇专题报告。围绕防范金融风险、太行山旅游、百泉的恢复与保护、森林公园改造、酸枣产业、食品工业、自贸区经验复制推广、补齐玻璃产能"出海"短板、智慧城市建设、园博园建设等10多个综合性、前瞻性课题开展调研视察，形成了一大批有价值的意见建议，被相关部门积极采纳落实。二是围绕民生改善发声出力。围绕规范小饭桌监管召开专题协商座谈会，围绕农村道路基础设施建设、提升乡村医疗卫生能力开展调研视察，聚焦环境污染治理、城镇居民医保管理、基础教育三年攻坚、中小学公共体育设施建设等开展协商式监督，形成12篇调研视察报告。全年共收集整理社情民意信息150篇，报送省政协21篇，报送市委、市政府领导及相关部门22篇，市领导批示20件次。三是聚焦社会治理献计献策。围绕诚信邢台建设、提升社区治理水平召开常委会议和专题协商座谈会协商议政，围绕促进城镇就业再就业、社区矫正工作、《宗教事务条例》落实情况开展调研监督视察，形成专题报告，为推动相关问题解决贡献了智慧力量。在省政协常委会上以《坚持问题和目标导向，助推诚信河北建设》为题做了发言，提出9条意见建议，被吸收到上报省委、省政府的建议案中。

三、瞄准中心环节，发挥凝心聚力优势见成效。

一是强化思想引领增信心。以新中国和人民政协成立70周年为契机，组织开展走访看望委员活动、"新时代新政协新篇章"书画作品展、"我和人民政协"征文、开办委员风采栏目等庆祝活动，努力画好最大同心圆。二是主动解疑释惑稳人心。全年共在市级以上媒体发稿近200篇，整理、编印政协工作动态88期，入驻“掌上平台·邢台号”，及时发布信息。围绕防范化解重大风险、精准脱贫、污染防治等，主动解疑释惑，协助党委政府及早发现并有效化解潜在问题。三是加强团结联动促齐心。与民建市委联合推进国奶扶贫项目，支持市慈善总会救助困难群众6000多人。先后组织委员赴陕西、福建、深圳等3省6市学习考察，积极参与省政协调研视察活动30多次，联合县级政协开展协商调研30余次。四是促进联谊交流聚同心。编辑出版涵盖83个景点的《邢台旅游文化》，赴俄罗斯等3国开展交流访问，与中德国际企业商会等密切联系，邀请美国、澳大利亚等10余个国家和地区的14位港台同胞和海外侨胞列席市政协全体会议，为邢台发展提出宝贵意见建议。

四、坚持与时俱进，着力优化制度机制提质效。

一是完善党建机制实现全覆盖。完善了党组成员联系党内委员、党员委员联系党外委员等机制。探索以专委会为依托，以县(市、区)政协为单位建立委员临时党组织，促进政协党组、机关党组、机关党委、机关党支部、临时党组织形成健全的联动机制，实现“两个全覆盖”。二是健全履职机制破解“两个薄弱”。聚焦基层政协“两个薄弱”问题，开展了“三个专件”落实情况专题调研，出台《关于新时代加强和改进人民政协工作的实施意见》，在全省第一个明确了将政协重要协商成果纳入决策程序、协商成果转化落实情况列入党政督查事项和考核体系的制度化要求；在全省第一个完成县(市、区)政协设置“一室四委”并配齐人员，对加强全市基层政协工作具有开创性的里程碑意义；在全省第一个明确规定由乡镇副书记分管政协工作，基层政协工作有了延伸；在全省第一个明确提出邀请部分社会人士担任特邀监督员、民主询政员、民情观察员，蹚出民主监督新路子。三是强化落实机制激发新动能。创新性制定《用项目化手段推进“狠抓落实年”的相关措施》，《人民政协报》以《“清单”下的“动力”》为题报道后，芜湖等10多个市政协向邢学习经验。重新修订《提案工作条例》，制定《关于提高提案质量的意见》，全年共征集提案937件，经审查立案907件，现已全部办复，满意率99%以上，所提问题已解决和部分解决、所提意见和建议被采纳和基本被采纳的占95.9%。

五、持续夯基固本，强化两支队伍建设促高效。

一是加强委员队伍建设展现新形象。组织委员赴河南省大别山干部学院开展培训，正式启用委员履职考核管理系统。充分运用考核结果，全年共撤销委员2名，免去委员9名，评选和表彰优秀政协委员70名。推荐部分委员担任市监察委特约监察员，省政协机关2019年度行风评议主体，参加市电视台《民生问政》栏目等，提升了委员履职积极性。二是提升机关效能焕发新活力。全面加强机关干部教育管理、监督考核，深入开展纠正“四风”和作风纪律等专项行动，引导机关干部以更加饱满的激情和干劲为政协工作作贡献。

2020年工作建议

一、把握好“三个重要”实现新提升；二、坚持好“双向发力”彰显新作为；三、完善好“三项制度”构建新体系；四、发挥好“三个作用”展示新形象。

【组织概况】

市政协主席、副主席、秘书长名单及变动情况

主　席

邱文双

副主席

刘　勇

郜乃君

李国印

李中华(女)

杨孟勋

郭和平

秘书长

许振吉

县(市、区)政协主席名单及变动情况

桥西区

主　席　张建波(1月1日至6月23日任职。2020年6月，区划调整，桥西区更名为信都区)

信都区

主　席　张建波(6月23日至9月2日，主席人选。2020年9月2日，政协邢台市信都区第一届委员会第一次会议当选)

桥东区

主　席　张明耀(1月1日至6月23日任职。2020年6月，区划调整，桥东区更名为襄都区)

襄都区

主　席　张明耀(6月23日至12月31日，主席人选)

邢台县

主　席　颜泽夕(1月1日至6月23日任职。2020年6月，区划调整，撤销邢台县)

沙河市

主　席　胡春兴

内丘县

主　席　常　青(1月1日至10月22日任职)

王建中(2020年10月22日，政协内丘县十一届五次全会当选)

临城县

主　席　赵建福

隆尧县

主　席　李明生

任　县

主　席　孙密申(1月1日至6月23日任职。2020年6月，区划调整，撤销任县，设立任泽区)

任泽区

主　席　孙密申(6月23日至12月31日，主席人选)

柏乡县

主　席　潘栋军(因严重违纪违法，2022年11月2日，依章程免去其隆尧县政协主席职务。2023年1月6日，政协邢台市第十四届委员会第十四次主席会议决定，撤销其政协邢台市第十四届委员会委员资格，并在2023年1月15日政协邢台市第十四届委员会常务委员会第七次会议上追认）

南和县

主　席　**田玉成**

（1月1日至5月29日任职。2020年6月，区划调整，撤销南和县，设立南和区）

南和区

主　席　**马佩荣**

（6月19日至12月31日，主席人选）

宁晋县

主　席　李彩烈

巨鹿县

主　席　张　锋

平乡县

主　席　霍志民

新河县

主　席　刘启超

广宗县

主　席　陈国平

南宫市

主　席　于幼民

威　县

主　席　孟祥义

临西县

主　席　张玉宝

清河县

主　席　牛洪奎

邢台市各级政协组织和委员人数

市级政协1个，县（市、区）政协18个，合计19个；市级政协委员487名，县（市、区）政协委员3555名，合计4042名。（截至2020年底）

政协邯郸市委员会

【全体委员会议】

十二届四次会议 1月14日至17日在邯郸举行，应出席委员588名，实际出席委员567名。市政协主席王进江作工作报告，副主席李明朝作提案工作情况的报告。会议补选汪涛、魏雪生同志为政协邯郸市第十二届委员会副主席，补选了十二届市政协6名常委。与会委员列席了市人大十五届六次会议，听取并讨论了政府工作报告和其他报告。会议期间还举行了大会发言和联组讨论，与会委员围绕传统产业转型升级、持续打好"三大攻坚战"、实施乡村振兴战略、保障和改善民生、维护社会和谐稳定等重大问题，深入协商议政，积极建言献策，市委、市政府领导分别出席小组讨论并与委员们协商邯郸发展大计。会议审议通过了市政协十二届四次会议政治决议和其他决议。市政协主席王进江主持大会闭幕式并讲话。

【常务委员会会议】

第十六次会议 1月13日在邯郸召开。会议听取了市政府关于市政协十二届三次会议以来委员提案办理情况的通报；听取了市政府关于农村人居环境整治相关情况的通报；与会人员围绕"农村人居环境整治、助力乡村振兴"建言献策；审议通过了《中国人民政治协商会议邯郸市委员会提案工作条例》；审议通过不再担任常委、委员名单和增补委员名单；审议通过了召开政协邯郸市第十二届委员会第四次会议的决定，会议日程、大会秘书长和副秘书长名单、委员分组及召集人名单、列席人员名单；审议通过了政协邯郸市第十二届委员会常务委员会工作报告(草案)和关于十二届三次会议以来提案工作情况的报告(草案)及报告人建议名单。会议还研究通过了政协邯郸市第十二届委员会常务委员会任免职人员名单。

第十七次会议 1月16日在邯郸召开。会议听取了大会秘书处关于各委员组讨论情况的汇报。听取了市委组织部关于不再担任政协邯郸市第十二届委员会副主席名单(草案)和补选副主席、常务委员候选人名单(草案)的说明并审议了名单(草案)，审议并通过了政协邯郸市第十二届委员会第四次会议选举办法(草案)和总监票人、监票人建议名单，审议通过了政协邯郸市第十二届委员会第四次会议政治决议(草案)、常委会工作报告的决议(草案)、提案工作报告的决议(草案)。会议决定将3个名单和4个文件草案提交与会委员进行酝酿讨论。

第十八次会议 5月21日在邯郸召开。会议传达学习了中共中央政治局常务委员会会议精神，听取了市政府副市长高和平所作的关于"消除疫情带来的影响，全力助推经济高质量发展"工作情况通报。韩保魁、张爱其、林飞武、凌涛等常委、委员围绕议题积极建言献策，提出了具体可行的意见建议。

第十九次会议 7月10日在邯郸召开。会议听取市委政法委所作的关于"完善基层社会治理体系，提升社会治理能力"相关情况通报。郑国文、沙雷、赵永坤、李怀、张书红等常委、委员和基层代表围绕主题积极发言，分别从推进网格化服务管理、打造共建共享社会治理格局、建设"数字丛台"智能感知社会治理中心、提升道路交通管理和社会面管控治理能力、加强基层法治保障等方面提出意见建议。

第二十次会议 11月27日在邯郸召开。会议听取了市政府副市长张学军所作的关于“巩固提升脱贫质量，健全完善防贫机制”工作情况的通报。苗俊岭、来伟、史彦昌、李兆华、贾丽辉等与会人员，分别从建立健全防返贫机制、推进就业帮扶长效化、建立稳定增收机制等方面，提出了针对性、操作性强的意见建议。

【专门委员会工作】

提案委员会

（一）建真言出实力，积极投身疫情防控。一是及时向委员发送《政协邯郸市委员会提案委员会关于积极运用提案服务疫情防控的一封信》，委员们结合疫情形势提交提案18件，为我市打赢疫情防控阻击战提供了智力支撑。二是开展广泛深入的走访调研，形成《邯郸市政协关于中小企业复工复产工作进展情况的报告》提交省政协。三是积极参与省政协提案委疫情防控联动，向省政协提交3篇高质量疫情防控提案，为全省打赢疫情防控阻击战建言献策。（二）夯基础铸精品，质量导向更加明确。一是力促知情明政。通过常委会、双月专题协商议政座谈会、小微协商等议政平台通报经济运行、疫情防控、脱贫攻坚等情况20余次；推荐委员列席参加市政府常务会、承办工作座谈会等。二是严格审查立案。对照《提案工作条例》立案标准，及时指导16名委员对内容比较笼统的18件提案进行了补充完善；撤并提案96件，转为社情民意7件。三是抓好典型带动。评选出23个提案先进集体、56名先进个人和71件优秀提案，大力营造崇尚先进、争先创优的良好氛围。（三）抓督办促落实，办理实效显著增强。一是突出重点，以点带面。确定24件事关全市经济社会发展重大问题、群众关注的热点、难点问题的重点提案，分别由市委、市政府领导领办，市政协领导督办，促进快办、办实、办好。二是强化沟通，协作配合。构筑起“党政领导领办、政协领导督办，横向四支力量、纵向四级联动”提案工作格局；开展联合督办12次，办理协商座谈17次，形成齐抓共管的良好局面。三是跟踪问效，现场协商。针对办理结果委员不满意的提案，组织承办单位和委员开展现场协商、跟踪督办22次，听取承办单位办理进展情况汇报，协商推进提案落实见效。（四）强统筹重协调，广开渠道汇聚合力。一是强化征集引导，广泛征集提案线索。在邯郸日报刊发《关于向社会公开征集政协提案线索的公告》，扩大征集广度，整理出100个《提案参考题目》供委员参考。二是强化重点提案培育。组织协调民主党派、工商联围绕提案议题开展专题调研7次，走访县（市、区）政协16家，引导大家就相关议题撰写高质量集体提案。三是强化宣传报道。向省政协理论研究会提交《推进提案办理协商在社会治理体系、治理能力现代化进程中发挥更大作用》的理论文章，总结、宣传在提案办理协商方面做出的有益探索；邀请委员和承办单位在邯郸电视台《政情民意》栏目畅谈提案的办理落实和效果，营造良好氛围。

财政经济委员会

（一）深化政治学习，提高综合服务委员的能力。深入学习贯彻习近平新时代中国特色社会主义思想、党的十九大和十九届四中、五中全会精神，特别是学习习近平总书记在中央政协工作会议暨庆祝中国人民政治协商会议成立70周年大会上的重要讲话精神，有力提升服务委员能力和水平。（二）强化“防促”并举，助力企业复工复产有作为。一是抓好常态防控。号召所属各界别党支部发挥政协委员主体作用和社会责任，深入社区、行业协会协助做好疫情防控工作。组织经济界委员为防控疫情在政协机关捐款19000余元，向社会捐款物价值几百万元。二是助力复工复产。组织部分政协常委、委员深入实地调研，围绕各金融机构助力企业复工复产等方面提出意见、建议。三是推进网络办公。参加了省政协微信群工作会，以键对键形式完成信息交流，实现了“以会代训、学习交流、建言资政”的目的。（三）聚焦专题调研，着力提升参政议政实效。一是围绕“消除疫情影响，促进企业复工复产，全力助推我市经济创新发展、绿色发展和高质量发展”协商议政。组织部分常委、委员深入到市行政审批大厅、市市场监管局等地开展专题调研。组织召开市政协第十八次常委会，与会常委、委员围绕议题积极建言献策，提出了具体可行的意见建议。二是围绕“加快文旅商融合发展，助推产业转型，培育消费新业态新模式”协商议政。组织常委、委员到美食林食品工业园、广府古城、中通快递电商中心等处实地调研。组织召开市政协第十八次双月专题协商议政座谈会，与会常委、委员围绕引进电子商务、加快新文旅产业发展、加快文旅商融合发展等方面提出意见建议。三是围绕“服务实体经济、助力高质量发展”进行协商议政。多次组织部分省、市政协委员先后到友发钢管、恒工机械、冀南新区职教城等地实地调研。组织召开市政协第二十一次双月专题协商议政座谈会，常委、委员围绕议题积极协商议政。

农业和农村委员会

（一）加强学习，提高认识，宣扬主流意识和正能量。新冠肺炎疫情发生以来，先后组织学习了中央及省、市各级关于新冠肺炎疫情防控的各项政策。认真学习《习近平谈治国理政》第三卷、习近平总书记系列讲话精神，努力提高政治素养和业务素质。邀请农业界五位委员上线《邯郸问政—服务民生面对面》节目，参与现场问政，取得了良好效果和社会影响。组织召开“坚决制止餐饮浪费”专题座谈会，邀请农业界委员及部分餐饮业委员参加，集体学习了习近平总书记的重要讲话精神，发出厉行节约、坚决遏制餐饮浪费的倡议。（二）围绕中心，积极推进各项工作。一是全力以赴，高质量完成市政协十二届四次全会会风会纪组工作，为维护十二届四次全会规范、顺利的召开作出了贡献。二是积极作为，为抗击新冠肺炎疫情竭尽全力。第一时间向居住社区报到，协助社区进行疫情排查防控。组织农业界委员在疫情期间捐款捐物。三是深入一线，帮助协调解决肥乡区旧店村养鸡户因疫情防控封路，已出栏的养殖鸡无法运输售卖的问题。四是认真谋划，围绕“聚力量、防疫情、促发展”先后开展了5次专题调研视察活动。联合市场监管局对市场猪肉及蔬菜供应保障情况开展调研，组织委员就医养养老问题开展调研。五是组织召开市政协十二届二十次常委会，与会委员围绕“巩固提升脱贫质量、健全完善防贫机制”建言献策。

人口资源环境委员会

（一）重视学习，转变作风，提升履职能力和服务水平。深入学习习近平新时代中国特色社会主义思想和党的十九届四中、五中全会精神和省委、市委全会精神，认真学习贯彻习近平总书记关于加强和改进人民政协工作的重要思想，不断增强履职能力和服务水平。（二）围绕中心，服务大局，做好专委会的年度重点工作。一是组织召开以“努力改善农村人居环境，全面提升农民生活品质”为议题的十二届十六次常委会，组织委员围绕“农村改厕、污水处理、垃圾处置”等相关工作议政建言。二是围绕生活垃圾分类和处理召开第一次小微协商。会后，形成《关于“推进生活垃圾分类和处理”小微协商座谈会情况的报告》，得到了市委领导批示。三是筹备以“助力水网林网路网建设，打造绿色生态网络体系”为议题的十二届二十一次常委会。会前重点围绕完善三网建设、解决三网配套等问题开展专项民主监督和专题调研活动。(三)凝心聚力，精准服务，圆满完成政协第十二届四次全会大会发言和会务保障工作。通过反复筛选调整，选出34篇发言材料编辑入册，12位委员进行了大会发言，其中6位委员的发言得到了市主要领导的现场批示。(四)共克时艰，凝心聚力，为打赢疫情防控阻击战贡献力量。严格按照机关疫情防控要求，派出两名同志脱岗下沉至丛西街道办事处经贸委家属院进行疫情防控工作。广泛联系、号召委员为疫情和“政协委员林”建设捐款。积极行动，做好禁食野生动物倡议工作。(五)加强联系，主动担当，全力配合省政协和兄弟政协调研工作。配合省政协副主席葛会波来邯开展专题调研。完成《邯郸市散煤管控治理工作汇报》并报送省政协。

教科文卫体委员会

(一)坚持学习，打牢思想理论基础。学习政治理论，坚定信念。深入学习贯彻习近平新时代中国特色社会主义思想、党的十九届五中全会精神和中央、省委政协工作会议等重要会议精神，切实提高思想理论水平，明确履职方向和工作重点，不断深化对政协性质定位、协商民主等重要内容的认识，系统掌握新时代人民政协的新要求新部署。(二)恪尽职守，认真履行各项职责。扎实完成政协主席会议确定的重点工作部署。组织召开第十六次双月专题协商议政座谈会，围绕“充分运用科学方法和法治手段，切实提高应对突发公共卫生事件的能力”进行协商议政，与会委员从发挥社区卫生服务中心作用、补齐公共卫生领域短板等角度，提出一系列建设性、针对性、操作性强的意见建议。组织召开第二十次双月专题协商议政座谈会，围绕“优化教育资源配置，促进职业教育发展”进行协商议政。(三)积极作为，为抗击新冠肺炎疫情竭尽全力。倡议委员为疫情捐款，组织教育、医药卫生界委员在疫情期间捐款捐物。向委员征集“防疫与工作常态化”的相关意见建议，为疫情防控献计出力。(四)加强联系，形成上下联动、左右互动工作格局。落实由省政协教科卫体委牵头的“卫生下基层，提高基层常态化疫情防控能力”活动，与峰峰、曲周、大名、馆陶政协开展联合有关活动。为省政协教科卫体委员会专题调研“推动近视大防控、合力减少小眼镜”以及远程协商“互联网+医疗”提供数据资料。

社会法制和民族宗教委员会

(一)注重学习，夯实履职基础。组织委员认真学习习近平总书记在中央政协工作会议上的重要讲话，党的十九大和十九届四中、五中全会精神。(二)务求工作实效，助推我市经济社会发展。一是选好重点课题，组织召开市政协第十九次常委会，围绕“完善基层社会治理体系，提升社会治理能力”建言献策。二是关注热点问题，以“履职尽责，助推‘三创四建’活动开展”为题组织召开市政协第十九次双月专题议政座谈会。三是关注民生问题，组织委员赴山西调研康养产业发展。四是宏扬传统文化，扎实有效开展民族宗教工作。对宗教场所“双创四进”活动开展情况进行调研，开展民族文化卫生科技“三下乡”活动。(三)立足本职，扎实推进疫情防控工作。组织部分委员赴馆陶、肥乡就“聚、防、促”活动开展情况进行实地调研。密切联系委员，号召委员踊跃参加防疫抗疫工作，并抽调专人参加市疫情督查工作。(四)扩展履职空间，扩大政协影响。应邀向军退役局推荐 2 名政协委员参加“最美双拥人物”“最美军嫂”评选活动，推荐 8 名委员参加司法局《邯郸市停车场管理办法》立法协商会，推荐 3 名委员参加省法院督导组座谈会，先后组织 8 名委员参加了市电视台《电视问政》栏目，与民政局、审批局面对面进行现场问政，为邯郸改革发展稳定贡献力量。

港澳台侨和外事委员会

(一)强化学习，提高履职能力。精心组织所联系界别委员认真学习习近平新时代中国特色社会主义思想，学习中共十九大、十九届五中全会精神和中央、省委、市委有关会议精神，学习人民政协的理论政策和业务知识，不断提高委员们的政治水平和履职能力。(二)深入调研，积极建言献策。一是组织界别委员积极投身疫情防控和经济社会发展。疫情初期，积极组织所联系界别委员投身疫情防控，并向所在县区、市直有关部门和社区捐款捐物价值 30 余万元。组织开展“强化投资拉动，推进项目建设”专题调研，先后到市发改委、市投资促进局和峰峰矿区调研。二是组织召开“防疫情、稳外贸”双月专题协商议政座谈会。会前，组织部分委员深入复兴区、广平、成安等 5 个重点县(市)区和钢诺新材、晨光公司等 10 多家重点外贸企业深入调研。会上，8 位委员作了口头或书面发言，提出了扩大出口信用保险覆盖面、增加信保补贴等一系列意见建议。会后，疏理汇总委员意见建议向市委、市政府提交了专题报告。三是筹备召开解决停车难停车贵小微协商会。会前，组织召集市发改委、市城管局、市交巡警支队、市规划局、市内三区政协等单位主管领导召开了“停车难停车贵”讨论会，组织部分委员先后到山西晋城、临汾和长治对停车管理情况进行了考察调研。邀请城管、交警、发改、房管、规划 6 部门与部分市、区委员、群众代表召开小微协商会，共同研讨破解停车问题的办法和措施。会后，在停车设施规划建设、运营管理、收费、管理体制机制等方面梳理汇总了 20 多条具体意见建议。(三)积极配合，认真完成省政协任务。配合省政协港澳台侨和外事委来邯做好省政协委员向红十字会捐赠 20 万元用于奖励我市支援湖北医护人员相关工作。

文化文史和学习委员会

(一)履职尽责，积极做好文史馆展陈工作。一是成立文史馆筹备建设领导小组，积极推进文史馆建设进度。二是加强展陈资料征集，先后拜访老领导、红二代后人、邯郸名人 60 余人次，积极寻找线索，扩大征集范围。与省政协联系，收集河北省政协成立时的相关史料和老照片，专赴北京征集征购新中国政协成立时的珍贵实物展陈品。三是多次召集展陈设计人员反复研究文史馆展陈设计框架方案，多次与专家学者就展陈大纲内容框架反复沟通研究，力求突出展示邯郸市近现代史特色影响和政协的光辉历程和影响。(二)抓好学习,不断提升履职能力。一是认真组织学习《习近平谈治国理政》第三卷,学习党史、新中国史、改革开放史、社会主义发展史,着力提高思想认识;二是利用市政协 APP 微信平台,编发了《学习空间》《品读经典》10 余期;三是印发《市政协委员读书活动方案》,倡议全市政协委员多读书读好书,以读书学习促建言资政能力提升。(三)立足本职,扎实做好各项基础性工作。一是积极为抗击疫情贡献力量。积极组织所联系的文化界委员围绕疫情防控开展书画创作 20 余幅,捐款 3700 余元,报送社情民意 3 期。征集抗击疫情各类稿件 53 篇,照片 30 余张。二是应邀对全国政协文化文史和学习委员会《大运河画传》编写大纲作出修改补充并报省政协。三是先后参加晋冀鲁豫烈士陵园接待处旧址复建研讨、串城街历史文化街区历史文化策划研讨,为全市文化建设贡献力量。四是多次走访基层,深入调研,撰写了《推动文化创意产业发展,以文化为发展赋能》调研报告。(四)服务委员,积极搭建委员履职平台。加强与委员的经常性联系,开展"走访委员、了解委员、服务委员"活动,增强了委员对政协组织的归属感,调动了履职的积极性。不断完善委员考评制度,建立了委员履职档案,详细记录委员履职情况。

【重要会议、活动】

全市政协系统"聚力量、防疫情、促发展"活动动员会召开。5 月 18 日,全市政协系统"聚力量、防疫情、促发展"活动动员会召开。市政协主席王进江,市政协领导范保平、李明朝、董卫、谢继炯、曹淑霞、李海平、杜君丽、马宏志、白钢、汪涛、张晓中出席。会议指出,开展"聚力量、防疫情、促发展"活动是全市政协系统深入学习贯彻习近平总书记重要讲话精神,围绕中心、服务大局的具体举措和建言资政、凝聚共识的重要途径。全市政协系统要提高政治站位,充分认识开展活动的重要意义,切实增强政治自觉、思想自觉、行动自觉。要凝聚共识,坚持以习近平新时代中国特色社会主义思想为指导,在做好疫情防控的基础上,围绕助力脱贫攻坚、加强常态化疫情防控、促进企业复工复产等八项重点履职工作精心选题、深入调研,形成可供党委政府决策参考的建言成果。要加强组织领导,形成一级抓一级,层层抓落实的工作局面,同时,加强对活动的督导推进,确保活动取得实实在在的成效。

【重要报告】

常务委员会工作报告(2020 年 1 月 17 日)(摘要)

2019 年工作回顾

一是坚持讲政治、把方向,为夯实共同思想政治基础增进最大共识度。始终坚持党的领导,把党的领导体现到政协重要会议、调研视察、协商议政、民主监督等各个环节。强化学习引领,重点抓好中共十九届四中全会精神的学习辅导,专题学习习近平总书记在中央政协工作会议暨庆祝中国人民政治协商会议成立 70 周年大会上的重要讲话精神,以及中央和省委、市委政协工作会议精神。举办委员报告厅 2 次、委员讲堂 4 次、政协干部培训班 1 期,开辟微信公众号《学习空间》专栏,对全体市政协委员开展了全覆盖、高规格的专题学习讲座。夯实党建基础,2 次召开党建工作推进会议,积极推广曲周政协党建经验,在设立市政协机关党组的基础上,成立了 4 个专委会党总支、18 个界别党支部、建成 18

个界别党支部活动室，制定了市政协党组成员联系界别党支部、党外主席联系界别活动组、专委会党总支和临时党支部职责等制度机制。筑牢初心使命。按照市委“不忘初心、牢记使命”主题教育总体部署，坚持抓实学习教育，不断用党的创新理论武装头脑。二是坚持讲大局、重协商，为推进高质量发展贡献最大助推力。会议协商有成果。市政协十二届三次会议期间，组织 12 位委员围绕“改善城市生态环境、大力发展职业教育、助力民营经济发展、促进现代农业发展”等作大会发言，为新时代全面建设富强邯郸、美丽邯郸贡献了“政协力量”。以助力县域经济发展、坚持创新驱动发展、加大制造业结构调整等为主题召开常委会议专题议政，提出意见建议 90 余条。以坚决打赢精准脱贫攻坚战、助力乡村振兴等为题召开专题议政性常委会议，为市委、市政府科学决策提供依据。专题协商有实效。协力破解民生难题，在“加快老旧小区改造提升城市生活品质”座谈会上提出的关于老旧小区电梯改造的建议，被列为市 2019 年推进创制性改革事项之一。聚焦改革发展难题，围绕实体经济发展、培育民营大企业大集团，召开双月专题协商议政座谈会。民主监督有亮点。及时反映社情民意，主动真诚听取群众诉求和愿望，及时准确反映人民群众最关心、最关注的问题。认真办好《政情民意半月谈》栏目，邀请委员、市民代表、专家与市直有关部门领导进行交流讨论。继续围绕市委市政府《农村人居环境整治三年行动计划》贯彻落实，开展专项集体民主监督，着力推动乡村振兴各项措施落到实处。重点调研有力度。全年围绕党委政府中心工作和社会民生重要方面确定了 12 项重点调研课题，组织专委会、党派团体和政协委员深入开展调研，许多对策建议被相关职能部门采纳。三是坚持重引领、聚共识，为改革发展稳定画出最大同心圆。积极开展庆祝活动，以“同心圆梦”为主题，举办庆祝新中国暨人民政协成立 70 周年大型文艺演出，增强了广大委员坚定不移走中国特色社会主义发展道路的决心和信心。积极促进民族团结、宗教和睦，赴大名县就重点民族企业发展情况调研，帮助企业解决存在实际问题。广泛汇聚发展合力，市政协领导班子成员深入包联企业和贫困村，协调重点项目、推动扶贫工作，调解处理信访案件，为群众答疑解惑、排忧解难。四是坚持强基础、增效能，为富强邯郸美丽邯郸建设激发最强使命感。通过委员履职 APP，对履职活动进行动态管理，引导委员强化责任担当，提振委员队伍“精气神”。抓好机关队伍建设，通过实施部门工作季度述职评议打分、每周工作报告等一系列创新举措，使机关干部的“四个一线”意识明显增强，有力保障了各项工作的高效推进。扎实做好基础工作。修订了《提案工作条例》，全年共征集提案 782 件，立案 750 件，25 件被列为重点提案，目前已全部办复。积极筹建市政协文史馆，推进《邯郸文史丛书》等的编写工作。扩大政协对外宣传，在邯郸日报“协商·议政·监督”专版刊登 34 个专题版面，进一步扩大了政协工作的社会影响力。

2020 年工作安排

一是坚持党的领导，确保正确的政治方向；二是聚焦主责主业，擦亮专门协商机构的牌子；三是广泛凝聚共识，为改革发展汇聚力量；四是加强自身建设，树立新时代人民政协新样子。

【组织概况】

市政协主席、副主席、秘书长名单及变动情况

主　席

王进江

副主席

范保平(2020年1月起不再担任)

李明朝

董　卫(兼)

谢继炯(兼)

曹淑霞(女)(兼)

李海平(兼)

杜君丽(女)(兼)

马宏志(兼)

白　钢(2020年1月起不再担任)

汪　涛(2020年1月起担任)

魏雪生(2020年1月起担任)

秘书长

张晓中(回族)

县(市、区)政协主席名单及变动情况

武安市

主　席　韩保魁

鸡泽县

主　席　董爱民

邱　县

主　席　石建华

曲周县

主　席　李占文

馆陶县

主　席　王延平

涉　县

主　席　刘占水

广平县

主　席　单树福

成安县

主　席　安跃兵

魏　县

主　席　苗俊岭

磁　县

主　席　董贵星

临漳县

主　席　王万录

大名县

主　席　巩建山

丛台区

主　席　赵永坤

复兴区

主　席　白建功

邯山区

主　席　田淑平(女)

峰峰矿区

主　席　段清峰

永年区

主　席　韩敬辉(2022年5月,经邯郸市纪委常委会会议研究并报邯郸市委批准,给予韩敬辉开除党籍处分;由邯郸市监委给予其开除公职处分)

肥乡区

主　席　王运成

邯郸市各级政协组织和委员人数

市级政协1个,县(市、区)政协18个,合计19个;市级政协委员583名,县(市、区)政协委员3939名,合计4522名。(截至2020年底)

政协定州市委员会

【全体委员会议】

八届四次会议 1月13日至15日政协定州市第八届委员会第四次会议在定州国际酒店举行。会议应出席委员324人，实到323人。会议听取并讨论了市委书记代表中共定州市委所作的讲话；听取和审议了政协定州市第八届委员会常务委员会工作报告和政协定州市第八届委员会常务委员会关于八届三次会议以来提案工作情况的报告；列席定州市第八届人民代表大会第五次会议，听取并讨论了定州市人民政府工作报告，讨论了其他有关报告；审议通过了政协定州市第八届委员会第四次会议关于常务委员会工作报告的决议、政协定州市第八届委员会第四次会议关于八届四次会议提案审查情况的报告、政协定州市第八届委员会第四次会议政治决议及有关选举事项；会议补选王凯同志为政协秘书长，补选5位同志为政协常委。

【常务委员会会议】

第十七次会议 1月13日在定州国际酒店三楼多功能厅召开。会议传达了中央、省委、市委"不忘初心、牢记使命"主题教育总结大会精神；传达了省政协十二届三次会议和市委七届七次全会精神；审议通过了《政协定州市第八届委员会常务委员会关于召开政协定州市第八届委员会第四次会议的决定》；审议通过了《政协定州市第八届委员会第四次会议议程》；审议通过了《政协定州市第八届委员会第四次会议日程》；审议通过了《政协定州市第八届委员会常务委员会工作报告》；审议通过了《政协定州市第八届委员会常务委员会关于八届三次会议以来提案工作情况的报告》；审议通过了《政协定州市第八届委员会常务委员会关于委托刘立军①同志作常务委员会工作报告的决定》；审议通过了《政协定州市第八届委员会常务委员会关于委托苏月兰同志作八届三次会议以来提案工作情况报告的决定》；审议通过了《政协定州市第八届委员会第四次会议秘书长、副秘书长名单》；协商了有关人事事项；政协主席作了讲话。

第十八次会议 1月15日在定州国际酒店三楼多功能厅召开。市委常委、组织部长刘永胜作了关于补选政协定州市第八届委员会常务委员候选人基本情况说明、关于补选政协定州市第八届委员会秘书长候选人基本情况说明；审议通过了《政协定州市第八届委员会补选常务委员候选人建议名单》；审议通过了《政协定州市第八届委员会补选秘书长候选人建议名单》；审议通过了《政协定州市第八届委员会第四次会议选举办法》草案；审议通过了《政协定州市第八届委员会第四次会议总监票人、监票人名单》草案。

第十九次会议 1月15日在定州国际酒店三楼多功能厅召开。会议听取了各组召集人(各工作组组长)关于各组酝酿讨论情况的汇报；通过了《政协定州市第八届委员会第四次会议选举办法》(草案)；通过《政协定州市第八届委员会补选常务委员正式候选人名单》(草案)；通过了《政协定州市第八届委员会补选秘书长正式候选人名单》(草案)；通过了《政协定州市第八届委员会第四次会议总监票人、监票人名单》(草案)；审议通过了《政协定州市第八届委员会第四次

① 2020年11月，刘立军因严重违纪违法，政协定州市第八届委员会常务委员会第二十二次会议决定，免去其政政协定州市第八届委员会副主席职务。

会议关于常务委员会工作报告的决议》(草案);审议通过了《政协定州市第八届委员会第四次会议关于提案审查情况的报告》(草案);审议通过了《政协定州市第八届委员会第四次会议政治决议》(草案)。

第二十次会议 5月15日在人大四楼会议室召开。会议应出席62人,实到53人。会议传达学习省政协主席叶冬松同志在全省政协系统开展"聚力量、防疫情、促发展"活动动员会上的讲话精神,安排部署市政协"聚力量、防疫情、促发展"活动重点履职工作;宣读了《中共政协定州市委员会党组2020年工作要点》。审议通过了《政协定州市委员会2020年协商、民主监督、视察考察、调研工作计划》(草案);市政协主席作了讲话。

第二十一次会议 9月28日在定州国际酒店三楼多功能厅召开。会议应出席62人,实到62人。会议审议通过了《市政协八届二十一次常委会议议程(草案)》;传达学习了全国政协十三届十三次常委会议和省政协十二届十六次常委会议精神;听取了定州市政府关于编制定州市"十四五"规划纲要情况的报告;围绕编制定州市"十四五"规划纲要、加强基层政协委员履职能力建设,更好发挥委员主体作用,不断服务定州发展水平、进一步深化农村土地制度三项改革,当好全省深化改革"实验田"、整合旅游资源,打造旅游环线,促进乡村生态旅游业发展开展了专题协商议政;审议通过了《加强民营企业家队伍建设,强化政治引领,建设一支高素质民营企业家队伍》等5个调研报告(草案);审议通过了人事事项;市政协主席作了讲话。

第二十二次会议 11月16日,在人大四楼会议室召开。会议传达学习了中国共产党第十九届中央委员会第五次全体会议精神;审议通过了人事事项;市政协主席作了讲话。

【专门委员会工作】

组织经济技术委员会

今年以来,在市政协党组和机关党组的坚强领导下,按照主席会议要求,根据《2020年市政协工作要点》,组经委立足本部门工作职责,以服务常委会,服务委员为原则,做了以下几项工作。

一、持续强化学习,打牢思想政治基础。持续深入学习贯彻习近平新时代中国特色社会主义思想和党的十九大精神,学习习总书记关于加强和改进人民政协工作的重要思想,积极参加机关主题教育集体学习,适时组织本委自学,让学习始终贯穿整年的工作。坚持全面系统学、联系实际学,努力做到用党的先进创新理论武装头脑、指导实践、推动工作。

二、积极配合办公室,做好协调联动工作。一是配合办公室做好政协八届四次全体会议及八届二十次、八届二十一次、八届二十二次常委会议的组织筹备工作。做好各次会议常委、委员的组织联络工作,做好各次会议中相关常委、委员增补等人事事项的考察及相关文件的撰写等工作。二是配合办公室做好各项日常工作。积极参与政协机关组织的各项活动,认真做好各位主席交办的其他工作等。

三、开展调查研究,积极建言献策。6月,组织部分政协常委、委员,市直有关部门负责同志组成调研组,就"进一步深化农村土地制度三项改革,当好全省深化改革'试验田'"进行调研,在分析研究的基础上,写出了《进一步深化农村土地制度三项改革，当好全省深化改革“试验田”调研报告》。

四、做好委员履职工作。一是为加强委员履职管理和服务工作，全面客观反映委员履职情况，根据《定州市政协委员履职档案实施方案》和《定州市政协常委提交年度履职报告工作方法（试行）》，积极组织填报《委员履职表》《常委履职报告表》，为委员履职工作建档立案，对委员履职情况进行动态管理。二是根据省政协要求，收集整理并填报完成省政协驻定州委员的履职情况表格和系统软件，现已全部报省政协联络处。

五、积极参与志愿者服务活动。一是按要求坚持每周六深入到御景名门小区，进行卫生清洁、垃圾清理、广告清除等工作。二是在创城验收期间，负责名仕佳苑小区及路段门店的创城督导和卫生清理督促任务，保证了验收期间各项指标达到标准。

六、完成上级交办的其他任务。

提案委员会

2020年以来，在政协党组的正确领导和省政协对口委室的支持指导下，提案委员会紧紧围绕市政协工作中心，主动服务全市经济社会发展大局，积极参政议政，建言献策，认真履职，较好地完成了全年任务目标。

一、加强学习，认真落实意识形态工作各项部署要求。

针对新时代政协提案工作面临的新形势、新任务、新要求，提案委组织委室成员结合“两学一做”常态化制度化，认真学习全国、省、市“两会”精神和市委主要会议精神，学习党的十九大和十九届二中、三中、四中、五中全会精神和习近平总书记系列重要讲话精神，提升综合素质，使委室成员都成为懂政协、会协商、善议政的行家里手。

二、履职尽责，扎实推动承担各项工作落实落地。

坚持把充分发扬民主和围绕中心认真履行职能有机结合起来，立足本委室工作职责，开拓创新，扎实做好各项工作。

1. 全力投入新冠肺炎疫情防控工作。疫情发生后，按照市委和市政协党组统一部署，委室全体成员进驻分包的名仕社区，开展“人见人、面对面”拉网式排查，对2533户居民，分类建档立卡、一户一表，坚决阻断疫情扩散链条。宣传普及防控知识，积极回应社会关切，引导各界群众不听谣、不信谣、不传谣，稳定群众情绪，更好强信心、暖民心、聚人心，有力有效维护社会稳定，营造积极抗疫氛围。

2. 扎实开展视察调研活动。聚焦市委、政府中心工作，协助分管主席组织部分政协常委、委员，相关部门负责同志，深入开展视察调研活动2次，撰写的《关于推动房地产科学稳定有序发展的调研报告》《关于加强社区常态化疫情防控的调研报告》得到市政协领导的充分认可。疫情期间，组织分管科室同志向省政协报送《关于疫情影响下中小企业复产复工存在的问题及建议》《关于促进定州苗木产业转型升级健康发展的提案》《关于扶持定州发展壮大制造产业的提案》等建议5篇供领导决策参考，为推进全省疫情防控和企业复工复产工作贡献了定州政协智慧和力量。

3. 提高提案工作水平。主动适应新时代新要求，创新机制，完善程序，提高提案质量和提案办理质量。一是拓宽提案线索信息渠道。市政协八届四次会议，首次在定州日报面向全市广泛征集提案线索，拓宽提案线索信息渠道和参与面，汇总信息纳入提案参考题目，供委员科学选定调研课题。二是提高提案质量。改进提供提案题目工作方式，2019年10份，作为庆祝人民政协成立70周年系列活动，先期拟定30个参考题目(第一期)发放到委员手中，促使委员及早准备、撰写八届四次全会的提案。市“两会”前1个月，提案委又整理了80个提案参考题目，供委员开展调研、撰写提案时参考，提高委员撰写提案的精准度和针对性。三是深入推进提案办理协商。充分发挥专门协商机构作用，加大提案督办力量，10月，联合市政府办公室、民进定州总支和九三学社定州支社，组织部分政协常委、提案委员、民主党派成员到市场监督管理局、民政局等5个单位开展了提案集中办理协商活动，推动重点提案的办理。截至目前，市政协八届四次会议立案的306件提案全部办复，办复率100%。

三、加强工作交流，做好委员联络联系工作。

一是加强与政协系统有关单位的沟通、联络。借到省政协开会、培训之机，认真学习各地提案工作的经验、做法，提升提案工作整体水平。参加河北省政协人资环委全体暨对口专委会主任会议，认真学习各地经验，为提升人资环工作水平打牢基础。二是加强与对口部门的联系，使专委会的工作得到更广泛的支持。三是加强与委员的联系，及时向委员们通报政协工作和专委会工作开展情况，听取委员们的意见、建议，更多地邀请各界的委员参加调研、视察、议政等活动，为他们广开言路、议政建言提供舞台。

宣传教育委员会

今年以来，定州市政协宣教委在政协党组和常委会的领导下，积极响应市委、市政府号召，紧紧围绕全市重点工作，立足本职，工作稳步推进。

一、加强理论学习，提高自身综合素质。

深入开展“不忘初心、牢记使命”主题教育活动，带领委室工作人员认真学习贯彻中央、省、市文件、会议和讲话精神，在思想上和行动上同党中央保持高度一致。进一步深化学习十九大、省委、市委全会精神，学习全国两会精神、习近平两会重要讲话等，通过不断学习来提高工作人员政治理论水平，进一步做好为委员服务工作。

二、发挥网络优势，进一步做好本职宣传工作。

继续以微信平台为宣传阵地，全方位地反映定州市政协在参政议政、强化民主监督的工作成果，反映政协委员积极进取、奋发有为的精神风貌，为政协委员参政议政搭建平台。一是配合市级媒体对我市政协各种会议、活动进行了及时报道；二是加强对网络安全工作的宣传；三是加强对疫情防控知识的宣传及在疫情防控期间政协委员先进事迹的报道；四是对省政协系统开展的“聚力量、防疫情、促发展”活动加强宣传；五是对市政协开展“三创四建”活动加强宣传；六是向省政协推送疫情期间委员事迹8篇，河北省政协成立70周年征文5篇。

三、加强履职，深入搞好调研，促进调研成果转化。

一是围绕政协协商计划安排，于2020年4月，由政协副主席苏月兰带领宣教委、文史委、部分政协常委、委员及相关单位负责人围绕加快汽车产业发展开展专题调研协商，并形成专题调研报告；6月，由副主席王建义带队，对农业产业结构调整，一二三产融合情况进行调研协商。

四、积极参与疫情防控工作。

今年以来，根据市防控办要求、市政协防控安排，全委人员积极参与到疫情防控工作中，到分包社区宣传疫情防控知识、入户走访排查，加强社区值守工作。对分包境外人员加强联系，做好防控工作。疫情发生后，在微信平台发出了致全体政协委员的倡议书，号召全市政协委员把做好疫情防控工作作为当前最重要的政治任务，充分发挥政协委员模范带头作用，勇于担当，主动作为，积极参与疫情防控工作。政协委员积极捐款捐物，共计合款 300 万元。对企业加强疫情防控指导，积极促进企业复工复产。

五、做好领导交办的其他临时性工作。

一是 4 月召开《定州政协志》编撰工作会议以来，协助主管领导对政协志内容版块进行详细分析安排，力求在上部志书的基础上体现时代特色，委室人员加班加点搜集整理各自负责的有关资料。二是按办公室分组安排，由副主席王建义带队，对部分政协委员传达学习贯彻习近平总书记在全国两会期间重要讲话精神。

文化文史委员会

文史委始终以习近平新时代中国特色社会主义思想为指导，按照政协年度工作部署安排，在充分发挥政治协商、民主监督、参政议政的基础上，结合本委工作，做好新时期政协文史工作。

一、加强理论学习，提高自身综合素质。

全面贯彻落实习近平总书记系列重要讲话精神，践行习近平总书记人民至上的理念。认真学习党的十九届五中全会、省委九届十一次全会和市委七届八次全会精神，增强四个意识，坚定四个自信，做到两个维护，始终沿着总书记指引的方向砥砺前行。

二、突出重点，提高工作质量。

1. 发挥文史资政作用，做好《定州文史》的征编工作。进一步深化“存史资政团结育人”的工作理念，为做好征稿工作，采取各种措施，最大程度扩大了稿源。目前《定州文史》已经完成出版工作。2. 做好全会发言工作。认真筹备全会发言材料，围绕我市重点工作，精心完成五篇发言稿并辑印成册获得领导好评。3. 为省政协、市方志办 2019 年年鉴供稿。按照《省政协年鉴》和《定州年鉴》编纂方案要求，从机构的设置、变化、职能、领导班子情况、主要成绩、重点工作等方面，向省政协和市方志办提供了翔实的文字资料。为编纂年鉴提供了参考。4. 为省政协 70 年大庆活动提供 3 幅作品，均被选用。5. 开展提案办理协商活动。到科技局对政协八届四次会议以来的重点提案，开展办理协商活动。6. 根据把组织观看学习民法典公开课作为加强党和机关工作人员民法典学习教育重要内容的通知要求，组织机关人员采取集中观看的形式学习民法典公开课。7. 撰写调研报告两篇：关于促进消费潜力释放的调研报告、定州市 2020 年省市重点项目调研报告。8. 推荐报送平安卫士王玉敏委员。9. 为省政协征集开展抗击新冠疫情文史资料一篇（高铁铭）。10. 为京津冀政协共同举办的“翰墨丹青颂辉煌　协同发展共筑梦——京津冀政协委员书画展”供稿，三幅作品均获三地政协颁发的荣誉证书。

11. 组织民主党派和无党派组、执法监督组开展党的十九届五中全会、省委九届十一次全会精神宣讲会。12. 做好佛山南海政协到我市的调研的接待工作(调研内容:关于公共卫生体系建设和历史古建筑保护)。

三、认真完成其他工作。

一是作好脱贫攻坚工作。认真制订可行性脱贫计划,多次到分包贫困户家中走访,了解相关情况,并提供物质、精神等方面的帮扶。二是做好新型冠状病毒防控值守工作。对此项工作我高度重视,按时到值守点值守,对生人、外人做好询问、查码,扫码等工作。

农业农村委员会 一是组织委员学习、宣传党和国家有关农业、农村、农民工作的方针、政策,围绕我市农业、农村、农民工作中的重点问题进行视察、考察、座谈、调研,提出意见、建议;二是加强与市委、市政府有关职能部门、各民主党派、工商联和有关人民团体的联系,主动争取有关部门的支持,为委员知情出力,履行职责创造条件。

【重要会议、活动】

全覆盖学习宣传贯彻党的十九届五中全会和省委九届十一次全会精神 11月25日,市政协下发了《关于在全市政协系统学习宣传贯彻党的十九届五中全会和省委九届十一次全会精神的通知》以及《关于在全市政协系统学习宣传贯彻党的十九届五中全会和省委九届十一次全会精神的宣讲督导方案》,全体政协委员立即以工作组为单位,开展学习宣讲活动,在全体政协委员范围内迅速掀起学习宣传贯彻党的十九届五中全会精神和省委九届十一次全会精神的热潮。参加集中学习宣传的委员达到200多名。活动由各政协工作组组长牵头,以乡镇委员组和市直界别委员组为单位分头进行,市政协各委室主任参加对应联系组的学习督导。活动以宣讲中央十九届五中全会精神和省委九届十一次全会精神、委员交流心得、学习体会等形式进行。各工作组紧密结合政协工作实际,对十九届五中全会精神进行了深入解读,大家仔细聆听,认真记录,感触颇深。参加活动的委员结合本职岗位工作、发挥委员作用等方面情况,畅所欲言,相互交流,并对做好明年政协工作提出了可行性意见建议,纷纷表示一定会将全会精神落实到具体工作中、体现在履职上,为“十四五”开好局起好步贡献力量,较好地达到了活动预期效果。

【重要报告】

常务委员会工作报告(2020年1月14日)(摘要)

2019年是中华人民共和国成立70周年和人民政协成立70周年,是政协事业发展进程中极不平凡的一年。中共中央在党的历史上首次召开政协工作会议,习近平总书记发表重要讲话,为新时代人民政协定性赋能、指引方向。

一、坚持党的领导,加强党的建设。

始终做到旗帜鲜明讲政治,切实把党的领导贯穿政协工作的各方面、全过程。扎实开展“不忘初心、牢记使命”主题教育。市政协党组认真履行把方向、管大局、保落实的政治责任,把党的领导落实到政协履职的各方面。驰而不息抓牢抓实党风廉政建设,严格执行中央八项规定及其实施细则精神,努力营造政协系统风清气正的政治生态。

二、紧扣中心履职,服务发展大局。

牢牢把握“人民政协要聚焦党和国家中心任务”要求,紧扣中心勇担当、促进发展添动力。在服务经济建设上发力。号召广大政协委员立足工作实际，发挥自身优势，大力招商引资。在深入调查研究上用心。围绕全市中心工作，组织部分委员、部门负责同志，深入基层、深入群众，分析新情况、研究新问题，提出具有前瞻性、可操作性、高质量的对策建议，得到了市委主要领导的充分肯定。在助力脱贫攻坚上建功。发动广大政协委员积极作为，主动承担社会责任，以实际行动助力脱贫攻坚。市政协班子成员坚持定期深入分包乡镇(办)指导扶贫工作，定期走访贫困户帮助解决实际困难，为我市脱贫攻坚添砖加瓦。

三、聚焦主责主业，认真履职尽责。

坚持人民政协为人民，不断创新履职形式、拓展履职领域、提升履职能力。在协商议政上专心专业，在民主监督上较真较劲，在履职为民上用情用力。

四、凝聚思想共识，汇聚发展合力。

市政协常委会在中共定州市委的坚强领导下，坚持以习近平新时代中国特色社会主义思想为指导，认真学习贯彻中央和省委、市委重要会议、重要文件精神，坚持建言资政和凝聚共识双向发力，推动人民政协事业不断向前发展，为我市建设经济强市、美丽定州作出了积极贡献。

【组织概况】

市政协主席、副主席、副书记、秘书长名单及变动情况

主　席

李克明(2021 年 4 月，政协定州市第八届委员会常务委员会第二十六次会议决定李克明不再担任定州市政协主席职务)

副主席

刘立军(2020 年 11 月免职。见第 571 页注释)

刘玉青

王建义(女)

苏月兰

秘书长

王　凯(2020 年 1 月 15 日，政协定州市第八届委员会第四次会议当选)

定州市各级政协组织和委员人数

省直管市政协 1 个，政协委员 322 名。(截至 2020 年底)

政协辛集市委员会

【全体委员会议】

九届四次会议 1月15日至17日在辛集市举行。会议应出席委员245人，实到237人。市委、市人大、市政府、市政协领导及其他市级领导出席了开幕和闭幕会议。市政协副主席邢建普主持开幕会，副主席李胜法主持了闭幕会。中共辛集市委书记王现坤在开幕会讲话。市委副书记、市政协主席姜保康作了闭幕讲话。会议审议通过了市委副书记、市政协主席姜保康所作的政协辛集市第九届委员会常务委员会工作报告，审议通过了提案工作报告。与会委员列席了市九届人大六次会议，讨论并赞同政府工作报告及其他报告，就招商引资项目建设、产业转型升级、加快科技创新、城市扩容提质、推进乡村振兴、生态环境建设、扩大改革开放、增进民生福祉等问题进行了广泛讨论，提出许多建设性的意见和建议。会议审议通过了市政协九届四次会议关于提案审查情况的报告、政治决议。会议期间，共收到提案88件，经审查立案86件。

【常务委员会会议】

第十七次会议 1月13日在辛集市召开。会议应出席43人，实到35人。会议由市政协副主席邢建普主持。会议进行了集体学习；审议通过了关于召开市政协九届四次会议的决定(草案)；审议通过了市政协九届四次会议有关事宜；审议通过了市政协常委会工作报告及报告人(草案)和提案工作报告(草案)；审议通过人事事项；市委副书记、市政协主席姜保康作了讲话。

第十八次会议 1月16日在辛集市召开。会议应出席43人，实到39人。会议由市政协副主席崔文英主持。会议主要听取了各组学习讨论王现坤书记讲话、审议市政协工作报告和提案工作报告情况的汇报。

第十九次会议 1月17日在辛集市召开。会议应出席43人，实到39人。会议由市政协副主席陈贵房主持。会议听取了各组讨论政府工作报告及其他报告情况的汇报；审议通过了提案审查报告草案；审议通过了大会政治决议草案。

第二十次会议 8月4日在辛集市召开。会议应出席43人，实到37人。会议由市政协副主席陈贵房主持。会议围绕创建全国(省级)文明城市工作进行了专题协商；进行了理论学习；审议通过了《辛集市政协委员读书活动方案》并进行赠书仪式；市政协主席姜保康同志作了讲话。

第二十一次会议 12月9日在辛集市召开。会议应出席43人，实到38人。会议传达学习了党的十九届五中全会、省委九届十一次全会、庆祝河北省政协成立70周年座谈会、省政协十二届十七次常委会会议、市委八届六次全会等重要会议精神，听取了政协常委2020年履职情况报告，市政协主席姜保康作了讲话。

【专门委员会工作】

提案法制委员会

(一)提高政治站位，理论学习常抓不懈。坚持抓好政治理论水平学习，提高政治站位，以理论武装头脑、指导实践，提高驾驭政协工作的能力。按时参加机关党组、党支部和机关理论中心组的集中学习，认真学习习近平总书记重要讲话，以及省、市一系列重要会议精神。通过河北干部网络课堂，学习宪法、民法典、国家安全知识、精准扶贫等知识。认真落实“三大主体责任”，即意识形态责任制、基层党建责任制、党风廉政建设和党内监督责任制，与本职工作一同部署一同推进。积极利用“学习强国”平台，坚持日日学、时时学。通过学习文章、观看视频、考试答题等方式强化理论武装、加强知识积累、提升综合素质。(二)强化责任担当，推动工作创新。今年以来，共收到委员提案100件，会后及时进行了整理、交办，目前已全部答复完毕。针对新型冠状病毒肺炎疫情，聚焦打赢疫情防控战役，组织委员围绕疫情防控提交提案3件，多项提案内容采纳落实。为切实做好2020年重点提案办理工作，确定《关于应对我市防控新型冠状病毒肺炎疫情的紧急提案》等10件提案为2020年重点提案进行督办，提升提案办理整体质量，更好地促进我市经济社会发展。配合省政协做好提案工作，根据省政协要求，为做好全国政协十三届三次会议提案工作，围绕当地经济社会发展和民生改善中需要国家层面解决的问题组织撰写提案5件，提交省政协；对新冠肺炎疫情期间，围绕“支持中小企业发展加快复工复产”专题开展调研，提出意见建议3条，提交省政协提案委。(三)突出中心工作，完成包联任务。一方面，为分管副主席做好服务工作，按照市委安排重点每月对包联的企业、重点项目、贫困户、退役军人进行走访、调研、慰问，了解情况，帮助协调问题。另一方面，做好自己分包的扶贫工作，落实包联科级干部工作职责，确保每月去贫困户家走访一次，了解生产生活情况，进行产业、卫生健康等精准帮扶。完成网格化分包的疫情防控和创城等各项任务。

经济城建委员会

(一)着力强化政治学习，坚定理想信念，提高思想政治素质。认真学习习近平新时代中国特色社会主义思想，坚持用党的最新理论武装头脑、指导实践、推动工作，增强“四个意识”、坚定“四个自信”，做到“两个维护”，进一步坚定了政治认同、思想认同、理论认同、情感认同；认真参加“不忘初心、牢记使命”主题教育，坚持读原著、学原文、悟原理，认真讲好专题党课，带队下基层开展调研活动，虚心征求意见建议，对照党章党规深刻检视自身存在问题，认真开展自我批评，按照问题清单狠抓整改落实。(二)着力强化主责主业，在凝聚共识、建言资政中增强责任担当。一是按照分工，高质量保障完成了市政协九届四次会议的筹备召开。二是认真落实政协协商制度，组织参加各种形式协商座谈会议3次，坚持会前认真进行调查研究、会上同委员互动交流、会后落实成果的基本环节，确保了政治协商取得实实在在的成效。三是坚持落实政协履职制度，认真落实视察调研、反映社情民意、理论研讨等经常性工作制度，向省政协相关委员会提交4份专项调研报告，工作得到上级肯定和表扬。四是组织界别委员参加辛集政协“聚力量、防疫情、促发展”活动，围绕“促进企业复工复产”“强化投资拉动”“培育消费增长点”3个课题建言献策，把履职做到实处。(三)突出中心工作，勇于责任担当。一是聚焦打赢疫情防控战役，组织界别委员出钱出力，将防控工作做实做牢。实地驻点布控，包联750户群众，入户统计，宣传政策，教育引导，切实抓牢防线。二是每月入户走访帮扶新城镇满家湾村4户贫困家庭，上门办理残疾证，实施五项帮扶，“两不愁”精准实现，顺利脱贫。三是认真协调做好网格化分包责任制落实。先后承担了生态环境整治、疫情防控、创建文明城市等项工作，深入社区亲力亲为，确保各项工作落到实处。四是为分管副主席做好服务工作，按照市委安排重点每月对包联的企业、重点项目、贫困户、退役军人进行走访、调研、慰问，了解情况，帮助协调问题。

学宣文卫史委员会

（一）坚持理论学习，用习近平新时代中国特色社会主义思想武装头脑。通过会议集中学习、学习强国和河北干部培训学校等平台自学相结合的方法，认真学习习近平新时代中国特色社会主义思想，把初心和使命变成锐意进取、开拓创新的精气神和埋头苦干、真抓实干的原动力，切实增强贯彻落实的政治自觉、思想自觉、行动自觉，努力提升做好政协工作的自觉性、主动性和创造性。（二）围绕中心工作，切实履行政协职能。一是深入卫健局、市一院等单位，开展“聚力量、防疫情、促发展”活动，共同商议解决办法，研究长效机制。二是认真制订政协委员读书活动方案，统筹安排线上线下读书交流。三是与省政协教科文卫委员会联动开展“卫生下基层，提高基层常态化疫情防控能力”活动，推进基层卫生防疫工作深入开展；对接省政协教科文卫委员会科技下基层活动，利用互联网手段开展远程电商知识培训、远程农业技术培训。四是组织委员参加了全国政协“委员眼中的中国”网络摄影展活动、庆祝河北省政协成立70周年征文活动、“京津冀政协委员书画摄影展”，扩大了我市文化界的影响。（三）紧贴全市大局，助力繁荣美丽幸福辛集建设。一是积极开展防疫网格化管理。二是接待省政协领导调研视察活动，承接并较好完成省政协领导交办的关于统筹推进我市常态化疫情防控与经济高质量发展的调研任务。三是较好完成我市文明城创建分包工作，传播文明理念，倡导文明行为。四是完成扶贫工作回头看工作。（四）加强文史征集，文史资料工作取得新成果。一是继续挖掘整理我市名人事迹，多途径收集到原《大公报》总编辑张琴南（原籍大营村）官方记载和事迹资料，订正了网上资料存在的错误，填补了我市史志资料的空白；与北京外国语大学进行了接洽，学习了编辑办展的经验。二是收集整理了市政协2019年度相关工作资料，提交档案馆，作为辛集年鉴政协工作素材。三是多次参加赵望云艺术馆筹备处相关会议，为赵望云艺术馆建设和布展工作提出意见和建议。

【重要会议、活动】

学习习近平新时代中国特色社会主义思想 政协党组、常委会9次召开专题会议，学习习近平总书记重要讲话精神，党组成员集中宣讲党的十九届五中全会和省委九届十一次、十二次全会精神。组织班子成员、机关干部、党派团体、政协委员，收听收看和参加中央宣讲团宣讲报告、全国政协干部培训班、全省政协系统五中全会精神宣讲、省政协常委会专题辅导报告。开展委员读书活动，制订活动方案，成立指导组，建立读书群，发放学习读本，邀请省法律专家辅导培训，组织委员学理论、谈体会、聚共识，实现学习全覆盖。

开展“聚力量、防疫情、促发展”活动 政协班子成员深入委员企业，帮助应对疫情、纾困解难。卫生界委员不畏艰险、逆行出征上火线，经济科技界委员转产抗疫物资、率先复工复产，侨联当好纽带、畅通海外辛集人信息，少数民族和宗教界对宗教活动场所全覆盖排查防控，许多委员走向社区、农村参加志愿服务，有的从海外采购防疫物资驰援家乡，政协委员捐款捐物共210多万元，以实际行动展现了责任担当。

【重要报告】

常务委员会工作报告(2020年1月16日)(摘要)

一、2019年工作回顾

(一)着力强化政协党的建设，把党对政协的全面领导落实到各方面全过程。深入开展“不忘初心、牢记使命”主题教育。市政协党组、机关党组集中学习研讨，读原著、学原文、悟原理，统筹推进领导班子、机关干部和委员学习教育。围绕13个课题，市政协领导带头开展调查研究，讲好专题党课，召开调研成果交流会。深刻检视问题，对照党章党规找差距，广泛征求意见建议，高质量召开专题民主生活会、组织生活会。狠抓整改落实，制定问题清单、整改措施，推进十个专项整治，建立长效机制。举办庆祝新中国成立70周年和人民政协成立70周年系列活动。组织政协委员参观公木纪念馆、华北联大旧址，开展“访红色故地、送服务下乡”活动，回顾光辉历程，践行为民宗旨。举办“团结一家亲、共筑中国梦”当代中国画名家邀请展，组织参加省政协书画展览、主题征文、录播短视频等活动。推进政协党的组织和党的工作全覆盖。组建8个界别党支部，建立党员委员联系党外委员制度。每个党支部涵盖1—2个界别，每名党员委员分别编入各党支部，并分别联系1—3名党外委员，形成“市政协党组—机关党组—机关党支部和界别党支部，党支部书记—党员委员—党外委员”全覆盖的政协党建架构。

(二)着力强化政协主责主业，发挥人民政协专门协商机构作用。开好全体会议，发挥这一协商履职最高形式的作用。开好专题议政性常委会会议，坚持会前集体调研、会上互动交流、会后落实成果的基本环节。探索政协协商同社会治理相结合的新形式，拓展了政协协商参与面。落实《省政协领导联系指导市县政协工作办法》，圆满完成叶冬松、葛会波、边发吉、苏银增、王宝山等省政协领导来辛集调研的有关配合工作。

(三)着力强化服务保障大局，为新时代全面建设繁荣美丽幸福辛集贡献政协智慧和力量。聚焦高质量发展献计出力。围绕完善城市功能提升城市品质，参与国土空间利用规划研讨、南水北调综合效益调研，建可行可用之言，谋助推助力之策。支持皮革业委员企业争创国家级绿色工厂、争创国际认证、参加国际展会，支持农业界委员企业发展电子商务、促进土地流转，支持科技型委员企业创新跨越、提升实力。聚焦环境整治担当尽责。坚决落实主城区生态环境整治网格化责任，政协机关干在实处、走在前列，分包区域全覆盖排查整治，当好“问题的终结者”，网格环境指标、发现问题数量、整改完成数量、整改完成率连续获得优秀，在政协委员中形成有力的示范带动作用。聚焦脱贫攻坚广泛参与。在政协委员中开展“同心携手助力脱贫攻坚”行动，经济科技界委员企业全力参与“百企帮百村”，出资金、出项目、出就业岗位。卫生界、文化教育界等各界别委员发挥特长优势，广泛参与健康扶贫、教育扶贫、科技扶贫、就业扶贫、消费扶贫、公益扶贫，把党的温暖和社会的关爱送到贫困群众家中。聚焦群众冷暖服务民生。针对城区“三修”摊点规范管理、小区规划设计影响采光、养犬管理等群众关注的热点、难点问题，组织委员参加座谈会、听证会、协商会，通过协商促进纠纷化解；针对道路出行、看病就医、审批办证等方面的民生问题，组织委员参加“电视问政面对面”，架起沟通民意、凝聚民心的桥梁；针对老旧小区升级改造、拓宽养老空间、农村容貌综合治理等民生提案重点督办，让老百姓获得感更多、幸福感更强。

二、2020年工作安排

（一）把学习党的创新理论作为重大政治任务，推动思想认识实现新提升。

（二）把习近平总书记对人民政协工作作出的重要部署作为动力源，推动使命担当得到新加强。

（三）把落实制度作为加强改进政协工作的重要保障，推动制度建设迈上新台阶。

（四）把服务大局服务人民作为工作出发点和落脚点，推动履职工作取得新成效。

【组织概况】

市政协主席、副主席、秘书长名单及变动情况

主　席

姜保康

副主席

崔文英（女）

李胜法

邢建普

陈贵房

秘书长

闫英利

辛集市各级政协组织和委员人数

省直管市政协1个，政协委员245名。（截至2020年底）